DER BRIEFWECHSEL ZWISCHEN AUGUSTINUS
UND HIERONYMUS UND IHR STREIT UM
DEN KANON DES ALTEN TESTAMENTS UND
DIE AUSLEGUNG VON GAL. 2,11-14

SUPPLEMENTS TO

VIGILIAE CHRISTIANAE

Formerly Philosophia Patrum

TEXTS AND STUDIES OF EARLY CHRISTIAN LIFE AND LANGUAGE

EDITORS

J. DEN BOEFT — R. VAN DEN BROEK — A.F.J. KLIJN
G. QUISPEL — J.C.M. VAN WINDEN

VOLUME XXI

DER BRIEFWECHSEL ZWISCHEN AUGUSTINUS UND HIERONYMUS UND IHR STREIT UM DEN KANON DES ALTEN TESTAMENTS UND DIE AUSLEGUNG VON GAL. 2,11-14

VON

RALPH HENNINGS

E.J. BRILL
LEIDEN · NEW YORK · KÖLN
1994

The paper in this book meets the guidelines for permanence and durability of the Committee on Production Guidelines for Book Longevity of the Council on Library Resources.

ISSN   0920-623X
ISBN   90 04 09840 2

Meiner Familie

INHALTSVERZEICHNIS

DRITTES KAPITEL

DIE ÜBERLIEFERUNGSGESCHICHTE DES BRIEFWECHSELS

VIERTES KAPITEL

DER ARGUMENTATIONSGANG

FÜNFTES KAPITEL
DIE KONTROVERSE UM DEN KANON DES ALTEN TESTAMENTS

SECHSTES KAPITEL
DER STREIT ZWISCHEN PETRUS UND PAULUS IN ANTIOCHIA

SIEBENTES KAPITEL
DIE KONTROVERSE UM DAS ZEREMONIALGESETZ

ACHTES KAPITEL

ANHÄNGE

REGISTER

Vorwort

Die vorliegende Arbeit ist die überarbeitete Fassung meiner Dissertation, die im Wintersemster 1991/92 von der Theologischen Fakultät der Ruprecht-Karls-Universität zu Heidelberg angenommen wurde. Die Arbeit ist entstanden aus der Lektüre von Briefen des Hieronymus im Heidelberger Kolloquium zu christlichen spätantiken Texten, das seit vielen Jahren ein Forum des Gesprächs zwischen Theologen, Philologen und Wissenschaftlern aus weiteren Disziplinen ist. Allen, die an diesen Gesprächen beteiligt waren, danke ich für die vielen Anregungen, die ich dort erfahren habe. An erster Stelle sei aber meinem Doktorvater Prof. Dr. Adolf Martin Ritter gedankt für seine Förderung und seine wissenschaftliche und pastorale Begleitung. Vor allem in der Frage des alttestamentlichen Kanons bin ich Prof. Dr. Rolf Rendtorff für Wegweisung und Information zu Dank verpflichtet. Ohne die großzügige Unterstützung meiner Eltern und meines Großvaters wäre diese Arbeit nicht zustande gekommen.

Während meiner Zeit in Heidelberg haben viele gute Freunde meine Arbeit begleitet, an Fortschritten und Enttäuschungen teilgenommen, dafür sei ihnen herzlich gedankt, vor allem Vikar Martin Chr. Palm, Dr. Matthias Millard, Dr. habil. Wolfgang Kinzig und Dr. phil. Stefan Rebenich.

Für wertvolle Hilfe und Kritik an meiner Arbeit sei speziell Dr. phil. habil. Bärbel Kramer und Prof. Dr. Mathijs Lamberigts (Leuven) gedankt.

Dem Verlag E.J. Brill danke ich für die Aufnahme dieser Arbeit in die Reihe der "Supplements to Vigiliae Christianae".

Das kürzlich erschienene Buch von Dennis Brown, *Vir trilinguis. A Study in the Biblical Exegesis of Saint Jerome,* Kampen 1992 konnte leider nicht mehr berücksichtigt werden.

Oldenburg,
am Tag der Apostel Petrus und Paulus 1993

ERSTES KAPITEL

EINLEITUNG

Der Briefwechsel zwischen Augustinus und Hieronymus hat seit
seiner Entstehung immer wieder Beachtung gefunden. Das zeigt sich
in der Vielzahl der Handschriften, in denen er überliefert worden ist,
aber auch in den vielen Untersuchungen, die sich mit ihm beschäftigen. Das starke Interesse an den Briefen des Augustinus und des
Hieronymus erklärt sich zum einen aus dem Aufsehen, das der
heftige Streit zweier so bedeutender Kirchenväter erregt[1]. Eine
besondere Anziehungskraft hat dabei das Aufeinandertreffen ihrer
Charaktere, die in dem Streit klar zu Tage treten. Das hat immer
wieder Anlaß zu Stellungnahmen gegeben, in denen Sympathie und

---

[1] Als Beispiele seien die Stellungnahmen von Thomas von AQUIN und Martin
LUTHER zu dem Streit zwischen Augustinus und Hieronymus angeführt.
THOMAS listet in seiner *Super Epistolas S. Pauli Lectura* die Streitpunkte
zwischen den beiden auf und weist zu Beginn seiner Aufzählung ausdrücklich auf
die Auseinandersetzung hin: *"Sciendum est autem quod occasionem istorum
verborum, non parva controversia est orta inter Hieronymum et Augustinum"* (S.
Thomae Aquinatis, *Super Epistolas S. Pauli Lectura*, hg.v. R. CAI, Bd. 1, 583f).
LUTHERS auffälligste Äußerung zu dem Streit findet sich in seiner *Assertio
omnium articulorum M.Lutheri per bullam Leonis X novissimus damnatorum*,
WA 7 98,27-33: *"Iam quanti errores in omnium patrum scriptis inventi sunt!
Quoties sibi ipsis pugnant! Quoties invicem dissentiunt! Quis est, qui non saepius
scripturas torserit? Quoties Augustinus solum disputat, nihil diffinit! Hieronymus
in commentariis fere nihil asserit. Qua autem securitate posumus alicui niti,
quem constiterit saepius errasse, sibi et alius pugnasse, scripturis vim fecisse,
nihil asseruisse, nisi auctoritate scripturae nos omnia eorum cum iudicio
legerimus?"* LUTHER hat auch in seinen Vorlesungen und Kommentaren zum
Galaterbrief immer wieder auf diese Auseinandersetzung Bezug genommen:
Vorlesung über den Galaterbrief (1516/17) WA 57 16-17.65-67; *In epistolam
Pauli ad Galatas commentarius (1519)* WA 2 483-488; *In epistolam S. Pauli ad
Galatas Commentarius ([1531] 1535)* WA 40/I 191-214. Ausführlich hat
desweiteren auch KARLSTADT in seiner 1519 veröffentlichten Schrift *De
canonicis scripturis* die Divergenzen zwischen Augustinus und Hieronymus
bezüglich des Kanons der Heiligen Schrift untersucht und dargestellt: Andreas
Bodenstein von KARLSTADT, De canonicis scripturis, hg.v. K.A. Credner, in:
DERS., *Zur Geschichte des Kanons*, Halle 1847 S. 316-412; der Großteil des
Werkes (S. 342-412) ist Augustinus und Hieronymus gewidmet.

Abneigung klar zum Ausdruck kamen[2]. Zum anderen ist es aber die
Relevanz der Themen, um die Augustinus und Hieronymus streiten,
die ihren Briefwechsel immer wieder zu einer wichtigen Lektüre
gemacht hat. Sie berühren mit der Frage nach dem Kanon des Alten
Testaments und in ihrer Diskussion um die rechte Auslegung von
Gal 2,11-14 wesentliche Fragen des christlichen Umgangs mit der
Bibel. Mit der Frage nach der Geltung des Zeremonialgesetzes
kommt noch eine wichtige heilsgeschichtliche Komponente hinzu,
die, wie die übrigen Themen auch, eng verbunden ist mit der
Stellung zu den Juden[3].

A. FRAGESTELLUNG

Der Briefwechsel zwischen Augustinus und Hieronymus ist noch
nicht einer monographische Untersuchung gewürdigt worden. Die
vorliegenden Analysen beschränken sich zumeist auf eines der
angesprochenen Themen. Zwar wird auch diese Untersuchung den
Briefwechsel nicht erschöpfend behandeln, aber es werden zumindest
die wichtigsten Themen im Zusammenhang untersucht. Deshalb wird
zunächst ein Überblick über die Geschichte des Briefwechsels gegeben. Die Kontroversen zwischen Augustinus und Hieronymus
werden dann vor allem traditionsgeschichtlich untersucht, um die
Hintergründe der Diskussionen zu erhellen[4]. Da im Rahmen dieser

---

[2] Um nur ein Beispiel zu nennen, sei aus einer der neueren
Veröffentlichungen zitiert: G.H.M POSTHUMUS MEYJES, *De Controverse tussen
Petrus en Paulus. Galaten 2,11 in de historie*, 'S-Gravenhage 1967 S. 8:
"Augustinus' brieven zijn zonder twijfel zelfbewust en vrijmoedig gesteld, maar
dit gaatbij hem niet ten koste van een beter oordeel of van eerbied voor de
meester. Loyaliteit en edelmoedigheid stralen er van alle kanten af, hetgen helaas
niet te zeggen van de epistels die Hiëronymus opstelde. In de brieven die hij aan
Augustinus zond gaat de geleerdheid schuil onder een sarcasme en een vernijn,
die zelfs een modern lezer nog ontstellen kunnen".
[3] Vgl. Franz OVERBECK, *Über die Auffassung des Streites des Paulus mit
Petrus in Antiochien (Gal 2,11ff.) bei den Kirchenvätern*, Basel 1877 (Nachdr.
Darmstadt 1967) S. 50. Er stellt deutlich heraus, daß man den Apostelstreit nur
im Zusammenhang "eines sehr weitreichenden, noch bis auf den heutigen Tag
umstrittenen Problems der christlichen Theologie verstehen" kann. "Dieses
Problem ist, seinem allgemeinsten Inhalt nach bezeichnet, das des Verhältnisses
des Christenthums zum Judenthum".
[4] Das ist auch bei so intensiv untersuchten Kirchenvätern wie Augustinus und
Hieronymus ein wichtiges Forschungsvorhaben, wie BASTIAENSEN in seiner
Untersuchung über Augustins Verhältnis zu seinen lateinischen Vorbildern
schreibt: "La genèse de la pensée d'Augustin est partiellement terrain inexploré";

Untersuchung auch nicht nur annähernd versucht werden kann, die gesamte Geschichte der Forschung zu Augustin und Hieronymus darzustellen, sei auf die jeweiligen Arbeiten zur Forschungsgeschichte verwiesen[5].

1. Historische Analyse

Die Untersuchung beginnt mit der Vorstellung der Briefe. Dabei werden die historischen Probleme des Briefwechsels bearbeitet und Datierungsfragen geklärt. In der Einleitung zu diesem Teil wird ein Überblick über die neueren Textausgaben und die Verzeichnisse der handschriftlichen Überlieferung gegeben. Der zweite, historische Teil widmet sich der Überlieferungsgeschichte und versucht, die Frage zu beantworten, ob Augustinus und Hieronymus ihre Briefe selbst zusammengestellt und veröffentlicht haben. Dazu wird die handschriftliche Überlieferung eingehender untersucht.

2. Inhaltliche Analyse

Die inhaltliche Analsyse widmet sich den beiden Hauptthemen des Briefwechsels, der Kontroverse um den Kanon des Alten Testaments und den Streit zwischen Petrus und Paulus in Antiochia (Gal 2,11-14) sowie der daraus entstehenden allgemeinen Auseinandersetzung um die Gültigkeit des Zeremonialgesetzes.

Augustinus und Hieronymus streiten sich darüber, ob der Kanon des Alten Testaments die hebräische Bibel oder die Septuaginta zum Vorbild haben soll. Da diese Frage bis heute zwischen den christlichen Kirchen nicht geklärt ist, beeinflußen ihre Argumente

---

Antoon A.R. BASTIAENSEN, Augustin et ses prédécesseurs latins chrétiens, in: J. den Boeft / J. van Oort [Hg.], *Augustiniana traiectina*, Paris 1987 S. 25.

[5] Zu Geschichte der Augustinus-Forschung siehe vor allem die Berichte der Theologischen Rundschau: Hermann DÖRRIES, 15 Jahre Augustinforschung in: *ThR NF* 1 (1929) S. 217-240; Hans Freiherr von CAMPENHAUSEN, Neuere Augustinliteratur, in: *ThR NF* 17 (1948) S. 51-72; Rudolf LORENZ, Augustinliteratur seit dem Jubiläum von 1954, in: *ThR NF* 25 (1959) S. 1-75; ders, Zwölf Jahre Augustinusforschung, in: *ThR NF* 38 (1974) S. 292-333; 39 (1974) S. 95-138; 253-286; 331-364; 40 (1975) S. 1-41; 97-149; 227-261; sowie die Sammlung von Carl ANDRESEN [Hg.], *Zum Augustingespräch der Gegenwart* 2 Bde., Darmstadt 1975-1981. Einen aktuellen Überblick über die Hieronymus-Forschung gibt die Einleitung von Pierre JAY, *L'Exégèse de Saint Jérôme d'après son "Commentaire sur Isaie"*, Paris 1985. Zur Bibliographie bis 1958 siehe Paul ANTIN, Bibliographia Hieronymiana, in: CCL 72 (1959) S. IX-LIX und für neuere Literatur Stefan REBENICH, *Hieronymus und sein Kreis. Prosopographische und sozialgeschichtliche Untersuchungen*, (Diss. phil.) Mannheim 1990.

noch immer die Diskussion um den Kanon. Deshalb sind viele der
Arbeiten zur Kanongeschichte daran interessiert, mit Hilfe einer der
beiden Autoritäten ihre jeweilige konfessionelle Position zu stützen.
Für die Diskussion bis zur Mitte des 19. Jahrhunderts kann auf die
Darstellung von Ludwig DIESTEL verwiesen werden[6]. Diese Debatte
wird auch in diesem Jahrhundert fortgesetzt, mit dem wichtigen
Unterschied, daß inzwischen die ökumenische Ausrichtung die
konfessionelle abgelöst hat[7].

Eine neuere Richtung der alttestamentlichen Exegese, die "canon
criticism" betreibt und von der kanonischen Endgestalt des Textes
ausgeht, statt die in literarkritischer Arbeit gewonnenen Textformen
zur Grundlage der Auslegung zu machen[8], hat ein neuerliches Interesse an der Geschichte der Kanonbildung hervorgerufen. Damit hat
auch die Geschichte der kirchlichen Diskussionen über den Kanon
wieder größeres Interesse gefunden[9]. Ein wesentlicher neuer
Gesichtspunkt ist dabei die Untersuchung der Rolle, die die Stellung
zu den Juden für die Anerkennung der hebräischen Bibel spielt[10].

---

[6] Ludwig DIESTEL, *Geschichte des Alten Testaments in der christlichen
Kirche,* Jena 1869 Nachdr. Leipzig 1981.

[7] Ein Versuch, die Möglichkeiten für einen gemeinsamen Kanon des Alten
Testaments aufzuzeigen, hat STECK unternommen, indem er mit Hilfe der
historisch-kritischen Forschung hinter die altkirchlichen und reformatorischen
Streitigkeiten zurückgeht und als ökumenische Perspektive aufzeigt, daß sowohl
der Septuaginta-Kanon als auch der hebräische Kanon "von jüdischen
Konzeptionen geleitet sind" (S. 251) und daher ihre Gemeinsamkeiten die
Unterschiede überwiegen. Odil Hannes STECK, Der Kanon des hebräischen Alten
Testaments. Historische Materialien für eine ökumenische Perspektive, in:
Vernunft des Glaubens (FS W.Pannenberg) hg.v. J. Rohls / G. Wenz, Göttingen
1988 S. 231-252.

[8] Als Hauptvertreter dieser Richtung gilt CHILDS, der sich programmatisch zu
diesem Ansatz geäußert hat; Breward Springs CHILDS, *Introduction to the Old
Testament as Scripture,* London 1983². Eine Einordnung in die neuere
Theologiegeschichte und ausführliche Kritik bieten James BARR, *Holy Scripture.
Canon, Authority, Criticism,* Oxford 1983 und James A. SANDERS, Canonical
Criticism: An Introduction, in: J.-D. Kaestli / O. Wermelinger [Hg.], *Le canon
de l'Ancien Testament, sa formation et son histoire,* Genf 1984 S. 341-362. Zur
neueren Kanondebatte vgl. auch Christoph DOHMEN / Manfred OEHMING,
Biblischer Kanon warum und wozu? (QD 137), Freiburg 1992.

[9] Das beste Beispiel für diesen Zusammenhang ist der erwähnte von Jean-
Daniel KAESTLI und Otto WERMELINGER 1984 herausgegebene Sammelband "Le
canon de l'Ancien Testament, sa formation et son histoire", der sich mit der
Geschichte des alttestamentlichen Kanons vom Abschluß der hebräischen Bibel
bis zur Gegenwart beschäftigt.

[10] Vgl. vor allem Caroline Penrose BAMMEL, Die Hexapla des Origenes: Die
hebraica veritas im Streit der Meinungen, in: *Aug.* 28 (1988) S. 125-149 und

An diesem Punkt setzt die traditionsgeschichtliche Untersuchung dieser Arbeit ein. In einem Durchgang durch die altkirchlichen Stellungnahmen zum Kanon des Alten Testaments wird die Bedeutung der hebräischen Bibel im Gegensatz zur Septuaginta untersucht. Dabei zeigt sich, daß Hieronymus auf eine starke Tradition in der griechischen Kirche zurückgreifen kann, die sich an der hebräischen Bibel orientiert, während Augustinus sich bemüht, in der lateinischen Kirche die Autorität der Septuaginta zu stützen.

Die zweite Kontroverse zwischen Augustinus und Hieronymus ist ihr Streit darum, wie der in Gal 2,11-14 geschilderte Apostelstreit zu interpretieren sei. Im Mittelpunkt ihres Interesses steht die Frage, ob es möglich ist, das Verhalten der Apostel in Antiochia als *simulatio*, das heißt als Scheingefecht zu verstehen. Wenn auf diese Weise die Wahrheit der Aussage des Paulus in Gal 2,11-14, er habe Petrus ins Angesicht widerstanden, bezweifelt wird, dann sieht Augustinus die Gefahr, daß die gesamte Glaubwürdigkeit der Bibel ins Wanken gerät[11]. Augustinus ist deshalb so sehr an der Irrtumslosigkeit der Bibel interessiert, weil ihre Zuverlässigkeit sowohl innerhalb seiner Erkenntnistheorie[12] als auch in seinen Auseinandersetzungen mit Häretikern[13] von großer Bedeutung ist.

Da der Apostelstreit in der Kirchengeschichte eine wichtige Rolle spielt, ist die Auslegungsgeschichte von Gal 2,11-14 häufiger untersucht worden. Unübertroffen ist bis heute die Darstellung von Franz OVERBECK[14]. Er hat darauf hingewiesen, wie sehr die Auslegung des Hieronymus von seinen griechischen Lehrern, vor allem von

---

Mogens MÜLLER, Graeca sive hebraica veritas? The Defence of the Septuagint in the Early Church, in: *SJOT* 1 (1989) S. 103-124.

[11] Zu diesem Themenbereich vgl. Emil DORSCH, St.Augustinus und St.Hieronmyus über die Wahrheit der biblischen Geschichte in: *ZKTh* 35 (1911) S. 421-448, 601-664. DORSCH verfolgt mit seiner Untersuchung das Interesse, die Autorität der großen Kirchenlehrer gegen die historisch-kritische Exegese ins Feld zu führen. Eine neutralere Darstellung gibt Franz SCHINDLER, Die Lüge in der patristischen Literatur, in: *FS A. Erhard* hg. von A.M. Köninger, Bonn/Leipzig 1922 S.423-433. Zum gesamten Zusammenhang vgl. vor allem Franz OVERBECK, *Über die Auffassung des Streites des Paulus mit Petrus*, a.a.O.

[12] Die beste Darstellung der Rolle der Bibel in der Erkenntnistheorie und Theologie Augustins ist: Gerhard STRAUSS, *Schriftgebrauch, Schriftauslegung und Schriftbeweis bei Augustin* (BGBH 1), Tübingen 1959.

[13] Darauf hat deutlich hingewiesen: Donald S.COLE-TURNER, Anti-Heretical Issues and the Debate over Galatians 2:11-14 in the Letters of St. Augustine to St. Jerome, in: *AugSt* 11 (1980) S. 155-166.

[14] Franz OVERBECK, *Über die Auffassung des Streites des Paulus mit Petrus in Antiochien (Gal 2,11ff.) bei den Kirchenvätern*, Basel 1877.

Origenes, abhängig ist. Weiterführend wird in der traditionsgeschichtlichen Analyse dieser Untersuchung gezeigt, wie groß der
Einfluß des Porphyrius auf die griechische Auslegung war und daß
Augustinus in stärkeren Maße als bisher angenommen von seinen
lateinischen Vorgängern abhängig ist.

Der allgemeinen Frage nach der Geltung des Zeremonialgesetzes,
die mit der Auslegung von Gal 2,11-14 verbunden ist, wird im
folgenden ein eigener Abschnitt gewidmet, um die heilsgeschichtlichen Konzeptionen zu untersuchen, die der Auslegung zu Grunde
liegen[15]. Dabei gerät auch die Frage nach der Stellung zu den
Judenchristen in den Blick.

Diese Untersuchung kann auf zahlreichen Forschungsergebnissen
aufbauen. Dennoch ist bei jedem der behandelten Themen eine
eigenständige Bearbeitung notwendig, um Voraussetzungen und
Hintergründe der geschichtlichen Entwicklungen zu verstehen. Für
den Briefwechsel gilt das Urteil Pierre JAYS über die Hieronymus-
Forschung seit dem Anfang dieses Jahrhunderts nur bedingt: "La
situation n'a pas sensibelement évolué depuis".[16] Wenn es vielleicht
auch keine umstürzenden neuen Ansätze gegeben hat, sind dennoch
in vielen Bereichen weitergehende Erkenntnisse gewonnen worden.
Möge diese Untersuchung ebenfalls einen Beitrag dazu leisten.

---

[15] Die einzige Untersuchung zu diesem Thema ist im Kontext der
Judenmission entstanden und bearbeitet das Thema unter der Fragestellung, ob
die beiden Kirchenlehrer die Gesetzesbeachtung bei Judenchristen für verwerflich
hielten oder nicht; Karl HÖHNE, Hieronymus und Augustin über die
Gesetzesbeobachtung bei Paulus und den Judenchristen in: *Nathanael* 12 (1896)
S. 97-141.

[16] Pierre JAY, *L'Exégèse de Saint Jérôme*, a.a.O. S. 15.

ZWEITES KAPITEL

VORSTELLUNG DES BRIEFWECHSELS

Vor der inhaltlichen Analyse des Briefwechsels und der theologischen Positionen des Augustinus und des Hieronymus steht eine
ausführliche literargeschichtliche und historische Untersuchung. Sie
ist aus den Defiziten entstanden, die in der Aufarbeitung des historischen Materials bestehen. So sind viele der Fragen, die bereits in
den dreißiger Jahren dieses Jahrhunderts gestellt wurden, bis heute
unbeantwortet geblieben. Das gilt sowohl für den Inhalt als auch für
Fragen der Überlieferung und Datierung der Briefe.[1] Um diesem
Mangel abzuhelfen, geht der Untersuchung der theologischen
Kontroversen zwischen Augustinus und Hieronymus die literargeschichtliche Analyse ihres Briefwechsels voraus.

Im ersten Teil der historischen Untersuchung wird eine kurze
Einführung in die Biographie der beiden Kirchenväter gegeben,
danach werden ihre Briefe einzeln vorgestellt, datiert und in den
Kontext des Briefwechsels eingeordnet. Der Verlauf des Briefwechsels ist kompliziert, da sich manche Briefe gekreuzt haben und
andere erst sehr spät ihren Adressaten erreichten. Da aber Augustinus und Hieronymus sich häufig selbst über die äußeren Umstände
ihrer Korrespondenz geäußert haben, kann zur Kritik der Sekundärliteratur immer wieder auf das von ihnen selbst Überlieferte zurückgegriffen werden.

In einem zweiten Arbeitsgang werden literargeschichtliche Fragen
untersucht. Im Vordergrund steht dabei der Prozeß der Überlieferung des Briefwechsels. Bis der Briefwechsel zwischen Augustinus
und Hieronymus in kritischen Ausgaben gedruckt wurde, hat er eine
wechselvolle Geschichte durchlaufen, die ihre Spuren an den Texten
hinterlassen hat. Diese Geschichte soweit wie möglich zurückzuver-

---

[1] Eine treffende Äußerung von Donatien DE BRUYNE charakterisiert im
großen und ganzen auch noch die heutige Situation, obwohl an einzelnen Punkten
inzwischen größere Klarheit erreicht werden konnte; Donatien DE BRUYNE, La
correspondance échangée entre Augustin et Jérôme, in: ZNW 31 (1932) S. 233:
"Enfin ces lettres sont et restent très difficiles malgré tout ce qu'on a écrit. La
date de plusieurs lettres est encore controversée. Le sens est souvent obscur".

folgen, ist das Anliegen des überlieferungsgeschichtlichen Teils der
Arbeit.

A. ZUR BIOGRAPHIE

1. Hieronymus[2]

Hieronymus ist der ältere der beiden Kirchenväter. Er wird 331 oder
347[3] in Stridon, in Dalmatien geboren und ist dort aufgewachsen. Er
erhält in Rom eine Ausbildung in Grammatik und Rhetorik[4]. Danach
zieht Hieronymus in die kaiserliche Residenzstadt Trier. Dort
entscheidet er sich[5], ein Leben als Mönch zu führen [6]. Zurück in

---

[2] Dazu vgl. durchgängig die entsprechenden Abschnitte in den Biographien
von Georg GRÜTZMACHER, *Hieronymus. Eine biographische Studie zur alten
Kirchengeschichte* 3 Bde., Leipzig / Berlin 1901-1908; Ferdinand CAVALLERA,
Jérôme, sa vie et son oeuvre 2 Bde., Paris 1922 und J.N.D. KELLY, *Jerome. His
life, Writings and Controversies,* London 1975.
[3] Zur Diskussion um das Geburtsdatum des Hieronymus s. Ferdinand
CAVALLERA, *Jérôme,* a.a.O. Bd. 2 S. 1-12; J.N.D. KELLY, *Jerome,* Appendix:
The date of Jerome's birth a.a.O. S. 337-339 und A.D. BOOTH, The date of
Jerome's birth, in: *Phoe* 33 (1979) S. 346-353. Für das Jahr 331 ist bei Prosper
von Aquitanien, *Epitoma chronicon,* MGH.AA 9 451 angegeben *"Hieronymus
nascitur";* während das Datum 347 sich aus einer Notiz des Hieronymus selbst
erschließen läßt, derzufolge er beim Tode des Kaisers Julian am 26. 6. 363 noch
ein Schuljunge war. Hieronymus, *Comm. in Abacuc* 3,14 CCL 76a 645, 1010-
1014: *Dum adhuc essem puer, et in grammaticae ludo exercerer, omnesque
urbes victimarum sanguine polluerentur, ac subito in ipso persecutionis ardore
Juliani nuntiatus esset interitus, eleganter unus de ethnicis: 'Quomodo' inquit
'Christiani dicunt, Deum suum esse patientem, et* ἀνεξίκακον?'".
[4] Sein Lehrer war der bekannte Grammatiker Aelius Donatus, dessen
Andenken er stets bewahrt hat. J.N.D. KELLY, Jerome, a.a.O. S. 11
charakterisiert das folgendermaßen: "Jerome remained immensely proud of
having once been his pupil, and in later life was to flaunt the complacement
phrase, 'Donatus, my instructor', like an old school tie". Hieronymus verläßt
Rom im Jahre 366 und begibt sich unmittelbar danach nach Trier, vgl.
A.D. BOOTH, The Chronology of Jerome's early Years, in: *Phoe* 35 (1981)
S. 256. Für den bleibenden Einfluß der klassischen Bildung auf Hieronymus s.
Harald HAGENDAHL, *Latin Fathers and the Classics. A Study on the Apologists,
Jerome and other Christian Writers,* Göteborg 1958 und DERS., Jerome and the
Latin Classics, in: *VigChr* 28 (1974) S. 216-227.
[5] Hieronymus beschreibt das im Nachhinein in einer Lobeshymne auf seinen
damaligen Gefährten Bonosus, der sich inzwischen zur vollkommenen Askese
auf eine winzige Insel in der Adria vor Aquileia zurückgezogen hat; Hieronymus
ad Rufinum, Ep. 3 CSEL 54 12,6-18,18.
[6] Das Mönchtum entsteht im Westen im Laufe des vierten Jahrhunderts unter
dem maßgeblichen Einfluß neuer Bewegungen aus dem Osten. Neben Kontakten,

Rom empfängt er die Taufe und schließt sich in Aquileia einer mönchischen Gemeinschaft an[7]. Dort knüpft er zu Evagrius aus Antiochien[8] den ersten Kontakt zu einem Theologen aus dem Osten. Um 372 bricht Hieronymus zu einer Pilgerfahrt nach Jerusalem auf[9], die er wegen seines schlechten Gesundheitszustandes schließlich abbricht. Von ca. 374 bis 379/380 schließt sich stattdessen ein längerer Aufenthalt in Antiochia an. Dort genießt er die Gastfreundschaft und Unterstützung des Evagrius[10]. Während dieser Zeit legt Hieronymus den Grundstein für seine wissenschaftliche, literarische und kirchliche Karriere. Er vervollkommnet seine Griechischkenntnisse und lernt während der Zeit, die er als Wüstenaufenthalt bezeichnet[11], Hebräisch von einem konvertierten Juden[12]. In Antiochia hört er Vorlesungen des Apollinaris von Laodicea[13] und lernt im

---

die sich aus den persönlichen Begegnungen mit Wandermönchen, Pilgern und den Verbannten im Westen (z.B. Athanasius) oder im Osten (z.B. Hilarius von Poitiers) ergeben haben, hat vor allem die asketische Literatur wie z.B. die *Vita Antonii* wichtige Impulse gegeben. Deren lateinische Übersetzung hat Evagrius um 372 angefertigt, vgl. Stefan REBENICH, *Hieronymus und sein Kreis. Prosopographische und sozialgeschichtliche Untersuchungen (Diss. phil.)*, Mannheim 1990 S. 44. Zum Gesamtzusammenhang vgl. E. BICKEL, Das asketische Ideal bei Ambrosius, Hieronymus und Augustinus, in: *NJKA* 37 (1916) S. 437-474 und Karl Suso FRANK, *Grundzüge der Geschichte des christlichen Mönchtums*, Darmstadt 1982⁴ S. 35-44.

[7] Die beste Darstellung dieser Zeit gibt J.N.D. KELLY, *Jerome*, a.a.O. S. 25-35

[8] Zu Person und Leben des Evagrius vgl. Stefan REBENICH, *Hieronymus und sein Kreis*, a.a.O. S. 56-84.

[9] Er folgte dabei wohl der üblichen Pilgerroute, wie sie das *Itinerarium Burgdaliense* beschreibt; CCL 175 1-26. Teile seiner Reise beschreibt Hieronymus selbst in Ep. 3,3 CSEL 54 14,14-15,4.

[10] Es ist leider nicht genau zu ermitteln, wann Hieronymus in Antiochia eingetroffen ist; wahrscheinlich im Laufe des Jahres 373, vielleicht auch erst 374; vgl. Ferdinand CAVALLERA, *Jérôme*, a.a.O. Bd. 1 S. 25-29; J.N.D. KELLY, *Jerome*, a.a.O. S. 36f und Stefan REBENICH, *Hieronymus und sein Kreis*, a.a.O. S. 85: "Gesichert erscheint einzig, daß Hieronymus nicht vor 372 Italien verließ und sich nicht vor 374 in die Wüste Chalkis zurückzog".

[11] Daß es sich bei dem "Wüstenaufenthalt" um den Aufenthalt auf einem Landgut der Familie des Evagrius gehandelt hat, hat Stefan REBENICH überzeugend nachgewiesen. Evagrius stellte Hieronymus sein Gut Maronia zum zurückgezogenen mönchischen Leben zur Verfügung; Stefan REBENICH, *Hieronymus und sein Kreis*, a.a.O. S. 97-112.

[12] Darüber berichtet er erst viel später (ca 411), Hieronymus ad Rusticum Monachum, Ep. 125,12 CSEL 56 131,9-20.

[13] Hieronymus ad Pammachium et Oceanum, Ep. 84,3 CSEL 55 122,24-123,3: "*Apollinarem Laodicenum audivi Antiochiae frequenter, et colui; et cum me in sanctis scripturis erudiret, nunquam illius contentiosum super sensu dogma suscepi*". Vgl. Pierre JAY, Jérôme auditeur d'Apollinaire de Laodicée à

Jahre 376[14] Epiphanius von Salamis kennen[15]. Dort wird er auch von Paulinus, dem Bischof der kleinen nicänischen Partei zum *presbyter* geweiht[16] und knüpft erste Kontakte zum Bischof Damasus von Rom. In dieser Zeit entstehen auch die ersten eigenen Schriften des Hieronymus[17]. Wohl schon in Antiochia lernt er Schriften des Origenes kennen, der sein größtes Vorbild in der Exegese wird[18].

Antioche, in: *REAug* 20 (1974) S. 36-41. Trotz der Verurteilung der apollinaristischen Christologie hat Hieronymus seine exegetischen und antihäretischen Schriften in seinen späteren Arbeiten benutzt, vgl. Stefan REBENICH, *Hieronymus und sein Kreis*, a.a.O. S. 122: "Apollinaris gehörte folglich mit Gregor von Nazianz, Didymus dem Blinden und manchem hebräischen Lehrer zu den Autoritäten, von denen Unterricht erhalten zu haben Hieronymus in späteren Jahren nur allzugern betonte".

[14] Epiphanius unternahm eine Reise nach Antiochia, um die streitenden Parteien des Paulinus und des Vitalis zu versöhnen. Der Bericht über die Reise und den gescheiterten Versöhnungsversuch findet sich bei Epiphanius, *Panarion* 77,20-24, bes. 77,20,3 GCS 37² 434,13-16. Diese Reise datieren SEMISCH, Epiphanius, Bischof von Constantia in: *RE²* IV, 264 und Frank WILLIAM, *The Panarion of Epiphanius of Salamis*, Introduction S. XIII ins Jahr 376, während LIETZMANN, *Apollinaris und seine Schule*, Tübingen 1904, Nachdr. Hildesheim 1970 S. 15-18 sie ins Jahr 374 datiert.

[15] Daß sich Epiphanius und Hieronymus bei dieser Gelegenheit kennengelernt haben, nimmt auch Stefan REBENICH, *Hieronymus und sein Kreis* a.a.O. S. 122 an. Im Jahre 382 wählen Epiphanius und Paulinus ihn zum Begleiter für ihre Reise nach Rom. Vgl. Pierre NAUTIN, Épiphane de Salamine, in: *DHGE* 15 (1963) S. 622 " Mais l'année suivante, quand Paulinus se rendit à Rome pour protester contre ce concile Épiphane l'accompagnait. Une circonstance de ce voyage est à noter. Paulin emmenait aussi comme interprète un moine originaire d'Occident qui n'avait pas pu s'acclimater au désert de Chalcis et qu'il avait ordonné prêtre un peu plus tôt; il avait nom Jérôme".

[16] Hieronymus, *Contra Johannem Hierosolymitanum* 41 PL 23,410f. Evagrius der Mentor des Hieronymus hat schon seit einiger Zeit eindeutig für Paulinus Partei ergriffen und versieht als *presbyter* Dienst in der kleinen Kirche der altnicänischen Gemeinde. Sein Einfluß auf Hieronymus dürfte auch in dieser Frage eindeutig gewesen sein, vgl. M. SPANNEUT, Évagre, in: *DHGE* 16 (1967) S. 104: "En tout cas, Évagre semble bien se faire un apôtre de la cause paulinienne auprès de Jérôme".

[17] Darunter sind vor allem asketische Schriften wie seine drei Mönchsbiographien *Vita Pauli primi eremitae*, *Vita Hilarionis* und *Vita Malchi*, Übersetzungen aus dem Griechischen, wie die "Chronik" des Eusebius von Caesarea, exegetische Schriften, wie die Abhandlung über Jes 6 und einige Briefe. Zur Bewertung der Anfangsphase der schriftstellerischen Tätigkeit des Hieronymus vgl. Stefan REBENICH, *Hieronymus und sein Kreis*, a.a.O. S. 148-163.

[18] Entgegen der häufig vertretenen Meinung, Hieronymus habe erst durch seinen Aufenthalt in Konstantinopel Zugang zu den Schriften des Origenes erhalten, vgl. Stefan REBENICH, *Hieronymus und sein Kreis*, a.a.O. S. 122, Anm. 199.

Von ca. 379-381 ist Hieronymus in Konstantinopel und lernt während des Konzils[19] Gregor von Nazianz[20], Gregor von Nyssa[21] und Amphilochius von Ikonium[22] kennen. Von diesen empfängt er weitere wichtige Anregungen für seine spätere Arbeit. Zusammen mit Paulinus von Antiochia und Epiphanius von Salamis reist er im Jahre 382 von Konstantinopel nach Rom[23] und bleibt anschließend dort. Er faßt dort im Umkreis des Bischofs Damasus Fuß und entfaltet eine erste Phase intensiver literarischer Tätigkeit[24]. Hieronymus gehört zu den monastisch orientierten Theologen, die intensive

---

[19] Hieronymus, *Comm. in Jesaiam* 6,1 CCL 73 84,14-20. Zum Konzil vgl. Adolf Martin RITTER, *Das Konzil von Konstantinopel und sein Symbol* (FKDG 15), Göttingen 1965. Die Frage, warum Hieronymus keine Nachrichten über den Verlauf des Konzils mitteilt, ist immer wieder gestellt worden. Einen Antwortversuch unternimmt Stefan REBENICH, *Hieronymus und sein Kreis*, a.a.O. S. 139, der sein Schweigen damit erklärt, daß Nachrichten über kirchenpolitische Aktivitäten nicht in seine Selbstdarstellung als "eines der Wissenschaft dienenden Asketen" passen.

[20] Vgl. J.N.D KELLY, *Jerome*, a.a.O. S. 70: "Gregory of Nazianzus won his lasting admiration and affection, and exerted a creative influence on him. Time and again he was to name him, with transparent satisfaction 'my teacher', recalling the instruction in scripture he had received from him at Constantinople and the discussions they had held together about perplexing passages". Ein Beispiel für die Hochschätzung Gregors durch Hieronymus ist *Comm. in Ep. ad Epheseos* 5,32 PL 26,535: *"Gregorius Nazianzenus vir valde eloquens, et in scripturis apprime eruditur de hoc mecum tractaret loco"*, vgl. auch Hieronymus, *De Vir. ill.* 117 SQS 11 53: *"Gregorius, Nazianzenus episcopus, vir eloquentissimus, praeceptor meus"*. Weitere Belege finden sich in: Hieronymus ad Nepotianum, Ep. 52,8 CSEL 54 429,4; *Apologia contra Rufinum* I,13;30 CCL 79 12,17; 30,56. Zur Beziehung zwischen Hieronymus und Gregor vgl. folgende Spezialuntersuchungen Cl. MORESCHINI, Praeceptor meus. Tracce dell'insegnamento di Gregorio Nazianzeno in Gerolamo, in: Yves-Marie Duval [Hg.], *Jérôme entre l'occident et l'orient*, Paris 1988 S. 129-138 und J.-M. MATTHIEU, Grégoire de Nazianze et Jérôme: Commentaire de l'In Ephesios 3,5,32, ebenda S. 115-127.

[21] Hieronymus, *De vir. ill.* 128 SQS 11 55: *"Gregorius, Nyssenus episcopus, frater Basilii Caesarensis, ante paucos annos mihi et Gregorio Nazianzeno 'Contra Eunomium' legit libros"*.

[22] Hieronymus, *De vir. ill.* 133 SQS 11 56: *"Amphilochius, Iconii episcopus, nuper mihi librum legit 'De sancto spiritu' quod deus, quod adorandus, quodque omnipotens sit"*.

[23] Hieronymus ad Principam virginem de vita sanctae Marcellae, Ep. 127,7 CSEL 56 150,22-24: *"Denique cum et me Romam cum sanctis Pontificibus Paulino et Epiphanio ecclesiastica traxisset necessitas - quorum alter Antiochenam Syriae, alter Salaminiam Cypri rexit ecclesiam"*.

[24] Aus dieser Zeit stammt auch das Projekt einer Revision der lateinischen Bibelübersetzung nach den Urtexten, an dem auch der römische Bischof Damasus interessiert war.

Beziehungen zu Damen aus dem stadtrömischen Adel haben[25]. Mit seiner *patrona* Paula, einer reichen Witwe, verläßt er nach dem Tod des Bischofs Damasus und einigen unerfreulichen Querelen schließlich Rom und wendet sich erneut nach Osten[26]. Vor seiner endgültigen Übersiedlung nach Bethlehem im Jahre 386 sucht Hieronymus noch Didymus den Blinden in Alexandria auf, der ihn in seiner weiteren Arbeit beeinflußt[27]. Bis zur Abfassung des ersten Briefs des Augustinus an ihn hat Hieronymus bereits 12 Kommentare zu biblischen Büchern, seinen christlichen Schriftstellerkatalog *De viribus illustribus* sowie die Schrift gegen Jovinian verfaßt und mit seiner Bibelübersetzung begonnen.

Dieser kurze Überblick zeigt, daß Hieronymus in seiner gesamten Entwicklung als christlicher Schriftsteller durch Theologie und Exegese des griechischsprachigen Ostens und das asketische Mönchtum geprägt ist, obwohl er lateinisch schreibt und die Adressaten seiner Werke vor allem im Westen des Reiches leben. Vieles aus der griechischen Theologie und Exegese wurde erst durch seine Schriften im Westen bekannt. An manchen Punkten prallen allerdings die von Hieronymus übernommenen Positionen auf bestehende Überzeugungen lateinischer Theologen. Dieser Fall tritt in der Auseinandersetzung mit Augustinus sowohl in der Kanonfrage, als auch in der Auslegung von Gal 2,11-14 ein.

---

[25] Zu den Kontakten des Hieronymus in Rom vgl. die ausführlichen Untersuchungen von Stefan REBENICH, *Hieronymus und sein Kreis,* a.a.O. S. 164-201; vgl. auch Peter BROWN, *Religion and Society in the Age of Saint Augustine,* London 1972.

[26] Zu den Streitigkeiten in Rom und der Bedeutung, die Paula für Hieronymus hatte, vgl. ebenfalls Stefan REBENICH, *Hieronymus und sein Kreis,* a.a.O. S. 202-245.

[27] Hieronymus ad Pammachium et Oceanum, Ep. 84,3 CSEL 55 123,4f: *"perrexi tamen Alexandrinam, audivi Didymum. in multis ei gratias ago".*

2. Augustinus[28]

Augustinus ist am 13. 11. 354 in Thagaste in Numidien geboren. Sein Vater Patricius gehört zu den *curiales,* der örtlichen Oberschicht. Seine Mutter Monnica war katholische Christin und übte Zeit ihres Lebens großen Einfluß auf ihren Sohn aus. Augustinus erhielt eine Ausbildung in Grammatik und Rhetorik in Thagaste, Madaura und Karthago, wo ihn Romanianus protegierte[29]. Die klassische Bildung hat auf Augustinus einen ebenso starken Einfluß wie auf Hieronymus[30]. In seiner Ausbildung hat Augustinus aber keinen Zugang zur griechischen Literatur gefunden[31]. Sein Interesse für die Philosphie hat vor allem die Lektüre von Ciceros Schrift *Hortensius* geweckt, die er im Jahre 373 gelesen hat[32]. Augustins

---

[28] Zu Augustins Biographie vgl. Peter BROWN, *Augustinus von Hippo,* Frankfurt/M. 1982² (englische Erstausgabe Berkeley / Los Angeles 1967); Gerald BONNER, *St. Augustine of Hippo. Life and Controversies,* Norwich 1963, 1986²; Alfred SCHINDLER, Augustinus, in: *TRE* 4 (1979) S. 645-699; Kurt FLASCH, *Augustin. Einführung in sein Denken,* Stuttgart 1980 und die biographische Einleitung bei Johannes VAN OORT, *Jerusalem and Babylon. A Study into Augustine's City of God and the Sources of his Doctrine of the Two Cities* (Suppl. to VigChr 14), Leiden 1991 S. 18-57. Die bedeutendste Quelle für das Leben Augustins ist seine geistliche Autobiographie, die *Confessiones* (CCL 27), auf deren Angaben alle modernen Biographien beruhen.

[29] Johannes VAN OORT, *Jerusalem and Babylon,* a.a.O. S. 21f: "With the help of Romanianus, who was willing to act as benefactor of the gifted young man, Augustine was able to embark upon his higher education ...Thus from the age of seven to twenty or twenty-one, Augustine received a complete classical education".

[30] Dazu s. Harald HAGENDAHL, *Augustine and the Latin Classics,* Göteborg 1967.

[31] Peter BROWN, *Augustinus von Hippo,* S. 30: "Augustinus' Versagen, Griechisch zu lernen, war ein erheblicher Ausfall des spätrömischen Bildungssystems. Er wird der einzige lateinische Philosoph der Antike sein, der im wesentlichen in Unkenntnis des Griechischen blieb". Zur Kenntnis der christlichen griechischen Literatur vgl. Berthold ALTANER, Augustinus und die griechische Sprache, in: DERS., *Kleine patristische Schriften* (TU 83), Berlin 1970 S. 149 "Augustinus las, so darf ich formulieren, griechische Theologen grundsätzlich nur dann, wenn sie ihm in lateinischer Übersetzung bekannt wurden". Dieses Ergebnis hat ALTANER in weiteren Untersuchungen bestätigt; DERS., Die Benützung von original griechischen Vätertexten durch Augustinus, ebd. S. 154-163; DERS., Augustinus und die griechische Patristik. Eine Zusammenfassung und Nachlese zu den quellenkritischen Untersuchungen, ebd. S.316-331.

[32] Kurt FLASCH, *Augustin,* a.a.O. S. 18: "Das Buch hat den 19-jährigen moralisch erschüttert ...Augustin formulierte, Cicero habe in ihm die Liebe zur Philosophie geweckt". Zu dem tiefen Einfuß, den Cicero auf Augustinus hatte vgl. Maurice TESTARD, *Saint Augustin et Cicéron,* 2 Bde. (EAug), Paris 1958.

philosophisches Suchen ist bestimmt vom Streben nach einer ratio-
nalen Form der Gotteserkenntnis. Da er diese im katholischen
Christentum nicht findet, überzeugen ihn die Versprechungen der
Manichäer[33], denen er neun Jahre lang als *auditor* angehört[34]. Ihre
Kritik an der katholischen Kirche, vor allem am Alten Testament,
hat weitreichende Folgen für Augustins Verständnis der Bibel[35].
Gegen 375 beginnt Augustinus selbst Grammatik und Rhetorik zu
unterrichten, zuerst in Thagaste, dann wiederum in Karthago.
383 verläßt er Afrika und beginnt in Rom zu unterrichten. Damit
befinden sich Augustinus und Hieronymus gleichzeitig in Rom,
allerdings ohne voneinander Notiz zu nehmen. Mit Hilfe der
Vermittlung manichäischer Freunde gelingt es ihm durch die Für-
sprache des heidnischen *praefectus urbi* Symmachus im Jahre 384,
eine Stelle als *magister rhetoricae* in der kaiserlichen Residenzstadt
Mailand zu erhalten. Dort wird Augustins Bekehrung durch
Predigten des Ambrosius vorbereitet, die es ihm ermöglichten, seine
manichäische Ablehnung des Alten Testaments mit Hilfe allegori-

---

[33] Alfred SCHINDLER, Augustinus, a.a.O. S. 657: "Diese zugleich
existentielle und hermeneutische Frage ist es, die ihn für die Lehren der
Manichäer empfänglich macht: Sie versprechen, ohne Unterwerfung unter eine
Autorität auf rein rationalem Wege zur Gotteserkenntnis zu führen (De ut. cred.
1,2; De beata vita 1,4; weniger deutlich Conf. III,6,10). Dabei führen sie den
(von Augustin bei Cicero vermißten) Namen Christi stets im Munde (Conf. ebd.)
und lösen scheinbar die Probleme der Schriftauslegung, z.B. durch Kritik am
Alten Testament (Conf. III,7,12-10,18). Es handelt sich also keineswegs um eine
Abwendung vom Christentum überhaupt, sondern um die Begeisterung für eine
gnostische Form desselben zuungunsten des seit früher Kindheit anerkannten,
aber wohl als bildungs- oder philosophiefeindlich empfundenen katholischen
Christentums".
[34] Zum Manichäismus in Afrika vgl. François DECRET, *L'Afrique
manichéenne (IVe-Ve siècles)*, 2 Bde. (Eaug), Paris 1978; dort vor allem die
Einleitung S. 7-11, sowie zur Geschichte der Manichäer in Nordafrika S. 161-
233; und zur Unterscheidung zwischen *auditores* und *electi* S. 188-191.
[35] Vgl. Arthur ALLGEIER, Der Einfluß des Manichäismus auf die exegetische
Fragestellung bei Augustinus, in: *Aurelius Augustinus (FS der Görres
Gesellschaft)*, hg.v. M. GRABMANN und J. MAUSBACH, Köln 1930 S. 1-13 und
Johannes VAN OORT, *Jerusalem and Babylon*, a.a.O. S.36-42, der ausdrücklich
auf den Zusammenhang zwischen Augustins manichäischer Periode und den
Auseinandersetzungen mit Hieronymus hinweist; z.B. S. 40: "Augustine,
thoroughly familiar with the Manichean way of criticizing the Bible, was very
much opposed to any emendation of the Bible text that was at variance with the
Septuagint. At first he considered the new translation from the Hebrew by
Jerome to be not only superfluous but actually dangerous". oder S. 41:
"Augustine's emphasis on the truth of the Scriptures can also be explained as a
reaction to his experience among the Manicheans".

scher Auslegungen zu überwinden[36]. Die im achten Buch der
Confessiones geschilderte Bekehrungsszene im Garten eines Land-
gutes in Cassiciacum (in der Nähe des Comer Sees)[37], wird heute
zumeist als historisch zuverlässig eingestuft[38]. Er läßt sich nach
seiner *conversio* Ostern 387 in Mailand taufen und kehrt bald darauf
nach Afrika zurück. Noch vor der Abreise stirbt seine Mutter
Monnica in Ostia. Schon in seiner Bekehrung haben monastische
Beweggründe eine Rolle gespielt[39]. Dementsprechend beginnt
Augustinus nach der Ankunft in Afrika einige Freunde um sich zu
versammeln, mit denen er in Thagaste eine Art philosophisches

---

[36] Arthur ALLGEIER, Der Einfluß des Manichäismus auf die exegtische
Fragestellung bei Augustinus, a.a.O. S. 6: "Der Umschwung ging von den
Predigten des hl. Ambrosius aus. Hier hörte Augustin zum erstenmal biblische
Texte in einer Weise behandeln, daß er die bisherigen Anstöße nicht mehr
spürte, und der Paulinische Grundsatz, den Ambrosius oft wiederholte, begann
auch in ihm nachzuhallen: litterra occidit, spiritus autem vivificat!. Damit fing
sein Interesse für die allegorische Schriftauslegung an. Denn diese handhabte
Ambrosius im engen Anschluß an die griechischen Ausleger, insbesondere an
Basilius und Origenes und an ihren Meister Philo selbst, nicht ohne Takt und
rhetorische Geschicklichkeit".
[37] Zu Augustins Aufenthalt in Cassiciacum vgl. Dennis E.TROUT, Augustin
at Cassiciacum: Otium Honestum and the Social Dimensions of Conversion, in:
VigChr 42 (1988) S. 132-146.
[38] Den wichtigsten Beitrag zur Kritik an der historischen Zuverlässigkeit der
Angaben Augustins im siebten und achten Buch der Konfessionen hat
COURCELLE geleistet; Pierre COURCELLE, *Recherches sur les "Confessions" de
S. Augustin,* Paris 1950. In der anschließenden Debatte wurde versucht, gegen
COURCELLE die Historizität der geschilderten Begebenheit zu belegen, ohne
seine Beobachtungen zur literarischen Gestaltung des Textes zu bestreiten. Diese
vermittelnde Position nimmt auch Henry CHADWICK in der jüngsten Studie zu
diesem Thema ein. Henry CHADWICK, History and Symbolism in the Garden at
Milan, in: *From Augustine to Eriugena. Essays on Neoplatonism and
Christianity in Honour of John O'Meara,* hg.v. F.X. MARTIN / J.A. RICHMOND,
Washington 1991 S. 55: "It seems fair to deduce that there is no incompatibility
between acknowledging a substantial literary and artistic element in the
narrtive and affirming that in its essential elements the story of the conversion
at Milan in July 386 is factual and correctly remembered".
Mit der Frage nach der Historizität ist eng die Frage verbunden, welche Rolle
der Neuplatonismus in Augustins Zeit in Mailand gespielt hat. Dazu s. den
Forschungsüberblick von Goulven MADEC, Le néoplatonisme dans la conversion
d'Augustin. Etat d'une question centenaire (depuis Harnack et Boissier, 1888),
in: C. MAYER, / K.H. CHELIUS, [Hg.], *Internationales Symposion über den
Stand der Augustinus-Forschung* (Cass. 29/1), Würzburg 1989 S. 9-25.
[39] Kurt FLASCH, *Augustin,* a.a.O. S. 99: "Monastische Impulse spielten bei
der 'Bekehrung' Augustins eine entscheidende Rolle. Cassiciacum war mehr als
eine Sommerfrische für einen erkrankten Professor. Das gemeinsame Leben war
geprägt durch Lektüre, Gebet und Arbeit in der Landwirtschaft".

Klosterleben führt[40]. Während dieser Zeit ist Augustinus stark vom Neuplatonismus beeinflußt. Dementsprechend umfaßt die literatische Tätigkeit Augustins aus dieser Zeit dann auch vor allem philosophische[41] und einige antimanichäische Schriften[42]. Eine entscheidende Wende vollzieht sich nach der gegen seinen Willen vollzogenen akklamatorischen Wahl und seiner Weihe zum *presbyter* in Hippo im Jahre 391. Seitdem ist er aktiv am kirchlichen Geschehen in Nordafrika beteiligt. Zunächst errichtet er in Hippo wiederum eine mönchische Gemeinschaft, in der er bis zu seiner Bischofswahl lebt. Aus dieser Zeit stammen seine ersten Schriften zur Auseinandersetzung mit den Manichäern und den Donatisten. Besonders intensiv widmet er sich dem Bibelstudium, für das er sich ausdrücklich freie Zeit von seinem Bischof Valerius erbittet[43]. Er bemüht sich um eine Vertiefung seiner wissenschaftlichen Bibelkenntnisse und verfaßt Kommentare zur Genesis, dem Psalter und dem Römer- und Galaterbrief[44]. Dabei ist ein Übergang von der allegorischen Exegese des Ambrosius zu einer stärker am Buchstaben der Bibel orientierten Auslegung zu beobachten[45].

---

[40] Kurt FLASCH, *Augustin*, a.a.O. S. 99: bezeichnet diesen Kreis als "geschichtliche Zwischenform zwischen antiker Philosophenschule und Kloster".

[41] Johannes VAN OORT, *Jerusalem and Babylon*, a.a.O. S. 55: "After his conversion and baptism ...a strong emphasis on Neoplatonism can be seen: in the Cassiciacum dialogues and in the works written in Milan, Rome and Thagaste". Aus dieser Zeit stammen auch seine letzten Schriften zu den klassischen-antiken Wissensschaften; Augustinus, *Retractationes* I,6 CCL 57 17,40-53, dazu vgl. Henri-Irénée MARROU, *Augustin et la fin de la culture antique*, Paris 1958[4] S. 187-210.

[42] Augustinus verfaßt ca. 388/89 *De moribus ecclesiae catholicae et de moribus Manichaeorum*, PL 32 1309-1378 und *De Genesi contra Manichaeos* PL 34 173-220.

[43] Augustinus ad Valerium, Ep. 21,3 CSEL 34/I 51,8-11: *"tunc enim ordinatus sum, cum de ipso vacationis tempore ad cognoscendas divinas scripturas cogitaremus et sic disponere vellemus, ut nobis otium ad hoc negotium posset esse".*

[44] Augustinus verfaßt ca. 392 *Ennarrationes in Psalmos* 1-32 CCL 38; ca. 393 *De Genesi ad litteram imperfectus liber*, CSEL 28; ca. 394 *Expositio quarundam propositionum ex Epistola Apostoli ad Romanos* und *Expositio Epistolae ad Galatas*, CSEL 84.

[45] Kurt FLASCH, *Augustin*, a.a.O. S. 156-158 betrachtet den Übergang Augustins von einer bei Ambrosius erlernten allegorischen Bibelauslegung zu einer mehr am Buchstaben orientierten Exegese als einen Prozeß, in dem der Eigenanteil des interpretierenden Individuums zugunsten der Autorität des Textes zurücktritt. Darin sieht FLASCH einen Einfluß seiner Position innerhalb der kirchlichen Hierarchie.

In der Auseinandersetzung mit Hieronymus erweist sich zum einen der Einfluß seiner Lehrer[46] als bestimmend, der ihn in die lateinische Theologie und Exegese einbindet, zum anderen aber auch die kirchliche Entwicklung des ausgehenden 4. Jahrhunderts im Westen des römischen Reiches.

B. DER BRIEFWECHSEL

Der Zeitraum, in dem Augustinus und Hieronymus in brieflichem Kontakt standen, erstreckt sich von 395 bis zum Tod des Hieronymus im Jahre 420. Aus dieser Zeit sind 18 Briefe, die zwischen ihnen gewechselt wurden, erhalten[47]. Auf Grund der Schwierigkeiten, die bei der Übersendung der Briefe zwischen Nordafrika und Bethlehem auftraten, und der durch Mißverständnisse getrübten ersten Phase des Briefwechsels ist der Austausch von Briefen nicht regelmäßig. Die beste Weise, die historischen Probleme des Briefwechsels darzustellen, sind deshalb Regesten in chronologischer Reihenfolge. Die Darstellung rekonstruiert den Verlauf des Briefwechsels, soweit das aus den vorliegenden Quellen möglich ist. Die Ergebnisse dieser Rekonstruktion sind eine wichtige Grundlage für die literargeschichtliche Untersuchung der spätantiken Ausgaben und die Erhellung der Überlieferungsgeschichte.

---

[46] Einen Überblick über die Forschungen zur Beeinflussung Augustins durch Lehrer und lateinische Vorgänger gibt Antoon A.R. BASTIAENSEN, Augustin et ses prédécesseurs latins chrétiens, in: J. den Boeft / J. van Oort [Hg.], *Augustiniana traiectina*, Paris 1987 S. 25-27. Über Augustins Kenntnis der griechischen Kirchenväter gibt BARTELINK ergänzend einen Überblick; Gerard J.M. BARTELINK, Augustin und die griechischen Patres, ebd. S. 9-24. Zur Berufung auf lateinische Vorgänger, wenn auch in anderen Situationen vgl. die Studien von J. DOIGNON, Nos bons hommes de foi: Cyprien, Lactance, Victorin, Optat, Hilaire (Augustin, de doctrina christiana IV,40,61), in: *Latomus* 22 (1963) S. 785-805 und Ernst DASSMANN, "Tam Ambrosius quam Cyprianus" (c.Iul.imp. 4,112) Augustins Helfer im pelagianischen Streit, in: *Oecumenica et Patristica, FS W. Schneemelcher*, hg.v. D. Papandreou, W.A. Bienert, K. Schäferdiek, Chambèsy 1989.
[47] In der Sekundärliteratur wird gemeinhin angenommen, daß fünf Briefe verlorengegangen sind, vgl. Hans LIETZMANN, Zur Entstehungsgeschichte der Briefsammlung Augustins in: *SPAW.PH* 1930 S. 356-388, wiederveröffentlicht in: Hans LIETZMANN, *Kleine Schriften I*, hg. von K. ALAND, Berlin 1958, S. 286-291; Donatien DE BRUYNE, La correspondance, a.a.O. S. 247. Es wird sich im Laufe der Untersuchung erweisen, daß der Briefwechsel bis auf zwei kurze Notizen auf Briefen anderer Autoren (Ep. A + B) und zwei Briefe aus dem letzten Teil der Korrespondenz vollständig vorliegt (Ep. C + D).

1. Unterteilung des Briefwechsels

Der Briefwechsel läßt sich klar in zwei Gruppen gliedern[48], von denen die erste und größere Gruppe Ep. 28 bis Ep. 82 umfaßt. Die zweite Gruppe bilden Ep. (165), 166, 167, 172, 195, 123, C, D, 202 und die neuentdeckte Ep. 19*[49]. Die Gruppen sind inhaltlich und formal deutlich voneinander abzugrenzen. Die erste Gruppe beinhaltet die Auseinandersetzungen um den Kanon des Alten Testaments und um den Streit zwischen Petrus und Paulus in Antiochia (Gal 2,11-14). Die Briefe dieser Gruppe sind nach einigen Anlaufschwierigkeiten in der Hauptsache zwischen 402 und 405 entstanden. Sie liegen auch in der handschriftlichen Überlieferung als geschlossene Gruppe vor.

Die zweite Gruppe umfaßt die übrigen Briefe, die nach einer zehn Jahre langen Pause im Briefwechsel entstanden sind. Das beherrschende Thema der zweiten Gruppe sind die mit dem pelagianischen Streit verbundenen Probleme. In den Jahren zwischen 415 und 420 sind neun Briefe entstanden, von denen aber nur sieben erhalten sind. Sie sind bei weitem nicht so einheitlich überliefert, wie die Briefe der ersten Gruppe. Ein Grund dafür mag auch die schwierige Situation gewesen sein, in der sich Hieronymus nach 415 befand. Nach dem Überfall auf sein Kloster war ihm die ordentliche Führung seines Archivs kaum mehr möglich. Es ist deshalb nicht verwunderlich, daß aus der letzten Phase des Briefwechsels erst vor kurzem ein weiterer Brief Augustins an Hieronymus (Ep. 19*) entdeckt worden ist.

---

[48] DE BRUYNE und LIETZMANN versuchen, drei Gruppen zu unterscheiden. Aus Augustins *Retractationes* ist bekannt, daß er Ep. 166 und 167 zusammen mit einer Antwort des Hieronymus herausgeben wollte. Deshalb sehen LIETZMANN und DE BRUYNE diese Briefe zusammen mit Ep. 165 + 172 als eine eigene Gruppe an. Da aber in der handschriftlichen Überlieferung nur Ep. 28-82 eine geschlossene Gruppe bilden und alle anderen Briefe mehr oder weniger unregelmäßig überliefert sind, wird der Verlauf des Briefwechsels am besten durch die Unterscheidung zweier Phasen und den entsprechenden zwei Gruppen von Briefen charakterisiert.

[49] Ep. 19* gehört zu den von Johannes DIVJAK neuentdeckten Briefen Augustins, CSEL 88 91-93.

C. REGESTEN

1. Ep. 28 (395)

A u g u s t i n u s ad H i e r o n y m u m: Ep. 28 ist der früheste Brief des Briefwechsels[50]. Mit ihm beginnt Augustinus das Gespräch. Augustinus nimmt Bezug auf den Bericht des Alypius über seinen Besuch bei Hieronymus in Bethlehem im Jahre 394 und empfiehlt ihm in diesem Brief Profuturus, der ebenfalls einen Aufenthalt im Heiligen Land plant.

Bevor Augustinus seine persönlichen Anfragen an Hieronymus formuliert, bringt er einen Kritikpunkt an Hieronymus zur Sprache, den er deutlich als offizielle Anfrage der nordafrikanischen Kirche formuliert[51]. Es geht ihm und seinen afrikanischen Mitbrüdern um den Kanon des Alten Testaments. Hieronymus soll sich in seiner Übersetzungstätigkeit an den Septuaginta-Kanon halten, dem "allerhöchste Autorität" zukomme *(quorum est gravissima auctoritas)* [52]. Dieser massive Druck auf Hieronymus muß auf dem Hintergrund der unmittelbar zuvor auf einer Provinzialsynode zu Hippo 393 getroffenen Entscheidung über den Kanon verstanden werden.

Ein anderes Problem, das Augustinus persönlich noch mehr bewegt, ist die Interpretation von Gal 2,11-14 Er kritisiert ausführlich den Galaterkommentar des Hieronymus. Dessen Interpretation des Apostelstreits als Scheingefecht kann Augustinus nicht zustimmen; dadurch ergäbe sich die Möglichkeit, daß die heilige Schrift eine Lüge enthalte. Augustinus hat sich bereits in der Schrift *De mendacio* und seinem Galaterkommentar intensiv mit dem Problem der Lüge auseinandergesetzt. Er verteidigt die Wahrheit und Unverfälschtheit der Heiligen Schrift vor allem gegen den Vorwurf der Manichäer, es gebe in der Bibel verfälschte Stellen.

Der Brief soll durch Profuturus nach Bethlehem gebracht werden, aber seine Wahl zum Bischof von Cirta verhindert das. Hieronymus wird erst acht Jahre später, im Jahr 403, eine Kopie von Ep. 28 zu

---

[50] Zu Fragen der Datierung wurden vor allem herangezogen, Ferdinand CAVALLERA, *Jérôme*, a.a.O. Bd. 2 S. 47-63, Alois GOLDBACHER, Index III. De epistularum ordine atque temporibus, in: CSEL 58, Wien 1923 S. 12-63 und Peter BROWN, *Augustinus von Hippo*, a.a.O. S. 481-499.
[51] Augustinus ad Hieronymum, Ep. 28,2 CSEL 34/I 1055,7f: *"Petimus ego et nobiscum petit omnis Africanarum ecclesiarum studiosa societas"*.
[52] Augustinus ad Hieronymum, Ep. 28,2 CSEL 34/I 106,1.

Gesicht bekommen, die Augustinus zusammen mit Ep. 71 über-
sandte. Ep. 28 ist bisher in die Jahre 394 oder 395 datiert worden[53].
Einige Daten aus Ep. 28 erlauben aber eine genauere Eingrenzung
der Entstehungszeit. Die wichtigsten Anhaltspunkte für die
Datierung sind, daß Augustinus den Brief noch als *presbyter*
schreibt[54], daß er von der Reise des Alypius zu Hieronymus nach
Bethlehem berichtet, die dieser vor seiner Weihe zum Bischof von
Thagaste gemacht hat[55], und daß er den Boten erwähnt, der den
Brief an Hieronymus überbringen sollte: Profuturus. Von ihm
erfährt man aus dem weiteren Gang des Briefwechsels und aus
anderen Zeugnissen, daß er wegen seiner Wahl zum Bischof von
Cirta die Reise nach Bethlehem nicht angetreten hat.

Die Abfassung des Briefes liegt nach den Angaben Augustins
zwischen der Weihe des Alypius zum Bischof von Thagaste und
seiner eigenen zum Mitbischof des Valerius in Hippo. Die genauen
Daten der beiden Bischofsweihen sind unbekannt, sie können aber
aus der Korrespondenz des Paulinus von Nola und den Angaben
Prospers von Aquitanien ziemlich genau erschlossen werden. Um die
Erforschung der Vorgänge um die Bischofsweihe Augustins hat sich
besonders Othmar PERLER verdient gemacht, dessen Ergebnissen im
wesentlichen zuzustimmen ist[56]. Alypius ist wahrscheinlich im
Sommer 394 zum Bischof geweiht worden, Paulinus erwähnt
Alypius in seinem Schreiben "vor dem Winter" 394[57], d.h. bevor die

---

[53] Hans LIETZMANN, Zur Entstehungsgeschichte, a.a.O. S. 286; Donatien DE
BRUYNE, La correspondance, a.a.O. S. 247.

[54] Alle Handschriften von Ep. 28 bezeugen in der Überschrift, daß
Augustinus zum Zeitpunkt der Abfassung noch *presbyter* ist. Die meisten
Handschriften bezeugen eine ausführliche Überschrift: "*Domino dilectissimo et
cultu sincerissimo caritatis observando atque amplectendo fratri et conpresbytero
Hieronymo Augustinus*". Nur drei der von GOLDBACHER herangezogenen
Handschriften bezeugen eine lakonisch kurze Überschrift: "*Hieronimo presbytero
augustinus presbyter*" CSEL 34/I 103. Zu den Anreden und Binnenanreden in
den Briefen Augustins vgl. Johannes DIVJAK, Die Binnenanreden in den Briefen
Augustins, in: *RBen* 94 (1984) S. 185-294.

[55] Augustinus ad Hieronymum, Ep. 28 CSEL 34/I 104,2-4 "*posteaquam te
beatissimus nunc episcopus tunc vero iam episcopatu dignus frater Alypius vidit
remeansque me visus est*".

[56] Othmar PERLER, Das Datum der Bischofsweihe des Heiligen Augustinus,
in: *REAug* 11 (1965) S. 25-37 und Othmar PERLER / Jean Louis MAIER, *Les
voyages de saint Augustin*, Paris 1969, hier besonders S. 162-178; 205-211.

[57] Paulinus ad Augustinum, Ep. 30 CSEL 34/I 123,10 "*ante hiemen*". Zu den
Reisebedingungen zur See und der Zeit, in der die Schiffahrt eingestellt war vgl.
Othmar PERLER, *Les voyages*, a.a.O. S. 68-74. Eine Schiffsreise im Winter war
nicht unmöglich, bildete aber eine große Ausnahme, a.a.O. S. 73: "un voyage

Schiffahrt auf dem Mittelmeer eingestellt wird, als in seinem neuen Amt befindlich[58]. Ob die Weihe vor oder nach dem Konzil in Karthago am 26. 6. 394[59] stattgefunden hat, läßt sich nicht ermitteln. Es ist aber wahrscheinlich, daß Augustinus bei der Weihe seines Freundes in Thagaste zugegen gewesen ist[60]. Wenn Augustinus eine Reise nach Thagaste zur Weihe des Alypius unternommen hat, kann man annehmen, daß sie kurz vor oder nach dem Konzil stattfand, so daß Augustinus auf der Hin- oder Rückreise von Karthago den Weg über Thagaste nehmen konnte. Die Weihe Augustins zum Mitbischof des greisen Valerius ist ein Jahr später, im Juni 395, erfolgt[61]. Über die näheren Umstände der Weihe ist nichts bekannt. Für die Abfassung von Ep. 28 ergibt sich also ein Zeitraum von Juni 394 bis Juni 395. Durch die Reise, die Augustinus bald nach seiner Weihe zusammen mit Alypius unternimmt[62], kann die Abfassungszeit noch genauer eingegrenzt werden. Er reist zur Bischofsweihe seines Schülers und Freundes Profuturus nach Cirta[63]. Da Augustinus in Ep. 28 angibt, er wolle den Brief Profuturus mitgeben, der eine Reise ins Heilige Land plane, kann er noch nicht von seiner Wahl zum Bischof gewußt haben. Es ist also anzunehmen, daß der Brief einige Zeit vor der Bischofsweihe des Profuturus geschrieben worden ist, während Profuturus noch im Kloster zu Hippo lebte.

---

sur mer en hiver n'était donc pas impossible, mais comportait des risques très graves et constituait par consequent une exception".

[58] Paulinus ad Augustinum, Ep. 30 CSEL 34/I 123,19 "*venerabilem episcoporum Aurelii et Alypii*".

[59] MANSI 3, 853.

[60] Othmar PERLER, *Les voyages* a.a.O. S. 174 vermutet, daß Alypius als frischgeweihter Bischof am Konzil in Karthago teilgenommen haben könnte. Da Alypius erst im Frühjahr mit dem Schiff aus Palästina zurückkehren konnte, kann die Weihe nicht wesentlich früher vorgenommen worden sein.

[61] Othmar PERLER, *Les voyages*, a.a.O. S. 171f: "Saint Augustin a donc été ordonné évêque avant la fin juin environ, mais, comme nous verrons tout à l'heure, après le 4 mai".

[62] Augustinus, Ep. 43 und 44 berichten über diese Reise.

[63] Augustinus, Ep. 44, berichtet über die Reise nach Cirta und den Zweck derselben: "*ad Cirtensem ecclesiam pergeremus*" (CSEL 34/II 109,17f) "*sed quia ordinandi episcopi necessitas nos inde iam iamque rapiebat*" (CSEL 34/II 120,25f). Daß es sich bei dem Ordinanden um Profuturus handelt, ergibt sich aus einer Notiz Augustins in *De unico baptismo*, CSEL 53 31, 8-12 "*Cirtensi ecclesia ...proinde si Profuturus ante paucissimos annos defunctus*" (Die Schrift ist ca. 410-411 verfaßt). Augustinus hat auch in der folgenden Zeit den Kontakt zu Profuturus gehalten. An ihn ist Augustins Ep. 38 gerichtet (CSEL 34/II 64-66). In diesem Brief berichtet Augustinus über eine gemeinsame Reise, wobei nicht ganz klar ist, wo und wann die Reise stattgefunden hat; Augustinus ad Profuturum, Ep. 38,2 CSEL 34/II 66,11-19.

Ep. 28 ist also im Frühjahr 395, nach der Wiederaufnahme des See-
verkehrs, verfaßt worden.

2. Ep. A (396/397 ?)

A u g u s t i n u s ad H i e r o n y m u m *(subscriptio)*: Aus Ep. 40
geht hervor, daß Hieronymus Augustinus bereits vor der Abfassung
von Ep. 40 einen Brief gesandt hat: *"Habeo gratiam, quod pro
subscripta salutatione plenam mihi epistulam reddidisti"* [64]. Dieser
Brief (= Ep. B) ist also die Antwort auf eine *subscripta salutatio*
(= Ep. A), die Augustinus dem Schreiben eines anderen Absenders
handschriftlich beigefügt hat. Daß Schlußgrüße nicht vom Schreiber
sondern vom Absender persönlich geschrieben worden sind, ist aus
einer Bemerkung Augustins in Ep. 19[*] zu ersehen[65]. Auch der Fall,
daß ein Papyrusblatt für zwei Briefe verwendet worden ist, ist nicht
außergewöhnlich. Belege dafür gibt es beispielsweise im
Familienarchiv des Sempronius. Dort gibt es drei Papyri, auf denen
nacheinander zwei Briefe an zwei verschiedene Adressaten geschrieben worden sind[66].

DE BRUYNE hat vermutet, daß es sich bei diesem Schreiben um
einen Brief des Alypius gehandelt haben könnte, weil dieser
Hieronymus und Augustinus gut kannte[67]. Diese Vermutung läßt sich
aber nicht belegen. Zwischen Alypius und Hieronymus hat es keinen
Briefkontakt gegeben. Der neuentdeckte Brief des Hieronymus an
Aurelius von Karthago (Augustinus Ep. 27[*68]) macht es eher wahrscheinlich, daß Ep. A einem Schreiben von ihm angefügt war.
Aurelius und Hieronymus kennen sich aus Rom. Aurelius kam mit
einer nordafrikanischen Gesandtschaft unter der Leitung seines Vor-

---

[64] Augustinus ad Hieronymum, Ep. 40,1 CSEL 34/II 69,5f.

[65] Augustinus ad Hieronymum, Ep. 19*,4 CSEL 88 93,11: *"epistolarum
exemplaria manu mea subnotata"*.

[66] Zu diesem Familienarchiv gibt es mehrere Veröffentlichungen, hier sei nur
die jüngste zitiert, die auch Text und Übersetzung der Briefe bietet: G.H.R.
HORSLEY [Hg.], *New Documents illustrating Early Christianity* 2. A Review of
the Greek Inscriptions and Papyri published in 1977, Macquarie University
1982, S. 63-69.

[67] Donatien DE BRUYNE, La correspondance, a.a.O. S. 235.

[68] Zu ep. 27* vgl. Yves-Marie DUVAL, Introduction à la Lettre 27*, in:
Johannes Divjak [Hg.], *Oeuvres de saint Augustin 46b. Lettres 1*-29**, Paris
1987 S. 560-568 und die vor allem sprachlich orientierte Analyse von Ilona
OPELT, Aug. *Epist.* 27* Divjak: Ein Schreiben des Hieronymus an Bischof
Aurelius von Karthago, in: *Collectanea Augustiniana. Mélanges T.J. van Bavel,*
hg.v. B. Bruning / M. Lamberigts / J. van Houtem, Leuven 1990 S. 19-25.

vorgängers, des Bischofs Cyrus von Karthago[69], nach Rom, als Hieronymus dort lebte (382-385). Aus dem Jahr 392 ist jetzt durch Ep. 27[*] ein weiterer brieflicher Kontakt nachzuweisen. Aurelius hat Hieronymus seine Weihe zum Bischof mitgeteilt[70] und Hieronymus hat darauf geantwortet. Dieser Brief ist - aus welchem Grund auch immer - zusammen mit den neugefundenen Briefen Augustins aufbewahrt worden. Möglicherweise hat es weitere Korrespondenz zwischen Aurelius und Hieronymus gegeben. In diesem Zusammenhang könnten Ep. A und B entstanden sein. Möglicherweise hat Augustinus während seines langen Aufenthaltes von Anfang Mai bis Ende September 397 in Karthago[71] die *subscripta salutatio* auf einen Brief des Aurelius geschrieben. Vielleicht hat Augustinus auch dort die Antwort des Hieronymus (= Ep. B) erhalten. Weil die kurze Notiz Augustins dem Brief eines anderen Absenders angefügt war, ist sie nicht in die Sammlung des Briefwechsels zwischen Augustinus und Hieronymus aufgenommen worden und deswegen der Nachwelt nicht erhalten geblieben.

3. Ep. B (397 ?)

H i e r o n y m u s ad A u g u s t i n u m: Ep. B ist der Brief, den Augustinus am Anfang von Ep. 40 erwähnt. In seiner *subscripta salutatio* (Ep. A) hat Augustinus Hieronymus um Informationen über Origenes gebeten. Aus Ep. 40 läßt sich ersehen, daß Hieronymus seiner Bitte entsprochen hat: *"De Origene autem quod rescribere dignatus es"* [72]. Die Informationen des Hieronymus über Origenes in Ep. B können aber nicht sehr ausführlich gewesen sein[73], Augustinus

---

[69] Vgl. Yves-Marie DUVAL, Introduction à la Lettre 27*, a.a.O. S. 562: "L'un des principaux apports de cette nouvelle lettre de Jérôme est de nous faire mieux connaître l'évêque de Carthage Cyrus ...et surtout dater son épiscopat ...Cyrus est très vraisemblament le prédécesseur de Genethlius/Geneclius ...Il est probablement le successeur de Restitutus".

[70] Hieronymus ad Aurelium, Ep. 27* CSEL 88 130,15-18: *"latitanti et mea delicta plangenti unus tuae dignationis sermo te et sospitem et amicissimum mei et pontificem Carthaginensis ecclesiae nuntiavit"*. Ilona OPELT, Aug. *Epist.* 27* Divjak, a.a.O. S. 20 plädiert für eine Datierung ins Jahr 393.

[71] Vgl. Othmar PERLER, *Les voyages*, S. 215ff.

[72] Augustinus ad Hieronymum, Ep. 40,9 CSEL 34/II 79,6.

[73] Zu diesem Thema vgl. den Abschnitt bei Pierre COURCELLE, *Les lettres greques en Occident,* Paris 1948 S. 185-187; Berthold ALTANER, Augustinus und Origenes: Eine quellenkritische Untersuchung, in: *HJ* 70 (1950); Willy THEILER, Augustin und Origenes, in: *Aug* 13 (1968) S. 423-432 und Anne Marie LA BONNARDIERE, Jérôme "informateur" d'Augustin au sujet d'Origene, in: *REAug* 20 (1974) S. 42-54 (zu Ep. B besonders S. 44). Das Thema "Origenes

jedenfalls hat diesen Brief als zu kurz empfunden[74]. Ep. B ist wie
Ep. A nicht erhalten. Da Ep B als Antwortschreiben auf die
subscripta salutatio Augustins an Aurelius oder einen anderen Empfänger gerichtet war, ist dieser Brief nicht in die Briefsammlungen
Augustins oder des Hieronymus aufgenommen worden. Vielleicht
handelte es sich bei Ep. B auch nur um einen schmalen Papyrus-
streifen, der dem eigentlichen Brief beigelegt war. Festzustellen
bleibt, daß der erste Austausch zwischen Augustinus und Hieronymus nicht erhalten geblieben ist.

4. *Ep. 40 (ca. 397-399)*

A u g u s t i n u s ad H i e r o n y m u m: Augustinus antwortet[75] auf
die kurze Mitteilung über Origenes (Ep. B) und bittet Hieronymus,
das wissenschaftliche Gespräch zu intensivieren[76]. Er hat in der

---

und seine Theologie" nimmt im Gespräch zwischen Augustinus und Hieronymus
einen relativ breiten Raum ein. Im ersten Teil des Briefwechsels besitzt das
Thema durch die Auseinandersetzung mit Rufin und den damit im
Zusammenhang stehenden ersten origenistischen Streit viel Brisanz (Ep. 68,3;
73,6; 82,1). Dabei geht es Hieronymus darum, seinen Einfluß gegen Rufin in
Nordafrika durchzusetzen. Im Kontext des pelagianischen Streites gewinnt für
Augustinus schließlich die Frage nach dem Ursprung der Seele bzw. der Seele
von Neugeborenen zunehmend an Wichtigkeit. Hier kritisiert er die Auffassung
des Origenes und bittet Hieronymus um sein Urteil (Ep. 166). Vgl. dazu Robert
J. O'CONNEL, St. Augustine's Criticism of Origen in the Ad Orosium, in:
REAug 30 (1984) S. 84: "Augustine's repeated pleas in his letters to Jerome for
illumination on the specifics of Jerome's developing opposition to Origen's views
show two things quite clearly: Augustine's own ignorance in respect to Origen's
views and Jerome's near-total unresponsiveness to his requests for that
information".
  [74] Augustinus ad Hieronymum, Ep. 40,1 CSEL 34/II 70,3f: *"tamen epistulae
tuae brevitati facile non ignoscerem, nisi cogitarem, quam paucioribus verbis
meis redderetur"*.
  [75] Das Datum der Abfassung von Ep. 40 ist nicht eindeutig zu klären.
G. FOLLIET, "nonnulli putaverunt..." (De opere monachorum, IX,12), in:
REAug 1 (1955) S. 401 versucht, diesen Brief in das Jahr 399 zu datieren. Er
begründet seinen Vorschlag mit einer Notiz Augustins in *De opere monachorum*,
die er als Kurzfassung der Argumentation in Ep 40 versteht. Dagegen ist zu
sagen, daß Augustinus in diesen Jahren in mehreren Schriften Bedenken gegen
die Interpretation des Hieronymus von Gal 2,11-14 vorgetragen hat; so in *De
mendacio* (394/5), *Contra Faustum* (397/8) und *De baptismo contra Donatistas*
(400/1). In allen Schriften ist die Argumentation Augustins ähnlich. Mir scheint
aus keiner der anderen Schriften ein sicherer Anhalt für die Datierung von
Ep. 40 zu gewinnen zu sein.
  [76] Augustinus ad Hieronymum, Ep. 40 CSEL 34/II 70,4-8: *"quare
adgredere, quaeso, istam nobiscum litterariam conlocutionem, ne multum ad nos*

Zwischenzeit bei einem ungenannten *frater* die Schrift *De viris illustribus* gefunden und gelesen. Er bittet Hieronymus um die Angabe des Titels der Schrift, da dieser auf dem Exemplar fehle, in das er Einsicht habe nehmen können. Weiterhin bittet er Hieronymus in Ep. 40,9, ein Gegenstück zu dieser Schrift zu verfassen, eine Zusammenstellung der Häretiker und ihrer Irrlehren[77].

Augustinus nimmt Bezug auf Ep. 28, obwohl er weiß, daß der Brief nicht abgesandt wurde[78]. Er ist sich bewußt, die Fragen aus Ep. 28 zu wiederholen[79]. Dennoch verschiebt er in Ep. 40 die Schwerpunkte. Das beherrschende Thema in Ep. 40 ist die Auseinandersetzung um Gal 2,11-14 mit einer starken Betonung des Problems des *mendacium officiosum*. Augustinus fordert Hieronymus auf, eine παλινῳδία zu singen[80], also seine Äußerungen aus dem Galaterkommentar zurückzunehmen.

Am Ende des Briefes wird der Überbringer *frater noster* Paulus empfohlen. Dieser hat den Brief aber nicht zu Hieronymus gebracht. Vielmehr gelangte der Brief nach Rom und wurde dort weiter verbreitet. Hieronymus erfuhr 398 durch eine Abschrift davon, die der *diaconus* Sisinnius[81] auf einer adriatischen Insel anfertigen konnte[82].

---

disiungendos liceat absentiae corporali, quamquam simus in domino spiritus unitate coniuncti, etiam si ab stilo quiescamus et taceamus".

[77] Die gewünschte Zusammenstellung hat Augustinus später im *Panarion* des Epiphanius von Salamis gefunden.

[78] Augustinus ad Hieronymum, Ep. 40,8 CSEL 34/II 78,11f: *"Scripseram iam hinc aliquando ad te epsitulam, quae non perlata est, quia nec perrexit, cui perferendam tradideram"*.

[79] Augustinus ad Hieronymum, Ep. 40,8 CSEL 34/II 78,13f: *"Ex qua illud mihi suggestum est, cum ista dictarem, quod in hac quoque praetermittere non debui"*.

[80] Der Begriff παλινῳδία bezeichnet die Zurücknahme einer vorher gemachten Äußerung. Seinen Ursprung hat der Begriff in der Geschichte vom Dichter Stesichoros, der wegen eines Schmähgedichtes auf Helena von den Göttern seines Augenlichtes beraubt wurde, daraufhin einen Widerruf dichtete und wieder sehend wurde. Der früheste Beleg für den Begriff findet sich bei Platon, Phaidros 243a *"Ἔσρι δὲ τοῖς ἁμαρτάνουσι περὶ μυθολογίαν καθαρμὸς ἀρχαῖος, ὃν Ὅμηρος οὐκ ᾔσθετο, Στησίχορος δέ· τῶν γὰρ ὀμμάτων στερηθεὶς διὰ τὴν Ἑλένης κακηγορίαν, οὐκ ἠγνόησεν ὥσπερ Ὅμηρος, ἀλλ᾽ ἅτε μουσικὸς ὢν ἔγνω τὴν αἰτίαν καὶ ποιεῖ εὐθύς·*

Οὐκ ἔστ᾽ ἔτυμος λόγος οὗτος·
οὐδ᾽ ἔβας ἐν νηυσὶν εὐσέλμοις
οὐδ᾽ ἵκεο πέργαμα Τροίας.

Καὶ ποιήσας δὴ πᾶσαν τὴν καλουμένην Παλινῳδίαν, παραχρῆμα ἀνέβλεψεν"*.

[81] Es handelt sich um denselben Sisinnius, der 406 den Brief von Minervius und Alexander zu Hieronymus gebracht hat, auf den Ep. 119 antwortet. Sisinnius hat Ep. 119 zusammen mit einem anderen Brief von Toulouse nach

Daß Abschriften von Ep. 40 ohne sein Wissen in Rom und anderen-
orts verbreitet werden, erzürnt Hieronymus. Augustinus trifft ihn -
unabsichtlich? - an einer empfindlichen Stelle. Weil Hieronymus auf
gute Beziehungen zu einflußreichen Personen in Rom angewiesen ist,
muß er auf die Wahrung seines Ansehens bedacht sein[83].

Am Beispiel von Ep. 40 kann ein charakteristisches Merkmal der
Bearbeitung von Privatbriefen zur Veröffentlichung beobachtet
werden. Die eigenhändig geschriebenen Grüße am Ende eines
Briefes werden bei Abschriften meist weggelassen. Deshalb enthält
die Kopie, die Sisinnius von Ep. 40 machen kann, nicht den letzten
Satz mit der Nennung des Überbringers. Hieronymus wirft Augustinus noch in Ep. 72 vor, er habe den Namen des Überbringers von
Ep. 40 absichtlich verschwiegen[84]. Dabei ist dieser Satz wahrscheinlich bei der Abschrift, die von Augustins Original angefertigt wurde,
weggelassen worden.

5. Ep. 67 (ca. 402)

A u g u s t i n u s a d H i e r o n y m u m : Augustinus hat auf irgendeine Weise erfahren, daß Hieronymus Ep. 40 gelesen hat[85] und
wütend darüber ist, daß dieser Brief in Rom kursiert. Augustinus
reagiert darauf, indem er bestreitet, einen Brief gegen Hieronymus
nach Rom geschrieben zu haben[86]. Er bittet Hieronymus zum
wiederholten Mal, in ein intensives wissenschaftliches Gespräch ein-

---

Bethlehem gebracht. Hieronymus erwähnt dies in der Vorrede zum
Sacharjakommentar und bezeichnet ihn dort als *frater noster* und als *filius* des
Bischofs Exsuperius von Toulouse (PL 25 1415f). Er nicht mit Sisinius
identisch, dem Nilus von Ancyra ebenfalls um diese Zeit einen Brief widmet;
Nilus Ancyranus ad Sisinium Spatarium, Ep. 227 PG 79 165C.

[82] Hieronymus ad Augustinum, Ep. 68,1 CSEL 34/II 240,8 und Ep. 72,1
CSEL 34/II 256,6f: *"epistulae cuiusdam quasi ad me scriptae per fratrem
nostrum Sisinnium diaconum huc exemplaria pervenerunt, in qua hortaris me, ut
παλινῳδίαν ...canam"*.

[83] Die Bedeutung Roms für Hieronymus ist nicht zu überschätzen. Vgl.
Pierre NAUTIN, L'activité littéraire de Jérôme de 387 à 392, in: *RThPh* 115
(1983) 249: "Pour Jérôme à Bethléem, éditer, publier un livre, c'est-à-dire le
livrer au public, cela consiste à l'envoyer à Rome".

[84] Hieronymus ad Augustinum, Ep. 72,1 CSEL 34/II 255,15.

[85] Augustinus ad Hieronymum, Ep. 67,1 CSEL 34/II 237,5: *"Audivi
pervenisse in manus tuas litteras meas"*.

[86] Augustinus ad Hieronymum, Ep. 67 CSEL 34/II 238,3: *"hoc autem breve
est: suggestum caritati tuae a nescio quibus fratribus mihi dictum est, quod
librum adversus te scripserim Romamque miserim. hoc falsum esse noveris"*.

zutreten[87]. Zum Schluß läßt er Paulinianus, den Bruder des Hieronymus, der in Bethlehem weilt, grüßen.

In Ep. 67 stellt sich dem Leser an mehreren Punkten die Frage, woher Augustinus seine Informationen bezogen hat. Durch wessen Vermittlung weiß er davon, daß Hieronymus seit ca. 398 im Besitz einer Kopie von Ep. 40 ist? Woher kennt er Paulinianus, den Bruder des Hieronymus? Da offenbar kein Schreiben des Hieronymus zwischen Ep. B und Ep. 68 liegt, muß man annehmen, daß Augustinus weitere, bisher unbekannte Kontakte mit der Umgebung des Hieronymus gehabt hat[88].

6. Ep. 68 (402)

H i e r o n y m u s ad A u g u s t i n u m: Ep. 67 hat Hieronymus erreicht, und er antwortet mit Ep. 68 direkt darauf[89]. Der Brief wird durch den *hypodiacon* Asterius überbracht, der gerade im Abreisen begriffen ist, als Hieronymus Ep. 67 erhält (offenbar durch einen anderen Boten).

Hieronymus entschuldigt sich dafür, daß er nicht auf die Kopie von Ep. 40 reagiert hat, die er seit 398 besitzt. Die lange Krankheit der Gefährtin Paula hat ihn daran gehindert, den Kontakt mit Augustinus zu intensivieren[90]. Er schenkt der Kopie von Ep. 40

---

[87] Augustinus ad Hieronymum, Ep. 67 CSEL 34/II 239,3f: *"O si licuisset etsi non cohabitante saltem vicino te in domino perfrui ad crebrum et dulce conloquium!"*

[88] Ein Beispiel für solche Kontaktmöglichkeiten ist der erwähnte Brief des Hieronymus an Aurelius von Karthago (Ep. 27*), mit dem Augustinus seinerseits befreundet war. Dort ist z.B. ein Gruß von Paulinianus an Aurelius überliefert; CSEL 88 133,2. Durch den Kontakt mit Aurelius könnte Augustinus also vom Bruder des Hieronymus gehört haben.

[89] Ob der Subdiakon Asterius Ep. 67 aus Nordafrika mitgebracht hat, ist nicht eindeutig zu klären. Ferdinand CAVALLERA, *Saint Jérôme, sa vie et son oeuvre*, Paris 1922 Bd.1 S. 299f; Bd.2 S. 48f u. 162 behauptet das, aber der Text von Ep. 68 läßt nur erkennen, daß Asterius Ep. 68 nach Nordafrika gebracht hat. Die Eingangsbemerkung, Asterius wäre gerade im Abreisen begriffen gewesen, als Hieronymus den Brief Augustins erhielt, läßt eher den gegenteiligen Schluß zu, weil sie voraussetzt, daß Asterius bereits in Bethlehem weilte, als Ep. 67 von Augustinus eintraf: *"In ipso profectionis articulo sancti filii nostri Asterii hypodiaconi beatidudinis tuae ad me litterae pervenerunt"* CSEL 34/II, 240,4f.

[90] Während der langen Krankheit Paulas ist im gesamten Schaffen des Hieronymus eine Phase zu bemerken, in der er nicht so viel wie üblich arbeiten konnte.

überdies nicht viel Vertrauen[91] und bittet deshalb Augustinus, ihm eine bestätigende Kopie seines Archivexemplars zu schicken[92].

Hieronymus geht auch auf seinen Streit mit Rufin ein und sendet Augustinus den dritten Teil seiner *Apologia contra Rufinum*[93]. Dadurch läßt sich Ep. 68 relativ sicher ins Jahr 402 datieren, in dem Hieronymus als Antwort auf einen (verlorengegangenen) Brief Rufins, der auf die *Apologia* von 401 Bezug nahm, eine weitere Apologie verfaßt[94].

7. Ep. 39 (403)

H i e r o n y m u s ad A u g u s t i n u m: Der Brief ist ein Empfehlungsschreiben für den *diaconus* Praesidius[95]. Da sich aus dem Inhalt kaum verläßliche Anhaltspunkte gewinnen lassen, ist er sehr schwer zu datieren[96]. Aus diesem Grund schlägt DE BRUYNE vor, der handschriftlichen Überlieferung zu folgen, die Ep. 39 einhellig hinter Ep. 68 plaziert. Diese äußere Bezeugung bietet den einzigen verläßlichen Anhalt zur Datierung von Ep. 39. Wenn Ep. 39 nach Ep. 68

---

[91] Hieronymus ad Augustinum, Ep. 68 CSEL 34/II 241,1-4: *"tamen non temere exemplaribus litterarum credendum putavi, ne forte me respondente laesus iuste expostulares, quod probare ante debuisses tuum esse sermonem et sic rescribere"*.

[92] Hieronymus ad Augustinum, Ep. 68 CSEL 34/II 241,8f: *"itaque si tua est epistula, aperte scribe vel mitte exemplaria veriora"*.

[93] Wahrscheinlich hat Hieronymus Augustinus nur den gerade fertiggestellten Teil der *Apologie* geschickt. Augustinus zitiert in Ep. 166 aus der *Epistula adversus Rufinum* 28 (CCL 79 99-100): *"Illud vero, quod in libro adversus Rufinum posuisti"* CSEL 44 567,5. In Ep. 73 geht Augustinus ausführlich auf das bedauerliche Zerwürfnis zwischen Hieronymus und Rufinus ein und bestätigt, daß er eine gegen ihn gerichtete Schrift erhalten hat. Hieronymus war mit seiner Absicht, Augustinus und die anderen Afrikaner in diesem Streit für sich einzunehmen, erfolgreich. Er lieferte Augustinus die ersten Informationen zu diesem Thema und beeinflußte so seine Sichtweise: *"Nescio qua scripta maledica super tuo nomine ad Africam pervenisse nescimus; accepimus tamen, quod dignatus es mittere illis respondere maledictis"*; Ep. 73,6 CSEL 34/II 270,1-3.

[94] Dieser Teil wird in der Literatur *Apologia secunda* oder III. Buch der Apologie genannt. In der Ausgabe der Apologien gegen Rufin von P. LARDET in CCL 79 wird dieser Teil als "Epistula adversus Rufinum" bezeichnet. Zur Datierung ins Jahr 402 vgl. Ferdinand CAVALLERA, *Saint Jérôme*, a.a.O. Bd.2 S. 41-43.

[95] Es handelt sich um den späteren Bischof Praesidius, der am 14. 6. 410 von einem Konzil zu Karthago als Mitglied einer Gesandschaft an den Kaiser in Ravenna erwähnt wird, vgl. CCL 149 220,1306.

[96] Donatien DE BRUYNE, La correspondance, a.a.O. S. 236: *"l'analyse interne ne nous révèle rien qui puisse établir la date de la lettre 39"*.

geschrieben ist, muß der Brief ins Jahr 403 datiert werden. Das
einzige Argument gegen diese Datierung ist, daß sehr viele Briefe in
die Jahre 402 und 403 datiert werden müssen· und zu fragen ist, ob
auf Grund der schwierigen Nachrichtenwege eine so hohe Frequenz
im Austausch von Briefen erreicht werden konnte[97].

Augustinus vermag schon 404 die guten Beziehungen des
inzwischen in Afrika zum *presbyter* geweihten Praesidius zu
Hieronymus zu nutzen; er bittet ihn, bei diesem für eine freundliche
Aufnahme von Ep. 73 zu sorgen. Es ist wahrscheinlich, daß das
Empfehlungsschreiben des Hieronymus und Augustins Bitte an
Praesidius in zeitlicher Nähe liegen[98], deshalb ist der Datierung ins
Jahr 403 der Vorzug vor allen anderen Möglichkeiten zu geben.

8. Ep. 71 (ca. 403)

A u g u s t i n u s ad H i e r o n y m u m: Während Asterius noch
mit Ep. 68 unterwegs ist, verfaßt Augustinus Ep. 71, da sich die
günstige Gelegenheit bietet, den Brief dem *diaconus* Cyprian
mitzugeben, der ins Heilige Land reist[99]. Augustinus benutzt die
Gelegenheit, eine Kopie von Ep. 40 und eine Kopie von 28 beizu-
legen[100]. In diesem Zuge erklärt er Hieronymus, warum Ep. 28 nicht
abgeschickt worden ist, schweigt aber über die Geschichte von
Ep. 40 [101].

---

[97] Dies Problem hat bereits CAVALLERA erkannt. Ferdinand CAVALLERA,
Saint Jérôme, a.a.O. Bd.2 S. 49: "entre la lettre CII (= Ep. 68) et la lettre CV
(= Ep. 72) ...il n'y a guère place pour la lettre CIII (= Ep. 39)".

[98] Über das Leben des Praesidius ist wenig bekannt. Außer der Erwähnung
im Jahre 410 (s.o.) wird er nur noch einmal von Augustinus im Jahre 416 als
Bischof in einer Liste der Teilnehmer an der Synode zu Mileve (Ep. 176,1)
erwähnt.

[99] Die Abhängigkeit von zuverlässigen Boten, wird in Ep. 71 besonders
deutlich: *"Ex quo coepi ad te scribere ac tua scripta desiderare, numquam mihi
melior occurit occasio, quam ut per dei servum ac ministrum fidelissimum
mihique carissimum mea tibi adferretur epistula, qualis est filius noster
Cyprianus diaconus. per hunc certe ita spero litteras tuas, ut certius in hoc
rerum genere quicquam sperare non possim. nam nec studium in petendis
rescriptis memorato filio nostro deerit nec gratia in promerendis nec diligentia in
custodiendis nec alacritas in perferendis nec fides in reddendis"*; CSEL 34/II,
248,4-249,4.

[100] Es handelt um Kopien von Ep. 28 und 40, nicht etwa, wie LIETZMANN
behauptet, um insgesamt drei Kopien (Ep. 40, 67, 28), Hans LIETZMANN, Zur
Entstehungsgeschichte, a.a.O. S. 288.

[101] Das löst in Ep. 72 die ironische Reaktion des Hieronymus aus, der die
Geschichte der mißglückten Übersendung von Ep. 28 mit Genuß wiederholt und

Nachdem in Ep. 28 sowohl die Frage der Übersetzung des Alten
Testaments als auch die Auseinandersetzung um die Auslegung von
Gal 2,11-14 behandelt worden sind, in Ep. 40 aber die Auseinander-
setzung um Gal 2,11-14 im Vordergrund stand, beschäftigt sich
Augustinus in Ep. 71 wieder mit Fragen der Übersetzung des Alten
Testaments. Er bittet Hieronymus wiederum, die Septuaginta statt
der hebräischen Bibel zu übersetzen.

9. Ep. 72 (403)

H i e r o n y m u s ad A u g u s t i n u m: DE BRUYNE ist der
Meinung, daß zwischen Ep. 67 und Ep. 72 noch ein weiterer Brief
von Augustinus an Hieronymus geschrieben worden sei[102]. Er
begründet das mit der Anspielung des Hieronymus auf die Über-
mittlung von Ep. 40 in Ep. 72,1[103]. Die Nachricht über die Angst
des Boten vor den Gefahren der Reise soll nach Meinung DE
BRUYNES in dem ausgefallenen Brief gestanden haben. Die These,
daß Augustinus in dieser Phase des Briefwechsels einen weiteren
Brief allein mit dieser mageren Botschaft geschickt hat, ist nicht
überzeugend. Es dürfte sich vielmehr darum handeln, daß Hieronymus dem Boten ironisch übergroße Furchtsamkeit unterstellt. Dazu
bedarf es keines weiteren Briefes von Augustinus. Der Name des
Boten - Paulus -, der mit der Überbringung von Ep. 40 beauftragt
war, ist Hieronymus unbekannt, weil auf der von Sisinnius überbrachten Kopie von Ep. 40 der letzte Absatz mit der Empfehlung des
Paulus fehlt. Zwischen Ep. 71 und Ep. 72 ist also wahrscheinlich
kein Brief verlorengegangen. Diese Erkenntnis ist wichtig für die
Rekonstruktion der Überlieferungsgeschichte des Briefwechsels[104].
    Ep. 72 ist vom *diaconus* Cyprian nach Hippo gebracht worden[105].
Es ist aber wenig wahrscheinlich, daß Cyprian Ep. 71 in Bethlehem
Hieronymus übergeben hat, mit Ep. 72 zurück nach Hippo gefahren
ist, wieder nach Bethlehem gekommen ist und von dort Ep. 75 nach
Hippo brachte[106]. Vielmehr scheint sich Cyprian länger im Heiligen

---

dann dem Boten der mit Ep. 40 unterwegs war, unterstellt, ihn habe wohl beim
Anblick des Meeres die Furcht gepackt.

[102] Donatien DE BRUYNE, La correspondance, a.a.O. S. 238f.

[103] Hieronymus ad Augustinum, Ep. 72,1 CSEL 34/II 255,15-256,1: *"cuius
nomen retices, maris timuisse et navigationis mutasse consilium"*.

[104] Zur Überlieferungsgeschichte s. das folgende Kapitel.

[105] Augustinus ad Hieronymum, Ep. 82,30 CSEL 34/II 381,6.

[106] Zudem würde sich dann die Frage stellen, warum Ep. 73 von Augustinus
über Praesidius expediert worden ist, wenn Cyprian zur Verfügung gestanden
hätte.

Land aufgehalten zu haben. Ep. 72 setzt die Kenntnis von Ep. 71 voraus, denn nur mit der Kenntnis von Ep. 71 kann Hieronymus die Paraphrase der Nachricht, daß Profuturus als Überbringer von Ep. 28 vorgesehen war, verfassen[107]. Cyprian hat am Ende seines Aufenthaltes im Heiligen Land auf der Rückreise Ep. 72 und Ep. 75 trotz des stark voneinander abweichenden Inhalts zusammen mit nach Afrika genommen[108].

Nachdem die Überlieferung von Ep. 71 (und damit auch der Kopien von Ep. 28 und 40) geklärt ist, bleibt es sehr merkwürdig, daß Hieronymus in Ep. 72 immer noch eine zuverlässige, von Augustinus selbst unterschriebene Kopie von Ep. 40 verlangt. Ep. 72 erscheint so als Wiederholung von Ep. 68 [109]. Hieronymus ist sich dessen durchaus bewußt[110]. Er will aber um jeden Preis erreichen, daß Augustinus zugibt, den in Rom umlaufenden Brief geschrieben zu haben und sich dafür entschuldigt. Das ist in Ep. 71 nicht geschehen. Augustinus äußert mit keinem Wort Bedauern darüber, daß Ep. 40 fehlgelaufen ist und dem Ruf des Hieronymus schaden konnte. Deshalb äußert Hieronymus in Ep. 71 noch einmal seine Verärgerung über den Verlauf des Briefwechsels[111]. Eine Parallele zu diesem Streit mit Augustinus findet sich in der *Epistula adversus Rufinum*. Aus der Klage des Hieronymus über die Verbreitung gegen ihn gerichteter Schriften kann man ersehen, daß Italien, Rom, Dalmatien und die adriatischen Inseln den geographischen Raum bilden, zu dem Hieronymus engste Kontakte hat[112].

10. Ep. 73 + Ep. 74 (404)

A u g u s t i n u s ad H i e r o n y m u m: Noch bevor Augustinus eine Antwort auf Ep. 71 erhalten hat, verfaßt er Ep. 73 als Antwort

---

[107] Vgl. Ep. 71,2 und Ep. 72,1.

[108] Diese Rekonstruktion bestätigt Augustinus selbst am Ende von Ep. 82, wenn er schreibt, daß er durch Cyprian zwei Briefe von Hieronymus erhalten habe [=Ep. 71 + 75] und durch Firmus einen [=Ep. 81]: *"duas per Cyprianum accepi, unam per Firmum"*. CSEL 34/II 387,6f.

[109] Hieronymus ad Augustinum, Ep. 68 CSEL 34/II 241,8f: *"itaque si tua est epistula, aperte scribe vel mitte exemplaria veriora"*.

[110] Hieronymus ad Augustinum, Ep. 71 CSEL 34/II 257,11f: *"igitur, a n t e i a m s c r i p s i, aut mitte eandem epistulam tua subscriptam manu"* (Hervorhebung R.H.).

[111] Diese Verärgerung findet ihren Ausdruck auch darin, daß Hieronymus in seiner Ausgabe des Briefwechsels Ep. 40 ohne die Angabe des Boten veröffentlicht - so wie er die Kopie von Sisinnius erhalten hat, obwohl er eine vollständige besaß.

[112] Hieronymus, *Epistula adversus Rufinum* 3 CCL 79 75,12-15; 81,37-40.

auf Ep. 68. Augustinus verwahrt sich gegen die scharfen Angriffe
des Hieronymus, die dieser in Ep. 68 vor allem wegen der Verbreitung von Ep. 40 gegen ihn vorgetragen hat, entschuldigt sich aber
auch dafür, daß er Hieronymus verletzt hat. Wahrscheinlich bewegt
der entschuldigende Charakter von Ep. 73 Hieronymus dazu, ihn in
seiner Ausgabe des Briefwechsels als ersten der Briefe Augustins zu
veröffentlichen. Die Entschuldigung, die Augustinus ausspricht, hebt
Hieronymus in seiner Ausgabe des Briefwechsels durch drastische
Eingriffe in den Text hervor[113].

Augustinus hat offenbar keinen geeigneten Boten zur Verfügung.
Deshalb bittet er den inzwischen zum *presbyter* geweihten
Praesidius, dafür zu sorgen, daß Ep. 73 an Hieronymus geschickt
wird[114]. Praesidius verfügte zu dieser Zeit immer noch über gute
Kontakte nach Bethlehem. Deshalb erreicht Ep. 73 Hieronymus noch
vor der Rückreise des *diaconus* Cyprian und der Abfassung von
Ep. 75.

11. Ep. 75 (404)

H i e r o n y m u s ad A u g u s t i n u m: Der *diaconus* Cyprian hat
sich längere Zeit in Palästina aufgehalten. Wahrscheinlich hat er
sofort nach seiner Ankunft im Heiligen Land dafür gesorgt, daß
Hieronymus die Briefe Augustins erhielt[115]. Danach wird er das
umfangreiche Programm absolviert haben, das sich christlichen
Pilgern im Heiligen Land bot[116]. Vor seiner Abreise hat er
Hieronymus wieder aufgesucht, um seine Antwort auf Ep. 71 mit
nach Afrika zu nehmen. Hieronymus hat inzwischen auch noch
Ep. 73 erhalten. In der kurzen Zeit, die Cyprian in Bethlehem
bleiben kann[117], verfaßt er Ep. 75. Cyprian kehrt also mit zwei
Briefen des Hieronymus zu Augustinus zurück, Ep. 72 ist die
Antwort auf Ep. 71 und Ep. 75 die auf Ep. 73. Auch nach diesem
Besuch bleibt Hieronymus Cyprian freundschaftlich zugetan; er

---

[113] Siehe den Textvergleich im Anhang B.
[114] Augustinus ad Praesidium, Ep. 74 CSEL 34/II 279,4-6.
[115] S.o. zu Ep. 71, Augustinus hat Cyprian zu Ep. 71 noch Kopien von
Ep. 28 und 40 mitgegeben.
[116] Wie z.B. im *Itinerarium Egeriae* oder von Hieronymus selbst in Ep. 46
und 108 ausführlich beschrieben. Vgl. P. MARAVAL, Saint Jérôme et le
pèlerinages aux lieux saints de Palestine, in: Yves-Marie Duval [Hg.], *Jérôme
entre l'occident et l'orient*, Paris 1988 S. 345-353.
[117] Hieronymus ad Augustinum, Ep. 75,1 CSEL 34/II 281,1-3 *"modum non
egredi epistulae longioris et festinati fratri moram non facere, qui ante triduum,
quam profecturus erat, a me epistulas flagitavit"*.

korrespondiert mit ihm und widmet ihm später, als dieser bereits *presbyter* ist, eine Auslegung des 90. (89.) Psalmes in Ep. 140 [118].

In seinem, trotz der knappen Zeit, langen und anspruchsvollen Antwortschreiben[119] geht Hieronymus zum ersten Mal ausführlich auf die Fragen Augustins ein. Er verzichtet darauf, sich weiter über den fehlgelaufenen Brief (Ep. 40) zu beschweren, und beschäftigt sich mit den beiden Themenkomplexen, die Augustinus bereits im Frühjahr 395 mit Ep. 28 angesprochen hatte. Hieronymus verteidigt seine Auslegung des Apostelstreits (Gal 2,11-14), in der er den griechischen Autoritäten folgt. Ebenso verteidigt er seine Übersetzung des Alten Testaments aus dem Hebräischen gegen das Postulat Augustins, daß der Septuaginta die höhere Autorität zukomme.

Ep. 75 enthält einen Hinweis auf das Zeitgeschehen, der es erlaubt, den Brief genau zu datieren. Hieronymus erwähnt unter den griechischen Autoritäten, die ihm in seiner Auslegung von Gal 2,11-14 Vorbild gewesen sind, auch Johannes Chrysostomus. Von diesem sagt er, daß er nicht mehr Bischof in Konstantinopel sei[120]. Das bedeutet, daß Ep. 75 kurz nach dem 9. Juni 404[121] verfaßt worden ist, seitdem sich Chrysostomus endgültig in der Verbannung befindet[122].

12. Ep. 81 (405)

H i e r o n y m u s ad A u g u s t i n u m: Hieronymus hat von Firmus[123], der von einer Reise nach Hippo zurückgekehrt ist,

---

[118] Hieronymus, Ep. 140,1 CSEL 56 269,3.

[119] Donatien DE BRUYNE, La correspondance, a.a.O. S. 240 bezeichnet Ep. 75 als "un vrai chef-d'oeuvre de style et d'érudition".

[120] Hieronymus Ep. 75,6 CSEL 34/II 289,15f *"dicam de Iohanne, qui dudum in pontificali gradu Constantinopolitanam rexit ecclesiam"*. Mit *dudum* wird die nächste Vergangenheit bezeichnet.

[121] Jean-Marie LEROUX, Johannes Chrysostomos, in: *TRE* 17 (1988) S. 125. Die wichtigste Quelle für die Chronologie des Chysostomos in dieser Zeit ist der "Dialogus" des Palladius, vgl. Jean DUMORTIER, La valeur historique du Dialoge de Palladius et la chronologie de saint Jean Chrysostome, in: *MSR* 7 (1951) S. 51-56.

[122] Hieronymus ist in diesem Punkt ein zuverlässiger Zeuge. Er ist über den Streit zwischen Theophilus von Alexandrien und Chrysostomus gut informiert, weil er seit dem Anfang des origenistischen Streites in direktem Kontakt mit Theophilus steht und viele seiner Schriften ins Lateinische übersetzt.

[123] Firmus ist sowohl für Augustinus wie für Hieronymus häufig Bote gewesen. Vor allem nach 400 wurde er von beiden in verantwortungsvollen Missionen eingesetzt. Zu Firmus vgl. André MANDOUZE, *Prosopographie*

erfahren, daß Augustinus bei guter Gesundheit ist. Firmus hat aber Augustinus nicht persönlich getroffen und auch keinen Brief von ihm für Hieronymus erhalten. Das veranlaßt Hieronymus, sich zu fragen, ob er vielleicht Augustinus mit seinem Brief (Ep. 75) verletzt habe und dieser deshalb nicht antworte. Hieronymus versucht, sich für seine harte Gangart zu entschuldigen, indem er sagt, es handle sich bei seinem Schreiben nicht um einen persönlichen Angriff, sondern nur um einen Austausch von Argumenten[124]. Er bittet Augustinus, daß brüderliche Liebe unter ihnen walte[125]. Firmus reist wieder nach Afrika und überbringt die Grüße des Hieronymus in Ep. 81 an Augustinus[126]. Am Ende des Briefes ist der erste Gruß des Hieronymus an Alypius in einem Schreiben an Augustinus überliefert.

13. Ep. 82 (405)

A u g u s t i n u s ad H i e r o n y m u m: Ep. 82 ist die Antwort Augustins auf Ep. 75, obwohl Augustinus das anfänglich nicht erkennen läßt[127]. Ungewöhnlicherweise teilt er erst am Ende des Briefes mit, daß er Ep. 71 und 75 durch Cyprian und Ep. 81 durch Firmus erhalten hat[128]. Zu Beginn von Ep. 82 fragt Augustinus verwundert, ob Ep. 73 bei Hieronymus nicht angekommen ist. Er sucht in den Briefen ein Zeichen, daß Hieronymus seine in Ep. 73 vorgebrachte Entschuldigung akzeptiert und daß der leidige Streit um Ep. 40 endlich beigelegt ist. Um nicht unversöhnlich zu erscheinen, akzeptiert er schließlich die freundlichen Worte des Hieronymus aus Ep. 81 und betrachtet von sich aus den Streit um Ep. 40 als beendet. Aus einer Bemerkung in Ep. 82,32 läßt sich ersehen, daß Augustinus um die öffentliche Wirkung des Briefwechsels weiß und auch deshalb den Eindruck eines unversöhnlichen Streites vermeiden

---

chrétienne du bas-empire. Bd. 1 Prosopographie de l'Afrique chrétienne (303-533), Paris 1982 S. 458f.

124 Hieronymus ad Augustinum, Ep. 75 CSEL 34/II 350,10f: "nec ego tibi sed causae causa respondit".

125 Hieronymus ad Augustinum, Ep. 75 CSEL 34/II 350,13: "sit inter nos pura germanitas".

126 Hieronymus ad Augustinum, Ep. 75 CSEL 34/II 350,7f: "itaque reddo tibi per eum salutationis officia".

127 Daß es sich dennoch um die Antwort auf Ep. 75 handelt, zeigen der Gang der Argumentation, in der Augustinus auf die Äußerungen des Hieronymus eingeht und die zahlreichen wörtlichen Zitate (in GOLDBACHERS Ausgabe gekennzeichnet).

128 Augustinus ad Hieronymum, Ep. 82,36 CSEL 34/II 387,6f.

möchte[129]. Der Gedanke an eine Veröffentlichung liegt für ihn wohl von vornherein nahe.

Im weiteren Verlauf von Ep. 82 widerlegt Augustinus auf weitem Raum die Antworten des Hieronymus zur Auslegung von Gal 2,11-14 In der Frage der Übersetzung des Alten Testaments aus dem Hebräischen zeigt sich Augustinus überzeugt, möchte aber dennoch nicht, daß diese Übersetzung in den Kirchen zur Lesung gebraucht wird.

Mit Ep. 82 ist der erste und für die vorliegende Arbeit interessantere Teil des Briefwechsels beendet. Hieronymus geht auf Augustins Argumente in Ep. 82 nicht mehr ein. Die folgenden Briefe behandeln andere, aktuellere Themen. Der unglückliche Streit über Ep. 40 ist abgeschlossen und trübt die Beziehung nicht länger.

14. Ep. 166 (415)

A u g u s t i n u s ad H i e r o n y m u m: Der Brief wird zusammen mit Ep. 167 vom *presbyter* Orosius überbracht, der von Afrika ins Heilige Land reist, um dort den Kampf gegen Pelagius weiterzuführen. Die Diözesansynode, auf der Pelagius, der sich seit 411 in Jerusalem aufhält und sich der Freundschaft des Patriarchen Johannes von Jerusalem erfreut, durch Orosius angeklagt wird, findet am 28. Juli 415 in Lydda (Diospolis) statt[130].

Im Zuge des pelagianischen Streites ist die Frage nach dem Ursprung der Seele erneut in den Mittelpunkt des theologischen Interesses gerückt[131]. Kurz zuvor, im Zusammenhang des ersten origenistischen Streites, ist sie schon einmal intensiv diskutiert worden. Auf Grund seiner großen Origeneskenntnisse hält Augustinus Hieronymus für einen der kompetentesten Theologen auf diesem

---

[129] Augustinus ad Hieronymum, Ep. 82,32 CSEL 34/II 382,19-383,3: *"Proinde carissimos nostros, qui nostris laboribus sincerissime favent, hoc potius, quanta possumus instantia, doceamus, quo sciant fieri posse, ut inter carissimos aliquid alterutro sermone contra dicatur nec tamen caritas ipsa minuatur nec veritas odium pariat"*.

[130] Zur Datierung vgl. Otto WERMELINGER, *Rom und Pelagius. Die theologische Position der römischen Bischöfe im pelagianischen Streit 411-432*, Stuttgart 1975 S. 57 Anm. 71.

[131] Peter BROWN, The Patrons of Pelagius: The Romam Aristocracy between East and West, in: DERS., *Religion and Society in the Age of Saint Augustine*, London 1972 S. 220: "The long letters which Augustine found himself forced to write to Roman Christians and to Jerome on the origin of the soul, show how the Pelagian controversy originated in an atmosphere already clouded by doubt on this issue".

Gebiet[132]. In der Auseinandersetzung mit den Pelagianern stellt sich die Frage, wie die creatianistische Theorie, daß die einzelne Seele für jeden Menschen neu geschaffen wird, mit der Erbsündenlehre vereinbar ist. Die creatianistische Anschauung kann so interpretiert werden, daß ein Neugeborenes sündlos sein könnte, da es keine Tatsünde begangen hat. Damit wäre der pelagianischen Häresie ein Einfallstor geöffnet. Weil Augustinus häufig gefragt wird, was er zu diesem Thema lehre, bittet er Hieronymus um Hilfe und Unterrichtung[133]. In Ep. 202a an Optatus rekapituliert Augustinus später die Ereignisse um Ep. 166 + 167 und betont dabei ausdrücklich, daß er beide Briefe geschrieben habe, um den Rat des Hieronymus einzuholen[134].

15. Ep. 167 (415)

A u g u s t i n u s a d H i e r o n y m u m: Ep 167 wird von Orosius zusammen mit Ep. 166 im Jahre 415 nach Bethlehem gebracht. Ebenfalls im Kontext des pelagianischen Streites und seines philosophischen Hintergrundes steht die Frage Augustins nach der *Sententia Jacobi*[135], Jak. 2,10. Auch hier bittet Augustinus Hieronymus um

---

[132] Das tat nicht nur Augustinus; Hieronymus ist schon vorher von dem kaiserlichen Kommissar im Donatistenstreit, dem *tribunus et notarius* Flavius Marcellinus, in dieser Frage angeschrieben worden. Hieronymus hat ihn aber an Augustinus verwiesen, dessen theologisches Wissen er bei dieser Gelegenheit hervorhebt (Hieronymus Ep. 126,1 CSEL 56 143,23-144,2). Marcellinus hatte bereits an Augustinus geschrieben, aber dies in seinem Brief an Hieronymus nicht erwähnt. Die Antwort Augustins ist in seiner Ep. 143 erhalten. Da das Antwortschreiben des Hieronymus an Marcellinus und Anapsychia (seine Frau) inhaltlich im Zusammenhang mit der in Ep. 166 behandelten Frage der Entstehung der Seele steht, wird es in einigen Handschriften zusammen mit Ep. 166 überliefert und hat deshalb auch als Ep. 165 Aufnahme in das Corpus der Briefe Augustins gefunden.

[133] Die Bitte Augustins ist literarisch ausgeschmückt. Z.B. Augustinus ad Hieronymum, Ep. 166,10 CSEL 44 560,7f: *"Doce ergo, quaeso, quod doceam, doce, quod teneam, et dic mihi"*.

[134] Augustinus ad Optatum, Ep. 202a,1 CSEL 57 302,12f: *"misi librum non praesumptionis sed consultationis meae"*. Die zutreffendste Deutung der Absicht Augustins bei der Abfassung von Ep. 166 + 167 gibt Otto WERMELINGER, *Rom und Pelagius*, a.a.O. S. 43: "Die zwei Briefe an Hieronymus ...sind ein Versuch, Hieronymus für die afrikanische Erbsündentheologie zu gewinnen". Dieser Versuch ist auch ohne eine ausführliche Antwort des Hieronymus gelungen, Hieronymus betont in seiner kurzen Antwort, Ep. 172, die vollkommene Einmütigkeit mit Augustinus in diesen Fragen.

[135] Georg GRÜTZMACHER, *Hieronymus. Eine biographische Studie zur Alten Kirchengeschichte* 3 Bde., Leipzig/Berlin 1901-1908, Bd.3 S. 262 verweist auf dem bestehenden Zusammenhang mit dem pelagianischen Streit, auch wenn

Hilfe: *"Quo modo ergo intellegendum est, obsecro te, 'quicumque enim totam legem servaverit, offendat autem in uno, factus est omnium reus'"* [136].

16. Ep. 172 (416)

H i e r o n y m u s ad A u g u s t i n u m: Hieronymus hat die beiden von Orosius überbrachten Schreiben Ep. 166 und 167 erhalten. Es ist ihm in den Wirren der Zeit aber nicht möglich, darauf zu antworten. Die pelagianischen Streitigkeiten haben Hieronymus in Bethlehem in eine schwierige Lage gebracht[137], er sieht sich allein einer großen Zahl von Anhängern des Pelagius gegenüber. Pelagius wird von zahlreichen Mönchen unterstützt, vor allem aber von Johannes von Jerusalem, mit dem Hieronymus sich schon während des origenistischen Streites verfeindet hatte. Deshalb muß Hieronymus sehr vorsichtig agieren und kann nicht einmal an Augustinus offen schreiben: *"sed indicit tempus difficillimum, quando mihi tacere melius fuit quam loqui"* [138]. Auf Grund der schwierigen Umstände mangelt es ihm an lateinischen Kopisten, so daß er der alten Bitte Augustins, ihm die Übersetzung des Alten Testaments nach der Septuaginta zu schicken[139], nicht nachkommen kann. Außerdem hat ihm ein Ungenannter große Teile davon entwendet: *"pleraque enim prioris laboris ob fraudem cuiusdam amisimus"* [140].

Der Brief überbringt die Grüße von Eustochium und Paula an Augustinus. Orosius selbst nimmt den Brief mit nach Afrika[141],

---

Pelagius in Ep. 167 nicht erwähnt wird. Zum Stoizismus in Ep. 167 vgl. G. VERBEKE, Augustin et le Stoicisme, in *RechAug* 1 (1958) S. 67-89.

[136] Augustinus ad Hieronymum, Ep. 167,3 CSEL 44 589,1-3.

[137] Vgl. Claudio MORESCHINI, Il contributo di Gerolamo alla polemica antipelagiana, in: *Cristianesimo nella storia* 3 (1982) S. 61ff.

[138] Hieronymus ad Augustinum, Ep. 172,1 CSEL 44 636,3f.

[139] Augustinus hat schon in Ep. 82,34 CSEL 34/II 386,11 darum gebeten: *"desidero interpretationem tuam de septuaginta"* diese Bitte liegt etwa zehn Jahre zurück.

[140] Hieronymus ad Augustinum, Ep. 172,2 CSEL 44 639,9f. Eine komplette Übersetzung des Alten Testaments nach der Septuaginta durch Hieronymus ist nicht nachzuweisen.

[141] Orosius reist zu dem in Karthago einberufenen afrikanischen Konzil, um dort über die Lage der Auseinandersetzung mit Pelagius in Palästina zu berichten. Daß Orosius Ep. 172 tatsächlich an Augustinus überbracht hat, ist doppelt bestätigt. Zum einen in Ep. 202a,3 CSEL 57 303,5, dort erwähnt Augustinus, daß er Ep. 172 durch denselben Boten erhalten habe, den er mit Ep. 166 + 167 abgesandt habe, zum anderen bietet seit neuerem Ep. 19* einen Beleg. Augustinus erwähnt dort, daß er einen Brief durch Orosius erhalten hat (s.u.).

zusammen mit einem Teil der Schrift des Hieronymus gegen die Pelagianer[142] und anderen Schreiben, die an Firmus gerichtet sind[143]. Aus der neugefundenen Ep. 19* läßt sich ersehen, daß Augustinus Ep. 172 tatsächlich durch Orosius erhalten hat[144].

Kurze Zeit nach der Abreise des Orosius bewahrheiteten sich die schlimmen Ahnungen des Hieronymus; die Klöster in Bethlehem werden von fanatischen Mönchen, Anhängern des Pelagius[145], überfallen, Mönche, Nonnen und ein *diaconus* getötet[146]. Paula, Eustochium und Hieronymus können sich nur mit Mühe retten und verlassen daraufhin für einige Zeit Bethlehem, sodaß es Hieronymus nicht möglich ist, auf Ep. 166 + 167 zu antworten[147].

---

[142] Ob es sich um alle drei Bücher des Dialoges gegen die Pelagianer handelt oder nur um das dritte Buch, ist unklar. Augustinus reagiert in Ep. 180 ad Oceanum auf eine Äußerung des Hieronymus zu Gal 2,11-14, die sich im ersten Teil des Dialoges findet (*Dialogus adv. Pelagianos* I,23 CCL 80 29,4-8), so daß anzunehmen ist, daß ihm der gesamte Dialog bekannt war.

[143] Firmus hält sich nach einer geschäftlichen Reise durch Italien in Afrika auf. Augustinus ist gebeten, die Briefe an ihn weiterzuleiten; Hieronymus ad Augustinum, Ep. 172,2 CSEL 44 638,10 - 639,4.

[144] Augustinus ad Hieronymum, Ep. 19* CSEL 88 19,6-8.

[145] In der Forschung wird im allgemeinen angenommen, daß dies nicht auf Befehl des Pelagius geschehen ist. Z.B. J.N.D. KELLY, *Jerome. His Life, Writings and Controversies,* London 1975 S. 322: "It is unconceivable that Pelagius himself should have been implicated; such a dastardly act was totally out of keeping with his character and style. But it would be quite understandable that fanatical, undisciplined partisans of his, scenting blood after his triumph at Diospolis, should resort to mob violence against the cantankerous, unpopular old monk". Da weder Hieronymus noch Eustochium und Paula den Namen der Anführer oder Anstifter des Überfalls nennen, bleibt auch das Eingreifen des römischen Bischofs Innozenz zugunsten der Überfallenen wirkungslos. Allerdings ist die Aussage von Eustochium und Paula, die Zerstörung ihrer Klöster sei durch den *diabolus* geschehen (Hieronymus, Ep. 137,1 CSEL 56 264,17-20), ein Indiz dafür, daß an der Zerstörung der Klöster in Bethlehem zumindest Anhänger des Pelagius beteiligt waren. Denn diese Bezeichnung benutzt auch Hieronymus, wenn er verdeckt von Pelagius oder seinen Anhängern redet. In der polemischen Literatur gegen Pelagius ist zu beobachten, daß er häufig nicht mit Namen genannt wird. Weder nennt Augustinus seinen Namen in der gegen ihn gerichteten Schrift *De natura et gratia* (dazu s.u. zu Ep. 19*), noch Hieronymus in seinem *Dialogus adversus Pelagianos*.

[146] Augustinus, *De gestis Pelagii* XXV (66) CSEL 42 121,21-122,4.

[147] Wenn man die schwierigen Umstände bedenkt, unter denen Hieronymus sein Leben führen muß und trotz derer er sich bemüht, seine wissenschaftliche Arbeit weiterzuführen - er schreibt den Dialog gegen die Pelagianer und schließt den großen Ezechielkommentar ab -, dann kann man nicht wie GRÜTZMACHER, ihn verdächtigen, er wisse einfach nicht, auf die Briefe Augustins zu antworten; Georg GRÜTZMACHER, *Hieronymus,* a.a.O. Bd. 3 S. 273: "Dies war jedoch gewiß nicht der Hauptgrund, warum er Augustinus nicht antwortete. Er wußte

17. Ep. 195 (416-419)

H i e r o n y m u s ad A u g u s t i n u m: Ein kurzes Schreiben an Augustinus, in dem Hieronymus ihn für seine standhafte Bekämpfung der Ketzer (Pelagianer) lobt. Auf welche Ereignisse im pelagianischen Streit Hieronymus mit Ep. 195 Bezug nimmt, ist nicht eindeutig zu entscheiden. Leider sind weder der Überbringer genannt, noch andere Indizien gegeben, die einen Anhalt für die Datierung ergeben könnten. Da Hieronymus von einem Erfolg in der Bekämpfung der Ketzerei spricht, kann sich Ep. 195 entweder auf eines der Konzile zu Karthago oder Mileve beziehen oder auf die Verurteilung des Pelagius und des Caelestius durch Innozenz oder auf das afrikanische Konzil von Karthago 418 und auch noch auf die endgültige Verurteilung des Pelagius und des Caelestius durch das kaiserliche Reskript und die *epistula tractoria*, in der Zosimus[148], der Nachfolger des Innozenz, sich schließlich gegen die Pelagianer ausspricht[149].

18. Ep. 123 (416-419)

H i e r o n y m u s ad A u g u s t i n u m: Der aus nur vier Sätzen bestehende Brief ist in der Forschung sehr stark umstritten. Sowohl die Datierung als auch die Deutung von Ep. 123 sind schwierig.

Hieronymus spricht in diesem Brief in rätselhaften Andeutungen davon, daß Jerusalem immer noch von einer feindlichen Macht besetzt ist und auf die Ratschläge des Jeremia nicht hören will, vielmehr nach Ägypten verlangt, um dort zugrunde zu gehen. Das Bild von der Besetzung Jerusalems durch eine feindliche Macht könnte eine Weiterführung des bereits von Orosius im Zusammenhang der

---

keine Antwort auf die Frage, wie sich die Annahme der Erbsünde mit dem Creatianismus vereinigen lasse. Sein Nichtwissen aber einzugestehen, war er zu eitel".

148 Zur Lage des Zosimus und seiner Politik in den verschiedenen Auseinandersetzungen in denen er stand, vgl. Charles PIETRI, *Roma Christiana* (BEFAR 224), Bd. 2 S. 1222-1244.

149 Die *epistula tractoria* des Zosimus ist im Juni 418 verfaßt worden. Einen Versuch, den Inhalt des verlorengegangenen Schreibens zu rekonstruieren, hat Otto WERMELINGER, *Rom und Pelagius*, a.a.O. S.211-214 unternommen. Vgl. dazu auch DERS., Das Pelagiusdossier in der tractoria des Zosimus, in: *FZPhTh* 26 (1976) S. 336-368 und Charles PIETRI, *Roma Christiana*, a.a.O. Bd. 2 S. 1237-1244.

Synode zu Jerusalem 415 gebrauchten Bildes[150] sein. Auf welche konkreten Ereignisse Hieronymus allerdings anspielt, ist unklar[151].

Da Ep. 123 in der handschriftlichen Überlieferung ohne eigene Überschrift vorliegt, ist von DE BRUYNE vermutet worden, daß der Text von Hieronymus als Postskriptum an Ep. 195 angefügt worden ist[152]. Durch die Notiz am Anfang der neuentdeckten Ep. 19* kann diese Vermutung eindeutig widerlegt werden. Augustinus berichtet, er habe durch den *diaconus* Palatinus mehrere Briefe von Hieronymus erhalten; dabei handelt es sich um Ep. 195 und Ep. 123[153].

19. Ep. C (418/419)

H i e r o n y m u s a d A u g u s t i n u m (et A l y p i u m): Aus Ep. 202 ist zu entnehmen, daß Hieronymus vorher einen anderen Brief an Augustinus (und Alypius?) geschrieben hat, der aber von dem als Boten vorgesehenen *presbyter* Innocentius nicht nach Afrika mitgenommen worden ist[154]. Wenn die von mir vorgenommene Datierung von Ep. 19* zutreffend ist, dann hat offenbar der gallische *episcopus* Lazarus, der zusammen mit seinem Kollegen Heros wesentlich an der Bekämpfung des Pelagius im Heiligen Land beteiligt war, den Brief nach Afrika gebracht[155]. Über den Inhalt von Ep. C ist nichts weiter bekannt.

20. Ep. D (418/419)

A u g u s t i n u s et A l y p i u s a d H i e r o n y m u m: Aus Ep. 202 läßt sich ersehen, daß Augustinus und Alypius zusammen an Hieronymus die Anfrage gesandt haben, ob er auf das Schreiben des

---

[150] Orosius, *Liber Apologeticus*, 2 CSEL 5 605,17-606,12. Orosius gebraucht das Bild von Goliath (=Johannes von Jersualem) und seinem Waffenträger (=Pelagius) vgl. Otto WERMELINGER, *Rom und Pelagius*, a.a.O. S. 61.

[151] Vgl. Georg GRÜTZMACHER, *Hieronymus*, a.a.O. Bd. 3 S. 276.

[152] Donatien DE BRUYNE, La correspondance, a.a.O. S. 245 verweist auf die Handschriften Q, N, E, die Ep. 123 überschreiben: *"item post subscriptionem"*. Er zieht daraus den Schluß, das Ep. 123 ein Postscriptum zu Ep. 195 sei: "A mon avis il faut suivre les manuscrits jusqu'au bout: 123 n'est autre chose qu'un postscriptum de 195".

[153] Augustinus ad Hieronymum, Ep. 19* CSEL 88 91,4f: *"Accepi per filium nostrum, civem meum, dicaconum Palatinum litteras sanctitatis tuae"*.

[154] Hieronymus ad Augustinum, Ep. 202 CSEL 57 299,7-9: *"Sanctus Innocentius presbyter, ...anno praeterito quasi nequaquam Africam reversus mea ad dignationem vestram scripta non sumpsit"*.

[155] Augustinus ad Hieronymum, Ep. 19* CSEL 88 91,5f: *"alia epistola quam per sanctum episcopum Lazarum dignatus es mittere"*.

pelagianischen *diaconus* Annianus von Celeda geantwortet habe[156]. Ob Ep. D in einer inhaltlichen Verbindung zu Ep. C steht, ist nicht zu ermitteln. Ebensowenig ist zu ersehen, ob Ep. D ein vollständiger Brief gewesen ist. Möglicherweise handelt es sich, trotz der Bezeichnung *epistula* für Ep. D, bei der Anfrage Augustins nur um eine Notiz, die den *schedula* beilag, in denen Hieronymus die Schriften des Annianus von Eusebius von Cremona erhalten hat[157].

21. Ep. 202 (419)

H i e r o n y m u s   a d   A u g u s t i n u m   e t   A l y p i u m: Ep. 202 ist der letzte Brief, den Hieronymus an Augustinus geschrieben hat. Da Hieronymus auf den Tod von Eustochium Bezug nimmt, ist er mit Sicherheit im Jahre 419 abgefaßt worden[158]. Noch genauer läßt sich Ep. 202 durch die Reiseroute des *presbyters* Innocentius datieren. Wenn die Datierung von Ep. 19* richtig ist, dann besagt die Notiz am Anfang von Ep. 19*, daß Ep. 202 von Innocentius zu Augustinus nach Hippo gebracht worden ist, während Innocentius mit Ep. 153 auf dem Weg nach Rom war[159]. Ep. 153 ist die Antwort des Hieronymus auf ein Schreiben des Bonifatius, in dem dieser ihm seine Weihe zum Bischof von Rom mitteilt[160], und muß deshalb im Frühling 419 geschrieben worden sein[161]. Zur selben Zeit hat

---

[156] Hieronymus ad Augustinum, Ep. 202,2 CSEL 57 300,7f: *"Quod autem quaeritis, utrum rescripserim contra libros Anniani, pseudodiaconi Celendesis"*.

[157] Hieronymus ad Augustinum, Ep. 202,2 CSEL 57 300,9-11: *"sciatis me ipsos libros in schedulis missos a sancto fratro Eusebio presbytero suscepisse non ante multum temporis"*.

[158] Hieronymus ad Augustinum, Ep. 202,2 CSEL 57 300,12f: *"morbis vel dormitione sanctae et venerabilis filiae vestrae Eustochiae"*. Zur Datierung s. Ferdinad CAVALLERA, *Saint Jérôme*, a.a.O. Bd.2 S. 58f. Eustochium ist vermutlich um die Jahreswende 418/19 gestorben.

[159] Hieronymus ad Bonifatium, Ep. 153 CSEL 56 365,19 u. 366,15-18 nennt Innocentius als Überbringer sowohl des Briefes von Bonifatius, als auch der Antwort des Hieronymus.

[160] Die Weihe des Bonifatius erfolgte als Reaktion auf die Weihe des Eulalius, der am 27. 12. 418 zum Nachfolger des Zosimus gewählt wurde. Die protestierende Partei wählte Bonifatius am 28. 12. Beide wurden am darauffolgenden Sonntag geweiht. Die tumultarischen Auseinandersetzungen konnten erst durch ein Eingreifen des Kaisers Honorius beigelegt werden. Bonifatius trat sein Amt schließlich am 10. 4. 419 an. Der von Innocentius überbrachte Brief an Hieronymus stammt sicher aus dem Frühjahr 419; er kann nicht vor der Wiederaufnahme des Schiffsverkehrs abgeschickt worden sein.

[161] Hieronymus wurde gewiß auch deshalb von Bonifatius umgehend von seiner Weihe informiert, da er in guter Verbindung zur Familie der Rufii Caeionii stand und Kontakt zu Eustochium und Paula hatte.

Hieronymus Ep. 202 an Augustinus verfaßt, so daß beide Briefe von
Innocentius überbracht werden konnten.

Nachdem die Pelagianer auch im Heiligen Land stärker unter
Druck geraten sind, kann Hieronymus wieder freier schreiben. Er
lobt die maßgebliche Beteiligung von Augustinus und Alypius bei
der Verurteilung des Caelestius[162], dann geht er auf die in Ep. D
gestellte Frage ein und sagt, daß er gegen Annianus schreiben
werde, sobald er wieder über *notarii* verfüge. Es sei ihm aber lieber,
wenn Augustinus gegen Annianus schreibe, dann sei er nicht
gezwungen, seine eigenen Schriften zu loben[163], gegen die dieser
seine Angriffe gerichtet hat. Die Schrift des Annianus hatte
Hieronymus in der Zwischenzeit durch Eusebius von Cremona
erhalten.

Hieronymus fügt herzliche Grüße von der jüngeren Paula d.J. an,
die als letzte aus der Familie der älteren Paula noch bei ihm in
Bethlehem weilt. Daneben senden auch Albina, Pinianus und
Melania d.J., die sich seit 417 im Heiligen Land aufhalten, Grüße an
Augustinus und Alypius.

22. Ep. 19* (Divjak) (419)

A u g u s t i n u s ad H i e r o n y m u m: Unter den von Johannes
DIVJAK neu gefundenen Briefen Augustins, die großes wissenschaftliches Aufsehen erregt haben, ist dieser eine an Hieronymus
gerichtet.

---

[162] Endgültig wurde die Verurteilung des Caelestius und des Pelagius erst im
Jahre 418 durchgesetzt. Wesentliche Schritte dazu waren das von der
afrikanischen Delegation erwirkte kaiserliche Reskript vom 30. April 418, die
weiteren kaiserlichen Schreiben in dieser Sache, das *concilium universale* am
1. Mai 418 in Karthago sowie die *epistula tractoria* des Zosimus. Hieronymus
nimmt wahrscheinlich auf diese Geschehnisse Bezug. Charles PIETRI, *Roma
Christiana*, a.a.O. Bd. 2 S. 1241 deutet diese Vorgänge als klaren Sieg der
afrikanischen Bischöfe über den römischen Stuhl: "C'était un triomphe africain:
une victoire réelle contre la procédure pontificale, un succès plus considérable,
puisque le siège de Rome proclamait, sans aucune réserve désormais, contre
Pélage et contre Coelestius, la foi d'Aurelius, d'Augustin et de tout leur
collège".
[163] Es handelt sich wohl um den *Dialogus adversus Pelagianos* und Ep. 133
an Ktesiphon.

22.1. Das Problem der Datierung

Bis jetzt wurde Ep. 19[*] durchgängig ins Jahr 416 datiert[164]. Diese Datierung wurde durch die Einordnung des Inhaltes von Ep. 19[*] in den Ablauf der Ereignisse des pelagianischen Streites gewonnen. Der Zusammenhang des gesamten Briefwechsels zwischen Augustinus und Hieronymus ist dabei stets nur am Rande beachtet worden.

Das wird besonders deutlich bei der Identifizierung der weiteren in Ep. 19[*] erwähnten Briefe des Hieronymus. Johannes DIVJAK ist der Meinung, daß in Ep. 19[*] drei unbekannte Briefe erwähnt werden, die er mit A, B, C bezeichnet[165]. Der Brief, den Augustinus von Orosius einige Zeit vor der Abfassung von Ep. 19[*] erhalten hat[166], wird allgemein mit Ep. 172 identifiziert[167]. Henry CHADWICK erkennt in dem wenige Tage vor der Abfassung von Ep. 19[*] durch den *presbyter* Innocentius überbrachten Brief, Ep. 202[168]. Ep. 202 ist aber auf Grund der Nachricht vom Tode Eustochiums eindeutig ins Jahr 419 zu datieren (s.o.). Die Möglichkeit, den von Innocentius überbrachten Brief mit Ep. 202 zu identifizieren, scheidet bei einer Datierung von Ep. 19[*] ins Jahr 416 aus.

Es ergibt sich bei einer Datierung von Ep. 19[*] ins Jahr 416 das Problem, daß mindestens vier bisher unbekannte Briefe von Hieronymus zwischen der Abfassung von Ep. 166 + 167 und der

---

[164] Nachdem Johannes DIVJAK Ep. 19[*] in seinen Prolegomena, De epistolis, CSEL 88, LXI-LXII, ins Jahr 416 datiert hat, ist diese Meinung nicht angezweifelt worden, so daß Marie-François BERROUARD, Les lettres 6[*] et 19[*] de saint Augustin, in: *REAug* 27 (1981) S. 264-277, auf S. 265 behaupten kann: "Il est incontestable que la Lettre 19[*], adressée à Jérôme, a été écrite vers le milieu de l'année 416". Dem schließen sich an: Yves-Marie DUVAL, Introduction à la Lettre 19[*], in: Johannes Divjak [Hg.], *Oeuvres de saint Augustin 46b. Lettres 1[*]-29[*]*, Paris 1987 S. 507 und Otto WERMELINGER, Neue Forschungskontroversen um Augustinus und Pelagius, in: *Internationales Symposion über den Stand der Augustinus-Forschung,* hg.v. C. MAYER / K.H. CHELIUS (Cass. 29/1), Würzburg 1989 S. 203.

[165] Bereits die Bezeichnung mit den Siglen A,B,C ist mißverständlich, denn sie suggeriert, daß es im Briefwechsel zwischen Augustinus und Hieronymus keine anderen fehlenden Briefe gäbe. Selbst bei einer Datierung ins Jahr 416 gibt es zumindest die beiden bereits mit A und B bezeichneten Briefe, die zwischen Ep. 28 und 40 fehlen. Auf die zwischen Ep. 123 und Ep. 202 fehlenden Ep. C und D geht DIVJAK mit keinem Wort ein.

[166] Augustinus ad Hieronymum, Ep. 19[*] CSEL 88 91,6-8: *"iam vero acceperam et prius per filium nostrum presybterum Orosium".*

[167] So zusätzlich zu Johannes DIVJAK, Marie-François BERROUARD, Les lettres 6[*] et 19[*], a.a.O. S. 265 und Henry CHADWICK, New Letters of St. Augustine, in: *JThS NS* 34 (1983) S. 440.

[168] Henry CHADWICK, New Letters of St. Augustine, a.a.O.

Abfassung von Ep. 19* im Jahre 416 an Augustinus geschrieben worden sein müssen[169]. Sie können nicht vor Ep. 166 + 167 geschrieben worden sein, da Augustinus ausdrücklich mit der Klage über die lange Pause seit Ep. 82 einen Neuanfang im Briefwechsel markiert[170]. Augustinus bezeichnet in Ep. 19* ausdrücklich Ep. 172 als denjenigen unter den insgesamt fünf erwähnten Briefen des Hieronymus, den er als ersten erhalten hat[171]. Orosius hat Ep. 172 bei seiner Rückkehr nach Afrika im Frühjahr 416 zu Augustinus gebracht. Bei der vorgeschlagenen Datierung von Ep. 19* in den Sommer 416 [172] müßten dann innerhalb weniger Wochen die übrigen vier in Ep. 19* erwähnten Briefe von Hieronymus geschrieben und durch die verschiedenen Boten nach Hippo gebracht worden sein. Das ist äußerst unwahrscheinlich. Noch weniger wahrscheinlich wird die Annahme, daß die - zumindest numerisch - intensivste Phase des Briefwechsels zwischen Frühjahr und Sommer 416 liegen sollte, durch die klare Aussage des Hieronymus in Ep. 172, daß er zur Zeit in einer solch schwierigen Lage sei, daß es für ihn besser sei, zu schweigen als zu reden (schreiben)[173]. Das läßt nicht vermuten, daß er unmittelbar nach Abfassung von Ep. 172 vier weitere Briefe an Augustinus gerichtet haben soll[174]. Auch rückblickend spricht

---

[169] Augustinus erwähnt in Ep 19* insgesamt fünf Briefe, die er von Hieronymus durch verschiedene Boten erhalten hat:
- mehrere (mindestens zwei) durch den *diaconus* Palatinus,
- einen durch den *epsicopus* Lazarus,
- einen durch den *presbyter* Orosius,
- einen durch den *presbyter* Innocentius.
[170] Augustinus ad Hieronymum, Ep. 167,1 CSEL 44 546,8-547,3.
[171] Augustinus ad Hieronymum, Ep. 19*,1 CSEL 88 91,4-9; Augustinus erwähnt zuerst die durch Palatinus und Lazarus überbrachten Briefe, dann nennt er den bereits vor diesen durch Orosius erhaltenen Brief um zum Schluß der Aufzählung den erst vor wenigen Tagen eingetroffenen Brief, den Innocentius überbracht hat, zu erwähnen.
[172] Marie-François BERROUARD, Les lettres 6* et 19*, a.a.O. S. 267: "se trouve confirmé: c'est durant l'été 416 qu'il a écrit la *Lettre* 19*".
[173] Hieronymus ad Augustinum, Ep. 172,1 CSEL 44 636,3f, s.o. zu Ep. 172.
[174] Augustinus ad Optatum, Ep. 202a CSEL 57 302-315. In dem etwa zeitgleich mit Ep. 19* verfaßten Brief (419) zitiert Augustinus gegenüber Optatus diese Passage aus Ep. 172 und stellt noch einmal ausdrücklich fest, daß es die Zeitumstände Hieronymus nicht gestatteten, ausführlich auf Ep. 166 + 167 zu antworten. Diese Notiz macht ebenfalls eine Serie von vier Briefen des Hieronymus im direkten Anschluß an Ep. 172 unwahrscheinlich. Zum anderen zeigt sich in Ep. 202a, daß Fragen aus der Zeit um 415/6 noch nicht erledigt sind. Zu Optatus vgl. André MANDOUZE, *Prosopographie de l'Afrique chrétienne*, a.a.O. S. 803-805.

Hieronymus von einer Phase des Schweigens, in der die Aktivität im Briefwechsel vielmehr von Augustinus ausgegangen ist[175].

22.2. Die in Ep. 19* erwähnten Ereignisse des pelagianischen Streites

Da sich einer Datierung ins Jahr 416 die erwähnten Schwierigkeiten der Übersendung von vier weiteren Briefen des Hieronymus innerhalb weniger Wochen entgegenstellen, ist zu fragen, ob der Inhalt von Ep. 19* sich auch in einem anderen Kontext verstehen läßt[176]. Ep. 19* hat einen klaren Aufbau. Augustinus gibt zunächst einen Überblick über den bisherigen Verlauf des Briefwechsels mit Hieronymus, dann erwähnt er zwei Details aus dem pelagianischen Streit: zum einen ist der *Dialogus adversus Pelagianos* des Hieronymus an den kaiserlichen Hof gelangt, zum anderen besitzt Augustinus ein Verteidigungsschreiben von Pelagius selbst. Im dritten und längsten Teil des Briefes gibt er Rechenschaft darüber, welche Schriftstücke er Hieronymus zusammen mit Ep. 19* übersendet. Die Bemerkung, daß der *Dialogus adversus Pelagianos* des Hieronymus an den kaiserlichen Hof zu Honorius nach Ravenna gelangt ist, dient Augustinus dazu, eine für Hieronymus angenehme Einleitung zu den verfahrenen Problemen des pelagianischen Streites zu geben. Augustinus würdigt so den Anteil des Hieronymus an der Bekämpfung des Pelagius[177]. Zwei Fragen stellen sich in diesem Zusammenhang, erstens, wann ist der *Dialogus* des Hieronymus an den kaiserlichen Hof gelangt, und zweitens, wann kann Augustinus Nachricht davon erhalten haben.

Der *Dialogus* ist von Hieronymus 415 verfaßt worden. Orosius hat ihn bei seiner Rückkehr im Frühjahr 416 nach Afrika mitgebracht[178]. Es ist daher möglich, daß die afrikanische Delegation,

---

[175] Hieronymus ad Augustinum, Ep. 202,1 CSEL 57 299,9-11: *"tamen deo gratias agimus, quod ita evenit, ut nostrum silentium vestris epistulis vinceretis"*.

[176] Dabei soll nicht geleugnet werden, daß die Verknüpfung des Inhalts von Ep. 19* mit den Ereignissen des Jahre 416 einiges für sich hat. Ohne die Erwähnung der fünf von Hieronymus empfangenen Briefe, liesse sich Ep. 19* durchaus ins Jahr 416 datieren.

[177] Zur Rolle die Augustinus selbst im pelagianischen Streit spielt vgl. neben vielen anderen besonders: J. Patout BURNS, Augustine's Role in the Imperial Action Against Pelagius, in: *JThS NS* 29 (1978) S. 67-83 und Mathijs LAMBERIGTS Augustine and Julian of Aeclanum on Zosimus, in: *Aug(L)* 42 (1992) S. 311-330.

[178] Das geht aus dem nach dem Erhalt von Ep. 172 an den römischen Adligen Oceanus geschriebenen Brief hervor, in dem Augustinus über den *Dialogus*

die 417/8[179] bei Honorius in Ravenna gegen Pelagius intervenierte[180] und die erste kaiserliche Verurteilung der Pelagianer erreichte[181], den *Dialogus* des Hieronymus nach Ravenna brachte. Aus dieser Quelle kann auch Augustinus wissen, daß der *Dialogus* am kaiserlichen Hof gelesen worden ist.

> *Audivi sane iam usque in comitatum pervenisse libros tuos contra eandem pestem nuper editos* [182].

Dieser Satz Augustins läßt sich also gut auf dem Hintergrund von Ereignissen aus dem Jahre 418 verstehen[183]. Es müßte von den Befürwortern der Datierung ins Jahr 416 nachgewiesen werden, wie Augustinus bereits 416 gewußt haben sollte, daß der *Dialogus* am Hof gelesen wurde.

Der zweite Bezug auf aktuelle Geschehnisse ist Augustins Mitteilung an Hieronymus, daß er in den Besitz des Schreibens des Pelagius gelangt ist, in dem dieser sich gegen die von Heros und Lazarus erhobenen Vorwürfe gegen ihn verteidigt. Dieses Verteidigungsschreiben - *Chartula* genannt - ist im Brief der fünf afrikanischen Bischöfe an Innocentius erwähnt[184], sowie in Augustins Schrift *De gestis Pelagii* [185]. Es ist ein von Pelagius nach der Synode zu

---

berichtet; Augustinus ad Oceanum, Ep. 180,5 CSEL 44 700, 4-6: *"hoc opere recentissimo, quod sub nomine Critobuli adversus Pelagium modo edidit"*.

[179] J. Patout BURNS, Augustine's Role in the Imperial Action Against Pelagius, a.a.O. S. 77-79 zieht auch die Möglichkeit in Erwägung, daß eine afrikanische Delagation bereits im Herbst 417 den kaiserlichen Hof in Ravenna aufgesucht hat und sich dort um staatliche Maßnahmen gegen Pelagius und seine Anhänger bemühte. Diese Meinugn vertritt auch Mathijs LAMBERIGTS; Augustine and Julian of Aeclanum on Zosimus, a.a.O. S. 321

[180] Vgl. Dazu Charles PIETRI, *Roma Christiana* a.a.O., Bd. 2 S. 1230-1235, der besonders herausstellt, wie die Äußerungen der römischen Bischöfe übergangen werden.

[181] Im Brief an den Praefectus Praetorio Palladius vom 30. 4. 418, vgl. Otto SEEK, *Regesten*, a.a.O. S. 338.

[182] Augustinus ad Hieronymum, Ep. 19*,2 CSEL 88 91,17f.

[183] Möglicherweise bezieht sich Augustinus sogar auf das neuerliche Edikt des Honorius, das dieser am 9. Juni 419 veröffentlicht hat. Als Schreiben an Aurelius von Karthago ist das kaiserliche Edikt als Ep. 201 in die Briefsammlung Augustins aufgenommen worden, CSEL 57 297-299.

[184] Aurelius, Alypius, Augustinus, Evodius et Possidius ad Innocentium, Ep. 177,15 CSEL 44 684,14-685,1. Dieser zusätzlich zu den Schreiben der Synoden von Karthago und Mileve verfaßte Brief ist wahrscheinlich im Herbst 416 geschrieben worden; da das Antwortschreiben des Innozenz am 27. 1. 417 verfaßt ist. Vgl. Otto WERMELINGER, *Rom und Pelagius*, a.a.O. S. 94 Anm. 36+37.

[185] Augustinus, *De gestis Pelagii* I,1 CSEL 42 51,12, u.ö.

Diospolis 415 verfaßtes Schreiben, das auch in dem Bemühen der afrikanischen Kirche eine Rolle spielt, nach der Synode zu Diospolis eine Verurteilung des Pelagius durch Innozenz von Rom zu erreichen. Augustinus erwähnt die *Chartula* deswegen, weil es das einzige Schreiben ist, in dem Pelagius selbst zu den gegen ihn erhobenen Anklagen Stellung nimmt. Das trifft auch auf die später von Pelagius in *De libero arbitrio* und in dem an Innozenz gerichteten *Libellus fidei* gemachten Äußerungen zu[186]; zu den stärksten Anklagen gegen Pelagius gibt es keine von ihm selbst verfaßte Verteidigung:

> *ipse Pelagius aperte talia non audet defendere sed se ipsum, quod illa non sentiat* [187].

Deswegen muß auch dieser Satz Augustins in Ep. 19[*] nicht unbedingt in der Situation nach der Synode zu Diospolis verfaßt worden sein. Augustinus kann auch später noch so von Pelagius gesprochen haben[188].

Das zweite von Augustinus erwähnte Schriftstück des Pelagius ist dessen frühere Schrift *De natura*, die Augustinus von zwei Schülern des Pelagius, Timasius und Jakobus, erhalten hat. Gegen diese Schrift hat Augustinus sein Werk *De natura et gratia* gerichtet. Da beide Werke aus der Zeit vor 415 stammen und in Ep. 19[*] nicht als sonderlich neu bezeichnet werden, läßt sich daraus für eine Datierung ins Jahr 416 kein Argument ableiten[189].

---

[186] Otto WERMELINGER, *Rom und Pelagius*, a.a.O. S. 86: "Es sind aber in *De lib. arbitr.* nicht alle Punkte geklärt. Für westliche Ohren hat sich Pelagius nicht genügend von Caelestius und den Gruppen in Karthago und Sizilien, die die Erbsünde und Notwendigkeit des Bittgebetes leugnen und jene Thesen vertreten, die man als eigentlich pelagianisch bezeichnen muß, abgesetzt. Pelagius hat sich im Gegensatz zu Caelestius in der Frage der Erbsünde immer zurückgehalten und sich auch im *Libellus fidei* an Innozenz nicht dazu geäußert".

[187] Augustinus ad Hieronymum, Ep. 19[*] CSEL 88 92,2f; Marie-François BERROUARD, *Les Lettres 6[*] et 19[*]*, a.a.O. S. 266f schließt aus dieser Äußerung Augustins, daß er noch nicht in den Besitz der Akten der Synode zu Diospolis gekommen ist und sich deshalb mit der *Chartula* des Pelagius behelfen muß.

[188] Augustinus klagt z.B. auch in *De gestis Pelagii* darüber, daß Pelagius sich nicht zu den gegen ihn erhobenen Vorwürfen äußert. Wie in Ep. 19[*] beteuert Augustinus aber auch in *De gestis Pelagii*, daß er daran interessiert ist, daß die Auseinandersetzung Pelagius nützen möge und er auf den richtigen Weg geführt werde: *De gestis Pelagii* 25,50 CSEL 42 103,23 und Ep. 19[*],4 CSEL 88 93,6f.

[189] Es ist wahrscheinlich, daß die Schrift *De natura* des Pelagius Hieronymus bereits bei der Abfassung seines *Dialogus* vorgelegen hat. Das hat bereits Otto WERMELINGER, *Rom und Pelagius*, a.a.O. S. 55 vermutet, der auf Grund des Vergleichs zwischen der Argumentation des Kritobulus im *Dialogus* und der

Ein neues Argument, das Marie-François BERROUARD zur
Datierung von Ep. 19* vorgebracht hat[190], ist die Behauptung,
Ep. 19* sei zusammmen mit Ep. 179 und zwei verlorenen Briefen an
Eulogius von Caesarea und Passerionus, von ein und demselben
Boten ins Heilige Land gebracht worden. In Ep. 19* ist von einer
gemeinsamen Überbringung dieser drei Briefe mit Ep. 19* nicht die
Rede. Der Bericht Augustins über die Briefe an Johannes von
Jerusalem, Eulogius und Passerionus bezieht sich nicht unbedingt auf
ein gegenwärtiges Geschehen. Augustinus berichtet Hieronymus
vielmehr über ein zurückliegendes Ereignis:

> scripsi etiam de illo prolixam epistolam episcopis Eulogio et
> Johanni et breviter sancto presbytero Passerioni [191].

Der Gang durch die in Ep. 19* erwähnten Ereignisse des
pelagianischen Streites zeigt, daß die meisten Anspielungen auf
aktuelle Ereignisse zwar im Kontext des Jahres 416 verstanden
werden können, aber nicht müssen. Der in Ep. 19* selbst enthaltene
Grund gegen eine Datierung ins Jahr 416 sind die am Anfang des
Briefes erwähnten fünf Briefe, die Augustinus von Hieronymus
erhalten hat. Deshalb muß für eine Datierung von Ep. 19* der übrige
Briefwechsel zwischen Augustinus und Hieronymus in die Überlegungen mit einbezogen werden.

22.3. Ep 19* im Zusammenhang des Briefwechsels zwischen Augustinus und Hieronymus

Augustinus hat Ep. 19* wenige Tage nach Erhalt eines durch den
presbyter Innocentius überbrachten Briefes verfaßt. Der einzige Brief
aus dem Briefwechsel zwischen Augustinus und Hieronymus, der
von Innocentius überbracht worden ist, ist Ep. 202[192]. Da die Reiseroute des Innocentius durch weitere Briefe bekannt ist, muß Ep. 19*

Argumentation des Pelagius in *De natura* zu diesem Schluß kommt. Die neue
Untersuchung von Yves-Marie DUVAL zur Entstehung von *De natura* bestätigt
diese These; Yves-Marie DUVAL, La date du "De natura" de Pélage. Les
premières étapes de la controverse sur la nature de la grâce, in: *REAug* 36 (1990)
S. 257-283 . DUVAL hat gezeigt, daß *De natura* bereits um 406 in Rom
entstanden ist, nicht um 413/14 in Palästina. Daß Augustinus eine Kopie von *De
natura* an Hieronymus schickt, läßt sich unabhängig von der Datierung von
Ep. 19* nur damit erklären, daß er der Meinung ist, Hieronymus besäße keine
Abschrift von *De natura*, weil die Schrift nicht ausdrücklich in seinem
Dialogus zitiert hat.

[190] Marie-François BERROUARD, Les lettres 6* et 19*, a.a.O. S. 266f.

[191] Augustinus ad Hieronymum, Ep. 19*,4 CSEL 88 93,7f.

[192] Hieronymus hat Innocentius 418 keinen Brief an Augustinus mitgeben
können, Hieronymus ad Augustinum, Ep. 202,1 CSEL 57 299,7-9.

in die Mitte des Jahres 419 datiert werden. Innocentius brachte zunächst ein Schreiben des Bonifatius ins Heilige Land, in dem dieser Hieronymus seine Weihe zum römischen Bischof mitteilte[193]. Dann reiste er über Afrika nach Rom zurück, sodaß Hieronymus ihm zwei Briefe mitgeben konnte; Ep. 202 an Augustinus und Ep. 153 an Bonifatius.

Augustinus erwähnt drei weitere Briefe, die er vor Ep. 202 - aber nach dem Erhalt von Ep. 172 durch Orosius - von Hieronymus bekommen hat. Diese Bemerkung in Ep. 19* deckt sich mit den Ep. 202 zu entnehmenden Informationen. So wurde der vom *presbyter* Innocentius nicht nach Afrika gebrachte Brief (Ep. C) dem Bericht in Ep. 19* zufolge, vom Bischof Lazarus nach Afrika befördert.

Die beiden übrigen von Augustinus in Ep. 19* erwähnten Briefe, die Hieronymus nach Ep. 172 an ihn gesandt hat, sind Ep. 195 + 123. Diese wegen der Zeitumstände nur kurzen Schreiben sind Augustinus durch den *diaconus* Palatinus überbracht worden. Die Bemerkung in Ep. 19* beantwortet zudem die Frage, ob Ep. 123 ein Postskriptum zu Ep. 195 gewesen ist. Ep. 195 und Ep. 123 sind zwei voneinander unabhängige Briefe, die Augustinus allerdings durch denselben Boten zugegangen sind.

Nach der Einordnung von Ep. 19* in den äußeren Kontext des Briefwechsels muß nun eine inhaltliche Analyse der Beziehungen zu anderen Briefen des Briefwechsels folgen. Dabei ist vor allem Ep. 202 von Interesse; Augustinus hat Ep. 202 nur wenige Tage vor der Abfassung von Ep. 19* erhalten, deswegen ist ein Bezug auf diesen Brief zu erwarten.

Augustinus geht mit keinem Wort auf die vorsichtig geäußerte Bitte des Hieronymus ein, er möge doch statt seiner gegen den pelagianischen *diaconus* Annianus von Celeda schreiben. Trotzdem kann Ep. 19* als eine Reaktion auf Ep. 202 verstanden werden. Wenn Hieronymus - wie er sagt - zu der Schrift des Annianus Stellung nehmen will, muß er an zurückliegende Ereignisse anknüpfen. In Ep. 202 freut sich Hieronymus darüber, daß durch die Schrift des Annianus alle die Irrlehren ans Tageslicht gekommen sind, die auf der Synode zu Diospolis 415 abgestritten wurden[194]. Genau zu dieser Äußerung des Hieronymus paßt der Anfang von Ep. 19*, in

---

[193] Hieronymus ad Bonifatium, Ep. 153 CSEL 56 365,18-20.
[194] Hieronymus ad Augustinum, Ep. 202,2 CSEL 57 300,17-301,1: *"quicquid enim in miserabili illa synodo Diospolitana dixisse se denegat, in hoc opere profitetur".*

dem Augustinus beklagt, daß es von Pelagius außer der *Chartula*
keine Stellungnahme zu den gegen ihn erhobenen Vorwürfen gibt.
Da Hieronymus in Ep. 202 auf die Synode in Diospolis eingegangen
ist, kann so auch die Übersendung der vielen Abschriften der
Schriften Augustins aus der Zeit um 415 verständlich gemacht
werden. Augustinus liefert Hieronymus Material, das er für die
Abfassung einer Schrift gegen Annianus gebrauchen kann.

Damit Hieronymus ganz sicher sein kann, daß es sich um zuver-
lässige Kopien handelt, sendet Augustinus ihm die Abschriften
möglichst von eigener Hand unterschrieben zu. In den Schlußsätzen
Augustins, in denen er dieses Verfahren beschreibt, läßt sich eine
Anspielung auf die lang zurückliegende Auseinandersetzung um
Ep. 40 (s.o.) nicht überhören[195].

Merkwürdigerweise finden sich in Ep. 19* keine Grüße, weder an
Eustochium und Paula d.J., die Augustinus in Ep. 172 haben grüßen
lassen, noch an Albina, Pinianus, Melania d.J.. und Paula d.J., die
ihn in Ep. 202 grüßen[196]. Vielleicht ist in der unsicheren Überlieferung dieser Gruppe von Augustinus-Briefen der letzte Absatz mit
Grüßen von Augustins eigener Hand weggefallen. Das ist um so
wahrscheinlicher, wenn die Überlieferung der neuentdeckten Briefe
wirklich in irgendeiner Form auf das Archiv Augustins in Hippo
zurückgeht, in dem Abschriften ohne eigenhändige Schlußgrüße
aufbewahrt wurden.

22.4. Die Boten der in Ep. 19* erwähnten Briefe

Ep. 19* liefert wertvolle Informationen über das Schicksal der
Boten, die sonst weitgehend unbekannt sind[197]. So geht aus Ep. 19*

---

[195] Augustinus ad Hieronymum, Ep. 19*,4 CSEL 88 93,9: *"ut ad tuam
sinceritatem omnia perferantur"*. Vgl. auch Yves-Marie DUVAL, Introduction à
la Lettre 19*, a.a.O. S. 515.

[196] Zu der Rolle, die die verschiedenen Patrone bzw. Patroninnen in dem
gesamnten Kontext des pelagianschen Streits gespielt haben vgl. Peter BROWN,
The Patrons of Pelagius: The Romam Aristocracy between East and West, in:
DERS., *Religion and Society in the Age of Saint Augustine*, London 1972 S. 208-
226. BROWN sieht in dem Sieg über Pelagius auch einen Sieg der kirchlichen
Hierarchie über die von reichen Laien geförderten und damit "unabhängigen"
Theologen wie Rufin und Pelagius. Hieronymus ist für ihn eine klare Ausnahme,
weil er geweihter Priester und zudem immer um den Kontakt zum römischen
Stuhl bemüht war; vgl. dazu besonders S. 225.

[197] Vgl. auch die prosopographischen Angaben zu Lucas, Lazarus, Orosius
und Innocentius bei Yves-Marie DUVAL, Introduction à la Lettre 19*, a.a.O.
S. 507-509.

hervor, daß Palatinus, der Empfänger von Augustins Ep. 218[198], *diaconus* des Augustinus ist. Er ist im Auftrage Augustins oder des Hieronymus vom Heiligen Land nach Afrika gereist und hat Ep. 195 + 123 zu Augustinus gebracht. Da Hieronymus Palatinus kennt, ist seine Bekanntschaft mit Lucas, dem Boten der Ep. 19[*] überbringt, eine Empfehlung für diesen[199]. Augustinus bezeichnet ihn in Ep. 19[*] als *"cives meus"*, so daß man annehmen kann, daß Palatinus, unabhängig welcher Herkunft er ist, in Hippo gelebt hat[200]. So erhält auch die Aussage Augustins in Ep. 218, daß er sich nach der Gegenwart des Palatinus sehnt, einen neuen Hintergrund[201].

Lazarus, von dem Augustinus Ep. C erhalten hat, ist eine wichtige Figur in den Auseinandersetzungen um Pelagius im Heiligen Land[202]. Er war Bischof von Aix und ist zusammen mit Heros, dem Bischof von Arles, im Gefolge des Sturzes Konstantius III. (407-411) aus Gallien verbannt worden[203]. Beide hielten sich seitdem im Heiligen Land auf. Nach dem mißglückten ersten Versuch des Orosius, von Johannes von Jerusalem eine Verurteilung des Pelagius zu erwirken, ergriffen sie die Initiative und klagten Pelagius 415 vor der Synode zu Diospolis an. Von Lazarus weiß man, daß er das Heilige Land wieder verlassen und 417 in Marseille an einer umstrittenen Priesterweihe teilgenommen hat[204]. Offenbar hat er sich dort nicht länger aufhalten können. Nach der Notiz in Ep. 19[*] wäre er danach wieder ins Heilige Land

---

[198] Er ist nicht identisch mit dem Bischof Palatinus aus der prokunsularischen Provinz, der in Augustins Ep. 175 CSEL 44 652,4 als siebenter in der Bischofliste steht. Dieser Bischof Palatinus wird auch in der *Epistula de damnatione Pelagii atque Caelestii haereticorum* des Aurelius von Karthago erwähnt, PL 20,1010, vgl. André MANDOUZE, *Prosopographie de l'Afrique chrétienne* a.a.O. S. 809.

[199] Augustinus ad Hieronymum, Ep. 19*,3 CSEL 88 92,13-15: *"Nunc occasione Lucae servi dei perlatoris inventa quem sibi optime cognitum Palatinum mihi diaconus intimavit"*.

[200] Augustinus ad Hieronymum, Ep. 19*,1 CSEL 88 91,4f.

[201] Augustinus ad Palatinum, Ep. 218 CSEL 57 427,24-428,2.

[202] Die Datierung von Ep. 19* ins Jahr 416 führt zu der weiteren Schwierigkeit, daß es sich bei dem erwähnten Bischof Lazarus nicht um Lazarus von Aix handeln könnte, da dieser zu der fraglichen Zeit krank gewesen ist, vgl. Yves-Marie DUVAL, Introduction à la Lettre 19*, a.a.O. S. 507.

[203] Otto WERMELINGER, *Rom und Pelagius*, a.a.O. S. 68 gibt eine gute Zusammenfassung der Vorgänge, die zu ihrer Verbannung führten. S. auch Charles PIETRI, *Roma Christiana*, a.a.O. Bd. 2 S. 1224

[204] Zosimus ad Aurelium (et alii), Ep. 2 MGH. Ep. III 7,19-9,5. Der Brief ist auf den 22. 9. 417 datiert und erwähnt auch die Tatsache, daß Lazarus von einer Synode rechtmäßig abgesetzt worden ist.

und 418 von dort aus nach Afrika gereist. Dort war er der Solidarität der afrikanischen Bischöfe sicher, die während des ganzen pelagianischen Streites zu den beiden verbannten Bischöfen gehalten haben, die sich zum Teil schwersten Anfeindungen ausgesetzt sahen[205].

Der dritte Bote, über den aus Ep. 19[*] etwas in Erfahrung zu bringen ist, ist Lucas, über dessen kirchliche Stellung nichts bekannt ist. Er hat bereits Augustins Ep. 179 im Jahre 416 zu Johannes von Jerusalem gebracht[206]. Er bringt Ep. 19[*] zu Hieronymus.

22.5. Zusammenfassung zur Datierung von Ep 19[*]

Das stärkste Argument für die Datierung von Ep. 19[*] in das Jahr 419 liefert der Kontext des Briefwechsels zwischen Augustinus und Hieronymus. Wird dieser ernst genommen, kann der Brief nicht in das Jahr 416 datiert werden.

Der Vorschlag, Ep. 19[*] ins Jahr 419 zu datieren, läßt sich bei genauer Betrachtung auch in den Ablauf des pelagianischen Streits integrieren. Allerdings ist der Inhalt des Schreibens anders zu verstehen. Ep. 19[*] erweist sich so als Augustins Begleitbrief zu einer Sendung von wichtigen Schreiben zum pelagianischen Streit aus der Zeit von 413-416, die wahrscheinlich als Material zu der beabsichtigten Schrift des Hieronymus gegen Annianus dienen sollten. Der zu erwartende Grußteil ist wahrscheinlich im Prozeß der Überlieferung verlorengegangen. Ob Hieronymus Ep. 19[*] noch erhalten hat, ist ungewiß.

---

[205] Im Brief des Konzils von Karthago (416) an Innozenz (Augustinus Ep. 175) CSEL 44 654,1 werden die beiden als *sancti fratres* und *consacerdotes* vorgestellt. Zosimus hingegen hat sie 417 im Zuge der Freisprechung von Pelagius und Caelestius scharf angegriffen. Welche Stellung die beiden danach in Afrika hatten, ist nicht geklärt.

[206] Augustinus ad Johannem, Ep. 179,1 CSEL 44 691,19. Im Zuge der Datierung von Ep. 19[*] ins Jahr 416 behauptet Marie-François BERROUARD, Les lettres, a.a.O. S. 267 daß beide, Ep. 179 und Ep. 19[*], von Lucas auf einer Reise ins Heilige Land gebracht worden seien. Nach der hier vorgenommenen Datierung ist das unmöglich.

DRITTES KAPITEL

DIE ÜBERLIEFERUNGSGESCHICHTE DES BRIEFWECHSELS

A. FORSCHUNGSÜBERBLICK

Den Ausgangspunkt für eine kritische Arbeit am Briefwechsel bilden die vorliegenden Textausgaben. Da der Briefwechsel sowohl in den Ausgaben der Briefe Augustins als auch des Hieronymus veröffentlicht ist, müßen die Editionen beider Briefkorpora herangezogen werden[1].

Den Grundstein für die kritische Erforschung der komplizierten Überlieferung der Briefe Augustins hat Alois GOLDBACHER mit seiner Ausgabe der Briefe Augustins gelegt[2]. Er hat als erster das unübersichtliche handschriftliche Material für eine kritische Edition bearbeitet und damit den Grundstein für die moderne Erforschung der Korrespondenz Augustins gelegt. Damit hat er auch der Arbeit am Briefwechsel zwischen Augustinus und Hieronymus einen starken Impuls gegeben. Seine Ausgabe bietet die Textgrundlage für die Briefe Augustins und für den Briefwechsel zwischen Augustinus und Hieronymus.

Für die Briefe des Hieronymus hat Isidor HILBERG eine kritische Edition besorgt, in der der Briefwechsel ein weiteres Mal veröffentlicht wurde. GOLDBACHERS Ausgabe lag zu diesem Zeitpunkt bereits länger als 10 Jahre vor[3]. HILBERG bietet im wesentlichen denselben Text wie GOLDBACHER und stützt sich auch auf dieselben Handschriften. Leider ist er vor der Vollendung des vierten Bandes seiner Ausgabe, der die Einleitung und kritische Würdigung der Hand-

---

[1] Einen Überlick über die verschiedene Nummerierung der Briefe bietet die Konkordanz im Anhang. In der vorliegenden Untersuchung wird der Briefwechsel mit den Nummern der Ausgabe der Augustinus-Briefe zitiert.

[2] Alois GOLDBACHER, *Augustinus Epistulae* (CSEL 34/I+II, 44, 57, 58), Wien 1895-1923.

[3] Isidor HILBERG, *Hieronymus Epistuale,* (CSEL 54-56), Wien 1910-1918. Der größte Teil des Briefwechsels zwischen Augustinus und Hieronymus ist von GOLDBACHER in CSEL 34/II bereits 1898 veröffentlicht worden.

schriften enthalten sollte, verstorben. Deshalb muß seine Bewertung
einzelner Handschriften mühsam aus dem kritischen Apparat rekonstruiert werden[4]. Im allgemeinen läßt sich feststellen, daß HILBERG
die Ergebnisse GOLDBACHERS für den Text des Briefwechsels
zwischen Augustinus und Hieronymus übernimmt. Die Briefe des
Hieronymus liegen zudem in einer neueren lateinisch-französichen
Ausgabe von Jérôme LABOURT vor[5], für die aber keine neue Untersuchung der Handschriften vorgenommen wurde. LABOURT übernimmt HILBERGS Text und gibt nur wenig textkritische Varianten
an[6].

Nach dem Abschluß von GOLDBACHERS Ausgabe der Briefe
Augustins im Jahre 1923 mit dem fünften Band, der umfangreiche
Ausführungen zur handschriftlichen Überlieferung enthält, war die
Möglichkeit gegeben, mit der Erforschung der Überlieferungsgeschichte der Korrespondenz Augustins auf breiter Basis zu beginnen. Die Übernahme der Ergebnisse von GOLDBACHERS Forschungen
durch HILBERGS Ausgabe der Hieronymus-Briefe hat zur Folge, daß
in beiden Augaben ein nahezu identischer Text des Briefwechsels
vorliegt. Dieser Umstand erweckt den Eindruck, daß die handschriftliche Überlieferung auf eine Erstausgabe oder auf die Auto-
graphen zurückgeht. Dem entspricht auch die These, die LIETZMANN
in seiner 1930 veröffentlichten Akademievorlage vertreten hat[7]. Er
hat als erster das von GOLDBACHER bereitgestellte Material bearbeitet
und versucht, die Überlieferungsgeschichte der Briefe Augustins zu
rekonstruieren[8]. Seiner Meinung nach ist die Briefsammlung so
entstanden, daß Augustin in seiner Frühzeit (bis ca. 405) kleinere
Zusammenstellungen wichtiger Korrespondenzen herausgegeben hat,
die im Laufe der Zeit zu größeren Sammlungen zusammengewachsen sind. LIETZMANN behauptet, daß alle vorliegenden Briefe aus
dem Archiv Augustins stammen und die jeweiligen Briefpartner

---

[4] Dabei ist z.B. zu fragen, warum er die großen karolingischen Sammlungen
des Codex Carlsruhensis Aug. CV und die des Codex Turicensis Aug. 41 nicht
für die Korrespondenz zwischen Augustinus und Hieronymus in Betracht zieht.
Doch ohne seine eigene Stellungnahme müssen diese Fragen offen bleiben.

[5] Jérôme LABOURT, *Saint Jérôme Lettres*, 8 Bde. (CUFr), Paris 1947-1963.

[6] Jérôme LABOURT, *Saint Jérôme Lettres*, a.a.O. Bd. 1, S. LII.

[7] Hans LIETZMANN, "Zur Entstehungsgeschichte der Briefsammlung
Augustins" in: *SPAW.PH* 1930 S. 356-388, wiederveröffentlicht in: DERS.,
Kleine Schriften I, hg. von K. Aland, Berlin 1958 S. 260-304.

[8] Hans LIETZMANN, Zur Entstehungsgeschichte, a.a.O. S. 260.

nichts zu den Ausgaben beigesteuert haben[9]. Auch in anderen Fällen,
zum Beispiel bei den paulinischen Briefen, hat er versucht, nachzuweisen, daß es nur eine "Urausgabe" gibt, die im Laufe der Überlieferung verändert worden ist[10]. Diese Vorgehensweise leuchtet bei
den Briefen eines einzelnen Autors ein, obwohl sich bei Paulus die
Frage stellt, wie groß seine eigene Erstausgabe war und ob nicht
doch mancher Brief einzeln überliefert worden ist[11]. Aber auch in
Fällen, in denen zwei Briefschreiber miteinander korrespondieren,
LIETZMANN alles Erhaltene auf eine "Urausgabe" zurückführen[12].
Dadurch wird ihm der Blick auf die Möglichkeit verstellt, daß auch
Hieronymus eine eigene Ausgabe des Briefwechsels zusammen-
gestellt haben kann, die sich in Umfang und Reihenfolge von der
Augustins unterscheidet und für bestimmte Varianten in der hand-
schriftlichen Überlieferung verantwortlich ist.

De BRUYNE hat zwei Jahre nach LIETZMANN eine Studie zum
Briefwechsel zwischen Augustinus und Hieronymus veröffentlicht[13],
in der einige Unklarheiten und Fehler Lietzmanns berichtigt werden.
Trotz der Übernahme einiger Materialien und Voraussetzungen
LIETZMANNS kommt DE BRUYNE in wichtigen Fragen zu anderen
Ergebnissen[14]. Für die vorliegende Untersuchung ist es besonders

---

[9] Daß die Briefpartner nichts zu den Ausgaben beigesteuert haben, behauptet
LIETZMANN im Fall des Paulinus von Nola (a.a.O. S. 281), der Briefe aus
Augustins Frühzeit (a.a.O. S. 285) und des Hieronymus (a.a.O. S. 296).
[10] So nimmt er für die Briefe des Apostels Paulus an: "Alle uns erhaltenen
Textformen gehen auf eine einzige Sammlung zurück, kein Brief hat eine eigene
Überlieferung"; Hans LIETZMANN, Einführung in die Textgeschichte der
Paulusbriefe, in: DERS., *Kleine Schriften II*, hg.v. K. Aland, Berlin 1958 S. 138.
[11] Vgl. David TROBISCH, *Die Entstehung der Paulusbriefsammlung. Studien
zu den Anfängen christlicher Publizistik* (NTOA 10), Freiburg/Schweiz /
Göttingen 1989.
[12] Das läßt sich am Briefwechsel Augustinus und Paulinus von Nola
illustrieren, bei dem er zu demselben Ergebnis kommt; Hans LIETZMANN, Zur
Entstehungsgeschichte, a.a.O. S. 280-281: "Das Gesamtergebnis ist deutlich. In
früher Zeit, etwa zwischen 395 und 398, hat Augustin seinen Briefwechsel mit
Paulinus planmäßig zusammengestellt und ediert. Später aber läßt die Sorgfalt
nach: vieles ist verloren - wir sehen aus ep.149, daß auch wichtige Konzepte
verschwunden sind - und das Erhaltene ist in die Welt hinausgegangen, wie es
der Zufall mit sich brachte. Ein umfassendes Corpus der zwischen Augustin und
Paulinus gewechselten Briefe hat es nie gegeben, weil man es in Hippo nicht
zusammengestellt hat; und Nola hat sich überhaupt nicht gerührt".
[13] Donatien DE BRUYNE, La correspondance échangée entre Augustin et
Jérôme, in: *ZNW* 31 (1932), S. 233-248.
[14] So übernimmt DE BRUYNE z.B. eine tabellarische Übersicht über
verschiedene Handschriften, offenbar ohne sie bei Goldbacher nachzuprüfen und
kommt trotz der Übernahme eines Fehlers in der Beschreibung der sog.

wichtig, daß er die Frage nach einer möglichen Herausgeberschaft des Hieronymus neu stellt und positiv beantwortet. Das zeigt deutlich, wie stark die Prämisse, daß alle Briefe aus dem Archiv Augustins stammen müssen, das Resultat der Arbeit LIETZMANNS beeinflußt hat. Erstaunlicherweise ist seit DE BRUYNES Beitrag keine Arbeit zur Literargeschichte des Briefwechsels zwischen Augustinus und Hieronymus mehr erschienen, obwohl die überlieferungsgeschichtlichen Fragen noch lange nicht geklärt sind.

In den letzten zwanzig Jahren sind verschiedene Untersuchungen zur handschriftlichen Überlieferung des Briefwechsels vorgelegt worden, die die Quellenbasis gegenüber den Angaben GOLDBACHERS wesentlich verbreitern. Für die Erforschung der handschriftlichen Überlieferung der Werke des Hieronymus hat Bernard LAMBERT mit seiner *Bibliotheca Hieronymiana Manuscripta* ein höchst wertvolles Instrument erarbeitet[15]. Er beschreibt in seinem Werk alle zugänglichen Handschriften, die Werke des Hieronymus bewahren. Darunter sind ca. 4000 Handschriften der Briefe des Hieronymus. Für den Briefwechsel zwischen Hieronymus und Augustinus hat Lambert auch die Handschriften in seine Beschreibung aufgenommen, die der Augustinustradition zugehören. Die gleichzeitig in den Sitzungsberichten der Österreichischen Akademie der Wissenschaften erschienenen Verzeichnisse der Handschriften der Augustinus-Überlieferung sind dazu eine unentbehrliche Ergänzung[16]. Da noch nicht alle Bände dieses monumentalen Projektes erschienen sind[17], kann

---

Sammlung "K" zu anderen Ergebnissen; Donatien DE BRUYNE, La correspondance, a.a.O. S. 241.

[15] Bernard LAMBERT, *Bibliotheca Hieronymiana Manuscripta* (IP 4), 4 Bde, Steenbrugge / La Haye 1969-1972.

[16] *Die handschriftliche Überlieferung der Werke des Heiligen Augustinus, Bd. I/1 Italien: Werkverzeichnis;* (SÖAW.PH 263), Wien 1969; *Bd. I/2 Italien: Verzeichnis nach Bibliotheken,* (SÖAW.PH 267), Wien 1970 bearb.v. Manfred OBERLEITNER. *Bd. II/2 Großbritannien und Irland: Verzeichnis nach Bibliotheken* (SÖAW.PH 276), Wien 1972; *Bd. II/1 Großbritannien und Irland: Werkverzeichnis* (SÖAW.PH 281), Wien 1972. *Bd. III: Polen, Anhang: Die skandinavischen Staaten, Dänemark - Finnland - Schweden* (SÖAW.PH 289), Wien 1973, bearb.v. Franz RÖMER. *Bd. IV Spanien und Portugal: Werkverzeichnis und Verzeichnis nach Bibliotheken* (SÖAW.PH 292), Wien 1974, bearb.v. Johannes DIVJAK. *Bd. V/1 Bundesrepublik Deutschland und Westberlin: Werkverzeichnis* (SÖAW.PH 306), Wien 1976, bearb.v. Rainer KURZ.

[17] Vor allem fehlen die Bände mit den Handschriften aus Frankreich, Belgien, den Niederlanden und der Schweiz; die von Dorothea WEBER bearbeiteten Bände über Österreich sind 1993 erschienen, konnten aber leider nicht mehr berücksichtigt werden. Zu den übrigen Problemen dieses Handschriften-

dieses Verzeichnis keinen ähnlich umfassenden Überblick bieten wie
LAMBERTS *Bibliotheca* [18].

Die Überlieferungsgeschichte des Briefwechsels zwischen
Augustinus und Hieronymus hat trotz des neu zur Verfügung
stehenden Materials keine weitere Bearbeitung erfahren. Das mag
damit zusammenhängen, daß der eigenständige Charakter der
Sammlung des Briefwechsels zwischen Augustinus und Hieronymus
gegenüber ihren gesamten Briefkorpora in den Hintergrund tritt. Die
Untersuchung der Überlieferungsgeschichte dieser und anderer Teilsammlungen ist seit LIETZMANNS Arbeiten nicht weiter vorangetrie-
ben worden. So kam es zu dem Urteil, das Harald HAGENDAHL und
Jan Hendryk WASZINK jüngst über die Briefsammlung gefällt haben:

> Die Sammlung der Hieronymus-Briefe ...beruht nicht auf einer antiken
> Zusammenstellung, wie sie für die Briefe des Cyprian durch Pontius, die
> des Ambrosius durch Paulinus von Mailand und die des Augustin durch
> Possidius (bzw. durch ihn selbst) erfolgte[19].

Das trifft zumindest für den Briefwechsel zwischen Augustinus und
Hieronymus nicht zu, der eine antike Sammlung ist und zu den
kleinen Einheiten gehört, aus denen die Briefkorpora von Augustinus
und Hieronymus zusammengewachsen sind[20]. Im Laufe der Unter-

---

verzeichnisses siehe die Rezension von Almut MUTZENBECHER in: *ZKG* 83
(1972) 113-124.

[18] Die Arbeit an diesem großen Überblick über die Augustinus-Überlieferung
hat mehrere wichtige neue Erkenntnisse zu Tage gefördert, so sind neue
Augustinusbriefe entdeckt worden, Augustinus, *Epistolae ex duobus codicibus
nuper in lucem prolatae*, hg.v. Johannes DIVJAK (CSEL 88), Wien 1981;
hilfreich ist auch der Versuch, einige Schneisen in das Gewirr der Überlieferung
zu schlagen, den Johannes DIVJAK unternommen hat, DERS., Zur Struktur
augustinischer Briefkorpora, in: *Les Lettres de Saint Augustin découvertes par
Johannes Divjak. Communications présentées au colloque international des 20.
et 21. Septembre 1982*, Paris 1983 S. 13-27. Inzwischen ist mit der Dissertation
von Rudolf MAURER, *Strukturelle Untersuchungen zu den augustinischen
Briefkorpora* (Diss. masch.), Wien 1991 eine umfangreiche Untersuchung zur
Überlieferungsgeschichte der Korrespondenz Augustin vorgelegt worden.
MAURER hat allerdings ausdrücklich "auf eine detaillierte Untersuchung der
Korrespondenz zwischen Augustinus und Hieronymus ... verzichtet", a.a.O.
S. 41.
[19] Harald HAGENDAHL / Jan Hendryk WASZINK, Hieronymus in: *RAC* 15
(1989) S. 123.
[20] Vgl. Johannes DIVJAK, Zur Struktur augustinischer Briefkorpora, a.a.O.
S. 26: "Meiner Meinung nach kann ein derart umfassendes Material, wie es sich
erhalten hat, nur auf dieses Archiv (sc. das Archiv in Hippo, R.H.) zurückgehen,
wo bereits knapp nach dem Tode Augustins ein Großteil der erhaltenen Briefe
Augustins in der auf uns überkommenen Reihenfolge, allerdings in kleineren

suchung soll nachgewiesen werden, daß sowohl Augustinus als auch Hieronymus selbst eine Zusammenstellung des ersten Teils veröffentlicht haben.

B. BRIEFEDITIONEN

Briefe berühmter Personen waren auch in der Antike häufig bereits bei Abfassung zur Veröffentlichung bestimmt. Ein Beispiel sind die Briefe des Plinius, die zwar an konkrete Adressaten geschrieben sind, bei denen aber zu bemerken ist, daß er ein weiteres Publikum vor Augen gehabt hat[21]. Ähnliches gilt auch für den Briefwechsel zwischen Augustinus und Hieronymus. Aus einigen Hinweisen läßt sich ersehen, daß sie in dem Bewußtsein geschrieben haben, daß ihre Briefe für einen weiteren Kreis von Interesse waren. Augustinus formuliert das in Ep. 82[22]. Deshalb ist damit zu rechnen, daß sie bei der Abfassung ihrer Schreiben bereits eine Veröffentlichung ihrer Korrespondenz geplant haben.

Veröffentlichungen können generell auf zwei Arten vorgenommen werden, mit oder ohne Zustimmung des Autors. Eine Veröffentlichung ohne Zustimmung des Autors ist in der Antike viel leichter möglich gewesen, als im Rahmen moderner Post- und Urheberschutzbestimmungen. Briefe konnten unterwegs geöffnet, der Inhalt abgeschrieben und veröffentlicht werden. Dafür gibt es auch aus dem Umkreis von Augustinus und Hieronymus einige Beispiele[23]. So

---

Serien, zusammengestellt worden sein muß. Es mußte sich auf alle Fälle um kleinere Serien handeln, da a) die Handschriften des 5. Jhdts. normalerweise keinen besonders großen Umfang hatten, und b) sich dadurch das Phänomen kleinerer Briefgruppen, die an andere Gruppen angeschlossen wurden, leichter erklären läßt".

[21] Hermann PETER, *Der Brief in der römischen Litteratur. Litterargeschichtliche Untersuchungen und Zusammenfassungen,* (ASAW.PH 20/3), Leipzig 1901, S. 121: Plinius hat "für die uns vorliegende Form das ganze gebildete Lesepublikum vor Augen; der Adressat wird für ihn zur Nebensache, oft völlig gleichgültig".

[22] Augustinus ad Hieronymum, Ep. 82,31 CSEL 34/II 382,19f: *"carissimos nostros, qui nostris laboribus sincerissime favent".*

[23] Hier sei nur Q. Aurelius Symmachus genannt. Das Interesse an seinen privaten Briefen ging so weit, daß mitunter die Boten abgefangen und die Briefe kopiert wurden, bevor sie ihre Empfänger erreichten. Vgl. Hermann PETER, *Der Brief in der römischen Litteratur,* a.a.O. S. 143: "Bei der Berühmtheit des Symmachus brüstete man sich gern mit Briefen von ihm und scheute sich sogar nicht, an andere gerichtete auf der Straße abzufangen und sie entweder zu unterschlagen oder vor der Weiterbeförderung abschreiben zu lassen. Eine Folge

wird ohne seine Erlaubnis oder Zustimmung eine Abschrift von Augustins Ep. 40 an Hieronymus verbreitet. Weitere Beispiele sind die lateinische Übersetzung des Briefes von Epiphanius von Salamis an Johannes von Jerusalem, die gegen den Willen des Hieronymus an die Öffentlichkeit gebracht wird, und ein Brief Rufins, der ebenfalls ohne seine Zustimmung verbreitet wird, wie Hieronymus berichtet[24].

Die unautorisierten Veröffentlichungen bilden dennoch die Ausnahme neben der vom Autor selbst oder von Beauftragten vorgenommenen Veröffentlichung. Für beides gibt es sowohl in der paganen als auch in der christlichen Literatur Beispiele. Die bekanntesten Beispiele der lateinischen Literatur sind die Briefe Ciceros, die zum Teil von ihm selbst veröffentlicht worden sind und die Briefe Plinius des Jüngeren[25]. Ein anderes zeitgenössisches Beispiel sind die Briefe des Q. Aurelius Symmachus, die von seinem Sohn Q. Fabius Memmius Symmachus im Jahre 408 herausgegeben wurden, um Fälschungen vorzubeugen[26]. In der Christenheit werden seit der apostolischen Zeit Briefe gesammelt und verbreitet. Den Beginn machen die Briefe des Apostels Paulus, die er wahrscheinlich selbst veröffentlicht hat[27]. Das erste frühchristliche Zeugnis, das die nach dem Tode des Autors beginnende Verbreitung von Briefen

---

davon war Fälschung. Daher bittet er ...festzustellen, ob die Briefe, die gewisse Leute auf dem Forum der Hauptstadt herumzeigten, wirklich echt seien".

[24] Hieronymus, *Epistula adversus Rufinum* 19 CCL 79 92,22-25.

[25] Im Vorwort seiner Briefausgabe gibt er auch an, nach welchen Prinzipien er seine Ausgabe zusammengestellt hat. Gaius Plinius Caelicus Secundus, Ep. 1,1 *"Collegi non servato temporis ordine (neque enim historiam componebam), sed ut quaeque in manus venerat".*

[26] Q. Aurelius Symmachus, Epistulae; an zwei Stellen wird ausdrücklich auf die Herausgeberschaft des Sohnes hingewiesen, am Ende von Buch II und im Anfang von Buch V. *"q. aureli symmachi vir clarissimus consulis ordinarii epistularum lib. II explicit editus post eius obitum a q. fabio memmio symmacho viro clarissimo";* Symmaque, *Lettres,* hg.v. J.P. CALLU, Paris 1972, Bd. 1 S. 212; Bd. 2 S. 156. Zur Herausgabe der Briefe vgl. auch Hermann PETER, *Der Brief in der römischen Litteratur,* a.a.O. S. 143.

[27] Sie wurden in kurzer Zeit sehr weit verbreitet. Um die Entstehung der Sammlung und deren Verbreitung gibt es eine lange und kontrovers geführte wissenschaftliche Diskussion, die hier nicht berücksichtigt werden kann. Es seien nur einige Arbeiten genannt, die sich mit der Entstehungsgeschichte beschäftigen: Hans LIETZMANN, Einführung in die Textgeschichte der Paulusbriefe, a.a.O., Walter SCHMITHALS, Zur Abfassung und ältesten Sammlung der paulinischen Hauptbriefe, in: *ZNW* 51 (1960) S. 225-245 und David TROBISCH, *Die Entstehung der Paulusbriefsammlung,* a.a.O.

beschreibt, gibt Polykarp von Smyrna[28]. Er verfertigt eine Sammlung der Briefe des Ignatius, läßt sie abschreiben und versendet sie an die Gemeinde zu Philippi. Beispiele aus der christlichen Spätantike sind die Briefsammlungen des Cyprian, des Ambrosius und Augustins, die von Schülern zusammengestellt oder bearbeitet worden sind. Bei Zusammenstellungen, die nach dem Tode des Autors vorgenommen wurden, gibt es zumeist Hinweise auf den Bearbeiter und seine Tätigkeit. So ist zum Beispiel das Verzeichnis der Werke Augustins erhalten, das von Possidius angefertigt worden ist und ihm unter anderem als Vorarbeit für die Veröffentlichung der in Hippo aufbewahrten Briefe gedient hat[29]. Für die von Autoren vorgenommene Redaktionsarbeit gibt es meistens keine direkten Zeugnisse. Ausnahmen sind Augustins *Retractationes* und die Selbstbeschreibung des Hieronymus in *De viribus illustribus*.

David TROBISCH hat den glücklichen Begriff "Autorenrezension" in die Diskussion eingeführt[30]. Damit bezeichnet er die vom Autor selbst vorgenommene Überarbeitung seines Werkes vor der Veröffentlichung. Dieser Begriff deckt sich zum Teil mit dem in der lateinischen Literatur gebräuchlichen Terminus technicus *emendare*, der die Überarbeitung eines Werkes vor der Veröffentlichung beschreibt[31]. Der deutsche Begriff ist jedoch präziser, weil er aus-

---

[28] Polykarp ad Philippenses I,2, SUC 1 246,4-6: "τὰς ἐπιστολὰς Ἰγνατίου τὰς πεμφθείσας ἡμῖν ὑπ' αὐτοῦ καὶ ἄλλας ὅσας εἴχομεν παρ' ἡμῖν, καθὼς ἐνετείλασθε· αἵτινες ὑποτεταγμέναι εἰσὶν τῇ ἐπιστολῇ ταύτῃ".

[29] Für die Diskussion um das *Indiculum* des Possidius vgl. Luise Dagmar LUDWIG, *Der sog. Indiculus des Possidius. Studien zur Entstehungs- und Wirkungsgeschichte einer spätantiken Augustin-Bibliographie*, Göttingen 1984 (Diss. theol.) und die kritische Rezension von Almut MUTZENBECHER, *Bemerkungen zum Indiculum des Possidius. Eine Rezension*, in: REAug 33 (1987) S. 128-131. Da das *Indiculum* nicht selbst Gegenstand der vorliegenden Untersuchung ist, wird hier nur das Ergebnis der neueren Diskussion aufgenommen. Auch wenn die Autorschaft unsicher ist, wird hier das *Indiculum*, der Überlieferung folgend, als Werk des Possidius bezeichnet. Weiterhin wird davon ausgegangen, daß das *Indiculum* nicht lange nach dem Tode Augustins in Hippo entstanden ist; vgl. Luise Dagmar LUDWIG, *Der sog. Indiculus des Possidius*, a.a.O. S. 202f.

[30] David Trobisch, *Die Entstehung der Paulusbriefsammlung*, a.a.O. S. 119-123

[31] *Thesaurus Linguae Latinae* V/2 S. 454-467, besonders S. 456: "I b *emendatio fere: i.q. retractatio scriptorum: α quae auctoris vel alterius cuiusdam manu fit et sentiarum et locutionem corrigendarum mutandarumque causa"* und S. 462f: *"editioni praeparando, i.q. recensere"*. Eine *emendatio* muß aber nicht notwendigerweise von der Hand des Autors geschehen; so bezeichnet z.B. Hieronymus seine Übersetzungsarbeit am Bibeltext nach der Septuaginta

schließlich die vom Autoren selbst vorgenommene Arbeit am bereits vorliegenden Material bezeichnet, ehe er es zur Veröffentlichung aus der Hand gibt. Die Überarbeitung wird bei der ersten Abschrift, die von den Originalbriefen genommen wurde, stattgefunden haben. So werden meistens weder die Adressen noch die zum Teil handschriftlich an den vom Schreiber geschriebenen Brief angefügten Grüße in die zur Veröffentlichung bestimmte Abschrift übernommen[32].

C. DIE VERÖFFENTLICHUNG DES BRIEFWECHSELS ZWISCHEN AUGUSTINUS UND HIERONYMUS

Die Tatsache, daß der Briefwechsel zwischen Augustinus und Hieronymus bis heute erhalten geblieben ist, setzt als ersten Schritt der Überlieferung voraus, daß die Briefe nach dem Empfang aufbewahrt und danach weiter verbreitet worden sind[33]. Zu fragen ist, ob

---

ebenfalls als *emendatio*; Hieronymus, *Praef. in lib. Psalmorum iuxta LXX* PL 29, 123: *"plusque antiquum errorem, quam novam emendationem valere"*.

[32] Rudolf MAURER, *Strukturelle Untersuchungen zu den augustinischen Briefkorpora*, a.a.O. S. 30: "Speziell für die Briefe ist noch anzumerken, daß Augustinus ebenso wie auch andere spätantike Briefschreiber, nach der Emendation noch eigenhändig einen kurzen Schlußgruß anfügte: Während sich dieser etwa bei Symmachus auf ein knappes *Vale* beschränkt, wird bei Augustinus gelegentlich ein ganzer Absatz daraus. Spätere Abschreiber kennzeichneten den in ihrer Vorlage sichtbaren Wechsel der Handschrift durch Vermerkte wie *Et alia manu* oder *Subscriptio*". Oder der eigenhändige Zusatz wurde bei der Abschrift weggelassen. Bei Kopien vom Archivexemplar fehlt er naturgemäß regelmäßig. Vgl. Hans von SODEN, *Die Cyprianische Briefsammlung. Geschichte ihrer Entstehung und Überlieferung* (TU25/3), Leipzig 1904, S. 13f zu Adressen und Schlußgrüßen: "Man wird vielmehr annehmen müssen, daß diese Daten schon in den allerersten, zu Cyprians Lebzeiten genommenen Abschriften der Briefe fortgelassen worden sind". Ebenda S. 15, Anm.1: "Hierher gehört auch die Bemerkung, daß in sehr vielen Handschriften die Schlußgrüße der Briefe, die gewöhnlich nach dem Schema *opto te frater, carissime, in domino semper bene valere et nostri meminisse* gebildet sind, entweder regelmäßig oder bei einem Teil der Briefe fehlen". Dem entspricht auch die Beobachtung, daß der Grußsatz Augustins in der Abschrift von Ep. 40 fehlt, die Sisinnius von dem Brief machen konnte.

[33] Zur Frage der Archivierung von Privatbriefen in der Spätantike siehe Hermann PETER, *Der Brief in der lateinischen Litteratur*, a.a.O. Ganz allgemein kann davon ausgegangen werden, daß in der römischen Literatur sorgsam mit Privatbriefen umgegangen wurde. Wichtige Briefe wurden auch von Privatleuten aufbewahrt. Das Eigentumsrecht an dem Brief geht nach römischem Recht auf den Empfänger über: "ein *Dominium* ...das nach den Lehren der Juristen sogar dann auf ihn überging, wenn der Schreiber sich Zurücksendung ausbedungen hatte ...Es scheint sogar in vielen Familien eine Art Hausarchiv bestanden zu

Augustinus und Hieronymus selbst ihre Briefe als Autorenrezension veröffentlicht haben oder ob es sich um posthume Ausgaben handelt.

1. Eine von Augustinus vorgenommene Veröffentlichung?

Ein Hinweis darauf, daß Augustinus die Öffentlichkeit im Blick hat, findet sich, wie bereits erwähnt, in Ep. 82[34]. Diesem Brief ist zu entnehmen, daß zumindest Augustinus des allgemeinen Interesses für den Briefwechsel mit Hieronymus so sicher war, daß für ihn die Veröffentlichung im Blickfeld lag. Ein weiterer Beleg dafür ist die ausführliche Diskussion über seinen Briefwechsel mit Hieronymus, die Augustinus in Ep. 180 mit Oceanus führt[35].

Den Beweis für die Existenz einer von Augustinus veröffentlichten Ausgabe des Briefwechsels mit Hieronymus liefert das von seinem Schüler und Biographen Possidius, nach seinem Tode zusammengestellte Werkverzeichnis, das sogenannte *Indiculum*[36]. Possidius gibt Auskunft darüber, daß ihm bereits eine Zusammenstellung des Briefwechsels zwischen Augustinus und Hieronymus vorgelegen hat. Er verzeichnet unter den Briefen Augustins sechs Briefe an Hieronymus[37], die als feste Gruppe vorgelegen haben. Im Anschluß daran erwähnt er noch eine weitere Gruppe von acht Briefen an Paulinus von Nola, die ebenfalls als feste Zusammenstellung vorliegen[38]. Diese beiden Gruppen sind die einzigen Zusammenstellungen von Briefen, die im *Indiculum* erwähnt sind. Die übrige Korrespondenz Augustins liegt Possidius noch nicht gesammelt vor. Als Beispiel dafür können die Briefe an Aurelius von Karthago und Alypius dienen. Das *Indiculum* zählt insgesamt neun Briefe an Aurelius und fünf an Alypius auf, die aber völlig unzusammenhängend über die Liste verstreut sind.

---

haben, in dem sowohl die eingegangenen Briefe als auch Konzepte oder Abschriften der ausgefertigten aufbewahrt wurden" (a.a.O.S. 32).

[34] Augustinus ad Hieronymum, Ep. 82,32 CSEL 34/II 382,19f.

[35] Augustinus ad Oceanum, Ep. 180 CSEL 44 687-700.

[36] In der Ausgabe von A. WILMART "Elenchus" genannt. Possidius, Operum S. Augustini Elenchus, hg.v. A. WILMART, in: *Miscellanea Agostiniana* Bd. 2, Rom 1931. Zur Einschätzung des *Indiculum* in der neueren Diskussion s.o.

[37] Possidius, Operum S.Augustini Elenchus, a.a.O. S. 184.

[38] Um welche Briefe des Briefwechsels zwischen Augustinus und Paulinus es sich bei den erwähnten acht handelt, ist nicht klar zu erweisen. Es könnte sich um die acht erhaltenen Briefe Augustins an Paulinus handeln (Ep. 27, 31, 42, 45, 80, 95, 149, 186) oder auch um Briefe, die inzwischen verloren sind, siehe dazu Hans LIETZMANN, Zur Entstehungsgeschichte, a.a.O. S. 273-277.

Das *Indiculum* gibt keine Auskunft darüber, um welche sechs Briefe es sich bei der verzeichneten Sammlung von Briefen Augustins an Hieronymus handelt. Da aber im gesamten Briefwechsel nur die Briefe des ersten Teils eine geschlossene Einheit bilden, ist eine Zuordnung einfach. Es handelt sich um Augustins Ep. 28, 40, 67, 71, 73, 82 an Hieronymus. Da diese Gruppe bereits um 405 eine abgeschlossene Einheit bildet[39], konnte Augustinus sie zusammen mit den Antworten des Hieronymus noch zu seinen Lebzeiten veröffentlichen. Possidius zählt in seiner Liste die Briefe des Hieronymus nicht mit, da es sich nicht um Werke Augustins handelt. Deswegen ergibt sich für ihn die Zahl von sechs Briefen, obwohl die ihm vorliegende Sammlung insgesamt 11 Briefe umfaßt hat, sechs von Augustinus an Hieronymus und fünf von Hieronymus an Augustinus. Im Anschluß an LIETZMANN kann davon ausgegangen werden, daß Augustinus den ersten Teil des Briefwechsel (Ep. 28-82) direkt nach seinem Abschluß, also um das Jahr 405, veröffentlicht hat[40].

Über eine von Augustinus vorgenommene Veröffentlichung des zweiten Teils läßt sich hingegen nichts Sicheres in Erfahrung bringen. Zwar gibt es eine Notiz in Augustins *Retractationes*, der sich entnehmen läßt, daß er beabsichtigte, Ep. 166 + 167 als weitere Briefe aus der Korrespondenz mit Hieronymus zu veröffentlichen[41]. Die Nachrichten bei Possidius lassen aber erkennen, daß er dieses Vorhaben nicht ausgeführt hat. Diese beiden Schreiben an Hieronymus sind bei Possidius einzeln und unabhängig von den übrigen Briefen an Hieronymus in einer Gruppe mit der Überschrift *"Item diversi libri at tractatus vel epistulae ad utilitatem studiosorum omnium conscriptae"* aufgeführt[42]. Possidius fand sie offenbar als Einzelschriften vor, nicht als eine weitere Sammlung aus dem Brief-

---

[39] Daß es sich nicht um Briefe aus dem zweiten Teil des Briefwechsels handelt, läßt sich darüberhinaus auch daraus entnehmen, daß die beiden ersten Briefe des zweiten Teils, Ep. 166 und 167, als eigenständige Werke im *Indiculum* später aufgeführt werden.

[40] Hans LIETZMANN, Zur Entstehungsgeschichte, a.a.O. S. 295 u. 304.

[41] Augustinus, *Retractationes*, CCL 57 II, 45 (71): *"Ego vero quousque esset in corpore hos libros edere nolui, ne forte responderet aliquando, et cum ipsa responsione potius ederentur. Illo autem defuncto ad hoc edidi priorem"* (Die *Retractationes* sind ca. 427 verfaßt worden, Hieronymus starb bereits 420); vgl. Hans Lietzmann, Zur Entstehungsgeschichte, a.a.O. S. 304.

[42] Possidius, *Operum S. Augustini Elenchus*, a.a.O S. 174.

wechsel mit Hieronymus[43]. Für die übrigen Briefe Augustins an Hieronymus fehlt jegliche Nachricht über beabsichtigte oder vorgenommene Veröffentlichungen.

2. Eine von Hieronymus vorgenomme Veröffentlichung?

Es gibt keine Nachrichten über eine von Hieronymus vorgenommene Veröffentlichung des Briefwechsels mit Augustinus[44]. Trotzdem muß gefragt werden, ob er Ausgaben veranlaßt hat oder ob der Briefwechsel nach seinem Tode aus seinem Archiv herausgegeben worden ist.

Die schwierigen äußeren Umstände der letzten Lebensjahre des Hieronymus ließen ihm nicht die Möglichkeit, am Ende seines Lebens Rechenschaft über sein Werk zu geben, wie es Augustinus in seinen *Retractationes* getan hat. Durch Vernichtung zahlreicher Unterlagen bei dem Überfall auf sein Kloster konnten auch nach seinem Tode von Schülern oder Freunden keine Verzeichnisse seiner Werke angefertigt werden. Für die Suche nach Hinweisen auf eine Veröffentlichung können deshalb nur frühere Zeugnisse herangezogen werden. Hieronymus hat sich schon früh zu Veröffentlichungen aus seiner eigenen, ausgedehnten Korrespondenz geäußert. In der im Jahre 392 entstandenen Schrift *De viris illustribus* erwähnt er bereits zwei veröffentlichte Briefsammlungen[45]. Das zeigt, wie sehr sein Briefwechsel für Hieronymus eine öffentliche Angelegenheit gewesen ist. In einer polemischen Passage der *Epistula adversus*

---

[43] Dieser Befund wird ergänzt durch die handschriftliche Überlieferung, in der Ep. 166 + 167 ebenfalls einzeln überliefert werden. Damit wird LIETZMANNS These, es gäbe eine zweite von Augustinus herausgegebene Sammlung, die Ep. 165, 166, 167, 172 umfaßt, sehr unwahrscheinlich. Hans LIETZMANN, Zur Entstehungsgeschichte, a.a.O.S. 295.

[44] Donatien DE BRUYNE, La correspondance, a.a.O. S. 240 behauptet, daß Hieronymus in Ep. 75,8 CSEL 34/II 294,3 mit dem angesprochenen *lector* einen Leser seines Briefes vor Augen habe. Das wertet DE BRUYNE als Beleg dafür, daß Hieronymus eine Veröffentlichung angestrebt habe. Diese Behauptung läßt sich bei einer genauen Lektüre des Kontextes nicht mehr aufrechterhalten. Hieronymus spricht in Ep. 75,8 vom *lector* des Galaterbriefes, um dessen Auslegung in den vorhergehenden und nachfolgenden Abschnitten geht.

[45] Hieronymus, *De viris illustribus* 135, SQS 11 56,5; 57,12f; 24-26: *"epistularum ad diversos librum unum, ...ad Marcellam epistularum liber unus, ...epistularum autem ad Paulam et Eustochium, quia cottidie scribuntur, incertus est numerus"*. Daß es sich bei den Briefen an "diverse" und den Briefen an Marcella wirklich um veröffentlichte Sammlungen handelt, läßt der terminus technicus *liber* vermuten, den Hieronymus ausschließlich für in sich abgeschlossene Werke verwendet, vgl. Evaristo ARNS, *La technique du livre d'apres Jérôme*, Paris 1953 S. 18-20.

Rufinum gibt Hieronymus einen weiteren Einblick in seine Haltung zu privaten Briefen. Rufin ist ein noch nicht für die Veröffentlichung überarbeiteter Brief gestohlen worden. Er verdächtigt Hieronymus, die Diebe beauftragt zu haben. Dabei sorgt sich Rufin vor allem darum, daß ein nicht fertigestelltes literarisches Produkt verbreitet wird[46]. Hieronymus entgegnet, daß sein Brief doch auf jeden Fall zur Veröffentlichung bestimmt gewesen sei:

> *Dic, oro te, celandas schedulas scipseras an prodendas? Si tu celares, cur scripsisti? Si ut proderes, cur celabas?* [47]

Die polemische Frage des Hieronymus zeigt, daß für ihn die Veröffentlichung von Privatbriefen selbstverständlich ist. Diese Beobachtungen zum Umgang des Hieronymus mit seiner Korrespondenz lassen es möglich erscheinen, daß nicht nur Augustinus, sondern auch Hieronymus den ersten Teils des Briefwechsels in einer eigenen Ausgabe veröffentlicht hat.

3. Zwei Autorenrezensionen des Briefwechsels

Die Möglichkeit, daß es je eine von Augustinus und Hieronymus selbst herausgegebene Zusammenstellung des ersten Teils des Briefwechsels gegeben hat, ist in der wissenschaftlichen Diskussion umstritten. LIETZMANN hat, wie beschrieben, die These aufgestellt, daß die Zusammenstellung des Briefwechsels zwischen Augustinus und Hieronymus auschließlich aus Material erfolgte, das sich im Besitz Augustins befand. Nach seiner Meinung gehen alle großen mittelalterlichen Sammlungen auf die von Augustinus herausgegebene Sammlung von Ep.28-82 und weitere Zusammenstellungen des Materials aus dem Archiv in Hippo zurück[48]. Weil für ihn "die uns erhaltenen Sammlungen nichts anderes als variierende Auszüge aus jener Urausgabe" sind[49], lassen sich aus Untersuchungen der hand-

---

[46] Der verwendete Terminus technicus *schedula* bezeichnet im Sprachgebrauch des Hieronymus den Zustand des Manuskripts vor der endgültigen Bearbeitung, nicht mehr die in Schnellschrift gemachte Mitschrift des Schreibers; vgl. Evaristo ARNS, *La technique du livre d'apres Jérôme*, a.a.O.

[47] Hieronymus, *Epistula adversus Rufinum* 34 CCL 79 104,28-30.

[48] Hans LIETZMANN, Zur Entstehungsgeschichte, a.a.O. S. 296: "Eine Gesamtausgabe des Briefwechsels mit dem Heiligen von Bethlehem hat Augustinus jedenfalls nicht besorgt. Erst in den Sammlungen des frühen Mittelalters sind die drei Gruppen in nicht immer gleicher Form zusammengewachsen. Quelle für alles ist das Archiv zu Hippo gewesen. Hieronymus hat nichts aus seinen Papieren beigesteuert".

[49] Hans LIETZMANN, Zur Entstehungsgeschichte, a.a.O. S. 296.

schriftlichen Überlieferung keine weiteren Aufschlüsse über die
Absichten der Herausgeber oder anderes gewinnen[50].

DE BRUYNE hat hingegen die Möglichkeit in Betracht gezogen,
daß es ebenfalls eine von Hieronymus herausgegebene Ausgabe des
ersten Teils des Briefwechsels gegeben hat[51]. Auf Grund der von
Lietzmann übernommenen Darstellung des handschriftlichen
Befundes konnte er aber keine weiteren Belege für diese These
sammeln. Die Äußerungen des Hieronymus zur Veröffentlichung
von privaten Briefen stützen, wie gezeigt, die These DE BRUYNES.
Um mehr Klarheit zu gewinnen, soll im weiteren die handschriftliche
Überlieferung daraufhin untersucht werden, ob zwei deutlich unter-
scheidbare Ausgaben des ersten Teils des Briefwechsels überliefert
worden sind und ob diese auf spätantike Sammlungen zurückgeführt
werden können, die von den Autoren selbst herausgegeben worden
sind.

---

[50] Hans LIETZMANN, Zur Entstehungsgeschichte, a.a.O. S. 293: "Hier haben
wir nun zum erstenmal den Tatbestand, daß die Korrespondenz sowohl in
Handschriften Augustins wie unter den Werken des Hieronymus überliefert ist,
während uns sonst immer nur einseitig Augustinkodizes zu Gebote standen. Aber
etwaige darauf sich gründende Erwartungen werden schnell enttäuscht, denn
beim näheren Zusehen stellt sich heraus, daß auch den Hieronymushandschriften
dieselbe Sammlung zugrunde liegt, die uns auf der anderen Seite begegnet".

[51] Donatien DE BRUYNE, La correspondance, a.a.O. S. 242: "Je pense que
Jérôme a édité un autre recueil comprenant 10 letrres, conservé dans K".

D. DIE HANDSCHRIFTLICHE ÜBERLIEFERUNG[52]

Die Untersuchung der handschriftlichen Überlieferung des Briefwechsels zwischen Augustinus und Hieronymus beschränkt sich im Rahmen dieser Arbeit nur zu einem ganz kleinen Teil auf Studien an den Handschriften selbst[53]. Zum Großteil kann auf die Beschreibungen der Handschriften bei GOLDBACHER, LAMBERT und in dem Wiener Verzeichnis der Augustinus-Handschriften zurückgegriffen werden. Die Arbeit mit diesen Handschriftenverzeichnissen erlaubt aber nur die Untersuchung bestimmter Fragestellungen; sie ersetzt nicht das Studium der Handschriften selbst. Mit Hilfe der Verzeichnisse können die Reihenfolge der Briefe und, in begrenztem Umfang, größere Auslassungen festgestellt werden. Genaue Unter-

---

[52] Ein Verzeichnis der untersuchten Handschriften ist im Anhang zusammengestellt. Wenn auf einzelne Handschriften Bezug genommen wird, wird jeweils die Nummer, die diese Handschrift im Verzeichnis trägt, genannt, um ein schnelles Auffinden zu ermöglichen. Um Doppelnummerierungen zu vermeiden, sind die Handschriften des ersten und zweiten Teils getrennt nummeriert. Beide Listen beginnen mit "1". Im Text wird auf die jeweilige Nummer verwiesen, indem zuerst mit "I." oder "II." angegeben wird, ob es sich um eine Handschrift mit den Briefen des ersten oder des zweiten Teils des Briefwechsels handelt. Danach wird für die Handschriften des ersten Teils durch "H." und "A." angezeigt, welcher Rezension des ersten Teils des Briefwechsels die Handschrift zugeordnet wurde bzw. mit "x.", daß sie nicht eingeordnet werden konnte. Diese Angabe entfällt bei den Handschriften des zweiten Teils. Schließlich wird laufende Nummer angegeben. Also trägt zum Beispiel die Handschrift Köln, Dombibliothek 60 aus der Hieronymus-Rezension die Bezeichnung "I.H.63". Da diese Handschrift aber auch Briefe des zweiten Teils enthält, trägt sie für den zweiten Teil die Bezeichnung "II.87". Wenn auf beide Teile des Briefwechsels in einer Handschrift Bezug genommen wird, werden beide Nummern angegeben.
[53] Ich habe mich auf die Untersuchung der ältesten Handschriften Deutschlands, der Schweiz und einiger in London befindlicher beschränkt, und danke an dieser Stelle den Bibliotheken, die mir freundlicherweise Einblick in folgende Handschriften gewährten (in Klammern stehen die Nummern die die jeweilig Handschrift im Anhang trägt): EINSIEDELN, Stiftsbibliothek, Cod. 130 s. X (I.H.32, I.A.8 und II.48); 129, s. XII (I.H.33, I.A.9 und II.49); KARLSRUHE, Badische Landesbibliothek, Aug.Perg. CV, Lorsch (Reichenau) s. VIII-IX (I.H.60); KÖLN, Dombibliothek, 60 s. VIII-IX (I.H.63 und II.87); 35 s. IX (I.H.64); LONDON, British Library, Royal 6.C.XI s. XII (I.H.81 und II.106); Addit. 24902 s. X-XI (II.100); MÜNCHEN, Bayerische Staatsbibliothek, Clm 336 s. XII (I.H.93 und II.122); Clm 6266 Freising s. X (993) (I.A.17 und II.124); Clm 14370 St. Emmeran, Regensburg s. X (I.H.96, I.A.18 und II.126); Clm 14423 St. Emmeran, Regensburg s. IX (II:127); Clm 15809 Kapitel Salzburg s. XII (II.128); Clm 18517b Tegernsee s. XI[2] (I.H.97); ZÜRICH, Zentralbibliothek Rh. 41 (Rheinau) s. IX-X (I.H.160).

suchungen des Textbestandes erforderten ein ausführliches Hand-
schriftenstudium, das den Rahmen dieser Arbeit völlig sprengen
würde. Für Fragen des Textbestandes wird deshalb zumeist auf die
in den vorliegenden Ausgaben beschriebenen Handschriften zurückgegriffen.

1. Der erste Teil des Briefwechsels

Für die statistische Auswertung der Handschriften wurden 221
Handschriften daraufhin untersucht, wie sie den ersten Teil des
Briefwechsels zwischen Augustinus und Hieronymus überliefern.
Bereits auf den ersten Blick zeigt sich, daß sich die ersten zwölf
Briefe, Ep. 28-82, als feste Gruppe von den übrigen Briefen unterscheiden lassen. Innerhalb der Überlieferung der ersten Gruppe
lassen sich zwei Sammlungstypen feststellen, die an der Reihenfolge
der Briefe und dem Umfang unterschieden werden können. Der eine
Sammlungstyp umfaßt Ep. 28-75 in der Reihenfolge 67, 68, 39, 74,
73, 28, 72, 40, 71, 75, der andere Ep. 28-82 in der Reihenfolge 28,
40, 67, 68, 39, 74, 73, 72, 71, 75, 81, 82. Nur in wenigen Aus-
nahmefällen ist durch Abschreibefehler die Reihenfolge in den
Handschriften so durcheinandergebracht, daß nicht mehr klar zu
erkennen ist, welchem Typus sie angehören.

Aus der Untersuchung der Handschriften läßt sich erkennen, daß
die beiden beschriebenen Sammlungstypen nicht gleichmäßig in den
Handschriften vertreten sind. Die tabellarische Übersicht läßt ein
klares Übergewicht für die küzere Sammlung erkennen, die hier mit
dem Kürzel "H" bezeichnet wird. Die größere Sammlung, mit "A"
bezeichnet, ist in wesentlich weniger Handschriften zu finden.

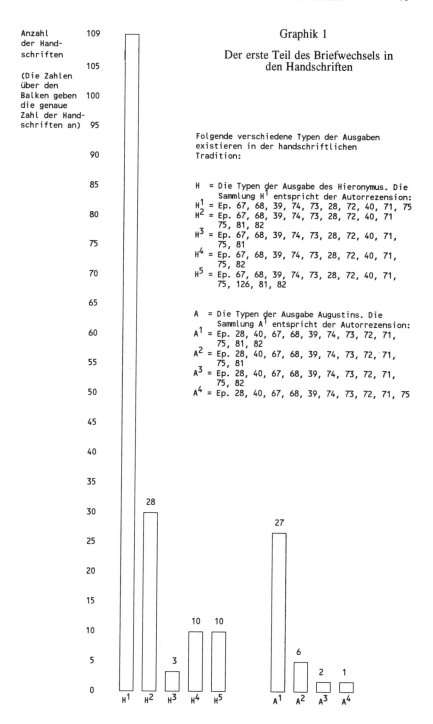

Anzahl
der Hand-
schriften

(Die Zahlen
über den
Balken geben
die genaue
Zahl der Hand-
schriften an)

Graphik 1

Der erste Teil des Briefwechsels in
den Handschriften

Folgende verschiedene Typen der Ausgaben
existieren in der handschriftlichen
Tradition:

H   = Die Typen der Ausgabe des Hieronymus. Die
      Sammlung H^1 entspricht der Autorrezension:
H^1 = Ep. 67, 68, 39, 74, 73, 28, 72, 40, 71, 75
H^2 = Ep. 67, 68, 39, 74, 73, 28, 72, 40, 71
      75, 81, 82
H^3 = Ep. 67, 68, 39, 74, 73, 28, 72, 40, 71,
      75, 81
H^4 = Ep. 67, 68, 39, 74, 73, 28, 72, 40, 71,
      75, 82
H^5 = Ep. 67, 68, 39, 74, 73, 28, 72, 40, 71,
      75, 126, 81, 82

A   = Die Typen der Ausgabe Augustins. Die
      Sammlung A^1 entspricht der Autorrezension:
A^1 = Ep. 28, 40, 67, 68, 39, 74, 73, 72, 71,
      75, 81, 82
A^2 = Ep. 28, 40, 67, 68, 39, 74, 73, 72, 71,
      75, 81
A^3 = Ep. 28, 40, 67, 68, 39, 74, 73, 72, 71,
      75, 82
A^4 = Ep. 28, 40, 67, 68, 39, 74, 73, 72, 71, 75

Von den untersuchten Handschriften überliefern 160 die "H"-
Sammlung, nur 36 die "A"-Sammlung. 25 der untersuchten 221
Handschriften sind nicht auf die eine oder andere Gruppe zu vertei-
len und wurden deshalb nicht in die Tabelle aufgenommen. Die "H"-
Sammlung ist also etwa viermal so häufig vertreten, wie die "A"-
Sammlung. Dennoch ist die Gruppe der Handschriften der "A"-
Sammlung groß genug und zudem durchgängig überliefert, um von
einer stabilen Überlieferung sprechen zu können. Um die Aussagen
zu präzisieren, wird mit einer zweiten Graphik eine Übersicht über
die Anzahl der Handschriften in den einzelnen Jahrhunderten
gegeben.

Da ein gutes Drittel der gesamten Handschriften aus dem 12. und
15. Jahrhundert stammt, werden statistische Aussagen über die
Gesamtzahl der Handschriften des ersten Teils des Briefwechsels
zwischen Augustinus und Hieronymus maßgeblich von dieser
Gruppe beeinflußt. Die Übersicht über die Anzahl der Handschriften
über die Jahrhunderte ermöglicht es, zu kontrollieren, ob die
Verteilung der verschiedenen Ausgaben in den Handschriften dieser
beiden Jahrhunderte von der in den anderen Jahrhunderten abweicht.

Graphik 2

Die Verteilung der Handschriften des ersten Teils des Briefwechsels über die Jahrhunderte

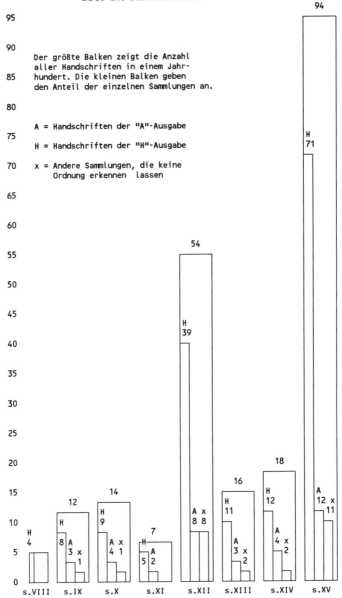

Die zweite Tabelle bestätigt die gewonnenen Beobachtungen. Die Sammlung des "H"-Typs ist gleichmäßig in allen Jahrhunderten gegenüber der "A"-Ausgabe in mehr als doppelt so großer Anzahl. Das ist umso verwunderlicher, als die "H"-Ausgabe weniger umfangreich als die "A"-Ausgabe ist und in einem Überlieferungsprozess Sammlungen eher komplettiert als verkleinert werden. Die mittelalterliche Überlieferung scheint, entgegen diesem Interesse, der bestehenden "H"-Sammlung nur selten etwas hinzugefügt zu haben. Die Anfügung von Ep. 81 und 82 wäre zu erwarten, zumal diese Briefe in der "A"-Sammlung überliefert werden. Das geschieht aber nur sehr zögerlich[54]. Obwohl eine Handschrift des achten Jahrhunderts (El Escorial, Real Biblioteca, Lat.&I.14 = I.H.38 im Anhang) eine fast komplette Sammlung aller Briefe des Briefwechsels enthält, hat sich dieser Sammlungstyp nicht durchsetzen können. Die nächsten Handschriften, in denen Ep. 81 oder 82 nach Ep. 75 an die "H"-Sammlung angehängt werden, stammen aus dem 12. Jahrhundert.

Demgegenüber ist die "A"-Ausgabe durchgängig in einer Form überliefert worden. Nur in sieben Handschriften aus dem 13. bis 15. Jahrhundert fehlen Ep. 81 und/oder 82. Diese Auslassungen sind aber wohl nicht als bewußte Anpassung an den Umfang der "H"-Sammlung, sondern als Abschreibefehler zu verstehen.

Eine Sonderstellung nehmen vier Handschriften des 9. bis 12. Jahrhunderts aus Süddeutschland ein, in denen ein Versuch der Verschmelzung von "H"- und "A"-Ausgabe vorliegt[55].

Um zu genaueren Ergebnissen zu kommen, muß die Untersuchung das Alter der Handschriften und die Abhängigkeitsverhältnisse untereinander berücksichtigen. Hauptproblem ist die große Zahl der Handschriften und die noch weitgehend ungeklärte Geschichte der Überlieferung der Briefkorpora[56]. Vorarbeiten sind

---

[54] Das zeigen die wenigen Handschriften, in denen Ep. 81 und 82 an eine "H"-Ausgabe angehängt worden sind (= H2-5, siehe die Übersicht in der ersten Tabelle).

[55] Es handelt sich um folgende im Anhang aufgeführten Handschriften I.H.32 (siehe auch I.A.8); I.H.33 (siehe auch I.A.9); I.H.61 (siehe auch I.A.13); I.H.96 (siehe auch I.A.18).

[56] Für die Briefe Augustins unternimmt es DIVJAK eine kurze Geschichte der Sammlungstypen zu schreiben; Johannes DIVJAK, Zur Struktur augustinischer Briefkorpora, a.a.O. Er nimmt mit GOLDBACHER und LIETZMANN an, daß die in den Handschriften vorliegenden Sammlungen aus kleineren Einheiten zusammengewachsen sind (S. 22) und daß die so zusammengefügten Briefkorpora zum größten Teil über Italien Verbreitung gefunden haben (S. 25).

die von GOLDBACHER im Nachwort zu seiner Ausgabe der
Augustinus-Briefe beobachteten Abhängigkeitsverhälnisse zwischen
einigen Handschriftenfamilien und die Untersuchungen von
MAURER[57]. Aus den gedruckt zur Verfügung stehenden Quellen sind

---

Die Korrespondenz zwischen Augustinus und Hieronymus bildet hier allerdings
eine Ausnahme wie die frühesten Handschriften aus Spanien zeigen (S. 26) (vgl.
I.H.39/II.56; I.H.37; I.x.5/II.52).

[57] a) München, Bayerische Staatsbibliothek, Clm 6266 datiert 993
(I.A.17/II.124). Diese Handschrift umfaßt die umfangreichste handschriftlich
erhaltene Sammlung der Briefe Augustins. Von ihr sind folgende Handschriften
abhängig: Saint-Omer, Bibliothèque municipale 76.8.9 (s.X-XI) (I.A.29/II.179);
Paris, Bibliothèque Nationale, Nouv.Acq.lat. 1444 (s. X) (I.A.28/II.165);
London, British Museum, Royal 5.D.VI (s. XI-XII); Paris, Bibliothèque
Nationale, lat. 14480 (s. XII) (I.A.27/II.164); Paris, Bibliothèque Nationale, lat.
1928 (s. XII) (II.161); Troyes, Bibliothèque municipale, 196 (s. XII)
(I.A.31/II.189).
b) Köln, Dombibliothek 60 (s. VIII-IX) (I.H.63/II.87). Von dieser Handschrift,
die eine der umfangreichsten Sammlungen des Briefwechsels zwischen
Augustinus und Hieronymus enthält, sind folgende Handschriften abhängig:
Vaticano, Città del, Biblioteca Apostolica Vaticana, Vat.lat. 355 (s. IX)
(I.H.148/II.204); Vat.lat. 5762 (s. X) (I.H.151/II.217); Vat.lat. 341 (s. X-XI)
(I.H.140/II.197).
Zu dieser Handschriftengruppe gehört eine Untergruppe, der die folgenden
Handschriften angehören: Köln, Dombibliothek 35 (s.IX) (I.H.64); [Verona,
Biblioteca Capitolare, XVI 14 (s. IX) (I.H.157)] Nach welchen Kriterien
GOLDBACHER eine Abhängigkeit des Veronense XVI 14 von dieser
Handschriftengruppe postuliert, ist nicht ganz klar. Die Reihenfolge der Briefe
weicht stark von der sonst in dieser Gruppe üblichen ab. [Oxford, Bodleian
Library. Laud.Misc. 252 (s. IX ex) (I.H.104)] Das zu Veronense XVI 14 gesagte
gilt auch für diese Handschrift; Sankt Gallen, Stiftsbibliothek 159 (s. X)
(I.H.131).
c) El Escorial, Biblioteca del Monasterio, Lat. &.I.14 (H-I.39/II.56). Von dieser
Handschrift ist nach GOLDBACHERS Meinung Escor.Lat a.II.3 (I.x.5/II.52)
abhängig, obwohl diese eine völlig andere Reihenfolge der Briefe umfaßt.
Die von GOLDBACHER behaupteten Abhängigkeitsverhältnisse sind nicht in allen
Fällen überzeugend. Wenn die Ordnung der Briefe in den Handschriften so stark
voneinander abweicht, wie das bei einigen der Fall ist, kann nicht mehr von
direkter Abhängigkeit gesprochen werden. Darüber hinaus gibt es noch eine
Reihe weiterer alter Handschriften, die GOLDBACHER in seiner Ausgabe nicht
berücksichtigt hat und deren Beziehungen zu anderen noch nicht geklärt ist.
Dazu gehören folgende Handschriften: Karlsruhe, Badische Landesbibliothek
Aug.Perg.CV, Lorsch, Reichenau (s.VIII-IX) (I.H.60); Paris, Bibliothèque
Nationale, Lat 1869 (s. IX) (I.H.107/II.143); Von dieser Handschrift sind sicher
noch Paris, Bibliothèque Nationale, Lat. 1870 (I.H.108/II.144), 1871
(I.H.109/II.145), 1874 (I.H.110/II.146), 1878 (I.H.112/II.148) und einige
andere Handschriften abhängig; Tours, Bibliothèque municipale 279,
Marmoutier, (s. X) (I.H.136); Zürich, Zentralbibliothek, Rh.41, Rheinau (s. IX-
X) (I.H.160). Einen großen Fortschritt in der Erforschung der handschriftlichen
Überlieferung der Briefe hat die Arbeit von Rudolf MAURER, *Strukturelle*

keine weiteren Informationen über diese Handschriften und ihre Abhängigkeiten von anderen zu schöpfen. Nur an wenigen Stellen können mit Hilfe eigener Beobachtungen an den Handschriften weitere Zusammenhänge und Abhängigkeitsverhältnisse nachgewiesen werden.

Aber auch ohne umfangreicheres Studium der Handschriften kann mit Hilfe des vorliegenden Materials ein Weg gewiesen werden, auf dem die Überlieferung der Briefe zu verstehen ist. Die beiden unterschiedlichen Sammlungstypen des ersten Teils des Briefwechsels können mit Hilfe der Unterschiede im Umfang, in der Reihenfolge und - wie noch zu belegen ist - im Textbestand Augustinus und Hieronymus zugeordnet werden. Schon DE BRUYNE hat versucht, in der handschriftlichen Überlieferung auch eine Ausgabe des Hieronymus zu erkennen. Er behauptet, die Spuren einer Ausgabe des Hieronymus in der Handschriftengruppe gefunden zu haben, die von LIETZMANN Sammlung "K" genannt wird. Die Handschriften der Sammlung "K" überliefern den ersten Teil des Briefwechsels in der Form der hier als "H" bezeichneten Sammlung. Daß dieser Typus nicht als der Mehrheitstypus erkannt worden ist, lag zum einen an dem begrenzten Material, das GOLDBACHERS Ausgabe bietet, zum anderen an LIETZMANNS Vorliebe für eine Handschrift, die ihm den Blick auf den "H"-Typus versperrte[58].

Das stärkste Argument für eine Identifizierung der "H"-Sammlung mit der Autorrezension des Hieronymus ist, daß die Ordnung der "H"-Sammlung genau der Reihenfolge entspricht, in der Hieronymus die Briefe erhalten hat[59], während die Ordnung der Briefe in den Handschriften der "A"-Sammlung der Reihenfolge entspricht, in der Augustinus die Briefe abgeschickt hat. Somit ergibt sich ein klassisches Editionsprinzip für die zwei Autorenrezensionen: Augustinus hat die Briefe in der Reihenfolge zusammengestellt, wie er sie abgeschickt und die Antworten erhalten hat. Hieronymus hat die Briefe für seine Ausgabe in der Reihenfolge zusammengestellt, wie er sie erhalten und die Antworten abgeschickt hat. Voraussetzung für diese Arbeitsweise ist die Führung eines Briefarchives, das es ermöglicht, auch nach einigen Jahren noch wichtige Briefe zur

---

Untersuchungen zu den augutsinischen Briefkorpora, a.a.O. erbracht. Dort finden sich auch weitere Angaben zu Verwandschaftsverhältnissen einzelner Handschriften.

[58] S.u. die Korrektur von Lietzmanns Sammlung "K".

[59] Zur Rekonstruktion des Verlaufs des Briefwechsels s.o. die Vorstellung des Briefwechsels.

Veröffentlichung zu bearbeiten. Besonders auf Seiten Augustins ist das schon im Briefwechsel selbst zu belegen. Er versendet nachträglich Kopien von Ep. 28, 40, 67 u. 68, die in seinem Archiv aufbewahrt wurden. Augustinus rechnet auch damit, daß Hieronymus Kopien seiner eigenen Briefe aufbewahrt und bittet ihn daher um die Übersendung von Abschriften[60]. Die Handschriften des "A"-Typs, die 12 Briefe in der Reihenfolge Ep. 28, 40, 67, 68, 39, 74, 73, 72, 71, 75, 81, 82 bewahren, lassen sich also auf die Autorrezension Augustins zurückführen. Die Handschriften des "H"-Typs, die 10 Briefe in der Reihenfolge Ep. 67, 68, 39, 74, 73, 28, 40, 71, 75 bewahren, gehen auf die Autorrezension des Hieronymus zurück. Daß die Anordnung der Briefe in den beiden Sammlungstypen ihren Ursprung im komplizierten Verlauf des Briefwechsels hat, macht eine Gegenüberstellung der Sammlungstypen mit dem rekonstruierten Verlauf des Briefwechsels sehr schnell deutlich.

---

[60] Augustinus ad Hieronymum, Ep. 71,2 CSEL 34/II 249,7-12: *"Quia ergo duas epistulas misi, nullam autem tuam postea recepi, easdem ipsas rursus mittere volui credens eas non pervenisse. quod si et pervenerunt ac fortasse tuae potius ad me pervenire minime potuerunt, ea ipsa scripta, quae iam misisti, iterum mitte, si forte servata sunt; sin minus, rursus dicta"*.

Graphik 3

Der Verlauf des Briefwechsels (rekonstruiert) und die verschiedenen Ausgaben

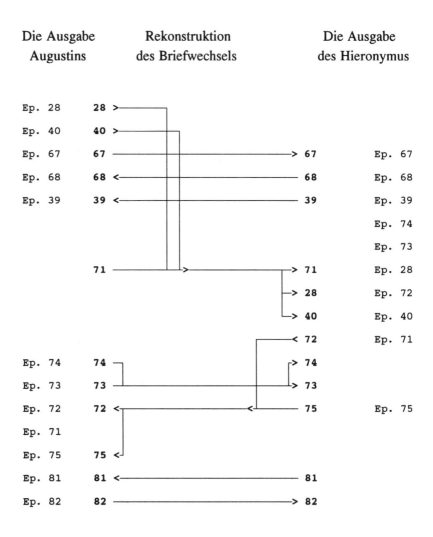

Die Ausgabe   Rekonstruktion   Die Ausgabe
  Augustins   des Briefwechsels   des Hieronymus

Neben der unterschiedlichen Reihenfolge der Briefe, weisen die beiden Autorenrezensionen weitere Unterschiede auf. Beide Autoren verfolgen mit der Veröffentlichung ihrer Ausgabe eine bestimmte Absicht. Sie wollen den Lesern ihre Sicht des Briefwechsels vor Augen stellen. Beide Ausgaben sind also in gewisser Weise tendenziös und müssen als solche gelesen werden.

1.1. Die Autorrezension Augustins

Auf Grund des komplizierten Verlaufs des Briefwechsels ergeben sich für Augustinus und Hieronymus zwei sehr verschiedene Sichtweisen. Die Reihenfolge der augustinischen Sammlung spiegelt die Sichtweise Augustins wider und vermittelt sie dem Leser seiner Ausgabe. Ihr spezieller Charakter und die ihr innewohnende Tendenz werden meistens nicht wahrgenommen. Dennoch vermittelt sie dem Leser eine Sicht der Auseinandersetzung mit Hieronymus, die nur Augustinus haben konnte.

Die handschriftliche Überlieferung der Autorrezension Augustins weicht auch an einigen Stellen, an denen keine redaktionelle Eingriffe des Hieronymus nachzuweisen sind, im Textbestand von dessen Ausgabe ab. Es handelt sich zumeist um kleinere Abweichungen, die im Laufe der Überlieferungsgeschichte entstanden sind und sich nicht auf Augustinus oder Hieronymus zurückführen lassen. Die Ausgaben des Briefwechsels bevorzugen zumeist die Lesarten der Augustinus-Ausgabe.

1.2. Die Autorrezension des Hieronymus

Kennzeichen der Ausgabe des Hieronymus sind eine andere Stellung der Briefe und markante Abweichungen im Text. Deutlichstes Merkmal ist die abweichende Stellung von Ep. 28 und 40. Hieronymus hat diese beiden Briefe, mit denen Augustinus das Gespräch eröffnen wollte, erst lange Zeit nach ihrer Abfassung erhalten. Ep. 28 bekommt Hieronymus mit einer Verzögerung von neun Jahren zu Gesicht und von Ep. 40 kursieren jahrelang Kopien, bevor Hieronymus von Sisinnius eine Abschrift erhalten kann. Das hat, wie erwähnt, Hieronymus stark verärgert und zu schweren Vorwürfe gegen Augustinus geführt. Die Stelle, an der Ep. 28 und 40 in die Reihenfolge des Briefwechsels eingefügt werden, ist daher alles andere als unwichtig. In der hieronymianischen Sammlung tauchen Ep. 28 und 40 an Stellen auf, an denen man sie nicht erwartet; sie stehen zwischen Ep. 73 und 72 und 71. Erst eine Lektüre des Briefwechsels in der Reihenfolge der Sammlung macht diese Anordnung verständlich.

Zunächst zur Reichenfolge der Briefe. Sie läßt die Konzeption klar erkennen: Die Sammlung enthält nur 10 Briefe (statt 12) und läuft auf Ep. 75 als Abschluß zu[61]. Die beiden Briefe 81 und 82, die für Hieronymus nicht besonders schmeichelhaft sind, werden nicht in die Sammlung aufgenommen[62]. Den Auftakt bilden Ep. 67 u. 68, in denen das Kursieren von Ep. 40 in Italien das beherrschende Thema ist. Darauf folgt der beschwichtigende Brief 73 Augustins[63], den Hieronymus durch Eingriffe in den Text noch stärker zu einer Entschuldigung umgestaltet hat[64]. Jetzt erst folgt - durch die vorgestellte Beschwichtigung entschärft - Ep. 28, der erste Brief Augustins. In Ep. 28 erfährt der Leser der Hieronymus-Sammlung endlich, welche inhaltlichen Kontroversen zur Debatte stehen. Der anschließende Brief 72 des Hieronymus geht nicht auf die Anfragen aus Ep. 28 ein, sondern behandelt noch einmal die Probleme mit Ep. 40. Nach dieser Vorbereitung folgt Ep. 40. In diesem Brief kommen die Anfragen Augustins an Hieronymus zur Sprache, die durch Ep. 71 ergänzt werden. Ep. 75, der große Antwortbrief des Hieronymus beschließt krönend die Sammlung; alle Fragen Augustins werden beantwortet. Durch diese Zusammenstellung der Briefe wird dem Leser suggeriert, daß Hieronymus der "Gewinner" der Kontroverse ist.

Desweiteren zu den Auslassungen im Textbestand. In den Handschriften der Autorrezension des Hieronymus finden sich charakteristische Auslassungen im Textbestand, die - ebenso wie die Reihenfolge der Briefe - die Absicht des Hieronymus erkennen lassen, sich selbst als Gewinner der Auseinandersetzung darzustellen. Bedauerlich ist, daß in den vorliegenden Handschriftenbeschreibungen nicht immer angegeben ist, welche Auslassungen die Handschriften der Briefe enthalten. Bei LAMBERT und in der Wiener Sammlung der Augustinus-Handschriften sind Auslassungen nur in einigen Fällen vermerkt. Hilfreich für die vorliegende Untersuchung ist die

---

[61] Donatien DE BRUYNE, La correspondance, a.a.O.S. 242: "la lettre 75 est le couronnement, le chef-d'oeuvre".

[62] Man kann das Fehlen nicht mit einem Verlust in der handschriftlichen Überlieferung erklären, da sie in den verschiedensten Gruppen der Überlieferung der Hieronymus-Ausgabe fehlen.

[63] Daß das Begleitschreiben Augustins an Praesidius Ep. 74 in allen Sammlungen Ep. 73 vorangestellt wird, verdient in diesem Kontext keine weitere Beachtung.

[64] Zur Umgestaltung von Ep. 73 in der Hieronymus-Ausgabe s.u.

Angabe, daß die ersten drei Kapitel von Ep. 73 (110) fehlen[65]. Diese Auslassung ist in den Handschriftenverzeichnissen häufiger erwähnt und findet sich auschließlich in den Handschriften, die auch die charakteristische Reihenfolge der Briefe der Hieronymus-Ausgabe bewahren[66]. Der Eingriff in den Textbestand von Ep. 73 ist massiv. Hieronymus streicht in seiner Rezension Kapitel 1-3 und formuliert den Anfang von Kapitel 4 um, so daß ein neuer Briefanfang entsteht. Er streicht die Passagen, in denen Augustinus ihn kritisiert und läßt nur die irenischen Abschnitte übrig. Der den Brief eröffnende Vergleich, daß Augustinus sich von Hieronymus wie Dares von den Schlägen des Entellus (Vergil, Aeneis V,368-484) getroffen fühlt, fällt völlig weg. Stattdessen beginnt der Brief in der Hieronymus-Rezension mit einer Entschuldigung Augustins:

> *cur itaque conor contra fluminis tractum et non potius veniam peto?* [67].

Den so umgestalteten Brief stellt Hieronymus in seiner Ausgabe des Briefwechsels allen anderen Briefen Augustins voran. Er plaziert Ep. 73 hinter seine beiden ersten Briefe, in denen er Augustinus wegen des Kursierens von Ep. 28 und 40 angreift. In der Hieronymus-Ausgabe wirkt Ep. 73 daher als eindeutige Entschuldigung Augustins[68]. Die Umgestaltung von Ep. 73 ist, wie die Reihen-

---

[65] Im Wiener Verzeichnis der Augustinus-Handschriften wird Ep. 73 mit dieser charakteristischen Auslassung durchgängig als Exzerpt aus Ep. 73 bezeichnet, Vgl. Manfred OBERLEITNER in: SÖAW.PH 263 S. 245f; Franz RÖMER in: SÖAW.PH 281 S. 243f, Johannes DIVJAK in: SÖAW.PH 292 S. 101; R. Kurz in: SÖAW.PH 306 S. 293. In eine ähnliche Richtung zielt auch die Annahme von Rudolf MAURER, *Strukturelle Untersuchungen zu den augustinischen Briefkorpora*, a.a.O. S. 239: "Vermutlich wird hier die Hieronymus- Korrespondenz eine Anleihe aus der Augustinus Überlieferung genommen haben. Im Detail wäre die Frage noch zu klären." Beide Interpretationsversuche des vorliegenden Materials setzen am falschen Ende an. Es handelt sich nicht um einen Ausfall in der Überlieferung, sondern um ein Merkmal der Redaktionsarbeit des Hieronymus.

[66] In der Handschriften-Tabelle im Anhang ist die Auslassung in Ep. 73 mit "z" gekennzeichnet. Da LAMBERT nicht alle Handschriften selbst eingesehen hat, kann nicht davon ausgegangen werden, daß der Text von Ep. 73 vollständig überliefert ist, wenn er in seiner Beschreibung keine Auslassung angibt. Ebenso sind die Angaben im Wiener Verzeichnis zu den Handschriften der Hieronymus-Briefe, wenn sie überhaupt erwähnt werden, nicht immer vollständig. Deswegen ist Ep. 73 in der Handschriftentabelle, wenn keine Angaben über den Umfang gemacht werden, mit "x" gekennzeichnet.

[67] CSEL 34/II 265,23 - 266,1.

[68] Ein ausführlicher Vergleich des von Hieronymus neugestalteten Anfangs von Ep. 73 mit der Originalfassung Augustins findet sich im Anhang B.

folge der Briefe, ein Mittel, um seinen Lesern den Eindruck zu vermitteln, er sei in der Auseinandersetzung mit Augustinus der Über-
legene.

Darüberhinaus gibt es einige kleinere Auslassungen, die für die
Redaktionsarbeit des Hieronymus charakteristisch sind. In allen
Handschriften der "H"- Sammlung ist in den drei Briefen 67, 68 u.
40 gleichmäßig der letzte Grußabsatz ausgelassen. Im Fall von
Ep. 40 entspricht das dem Zustand, in dem Hieronymus die Kopie
von Sisinnius erhalten hat[69]. Warum aber in Ep. 67 und 68 die
Schlußabschnitte weggelassen wurden, ist nicht festzustellen[70].

1.3. Weitere Forschungsprobleme
Einer der Gründe, weshalb die Existenz von zwei
Autorenrezensionen bisher als unwahrscheinlich galt, ist, daß einige
Briefe aus dem Briefwechsel zu fehlen schienen. Die bisherige
Forschung ging von mindestens drei ausgefallenen Briefen im ersten
Teil des Briefwechsels aus[71]. Wie ließe es sich erklären, daß sie
gleichmäßig in beiden Autorenrezensionen fehlen sollten? Nach
LIETZMANNS These von einer "Urausgabe" könnten sie von einem
Bearbeiter ausgelassen worden sein. DE BRUYNE löste das Problem,
indem er die fehlenden Briefe einfach für unbedeutend erklärt und
dem Leser das Urteil überläßt:

> Le lecteur pèsera le pour et le contre et conclura comme il voudra[72].

---

[69] Ep. 72 CSEL 34/II 255,3f: *"per Sisinnium diaconum exemplaria
pervenerunt absque subscriptione tua"*.

[70] In Ep. 67 ist die Auslassung nur zwei Zeilen lang und für den Inhalt
unbedeutend, insofern ist sie wohl auf der Seite der vielen kleinen Abweichungen
im Textbestand der Hieronymus-Ausgabe gegenüber den anderen Handschriften
zu verbuchen. Daß aber in seiner Ausgabe die letzten 11 Zeilen von Ep. 68
fehlen, die die wichtige Nachricht enthalten, daß Hieronymus eine Abschrift von
Teilen der Apologie gegen Rufin an Augustinus gesandt hat und sich davon eine
Stärkung seiner Position in Nordafrika erwartet, läßt sich nicht mit Lücken in
der Überlieferung erklären. Augustinus hat die Nachricht auf jeden Fall erhalten,
er bezieht sich in Ep. 73,6 darauf. Hieronymus hat diesen letzten Abschnitt von
Ep. 68 aber nicht publiziert. Entweder hat er die Schlußbemerkung eigenhändig
unter den Brief an Augustinus gesetzt und nicht dafür gesorgt, daß sie auf der
Archivkopie notiert wurde, oder er hat sie bei der Durchsicht der Briefe vor der
Herausgabe streichen lassen. Ob dem eine spezielle Absicht zu Grunde gelegen
hat, ist fraglich.

[71] Hans LIETZMANN, Zur Entstehungsgeschichte, a.a.O. S. 286 und Donatien
DE BRUYNE (10U, La correspondance, a.a.O. S. 235 u. 238.

[72] Donatien DE BRUYNE, La correspondance, a.a.O. S. 244.

Diese Zurückhaltung ist unnötig. Wie bereits in den Regesten zum Briefwechsel gezeigt wurde, ist zwischen Ep. 28 und Ep. 82 kein Brief von Augustinus an Hieronymus oder von Hieronymus an Augustinus ausgefallen. Bei den beiden verlorengegangenen Schreiben Ep. A und B (zwischen Ep. 28 und 40) handelt es sich jeweils um Schreiben von bzw. an Dritte, die aus diesem Grund weder von Augustinus noch von Hieronymus in ihre Ausgabe aufgenommen worden sind[73]. Die Überlieferung der zweiten Gruppe ist, wie noch gezeigt wird, völlig anders vor sich gegangen. Deshalb können die zwischen Ep. 123 und 202 verlorenen Briefe C und D nicht gegen die Theorie von zwei Erstausgaben ins Feld geführt werden.

Zum Schluß muß noch eine forschungsgeschichtlich wichtige Angabe LIETZMANNS korrigiert werden. In seiner Untersuchung stützt sich Lietzmann im wesentlichen auf Goldbachers Einleitung und die dort gegebenen Beschreibungen der Handschriften. In einem Falle ist ihm dabei ein Fehler unterlaufen. Er stellt verschiedene Handschriften zu einer von ihm sogenannten Sammlung "K" zusammen. Darin gibt er die Reihenfolge der Briefe dem Codex Coloniensis 60 (I.H.63) folgend an. Dieser Codex enthält aber Ep. 72 und Ep. 28 gegenüber der Hieronymus-Ausgabe in vertauschter Reihenfolge, sodaß der Eindruck einer unregelmäßigen Überlieferung entsteht. Diese Reihenfolge bewahrt nur dieser eine Codex der Sammlung "K", die sieben anderen Handschriften, die Lietzmann zu dieser Familie rechnet, haben die übliche Reihenfolge der Hieronymus-Ausgabe[74]. Eine Korrektur der Sammlung "K" mit der Mehrheit der Handschriften ist deshalb angemessen. Nach der Korrektur des Fehlers, der auch in seiner Tabelle auf S. 293 zu finden ist[75], ergibt sich eine einheitliche Überlieferung in den dort aufgeführten Sammlungen "K" "H" "C" (siehe Graphik).

Diese Korrektur ist umso bedeutsamer, als aus der Auswertung aller Handschriften deutlich wird, daß die Reihenfolge Ep. 28, 72, 40 in fast allen Handschriften der Hieronymus-Ausgabe bewahrt ist. Eine Ausnahme bilden unter den Handschriften nur die beiden

---

[73] S.o. die Regesten von Ep. A, B und 72 (C?).

[74] Zu den vier Handschriften der Sammlung "K" kommen noch die eng verwandten Codices Col. 35, Veron. XVI, Bodl. Laud. misc. 252, und ex Sangall. 159 hinzu, die die Reihenfolge von Ep. 73, 28, 72 überliefern; vgl. A.GOLDBACHER, Praefatio editoris, CSEL 58, S. LIIf.

[75] Hans LIETZMANN, Zur Entstehungsgeschichte, a.a.O. S. 293 (S. 380 in der Erstveröffentlichung).

Codices Coloniensis 60 (I.H.63) und Parisinus 13047 (I.H.120), deren abweichende Stellung aber von späteren Abschreibern bemerkt und korrigiert worden ist.

Graphik 4

Korrektur von Lietzmanns Tabelle[75]

Lietzmanns Version						korrigierte Version					
M	P^2	K	H	C	P^1	M	P^2	K	H	C	P^1
28	28	67	67	67	67	28	28				
40	40	68	68	68	68	40	40				
67	67	39	39	39	39	67	67	67	67	67	(67)
68	68	74	74	74		28	68	68	68	68	(68)
39	39	73	73	73		39	39	39	39	39	(39)
74	74	72	28	28	72	74	74	74	74	74	
73	73	28	72	72	28	73	73	73	73	73	
72	72	40	40	40	40			28	28	28	72
71	71	71	71	71	71	72	72	72	72	72	28
75	75	75	75	75				40	40	40	40
81	81		81			71	71	71	71	71	(71)
82	82		82			75	75	75	75	75	
						81	81		81		
						82	82		82		

[75] Hans LIETZMANN, Zur Entstehungsgeschichte, a.a.O. S. 293, in der Erstveröffentlichung auf S. 380.
M: Monacensis 6266, s.X; Salisburgensis X 29, s.X/XI; Audomaropolitanus 76, s.X/XI; Parisinus nov. acq. 1444, s.XI; Mus. Brit. Reg. 5 D VI, s.XI/XII; Parisinus 14480, s.XII; Parisinus 1928, s.XII; Trecensis 196, s.XII; a.a.O. S. 261.
P^2: Parisinus 12163, s.IX; a.a.O. S. 268.
K: Colonensis 60, s.IX; Vaticanus 355, s.IX-X; Vaticanus 5762, s.X; Vaticanus 341, s.X-XI; a.a.O. S. 268.
H: Escorialensis & I 14, s.VIII-IX; Escorialensis a II 3, s.X; a.a.O. S. 268.
C: Casinensis 16, s.XI; a.a.O.S. 265.
P^1: Parisinus 13047, s.VIII-IX; Parisinus 1868, s.IX; a.a.O. S. 268. In der korrigierten Version sind die Briefe, die Lietzmann aus Cod. Parisinus 1868 eklektisch zu den drei in Cod. Parisinus 13047 erhaltenen Briefen hinzufügt, in Klammern gesetzt.

1.4. Zusammenfassung

Die Untersuchung der zeitgenössischen Zeugnisse und der handschriftlichen Überlieferung des Briefwechsels ergibt, daß zwei
Autorenrezensionen existiert haben. Sowohl Augustinus als auch
Hieronymus hat den um 405 abgeschlossenen ersten Teil des Briefwechsels in einer eigenen Ausgabe veröffentlicht. Beide Ausgaben
vermitteln dem Leser die Sichtweise des jeweiligen Herausgebers.
Die handschriftliche Überlieferung hat beide Ausgaben bis zu den
ersten gedruckten, kritischen Editionen der Humanisten bewahrt[77].

2. Der Zweite Teil des Briefwechsels

Der zweite Teil des Briefwechsels ist vom ersten Teil grundlegend
verschieden. Weder bilden die Briefe eine thematische Einheit, noch
kann man von einem regelmäßigen Austausch reden. Es fehlen mit
Sicherheit zwei Briefe (Ep. C und D), und Ep. 19[*], der letzte Brief
des gesamten Briefwechsels, ist erst vor kurzem entdeckt worden[78].
Dieser Uneinheitlichkeit entspricht der Zustand der handschriftlichen
Überlieferung.

2.1. Ep. 166 + 167

Da Ep. 166 + 167 die einzigen Briefe sind, über deren Schicksal die
spätantiken Quellen Zeugnis geben, verdienen sie hier eine geson-
derte Untersuchung. Augustinus bemerkt in seinen *Retractationes*,
daß er Ep. 166 + 167 nicht veröffentlichen wollte, bevor Hieronymus auf sie geantwortet habe:

> *Ego vero quousque esset in corpore hos libros edere nolui, ne
> forte responderet aliquando, et cum ipsa responsione eius
> potius ederentur. Illo autem defuncto ad hoc edidi priorem* [79].

Diese Notiz belegt eindeutig, daß es von vorherein die Absicht
Augustins war, diese Briefe zu veröffentlichen. Daß er auf eine

---

[77] Die ersten Ausgaben der Briefe von Augustinus und Hieronymus sind im
Abstand von einem Jahr in Basel gedruckt: "Epistolare beati Hieronymi", Basel
1492 und "Liber epistolarum beati Augustini", Basel 1493 (Joh. Amerbach). Sie
präsentieren den Briefwechsel in sehr ähnlicher Gestalt. Der erste Teil ist in
beiden Ausgaben in der Reihenfolge Ep. 28, 40, 71, 75, 67, 68, 72, 73, 74, 39,
81, 82 zusammengestellt. Die Briefe des zweiten Teils stehen zusammen mit
Ep. 165 (Hieronymus ad Marcellam et Anapsycham). In der Ausgabe der
Hieronymus-Briefe steht Ep. 167 hinter Ep. 82 und zum zweiten Teil kommt
noch die anonyme Kompilation *De origine animae* hinzu.
[78] Zur Datierung von Ep 19* und seiner Stellung im Briefwechsel s.o. in der
Vorstellung des Briefwechsels.
[79] Augustinus, *Retractationes*, CCL 57 II, 45 (71).

Antwort des Hieronymus warten wollte, mag mit dem leidigen Streit um Ep. 28 und 40 zusammenhängen, der die Empfindlichkeit des Hieronymus bei unautorisierten Veröffentlichungen deutlich gezeigt hat. Da Hieronymus nur geantwortet hat, daß es ihm die Umstände nicht erlaubten, auf die Briefe einzugehen, konnte das Vorhaben Augustins nicht verwirklicht werden. Ob Augustinus daraufhin seine beiden Briefe ohne die Antwort des Hieronymus veröffentlicht hat, ist nicht bekannt. Im *Indiculum* des Possidius sind Ep. 166 + 167 getrennt von den Briefen des ersten Teils des Briefwechsels in einer Sammlung verschiedener Traktate aufgeführt[80]. Die Zusammenstellung von Ep. 166 + 167 mit anderen Traktaten, von denen ein Großteil - formal identisch - bestimmten Personen gewidmet ist[81], läßt durchaus die These zu, daß Augustinus die Briefe an Hieronymus nach dessen Tode einzeln veröffentlicht hat. Ob Augustinus Ep. 172, die Antwort des Hieronymus, zu einem der beiden Briefe hinzugefügt hat, ist dem *Indiculum* nicht zu entnehmen.

LIETZMANN versucht in seiner Untersuchung des Briefwechsels zu belegen, daß es eine von Augustinus zusammengestellte Sammlung von Ep. 165, 166, 167 und 172 gegeben hat[82]. Er hat dabei gegen zwei der wichtigsten Zeugen für die gesamte Überlieferung des Briefwechsel zu argumentieren. Possidius erwähnt Ep. 165 und 172 nicht im Zusammenhang von Ep. 166 + 167. LIETZMANN vermutet, er habe Ep. 165 und 172 wegen ihrer geringeren Bedeutung nicht aufgeführt, obwohl sie ihm vorgelegen hätten[83]. Das ist bei der sonst sehr zuverlässigen Arbeitsweise des Possidius sehr unwahrscheinlich. Vielmehr deutet die Stellung, die Possidius Ep. 166 + 167 gibt, darauf hin, daß Augustinus selbst sie als unabhängige Einzelwerke verstanden und veröffentlicht hat.

Weil weitergehende Erkenntnisse aus dem *Indiculum* nicht gewonnen werden können, muß der mit Abstand ältesten Handschrift, die Briefe aus dem zweiten Teil des Briefwechsel enthält, besondere Aufmerksamkeit gewidmet werden. In dieser Handschrift aus dem sechsten Jahrhundert aus Bobbio[84] sind nur Ep. 166 und

---

[80] Possidius, Operum S. Augustini Elenchus, a.a.O. S. 180.

[81] Dazu gehören z.B.: *De videndo deo ad Paulinam liber unus* oder *Ad Laurentium de fide, spe et caritate liber unus*, a.a.O. S. 180.

[82] Hans LIETZMANN, Zur Entstehungsgeschichte, a.a.O. S. 295f.

[83] Hans LIETZMANN, Zur Entstehung, a.a.O. S. 296: "wir schließen, daß die Zusammenstellung von Ep. 165.166.167.172 ursprünglich ist - vermutlich auch dem Possidius vorlag, der die Begleitbriefe nicht besonders genannt hat, weil sie ihm als Nebensache gegenüber den Traktaten erschienen".

[84] Milano, Biblioteca Ambrosiana O 210 sup. (II.117).

172 zusammen überliefert; Ep. 167 fehlt. Diese charakteristische Zusammenstellung von Ep. 166 und Ep. 172 ist auch in Handschriften, die von diesem Codex unabhängig sind, weiter überliefert worden, ohne daß Ep. 167 hinzugefügt wurde. Das ist ein deutliches Zeichen dafür, daß es sich nicht um eine fehlerhafte Handschrift handelt, sondern um eine eigenständige Überlieferung. Sowohl in Teilsammlungen von Ep. 166, 167, 172[85], als auch in Handschriften, die nur den zweiten[86] oder beide Teile enthalten[87], findet sich diese charakteristische Zusammenstellung. Sehr viel häufiger als in dieser Zusammenstellung werden Ep. 166 und 167 als Einzelschriften überliefert[88]. Daß beide Briefe zusammen ohne weitere Briefe aus dem zweiten Teil des Briefwechsels überliefert werden, ist die seltenste Form der Überlieferung[89].

---

[85] Handschriften, die nur Ep. 166 + 172 überliefern, sind: Chatres, Bibliothèque municipale 17, s.XII (II.41); München, Bayerische Staatsbibliothek Clm 15809, s.XII (II.128).

[86] Eine Handschrift enthält Ep. 166 + 172 sowie weitere Briefe des zweiten Teils des Briefwechsels: Berlin, Deutsche Staatsbibl. 17, s.IX (II.19).

[87] Im Anschluß an den ersten Teil des Briefwechsels finden sich Ep. 166 + 172 ohne Ep. 167 vor allem in Ausgaben der Augustinus-Rezension: Bamberg, Staatliche Bibl. Patr.12, s.XII-XIII (I.A.2/II.9); München, Bayrische Staatsbibl. Clm 6266, s.X (I.A.17/II.124); Paris, Bibl. Nat. lat. 1928, s.XII (I.A.23/161); Paris, Bibl. Nat. lat. 1933, s.XII-XIII (I.A.24/II.162); Paris, Bibl. Nat. lat. 12163, s.IX (I.A.26/II.163); Paris, Bibl. Nat. lat. 14480, s.XII (I.A.27/II.164); Paris, Bibl. Nat. nouvelle acquisition lat. 1444, s.XI (I.A.28/II.165); Saint-Omer, Bibl. municipale 76.8.9, s.X-XI (I.A.29/II.179); Troyes, Bibl. municipale 196, s.XII (I.A.31/II.189).
Nur wenige Handschriften der Hieronymus-Rezension enthalten Ep. 166 + 172 im Anschluß an den ersten Teil des Briefwechsels, interessanterweise handelt es sich dabei um jüngere Handschriften, die unter Einfluß der älteren Sammlungen der Augustinus-Rezension entstanden sein können:
Cambridge, Emanuel-College 57, s.XIIin (I.H.22/II.34); Firenze, Bibl. Medicea Laurenziana. Santa Croce, Plut.XV, dext.7, s.XII (I.H.53/II.70); Oxford, Bodleian Library Canon., Pat.lat.155, s. XV (I.H.101/II.133); San Daniele in Friuli, Bibl. Communale Cod.5, s.XV (I.H.129/II.180); Valencia, Bibl. Unversitaria ms.1193, s.XV (I.H.137/II.190); Vaticano, Città del, Bibl. Apostolica Vaticana, Archivo San Pietro B.54, s.XIV-XV (I.H.138(II.192).

[88] Um den Rahmen nicht zu sprengen, sei nur die jeweils älteste Handschrift der Einzelüberlieferung genannt: Ep. 166 ist 4 mal einzeln überliefert, die älteste Handschrift ist München, Bayr. Staatsbibl. Clm 14423, Sankt-Emmeran Regensburg, s.IX (II.127). Ep. 167 ist 7 mal einzeln überliefert, die älteste Handschrift ist Oxford, Bodleian Libr. Laud.Misc.107, Lorsch, s.IX[1](II.137).

[89] Es gibt nur drei Handschriften aus dem XIV.-XV. Jahrhundert, die Ep. 166 + 167 als einzige Briefe zusammen überliefern: Erlangen, Universitätsbibl. 170, s.XIV (II.58); Vaticano, Città del, Bibl. Apostolica Vaticana Vat.lat. 365, s.XVin (II.212); Wroclaw, Bibl. Uniwersyteka I.F.652, s.XV[2] (II.230).

Der handschriftliche Befund spricht eindeutig gegen LIETZMANNS These, daß Ep. 166 + 167 zusammen mit Begleitbriefen Ep. 165 und 172 veröffentlicht worden sind[90]. Es scheint vielmehr so zu sein, daß sie von Augustinus einzeln herausgegeben worden sind. Das paßt zu dem Befund im *Indiculum* des Possidius und macht die merkwürdige Zusammenstellung von Ep. 166 und Ep. 172 möglich, die durch die Bobbio-Handschrift belegt ist. So erklärt sich auch die Einzelüberlieferung von Ep. 166 oder 167. Augustins Angabe in den *Retractationes* schließt eine solche Einzelveröffentlichung von Ep. 166 und Ep. 167 durchaus nicht aus[91].

2.2. Einzelüberlieferungen von Briefen aus dem zweiten Teil des Briefwechsels

In der handschriftlichen Überlieferung des zweiten Teils des Briefwechsels gibt es eine Anzahl von Briefen, die einzeln erhalten sind. Das läßt auf ein allmähliches, spätes Zusammenwachsen des zweiten Teils des Briefwechsels zu einer Sammlung schließen. Die handschriftliche Überlieferung einzelner Briefe aus dem zweiten Teil des Briefwechsels ist ebenso alt wie die der Sammlungen des ersten und zweiten Teils. So ist zum Beispiel Ep. 172 in zwei Handschriften aus dem neunten Jahrhundert einzeln überliefert[92]. Die Überlieferung einzelner Briefe bricht nach der Fixierung gewisser Sammlungstypen in der handschriftlichen Überlieferung nicht ab, sondern bleibt bis zu den ersten gedruckten Ausgaben stabil. Insgesamt sind 48 Handschriften mit einzelnen oder unregelmäßig zusammengestellten Briefen aus dem zweiten Teil des Briefwechsels bekannt.

---

[90] Auch Rudolf MAURER, *Strukturelle Untersuchungen zu den augustinischen Briefkorpora*, a.a.O. S. 241 hält an der These von der Existenz einer zweiten Sammlung fest, obwohl er den Zustand der zerstreuten Überlieferung richtig einschätzt.

[91] Noch einmal gegen LIETZMANN, der auf die Notiz in den "Retractationes" seine gesamte Argumentation aufbaut. Hans LIETZMANN, Zur Entstehungsgeschichte, a.a.O. S. 295: "die zweite Gruppe 165.166.167.172, so nur in "K" überliefert. ...Und doch muß die Zusammenstellung in "K" die ursprüngliche sein, denn Augustin bestätigt uns ja selbst in der vorhin (S. 292) behandelten Stelle der Retraktationen, daß er ep. 166.167 zusammen ediert habe, dann natürlich auch mit dem Antwortschreiben des Hieronymus. ...Aber ep. 165 wird in ep. 166 erwähnt und ist deshalb in "K" beigegeben; das kann Augustin selbst wohl getan haben".

[92] Es handelt sich um die Handschriften Angers, Bibl.Mun. 290, s.IX (II.3) und Paris, Bibl.Nat.lat 1862, s.IX (II.141).

2.3. Sammlungen des zweiten Teils des Briefwechsels

Ein Großteil der handschriftlichen Überlieferung der Briefe des zweiten Teils des Briefwechsels besteht aus Sammlungen, in denen die Briefe unterschiedlich zusammengestellt worden sind. Sie finden sich sowohl als eigenständig überlieferte Sammlungen als auch im Anschluß an Ausgaben des ersten Teils des Briefwechsels. Da Ep. 166 und 167 die einzigen Briefe aus dem zweiten Teil des Briefwechsels sind, deren Veröffentlichung durch spätantike Quellen belegt ist, sind die Handschriften die einzigen Quellen für die Überlieferungsgeschichte der übrigen Briefe. Es ist aber zumeist nicht zu ermitteln, wann diese Sammlungen zusammengestellt worden sind. Der handschriftliche Befund ergibt ein zeitliches Nebeneinander verschiedener Sammlungstypen, die sich nur im begrenzten Ausmaße überschneiden oder beeinflussen. So existieren Teilsammlungen neben Sammlungen aller Briefe des zweiten Teils, und es entstehen sogar neue Sammlungsformen im Prozeß der Überlieferung.

Zunächst sollen die Teilsammlungen betrachtet werden. Die älteste Teilsammlung ist zweifellos die oben besprochene Zusammenstellung von Ep. 167 und Ep. 172. Sie ist seit dem 6. Jahrhundert nachzuweisen und hat sich, sowohl isoliert als auch im Anschluß an Sammlungen des ersten Teils, vor allem in Handschriften der Augustinus-Rezension, bis zum Ende der handschriftlichen Überlieferung gehalten. Demgegenüber ist die isolierte Überlieferung von Ep. 166 + 167 dünn und vor allem sehr jung; die drei Handschriften, die nur Ep. 166 + 167 bewahren, stammen aus dem 14. und 15. Jahrhundert.

Die letzten drei Briefe des Briefwechsels werden ebenfalls als eigenständige Teilsammlung überliefert. Sie sind in zwei Handschriften des 13. und 15. Jahrhunderts ohne jeden anderen Brief aus dem Briefwechsel bezeugt[93]. In einer anderen Handschriften sind sie von den übrigen Briefen des Briefwechsels getrennt bewahrt[94]. Eine Sammlung der letzten drei Briefe zusammen mit Ep. 172 taucht in einer Handschrift des zehnten und vieren des 15. Jahrhunderts auf[95].

---

[93] Es handelt sich um folgende Handschriften: Brüssel, Koninklijke Bibl. II 2587, s.XIII (II.31); Toledo, Bibl. del Calido 9-34, s.XV (II.184).

[94] Brüssel, Koninklijke Bibl. 87-96, s.XV (II.24). In den beiden Handschriften aus Einsiedeln, Stiftsbibl. 129, s.XII (II.49) und 130, s.X (II.48) stehen Ep. 195 + 123 zwischen Ep. 115 und Ep. 105 während Ep. 202 von der Sammlung der übrigen Briefe entfernt steht.

[95] Vaticano, Città del, Vat.lat.5762, s.X (II.217) und Leiden, Univ.bibl. Periz.F.36, s.XV (II.91); Roma, Bibl.Angelica 161(B.6.14), s.XV (II.173);

Der Ursprung dieser Zusammenstellungen ist unklar; aber sie zeigen, daß die Überlieferung des zweiten Teils des Briefwechsels bis zu den ersten Druckausgaben nicht fixiert war.

Neben Teilsammlungen gibt es insgesamt 15 Handschriften aus dem 10. bis 15. Jahrhundert, die ausschließlich Zusammenstellungen aller Briefe des zweiten Teils enthalten. Die älteste von den Handschriften, die eine vollständige Sammlung enthalten, ist Angers, Bibliothèque municipale 154 (II.2) aus dem 12. Jahrhundert[96]. Die Sammlung des gesamten zweiten Teils ist mit Sicherheit älter als diese Handschrift, es ist jedoch nicht zu ermitteln, wann sie entstanden ist.

Die älteste Handschrift, die alle Briefe des zweiten Teils des Briefwechsels bewahrt, Köln, Dombibliothek 60 s. VIII (I.H.63/II.87), überliefert sie im unmittelbaren Anschluß an den ersten Teil. Es ist wahrscheinlich, daß die Briefe des zweiten Teils zuerst zu einer eigenen Sammlung zusammengestellt worden sind, bevor sie mit den verschiedenen Ausgaben des ersten Teils zusammengestellt wurden. Sollte das der Fall sein, spiegeln die Handschriften, die die Briefe des zweiten Teils isoliert bewahren, einen Zustand vor dem neunten Jahrhundert wider.

Die nach der Handschrift aus Bobbio ältesten Handschriften, die Briefe des zweiten Teils enthalten, stellen den ersten und zweiten Teil des Briefwechsels zusammen. An den drei Handschriften aus dem achten Jahrhundert lassen sich die Bewegungen auf dem Weg zur Zusammenstellung kompletter Sammlungen beobachten.

1) Die von der Reichenau stammende Handschrift Karlsruhe, Aug.Perg.CV (Lorsch) (I.H.60), enthält nur die Briefe des ersten Teils des Briefwechsels in der Hieronymus-Ausgabe. Sie entspricht dem Zustand der Autorrezension ohne jede Erweiterung.

2) Die aus Spanien stammende Handschrift El Escorial, Biblioteca del Monasterio &.I.14 (I.H.39/II.56), hat die Briefe 81 und 82 aus dem ersten Teil des Briefwechsels der Hieronymus-Rezension hinzugefügt, ohne deren charakteristische Reihenfolge und Textform zu verändern. Darüberhinaus bewahrt diese Handschrift mit Ep. 131-134 + 141 auch einige Briefe aus dem zweiten Teil des Briefwechsels. Die Unvollständigkeit des zweiten Teils erklärt sich wohl

---

Toulouse, Bibl.mun. 155(I.40), s.XV (II.188); Vaticano, Città del, Vat.lat. 364, s.XV (II.211).

[96] Handschriften in denen Ep. 202 fehlt, gibt es bereits aus dem zehnten Jahrhundert: London, Brit.Mus. Addit.24902, s.X (II.100), Verdun, Bibl. municipale 47, s.X (II.225) und 56, s.X (II.226).

zum Teil aus der Sonderstellung der spanischen Überlieferung, die vor der karolingischen Zeit aus der großen Menge der Augustinus-Briefe nur den Briefwechsel mit Hieronymus bewahrt. Es ist daher wahrscheinlich, daß Ep. 142 und 143 zu dieser Zeit in Spanien nicht bekannt waren. Die Handschrift aus dem Escorial zeigt vielleicht ein frühes Stadium, das sich nicht durchgesetzt hat.

3) Die Handschrift Köln, Dombibliothek 60 (I.H.63/II.87), über-liefert die Briefe des zweiten Teils im Anschluß an eine Hieronymus-Ausgabe des ersten Teils. In der Kölner Handschrift steht zwischen dem ersten und zweiten Teil Ep. 136 *Innocentii ad Hieronymum.* Dieser Brief soll offenbar die Trennung zwischen erstem und zweiten Teil markieren[97]. Diese Handschrift ist der einzige Beleg für die Trennung durch Ep. 136; deshalb kann vermutet werden, daß es sich um einen relativ frühen Typus handelt, der sich in der Über-lieferung nicht durchgesetzt hat. Es gibt nur drei Handschriften aus dem 15. Jahrhundert, die ebenfalls den gesamten zweiten Teil des Briefwechsels an Ep. 75 anschließen. Ein Indiz dafür, daß die Über-

---

[97] Das Phänomen der Kennzeichnung von abgeschlossenen Sammlungen durch das Anhängen eines "fremden" Briefes ist bereits beobachtet worden. Vgl. Hans von SODEN, Die cyprianische Briefsammlung, a.a.O. S. 49: "An dieser Stelle werden wir einen älteren Sammlungsschluß anzunehmen haben. Das zeigt sich darin, daß hier mit Nr. 41 ein Spurium *adversus Judaeus* (Hartel, App.IX) eindringen konnte, was, wie wir sehen werden, immer ein Zeichen ist, daß eine Epoche der Sammlungsbildung geschlossen hat". Ein solches Eindringen von pseudepigraphischen Schriften am Ende einer Sammlung läßt sich auch im Briefwechsel zwischen Augustinus und Hieronymus feststellen. In folgenden Handschriften ist hinter den Briefen noch die anonyme Kompilation *"Disputatio Hieronymi et Augustini de anima"* überliefert (der Text ist in PL 30 261-271 abgedruckt):
s.IX: München, Clm 14423 (II.127)
s.X: Einsiedeln, Stiftsbibliothek Cod. 130 (II.48)
s.XII: Cambridge, Emanuel-College, 57 (II.34); Einsiedeln, Stiftsbibliothek Cod. 129 (II.49); Lisboa, Biblioteca Nacional 335 (II.98); London, British Museum Harley 3044 (II.103), Royal 6.C.XI (II.106), Royal 6.D.I (II.107), Royal 6.D.II (II.108), Royal 6.D.III (II.109); Wolfenbüttel, Cod.Guelf.2° 51. Gud.lat. (II.228)
s.XIII: Lincoln, Cathedral Chapter Library Cod.47 (II.96); Roma, Biblioteca Nazionale Centrale 827 (II.174)
s.XIV: Cambridge, Peterhouse 198 (2.0.2.) (II.36); Cambridge, University Library 409 (II.38) und 1977 (II.39); Madrid, Biblioteca Nacional 10049 (II.114); Roma, Biblioteca Vallicelliana Cod. D.2. (II.175)
s.XV: Firenze, Biblioteca Medicea Laurenziana Plut XIX, Cod.11 (II.64); London, British Museum Add.11421 (II.99), Egerton 3266 (II.102); Oxford, Bodleian Canon. Pat.Lat. 220 (II.134); Redlynch House, J.A.3227 (II.170); Toledo, Biblioteca del Calbildo 11-18 (II.186); Venezia, Biblioteca Nazionale Marciana, Cod.1927 (II.218).

lieferung während dieser Zeit noch nicht fixiert war, ist die Handschrift Cambridge, Emanuel-College, s.XII, die Ep. 166, 172, 195 in der Art der Bobbio-Handschrift an eine Hieronymus-Ausgabe des ersten Teils anschließt.

Ein Kuriosum stellen die Handschriften Einsiedeln, Stiftsbibliothek Cod. 130, s. X und Cod. 129, s. XII und München, Bayrische Staatsbibliothek Clm 14370 s. X dar. In ihnen werden die Augustinus- und Hieronymus-Rezension miteinander verschmolzen. An der Nahtstelle stehen Ep. 73 in der Hieronymus-Rezension und Ep. 195 + 123 ohne eine trennende Überschrift. Dieser Versuch einer Verbindung der Überlieferungsstränge hat sich aber ebenfalls nicht durchsetzen können.

Der Sammlungstypus, der sich ausgehend von der Hieronymus-Ausgabe am weitesten durchgesetzt hat, ist erst seit dem neunten Jahrhundert in den Handschriften nachzuweisen. In diesem Typus ist die Hieronymus-Ausgabe nicht um Ep. 81 + 82 erweitert, aber zwischen dem ersten und dem zweiten Teil steht Ep. 165(126) *Hieronymus ad Marcellinum et Anapsycham*, der inhaltlich mit Ep. 166 verbunden ist[98]. Dieser Brief ist zum Teil mit den Sammlungen des zweiten Teils zusammen überliefert worden[99]. Die vier direkt voneinander abhängigen Pariser Handschriften Bibliothèque Nationale lat. 1869, 1870, 1871, 1874 (I.H.107-110/II.143-146) aus dem neunten und zehnten Jahrhundert sowie die zwei vatikanischen Handschriften Vat.lat 341, s.X-XI (I.H.140/II.197) und Vat.lat. 355, s.IX-X (I.H.148/II.204)sind der erste Beleg für diesen Typus (=H^{1b} in Graphik 5).

Ein Spezialfall ist Ep. 19*. Unter den von DIVJAK neuentdeckten Briefen Augustins befindet sich der letzte Brief, der zwischen Augustinus und Hieronymus gewechselt worden ist. Seine Überlieferung fällt im Vergleich mit anderen Briefen Augustins oder des Hieronymus aus dem Rahmen. Alle von Johannes DIVJAK neuentdeckten Briefe sind nur in zwei von einander abhängigen Handschriften erhalten: Marseille, Bibliothèque municipale 209, 1455-1465 und Paris, Bibliothèque Nationale, Lat.16861, s.XII. In allen

---

[98] Vgl. die Regesten zu Ep. 166.

[99] Hans LIETZMANN, Zur Entstehungsgeschichte, a.a.O. S. 295 vermutet, daß Augustinus selbst Ep. 165(131) mit Ep. 166 + 167 und Ep. 172 zusammengestellt hat. Dagegen sprechen die obengenannten Gründe.

großen Sammlungen der Briefe Augustins findet sich keine Spur von diesen 27 Briefen[100].

Der Überblick über die Geschichte der handschriftlichen Überlieferung hat gezeigt, daß der zweite Teil des Briefwechsels wesentlich weniger einheitlich überliefert worden ist als der erste Teil. Im Laufe der Überlieferung ist ein Zusammenwachsen der zerstreuten Briefe des zweiten Teils zu einer kompletten Sammlung zu beobachten. Die mittelalterliche Kompilationsarbeit schafft eine Ordnung, die nicht auf spätantike Vorbilder zurückgeht.

3. Überlieferungsgeschichte der Sammlungen des Briefwechsels vom 6. bis zum 11. Jahrhundert

Die wesentlichen Entwicklungen in der handschriftlichen Überlieferung des Briefwechsels zwischen Augustinus und Hieronymus, die noch zu erkennen sind, vollziehen sich vom 6. bis zum 11. Jahrhundert. Zum Abschluß der literargeschichtlichen Untersuchung sollen sie in einer Tabelle zusammengefaßt werden. In dieser Graphik sind nur die wesentlichen Entwicklungen ohne Anspruch auf Vollständigkeit festgehalten. Die Einzelüberlieferungen von Briefen aus dem zweiten Teil des Briefwechsels sind aus Platzgründen nicht in die Tabelle aufgenommen worden.

In der linken Spalte der Tabelle sind die Handschriften eingetragen, die den ersten Teil des Briefwechsels in der Form der Augustinus-Ausgabe bewahren. Ergänzungen der Briefsammlung aus dem zweiten Teil des Briefwechsels sind durch Verbindungslinien zur mittleren Spalte angezeigt, in der die Handschriften eingetragen sind, die die Briefe des zweiten Teils des Briefwechsels enthalten. Die erweiterten Briefsammlungen erhalten je nach Art ihrer Erweiterung Kurzbezeichnungen, die sich an Graphik 1 orientieren und in der Legende aufgelistet sind. In der rechten Spalte der Tabelle stehen die Handschriften, die den ersten Teil des Briefwechsels in der Form der Hieronymus-Ausgabe enthalten. Erweiterungen aus dem zweiten Teil des Briefwechsels sind ebenfalls durch Verbindungslinien gekennzeichnet. Wenn die Sammlungstypen über das elfte Jahrhundert hinaus überliefert worden sind, ist das vermerkt.

---

[100] S. die Übersichtstabelle in DIVJAKS Ausgabe der neuentdeckten Briefe, CSEL 88, XXI-XXVIII. Für diese Gruppe von Briefen gilt ganz sicher der Satz Johannes DIVJAKs über das gesamte Briefkorpus Augustins: "Die Briefe sind also in derselben Unordnung, in der sie im Archiv zu Hippo zusammengestellt worden sind, auf uns gekommen". Johannes DIVJAK, Zur Struktur augustinischer Briefkorpora, a.a.O. S. 26.

Graphik 5

Überlieferungsgeschichte der Sammlungen des Briefwechsels
vom 6. - 11. Jahrhundert
(Legende auf S. 104)

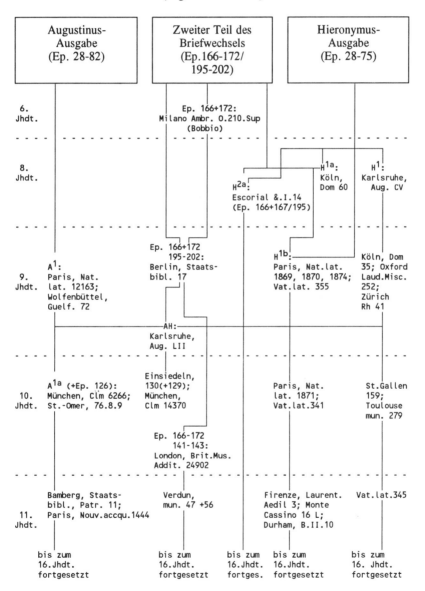

Legende zu Graphik 5

H^1 :   Ep. 67, 68, 39, 74, 73, 28, 72, 40, 71,
            75 (cf. Graphik 1)
H^{1a}: H^1 + Ep. 131-134 / 141-143
H^{1b}: H^1 + Ep. 126 + Ep. 131-134 / 141-143
H^2 :   Ep. 67, 68, 39, 74, 73, 28, 72, 40, 71, 75, 81, 82
            (cf.Graphik 1)
H^{2a}: H^2 + Ep. 131-134 / 141-143

A^1 :   Ep. 28, 40, 67, 68, 74, 73, 72, 71, 75, 81, 82
            (cf. Graphik 1)
A^{1a}: A^1 + Ep. 131 + 134 (+126)
A^4 :   Ep. 28, 40, 67, 68, 74, 73, 72, 71, 75 (cf. Graphik 1)
A^{4a}: A^4 + Ep. 131-134 / 141-143

AH: Verschmelzung von Augustinus- und Hieronymus-Rezension
        (nur in den erwähnten Handschriften). Die Briefe stehen in
        der Reihenfolge: Ep. (171), 28, 40, 67, 68, 39, 74, 73 (in
        Hieronymus-Rezension), 81, 195, 123, 72, 40 (ohne den
        letzten Satz), 71, 75, 82, (166)

E. ZUSAMMENFASSUNG

Die Untersuchung der Überlieferungsgeschichte des Briefwechsels ergibt, daß der erste Teil bereits von Augustinus und Hieronymus in verschiedenen Autorenrezensionen veröffentlicht worden ist, während der zweite Teil erst im Mittelalter zu verschiedenen Sammlungen zusammmengestellt wurde.

Die bereits von DE BRUYNE geäußerte Vermutung, es habe neben der von Augustinus herausgegebenen Ausgabe des ersten Teils auch eine Veröffentlichung des Hieronymus gegeben, kann durch die Untersuchung der handschriftlichen Überlieferung bewiesen werden. Sowohl Augustinus als auch Hieronymus haben nach dem Abschluß der ersten Phase ihrer Korrespondenz um 405 die Briefe veröffent- licht. Die Ausgabe des Hieronymus umfaßt Ep. 67, 68, 39, 74, 73, 28, 72, 40, 71, 75, die Augustins Ep. 28, 40, 67, 68, 39, 74, 73, 72, 71, 81, 82. Beide Ausgaben sind parteiisch in dem Sinne, daß sie die Sichtweise ihres Herausgebers widerspiegeln und diesen dem Leser in einem besonders guten Licht erscheinen lassen. Hieronymus greift allerdings im Gegensatz zu Augustinus redaktionell in den Bestand der Briefe ein. Vor allem verändert er den Anfang von Ep. 73 so, daß dieser mit einer Entschuldigung Augustins beginnt. Die Existenz der beiden Autorenrezensionen zeigt, welche Bedeu- tung der Briefwechsel hatte und welche Mittel eingesetzt wurden, um publizistische Erfolge zu erzielen.

In der handschriftlichen Überlieferung ist die Ausgabe des Hieronymus gegenüber der Augustins zahlenmäßig sehr viel stärker vertreten. Erst nach den ersten Druckausgaben des Briefwechsels ist die Hieronymus-Rezension hinter die Augustinus-Rezension zurück- getreten, die den vollständigeren Text bietet. Zu untersuchen, wie die größere Verbreitung der Hieronymus-Rezension sich auf die mittelalterliche Rezeption der Auseinandersetzungen zwischen Augustinus und Hieronymus ausgewirkt hat, ist eine weitere viel- versprechende Aufgabe.

Für den zweiten Teil des Briefwechsels lassen sich keine geschlossenen Sammlungen nachweisen; auch Ep. 165 und Ep. 166, die von LIETZMANN und DE BRUYNE mit Ep. 167, 172, 202a als eigene Gruppe zusammengestellt worden sind, sind nur selten gemeinsam überliefert worden. Für eine spätantike Zusammenstel- lung dieser Briefe zu einer eigenen Sammlung gibt es keinerlei Hinweise. Sie und die übrigen Briefe des zweiten Teils sind erst im

Laufe der späteren Überlieferung zu größeren Sammlungen zusammengestellt worden.

VIERTES KAPITEL

DER ARGUMENTATIONSGANG

Mit diesem Kapitel beginnt die inhaltliche Analyse des Briefwechsels, die sich auf dessen ersten Teil beschränkt, weil nur dort eine
theologische Auseinandersetzung zwischen Augustinus und
Hieronymus stattfindet. Ep. 82 markiert das Ende der kontroversen
Diskussion. Der nach zehn Jahren des Schweigens von Augustinus
ausgehende Versuch, mit Ep. 166 und 167 wieder in ein theologisches Gespräch mit Hieronymus einzutreten, scheitert aus verschiedenen Gründen. Zwar findet ein weiterer Austausch statt; aber weder
werden die Fäden des Gesprächs aus dem ersten Teil des Briefwechsel wieder aufgenommen, noch neue geknüpft. Das Ende des theologischen Gesprächs ist zum einen auf die mißliche Lage zurückzuführen, in der sich Hieronymus seit 415 im Heiligen Land gegenüber
Pelagius und seinen Anhängern befand. Zum anderen erklärt es sich
aus dem Verdruß des Hieronymus über den Verlauf des ersten Teils
des Briefwechsels. Der Schluß von Ep. 75, mit dem Hieronymus das
Ende des theologischen Gespräches ankündigt, läßt an Deutlichkeit
nichts zu wünschen übrig:

> *peto in fine epistulae, ut qiescentem senem olimque veteranum
> militare non cogas et rursum de vita periclitari ... mihi sufficit
> cum auditore ac lectore pauperculo in angulo monasterii
> susurrare* [1].

Trotz der Rhetorik wird deutlich, daß Hieronymus die Auseinandersetzung mit Augustinus nicht gern geführt hat und keine neue
Kontroverse mit ihm beginnen möchte. Im pelagianischen Streit, der
den zweiten Teil des Briefwechsels bestimmt, treten Augustinus und
Hieronymus gemeinsam Pelagius und seinen Anhängern entgegen.

In dieser Untersuchung werden die Kontroversen zwischen
Augustinus und Hieronymus traditionsgeschichtlich und theologisch
analysiert [2]. Zunächst werden die Themenkreise abgegrenzt und der

---

[1] Hieronymus ad Augustinum, Ep. 75,22 CSEL 34/II 323,11-13.

[2] Für die sprachlichen Besonderheiten der Briefe Augustins liegt eine neuere
Untersuchung vor: Ludovic-Jules WANKENNE, La langue de la correspondance
de Saint Augustin, in: *RBen* 94 (1984) 102-153. WANKENNE untersucht in

Gang der Argumentation untersucht. Zwar gibt es in der wissenschaftlichen Literatur viele Beschreibungen des Streites zwischen Augustinus und Hieronymus[3]; diese beschreiben jedoch zumeist nur

Fortsetzung der von Christine MOHRMANN und anderen begründeten Forschungsrichtung die christliche Sondersprache Augustins. Er kommt dabei zu dem Ergebnis, daß Augustinus die vorliegenden sprachlichen Neuschöpfungen der Christen übernimmt, aber selbst wenig Neologismen überliefert und sich auch überwiegend an die klassische Syntax und Morphologie hält. Damit steht er im Gegensatz zu Henri-Irénée MARROU, *Saint Augustin et la fin de la culture antique*, Paris 1958[4] S. 655, der davon ausgeht, daß Augustinus trotz traditionellen Vokabulars in der Syntax vom klassischen Gebrauch abweicht. WANKENNE betont, daß Augustinus sich in seinen Briefen - der klassischen Brieftheorie entsprechend - grundsätzlich den Empfängern in Sprache und Stil anpaßt.

[3] Folgende Untersuchungen sind der Beschreibung des Briefwechsels und den Auseinandersetzungen gewidmet:
J.A. MÖHLER, Hieronymus und Augustinus im Streit über Gal. 2,14, in: *Ges. Schriften und Aufsätze* hg.v. J.J.I. DÖLLINGER, Regensburg 1839 S. 1-18; Franz OVERBECK, *Über die Auffassung des Streites des Paulus mit Petrus in Antiochien (Gal 2,11ff.) bei den Kirchenvätern*, Basel 1877; Franz OVERBECK, Aus den Briefwechsel des Augustin mit Hieronymus, in: *HZ* 42 = *NF* 6 (1879) S. 222-259; Karl HOEHNE, Hieronymus und Augustinus über die Gesetzesbeobachtung bei Paulus und den Judenchristen, in: *Nathanael. Zeitschrift für die Arbeit der evangelischen Kirche an Israel* 12 (1896) S. 97-141; Marie Joseph LAGRANGE, L'esprit traditionel et l'esprit critique, in: *BLE* 1 (1899) wieder abgedruckt in: DERS., *Melanges d'histoire réligieuse,* unter dem Titel: S. Jérôme et S. Augustin. A propos des origines de la Vulgate S. 167-185, Paris 1915; DUFEY, Controverse entre saint Jérôme et saint Augustin d'apres leurs lettres, in: *RCF* 25 (1901) S. 141-149; Peter ASSLABER, *Die persönlichen Beziehungen der drei großen Kirchenlehrer Ambrosius, Hieronymus und Augustinus* (SKGSW 3), Wien 1908; Emil DORSCH, St.Augustinus und St.Hieronymus über die Wahrheit der biblischen Geschichte, in: *ZKTh* 35 (1911) S. 421-448 u. 601-664; F.E. TOURSCHER, The Correspondence of St. Augustin and St. Jerome, in: *AEcR* 57 (1917) S. 476-492; R. BUCHWALD, Augustinus und Hieronymus im Streit über Gal 2,11ff, in: *Schlesisches Pastoralblatt* 41 (1920) S. 19-23; Th.L. HAITJEMA, De briefwisseling tussen Augustinus en Hieronymus, in: *TG* 36 (1921) S. 159-198; J. DE VATHAIRE, Les relations de S. Augustin et de S. Jérôme, in: *Miscellanea Augustiniana* S. 484-499, Rotterdam 1930; Pierre AUVRAY, S. Jérôme et S. Augustin. La controverse au sujet de l'incident d'Antioche, in: *RSR* 29 (1939) S. 594-610; Georges SIMARD, La querelle des deux saints: Saint Jérôme et saint Augustin, in: *Revue de l'Université d'Ottawa* 12 (1942) S. 15-38; W.H. SEMPLE, Some Letters of Augustine, in: *BJRL* 33 (1950) S. 111-130; H.G. DAVIS, The Scriptural Controversy between St. Jerome and St. Augustine, in: *ACR* 33 (1956) S. 103-116; M.A. SCHATKIN, The Influence of Origen upon St. Jerome's Commentary on Galatians, in: *VigChr* 24 (1970) S. 49-58; Caroline Penrose BAMMEL, Die Hexapla des Origenes: Die hebraica veritas im Streit der Meinungen, in: *Aug* 28 (1988) S. 125-149; Mogens MUELLER, Graeca sive hebraica veritas? The Defence of the Septuagint in the Early Church, in: *SJOT* 1 (1989) S. 103-124.

den Verlauf des Briefwechsels oder widmen sich ausschließlich Teil-
aspekten. Daher ist für die vorliegende Untersuchung eine eigene
Darstellung der Argumentation unabdingbar. Bedingt durch die ver-
wickelte Geschichte des Briefwechsels und die häufige Wiederholung
der Argumente ist die inhaltliche Auseinandersetzung unübersichtlich. Um eine klare Darstellung zu ermöglichen, wird deshalb der
Argumentationsgang nicht in seinem historischen Verlauf, sondern
thematisch geordnet behandelt.

Dabei ist es auf den ersten Blick auffällig, daß die Probleme, über
die Augustinus und Hieronymus diskutieren, zentrale Fragen der
christlichen Theologie sind. Die klar erkennbaren Schwerpunkte
sind: a) die Diskussion um Umfang und Text des Alten Testaments
und b) der Streit um die Auslegung von Gal 2,11-14 (die Zurechtweisung des Petrus durch Paulus in Antiochia), der die Fragen der
Geltung des Gesetzes für Heidenchristen und der Wahrheit der
Schrift mit einbezieht. Diese Fragen bilden im Lauf der Auseinandersetzung einen eigenen, dritten Schwerpunkt.

Die Fragestellung in den großen Themenkomplexen des Briefwechsels ist biblisch-historischer Natur. Augustinus und Hieronymus
zeigen sich in ihrem Briefwechsel nicht an theologischen Spekulationen interessiert. Sie nehmen auch nicht an den aktuellen dogmatischen Auseinandersetzungen teil, die im Osten des Reiches zwischen
dem Konzil von Konstantinopel 381 und dem Konzil von
Ephesus 431 vor allem um christologische Fragen geführt wurden.
Obwohl die allererste Anfrage an Hieronymus von Augustinus so
formuliert ist, als handle es sich um ein Anliegen aller wissenschaftlich interessierten Theologen Afrikas[4], haben wir Privatbriefe vor
uns, keine offiziellen Schreiben. Dennoch sind sich Augustinus und
Hieronymus des Interesses der Öffentlichkeit und der Bedeutung der
behandelten Themen bewußt[5]. Es ist nicht auf den ersten Blick zu
erkennen, daß beide Kontroversen zwischen Augustinus und
Hieronymus vor allem um den richtigen Umgang mit der Bibel
geführt werden. Sowohl die Kanonfrage, als auch die Frage nach der
Wahrheit der Schrift und dem rechten Verständnis des Gesetzes im
Gefolge der Auseinandersetzung um Gal 2,11-14, betreffen die
Heilige Schrift und ihr Verständnis in der Kirche. Das hängt damit

---

[4] Augustinus ad Hieronymum, Ep. 28,2 CSEL 34/I 105,7f: *"nobiscum petit
omnis Africanorum ecclesiarum studiosa societas"*.
[5] Daß sowohl Augustinus wie Hieronymus bereits bei der Abfassung ihrer
Briefe ein Publikum vor Augen hatten, ist im literargeschichtlichen Teil bereits
behandelt worden.

zusammen, daß sie ihre Diskussion auf getrennten Ebenen führen. Sie weisen nicht darauf hin, daß sich die beiden Themenkreise berühren und überschneiden. Wohl deshalb sind in der Forschung die beiden Themen zumeist getrennt behandelt worden und stehen daher seltsam unverbunden nebeneinander[6]. Neben dem Bezug auf die Heilige Schrift gibt es einen zweiten Fixpunkt, der den diskutierten Themen gemeinsam ist. Sowohl für die Auseinandersetzung um den Kanon des Alten Testaments als auch um den Streit zwischen Petrus und Paulus in Antiochia spielt die Stellung zu den Juden eine wichtige Rolle. Die Positionen, die Augustinus und Hieronymus einnehmen, werden durch ihre Stellung zu den Juden entscheidend beeinflußt. Beide Zusammenhänge werden in der inhaltlichen Analyse der Kontroversen zwischen Augustinus und Hieronymus berücksichtigt.

A. DIE AUSEINANDERSETZUNG UM DEN KANON DES ALTEN TESTAMENTS

1. Die Position Augustins

1.1. Der Kanon des Alten Testaments

Augustinus beginnt das Gespräch mit dem Versuch, Hieronymus davon abzubringen, daß er seiner lateinischen Übersetzung die hebräische Bibel zu Grunde legt. Augustinus und seine afrikanischen Mitbrüder bitten Hieronymus, sich in seiner Übersetzungstätigkeit an den Kanon der Septuaginta zu halten, der allerhöchste Autorität zukommt, *"quorum est gravissima auctoritas"* [7]. Augustinus und die afrikanische Kirche üben mit dieser Bitte Druck auf Hieronymus aus. Wie kommt die afrikanische Kirche dazu, einem Gelehrten im fernen Palästina vorzuschreiben, nach welchen Prinzipien er zu arbeiten hat? Zu verstehen ist diese Intervention Augustins im Namen der afrikanischen Kirche nur auf dem Hintergrund seiner

---

[6] Am auffälligsten ist das bei Franz OVERBECK, der zu beiden Themen gearbeitet hat. In einem Aufsatz handelt er *Über die Auffassung des Streites des Paulus mit Petrus in Antiochien (Gal 2,11ff.) bei den Kirchenvätern*, Basel 1877, und widmet der Untersuchung der Auseinandersetzung zwischen Augustinus und Hieronymus weiten Raum. In zwei andern Arbeiten behandelt er ihre Stellung zur Kanonfrage; *Zur Geschichte des Kanons*, Chemnitz 1880 und "Aus den Briefwechsel des Augustin mit Hieronymus" in: *HZ* 42 = NF 6 (1879) S. 222-259.

[7] Augustinus ad Hieronymum, Ep. 28,2 CSEL 34/I 106,1.

Beteiligung an der unmittelbar vor der Abfassung des Briefes auf der Synode zu Hippo 393[8] getroffenen Entscheidung über den Kanon. Augustinus ist der Meinung, daß dieser in Hippo beschlossene Kanon in der gesamten Kirche gültig sei. Deshalb sieht er die Einheit der Kirche gefährdet, wenn sich die Übersetzung des Hieronymus, die sich nach der hebräischen Bibel richtet, in den lateinisch sprechenden Teilen der Kirche durchsetzte. Für ihn droht dann eine Spaltung zwischen Ost- und Westkirche[9]. Deswegen will Augustinus nicht, daß die Übersetzung des Hieronymus, deren wissenschaftlichen Wert er am Ende des Briefwechsels anerkennt, in den liturgischen Gebrauch der Kirche übernommen wird[10]. Die kirchliche Gewohnheit, die der Septuaginta folgt, ist für ihn wichtiger als die wissenschaftlich anerkannte *integritas*[11], mit der Hieronymus den Vorrang des hebräischen Textes rechtfertigt[12].

Augustinus stimmt mit Hieronymus darin überein, daß es unbedingt notwendig ist, eine zuverlässige Übersetzung des Bibeltextes ins Lateinische herzustellen. Er kennt das Problem der Arbeit mit den verschiedenen *Vetus Latina*-Versionen aus eigener Erfahrung. Die Berufung auf Schriftzitate ist schwierig, da die herangezogenen Handschriften verschiedene Textversionen bieten[13]. Deshalb begrüßt Augustinus die Arbeit des Hieronymus am Neuen Testament, die

---

[8] In Hippo hat ein afrikanisches Generalkonzil zum ersten Male im Westen des Reiches einen Beschluß über den Umfang des Kanons herbeigeführt. Im Alten Testament entspricht der in Hippo beschlossene Kanon dem Umfang der Septuaginta. An den Entscheidungen der Synode war Augustinus maßgeblich beteiligt, obwohl er zu diesem Zeitpunkt erst *presbyter* war. Er hielt ein Grundsatzreferat, in dem er das Glaubensbekenntnis auslegte. Dieses Referat ist in seiner Schrift *De fide et symbolo*, CSEL 41 erhalten.

[9] Augustinus ad Hieronymum, Ep. 71,4 CSEL 34/II 252,3-5: *"perdurum erit enim, si tua interpretatio per multas ecclesias frequentius coeperit lectitari, quod a Graecis ecclesiis Latinae ecclesiae dissonabunt"*.

[10] Augustinus ad Hieronymum, Ep. 82,34 CSEL 386,15f: *"me nolle tuam ex Hebraeo interpretationem in ecclesiis legi"*.

[11] Der Begriff wird von Hieronymus ad Augustinum, Ep. 75 CSEL 34/II 320,8, in die Debatte eingeführt.

[12] Zur späten Anerkennung des hebräischen Textes und der damit verbundenen Relativierung der Autorität der Septuaginta vgl., G. JOUASSARD, Réflexions sur la position de saint Augustin relativement aux Septante dans sa discussion avec saint Jérôme, in: *REAug* 2 (1956) S. 93-99.

[13] Augustinus ad Hieronymum, Ep. 71,6 CSEL 34/II 254,13f zu den vorhandenen lateinischen Übersetzungen des Alten Testaments, die aus dem Griechischen übersetzt worden sind: *"quae in diversis codicibus ita varia est, ut tolerari vix posset, et ita suspecta, ne in Graeco aliud inveniatur, ut inde aliquid proferre aut probare dubitemus"*.

einen überprüfbaren, zuverlässigen Text liefert. Er kann aber die Übersetzung des Alten Testaments nach der hebräischen Bibel, obwohl sie auf denselben philologischen Prinzipien beruht, nicht gutheißen, da für ihn die Septuaginta unbedingten Vorrang vor der hebräischen Bibel hat[14]. Die Autorität der Septuaginta liegt für Augustinus in ihrer Entstehung begründet. Die im Aristeasbrief geschilderte und von Philo und Epiphanius von Salamis ins Wunderbar-Prophetische überhöhte[15] Einheitlichkeit der Übersetzung macht Augustinus glauben, hier habe man für den Text des Alten Testaments festen Boden unter den Füßen[16]. Interessanterweise spielt es für ihn keine Rolle, daß die autoritative Übersetzung, auf die er sich hier beruft, von Juden hergestellt worden ist[17]. Zusätzlich zu dem Argument der prinzipiell größeren Autorität der Septuaginta macht Augustinus drei weitere Einwände gegen die Arbeit des Hieronymus an einer Übersetzung aus dem Hebräischen geltend.

1) Er stellt Hieronymus vor Augen, daß es im hebräischen Text nichts Neues mehr zu entdecken gibt, nachdem bereits so viele

---

[14] Augustinus ad Hieronymum, Ep. 71,6 CSEL 34/II 254,6-11, Augustinus stellt die Frage, ob die griechischen oder die hebräischen Kodizes höhere Autorität beanspruchen können. Er beantwortet diese Frage selbst, indem er auf den Gebrauch der Septuaginta durch die Apostel verweist, was der Septuaginta ein für alle Mal den Vorrang sichert.

[15] Schon Philo betrachtet die Übersetzung als ein prophetisches Werk: "καθίσαντες δ᾽ ἐν ἀποκρύφῳ καὶ μηδενὸς... καθάπερ ἐνθουσιῶντες προεφήτευον οὐκ ἄλλα ἄλλοι, τὰ δ᾽ αὐτὰ πάντες ὀνόματα καὶ ῥήματα, ὥσπερ ὑποβολέως ἑκάστοις ἀοράτως ἐνηχοῦντος", Philo, *Vita Moysis* 2,37, COHN/WENDLAND 3. Diese Betrachtungsweise wird in der christlichen Theologie übernommen. Epiphanius von Salamis bietet die ausführlichste Version der Legende von der Entstehung der Septuaginta in *De mensuris et ponderibus*. Darin wird besonders das Wirken des heiligen Geistes betont, der die 72 Übersetzer befähigte, obwohl sie in getrennten Zellen eingeschlossen waren, einen völlig identischen Text vorzulegen. Die wunderbare Übereinstimmung ihrer Übersetzung stellt die 72 Übersetzer den Propheten gleich: "Εὔδηλον ὅτι ἐν τοῖς ἑβδομήκοντα δύο εὑρεθήσεται ἡ ἀλήθεια. Ὥστε γνωστὸν τοῦτον τοῖς φιλαλήθως ἐξετάζειν βουλομένοις, ὅτι οὐ μόνον ἑρμηνευταὶ ἐκεῖνοι γεγόνασιν, ἀλλὰ καὶ ἀπὸ μέρους προφῆται" *De mensuris et ponderibus* 17, MOUTSOULAS 470-472.

[16] Augustinus ad Hieronymum, Ep. 28 CSEL 34/I 106,4-8: "*omitto enim LXX, de quorum vel consilii vel spiritus maiore concordia, quam si unus homo esset, non audeo in aliquam partem certam ferre sententiam, nisi quod eis praeeminentem auctoritatem in hoc munere sine controversia tribuendam existimo*".

[17] Entscheidend ist vielmehr, ob der Text vor- oder nachchristlich ist, weil angenommen wird, die Juden hätten nachträglich einige für die Christen wichtige Passagen verfälscht.

Kenner der hebräischen Sprache sich daran versucht haben[18]. Da
Hieronymus der erste christliche Theologe ist, der eine komplette
Übersetzung des Alten Testamentes aus dem Hebräischen ins Lateinische anfertigen will, entsteht die Frage, welche Übersetzer
Augustinus meint. Sein Nachsatz, daß die zahlreichen ungenannten
Übersetzer im Gegensatz zu den Zweiundsiebzig der Septuaginta
nicht einmütig übersetzten, trägt auch nicht viel zu einer Klärung
bei[19]. Es gibt nur zwei Möglichkeiten, Augustins Äußerung sinnvoll
zu deuten; entweder spielt er auf die zahlreichen und stark voneinander abweichenden alten lateinischen Versionen an, dann hätte ihm
klar sein müssen, daß diese eher auf Septuaginta-Vorlagen zurückgegriffen haben als auf die hebräische Bibel, oder er bezieht sich auf
die jüdischen Übersetzungen des Alten Testaments, die von Aquila,
Symmachus und Theodotion angefertigt wurden. Im diesem Fall
handelt es sich aber um Übersetzungen aus dem Hebräischen ins
Griechische[20], sodaß der Vorwurf Augustins Hieronymus in keinem
Fall trifft.

2) Ein weiteres Argument, das Augustinus gegen die Übersetzung
des Hieronymus anführt, ist der Verweis auf den gewohnten Wortlaut der alten lateinischen Übersetzungen. Dafür gibt er in Ep. 71 ein
Beispiel und schildert, wie die Übersetzung des Buches Jona, die
Hieronymus nach dem hebräischen Text angefertigt hat, in Oea[21]
gewirkt hat. Die Gemeinde protestierte, als nach der neuen Überset-

---

[18] Augustinus ad Hieronymum, Ep. 28 CSEL 34/I 106,2-4: *"satis autem
nequeo mirari, si aliquid adhuc in hebraeis exemplaribus invenitur, quod tot
interpretes illius linguae peritissimos fugerit"*.

[19] Augustinus ad Hieronymum, Ep. 28 CSEL 34/I 106,9-107,2: *"illi plus me
movent, qui, cum posteriores interpretarentur ...non solum inter se non
consenserunt, sed etiam reliquerunt multa, quae tanto post eruenda et prodenda
remanerent"*.

[20] Ob es Übersetzungen vom Hebräischen ins Lateinische gegeben hat, ist
nicht sicher; vgl. Sebastian P. BROCK, Bibelübersetzungen I.3.2. Die
lateinischen Übersetzungen des Alten Testaments, in: *TRE* 6 (1980) S. 177:
"Einige Forscher (v.a. Blondheim, Les parlers judéo-romains et la vetus latina,
Paris 1925, R.H.) haben vermutet, daß die christlichen altlateinischen Texte
ihren Ursprung in von Juden angefertigten lateinischen Übersetzungen haben.
Diese Theorie hat jedoch keinen Anklang gefunden".

[21] Die Ortsangabe Oea stammt aus einer Konjektur von Lukas Friedrich
REINHART, der 1668 in Frankfurt a.M. die Briefe Augustins herausgegeben hat.
Die Handschriften haben zumeist nur *ea* oder *eo*. Hieronymus ad Augustinum,
Ep. 75,21 CSEL 34/II 321,1 lokalisiert den Ort in Afrika: *"in Africa
...oppidulo"*.

zung Jona nicht mehr unter einem Kürbis[22], sondern unter einem
Efeu Schatten gefunden haben soll. Augustinus dient diese Episode
dazu, Hieronymus darauf hinzuweisen, welche Unruhe er mit seiner
Übersetzung stiftet[23].

3) Augustins Festhalten an der Autorität der Septuaginta führt
auch dazu, daß er die textkritischen Zeichen mißdeutet, die
Hieronymus in seinen Übersetzungen, die der Hexapla folgen,
anbringt. Im Jahre 395 liegt Augustinus die von Hieronymus ange-
fertigte Übersetzung des Buches Hiob vor, die Hieronymus nach der
hexaplarischen Septuaginta angefertigt hat. Hieronymus hat in der
Übersetzung die textkritischen Zeichen des Origenes übernommen,
die zeigen, an welchen Stellen die Septuaginta vom hebräischen Text
abweicht. Augustinus benutzt diese Zeichen im gegenteiligen Sinn.
Er stellt mit ihrer Hilfe fest, wo die Übersetzung dem hebräischen
Text anstelle der von ihm für autoritativ gehaltenen Septuaginta
folgt[24].

1.2. Umgang mit Autoritäten

Ein Problem, das der gesamten Auseinandersetzung zwischen
Augustinus und Hieronymus zu Grunde liegt, sind die unterschiedli-
chen Autoritäten, auf die sie sich berufen. Dieser Konflikt bricht an
verschiedenen Stellen aus. So macht Augustinus in der Frage der
Übersetzung des Alten Testaments Hieronymus den schweren
Vorwurf, er wolle mit seinem Rückgriff auf die hebräische Bibel die
alten Autoritäten beseitigen[25]. Hier kann Augustinus das Fehlen von
Autoritäten als Argument gegen Hieronymus nutzen, der als Einzel-

---

[22] Zum Wortfeld Kürbis und seinen Entsprechungen vgl. Ralf NORRMAN, On
the Semiotic Function of Cucurbits, in: *Humanitas Religiosa, FS H.Biezais*
Stockholm 1979, S. 126-138. NORMANN erwähnt auch den Tumult in Oea.

[23] Augustinus beginnt nach dem Hinweis des Hieronymus in Ep. 75,22 CSEL
34/II 322,8-10 damit, sich kritisch mit dessen Jona-Auslegung
auseinanderzusetzen. Ihre unterschiedlichen Positionen hat Yves-Marie DUVAL
untersucht, Saint Augustin et le Commentaire sur Jonas de saint Jérôme, in:
REAug 12 (1966) S. 9-40; zur unterschiedlichen Auslegung des Kürbis-Wunders
s. besonders S. 31-35.

[24] Augustinus ad Hieronymum, Ep. 28 CSEL 34/I 105,12-106,2: *"de
vertendis autem in linguam latinam sanctis litteris canonicis laborare te nollem,
nisi eo modo, quo Iob interpretatus es, ut signis adhibitis, quid inter hanc tuam
et LXX, quorum est gravissima auctoritas, interpretationem distet, appareat".*
Die erwähnte Übersetzung des Hieronymus bildet auch die Textgrundlage für die
von Augustinus 399 verfaßten *Adnotationes in Iob.*

[25] Augustinus ad Hieronymum, Ep. 71,4 CSEL 34/II 252,10f: *"quod ...tot
Latinas et Graecas auctoritates damnari quis ferat?"*

ner und als Neuerer[26] gegen die Übermacht der traditionellen Übersetzungen steht, die der Septuaginta folgen. Bereits im ersten Brief
an Hieronymus hat Augustinus das Verhältnis von alter und neuer
Übersetzung so zugespitzt, daß strenggenommen er jede weitere
Arbeit an einmal bearbeiteten Stoffen unmöglich macht[27]. Dagegen
setzt sich Hieronymus zur Wehr und verteidigt die Möglichkeit von
neuen Zugängen zu alten Problemen[28].

1.3. Die Rolle der Juden

Die Frage der Übersetzung des Alten Testaments nach der
hebräischen Bibel bringt die Juden ins Blickfeld. Sie sind die
einzigen, die die Arbeit des Hieronymus kontrollieren können[29]. Auf
diese Weise stellen sie eine Autorität dar in Fragen, die das Alte
Testament betreffen. Die Autorität der Juden in dieser Frage ist aber
umstritten. So werden weder von Augustinus noch von Hieronymus
die Übersetzungen des Aquila, Symmachus und Theodotion wegen
ihrer Sprachkompetenz anerkannt. Gegen sie erheben sowohl
Augustinus als auch Hieronymus den Vorwurf der Textverfälschung.
Hieronymus benutzt den Verfälschungsvorwurf sogar als Argument,
um seine Übersetzung zu verteidigen. Er wolle die Möglichkeit
schaffen, Verfälschungen zu korrigieren, die sie in ihre Übersetzungen eingefügt haben[30]. Das Nebeneinander von Anerkennung der
exegetischen und Sprach- Kompetenz und antijüdischer Polemik
zeigt, welche Spannungen im Verhältnis zu den Juden bestehen.

2. Die Position des Hieronymus

Hieronymus muß seine Übersetzung des Alten Testaments nach der
hebräischen Bibel gegen die Angriffe Augustins verteidigen. Das tut

---

[26] Zum *novum opus* der Bibelübersetzung vgl. Stefan REBENICH, *Hieronymus
und sein Kreis. Prosopographische und sozialgeschichtliche Untersuchungen*
(Diss. phil.), Mannheim 1990 S. 175-177.

[27] Augustinus ad Hieronymum Ep. 28,2 CSEL 34/I 106,4-107,4.

[28] Hieronymus ad Augustinum, Ep. 75,20 CSEL 34/II 317,1-318,4.

[29] Augustinus ad Hieronymum, Ep. 71,4 CSEL 34/II 252,11-14: *"huc
accedit, quia etiam consulti Hebraei possunt aliud respondere"*. Augustinus führt
selbst ein praktisches Beispiel für eine solche Kontrolle an. Im Verlauf der
tumultartigen Auseinandersetzung in Oea befragen die Gemeindeglieder die
ortsansässigen Juden, ob die Übersetzung des Hieronymus korrekt sei oder nicht.
Augustinus ad Hieronymum, Ep. 71,5 CSEL 34/II 253,7f: *"cogeretur episcopus
...Judaeorum testimonium flagitare"*.

[30] Hieronymus ad Augustinum, Ep. 75,19 CSEL 34/II 319,10-12: *"ea
testimonia, quae a Judaeis praetermissa sunt vel corrupta, proferre in medium,
ut scirent nostri, quid Hebraea veritas contineret"*.

er, in dem er zunächst Augustinus zeigt, daß dessen Hochschätzung
der Septuaginta auf falschen Voraussetzungen beruht. Zum anderen
verweist Hieronymus auf die philologischen Prinzipien seiner Arbeit
und die daraus resultierende Zuverlässigkeit. Hieronymus läßt sich
auch nicht durch das Fehlen einer von Augustinus anerkannten
Autorität von seiner Übersetzungstätigkeit abhalten.

2.1. Der Kanon des Alten Testaments
Hieronymus erklärt nicht offen, welchen Kanon des Alten Testaments er für autoritativ hält. Er reagiert vielmehr ironisch-satirisch
auf den Angriff Augustins gegen seine Bevorzugung der *hebraica
veritas*. Hieronymus dreht den Spieß um und weist Augustinus
darauf hin, daß die Septuaginta, die den lateinischen Übersetzungen
zu Grunde liegt, die Augustinus seiner Übersetzung nach der
hebraica veritas vorzieht, nicht die "reine" Septuaginta sei, sondern
die durch die textkritische Arbeit "verdorbene" Fassung des
Origenes:

> *miror, quo modo septuaginta interpretum libros legas non
> puros, ut ab eis editi sunt, sed Origene emendatos sive corrup-
> tos per obelos et asteriscos* [31].

Dazu kommen noch die Zusätze, die aus den Übersetzungen der
jüdischen Übersetzer Aquila, Symmachus und Theodotion übernommen und deswegen nicht zuverlässig sind:

> *praesertim cum ea quae addita sunt, ex hominis Iudaei atque
> blasphemi post passionem Christi editione transtulerit* [32].

So gesehen, sind alle vorhandenen Septuagintaexemplare durch
Origenes oder Zusätze von jüdischen Übersetzern "verdorben".
Wenn Augustinus also eine "reine" Septuaginta lesen wolle - meint
Hieronymus -, dann dürfe er nicht lesen, was in den Septuaginta-
Handschriften unter den *asterisci* steht:

> *vis amator esse verus septuaginta interpretum, non legas ea,
> quae sub asteriscis sunt, immo rade de voluminibus, ut veterum
> te fautorem probes* [33].

Daß das im Ernste völlig undurchführbar ist, sagt Hieronymus im
Nachsatz, der die ironische Pointe des gesamten Absatzes enthält.

---

[31] Hieronymus ad Augustinum, Ep. 75,19 CSEL 34/II 316, 14-317,1.
[32] Hieronymus ad Augustinum, Ep. 75,19 CSEL 34/II 317,2-4; Die
Übersetzung, die Hieronymus anfertigt, ist dagegen unverdorben, weil sie auf
einer integren Textbasis beruht und von ihm, einem Christen, angefertigt ist.
[33] Hieronymus ad Augustinum, Ep. 75,19 CSEL 34/II 317,4-7.

Augustinus möchte von Hieronymus, daß er die "reine" Septuaginta ins Lateinische übertrage, da es diese aber de facto ohne Zusätze gar nicht gibt, müßte Augustinus vielmehr alle vorhandenen Exemplare aus den kirchlichen Bibliotheken entfernen lassen:

> *Quod si feceris, omnes ecclesiarum bibliothecas condemnare cogeris. vix enim unus aut alter invenietur liber, quae ista non habet* [34].

Mit dieser ironischen Passage[35] schlägt Hieronymus Augustinus die meisten der vorgebrachten und die noch vorzubringenden Argumente gegen seine Übersetzung nach der *hebraica veritas* aus der Hand und bereitet so seine eigentliche Stellungnahme vor. Zwei Argumente führt er für seine Übersetzung ins Feld. Erstens werden durch die Orientierung an der *hebraica veritas* die Verfälschungen aus dem Alten Testament entfernt, die Juden nach dem Tode Christi vorgenommen haben[36], zweitens sichert der Rückgriff auf die Ursprache der Übersetzung des Alten wie des Neuen Testament die notwendige *integritas*. Nur die Ursprachen bieten ein verläßliches Fundament für die Übersetzung der kanonischen Schriften:

> *et si me, ut dicis, in novi testamenti emendatione suscipis* [37] *exponisque causam, cur suscipias, quia plurimi linguae Graecae habentes scientiam de meo possent opere iudicare, eandem integritatem debueras etiam in veteri testamento, quod non nostra confinximus, sed, ut apud Hebraeos invenimus, divina transtulimus, sicubi dubitas, Hebraeos interroga* [38].

Nach dieser grundsätzlichen Klarstellung erläutert Hieronymus Augustinus weitere Prinzipien seiner Übersetzungtätigkeit. Dazu gehört auch die Frage, ob die Heilige Schrift wortwörtlich zu übersetzen sei, wie er es im *Liber de optimo genere interpretandi* formuliert hat[39]. Hieronymus hält dies Übersetzungsprinzip nicht immer

---

[34] Hieronymus ad Augustinum, Ep. 75,19 CSEL 34/II 317,7-9.

[35] Zur Verwendung von Ironie und Satire als Stilmittel bei Hieronymus s. David S. WIESEN, *St. Jerome as a Satirist,* Ithaka/N.Y. 1964 und Ilona OPELT, *Hieronymus' Streitschriften,* Heidelberg 1973.

[36] Hieronymus ad Augustinum, Ep. 75,19 CSEL 34/II 319,10-12.

[37] Hieronymus bezieht sich auf eine Äußerung Augustins in Ep. 71,6 CSEL 34/II 253,17-254,4.

[38] Hieronymus ad Augustinum, Ep. 75,19 CSEL 34/II 320,5-11.

[39] Hieronymus ad Pammachium, Ep. 57,5 CSEL 54 508,10-13: "*libera voce profiteor me in interpretatione Graecorum absque scripturis sanctis, ubi et verborum ordo mysterium est, non verbum e verbo, sed sensum exprimere de sensu*". Zum Problem der Übersetzung *verbum e verbo* oder *sensum de sensu* in Ep. 57 s. G.J.M. BARTELINK, *Hieronymus, Liber de optimo genere interpretandi*

starr durch. An Punkten, an denen es ihm nötig erscheint, übersetzt er auch die Heilige Schrift *sensum de sensu*[40]. In diesem Sinne äußert sich Hieronymus auch gegenüber Augustinus in Ep. 75 *"expressimus sensuum potius veritatem quam verborum interdum ordinem conservantes"*.[41] Hieronymus verwahrt sich damit einerseits gegen die von Augustinus erhobenen Bedenken gegen das "Festbeißen" an den hebräischen Worten[42] und hält andererseits an der Forderung fest, daß die Heilige Schrift bis in die Wortstellung hinein ernst zu nehmen und getreu zu übersetzen sei.

Hieronymus geht auch auf die offensichtliche Mißdeutung der textkritischen Zeichen in seinen Übersetzungen nach der Septuaginta ein und erklärt - etwas schulmeisterlich - Augustinus deren Bedeutung[43]. Augustins Versuch, sie gegen ihre ursprüngliche Bestimmung zu nutzen, beruht anscheinend auf unzureichenden Kenntnissen. Nach der von Hieronymus erhaltenen Belehrung ist nicht wieder die Rede davon.

2.2. Umgang mit Autoritäten

In der Frage nach dem Kanon des Alten Testaments und der *hebraica veritas* kann sich Hieronymus nicht auf Autoritäten berufen. Deshalb benutzt er ein für die Antike ungewöhnliches Argument, nämlich die Neuheit seiner Übersetzung[44] gegen Augustins Syllogismus aus Ep. 28[45]. Er stellt an dieser Stelle heraus, daß Neubearbei-

---

(Ep. 57). *Ein Kommentar*, Leiden 1980 S. 44-49; für den gesamten Zusammenhang Heinrich MARTI, *Übersetzer der Augustin-Zeit*, München 1974.

[40] Das formuliert Hieronymus ausdrücklich in der Vorrede zu seiner Übersetzung des Buches Hiob nach der *hebraica veritas* PL 28,1081A: *"ex ipso Hebraico, Arabicoque sermone, et interdum Syro, nunc verba, nunc sensus, nunc simul utrumque resonabit"*. Vgl. G.J.M. BARTELINK, *Liber de optimo genere interpretandi*, a.a.O. S. 46.

[41] Hieronymus ad Augustinum, Ep. 75,19 CSEL 34/II 316,13f

[42] Augustinus ad Hieronymum, Ep. 28,2 CSEL 34/I 106,9-11: *"verborum locutionumque hebraearum viam atque regulas mordacius, ut fertur, tenerent"*.

[43] Hieronymus ad Augustinum, Ep. 75,19 CSEL 34/II 316,6-11: *"pace tua dixerim, videris mihi non intellegere, quod quaesisti. illa enim interpretatio septuaginta interpretum est et, ubicumque virgulae, id est obeli sunt, significatur, quod septuaginta plus dixerint, quam habetur in Hebraeo, ubi autem asterisci, id est stellae praelucentes, ex Theodotionis editione ab Origene additum est"*.

[44] Zum Argument der Neuheit in der Alten Kirche siehe jetzt Wolfram KINZIG, *Novitas Christiana: Die Idee des Fortschritts in der Alten Kirche*, 2 Bde., (Habil. Schrift) Heidelberg 1991.

[45] Augustinus ad Hieronymum, Ep. 28,2 CSEL 34/I 107,2-4. Diese Passage wird von Hieronymus in Ep. 75,20 CSEL 34/II 317,11-14 zitiert. Hieronymus zeigt bei dieser Gelegenheit, daß sich der Satz auch gegen Augustinus selbst

tungen bereits bearbeiteter Stoffe sinnvoll sind und zu einem Erkenntnisfortschritt beitragen können. Hieronymus benutzt ein neutestamentliches Bild, um seine Argumentation zu stützen (Mt 9,17). Die vorausgegangenen Übersetzungen sind wie alter, die des Hieronymus aber wie neuer Wein:

> *bibat vinum vetus cum suavitate et nostra musta contemnat, quae in explanatione priorum edita sunt, ut, sicubi illa non intelleguntur, ex nostris manifestiora fiant* [46].

Dieses Bild hat Hieronymus bereits in einem Brief an Marcella für seine philologischen Tätigkeiten gebraucht, wenn auch in anderer Absicht[47]. In Ep. 75 verwendet er das Bild des *mustum* und *vinum vetus* in dem Sinne, daß nicht dem Alten, sondern dem Neuen der Vorrang gebührt. Dabei verweist er auf die Leistungsfähigkeit seiner neuen Übersetzung, die vieles erklären kann, was in älteren Übersetzungen dunkel geblieben ist. Das bedeutet nicht, daß Hieronymus alle vorangegangenen Übersetzungen verdammen will; dazu ist er selbst viel zu stark in die Tradition eingebunden[48]. Gegenüber Augustinus verteidigt er aber seine Übersetzung auch gegen die Autorität der älteren Übersetzer und stellt die philologische Zuverlässigkeit seiner Übersetzung nach der hebräischen Bibel heraus.

---

wenden läßt. Sein Psalmenkommentar (das ist eines der wenigen Bücher Augustins, das Hieronymus besitzt vgl. Ep. 71,5 CSEL/II 262,4f) wäre überflüssig, wenn Augustinus nicht annähme, daß seine Neubearbeitung gegenüber den zahlreichen bereits vorhandenen Kommentaren einen Zuwachs an Erkenntnis erbrächte. Strenggenommen machte der augustinische Syllogismus sogar jede Arbeit an bereits behandelten Themen unmöglich; Hieronymus ad Augustinum, Ep. 75,20 CSEL 34/II 319,4-6: *"hac lege post priores nullus loqui audebit et ...alius de eo scribendi licentiam non habebit"*.

[46] Hieronymus ad Augustinum, Ep. 75,20 CSEL 34/II 319,13-320,1.

[47] Hieronymus ad Marcellam, Ep. 28. Der Brief ist ca. 384 verfaßt. Dort bezieht sich Hieronymus auf vorhergegangene Gespräche mit Marcella (zu den Kontakten zwischen Marcella und Hieronymus s. Georg GRÜTZMACHER, *Hieronymus*, a.a.O. Bd.I S. 225-242) und bezeichnet das dort Gesagte als *novicia musta* - als neuen, noch nicht vergorenen Wein, dem er die im Brief übersandte wortgetreue Übersetzung *(verbum ad verbum)* der zur Debatte stehenden Stelle aus Origenes gegenüberstellt, so daß sie in den Genuß des alten Weines mit seiner "Autorität" kommen kann; Ep. 28,5 CSEL 54 229,18-230,3: *"Quod si tibi non videtur, quid Origenes ...senserit, verbum interpretabor ad verbum, quia novicia musta contemnis saltim veteris vini auctoritate ducaris"*.

[48] Hieronymus ad Augustinum, Ep. 75,20 CSEL 34/II 319,8-10: *"ego enim non tantum vetera abolere conatus sum, quae linguae meae hominibus emendata de Graeco in Latinum transtuli"*.

2.3. Die Rolle der Juden

Gegenüber Augustinus betont Hieronymus die Rolle, der Juden in allen Fragen, die das Alte Testament betreffen. Als wesentliches Argument für die Zuverlässigkeit und Vertrauenswürdigkeit des von ihm übersetzten Alten Testaments nennt Hieronymus die Tatsache, daß er diesen Text nicht selbst zusammengestellt, sondern ihn so bei den Juden vorgefunden hat:

> *debueras etiam in vetere credere testamento, quod non nostra confinximus, sed, ut apud Hebraeos invenimus, divina transtulimus* [49].

Der andere Punkt, an dem die Juden eine nahezu unentbehrliche Funktion haben, ist schon von Augustinus erwähnt worden. Für die Übersetzung aus dem Hebräischen bilden die Juden, die durch die Vertreibung überall im römischen Reich verstreut leben und überall ansprechbar sind, die einzige Kontrollinstanz. Hieronymus ist sich seiner Übersetzung sicher, die er mit der Hilfe von Juden gefertigt hat, und weist deshalb Augustinus ganz offen auf die Juden als Gesprächspartner hin:

> *sicubi dubitas, Hebraeos interroga* [50].

Gegen das von Augustinus vorgebrachte Beispiel aus Oea, in dem die ortsansässigen Juden die Übersetzung des Hieronymus für unzutreffend erklärten[51], kann Hieronymus auf die vielen jüdischen Einflüsse verweisen, die seine exegetischen Arbeiten beeinflußt haben. Er gesteht freimütig, wie viel er von Juden für seine Arbeit am Alten Testament gelernt hat, und spricht von *"tota frequentia Judaeorum"* [52], die ihn bei seiner Arbeit beeinflußt haben. Für die Übersetzung des Alten Testaments nach der hebräischen Bibel spielt der Kontakt zu gelehrten Juden eine maßgebliche Rolle. Daneben erhebt er auch weiterhin den traditionellen Vorwurf der Textverfälschung gegen die Juden, vor allem gegen Aquila,

---

[49] Hieronymus ad Augustinum, Ep. 75,19 CSEL 34/II 320,8-10.
[50] Hieronymus ad Augustinum, Ep. 75,19 CSEL 34/II 320,10f.
[51] Augustinus ad Hieronymum, Ep. 71,5 CSEL 34/II 253,5-16; Hieronymus geht in Ep. 75,21+22 auf die fragliche Stelle Jona 4,6ff ein und erklärt, daß seine Übersetzung nicht das hebräische Wort קִיקָיוֹן (=Rhizinuspflanze) wiedergibt, weil das im Lateinischen unverständlich sei. Hieronymus folgt aber auch nicht der Septuaginta, die an dieser Stelle mit κολοκύνθη (=Kürbis) übersetzt, sondern Aquila, Symmachus und Theodotion die mit κιττός (=Efeu) übersetzen.
[52] Hieronymus ad Augustinum, Ep. 75,21 CSEL 34/II 320,13.

Symmachus und Theodotion, und preist seine eigene Übersetzung als Instrument, deren Verfälschungen zu erkennen.

B. DIE AUSEINANDERSETZUNG UM GAL 2,11-14

Hieronymus hat in den ersten vier Jahren seines Aufenthalts in Bethlehem (386-390) Kommentare zum Philemon-, Epheser-, Galater- und Titusbrief verfaßt. Sein Kommentar zum Galaterbrief[53] lag Augustinus vor[54], der 394 als *presbyter* in Hippo ebenfalls einen Kommentar zum Galaterbrief verfaßt hat[55]. An der Auslegung von Gal 2,11-14 entzündet sich zwischen Augustinus und Hieronymus eine intensive Diskussion, die zwei Themenbereiche umgreift: a) die Wahrheit der Schrift, b) die Vorschriften des Zeremonialgesetzes, die von Christen einzuhalten sind.

1. Die Position Augustins

Augustinus ist der Meinung, daß der in Gal 2,11-14 geschilderte Streit zwischen Petrus und Paulus wörtlich zu verstehen ist, d.h., daß Petrus sich in Antiochia falsch verhalten hat und zu Recht von Paulus zurechtgewiesen wurde. Das Fehlverhalten des Petrus besteht darin, daß er Heidenchristen zwingen wollte, das jüdische Zeremonialgesetz zu halten. Mit dieser Postion sind Stellungnahmen zu den oben erwähnten Themen der Lüge in der Heiligen Schrift und dem Problem der Geltung des Gesetzes so eng verbunden, daß es sinnvoll ist, den Gang der Argumentation nach diesen Fragen zu gliedern.

1.1. Die Wahrheit der Schrift

Ausgangspunkt für die Kritik Augustins ist die von Hieronymus im Galaterkommentar vorgetragene Auffassung, daß ein in der Heiligen Schrift beschriebener Sachverhalt als *simulatio* (= Verstellung) interpretiert werden muß. Augustinus wehrt sich auch dagegen, daß Hieronymus im Anschluß an seine exegetischen Autoritäten von

---

[53] Hieronymus, *Commentarius in Epistolam ad Galatas*, PL 26.
[54] Augustinus zitiert den Kommentar des Hieronymus zweimal: in Ep. 28,3 CSEL 34/I107,6-8 und in Ep. 40,3 CSEL 34/II 71,12f.
[55] Augustinus, *Epistolae ad Galatas expositionis liber unus*, CSEL 84 hg.v. Johannes DIVJAK, Wien 1971.

hypocrisis (= Vortäuschung)[56] spricht, wenn Petrus sich von der Tischgemeinschaft mit den Heidenchristen zurückzieht.

Für Augustinus muß der Bericht des Paulus der Wahrheit entsprechen. Also begeht Petrus einen schweren Fehler[57], wenn er die Heidenchristen durch sein Vorbild dazu verleitet, zu glauben, daß das Zeremonialgesetz auch nach dem Kommen Christi noch heilsnotwendig ist. Das ist insofern problematisch, als die Einmütigkeit des apostolischen Zeugnisses ein gewichtiges Argument für die Zuverlässigkeit der Heiligen Schrift ist. Augustinus verweist gegen mögliche Einwände auf in der Bibel berichtetes Fehlverhalten anderer bedeutender Personen, z.B. den Ehebruch Davids oder die Verleugnung des Petrus. Da die Anstößigkeit dieser Texte auch nicht dadurch beseitigt wird, daß das Verhalten der Personen als vorgetäuscht interpretiert wird, besteht Augustinus darauf, Gal 2,11-14 so zu verstehen, daß es sich um eine wahrheitsgetreue Überlieferung einer historischen Begebenheit handelt. Es ist Augustinus lieber, daß die Schrift über menschliches Fehlverhalten berichtet, als daß sie Unwahres enthält. Deshalb wehrt er sich heftig gegen die Auslegung des Hieronymus, die die Möglichkeit eröffnet, daß in der Heiligen Schrift eine Lüge enthalten sein kann:

> *mihi enim videtur exitiosissime credi aliquod in libris sanctis esse mendacium*[58].

Der Grund für Augustins heftige Kritik ist seine Befürchtung, daß auf diese Weise die *auctoritas* der Heiligen Schrift untergraben wird:

> *cognoscis fluctuare auctoritatem divinarum scripturarum*[59].

Wenn es sich bei dem in Gal 2,11-14 beschriebenen Streit um eine *simulatio* handelt, ist für Augustinus die Möglichkeit eröffnet, auch der gesamten übrigen Schrift den Anspruch auf Glaubwürdigkeit abzusprechen[60]. Wenn die Schrift aber nicht glaubwürdig ist,

---

[56] Hieronymus, Comm. in Ep. ad Gal. 2,11ffPL 26,339f. Den besten Beleg für die unbefangene Verwendung des Begriffes ὑπόκρισις bieten die Auslegungen des Johannes Chrysostomus (s.u.).

[57] Daß diese Auslegung ebenfalls problematisch ist, gibt Augustinus, von Hieronymus darauf angesprochen, auch zu: *"At enim satius credere apostolum Paulum aliquid non vere scripsisse, quam apostolum Petrum non recte aliquid egisse".* Ep. 82,5 CSEL 34/II 355,18-20.

[58] Augustinus ad Hieronymum, Ep. 28,3 CSEL 34/I 107,12f.

[59] Augustinus ad Hieronymum, Ep. 28,5 CSEL 34/I 111,9.

[60] Augustinus ad Hieronymum, Ep. 40,3 CSEL 34/II 71,12-72,1: *"In expositione quoque epistulae Pauli apostoli ad Galatas invenimus aliquid, quod*

kann sie auch kein autoritatives Zeugnis für den Glauben ablegen. Auf diese Weise wäre jede Möglichkeit eines christlichen Glaubens zerstört, der sich wesentlich auf das Zeugnis der Schrift stützt:

> *ne sancta scriptura, quae ad fidem posteris edita est, admissa auctoritate mendacii tota dubia nutet et fluctuet* [61].

Für Augustinus stellt sich weiterhin die grundsätzliche Frage, ob bestimmte Formen von Lügen erlaubt sind. Unter gewissen Umständen kann für ihn ein *mendacium officiosum* im Alltagsleben erlaubt sein. Auf keinen Fall darf aber in der Auslegung der Heiligen Schrift etwas Unwahres gefunden werden[62].

Als Folge dieser Auffassung ergeben sich Spannungen zu anderen Texten des Neuen Testaments. So machen die Berichte über die Beschneidung des Timotheus (Apg 16,1-3) und die Erfüllung der Nasiratsgelübde (Apg 22,24-26) den Angriff des Paulus auf Petrus unglaubwürdig, weil sie bezeugen, daß Paulus selber auch Vorschriften des Gesetzes beachtet hat. Um seine Argumentation an diesem Punkt abzusichern, ist Augustinus gezwungen, zum Problem der Geltung des Gesetzes für Christen Stellung zu nehmen.

Augustinus ist der erste Ausleger, der die Problematik des Streites zwischen Petrus und Paulus auf dem Hintergrund der generellen Frage nach der *auctoritas* der Heiligen Schrift betrachtet[63]. Seine Kritik an der griechischen Exegese, in deren Tradition Hieronymus steht, entsteht aus seinem Interesse an der Zuverlässigkeit des Schriftzeugnisses. Als Folge dieser Auslegung von Gal 2,11-14 muß ein Fehlverhalten des Petrus und eine inkonsequente Haltung des Paulus in der Frage der Gesetzesbeachtung konstatiert werden[64].

---

nos multum moveat. si enim ad scripturas sanctas admissa fuerint velut officiosa mendacia, quid in eis remanebit auctoritatis?"

[61] Augustinus ad Hieronymum, Ep. 40,5 CSEL 34/II 75,5-7.

[62] Zur Problematik der Lüge hat sich Augustinus zweimal in eigenständigen Abhandlungen geäußert, in *De mendacio*, verfaßt im Jahre 394/5 und in *Contra mendacium*, verfaßt im Jahre 420. In beiden Schriften bemüht er sich um Definitionen der verschiedenen Arten von Lügen und bekämpft deren Gebrauch aufs schärfste.

[63] Augustinus ad Hieronymum, Ep. 28,3 CSEL 34/I 109,9f: *"atque ita nusquam certa erit in sanctis libris castae veritatis auctoritas".*

[64] Augustins Auslegung von Gal 2,11-14. nimmt nicht auf die Polemik des Porphyrius Bezug, der die Einmütigkeit und Autorität der Apostel in Frage gestellt hat. Deswegen läßt Augustins Auslegung Angriffe an diesen Punkten zu.

1.2. Die Geltung des Gesetzes

Augustinus hat in der Exegese von Gal 2,11-14 durch seine
Prämisse, daß der Text der Heiligen Schrift keine *simulatio* enthalten
darf, andere Probleme als Hieronymus. Im zweiten Brief an
Hieronymus weitet Augustinus die Kontroverse deshalb auf die
Frage nach der Gültigkeit des Gesetzes aus[65]. Damit beginnt eine
inhaltliche Auseinandersetzung zwischen Augustinus und Hierony-
mus über die Gal 2,11-14 zu Grunde liegenden theologischen
Kontroversen. Das Kernproblem der Auseinandersetzung zwischen
Petrus und Paulus in Antiochia ist die Frage, ob und welche Geltung
das Gesetz für Heiden- und Judenchristen hat.

Augustinus beginnt seine Argumentation in Ep. 40,4 damit, daß
er erklärt, Petrus halte in Antiochia nicht sinnlos am Gesetz fest.
Nach Augustins Auffassung ist es in der apostolischen Zeit für als
Juden Geborene völlig legitim, wenn sie Christen werden, die von
den Eltern überkommenen Gebote weiterhin einzuhalten[66]. Das
Halten des Gesetzes ist aber nur dann zulässig, wenn es sich um
"paternae traditiones" handelt[67]. Deshalb können Judenchristen in
der Kirche das Zeremonialgesetz halten, nicht aber Heiden. Nach
Augustins Auffassung weist Paulus Petrus auch nicht deshalb
zurecht, weil er das Gesetz hielt, sondern weil er den Anschein
erweckt, als ob für Christen das Gesetz noch heilsnotwendigsei[68],
was es nach Tod und Auferstehung Christi nicht mehr ist[69]. Darin

---

[65] Augustinus ad Hieronymum, Ep. 40, 4-6 CSEL 34/II 73,7-77,13.

[66] Augustinus ad Hieronymum, Ep. 40,4 CSEL 34/II 73,13-74,9 hier
beschreibt Augustinus den Sachverhalt für Paulus so: *"nam utique Iudaeus erat,
Christianus autem factus non Judaeorum sacramenta reliquerat, quae
convenienter ille populus et legitime tempore, quo oportebat, acceperat. ideoque
suscepit ea celebranda, cum iam Christi esset apostolus, sed ut doceret non esse
perniciosa his, qui ea vellent, sicut a parentibus per legem acceperant,
custodire, etiam cum in Christum credidissent, non tamen in eis iam
constituerent spem salutis, quoniam per dominum Iesum salus ipsa, quae illis
sacramentis significabatur, advenerat"*.

[67] Augustinus ad Hieronymum, Ep. 40,5 CSEL 34/II 74,3.10; zur Bedeutung
der *paternae traditiones* für die Auseinandersetzung zwischen Augustinus und
Hieronymus s.u. den Abschnitt "Paternae traditiones" im Kapitel "Die
Kontroverse um das Zeremonialgesetz".

[68] Augustinus ad Hieronymum, Ep. 40,5 CSEL 34/II 74,14-75,1: *"quod
nullo modo posset, nisi ea sic ageret, tamquam adhuc etiam post domini
adventum necessaria saluti forent"*. Daß das Gesetz einmal heilsnotwendig war,
beweist für Augustinus das Martyrium der Makkabäer, die auch von den
Christen als Märtyrer verehrt werden, Ep. 40,6 CSEL 34/II 76,2-5.

[69] Augustinus ad Hieronymum, Ep. 40,5 CSEL 34/II 74,10-13.

liegt sein Irrtum, den Paulus zu Recht tadelt, auch wenn Petrus nur aus Furcht vor den Judenchristen aus Jerusalem so handelt[70].

Die Auslegung Augustins hat vor allem heilsgeschichtliche Konsequenzen. Es entsteht eine Konzeption, nach der es in der Generation des Überganges vom Judentum zum Christentum möglich ist, das Gesetz ohne Widerspruch zum christlichen Glauben zu halten. Es stellt sich die Frage, ob diese Konzeption nicht konsequenterweise für alle gelten müßte, die vom Judentum zum Christentum kommen. Damit wäre eine Möglichkeit zur Anerkennung des Judenchristentums eröffnet, die Augustinus allerdings scharf ablehnt[71].

1.3. Umgang mit Autoritäten

In der Frage der Auslegung von Gal 2,11-14. hat Hieronymus, anders als in der Diskussion um den Kanon des Alten Testaments, die Möglichkeit, sich auf eine Menge von Autoritäten zu stützen[72]. Gegen die klassischen Kriterien von Zahl und Alter der von ihm herangezogenen Autoritäten beruft sich Augustinus gegenüber Hieronymus auf ein anderes Kriterium, die dogmatische Zuverlässigkeit. Von den bei Hieronymus genannten - allesamt griechischen - Exegeten will Augustinus nur drei als Autoritäten gelten lassen[73], obwohl er zugeben muß, von keinem den entsprechenden Kommentar gelesen zu haben[74]. Kriterium für seine Entscheidung ist die dogmatische Zuverlässigkeit der Zitierten[75]. Auf diese Weise kann Augustinus den Autoritätsbeweis des Hieronymus zurückweisen, obwohl sich dieser auf eine große Zahl von Auslegern berufen kann. Zugleich ist dieses Vorgehen Augustins ein deutliches Beispiel für sein Eingebundensein in den Kontext lateinischer Theologie und

---

[70] Gal 2,12 "φοβούμενος τοὺς ἐκ περιτομῆς".

[71] Zur Stellung, die Augustinus und Hieronymus zu den Judenchristen einnehmen, s.u. den betreffenden Abschnitt im Kapitel "Die Kontroverse um das Zeremonialgesetz".

[72] Hieronymus ad Augustinum, Ep. 75,4 CSEL 34/II 286,7-11. Hieronymus führt außer Origenes noch Didymus, Eusebius von Caesarea, Apollinaris von Laodicea, Johannes Chrysostomus, Alexander, Eusebius von Emesa und Theodor von Heraclea an.

[73] Augustinus ad Hieronymum, Ep. 82,25 CSEL 34/II,376,9-12: *"tres igitur restant, Eusebius Emisenus, Theodorus Heracleotes et, quem paulo post commemoras, Iohannes, qui dudum in pontificali gradu Constantinopolitanam rexit ecclesiam".*

[74] Augustinus ad Hieronymum, Ep. 82,25 CSEL 34/II,375,19: *"quorum ego, fateor, neminem legi".*

[75] Augustinus ad Hieronymum, Ep. 82,25 CSEL 34/II,375,20-376,5.

Exegese. Das wird auch daran deutlich, daß Augustinus - wie zum Ausgleich - anbietet, Hieronymus möge doch Ambrosius oder Cyprian lesen, die seine Meinung verträten.

2. Die Position des Hieronymus

Hieronymus folgt in seiner Auslegung von Gal 2,11-14 der griechischen Auslegungstradition, die auf Origenes zurückgeht[76]. Derzufolge erklärt sich das Verhalten der Apostel in Antiochia als verabredetes Scheingefecht, das beide Apostel um des Heiles der ihnen jeweils anvertrauten Gruppe willen ausgeführt haben[77]. Der Rückzug des Petrus von der Tischgemeinschaft mit den Heiden, hat nur den Sinn gehabt, die ihm speziell anvertrauten Judenchristen durch öffentliche Beachtung des Gesetzes vor dem Abfall vom Glauben zu bewahren[78]. Durch die Aufhebung der Tischgemeinschaft und den scheinbaren Streit sollte andererseits bewirkt werden, daß die von Paulus bekehrten Heidenchristen nicht durch die Beachtung des Zeremonialgesetzes durch einen der Apostel ihrerseits zum Abfall vom Glauben gebracht werden. Der öffentliche Vorwurf des Paulus an Petrus ist dann auch nicht gegen diesen selbst gerichtet gewesen - er träfe ihn in seiner Freiheit dem Gesetz gegenüber auch gar nicht[79] -, sondern dient ausschließlich dem Heil der anwesenden Heidenchristen. Daß Petrus den Vorwurf so ruhig ertragen hat, rührt daher, daß er um die Intention seines Mitapostels gewußt hat. Zudem haben beide, Petrus und Paulus aus Furcht vor den Juden Vorschriften des Gesetzes beachtet, von denen sie wissen, daß sie nicht mehr

---

[76] Vgl. dazu. den traditionsgeschichtlichen Teil im Kapitel "Der Streit zwischen Petrus und Paulus in Antiochia".

[77] Die ausführlichste Auslegung des Hieronymus von Gal 2,11ff ist in seinem Galaterkommentar zu finden; Hieronymus, *Comm. in Ep. ad Gal.* 2,11ff PL 26,338-342.

[78] Hieronymus ad Augustinum, Ep. 75,8 CSEL 34/II 296,8-11, hier formuliert Hieronymus sehr einprägsam, wie sich Petrus von der Sorge um die ihm anvertrauten Judenchristen hat leiten lassen: *"timet autem Judaeos, quorum erat apostolus, ne per occasionem gentilium a fide Christi recederent et imitator pastoris boni perderet gregem sibi creditum".*

[79] Petrus ist wie Paulus davon überzeugt, daß die Vorschriften des Gesetzes nach dem Tod Christi nicht mehr eingehalten werden müssen. Deshalb ist der Rückzug des Petrus von der Tischgemeinschaft mit den Heiden auf Grund des Protestes der Judenchristen eine Handlung gegen seine eigene Überzeugung. Hieronymus ad Augustinum, Ep. 75,8 CSEL 34/II 294,3-6: *"ut probemus ante Paulum non ignorasse Petrum, immo principem huius fuisse decreti legem post evangelium non servandam".*

heilsnotwendig sind[80]. So gesehen, können sie sich gegenseitig keine Vorwürfe machen. Der einzige Sinn der Zurechtweisung des Petrus durch Paulus besteht in der Fürsorge für die Heidenchristen.

2.1. Die Wahrheit der Schrift

Die Frage nach der Wahrheit der Schrift ist in der Auslegung des Hieronymus kein Gegenstand der Reflexion. Für ihn steht vielmehr die Verteidigung der auf Einmütigkeit basierenden Autorität der Apostel gegen den Angriff des Porphyrius im Vordergrund[81]. Für diesen apologetischen Zweck ist die oben beschriebene Auslegung sehr gut geeignet, weil sie es ermöglicht, die Einmütigkeit der Apostel herauszustellen und den Streit zu einem Scheingefecht herunterzuspielen. Die mit Augustins Auslegung von Gal 2,11-14 verbundene Frage nach der Wahrheit der Schrift beruht auf ganz anderen Voraussetzungen und Interessen als die Auslegung des Hieronymus. Deshalb geht Hieronymus auf die Debatte um die Wahrheit der Schrift nicht ein. Hieronymus bringt ein formales Argument zur Verteidigung vor; für ihn besteht die Aufgabe seiner Kommentare nicht darin, die einzig mögliche Auslegung zu bieten, er bietet vielmehr dem Leser eine Auswahl möglicher Interpretationen, aus denen dieser sich die ihm angenehmste aussuchen kann[82].

---

[80] Hieronymus ad Augustinum, Ep. 75,11 CSEL 43/II 300,9f: *"Didicimus, quod propter metum Judaeorum et Petrus et Paulus aequaliter finxerint legis se praecepta servare"*.

[81] Hieronymus ad Augustinum, Ep. 75,6 CSEL 34/II 289,9-11: *"illa vel maxime causa subintroducunt, ut Porphyrio respondeant blasphemati"*.

[82] Hieronymus ad Augustinum, Ep. 75,5+14 CSEL 34/II 289,3-6 u. 304,8-10. Dieses Verfahren ist auch in der paganen Literaturgattung der Kommentare üblich. Hieronymus hat seine Auffassung wahrscheinlich von seinem Lehrer Donatus übernommen; vgl. Bernhard NEUSCHÄFER, *Origenes als Philologe* (SBA 14/1+2), Basel 1987 S. 51 Anm. 277: "Mit dieser Auffassung steht er eindeutig im Gefolge Donats, der ebenfalls das Zusammentragen verschiedener exegetischer Auffassungen *(munus collaticum)* und ihre Vermischung als zum Wesen eines Kommentars gehörig betrachtet". Dazu jetzt ausführlich Christoph SCHÄUBLIN, Zur paganen Prägung der christlichen Exegese, in: J.v. OORT / U. WICKERT [Hg.], *Christliche Exegese zwischen Nicaea und Chalcedon*, Kampen 1992 S. 151-153. Donatus hat seine Auffassung im Widmungsbrief seines Vergil-Kommentars dargelegt, Donatus ad Munatium, in: *Vitae Vergiliana*, hg.v. Jakob BRUMMER, Leipzig 1912 S. VII. Zum *munus collaticum* vgl. auch Giorgio BRUGNOLI, Donato e Girolamo, in: *VetChr* 2 (1965) S. 143: "Come Donato, anche Girolamo interpola sua fonte principale, e, come in Donaro, in prevalenza con materiale scolastico di comune acquisizione o, nel *viris illustribus* in particolare, con notizie dirette sull'attività di contemporanei". Zum Verhältnis zwischen Hieronymus und Donatus s. F. LAMMERT, *De Hieronymo Donati discipulo*, Jena

So entgeht Hieronymus der Notwendigkeit, seine Auslegung von Gal 2,11-14 auf dem Hintergrund der Frage nach der Wahrheit der Schrift verteidigen zu müssen. Er konzentriert sich in Ep. 75 auf die Auseinandersetzung um die Geltung des Gesetzes.

2.2. Die Geltung des Gesetzes
Die Differenz zwischen Augustinus und Hieronymus liegt vor allem in der unterschiedlichen heilsgeschichtlichen Konzeption begründet. Das Gesetz ist für Hieronymus nach der *passio domini* endgültig außer Kraft gesetzt. Das heißt nicht, daß das Alte Testament für Christen überflüssig ist, sondern, daß die Vorschriften des Gesetzes auf keinen Fall mehr zum Heil führen, vielmehr geistlich verstanden werden müssen[83].

Die von Augustinus in Betracht gezogene Möglichkeit, daß Judenchristen weiterhin das Zeremonialgesetz halten dürfen, ist für Hieronymus undenkbar. Für ihn gibt es eine klare Trennung zwischen Juden und Christen[84]. Wenn Juden in der Kirche das Gesetz halten dürften, dann machten sie die Christen zu Juden[85]. Eine Kirche aus Juden und Heiden kann es nur ohne Halten des Gesetzes geben. Diese Auffassung findet sich auch in der Auslegung von Gal 2,11-14 wieder. Petrus und Paulus sind auch in Antiochia einig darüber, daß das Gesetz seine Gültigkeit verloren hat. Nur hat Petrus sich trotz besseren Wissens von den Juden bzw. den Anhängern des Jakobus[86] einschüchtern lassen und deswegen nicht mehr

---

1912 und vor allem Louis HOLTZ, *Donat et la tradition de l'enseigment grammatical*, Paris 1981. Zu Leben und Werk Donats vgl. Peter Lebrecht SCHMIDT, Aelius Donatus, in: Reinhart HERZOG [Hg.], *Handbuch der lateinischen Literatur der Antike Bd. 5* (HAW VIII/5), München 1989 S. 143-158.

[83] Hieronymus ad Augustinum, Ep. 75,14 CSEL 34/II 308,1-3: *"haec dicimus, non quo legem iuxta Manichaeum et Marcionem destruamus, quam et sanctam et spiritalem iuxta apostolum novimus"*. Darüber herrscht zwischen Augustinus und Hieronymus Einigkeit.

[84] Hieronymus ad Augustinum, Ep. 75,13 CSEL 34/II 304,3-4. Für die Judenchristen hat Hieronymus nur das harte Urteil übrig, daß sie weder Christen noch Juden sind und deshalb außerhalb beider Gruppen stehen.

[85] Hieronymus ad Augustinum, Ep. 75,13 CSEL 34/II 304,10-14: *"sin autem haec nobis incumbit necessitas, ut Judaeos cum legitimis suis suscipiamus, et licebit eis observare in ecclesiis Christi, quod exercuerunt in synagogis satanae, - dicam, quod sentio - non illi Christiani fient, sed nos Judaeos facient"*.

[86] Zu Rolle und Bedeutung des Jakobus s. Wilhelm PRATSCHER, *Der Herrenbruder Jakobus und die Jakobustradition* (FRLANT 139), Göttingen 1987, zu Gal 2,11-14 speziell S. 77-89.

mit den Heidenchristen in Antiochia Mahlgemeinschaft gehalten[87].
Hieronymus sieht in der von Augustinus für zulässig gehaltenen
Gesetzesbeachtung in der apostolischen Zeit ein Einfallstor für jüdi-
sche Irrlehren. Für Hieronymus ist es nicht möglich, daß über das
Ende der Gesetzesbeachtung Unklarheit besteht. Nach dem Kommen
Christi hat das Gesetz seine Gültigkeit verloren. Es kann nicht im
Ermessen der Apostel stehen, das Gesetz zu halten oder nicht.
Deshalb betont Hieronymus mehrmals, daß das Halten des Gesetzes
nach dem Kommen Christi nicht mehr heilbringend, sondern schäd-
lich sei:

> ego e contrario loquar et reclamante mundo libera voce
> pronuntiem caeremonias Judaeorum et perniciosas esse et
> mortiferas Christianis et, quicumque eas observaverit sive ex
> Judaeis sive ex gentibus, eum in barathrum diaboli
> devolutum [88].

Die Schriftzeugnisse, die von der Gesetzesbeachtung der Apostel
sprechen, kann Hieronymus auf Grund seiner Voraussetzungen nur
so verstehen, daß sie entweder gezwungen wurden, das Gesetz zu
halten oder, daß sie es *simulative* hielten, um die Juden zu gewinnen,
sich also verstellten. Diese Interpretation ist wiederum für
Augustinus der Anlaß, nach der Wahrheit der Schrift zu fragen.

2.3. Umgang mit Autoritäten

Für seine Auslegung von Gal 2,11-14 kann sich Hieronymus auf eine
große Zahl griechischer Exegeten berufen, die seine Position
stützen[89]. Gegenüber Augustinus zählt er Origenes, Didymus,
Eusebius von Caesarea, Apollinaris, Alexander, Eusebius von
Emesa, Theodor von Heraclea und Johannes Chrysostomus auf[90].
Hieronymus steht also in der Tradition der griechischen Exegese von
Gal 2,11-14, die bis auf Origenes zurückgeht[91]. Deshalb wiederholt

---

[87] Hieronymus ad Augustinum, Ep. 75,9 CSEL 34/II 296,12-14: *"igitur*
ostendimus Petrum bene quidem sensisse de abolitione legis Mosaicae, sed ad
simulationem observandae eius timore compulsum".
[88] Hieronymus ad Augustinum, Ep. 75,14 CSEL 34/II 305,7-11.
[89] Zur Geschichte der griechischen Auslegungstradition von Gal 2,11-14 s.u.
den entsprechenden Abschnitt im Kapitel "Der Streit zwischen Petrus und Paulus
in Antiochia".
[90] Hieronymus ad Augustinum, Ep. 75,4+6 CSEL 34/II 2867-10+289,15.
[91] Hieronymus ad Augustinum, Ep. 75,6 CSEL 34/II 289,7-9: *"Hanc autem*
expositionem quam primus Origenes in decimo Stromatum libro, ubi epistolam
Pauli ad Galatas interpretatur, et ceteri deinceps interpretes sunt secuti".

Hieronymus gegenüber Augustinus seine Aussage aus dem Galaterkommentar, er folge der Auslegung des Origenes[92].

Obwohl Hieronymus sich in Übereinstimmung mit der griechischen Auslegungstradition weiß, beansprucht er nicht, damit die
einzig mögliche Interpretation vorgelegt zu haben. Augustins Kritik
an der vorgetragenen Auslegung verweist Hieronymus zurück an die
Urheber und zieht sich so hinter deren Autorität zurück. Für seine
Arbeit der Sammlung und Übersetzung fühlt er sich von Augustinus
zu Unrecht angegriffen[93]. Daneben hebt Hieronymus aber auch die
Stärken der von ihm vorgetragenen Auslegung hervor: Petrus verhält
sich nicht falsch und Paulus weist nicht respektlos den Älteren
wegen eines Fehlers zurecht, den er selbst begangen hat[94]. Wegen
dieser Vorzüge verteidigt Hieronymus die von seinen Vorgängern
übernommene Auslegung.

---

[92] Hieronymus ad Augustinum, Ep. 75,4 CSEL 34/II 286,2f und *Comm. in
Ep. ad Galatas* PL 263,32f: *"Origenis commentarios sum secutus".*
[93] Hieronymus ad Augustinum, Ep. 75,13 CSEL 34/II 304,8f; Hieronymus
versteht seine Arbeit als: *"in explanatione scripturarum diversas maiorum
sententias ponere".*
[94] Hieronymus ad Augustinum, Ep. 75 CSEL 34/II 287,11-15 und Comm. in
Ep. ad Galatas 2,14 PL 26 367B.

FÜNFTES KAPITEL

DIE KONTROVERSE UM DEN KANON DES ALTEN TESTAMENTS

Die Alternative zwischen hebräischer Bibel und Septuaginta, um die sich Augustinus und Hieronymus streiten, ist mehr als eine Entscheidung zwischen Hebräisch und Griechisch; sie ist eine Kontroverse um den Kanon des Alten Testaments. Diese Kontroverse zwischen Augustinus und Hieronymus entsteht, wie die Auseinandersetzung um die Auslegung von Gal 2,11-14, aus dem Zusammenprall zweier unterschiedlicher Traditionen. Hieronymus hat in seinem langen Aufenthalt im Osten des römischen Reiches die Tradition der griechischen Kirchenväter übernommen, die sich für die hebräische Bibel aussprechen, während Augustinus in der lateinischen Tradition steht und sich um die Festschreibung derselben bemüht.

Da diese Kontroverse zwischen Augustinus und Hieronymus weitgehend von traditionsgeschichtlichen Faktoren bestimmt ist, wird der Vorgeschichte in dieser Untersuchung entsprechend weiter Raum gegeben. Damit gerät die Arbeit in das weite und umstrittene Feld der Geschichte des Bibelkanons in der Kirche[1]. Da die Kontroverse

---

[1] Neben den Schwierigkeiten, die sich aus der Quellenlage ergeben, wird die Diskussion von konfessionellen Interessen geprägt. Häufig versuchen evangelische Autoren zu belegen, daß die Septuaginta-Zusätze in der alten Kirche keine kanonische Geltung besessen haben, während katholische Autoren daran interessiert sind, das Gegenteil zu beweisen. Das hat auch die Terminologie beeinflußt. In der katholischen Forschung werden die Septuaginta-Zusätze als "deuterokanonische" Schriften und die der Vulgata angehängten Schriften (OrMan, III.-IV. Esra) als "Apokryphen" bezeichnet. Diese Terminologie ist im Anschluß an das Tridentinum entstanden; vgl. Hans-Peter RÜGER, Apokryphen des Alten Testaments, in: *TRE* 3 (1978), S. 294 und F. WELLS, Der Bibelkanon des Flavius Josephus, in: *BZ* 8 (1909) S. 242-244. In der evangelischen Forschung werden zumeist alle Bücher, die nicht zur hebräischen Bibel zählen, als "Apokryphen" bezeichnet. In der vorliegenden Untersuchung wird der neutrale Begriff "Septuaginta-Zusätze" verwendet.

An dieser Stelle sei nur auf einige einführende Werke zur Rezeption des Alten Testaments in der christlichen Kirche hingewiesen: Ludwig DIESTEL, *Geschichte des Alten Testaments in der christlichen Kirche*, Jena 1869 (Nachdr. Leipzig 1981); Ellen FLESSEMANN-VAN LEER, Prinzipien der Sammlung und Ausscheidung bei der Bildung des Kanons, in: *ZThK* 61 (1964) S. 404-420; E.Earle ELLIS, *The Old Testament in Early Christianity: Canon and*

zwischen Augustinus und Hieronymus nur den Kanon des Alten
Testaments betrifft, kann die Geschichte des neutestamentlichen
Kanons hier außer acht gelassen werden[2]. Den Beziehungen der
Kirchenväter zu den Juden muß hingegen große Aufmerksamkeit
gewidmet werden, da letztlich alle Formen eines alttestamentlichen
Kanons auf jüdische Vorbilder zurückgehen.

A. VORGESCHICHTE

1. Die Fixierung der Hebräischen Bibel

Der Kanon der hebräischen Bibel bildet die Grundlage der
Übersetzungs- und Kommentierungsarbeit des Hieronymus.
Augustinus greift die Arbeit des Hieronymus am hebräischen Text
wegen ihrer Grundlage, nicht wegen mangelhafter Ausführung an.
Deshalb ist es notwendig, die hebräische Bibel selbst und ihre Unterschiede zur Septuaginta zu betrachten und zu untersuchen, wie die
beiden verschiedenen Kanonformen in der Alten Kirche rezipiert
worden sind[3].

Auch wenn es im Hebräischen und Aramäischen kein Äquivalent
zum Begriff "Kanon" gibt[4], existiert faktisch seit dem ersten
Jahrhundert n.Chr. ein klar definierter Kanon der Heiligen Schriften

---

Interpretation in the light of Modern Research (WUNT 54), Tübingen 1991 (Die
in diesem Band zusammengestellten Beiträge wurden separat bereits zwischen
1974 und 1989 veröffentlicht); J.-D. KAESTLI / O. WERMELINGER [Hg.] *Le
Canon de l'Ancien Testament. Sa formation et son histoire,* Genf 1984; Roger
BECKWITH, *The Old Testament Canon of the New Testament Church and its
Background in Early Judaism,* London 1985; Franz STUHLHOFER, *Der
Gebrauch der Bibel von Jesus bis Euseb. Eine statistische Untersuchung zur
Kanongeschichte,* Wuppertal 1988. Weder der Sammelartikel "Bibel" in *TRE* 6
(1980) S. 1-93 noch der Artikel "Kanon" von Walter KÜNNETH, in: *TRE* 17
(1988) S. 562-570 tragen zu der hier behandelten Fragestellung viel bei.

[2] Dazu vgl. Hans Freiherr von CAMPENHAUSEN, *Die Entstehung der
christlichen Bibel* (BHTh 39), Tübingen 1968.

[3] Dazu vgl. Sid Z. LEIMANN [Hg], *The Canon and Masorah of the Hebrew
Bible. An Introductionary Reader,* New York 1974; Johann MAIER, *Jüdische
Auseinandersetzungen mit dem Christentum in der Antike,* Darmstadt 1982.

[4] Johann MAIER, *Jüdische Auseinandersetzungen mit dem Christentum,* a.a.O.
S. 9: "Der Kanonbegriff ist an sich für die rabbinische Literatur insofern
unbrauchbar, als es für ihn im Hebräischen/Aramäischen kein Äquivalent gibt".
Zur Begriffsgeschichte vgl. H. OPPEL, *KANΩN. Zur Bedeutungsgeschichte des
Wortes und seiner lateinischen Entsprechungen (regula - norma),* (Ph.S 30/4),
Leipzig 1937.

im Judentum. Der Prozeß, in dessen Verlauf der Bestand der hebräischen Bibel fixiert worden ist, wird seit dem 19. Jahrhundert mit der "Synode von Jamnia" verbunden[5]. Noch weit bis in unser Jahrhundert hinein war davon die Rede, daß der Abschluß des hebräischen Kanons des Alten Testamentes auf dieser "Synode" erfolgt sei[6]. Analog zu den christlichen Synoden stellte man sich ein Zusammentreffen der aus Jerusalem vertriebenen Schriftgelehrten vor, auf dem ein "Synodalbeschluß" gefaßt und in den verstreuten jüdischen Gemeinden durchgesetzt worden sei. Die neuere Forschung hat dieses Bild gründlich korrigiert[7]. In Jamnia hat sich unter der Leitung von Johanan ben Zakkai und später von Gamaliel II. ein neues Zentrum des jüdischen Lebens in Palästina herausgebildet[8]. Zur Abgrenzung und Festigung der rabbinischen Tradition wurde dort versucht, den Kanon der hebräischen Bibel zu fixieren. Es gibt aber keinen förmlichen Beschluß irgendeines in Jamnia tagenden Gremiums über den Umfang der hebräischen Bibel[9]. Dennoch war ihr Umfang seitdem klar und eindeutig

---

[5] Diese These stammt aus der deutschen Bewegung des liberalen Judentums im 19. Jhdt, die auf wissenschaftlichem Gebiet zum Teil Methoden und Vorstellungen der evangelischen Theologie übernommen hat. Ein exponierter Vertreter dieser Richtung ist Heinrich Hirsch GRAETZ, in dessen Buch *Kohélet oder der salomonische Prediger* im Anhang I "Der alttestamentliche Kanon und sein Abschluss", Leipzig 1871, S. 147-173 zum ersten Mal die Rede von einer "Synode zu Jamnia" ist. GRAETZ denkt sich den gesamten Prozeß des Kanonabschlusses als eine Abfolge von Synoden, ganz im Sinne der preussischen Ordnung; "Denn für einen Kanonabschluss muss ebenso ein Grund wie eine Behörde vorhanden sein". (S. 156). Einen Überblick über die neuere Diskussion um die "Synode von Jabne" gibt Guiseppe VELTRI, Zur traditionsgeschichtlichen Entwicklung des Bewußtseins von einem Kanon: Die Yabneh-Frage, in: *JSJ* 21 (1990) S. 210-226.

[6] Einen Überblick über die mit der Synode von Jamnia verbundenen Probleme geben Günter STEMBERGER, Die sogenannte "Synode von Jabne" und das frühe Christentum, in: *Kairos* 19 (1971) S. 14-21 und zur neueren Diskussion DERS., Jabne und der Kanon, in: *JBTh* 3 (1988) S. 163-174 sowie Peter SCHÄFER, Die sogenannte Synode zu Jabne, in: *Jud* 31 (1975) S. 54-65.

[7] Vgl. unlängst Odil Hannes STECK, Der Kanon des hebräischen Alten Testaments, in: *Vernunft des Glaubens*, FS W.Pannenberg, hg.v. J. Rohls / G. Wenz, Göttingen 1988 S. 234: "Einen solennen Kanonisierungsakt hat es nicht gegeben, die sogenannte Synode von Jamnia, von Graetz 1871 kreiert, ist Fiktion".

[8] Günter STEMBERGER, *Das klassische Judentum*, München 1979 S. 16-18.

[9] Vgl. Jack P. LEWIS, What do we mean by Jabneh?, in Sid Z. LEIMANN [Hg], *The Canon and Masorah of the Hebrew Bible*, a.a.O. S. 255: "The sources, however, do not preserve a record of any official canonical debate at Jabneh during Johannan's leadership". So auch H.H. ROWLEY, *The Growth of the Old Testament*, London 1950 (Nachdr. 1960) S. 170: "We know of

definiert[10]. In der mit dem Namen Jamnia verknüpften Diskussion um Kanonfragen nach der Zerstörung des Tempels ist nicht der gesamte Kanon gleichsam in einer historischen Stunde Null beschlossen worden. Vielmehr stand die Kanonizität der meisten Bücher schon vorher fest[11]. Es mußte nur noch über einige Bücher des dritten Kanonteils, der Ketubim, verhandelt werden. In Frage standen die Kanonizität von Kohelet, Hohelied[12] und Esther[13]. Über die Schriften, die der Kanonisierung für würdig gehalten wurden, bestehen offenbar kaum Meinungsunterschiede. Daher gibt es in der rabbinischen Diskussion um den Kanon keine Initiativen zur Erweiterung der hebräischen Bibel - etwa um die zusätzlichen Schriften der Septuaginta. Der Umfang der hebräischen Bibel ist in der rabbinischen Tradition so eindeutig definiert, daß keine Notwendig-

---

discussions that took place among the Rabbis, but we know of no formal or binding decisions that were made, and it is probable that the discussions were informal, though none the less helping to crystallize and to fix more firmly the Jewish tradition".

[10] Vgl. dazu Johann MAIER, *Jüdische Auseinandersetzungen mit dem Christentum*, a.a.O. S. 9, der darauf hinweist, daß viele jüdische Diskussionen, die als Auseinandersetzungen um den Kanon gedeutet werden, einen festen Bestand anerkannter Schriften voraussetzen und nur noch um den Umgang mit diesen autoritativen Schriften geführt werden. Vgl. dazu auch schon W. STAERCK, Der Schrift- und Kanonbegriff der jüdischen Bibel, in: *ZSTh* 6 (1929) S. 101-119.

[11] Von einigen Ausnahmen abgesehen, wird man damit rechnen können, daß die Tora spätestens im vierten vorchristlichen Jahrhundert als abgeschlossen betrachtet wurde, die Nebiim im zweiten vorchristlichen Jahrhundert, vgl. Odil Hannes STECK, Der Kanon des hebräischen Alten Testaments, a.a.O. S. 236f. Nur Teile der Ketubim sind, wie erwähnt, noch im ersten Jahrhundert umstritten gewesen.

[12] Einen guten, knappen Überblick über die rabbinischen Diskussionen gibt Hans-Peter RÜGER, Das Werden des christlichen Alten Testaments, in: *JBTh* 3 (1988) S. 175-189. Ob mit der Entscheidung für Hohelied und Kohelet über die Ketubim insgesamt entschieden wurde, ist umstritten. Möglicherweise gab es eine Sammlung der Ketubim bereits vor Jamnia. Da Kohelet und das Hohelied noch umstritten waren, ist es aber möglich, daß die fünf Megillot (Hohelied, Ruth, Kohelet, Klagelieder, Esther) erst später als feste Gruppe mit dieser Reihenfolge Eingang in den dritten Teil des hebräischen Kanons gefunden haben, vgl. Jack P. LEWIS, What do we mean by Jabneh? a.a.O. S. 257.

[13] Über die Diskussionen um die Kanonizität von Esther gibt es nur wenig Nachrichten. Eine Übersicht über die anstößigen Punkte gibt Harry M. ORLINSKY, The Canonization of the Bible and the Exclusion of the Apocrypha, in: *Essays in Biblical Culture and Bible Translation*, New York 1974 S. 272-274.

keit besteht, die kanonischen durch eine Aufzählung der nichtkanonischen Schriften abzugrenzen[14].

Aus dieser Beobachtung kann man schließen, daß es in den rabbinischen Diskussionen um den Kanon der hebräischen Bibel nicht mehr um eine Auswahl aus verschiedenen Schriften ging, sondern um die Festschreibung der bereits existierenden Tradition[15]. Die bestehende Tradition begrenzt die Anzahl der zur Diskussion stehenden Schriften und liefert zugleich Entscheidungskriterien. Deshalb ist die bereits bestehende Tradition selbst das Kriterium für die hebräische Bibel, nicht, wie oft vermutet, die Überlieferung des in Frage stehenden Textes in Hebräisch[16]. In den schwierigen Zeiten an der Wende zum zweiten Jahrhundert wird in den Diskussionen der Rabbinen eine Übereinkunft über die Abgrenzung des Bestehenden erreicht[17]. Dies ist eine der Maßnahmen, die nach dem jüdischen Krieg getroffen wurden und der Verteidigung der jüdischen Einheit gegen alle Abweichungen dienten. Dabei ist von einer speziell gegen die Septuaginta[18] oder das Christentum gerichteten Abgrenzungsreaktion in der rabbinischen Diskussion nichts zu vernehmen[19]. Es

---

[14] Eines der wenigen Beispiele, das überhaupt außerkanonische Schriften erwähnt, ist QohR 12,11 (s.u.). Für die nicht zur hebräischen Bibel gehörenden Bücher gibt es in der rabbinischen Tradition den Begriff ספרים החיצונים, z.B. in bSan 90a. Vielleicht hat diese Bezeichnung die christliche Verwendung des Begriffs "Apokryphen" beeinflußt (s.u. zu Origenes).

[15] Sid Z. LEIMAN, Inspiration and Canonicity: Reflections on the Formation of the Biblical Canon, in: *Jewish and Christian Self-Definition II*, hg.v. E.P. SANDERS u.a., London 1981 S. 61: "The effective date for the closing of the biblical canon was not 65 CE ...but somewhere in the early Maccabean period... Nowhere in rabbinic literature it is suggested that a book was *added* to the biblical canon that obtained in the second century BCE".

[16] So hat z.B. das Buch Jesus Sirach in Hebräisch vorgelegen. Es wird sogar im rabbinischen Schrifttum zitiert. Aber es gibt keine Anzeichen für eine Diskussion darüber, ob das Buch in den Kanon aufgenommen werden soll.

[17] J.P.LEWIS, What do we mean by Jabneh? a.a.O. S. 132: "From these phenomena, it would appear that the frequently made assertion that a binding decision was made at Jabneh covering all scripture is conjectural at best ...the opinion about the extent of the canon crystallized in the Tannaitic period. Beyond this, we cannot be certain".

[18] Die Septuaginta wird auch in der rabbinischen Überlieferung durchaus positiv beurteilt; z.B. in bMeg 9a, wo die Inspiration der Übersetzer deutlich herausgestellt wird.

[19] Günter STEMBERGER, *Das klassische Judentum*, a.a.O. S. 18. STEMBERGER nennt neben den Diskussionen um den Kanon als ein weiteres wesentliches Ergebnis der Konsolidierungsphase in Jamnia noch die Neufassung des "Ketzersegens" im Achtzehnbittengebet. Er bewertet beide Ergebnisse folgendermaßen: "Beide Maßnahmen sind nach Meinung vieler eine direkte

handelt sich nicht um die Ausgrenzung bestimmter Schriften,
sondern um eine Bestandsaufnahme und die Festschreibung des
traditionellen Bestandes zu einer normativen Größe. Nachdem sich
die Befürworter der Kanonizität von Kohelet und Hohelied im Laufe
des zweiten Jahrhunderts durchgesetzt haben, war der Umfang der
hebräischen Bibel eine feste Größe, die innerjüdisch nicht mehr in
Zweifel gezogen wurde.

1.1. 22 oder 24 Bücher der Hebräischen Bibel

Weitreichenden Einfluß auf die Geschichte des Alten Testamentes
hat die Zählung der Schriften gehabt[20]. Als Zahl der Bücher des
Alten Testamentes wird in den jüdischen Quellen entweder 22 oder
24 angegeben. In der Forschung ist umstritten, welche der beiden
Zählweisen älter ist und was die jeweiligen Bezugsgrößen sind. Das
Problem der Zählung der Bücher ist eng mit ihrer Reihenfolge
verknüpft, weil Bücher nur dann zusammengezählt werden, wenn sie
hintereinander stehen[21]. Von einer genauen Festlegung der Reihenfolge findet sich aber in den Diskussionen des zweiten Jahrhunderts
keine Spur[22]. Der erste Beleg für eine Festlegung der Reihenfolge
der biblischen Bücher in der rabbinischen Tradition stammt aus
späterer Zeit. Es ist eine Baraita[23], die in bBB 14b anonym zitiert

---

Reaktion gegen das aufkommende Christentum gewesen, tatsächlich zielten sie
jedoch gegen alle Gefährdungen der jüdischen Einheit und nicht gegen eine
einzige Gruppe". Oder noch deutlicher in DERS., Jabne und der Kanon, a.a.O.
S. 173: "Gezielte antichristliche Maßnahmen im Zusammenhang der Frage
heiliger Bücher lassen sich nicht feststellen".

[20] Vgl. Roger BECKWITH, *The Old Testament of the New Testament Church*,
a.a.O.S. 234-273.

[21] Das geschieht in den Kanonlisten vor allem bei Richter und Ruth sowie bei
Jeremia und Klagelieder.

[22] Die Diskussionen um die Bücher, deren Kanonizität in Zweifel gezogen
worden ist, kreisen ausschließlich um die Frage, ob das Buch zum Kanon
gehören soll oder nicht. Die Frage, an welcher Stelle es in den Kanon gehöre
und mit welchem Buch es zusammengezählt die Gesamtanzahl von 22 oder
24 Büchern ergibt, taucht in der rabbinischen Diskussion nicht auf. Vgl. Johann
Samuel BLOCH, *Studien zur Geschichte der Sammlung der althebräischen
Literatur*, Breslau 1876 S. 16: "Von den Kanonsammlern ist keine dieser
Eintheilungen ausgegangen, welche deswegen auf kein bestimmtes Princip
zurückzuführen ist".

[23] Als Baraita wird rabbinisches Material bezeichnet, das nicht zur älteren
Sammlung der Mishna durch R.Jehuda gehört und erst sehr viel später (ca
5./6. Jhdt) in den babylonischen Talmud aufgenommen worden ist; vgl.
B. HELLER, Baraita, in: *EJ(D)* 3 (1929) S. 1055-1057.

wird[24]. Dort werden 24 Bücher der hebräischen Bibel aufgezählt und ihre Reihenfolge angegeben. Dieses Traditionsstück ist weder in der Tosephta noch im palästinischen Talmud, sondern erst im babylonischen Talmud erwähnt. Deshalb ist die in bBB 14b erhaltene Liste nicht vor dem 5. Jahrhundert über das Umfeld ihrer Entstehung hinaus bekannt geworden[25].

Es gibt aber ältere Quellen für die Zahl von 24 kanonischen Büchern als die angeführte Baraita aus bBB 14b. Den ältesten Beleg bietet IV. Esra, eine um 100 n.Chr. entstandene apokalyptische Schrift. Dort erhält Esra den Auftrag, die verlorengegangenen heiligen Schriften wiederherzustellen. Er verfaßt 94 Bücher, von denen auf göttliche Weisung hin 24 öffentlich zugänglich gemacht werden, während die übrigen 70 nur den Weisen zugänglich sein sollen[26]. Auch wenn hier nicht ausgeführt wird, welche die 24 Bücher sind, ist zu sehen, daß die Zahl von 24 Büchern der hebräischen Bibel bereits um 100 n.Chr. als feste Größe galt[27].

---

[24] In bBB 14b werden nur die Propheten und Schriften einzeln aufgeführt, nicht aber die Bücher der Tora. Die Reihenfolge der Propheten ist: Josua, Richter, Samuel, Könige, Jeremia, Ezechiel, Jesaja und das Dodekapropheton. Die Reihenfolge der Schriften ist: Ruth, Psalmen, Hiob, Sprüche, Kohelet, Hohelied, Klagelieder, Daniel, Esther, Esra und die Chronik.

[25] Gegen Roger BECKWITH, *The Old Testament Canon of the New Testament Church*, a.a.O. S. 122. BECKWITH versucht mit Hilfe einer Frühdatierung dieser Baraita zu erweisen, daß die Zählung von 24 Büchern die älteste Überlieferung ist. Dagegen sprechen die von BECKWITH selbst gesammelten Abweichungen, vor allem in Zusammenstellungen der Ketubim in der jüdischen Tradition; a.a.O. S. 449-468. Auch in späterer Zeit gibt es noch deutliche Abweichungen von der in bBB 14b belegten Reihenfolge der Propheten und Schriften. Da selbst die Bräuche (Minhag), die der Talmud überliefert, verbindlich sind, läßt diese Tatsache nur den Schluß zu, daß diese Baraita innerhalb der jüdischen Tradition selbst nicht als verbindlich angesehen worden ist. Das betrifft jedoch nicht die Zählung von 24 Büchern, sondern nur die Reihenfolge. Zu diesem Ergebnis kommt auch schon Johann Samuel BLOCH, a.a.O. S. 18f. Anders Johann MAIER, *Jüdische Auseinandersetzungen mit dem Christentum*, a.a.O. S. 97f.

[26] IV. Esra 14,46f: *"Novissimos autem septuaginta conservabis, ut tradas eos sapientibus de populo tuo. In his enim est vena intellectus, et sapientitae fons, et scientiae flumen"*. Diese Erzählung dient der Legitimation der apokalyptischen Schriften, zu denen auch IV. Esra gehört, gegenüber den traditionell anerkannten biblischen Büchern. Vgl. Christian MACHOLZ, Die Entstehung des hebräischen Bibelkanons nach 4 Esra 14, in: *Die hebräische Bibel und ihre zweifache Nachgeschichte FS Rolf Rendtorff (65)*, hg.v. E. Blum / C. Macholz / E.W. Stegemann, Neukirchen 1990. MACHOLZ stellt klar heraus (S. 387), daß es dem IV. Esra "im Grunde vor allem auf die geheimen Bücher ankommt".

[27] Gunter WANKE, Die Entstehung des Alten Testaments als Kanon, in: *TRE* 6 (1980) S.5: "Unabhängig davon, welches Kanonverständnis sich hinter diesen Äußerungen verbirgt, so belegt dieser Text, daß ein Kanon von 24 Schriften für

Der älteste Beleg für die Zählung von 24 Büchern in der rabbinischen Literatur ist der etwa um 200 n.Chr.[28] entstandene Targum zum Hohenlied[29]. Die Zahl von 24 Büchern wird ohne expliziten Hinweis auf den Kanon und ohne Aufzählung der Bücher erwähnt, der Bezug muß aus dem Kontext erschlossen werden. Wie in IV. Esra wird die Zahl von 24 kanonischen Büchern bereits als bekannt vorausgesetzt. Die einzige Stelle, die eindeutig auf eine Begrenzung des Kanonumfangs zielt, ist wiederum ein Text zu Kohelet, QohR 12,11f. Dort heißt es, daß wer mehr als 24 Bücher in sein Haus bringt, Verwirrung in seinem Haus schafft[30]. Die Bezugnahme auf den Kanon ist an dieser Stelle sicher nicht zufällig, da Kohelet zu den in der rabbinischen Diskussion umstrittenen Büchern gehört. Die übrigen Erwähnungen der Zahl von 24 kanonischen Büchern in der rabbinischen Literatur stellen weitere Beziehungen mit anderen Größen her, die ebenfalls die Zahl 24 enthalten[31].

Neben dieser Zählweise gibt es auch eine Zählung von 22 Büchern. Den ersten Beleg dafür gibt Flavius Josephus in seiner kurz vor 100 n.Chr. verfaßten Apologie *Contra Apionem*[32].

---

das ausgehende 1. Jh. als selbstverständlich vorausgesetzt werden darf". Vgl. auch Christian MACHOLZ, Die Entstehung des hebräischen Bibelkanons nach 4 Esra 14, a.a.O. S. 388: "Das aber besagt für die 'kanonischen' Bücher der hebräischen Bibel, daß ihre Inspiriertheit, ihr Offenbarungscharakter hier nicht begründet wird, sondern als schon anerkannt *vorausgesetzt* ist; sozusagen in ihrem Windschatten segeln die zu legitimierenden esoterischen Apokalypsen".

[28] Der Targum stammt aus der letzten Phase der tannaitischen Periode und ist bereits einem Midrasch ähnlich. Targum Hhl 5,10 s.d. Ausgabe von A. SPERBER in: *The Bible in Aramaic* IVa S. 136.

[29] Etan LEVINE, *The targum to the five Megillot*, Jerusalem 1977 S. 69. Die Angaben in QohR 12,11 und BemR 14,4 sind Parallelüberlierferungen.

[30] QohR 12,11 (Übers.v. A.COHEN, London 1951) "*and furthermore (mehenah), my son be admonished (xii,12): of making books there is no end* [Read this word] mehuma (confusion), because whoever brings into this house more than twenty-four books [of the Bible] introduces confusion into this house, as e.g. the book of Ben Sira [Ecclesiasticus] and the book of Ben Tagla. *and much study [lahag] is a weariness of the flesh* [These apokryphal books] are given to talk about (lahagot) but are not given for *weariness of flesh*".

[31] Z.B. ShirR 4,11 und bTaan 8a, hier wird zugleich die Dreiteilung des Kanons erwähnt. Vgl. die bei STRACK/BILLERBECK IV/1 S. 419ff angegebenen Belege und Johann MAIER, *Jüdische Auseinandersetzungen mit dem Christentum*, a.a.O. S. 97f.

[32] Flavius Josephus, *Contra Apionem* I,8 (38-42) NIESE 8,24-9,11: "οὐ μυριάδες βιβλίων εἰσὶ παρ᾽ ἡμῖν ἀσυμφώνων καὶ μαχομένων, δύο δὲ μόνα πρὸς τοῖς εἴκοσι βιβλία τοῦ παντὸς ἔχοντα χρόνου τὴν ἀναγραφήν, τὰ δικαίως πεπιστευμένα. καὶ τούτων πέντε μέν ἐστι Μωυσέως, ἃ τούς τε νόμους περιέχει καὶ τὴν ἀπ᾽ ἀνθρωπογονίας παράδοσιν μέχρι τῆς αὐτοῦ τελευτῆς· οὗτος ὁ χρόνος ἀπολείπει

Josephus stellt an dieser Stelle den unzähligen Schriften der Heiden die begrenzte Zahl von 22 göttlichen Schriften gegenüber, an die allein die Juden sich halten. Als Kriterium für die Kanonizität der einzelnen Bücher gilt bei Josephus die inspirierte Verfasserschaft von Mose und den Propheten und die Entstehung in der Zeit zwischen Mose und Esra (425 v.Chr.)[33]. Leider gibt Josephus keine detaillierte Aufstellung der biblischen Bücher, so daß nicht eindeutig zu ersehen ist, welche Schriften er zum Kanon zählt[34]. Die niedrige Zahl von 22 Büchern spricht allerdings gegen einen mit den Septuaginta-Zusätzen erweiterten Kanon, so daß davon ausgegangen werden kann, daß es sich wahrscheinlich um denselben Bestand handelt, der in der rabbinischen Tradition als 24 Bücher gezählt wird[35]. Die Zählweise von 22 Büchern könnte demnach ein ebenso hohes Alter beanspruchen wie die von 24 Büchern[36]. Sie stammt

---

τρισχιλίων ὀλίγῳ ἐτῶν. ἀπὸ δὲ τῆς Μωυσέως τελευτῆς μέχρι τῆς Ἀρταξέρξου τοῦ μετὰ Ξέρξην Περσῶν βασιλέως οἱ μετὰ Μωυσῆν προφῆται τὰ κατ' αὐτοὺς πραχθέντα συνέγραψαν ἐν τρισὶ καὶ δέκα βιβλίοις· αἱ δὲ λοιπαὶ τέσσαρες ὕμνους εἰς τὸν θεὸν καὶ τοῖς ἀνθρώποις ὑποθήκας τοῦ βίου περιέχουσιν. ἀπὸ δὲ Ἀρταξέρξου μέχρι τοῦ καθ' ἡμᾶς χρόνου γέγραπται μὲν ἕκαστα, πίστεως δ' οὐχ ὁμοίας ἠξίωται τοῖς πρὸ αὐτῶν διὰ τὸ μὴ γενέσθαι τὴν τῶν προφητῶν ἀκριβῆ διαδοχήν. δῆλον δ' ἐστὶν ἔργῳ, πῶς ἡμεῖς πρόσιμεν τοῖς ἰδίοις γράμμασι".

[33] Gunther WANKE, Die Entstehung des Alten Testaments als Kanon, in: *TRE* 6 (1980) S.1.

[34] Um diese Frage gab es im letzten und am Anfang dieses Jahrhunderts eine kontroverse Diskussion, vgl. W. FELL, Der Bibelkanon des Flavius Josephus, in: *BZ* 7 (1909) S. 7f.

[35] Diese Ansicht vertreten auch die neueren Veröffentlichungen zu diesem Thema, vgl. Odil Hannes STECK, Der Kanon des hebräischen Alten Testaments, a.a.O. S. 247: "Vom Kanon her gesehen, setzt Josephus ...selbstverständlich dessen herkömmlichen Schriftenbestand voraus, wie er sich heute noch in der hebräischen Bibel findet". So auch Gunther WANKE, Die Entstehung des Alten Testaments als Kanon, in: *TRE* 6 (1980) S. 5. Rudolf MEYER vermutet, daß Josephus von einer Zusammenzählung von Ruth mit Richter und Klagelieder mit Jeremia ausgeht, wie sie auch die Septuaginta kennt; Rudolf MEYER, Bemerkungen zum literargeschichtlichen Hintergrund der Kanontheorie des Josefus, in: DERS., *Zur Geschichte und Theologie des Judentums in hellenistisch-römischer Zeit,* hg.v. W. Bernhardt, Neukirchen 1989 S. 197. Dennoch kennt und paraphrasiert Josephus Schriften, die die Septuaginta über die hebräische Bibel hinaus enthält; vor allem in seiner Darstellung der hasmonäischen Zeit verwendet er 1. Makk; vgl. Hans-Peter RÜGER, Apokryphen des Alten Testaments, a.a.O. S. 290.

[36] Vgl. Rudolf MEYER, Bemerkungen zum literargeschichtlichen Hintergrund der Kanontheorie des Josefus, a.a.O. S. 198: "Wenn nun Josefus von 22 kanonischen Schriften spricht, dann dürfte diese Zahl aus den hillelitischen Schulmeinungen stammen, wie sie sich im letzten Viertel des 1. Jh. n.Chr. herausgebildet hatten". Für diese Vermutung gibt MEYER keine Belege an.

ebenfalls aus einem jüdischen Kontext, hätte sich aber nicht in der rabbinischen Tradition durchsetzen können. Stattdessen wurde die Zählung von 22 Büchern in der christlichen Tradition übernommen. Ob hier eine Wechselwirkung oder eine bewußte Entscheidung für die jeweils andere Zählweise vorliegt, ist auf Grund der Quellenlage nicht zu entscheiden. Möglicherweise geht die christliche Zählung von 22 Büchern auf Josephus zurück. Origenes, der als erster christlicher Autor 22 Bücher des Alten Testaments mit ausdrücklichem Verweis auf die hebräische Bibel zählt[37], kann Kenntnis der Liste des Josephus gehabt haben. So ist die Zahl von 22 Büchern zu einem entscheidenden Faktor im Prozeß der christlichen Rezeption der hebräischen Bibel geworden. Diese Zahlenangabe ist das hervorstechende Merkmal der christlichen Bindung an die hebräische Bibel als kanonischer Norm geworden[38].

2. Hebräische Bibel und Septuaginta

Im hellenistischen Judentum entstand an der Wende vom 4. zum 3. Jahrhundert v.Chr.[39] mit der Übersetzung des Pentateuchs ins Griechische der erste Teil der Septuaginta[40]. Im Anschluß an den Pentateuch sind auch die übrigen Schriften der hebräischen Bibel übersetzt worden[41]. Im Sprachgebrauch der Kirchenväter wird

---

Gunter WANKE, Die Entstehung des Alten Testaments als Kanon, a.a.O. S. 5 vermutet, daß es sich um zwei voneinander unabhängige Traditionen handelt, die aus verschiedenen Regionen stammen (Palästina und Babylonien).

[37] Die Kanonliste des Origenes findet sich in seinem Kommentar zum ersten Psalm (PG 12, 1034BC) und ist noch einmal in der Kirchengeschichte des Eusebius überliefert (HE VI 25,1-2).

[38] Mogens MÜLLER, Graeca sive Hebraica veritas? in: SJOT 1 (1989) S. 111: "All the influence of the Hebrew canon seems to have been connected with outward matters. Not the text of the Hebrew canon, but the number of its books was what mattered".

[39] Zur Datierung vgl. Paul LAMARCHE, La Septante, in: Le Monde grec ancien et la Bible, Paris 1984 S. 24. Zur komplizierten Entstehung und Überlieferung der Septuaginta vgl. Sebastian P.BROCK, Bibelübersetzungen 2.1., in: TRE 6 (1980) S. 163-168, Emanuel TOV, Die griechischen Bibelübersetzungen, in: ANRW II, 20/I (1987) S.121-189 und G. DORIVAL / M. HARL / O. MUNNICH [Hg.], La Bible grecque des Septante, Paris 1988.

[40] Die älteste und zuverlässigste Quelle zur Entstehungsgeschichte der Septuaginta ist der Brief des Aristeas an Philocrates, hg.v. A. PELLETIER (SC 89), Paris 1962.

[41] Vgl. Emanuel TOV, The impact of the LXX-Translation of the Pentateuch on the Translation of the other Books, in: Mélanges Dominique Barthélemy, hg.v. P. Casetti / O. Keel / A. Schenker (OBO 38), Freiburg/Schweiz / Göttingen 1981 S. 577-592.

deshalb das gesamte griechische Alte Testament als Septuaginta bezeichnet[42].

Diese Übersetzung war vor allem für den Gebrauch in der hellenistischen Diaspora bestimmt. In dieser Übersetzung sind die Schriften des Alten Testaments von den griechischsprechenden Christen rezipiert worden[43]. Da die Septuaginta selbst aber nie Grundlage eines Kanonbeschlusses gewesen ist, ist nicht zu klären, ob es in der Spätantike einen festgelegten Bestand gegeben hat. Es gibt vor den Kanonlisten der Kirchenväter und den großen spätantiken Handschriften keine Nachrichten über den Umfang der Septuaginta. Aber auch aus diesen Quellen ist kein klares Bild über Umfang und Reihenfolge des Septuaginta-Kanons zu gewinnen[44]. Von den griechischen Kirchenvätern erwähnen nur Origenes, Athanasius und die Apostolischen Kanones im Anschluß an ihre Kanonlisten einige der Septuaginta-Zusätze, die sie zudem eindeutig zu den außerkanonischen Schriften rechnen. Diese Beobachtung läßt den Schluß zu, daß nicht einfach ein festgelegter Septuaginta-Kanon von der Kirche übernommen werden konnte. Dafür spricht auch, daß es keine feste äußere Größe gab, die, vergleichbar mit der Zählung von 22 Büchern der hebräischen Bibel, den Septuaginta-Kanon klar

---

[42] Hieronymus grenzt an einer Stelle den Gebrauch des Wortes puristisch ein und will in der Kommentierung von Mich 2,9 nur die Übersetzung des Pentateuchs Septuaginta nennen; Hieronymus, *Comm. in Micheam*, 2,9 CCL 76 446,272-447,275: *"Interpretationes Septuaginta - si tamen Septuaginta est; Josephus enim scribit, et Hebaei tradunt, quinque tantum libros legis Moyse translatos ab eis et Ptolemaeo regi traditos"*. Ansonsten gebraucht auch er den Begriff zur Bezeichnung des ganzen griechischen Alten Testaments.

[43] Vgl. Dominique BARTHELEMY, La place de la Septante dans l'Église, in: DERS., *Études d'histoire du texte de l'Ancien Testament* (OBO 21), Freiburg/Schweiz / Göttingen 1978 S. 111: "Jusque'au Ve siècle l'Ancien Testament s'est identifié à la Septante pour les neuf dixièmes de l'Église". Für die Textgestalt des Alten Testaments ist BARTHELEMY mit dieser Aussage unbestreitbar im Recht, während sich der Umfang des Alten Testaments vor allem in der griechischen Kanontradition an der hebräischen Bibel orientiert hat.

[44] Vgl. die Zusammenstellung bei Eric JUNOD, La formation et la composition de l'Ancien Testament dans l'Église grecque des quatre premiers siècles, in: J.-D. KAESTLI / O. WERMELINGER [Hg.], *Le Canon de l'Ancien Testament. Sa formation et son histoire*, Genf 1984 S. 151. Eine weitere Zusammenstellung bei Roger BECKWITH, *The Old Testament Canon of the New Testament Church*, a.a.O. S. 194. Bis heute ist in der Ökumene umstritten, welche der Septuaginta-Zusätze kanonische Geltung haben, vgl. die Übersicht bei Hans-Peter RÜGER, Apokryphen des Alten Testaments, a.a.O. S. 295 und DERS., Der Umfang des alttestamentlichen Kanons in den verschiedenen kirchlichen Traditionen, in: *Wissenschaft und Kirche FS E. Lohse,* hg.v. K. Aland, Bielefeld 1989 S. 336-345.

erkennbar machte. Im lateinischen Westen ist, zuerst mit dem Kanonbeschluß der Synode zu Hippo 393, ein Großteil der Septuaginta-Zusätze offiziell in den Kanon des Alten Testaments aufgenommen worden[45], während es bei den griechischen Kirchenvätern über lange Zeit eine Orientierung am Umfang der hebräischen Bibel gegeben hat[46].

Wie groß dennoch der Einfluß der Septuaginta auf die christliche Kanontheorie ist, läßt sich vor allem an den Gliederungsprinzipien des alttestamentlichen Kanons erkennen. Die rabbinische Tradition bezeugt einen 24 Bücher umfassenden dreiteiligen Kanon, der in Tora, Propheten (vordere und hintere) und Schriften gegliedert ist[47]. Mit dieser Gliederung ist auch die bei Josephus belegte Ordnung verwandt[48]. Ein grundsätzlich anderes Gliederungsprinzip läßt sich hingegen in den Kanonlisten der meisten Kirchenväter[49] und im Codex Vaticanus aus der Mitte des 4. Jahrhunderts nachweisen[50]. Hier ist die Ordnung der biblischen Bücher ebenfalls dreiteilig[51], aber sie werden unterteilt in "historische Bücher", zu denen der

---

[45] In der Kanonliste von Hippo 393 werden folgende Zusätze aus der Septuaginta in den Kanon aufgenommen: Weisheit Salomos, Psalmen Salomos, Tobit, Judith, 1.+2. Makkabäer. Dazu kommen vielleicht noch die nicht einzeln aufgeführten Zusätze zu Jeremia (Baruch und Epistula Jeremiae).

[46] Trotz der Orientierung an der hebräischen Bibel zitieren auch die meisten griechischen Kirchenväter aus den Septuaginta-Zusätzen.

[47] Die Ordnung der Propheten und Schriften stimmt auch in vielen jüdischen Bibelhandschriften und in liturgischem Material nicht mit der rabbinischen Festlegung in bBB 14b (s.o.) überein. So bildet häufig nicht Chronik den Kanonschluß, sondern Esra-Nehemia, vgl. die Zusammenstellung bei Roger BECKWITH, *The Old Testament Canon of the New Testament Church*, a.a.O. S. 452-464. Zu den Bibelhandschriften, die mit Esra-Nehemia schließen, gehören der Codex Lenigradensis und der Aleppo-Codex.

[48] Josephus, *Contra Apionem* I,8 (38-42) NIESE 8,24-9,11. Josephus entwickelt eine chronologische Reihenfolge der Propheten, die er in 13 Büchern hinter den Pentateuch stellt. Die poetischen Bücher aus den Schriften stellt er ans Ende seines Kanons.

[49] Folgende Kirchenväter unterteilen in historische, poetische und prophetische Bücher: Melito, Origenes, Cyrill von Jerusalem, Athanasius, Kanones von Laodicea, Apostolische Kanones, Gregor von Nazianz, Amphilochius von Ikonium.

[50] Codex Sinaiticus und Codex Alexandrinus zeigen hingegen eine an die rabbinische Ordnung angelehnte Gliederung, die in Pentateuch, Propheten (vordere und hintere) und Schriften unterteilt ist. Dabei sind die einzelnen Teile in unterschiedlicher Weise um die Septuaginta-Zusätze erweitert.

[51] Gegen Roger BECKWITH, *The Old Testament Canon of the New Testament Church*, a.a.O. S. 193f, der eine Unterteilung in fünf Gruppen (1, 2a, 2b, 3, 4) vornimmt.

Pentateuch und die vorderen Propheten (Josua bis Esra-Nehemia) gehören, in "poetische Bücher"[52] und "prophetische Bücher". Diese Einteilung wird nicht immer streng durchgehalten und es gibt auch in der Stellung einzelner Bücher große Abweichungen, aber der Gegensatz zur rabbinischen Gliederung ist klar ersichtlich. Grundlegend unterscheidet sich diese Einteilung dadurch von der rabbinischen Anordnung[53], daß der Pentateuch nicht mehr für sich allein - als Tora - steht und daß die Propheten an das Ende des Kanons gestellt sind. Die dem historischen Prozeß der Kanonisierung entsprechende Unterscheidung der Kanonteile der hebräischen Bibel ist nicht mehr zu erkennen[54]. Im Zusammenhang mit weiteren Details läßt sich aus dieser Beobachtung schließen, daß das erwähnte Gliederungsprinzip auf die Septuaginta zurückgeht[55]. Dabei darf nicht außer acht gelassen werden, daß es sich sowohl bei der Septuaginta als auch bei der hebräischen Bibel um jüdische Konzeptionen handelt[56], die - in

---

[52] In den Kanonlisten des Melito, Origenes, Athanasius, den Kanones von Laodicea und den Apostolischen Kanones ist der Beginn der poetischen Bücher durch den Psalter klar gekennzeichnet.

[53] Peter KATZ hat darauf hingewiesen, daß nicht einfach von einem Gegesatz zwischen "alexandrinischem" und "palästinischem" Kanon geredet werden kann, da auch die Kirchenväter, die dem "alexandrinischen" Kanon folgen, sich von palästinischen Juden beraten ließen. Er rechnet damit, daß es sich bei dieser von der Septuaginta beeinflußten Ordnung um vortalmudische jüdische Überlieferungen handelt. Peter Katz, The Old Testament in Palestine and Alexandria, in: *ZNW* 47 (1956) S. 191-217. Zum Problem des "alexandrinischen" Kanons vgl. Gille DORIVAL, L'achèvement de la Septante dans le judaïsme. De la faveur au rejet, in: *La Bible grecque des Septante*, hg.v. G. Dorival / M. Harl / O. Munnich, Paris 1988 S. 112-118.

[54] Vgl. Roger BECKWITH, *The Old Testament Canon of the New Testament Church*, a.a.O. S. 182f. BECKWITH ist anders als Peter KATZ (s.o.) der Meinung, daß es sich hier nicht um jüdische Traditionen handelt: "The Greek, Latin and Syriac manuscripts containig these orderings of the books are all in fact of Christian origin, and the features that they exhibit make it quite improbable, that they go back to Jewish tradition. For they not only obliterate two of the three Jewish categories of books, but they frequently intersperse a greater or lesser number of apocryphal works which there is no good reason to think, ever belonged to the Jewish canon". Dabei ist zu fragen, ob es vor der rabbinischen Durchsetzung der hebräischen Bibel eine so festgefügte jüdische Kanontradition gegeben hat, wie es BECKWITH voraussetzt.

[55] Weitere deutliche Hinweise auf die Septuaginta-Tradition im Unterschied zur hebräischen Bibel sind: die Zählung der Bücher Samuel und Könige als vier Bücher der Könige, die Stellung des Buches Daniel unter den Propheten und die Stellung von Esra und Nehemia am Ende der historischen Bücher, sowie deren Benennung als 1.+2. Esra.

[56] Odil Hannes STECK, Der Kanon des hebräischen Alten Testaments, a.a.O. S. 250f: "Hinsichtlich des Schriftenbestandes sollten die Differenzen zwischen

unterschiedlichem Maße - beide den Kanon des Alten Testaments beeinflußt haben.

Ein weiterer wesentlicher Faktor, der die christliche Rezeption der Septuaginta von Anfang an beeinflußt hat, ist die Inspiration der Übersetzung[57]. Mit Hilfe der theologischen Begründung, daß der Heilige Geist die Übersetzer geleitet hat, konnten die philologischen Unterschiede zum hebräischen Text - wenn sie wahrgenommen wurden - in den Hintergrund gedrängt werden. Unter dem Einfluß der Übersetzungstheorie Philos konnten Übersetzung und Vorlage zudem als gleichberechtigter Ausdruck derselben Wahrheit verstanden werden[58]. Auf diese Weise können auch die Autoren, die sich in ihrer Kanontheorie für die hebräische Bibel aussprechen, in ihren Schriften den Text der Septuaginta benutzen[59]. Das - noch zu bele-

---

dem hebräischen und dem Kanon der LXX bzw. Vulgata nicht übertrieben werden; sie wirken erheblich, wenn man in unhistorisch-idealtypischer Vergleichung beide Kanongestalten gegeneinander treibt, sie verringern sich, wenn man historisch auf die Querverbindungen bei der Entstehung beider achtet. In beiden Fällen übernimmt man Kanonperspektiven, die von jüdischen Konzepten geleitet sind". Vgl. Dominique BARTHELEMY, L'Ancien Testament a mûri à Alexandrie, a.a.O. S. 130: "Les chrétiens ont *hérité* des Juifs *des bibles déjà traduites*".

[57] Zum Einfluß des Verständnisses der Übersetzung der Septuaginta auf ihre Rezeption in der Alten Kirche vgl. Heinrich KARPP, "Prophet" oder "Dolmetscher". Die Geltung der Septuaginta in der Alten Kirche, in: *FS Günther Dehn,* hg.v. Wilhelm Schneemelcher, Neukirchen 1957 S. 103-117 und Pierre AUVRAY, Comment se pose le problème de l'inspiration de Septante, in: *RB* 59 (1952) S. 321-336. AUVRAY stellt die These auf, daß die Entstehungslegende der Septuaginta entstanden ist, um den bereits vorhandenen Glauben an ihre Inspiration zu rechtfertigen. Zur Inspiration der Septuaginta und der Rolle, die sie in der Rezeption der Kirchenväter spielt, vgl. Pierre BENOIT, L'inspiration des Septante d'après des Pères, in: *L'homme devant Dieu, FS Henri de Lubac,* Paris 1963 Bd. 1 S. 169-187.

[58] Klaus OTTE, *Das Sprachverständnis bei Philo von Alexandrien* (BGBE 7), Tübingen 1968 S. 39: "Denn echte Sprache ...ist vom Sein gesetzt, und deshalb müssen auch ihre verschiedenartigen Fassungen in LXX und Urtext gleich sein, wenn es sich um Konkretionen eines einzigen Seins handelt. Philo kann tatsächlich auf Grund seiner Hermeneutik behaupten, dass LXX und hebräischer Text übereinstimmen".

[59] Zum Text der Septuaginta und den unterschiedlichen spätantiken Rezensionen vgl. Heinrich DÖRRIE, Zur Geschichte der Septuaginta im Jahrhundert Konstantins, in: *ZNW* 38 (1940) S. 57-110, Emanuel TOV, Die griechischen Bibelübersetzungen, in: *ANRW* II, 20/I (1987) S.121-189, Olivier MUNNICH, Le texte de la Septante, in: La Bible grecque des Septante, hg.v. G. Dorival / M. Harl / O. Munnich, Paris 1988, S. 129-200 und Marguerite HARL, Les divergences entre la Septante et le texte masorétique, ebd. S. 201-223.

gende - Festhalten einer größeren Anzahl von Kirchenvätern am Umfang der hebräischen Bibel zeigt aber, daß die Septuaginta trotz der ihr zugeschriebenen Inspiration ihre Vorlage nicht verdrängt hat.

3. Der Einfluß des Neuen Testaments

Der Gebrauch des Alten Testaments im Neuen kann und soll hier nicht untersucht werden. Es werden nur einige Ergebnisse festgehalten, die für den Fortgang der Arbeit von Bedeutung sind.

Das Alte Testament bildet von Anfang an die Heilige Schrift der Christen, auch wenn sich deren Stellung gegenüber dem Judentum verändert und Christus selbst die Norm wird, die das Verständnis bestimmt[60]. Das findet seinen Niederschlag auch in den Texten des Neuen Testaments. So dienen den Evangelisten zum Verständnis des Wirkens Jesu selbstverständlich alttestamentliche Vorstellungskategorien. Ebenso setzt die paulinische Theologie in ihren wesentlichen Elementen alttestamentliche Texte und Theologie voraus[61]. Zusätzlich besteht durch die mit den neutestamentlichen Texten beginnende typologische Exegese eine unauflösliche Verknüpfung zwischen Altem und Neuem Testament. In der christlichen Kirche wurde das Neue Testament zum Interpretationsraster des Alten. Mit der Formierung des neutestamentlichen Kanons ist dieses Verhältnis institutionalisiert worden. Das Neue Testament liefert aber kein Kriterium für die Entscheidung über die Textform des Alten Testaments. Die neutestamentlichen Schriften zitieren das Alte Testament nebeneinander in den Textformen der hebräischen Bibel und der

---

[60] Vgl. Hans Freiherr von CAMPENHAUSEN; *Die Entstehung der christlichen Bibel*, a.a.O. S. 5: "Das AT der Christenheit ist nicht mehr im gleichen Sinne ein kanonisches Buch wie vorher für die Juden. In der Synagoge waren die Tora und die 'Schrift' die Autorität schlechthin gewesen, die erschöpfende Offenbarung, die Gott seinem Volke gegeben hatte. In der Kirche ist neben und vor das alte Buch Christus getreten".

[61] Diesen Zusammenhang hat schon Adolf von HARNACK beschrieben und negativ beurteilt. Für ihn tragen die paulinischen Gemeinden an dieser Entwicklung die Hauptschuld. Adolf von HARNACK, Das Alte Testament in den Paulinischen Briefen und den Paulinischen Gemeinden, in: *Kleine Schriften zur Alten Kirche II,* hg.v. J. DUMMER, Berlin 1980 S. 141: "Paulus hat die Buchreligion des A.T. für die Christenheit nicht gewollt und nicht geschaffen; aber indem er neben seiner grundlegenden Konzeption von Gesetz und Evangelium, Werke und Glauben, Knechtschaft und Freiheit, die typologische Betrachtung des A.T. nicht nur bestehen ließ, sondern auch selbst übte, und indem er in einigen Fällen für Evangelisches einfach die Autorität des A.T. anrief, hat er doch die bedenklichen Entwicklungen verschuldet, die in den Gemeinden sich vollzogen".

Septuaginta[62]. Darin spiegelt sich die offene Situation im Judentum des ersten Jahrhunderts, in der die hebräische Bibel noch nicht die beherrschende Stellung der späteren Zeit erlangt hatte[63]. Die spätere Alternative zwischen hebräischer Bibel und Septuaginta konnte deshalb nicht durch einen Verweis auf die ausschließliche Verwendung einer der beiden Textformen im Neuen Testament gelöst werden.

B. GRIECHISCHE KANONTRADITION

Die christlichen Kanontraditionen vor Augustinus und Hieronymus unterscheiden sich im griechischsprachigen Osten und im lateinischen Westen so gravierend voneinander, daß es nötig ist, sie getrennt zu untersuchen. Im folgenden wird die Stellung eines Autors zum Kanon des Alten Testament daraufhin untersucht, ob er Partei für die hebräischen Bibel oder die Septuaginta nimmt, oder ob sich beide Traditionen vermischen.

1. Zur Methodik

Es gibt grundsätzlich zwei Wege, die Entwicklung der Kanontheorie zu untersuchen. Entweder können die erhaltenen Äußerungen einzelner Autoren über den Kanon analysiert oder in einer statistischen Analyse das Zitierverhalten[64] untersucht werden[65]. Für eine statistische Untersuchung gilt der methodische Grundsatz:

---

[62] Das ist besonders deutlich bei Matthäus zu beobachten, gilt aber für alle neutestamentlichen Schriftsteller, vgl. die Einzeldarstellungen in: *It is Written. Scripture citing Scripture. Essays in Honour of Barnabas Lindars*, hg.v. D.A. Carson / H.G.M. Williamson, Cambridge 1988. Die Probleme der Zitierweise im Neuen Testament beschäftigen aber auch schon Hieronymus, *Praefatio in Pentateuchum*, PL 28 149B, *Praefatio in Paralipomenona*, PL 28 1325f, *Praefatio in Ezram*, PL 28 1403; und Augustinus, Ep. 71,6 CSEL 34/II 254,10.

[63] Für den gesamten Abschnitt vgl. Roger BECKWITH, *The Old Testament Canon of the New Testament Church*, a.a.O.

[64] Die neueste und umfassendste Untersuchung des Zitierverhaltens der christlichen Schriftsteller vom Neuen Testament bis zu Eusebius von Caesarea und, zu einem Teil, Augustinus, ist vorgelegt worden von Franz STUHLHOFER, *Der Gebrauch der Bibel*, a.a.O. Die Probleme der Arbeit STUHLHOFERS hat Traugott HOLZ in seiner Rezension in: *ThLZ* 115 (1990) S. 671 deutlich gezeigt: "In der Auswertung derart unsicheren statistischen Materials finden sich viele ungesicherte Vermutungen und Überlegungen, die durch Quellen nicht gedeckt sind. So bleibt als Ergebnis doch nur die Andeutung von Tendenzen"

Je öfter ein Buch zitiert wird, desto größer ist die Wahrscheinlichkeit, daß das zitierte Buch für den Zitierenden eine Autorität darstellt und damit so etwas wie 'kanonisches' Ansehen genießt[66] .

Wie die Unsicherheit dieser Formulierung verrät, ermöglicht diese Methode allerdings nur Wahrscheinlichkeitsaussagen über das "kanonische" Ansehen einzelner Schriften. Ohne die Nützlichkeit einer statistischen Untersuchung des Zitierverhaltens in Zweifel zu ziehen, schlägt diese Arbeit einen anderen Weg ein[67]. Hier wird die Stellung solcher Autoren zum Kanon des Alten Testament untersucht, die direkte Äußerungen zu diesem Problem abgegeben haben. Dabei handelt es sich zum größten Teil um Listen, in denen der Bestand des Kanons angegeben wird. Diese Äußerungen zum Kanon haben ein anderes Gewicht als die Ergebnisse der Untersuchungen zum Zitierverhalten, weil sie die theologischen Überzeugungen der Autoren direkt zum Ausdruck bringen. Das Zitierverhalten wird aber in die Untersuchung dieser Autoren mit einbezogen, da sich häufig Diskrepanzen zwischen den reflektierten Äußerungen zum Kanon und dem Zitierverhalten feststellen lassen [68].

2. Justin

Der erste christliche Autor, der sich zur Frage des Kanons und der Unterschiede zwischen dem Kanon der hebräischen Bibel und der Septuaginta geäußert hat, ist Justin (Märtyrer ca. 163-167). Von ihm ist keine Äußerung über den Umfang des Kanons überliefert, aber er erhebt im Dialog mit dem Juden Tryphon schwere Vorwürfe gegen die Juden. Er wirft ihnen vor, die (gemeinsame?) Grundlage der Septuaginta zu verlassen, indem sie in neueren Übersetzungen an

---

[65] Um Aufschlüsse über die Stellung eines Autors zum Kanon zu gewinnen, der kein Verzeichnis oder andere Äußerungen zum Kanon hinterlassen hat, ist die Auswertung der Zitate allerdings das einzig mögliche Verfahren.

[66] Franz STUHLHOFER, *Der Gebrauch der Bibel*, a.a.O. S. 21f.

[67] So z.B. auch E.Earle ELLIS, *The Old Testament in Early Chritianity*, a.a.O. S. 33.

[68] Vgl. Hans-Peter RÜGER, Apokryphen des Alten Testaments, a.a.O. S. 293: "Bei alledem darf man jedoch nicht übersehen, daß dieselben Kirchenväter, die in ihren Kanonverzeichnissen von 'draußenstehenden Büchern' und 'Apokryphen' sprechen, in anderen Werken die nur in der griechischen Bibel stehenden Schriften in derselben Weise verwenden wie die Bücher des hebräischen Kanons. So zitiert, um nur zwei Beispiele zu nennen, Origenes (Comm. in ep.ad Rom IX,17) Tobit als *graphé*, und Hieronymus (Ep. ad Julian.) führt Jesus Sirach als *scriptura sancta* an. In Anbetracht dessen nimmt es nicht wunder, daß die kirchliche Praxis sich schließlich gegenüber der Kanontheorie durchgesetzt hat".

wichtigen Stellen den Text verfälschten[69]. Diese Polemik richtet sich
gegen die jüdischen Übersetzungen des Alten Testaments ins
Griechische, die von Aquila, Symmachus und Theodotion angefertigt
wurden[70]. Der Streit entzündet sich vor allem an christologisch
gedeuteten Stellen wie Jes 7,14[71]; Jer 9,9 und Ps 95(96),10. Justin
beruft sich ausdrücklich auf die Septuaginta und lobt deren Zuverlässigkeit[72]. Seine Hochschätzung der Septuaginta erstreckt sich allerdings nicht auf deren Zusätze. Justin zitiert nur Texte, die auch in
der hebräischen Bibel zu finden sind [73]. Beide Faktoren zusammen-
genommen ergeben ein klares Bild; Justin hält sich an die hebräische
Bibel, den er in der Übersetzung der Septuaginta zitiert. Neben der
Hochschätzung der Septuaginta steht das Bewußtsein, daß der Kanon
der hebräischen Bibel der entscheidende Maßstab ist[74]. Der zum

---

[69] Justins Kritik richtet sich vor allem gegen die jüngeren jüdischen
Übersetzungen und nicht wie Ellen FLESSEMANN-VAN LEER behauptet, gegen
die hebräische Bibel; Ellen FLESSEMANN-VAN LEER, Prinzipien der Sammlung
und Ausschließung bei der Bildung des Kanons, a.a.O. S. 408: "Justin hat nicht
den geringsten Zweifel, daß die Septuaginta der allein gültige, zuverlässige
Kanon ist; wo der hebräische Text damit nicht übereinstimmt, ist er überzeugt,
daß die Juden die Bibel mutwillig verdorben haben, sei es, daß sie bestimmte
Texte oder Bücher unterdrückt haben, sei es, daß sie den Urtext falsch übersetzt
haben".
[70] Zu den Übersetzungen von Aquila, Symmachus und Theodotion vgl.
Sebastian P. BROCK, Bibelübersetzungen 2.2, in: *TRE* 6 (1980) S. 168f und
Emanuel TOV, Die griechischen Bibelübersetzungen in: *ANRW* II, 20/I S. 175-
179.
[71] Dazu siehe jetzt Adam KAMESAR, The Virgin of Isaiah 7:14: The
Philological Argument from the Second to the Fifth Century, in: *JThS* 41 (1990)
S. 51ff.
[72] Justin, *Dialogus* 71-73, GOODSPEED S. 181-184.
[73] Da STUHLHOFER bei den Autoren des 2. Jahrhunderts keine
Einzeluntersuchungen angestellt hat, ist ihm diese Tatsache entgangen; Franz
STUHLHOFER, *Der Gebrauch der Bibel*, a.a.O. Dagegen behauptet Hans-Peter
RÜGER, Apokryphen des Alten Testaments, a.a.O. S. 291, Justin spiele in
Apologie 1,46 auf die Zusätze in Daniel an. Die Erwähnung der Begleiter
Daniels in diesem Abschnitt, die der einzige Hinweis auf das Danielbuch ist,
muß sich aber nicht auf die griechischen Zusätze zum Daniel beziehen, sie
werden bereits in Dan 1,6 und 3,12ff im hebräischen Text erwähnt.
[74] Eric JUNOD wertet das Nichtzitieren der Septuaginta-Zusätze ebenfalls als
ein Zeichen dafür, daß Justin sich bewußt an der hebräischen Bibel orientiert;
Eric JUNOD La formation et la composition de l'Ancien Testament dans l'Église
grecque des quatre premiers siècles, a.a.O. S. 111 Anm. 13. Im Gespräch mit
dem Juden Tryphon - unabhängig von der Frage ob es sich um eine reale oder
fiktive Gesprächssituation handelt - verbietet es sich für Justin von selbst, andere
Texte als die der hebräischen Bibel zu zitieren, da er sonst die
Diskussionsgrundlage mit Tryphon aufgäbe.

ersten Mal von Justin gegen die Juden erhobene Vorwurf der Textverfälschung hat eine langanhaltende Wirkung. Er findet sich auch in der Kontroverse zwischen Augustinus und Hieronymus; dort benutzt ihn Hieronymus zur Verteidigung seiner Übersetzung[75].

3. Irenäus von Lyon

Wie Justin überliefert auch Irenäus keine Liste der von ihm für kanonisch gehaltenen Bücher. Er gibt aber eine klare Stellungnahme für die Septuaginta ab[76]. Die Orientierung des Irenäus an der Septuaginta spiegelt sich auch in seinem Zitierverhalten wider, er zitiert 2. Makkabäer (1x); Weisheit Salomos (4x); Jesus Sirach (1x); Baruch(2x) (als "Jeremia" angeführt) und die griechischen Zusätze zu Daniel. In der Übersetzung der Siebzig sieht er das Wirken des Geistes Gottes, das ihre Arbeit über menschliches Tun erhaben macht:

ὅτι κατ' ἐπίπνοιαν τοῦ θεοῦ εἰσιν ἡρμηνευμέναι αἱ γραφαί[77].

Zu der Würde, die die Inspiration der Septuaginta verleiht, gesellt sich für Irenäus ihr Alter. Da die Septuaginta älter als Christus ist, sind die Texte, die auf sein Kommen hinweisen, echte Prophezeiungen[78]. Weder können Christen verdächtigt werden, im Nachhinein prophetische Ankündigungen verfaßt zu haben, noch besteht die Gefahr, daß jüngere jüdische Übersetzer - er nennt Theodotion und Aquila -, den Text verfälschen[79]. Auslöser für die Kritik des Irenäus an den jüngeren jüdischen Übersetzungen ist Jes 7,14, wo dem hebräischen Text folgend nicht mehr von einer Jungfrau die Rede ist. Seine Bemerkung, daß mit dieser Textform gegen ihn selbst argumentiert worden sei, läßt es möglich scheinen, daß Irenäus

---

[75] Hieronymus ad Augustinum, Ep. 75,20 CSEL 34/II 319,8-12.

[76] Vgl. Hans-Jochen JASCHKE, Irenäus von Lyon, in: *TRE* 16 (1987) S. 261: "Er reflektiert nicht auf den Kanon, aber das Kanonprinzip ist offenkundig ...Praktisch das gesamte Neue Testament wie das Alte Testament (LXX) gehören zum 'Kanon' des Irenäus". Zum Kanon und dem Text der Bibel bei Irenäus vgl. auch F. VERNET, Irénée, in: *DThC* 7 (1923) S. 2415-2419. Zur Stellung, die das Alte Testament für Irenäus einnimmt s. Hermann-Josef VOGT, Die Geltung des AT bei Irenäus von Lyon, in: *THQ* 60 (1980) S. 17-28

[77] Irenäus, *Adv. haeres.* III,21,2 (griech. Fragm. 31) SC 211 404,22f.

[78] Irenäus, *Adv. haeres.* III,21,3 (griech. Fragm. 31) SC 211 407,51-59: "Τοσαύτη οὖν ἀληθείᾳ καὶ χάριτι Θεοῦ ἑρμηνευθεισῶν τῶν γραφῶν, δι' ὧν προκατήρτισε καὶ προετύπωσεν ὁ Θεὸς τὴν εἰς τὸν Υἱὸν αὐτοῦ πίστιν ἡμῶν ἀκερείους τὰς γραφὰς ἐν Αἰγύπτῳ ...καὶ ταύτης τῆς τῶν γραφῶν ἑρμηνείας πρὸ τὸν κύριον ἡμῶν κατελθεῖν γενομένης καὶ πρὸ τοῦ Χριστιανοὺς φανῆναι".

[79] Irenäus, *Adv. haeres.* III,21,1 (griech. Fragm. 30) SC 211 398,2-8.

Kontakte zu jüdischen oder judenchristlichen[80] Gruppen hatte, die die neueren Übersetzungen in der Auseinandersetzung mit Christen benutzten[81].

Irenäus stellt sich, wie schon Justin, nicht die Frage, ob dem hebräischen Text, der gemeinsamen Vorlage der Septuaginta und der späteren Übersetzungen eine maßgebliche Autorität zukommt. Für ihn sind Inspiration und Alter der Septuaginta ausreichende Gründe, um sie für den maßgeblichen Text des Alten Testaments zu halten.

4. Melito von Sardes

Die älteste christliche Kanonliste des Alten Testaments ist in der Einleitung zu den Ἐκλογαί (Auszügen aus den alttestamentlichen Büchern) des Melito von Sardes (gest. vor 190) überliefert. Seine Zusammenstellung weicht von den in der jüdischen Tradition überlieferten Zählweisen von 22 oder 24 Büchern ab. Melito gibt keine Zahl der kanonischen Bücher an, er zählt hintereinander alle Bücher auf, die er zum Kanon des Alten Testaments rechnet. Gegenüber Onesimus, dem er seine Schrift gewidmet hat, gibt er ausdrücklich an, sich persönlich in Palästina - dort wo die Verkündigung und Taten stattgefunden haben - über den Kanon des Alten Testaments informiert zu haben[82]. Damit beansprucht Melito für seine Kanonliste besondere Authentizität. Da er nicht erwähnt, bei wem er seine Erkundigungen zum Kanon eingezogen hat, ist die Trägergruppe dieser Überlieferung nicht zu ermitteln. Die Kanonliste umfaßt den Bestand der hebräischen Bibel, weicht aber in der Stellung der einzelnen Bücher davon ab[83]. Die Reihenfolge Pentateuch, historische Bücher, poetische Bücher und Propheten läßt Ähnlichkeiten mit der Septuaginta erkennen. Esra steht am Schluß dieser Liste. Es ist

---

[80] In *Adv. haeres.* III,21,1 sagt Irenäus, daß auch die Ebioniten den Übersetzungen von Theodotion und Aquila zustimmen, die in Jes 7,14 nicht von einer Jungfrau sprechen.

[81] Irenäus, *Adv. haeres.* III,21,3 (griech. Fragm. 31) SC 211 409,62-65: "ὄντες ἀνειδεῖς καὶ τολμηροὶ ἀποδείκνυνται οἱ νῦν ἑτέρως βουλόμενοι τὰς ἑρμηνείας ποιήσασθαι, ὅταν ἐξ αὐτῶν τῶν γραφῶν ἐλέγχωνται ὑφ᾽ ἡμῶν καὶ εἰς τὴν πίστιν τῆς παρουσίας τοῦ Υἱοῦ τοῦ Θεοῦ συγκλείωνται".

[82] Eusebius, *HE* IV 26,14, 386,29-388,2: "ἀνελθὼν οὖν εἰς τὴν ἀνατολὴν καὶ ἕως τοῦ τόπου γενόμενος ἔνθα ἐκηρύχθη, καὶ ἀκριβῶς μαθὼν τὰ τῆς παλαιᾶς διαθήκης βιβλία, ὑποτάξας ἔπεμψά σοι".

[83] Eusebius, *HE* IV 26,14, 388,2-7: "ὧν ἐστι τὰ ὀνόματα· Μωυσέως πέντε, Γένεσις Ἔξοδος Ἀριθμοὶ Λευιτικὸν Δευτερονόμιον, Ἰησοῦς Ναυῆ, Κριταί, Ῥούθ, Βασιλειῶν τέσσαρα, Παραλειπομένων δύο, Ψαλμῶν Δαυίδ, Σολομῶνος Παροιμίαι ἡ καὶ Σοφία, Ἐκκλησιαστής, Ἆισμα Ἀισμάτων, Ἰώβ, Προφητῶν Ἠσαΐου Ἰερεμίου τῶν δώδεκα ἐν μονοβίβλῳ Δανιὴλ Ἰεζεκιήλ, Ἔσδρας".

nicht zu ermitteln, auf welche Vorbilder das zurückzuführen ist[84]. Weiterhin fehlen das Buch Esther[85] und die Klagelieder[86]. Über den Bestand der hebräischen Bibel hinaus werden keine weiteren Bücher erwähnt.

Seine Liste ist der erste Beleg für ein Interesse am Umfang des alttestamentlichen Kanons als normativer Größe. Dieses Interesse unterscheidet Melito von seinen Zeitgenossen (Irenäus oder Clemens von Alexandria). Es ist unverkennbar, daß Melito sich dabei an der hebräischen Bibel orientiert. Damit ist eine Richtung eingeschlagen, die für die Geschichte des alttestamentlichen Kanons in der christlichen Kirche von entscheidender Bedeutung ist. Aus Melitos Liste spricht die Überzeugung, daß der Kanon der hebräischen Bibel der Maßstab für den Kanon des Alten Testaments ist[87]. Die beobachtete Hochschätzung des Kanons der hebräischen Bibel hindert Melito allerdings nicht daran, in seiner Passahomilie aus der Weisheit Salomos zu zitieren[88]. Trotz dieser Zitate ist die Kanonliste

---

[84] Eine jüdische Parallele dazu bieten zwei der berühmtesten jüdischen Bibelhandschriften, der Codex Leningradensis und der Aleppo-Codex, die im Gegensatz zu der in bBB 14b beschriebenen Ordnung mit dem Buch Esra schließen, vgl. Ernst WÜRTHWEIN, *Der Text des Alten Testaments,* Stuttgart 1973[4] S. 39.

[85] Das Buch Esther wird häufiger in christlichen Kanonverzeichnissen ausgelassen, so z.B. bei Athanasius und Gregor von Nazianz. Der Grund dafür ist nicht genau zu ermitteln, er mag darin liegen, daß Esther ein eindeutig projüdisches Buch ist. Es kann sich aber auch um einen Reflex der innerjüdischen Diskussionen um die Kanonizität von Esther handeln. Zeugnisse für die rabbinische Diskussion um die Kanonizität des Buches Esther hat Hermann L. STRACK gesammelt, Kanon des Alten Testaments, in: *RE*[2] 7,429f; dazu vgl. auch Günter Stemberger, Jabne und der Kanon, a.a.O. S. 169. Das Buch Esther hat offenbar auch nicht zum Kanon Qumrans gehört, vgl. Adam S. van der WOUDE, Fünfzehn Jahre Qumranforschung (1974-1988), in: *ThR* 55 (1990) S. 279: "Fast alle Bücher der hebr. Bibel sind unter den in Qumran entdeckten Bibelmanuskripten durch eine oder mehrere Handschriften vertreten. Ausnahmen bilden nur Neh und Est ...weil das auf Neh 10,34 basierende Holzfest von der Qumrangemeinde vorgeschrieben wurde, muß das Fehlen bestimmter Partien aus Neh als Zufall betrachtet werden. Daran ist bei Esther nicht zu denken ...Dagegen ist einzuwenden, daß das Purimfest in den Qumranhandschriften unerwähnt bleibt, was doch auffällig wäre, wenn Est zu den kanonischen Schriften der Gemeinde gezählt hätte".

[86] Es ist wahrscheinlich, daß Melito die Klagelieder als Teil des Buches Jeremia versteht.

[87] Ludwig DIESTEL, *Geschichte des Alten Testaments in der christlichen Kirche,* a.a.O. S. 22: "Mit Melito beginnt eine Richtung in der griech. Kirche Asiens, welche auf die hebräische Tradition möglichst zurückgeht, ohne indess das Recht auf ein eigenthümlich christliches Urtheil ganz aufzugeben".

[88] Melito von Sardes, *Passahomilie,* HALL 28, 184-186.

des Melito der erste Beleg für die Auffasung, daß der hebräische
Kanon auch für Christen verbindlich ist. Diese Einstellung hat sich
vor allem bei den griechischen Theologen durchgesetzt.

5. Clemens von Alexandrien

Nahezu diametral entgegengesetzt zu der bei Melito von Sardes
beobachteten Einstellung zum Kanon der hebräischen Bibel ist die
des Clemens von Alexandria (seit 180/190 in Alexandria, gest. 211
od. 215/6). Von ihm ist keine Kanonliste oder andere direkte
Stellungnahme zum Kanon überliefert, aber sein Umgang mit der
Bibel ist so auffällig, daß er in dieser Untersuchung eigens erwähnt
werden muß.

Bei Clemens springt der Gebrauch einer Vielzahl von heidnischer
und christlicher Literatur ins Auge. Er zitiert Schriften aus dem
Bestand der hebräischen Bibel[89] und der Septuaginta[90], darüberhinaus greift er auf weitere pseudepigraphe und apokryphe Schriften
zurück wie Henoch, III.+IV. Esra, Himmelfahrt Moses,
Apokalypse des Zepahnja, Apokalypse des Elia sowie verschiedene
Sibyllen[91]. Dieser Umgang mit dem Kanon des Alten Testaments
muß im Kontext der Theologie des Clemens verstanden werden.

Clemens konzentriert sich auf die bei Juden, Heiden und Christen
gleichermaßen angestrebte Erkenntnis Gottes. Diese Sichtweise hat
sowohl Auswirkungen für seine Beurteilung der verschiedenen
Gruppen als auch für sein Verhältnis zum Kanon. Für ihn stellt sich
das Verhältnis von Juden, Heiden und Christen so dar, daß Juden
und Heiden als "alte" Gottesverehrer gemeinsam den Christen als
"neuen" Verehrern Gottes gegenüberstehen[92]. Beiden "alten"
Gruppen hat sich Gott offenbart; den Juden hat er das Alte Testament gegeben, den Heiden die Philosophie[93]. Dabei gilt für die
griechischen Philosophen, daß sie ihre Weisheit zu einem Gutteil den

---

[89] Clemens ist der erste christliche Autor, der aus dem Buch Esther zitiert.

[90] Tobit, Judith, 1.+2. Makkabäer, Weisheit Salomos, Jesus Sirach, Baruch
und die griechischen Zusätze zu Daniel.

[91] Eine detaillierte Besprechung der einzelnen Zitate liegt vor bei Jean
RUWET, Clément d'Alexandrie, Canon des Écritures et apocryphes, in: *Bib* 29
(1948) S. 71-99 u. 240-268, bes. d. S. 86-99.

[92] Clemens von Alexandrien, *Stromata* VI,5 §41,6 GCS 15 452,17f: "νέαν
ἡμῖν διέθετο· τὰ γὰρ Ἑλλήνων καὶ Ἰουδαίων παλαιά ἡμεῖς δὲ οἱ καινῶς αὐτὸν τρίτῳ
γένει σεβόμενοι Χριστιανοί".

[93] Clemens von Alexandrien, *Stromata* VI,5 §42,1 GCS 15 452,21-24; VI,8
§67,1 GCS 15 465,21-22; VI,17 §159,9 GCS 15 514,5-6.

Hebräern verdanken, von denen sie gemäß dem apologetischen Altersbeweis abgeschrieben haben[94]. In dieser Sichtweise ist es für Clemens nur folgerichtig, sich auf außerbiblische Autoritäten zu stützen. Er kann ohne Probleme alttestamentliche Zitate neben die griechischer Philosophen stellen. Nach der Ausweitung der in seinen Schriften zitierten Zeugnisse des göttlichen Geistes auf die Philosophen nimmt es nicht wunder, daß Clemens sowohl den Umfang der hebräischen Bibel als auch den der Septuaginta überschreitet und die oben genannten außerkanonischen Schriften als Autoritäten zitiert.

Aus dem Zitierverhalten des Clemens ist deutlich zu ersehen, daß er - im Gegensatz zu Melito - nicht daran interessiert ist, den Kanon der hebräischen Bibel zu einem verbindlichen Maßstab für Christen zu machen. Clemens ist an anderen Kategorien interessiert. Das geht deutlich aus seiner Darstellung der Entstehung der Septuaginta hervor[95]. Er stellt die Übersetzung als eine unmittelbare Eingebung Gottes dar, die in der Eingebung Gottes an Esra ihre direkte Parallele hat[96]. Inspiration und prophetischer Charakter sind für Clemens die entscheidenden Kriterien für die Autorität eines Textes. Da in dieser Betrachtungsweise beide Formen des Alten Testaments gleichermaßen direkt von Gott inspiriert sind, erübrigt sich die Frage, welche Form des Kanons verbindlich zu sein hat.

Auf diese Weise ist es Clemens möglich, sich auf der einen Seite ständig auf die Schrift als Autorität zu berufen, auf der anderen Seite aber keinerlei äußere Kriterien für den Kanon zu haben. Mit der Indifferenz gegenüber dem Kanon geht bei Clemens eine Nichtbeachtung der Juden einher. In seinen Werken spielen die Juden eine völlig untergeordnete Rolle. Es findet keine Auseinandersetzung mit ihnen statt[97]. Wenn Clemens Juden erwähnt, werden sie meistens nur

---

[94] Zum Altersbeweis in der jüdischen und christlichen Literatur vgl. Peter PILHOFER, *Presbyteron kreitton. Der Altersbeweis der jüdischen und christlichen Apologeten* (WUNT 2. Reihe 39), Tübingen 1990 sowie Wolfram KINZIG, *Novitas Christiana: Die Idee des Fortschritts in der Alten Kirche*, 2 Bde., (Habil. Schrift) Heidelberg 1991.

[95] Clemens von Alexandria, *Stromata* I,22,§148-149 GCS 15 92,4-26.

[96] Clemens von Alexandria, *Stromata* I,22 §149,3 GCS 15 92,21-26: "οὐ δὴ ξένον ἐπινοίᾳ θεοῦ τοῦ τὴν προφητείαν δεδωκότος καὶ τὴν ἑρμηνείαν οἱονεὶ Ἑλληνικὴν προφητείαν ἐνεργεῖσθαι, ἐπεὶ κἀν τῇ ἐπὶ Ναβουχοδονόσορ αἰχμαλωσίᾳ διαφθαρεισῶν τῶν γραφῶν κατὰ τοὺς Ἀρταξέρξου τοῦ Περσῶν βασιλέως χρόνους ἐπίπνους Ἔσδρας ὁ Λευίτης ὁ ἱερεὺς γενόμενος πάσας τὰς παλαιὰς αὖθις ἀνανεούμενος προεφήτευσε γραφάς".

[97] Auf welche Schriften des Clemens sich Hieronymus bezieht, wenn er in *Contra Rufinum* 1,13 CCL 79 S. 12 Clemens als Autorität anführt, der sich

als dritte Gruppe neben Heiden und Christen in ihrer heilsgeschichtlichen Funktion genannt[98]. Das ist um so merkwürdiger, als Clemens
stark von Philo beeinflußt ist[99] und Kontakt zu Lehrern hatte, die
Hebräisch konnten oder selbst Juden waren. Clemens war in
Alexandria Schüler des Pantänus[100] und wurde vorher in Palästina
von einem gebürtigen Hebräer unterrichtet[101]. Aber er hat diese
Beziehungen nicht dazu genutzt, Kontakte zu Juden zu knüpfen und
sich mit ihnen auseinanderzusetzen.

6. Origenes

Origenes ist der größte Exeget der Alten Kirche[102]. Seine umfassenden philologischen Kenntnisse begründen zusammen mit den von

---

angeblich auf jüdische Exegeten als Autoritäten in der Schriftauslegung berufen
habe, ist unklar.

[98] Z.B. Clemens von Alexandria, *Stromata* V,14 §98,4 GCS 15 391,1-5.
André MEHAT, *Étude sur les "Stromateis" de Clement d'Alexandrie,* Paris 1966,
bezeichnet es als Paradox, daß Clemens in einer Stadt des römischen Reiches lebt
und arbeitet, in der eine große jüdische Gemeinde existiert, sich aber nicht mit
ihnen auseinandersetzt. MEHAT beschreibt sehr gut, daß Clemens zwar
theologische Aussagen über Juden macht, aber keinerlei Dialog mit ihnen führt,
a.a.O. S. 398: "les Juifs sont pour Clément un objet de considérations
théologiques, mais non de prédication, ils ne lui posent aucune question urgente;
on pourrait presque douter qu'ils aient pour lui une existence réele".
[99] André MEHAT, *Étude sur les Stromates de Clément d'Alexandrie,* a.a.O.
S. 201: "Philon est pour lui un predecesseur et un guide dans la connaissance de
l'Ancien Testament".
[100] Zu Pantänus und den alexandrinischen Presbytern s. Manfred
HORNSCHUH, *Die Anfänge des Christentums in Ägypten* (Diss.theol.), Bonn
1959 darin der Anhang B "Die Presbyter des Clemens Alexandrinus". Dort zeigt
HORNSCHUH, daß Pantänus möglicherweise den hebräischen Text des Alten
Testaments zur Grundlage seiner Schrifterklärung gemacht hat, S. 353:
"Pantänus hat also das Alte Testament in seinem hebräischen Urtext gelesen,
aber er scheint das Alte Testament nicht nur nach seinem Urtext gelesen, sondern
auch erklärt zu haben. Er hat seinen Schülern, bei denen er ebenfalls die
Kenntnis des hebräischen Textes voraussetzt, die Probleme der hebräischen
Syntax darzulegen versucht". HORNSCHUH stellt selbst fest, daß von
Hebräischkenntnissen bei Clemens nichts zu bemerken ist. Auch die
Interpretation der in Eclog. proph. 56,2 zur Diskussion stehenden Stelle
Ps 18,6 LXX, in der Clemens auf die Auslegung des Pantänus verweist, bezieht
sich nicht auf den hebräischen Text.
[101] Clemens von Alexandrien, *Stromata* I,1 §11,2 GCS 15 8,23. Zur
Biographie des Clemens von Alexandria s. André MEHAT, Clemens von
Alexandrien, in: *TRE* 8 (1981) S. 99f.
[102] Maurice WILES, *The divine Apostle,* Cambridge 1967, S. 6: "Origen
stands out in splendid isolation at the fountain head of the tradition of Greek
exegesis".

ihm entwickelten Methoden der christlichen Exegese seinen Ruhm, der in der Alten Kirche alle anderen Exegeten bei weitem übertrifft. Beinahe alle altkirchlichen Ausleger profitieren von seinen Werken und berufen sich auf sie, auch wenn sie in dogmatischen Fragen anderer Meinung sind.

Origenes widmet sich in großem Umfang der Exegese des Alten Testaments. Mit seiner Hexapla schafft er die Voraussetzungen für einen kritischen Umgang mit den verschiedenen Textformen und Übersetzungen. Daneben steht eine große Anzahl von Kommentaren und Homilien zu alttestamentlichen Texten. Das Interesse des Origenes an der Auslegung des Alten Testaments ist theologisch begründet. Er sieht die Notwendigkeit, in der christlichen Kirche das Erbe des Volkes Israel zu bewahren, als dessen Nachfolger er die Kirche betrachtet[103]. Aus diesem Grunde hat Origenes viele Kontakte zu Juden, die ebenfalls dieses Erbe bewahren, auch wenn sie nicht an Jesus Christus glauben. Aus diesen Kontakten hat er wichtige Anregungen für seine exegetische Arbeit erhalten. Origenes übernimmt viele Informationen zu verschiedenen Sachverhalten des Alten Testaments von ihnen und ist mit rabbinischen Diskussionen durchaus vertraut. Im Rahmen dieser Studie kann darauf aber nicht weiter eingegegangen werden[104]. Hier wird nur die Stellung des Origenes zum hebräischen Kanon des Alten Testaments untersucht.

Origenes überliefert bei der Auslegung des ersten Psalmes ein Verzeichnis der Heiligen Schriften des Alten Testament, in dem er 22 Bücher zählt[105]. Diese Liste ist noch einmal in der Kirchengeschichte des Eusebius veröffentlicht[106]. Teile einer Einleitung zu dieser Liste, in der Origenes sich mit der Bedeutung der Zahl von 22 Büchern des Kanons beschäftigt, sind in der Philocalia erhalten[107]. Origenes läßt in seiner Einleitung zu der Kanonliste keinen Zweifel daran, welchen Kanon er für verbindlich hält und auf wessen Autorität er sich dabei stützt:

---

[103] Giuseppe SGHERRI, *Chiesa e Sinagoga nelle opere di Origene* (SPMed 13), Mailand 1982 S. 242: "la Chiesa per lui non è soltanto l'antitesi della Sinagoga: essa ne è anche la continuatrice, e l'eregità d'Israele nella Chiesa è uno di quei valori cui l'Alessandrino tiene di piu nella sua ecclesiologia".

[104] Den besten Überblick dazu gibt Nicholas DE LANGE, *Origen and the Jews*, Cambridge 1976.

[105] Origenes, *Exerpta e commentario in Psalmum primum*, PG 12, 1084BC.

[106] Eusebius, *HE* VI 25,1-2 572,13-576,2.

[107] Origenes, *Philocalia* 3, SC 302,260.

οὐκ ἀγνοητέον δ' εἶναι τὰς ἐνδιαθήκους βίβλους, ὡς Ἑβραῖοι παραδιδόασιν, δύο καὶ εἴκοσι[108].

Zu Beginn der Liste wiederholt er seine Berufung auf die Juden noch einmal, von denen die hebräische Bibel, stammt, deren Bücher er dann aufzählt:

εἰσὶν δὲ αἱ εἴκοσι δύο βίβλοι καθ' Ἑβραίους αἴδε[109].

In der folgenden Liste zählt Origenes die Bücher der hebräischen Bibel auf, indem er erst den griechischen Namen, dann den hebräischen in griechischer Umschrift nennt [110]. Es ist sehr merkwürdig, daß in dieser Liste das Dodekapropheton fehlt. Daran, daß Origenes es für kanonisch ansah, besteht kein Zweifel, ebensowenig hat es irgendeine andere Instanz, auf die sich Origenes berufen könnte, aus dem Kanon ausgeschlossen. Die einhellige Meinung aller Forscher, die sich mit dieser Liste beschäftigt haben, ist daher, daß Origenes bei der Aufzählung ein Fehler unterlaufen sein muß[111].

Origenes gibt den Kanon der hebräischen Bibel wieder und beruft sich ausdrücklich auf die jüdische Überlieferung, die der Garant für diesen Kanon ist. Seine Wertschätzung für die jüdische Tradition drückt Origenes in dem Adjektiv ἐνδίαθηκος aus, das er anscheinend

---

108 Eusebius, *HE* VI 25,1 572,13f; Philocalia 3, SC 302 260,6f.

109 Eusebius, *HE* VI 25,2 GCS 9 572,17; PG 12, 1034B.

110 Eusebius, *HE* VI 25,2 GCS 9 572,17-576,2; PG 12 1034BC: "εἰσὶν δὲ αἱ εἴκοσι δύο βίβλοι καθ' Ἑβραίους αἴδε· ἡ παρ' ἡμῖν Γένεσις ἐπιγεγραμμένη, παρὰ δ' Ἑβραίοις ἀπὸ τῆς ἀρχῆς τῆς βίβλου Βρησιθ, ὅπερ ἐστὶν 'ἐν ἀρχῇ'· Ἔξοδος, Ουελλεσμωθ, ὅπερ ἐστὶν 'ταῦτα τὰ ὀνόματα'· Λευιτικόν, Ουϊκρα, 'καὶ ἐκάλεσεν'· Ἀριθμοί, Αμμεσφεκωδειμ Δευτερνόμιον, Ελλεαδδεβαρειμ, 'οὗτοι οἱ λόγοι'· Ἰησοῦς υἱὸς Ναυῆ, Ιωσουεβεννουν· Κριταί, Ῥούθ, παρ' αὐτοῖς ἐν ἑνί, Σωφτειμ Βασιλειῶν α´ β´ ἐν ἑνί, Δαβρηϊαμειν, ὅπερ ἐστὶν 'λόγοι ἡμερῶν'· Εζρας α´ β´ ἐν ἑνί, Εζρα, ὅ ἐστιν 'βοηθός'· βίβλος Ψαλμῶν, Σφαρθελλειμ Σολομῶνος παροιμίαι, Μελωθ· Ἐκκλησιαστής, Κωελθ· Ἆισμα ἀισμάτων (οὐ γάρ, ὡς ὑπολαμβάνουσίν τινες Ἄισματα ἀισμάτων), Σιρασσιρειμ· Ἡσαΐας, Ιεσσια· Ἰερεμίας σὺν Θρήνοις καὶ τῇ Ἐπιστολῇ ἐν ἑνί, Ιερεμια· Δανιήλ, Δανιηλ· Ἰεζεκιήλ, Ιεζεκιελ· Ἰώβ, Ιωβ· Ἐσθήρ, Εσθηρ. ἔξω δὲ τούτων ἐστὶ τὰ Μακκαβαϊκά, ἅπερ ἐπιγέγραπται Σαβηθσαβαωαιελ". Aus der Erwähnung der Makkabäer kann man nicht schließen, daß Origenes das Buch der Makkabäer für zum hebräischen Kanon des Alten Testaments gehörig gehalten hätte. Vielmehr ist ἔξω hier wörtlich gemeint, "außerhalb". So auch DE LANGE in seiner Übersetzung der Kanonliste: Nicholas DE LANGE, *Origen and the Jews*, a.a.O. S. 53. Origenes grenzt mit dem letzten Satz das Buch der Makkabäer aus dem Kanon aus.

111 Das ist schon in der Alten Kirche auffällig gewesen. Rufin hat daher in seiner Übersetzung der Kirchengeschichte das Dodekapropheton vor Jesaja eingefügt. Auch Hilarius von Poitiers, dessen Psalmenkommentar von Origenes abhängig ist, fügt das Dodekapropheton an dieser Stelle ein.

als erster christlicher Autor benutzt[112]. Die Bücher, die die Juden überliefern, hält er für "zum Testament gehörend". Damit erhebt Origenes den Kanon der hebräischen Bibel zur Richtschnur, ohne allerdings die Zusätze der Septuaginta eindeutig auszugrenzen[113]. Origenes kennt den Begriff "apokryphe Schriften"[114], wendet ihn aber nicht auf die Septuaginta, sondern auf außerkanonische Schriften an[115]. Die Septuaginta-Zusätze gehören für ihn zwar nicht

---

[112] Die Überprüfung mit dem Thesaurus Linguae Graecae (CD-Rom) ergibt, daß nur Origenes und Eusebius von Caesarea das Adjektiv ἐνδιάθηκος verwenden. Origenes verwendet diesen Begriff außer in seiner Kanonliste nur einmal in "De oratione" 14,4 GCS 2 332,4 um zu erklären, daß Tobit nicht zum Kanon der hebräischen Bibel gehört. Eusebius hat den Begriff von Origenes übernommen und verwendet ihn siebenmal in der "Historia ecclesiastica" (einmal im Origenes-Zitat), immer im Zusammenhang mit der Abgrenzung des Umfangs der Bibel:
- *HE* 3,3,1 GCS 9 188,20 und 3,3,3 GCS 190,9 in der Frage ob der 2. Petrus-Brief zum Neuen Testament gehört;
- *HE* 3,9,5 GCS 9 222,19 in der redaktionellen Einleitung der Kanonliste des Favius Josephus;
- *HE* 3,25,6 GCS 9 252,12 im Anschluß an eine neutestamentliche Kanonliste
- *HE* 5,8,1 GCS 9 442,23 in der Einleitung zu Irenäus' Bericht über die Evangelisten
- *HE* 6, Inhaltsangabe zu Kapitel 25 und - zitiert - in der Einleitung zur Kanonliste des Origenes GCS 9 572,13.
[113] Vgl. dagegen die konfessionell interessierte Diskussion am Anfang dieses Jahrhunderts, in der J.P. VAN KASTEREN gegen G. WILDEBOER zu beweisen versuchte, daß der Kanon des Origenes mit dem des Tridentinum identisch sei. J.P. VAN KASTEREN, L'Ancien Testament d'Origène, in: *RB* 10 (1901) S. 413-424 und G. WILDEBOER, De Kerkvader Origenes en den kanon des Ouden Verbonds, in: *VMAW 4. Reihe 5* (1903) S. 143-163 dazu auch Augustin MERK, Origenes und der Kanon des Alten Testaments, in: *Bib* 6 (1925) S. 200-205.
[114] Die Verwendung des Begriffs ἀπόκρυφα zur Bezeichnung von Schriften, die nicht zum anerkannten Kanon gehören, hat ihr Vorbild wahrscheinlich in der Verwendung von ספרים החיצונים "draußenstehende Bücher" in der rabbinischen Tradition seit der Mischna vgl. z.B. bSan 90a. Dazu vgl. auch Adolf von HARNACK, *Der kirchengeschichtliche Ertrag der exegetischen Arbeiten des Origenes,* 2. Teil (TU 42/4), Leipzig 1919 S.42: "Über 'apokryphe' Schriften hat sich Origenes an mehreren Stellen generell ausgesprochen und ist, den Begriff anlangend, sowohl von der rabbinischen Tradition als von der griechischen Literarkritik abhängig".
[115] Eric JUNOD, La formation et la composition de l'Ancien Testament dans l'Église grecque des quatre premiers siècles, a.a.O. S. 121: "Origène connaît le concept d'*apocryphes*, et ce titre d'*apocryphes* n'est jamais donné à des livres deutérocanoniques". Zu Begriff und Konzeption der "Apokryphen" vgl. auch die Untersuchungen von Jean RUWET, der versucht, zu zeigen, daß der Kanon des Origenes nicht mit der hebräischen Bibel identisch ist, sondern die Septuaginta-Zusätze einschließt. Jean RUWET, Les *Antilegomena* dans les oeuvres d'Origène, in: *Bib* 24 (1943) S. 18-58 und DERS., Les apocryphes dans les oeuvres

zum Kanon, aber er hält es für möglich, einige von ihnen als einführende Lektüre für Katechumenen zu gebrauchen[116].

Die Septuaginta besitzt für Origenes durch den langen kirchlichen Gebrauch einen so hohen Eigenwert, daß er nicht für ihre Verbannung aus der Kirche eintritt[117]. Deshalb fertigt er auch keine neue Übersetzung des Alten Testaments an, sondern ermöglicht es, mit seiner Hexapla ohne den Verlust des traditionellen Septugintatextes auf das Hebräische zurückzugreifen. Insgesamt läßt sich in seinen Schriften beobachten, daß die hebräische Bibel im Laufe der Zeit immer größere Bedeutung gewinnt[118].

Ein wichtiger Beitrag des Origenes zur Etablierung des Kanons der hebräischen Bibel als fester Größe in der Kirche ist die Verbindung der 22 Bücher des Kanons der hebräischen Bibel mit den

---

d'Origène, in: *Bib* 25 (1944) S. 143-166. Die Untersuchung von OKADA war mir leider nicht zugänglich; Takeshi OKADA, The Thought of Origen about the Canon of Holy Scripture. With special regard to the Deuerocanonical Books (Japanisch mit engl. Zusammenfassung), in: *Kattorikku-kenkyu* (Tokio) 22,43 (1983) S. 95-116.

[116] Origenes, *Homilia in Numeros* 27,1 GCS 30 256,8-12: *"His ergo cum recitatur talis aliqua divinorum voluminum lectio, in qua non videatur aliquid obscurum, libenter accipiunt, verbi causa, ut est libellum Hester, aut Judith, vel etiam Tobiae aut mandata Sapientiae; si vero legatur ei liber Levitici offenditur continuo animus et quasi non suum refugit cibum"*. Die Zusammenstellung von drei Septuaginta-Zusätzen (Judith, Tobit, Weisheit Salomos) mit Esther zeigt, daß Origenes nicht die 22 kanonischen Bücher den fortgeschrittenen Christen reservieren wollte und neuen Gemeindegliedern nur die Lektüre der Septuagintazusätze erlaubte, sondern daß er ein pädagogisches Interesse an der Lektüre angemessener Texte hatte. Die angegebene Stelle aus der 27. Numeri-Homilie erlaubt auch nicht den Schluß, daß alle Septuaginta-Zusätze zur Einführungslektüre gebraucht wurden.

[117] Das wird in der Auseinandersetzung mit Julius Africanus um die Geschichte der Susanna besonders deutlich. Origenes beharrt gegenüber der Forderung des Africanus, die Geschichte aus der Bibel zu entfernen, weil sie nicht im Hebräischen erhalten sei, darauf, sie um des traditionellen Gebrauchs willen beizubehalten. Origenes *ad Africanum* 8, SC 302 532,1-13. Eine andere Auffassung vertritt Franz STUHLHOFER, *Der Gebrauch der Bibel*, a.a.O. S. 129: "Diese Haltung finden wir auch bei dem berühmten Disput zwischen Origenes und Julius Africanus über die Echtheit der Susannageschichte. Während sich die beiden darüber stritten, ob die Geschichte zum ursprünglichen hebräischen Text gehörte, worüber ein Urteil zu gewinnen damals schwerer als heute war, waren sie sich doch darüber einig, daß der ursprüngliche hebräische Text und nicht der griechische normativ sei. D.h., auch wenn Origenes hier die Echtheit der Susannageschichte verteidigt, so ist sein Verhalten kein Argument für die deuterokanonischen Zusätze, sondern ein Argument gegen sie".

[118] Ein Beispiel dafür ist seine Beurteilung des Buches Henoch, vgl. Eric JUNOD, La formation et la composition de l'Ancien Testament dans l'Église grecque des quatre premiers siècles, a.a.O. S. 123.

22 Buchstaben des hebräischen Alphabets. Origenes bietet den frühesten Beleg für diese Kombination, die sich in der Kanongeschichte durchgesetzt hat[119]. Kaum einer der späteren Autoren, die die Zahl der Bücher des Kanons der hebräischen Bibel erwähnen, verzichtet auf den Hinweis auf die 22 Buchstaben des hebräischen Alphabets. Bereits in der Einleitung zu seiner Kanonliste weist Origenes auf diesen Sachverhalt hin:

οὐκ ἀγνοητέον δ᾽ εἶναι τὰς ἐνδιαθήκους βίβλους, ὡς Ἑβραῖοι παραδιδόασιν, δύο καὶ εἴκοσι, οἷς ὁ ἴσος ἀριθμὸς τῶν παρ᾽ αὐτοῖς στοιχείων ἐστίν, οὐκ ἄλογον τυγχάνει[120].

Origenes mißt dem Übereinstimmen der Zahlen große Bedeutung bei, sie treffen für ihn auf Grund eines λόγος, eines bestimmten Sinnzusammenhanges, zusammen. So schreibt er weiter in der Einleitung zur Kanonliste:

Ὡς γὰρ τὰ κβʹ στοιχεῖα εἰσαγωγὴ δοκεῖ εἶναι εἰς τὴν σοφίαν καὶ τὰ θεῖα παιδεύματα τοῖς χαρακτῆρσι τούτοις ἐντυπούμενα τοῖς ἀνθρώποις, οὕτω στοιχείωσίς ἐστιν εἰς τὴν σοφίαν τοῦ θεοῦ, καὶ εἰσαγωγὴ εἰς τὴν γνῶσιν τῶν ὄντων, τὰ κβʹ θεόπνευστα βιβλία[121].

Daß die Anzahl der Buchstaben und der Bücher des Kanons übereinstimmen, erschließt für Origenes den Zusammenhang zwischen der aus 22 Buchstaben zusammengesetzten Schrift, die in die menschliche und göttliche Weisheit einführt, und dem aus 22 Büchern zusammengestellten Kanon, der in die Weisheit Gottes und die Erkenntnis des Seienden einführt.

Diese Feststellung wiederholt Origenes in der Einführung zu den alphabetisch geordneten Versen der ersten vier Klagelieder des Jeremia[122]. An dieser Stelle beruft er sich ausdrücklich auf eine hebräische Tradition, die die Buchstaben des Alphabets als Einführung in die göttliche Weisheit versteht[123]. In der hebräischen Mystik

---

[119] Ob Origenes der Erfinder dieser Verbindung ist oder ob er eine ältere Tradition übernimmt, ist nicht völlig zu klären.

[120] Origenes, *Philocalia* 3, SC 302 260,6-8.

[121] Origenes, *Philocalia* 3, SC 302 260,8-13.

[122] Origenes, *Klageliederkommentar*, Fragment 1GCS 6, 235.

[123] Nicholas DE LANGE *Origen and the Jews*, a.a.O. S. 175 Anm.24 versucht zu zeigen, daß die Zusammenstellung der 22 Buchstaben mit den 22 kanonischen Büchern im Psalmenkommentar des Origenes auf eine midraschische Überlieferung zurückgeht, derzufolge R. Joshua B. Qorha und R. Judah gelehrt haben sollen, in den Psalmen komme das Wort אַשְׁרֵי (in der Septuaginta: μακάριος) 22 mal, entsprechend den Buchstaben des Alphabetes vor. Diese Überlieferung ist nicht in die talmudische Tradition eingegangen und relativ unbekannt, weil weder in der Septuaginta noch im Masoretischen Text das Wort

spielen Spekulationen über das Alphabet eine große Rolle[124], aber sie
finden sich nicht nur in mystischen Texten, sondern auch in der
rabbinischen Tradition, von der Origenes beeinflußt ist[125]. In der
Einleitung zum Midrash Klagelieder verweisen mehrere Rabbinen
ebenfalls darauf, daß das Buch als alphabetisches Akrostichon
verfaßt ist[126]. Origenes nimmt das ebenfalls zum Anlaß, auf die
übertragene Bedeutung des Alphabets hinzuweisen. In der Einleitung
zum Klageliederkommentar verweist er in Fragment 3 wie im
Psalmenkommentar darauf, daß die 22 Buchstaben des hebräischen
Alphabets zur Einführung in die Wissenschaft dienen, die 22 Bücher
des Kanons hingegen zur Einführung in die Erkenntnis Gottes[127].
Dafür gibt es in rabbinischen Texten keine Parallelen, weil sie
24 kanonische Bücher zählen. Der Ursprung dieser von Origenes
vorgenommenen Kombinationen muß also in einem anderen Bereich
liegen.

Aus einer glücklicherweise erhaltenen Homilie zu Numeri wird
deutlich, daß Origenes das Jubiläenbuch als Quelle für seine an der
Zahl 22 orientierte Auslegung benutzt hat. Im Anschluß an eine
Paraphrase des Schöpfungsberichtes heißt es in Jub 2,23:

---

22 mal vorkommt, sondern in dem einen 25 mal und in dem anderen 26 mal.
Viel wahrscheinlicher ist es, daß Origenes die rabbinische Bewertung des
Alphabets übernimmt und zugleich unter dem Einfluß der im Jubiläenbuch
ausgeführten Zusammenstellung von Größen steht, die mit der Zahl
22 verbunden sind (s.u.).

[124] So z.B. im Sohar, der Hauptschrift der Kabbala. Es gibt sogar Schriften,
die sich ausschließlich mit solchen Spekulationen beschäftigen, wie *Das Alphabet
Rabbi Aqibas* oder *Das Alphabet Ben Siras*, vgl. M. GUTTMANN, Alphabet, in:
EJ(D) 2 (1932) S. 400-447.

[125] Zu dem Urteil, daß es sich bei den Spekulationen um die Bedeutung der
Zahl 22 im Zusammenhang mit den Buchstaben des hebräischen Alphabets um
jüdische Einflüße handelt, kommt auch Pierre NAUTIN, *Origene. Sa vie et son
oeuvre,* Paris 1977, S. 268: "Ces considerations sur l'alphabet et la Bible
hébraïque ou, plus haut, sur l'inspiration qui s'étend à chaque lettre, l'idée sous-
jacente à tout cela que l'alphabet hébreu a été lui-même révélé par Dieu, l'idée
encore que la Bible donne la connaisance de toutes choses, sont typiquement
juives". Er geht allerdings über diese generelle Feststellung nicht hinaus.

[126] EkhaR I,20-21. Die rabbinische Begründung dafür, daß vier der
Klagelieder als Akrostichen verfaßt worden sind, geht vor allem auf den Wehruf
אֵיכָה in Thr 1,1 ein. Deswegen wird die Form des alphabetischen Akrostichons
damit begründet, daß der Wehruf über Israel erschallt, weil Israel das gesamte
Gesetz "von A-Z" übertreten hat.

[127] Origenes, *Klageliederkommentar*, Fragment 3GCS 6 236,8-10: "Διὰ τοῦτό
φασιν Ἐβραῖοι τῆς παλαιᾶ γραφῆς ἰσαρίθμους τοῖς στοιχείοις εἶναι τὰς βίβλους, ὡς
εἶναι πρὸς θεογνωσίαν πᾶσαν εἰσαγωγήν, καθάπερ τὰ στοιχεῖα πρὸς πᾶσαν τοῖς
μανθάνουσι σοφίαν".

"Zweiundzwanzig Häupter der Menschen sind es von Adam bis Jakob, und zweiundzwanzig Arten von Werken wurden gemacht bis zum siebten Tag".[128]. Dieser Text ist Origenes bekannt gewesen. In seiner Homilie stellt er die Zahl der 22 Buchstaben des hebräischen Alphabets mit den 22 Schöpfungswerken und den 22 Generationen von Adam zu Jakob zusammen[129]:

> *'Viginti duo' quidem numerus in scripturis divinis, si qui observet, quod principalibus quibusdam causis adscriptus sit, frequenter inveniet. Nam viginti duo prima apud Hebraeos elementa tradunt esse litterarum. Viginti et duo rursus a proto-plasto Adam usque ad Iacob, ex cuius semine initium duodecim tribus sumunt, patres fuisse numerantur. Tradunt etiam omnium creaturarum Dei species intra viginti et duo numerum colligi* [130].

Die Verbindung der 22 Buchstaben des hebräischen Alphabets mit weiteren Größen der biblischen und außerbiblischen Tradition hat einen wichtigen Beitrag dazu geleistet, daß Origenes ohne weitere Umstände auch die Anzahl der kanonischen Bücher mit der der Buchstaben des hebräischen Alphabets in Beziehung gesetzt hat. Die von ihm vorgenommene Verbindung der 22 kanonischen Bücher mit den 22 Buchstaben des hebräischen Alphabets wird nahezu in der gesamten christlichen Kanontheorie im Osten rezipiert[131]. Damit hat Origenes dafür gesorgt, daß der Kanon des Alten Testaments fest mit der hebräischen Bibel und ihrer Sprache verbunden bleibt.

7. Eusebius von Caesarea

Eusebius von Caesarea hat kein eigenes Verzeichnis der kanonischen Bücher des Alten Testaments zusammengestellt[132]; deshalb ist es

---

128 *Das Buch der Jubiläen*, hg.v. Klaus BERGER, JSHRZ II/3 S. 330
129 Die Verbindung der 22 Buchstaben des Alphabets und der 22 Schöpfungswerke findet sich auch in der rabbinischen Tradition; bBer 55a: "R.Jehuda sagte im Namens Rabhs: Beçaël (Ex 31,1) hat es verstanden, die Buchstaben zusammenzusetzen, mit denen Himmel und Erde erschaffen wurden".
130 Origenes, *Homilia IV in Numeros*, GCS 30 20,12-18.
131 Ein Beleg für das lange Nachwirken dieser von Origenes vorgenommenen Zusammenstellung bilden die anonymen Armenischen Kanonlisten, die STONE aus Handschriften der Neuzeit herausgegeben hat; Michael E. STONE, Armenian Canon Lists V - Anonymus Texts, in: *HTR* 83 (1991) 141-161. Dort findet sich im Anschluß an eine Kanonliste folgendes Resümee S. 146 Z. 40f: "For (there are) 22 chief creation(s), and 22 Hebrew letters, and the same number of books are accepted".
132 Eusebius gibt eine eigene Kanonliste des Neuen Testaments in *HE* III,25,1-3 GCS 9 250,19-252,1.

schwierig, seine Position in der Kanongeschichte zu bestimmen[133]. Dennoch hat er durch die Aufnahme von drei Kanonlisten in seine *Historia ecclesiastica* die Entwicklung wesentlich mitbestimmt. Eusebius überliefert mit den Kanonverzeichnissen von Josephus, Melito und Origenes drei Listen, die der hebräischen Bibel folgen. Daß Eusebius selber ebenfalls nur die Schriften der hebräischen Bibel für kanonisch hält, geht aus einer Äußerung zum Gebrauch von Septuaginta-Zusätzen bei Clemens von Alexandria hervor. Dort bezeichnet Eusebius Weisheit und Jesus Sirach als ἀντιλεγόμεναι γραφαί und tadelt Clemens ausrücklich für seinen Gebrauch dieser Schriften[134]. Dennoch zitiert Eusebius auch in seinen eigenen Schriften die Septuaginta-Zusätze[135]. Durch seine Arbeit mit der Hexapla und den darin aufgeführten jüngeren Übersetzungen des Alten Testament ins Griechische nähert sich Eusebius dem hebräischen Text - der gemeinsamen Grundlage der differierenden Übersetzungen[136].

8. Cyrill von Jerusalem

Cyrill von Jerusalem hat in der vierten seiner um 350 entstandenen 10 Katechesen eine Kanonliste überliefert[137]. In den Kapiteln 33-36 dieser Katechese erklärt er, was die Heilige Schrift ist, welche Einzelschriften zu ihr gehören, wie sie entstanden und zu verstehen ist[138]. Cyrill grenzt die biblischen gegen "apokryphe" Schriften

---

[133] Vgl. Caspar JULIUS, *Die griechischen Danielzusätze und ihre kanonische Geltung*, Freiburg i.Br. 1901 S. 73.

[134] Eusebius, *HE* VI 13,6 548,8: "κέχρηται δ' ἐν αὐτοῖς (sc. den Stromata R.H.) καὶ ταῖς ἀπὸ τῶν ἀντιλεγομένων γραφῶν μαρτυρίαις, τῆς τε λεγομένης Σολομῶνος Σοφίας καὶ τῆς Ἰησοῦ τοῦ Σιράχ".

[135] Nach den Angaben der *Biblia Patristica IV* zitiert Eusebius aus: Dan 3,24-90 + 13 + 14 (12x); 1. Makkabäer (155x); 2. Makkabäer (73x); Weisheit Salomos (97x); Jesus Sirach (50x); Baruch (19x). Daneben kennt er die Bücher Tobit und Judith, zitiert sie aber nicht selbständig, vgl. HE I,7,13; VII,11,2.

[136] Dominique BARTHELEMY, Eusèbe, la Septante et "les autres" in: *La Bible et les Pères. Colloque du Strasbourg (1.-3. 10. 1969),* Paris 1971 S. 65: "Eusèbe a diffusé la Septante, au lieu d'en préparer le détrônement comme le fera Jérôme en donnant une forme textuelle cohérente à un Ancien Testament selon la 'vérité hébraïque'".

[137] Zu Leben und Werk Cyrills s. Edward J. YARNOLD, Cyrillus von Jerusalem, in: *TRE* 8 (1981) S. 261.

[138] Cyrill von Jerusalem, *Catechesis* IV,33 PREUSCHEN, SQS 8/2 79,1-5.

ab[139]. In seiner Kanonliste zählt Cyrill nur die 22 Bücher der hebräischen Bibel als zum Kanon des Alten Testaments gehörend auf[140]. Dennoch ist seine Vorstellung vom Alten Testament deutlich von der Septuaginta geprägt. Er ist der einzige Autor, der eine Kanonliste direkt mit der Erzählung von der geistgewirkten Übersetzung der 72 Ältesten verbindet. Außerdem übernimmt er in seiner Liste ausdrücklich das Gliederungsprinzip der Septuaginta und unterteilt das Alte Testament in Gesetzesbücher, Geschichtsbücher, Poetische Bücher und Propheten. Die Septuaginta bestimmt auch die Textform der aufgelisteten Bücher. Cyrill ermahnt seine Katechumenen bereits am Anfang des Abschnittes über die Heilige Schrift, die 22 Bücher des Alten Testaments in der Übersetzung der Septuaginta zu lesen:

ἀναγίνωσκε τὰς εἴκοσι δύο βίβλους τῆς παλαιᾶς διαθήκης τὰς ὑπὸ τῶν ἑβδομήκοντα δύο ἑρμηνευτῶν ἑρμηνευθείσας[141].

Trotz des weitgehenden Einflusses der Septuaginta auf den Bibeltext Cyrills überschreitet seine Kanonliste den Umfang der hebräischen Bibel nicht[142]. In der Einleitung zu den historischen Büchern findet sich sogar ein expliziter Hinweis auf die hebräische

---

139 Cyrill von Jerusalem, *Catechesis* IV,35 PREUSCHEN, SQS 8/2 81,44f: "Τούτων τὰς εἴκοσι δύο βίβλους ἀναγίνωσκε· πρὸς δὲ τῶν ἀποκρύφων μηδὲν ἔχε κοινόν".

140 Cyrill von Jerusalem, *Catechesis* IV,35 PREUSCHEN, SQS 8/2 81,49-67: "σὺ οὖν, τέκνον τῆς ἐκκλησίας ὤν, μὴ παραχάραττε τοὺς θεσμοὺς καὶ τῆς μὲν παλαιᾶς διαθήκης, καθὼς εἴρηται, τὰς εἴκοσι δύο μελέτα βίβλους, ἅς, εἰ φιλομαθὴς τυγχάνεις, ἐμοῦ λέγοντος ὀνομαστὶ μεμνῆσθαι σπούδασον. τοῦ νόμου μὲν γάρ εἰσιν αἱ Μωϋσέως [πρῶται] πέντε βίβλοι· Γένεσις, Ἔξοδος, Λευτικόν, Δευτερονόμιον. ἑξῆς Ἰησοῦς υἱὸς Ναυῆ καὶ τὸ τῶν Κριτῶν βιβλίον μετὰ τῆς Ῥοὺθ ἕβδομον ἀριθμούμενον. τῶν δὲ λοιπῶν ἱστορικῶν βιβλίων ἡ πρώτη καὶ ἡ δευτέρα τῶν Βασιλειῶν μία παρ' Ἑβραίοις ἐστὶ βίβλος· μία δὲ καὶ ἡ τρίτη καὶ ἡ τετάρτη ὁμοίως δὲ παρ' αὐτοῖς καὶ τῶν Παραλειπομένων ἡ πρώτη καὶ ἡ δευτέρα μία τυγχάνει βίβλος. καὶ τοῦ Ἔσδρα ἡ πρώτη καὶ ἡ δευτέρα μία λελόγισται· δωδεκάτη δὲ βίβλος ἡ Ἐσθήρ. καὶ τὰ μὲν ἱστορικὰ ταῦτα. τὰ δὲ στιχηρὰ τυγχάνει πέντε· Ἰὼβ καὶ βίβλος Ψαλμῶν καὶ Παροιμίαι καὶ Ἐκκλησιαστὴς καὶ Ἄισμα ἀισμάτων ἑπτακαιδέκατον βιβλίον. ἐπὶ δὲ τούτοις τὰ προφητικὰ πέντε· τῶν δώδεκα προφητῶν μία βίβλος καὶ Ἡσαΐα μία καὶ Ἰερεμίου μετὰ Βαροὺχ καὶ Θρηνῶν καὶ Ἐπιστολῆς· εἶτα Ἰεζεκιὴλ καὶ ἡ τοῦ Δανιήλ, εἰκοστὴ δευτέρα βίβλος τῆς παλαιᾶς διαθήκης".

141 Cyrill von Jerusalem, *Catechesis* IV,35 PREUSCHEN, SQS 8/2 80,14-16.

142 Er kennt und zitiert aber nach den Angaben der *Biblia Patristica IV* folgende Septuaginta-Zusätze: Dan 3,24-90 + 13 + 14 (8x); Weisheit Salomos (7x); Jesus Sirach (7x); Baruch (3x); 2. Makkabäer (2x). Er zitiert nicht aus Judith, Tobit, 1. Makkabäer, und der Epistula Jeremiae. Diese Zitate und seine übrigen Hinweise auf die Septuaginta stehen für Cyrill offenbar nicht im Widerspruch mit seiner Äußerung zum Umfang des Kanons.

Bibel. Cyrill erwähnt, daß von den vier Königsbüchern (der Septuaginta) bei den Hebräern jeweils zwei als ein Buch gezählt werden
(Samuel und Könige), wie auch die beiden Chronikbücher und die
zwei Bücher Esra.

Am Ende der Liste in seiner vierten Katechese schließt Cyrill alle
nicht aufgezählten Schriften kategorisch aus dem Kanon aus[143].
Damit ist er rigoroser als andere griechische Theologen, die die
Septuaginta-Zusätze zumindest zur privaten oder propaedeutischen
Lektüre zuließen[144].

9. Athanasius von Alexandrien

Athanasius hat seinem 39. Osterfestbrief aus dem Jahre 367 eine
ausführliche Abhandlung zum rechten Gebrauch der heiligen Schrift
beigefügt[145], in der er die kanonischen Bücher des Alten und Neuen
Testaments aufzählt. Er unterscheidet den von der Kirche anerkannten Kanon des Alten Testament ausdrücklich von anderen
"apokryphen" Schriften, auf die sich Häretiker berufen. Im Gegensatz zu diesen sind die kanonischen Bücher in der Kirche überliefert.
Diese bereits bestehende Tradition will Athanasius fortführen[146].
Deshalb zählt er in seiner Liste die Bücher der hebräischen Bibel als
kanonische Schriften auf und beruft sich darauf, daß diese Bücher
von den Juden überliefert worden sind[147]. Im Gefolge des Origenes

---

[143] Cyrill von Jerusalem, *Catechesis* IV,36 PREUSCHEN, SQS 8/2 82,77-78:
"τὰ δὲ λοιπὰ πάντα ἐν δευτέρῳ κείσθω. καὶ ὅσα ἐν ἐκκλησίᾳ μὴ ἀναγινώσκεται,
ταῦτα μηδὲ κατὰ σεαυτὸν ἀναγίνωσκε, καθὼς ἤκουσας". Vgl. Eric JUNOD, La
formation et la composition de l'Ancien Testament dans l'Église grecque des
quatre premiers siècles, a.a.O. S. 130: "Que cet avertisment de Cyrille soit
polémique ou non, en tout cas il ne laisse aucun espace pour les *autres livres*".

[144] Die rigorose Haltung Cyrills hat Caspar JULIUS, *Die griechischen
Danielzusätze*, a.a.O. S. 76 als "unter dem wenn auch nur mittelbaren, ja
unbewußten - Einflusse der jüdisch-palästinischen Observanz stehend"
bezeichnet.

[145] In den koptischen Fragmenten des 39. Osterfestbriefes ist ein großer Teil
des Kontextes der Kanonliste erhalten geblieben. Vgl. CSCO 150 15-22 + 58-
62. Eine Zusammenstellung der von ihm herausgegebenen Fragmente gibt L.Th.
LEFORT in der französischen Übersetzung in CSCO 151 31-40. Eine ältere
deutsche Übersetzung liegt vor bei PREUSCHEN, SQS 8/2 45-52.

[146] Diese Absicht läßt sich aus dem Resümee des Athanasius entnehmen:
Epistula festalis 39, CSCO 150 21,21-23; hier in der Übersetzung zitiert
CSCO 151 39,36-40,3: "Tenons-nous en, pour qu'elle nous instruise, à
l'Écriture seule, souffle de Dieu; celle dont nous avons énoncé les livres dans
l'exposé qui précède, a savoir quels ils sont et combien en nombre".

[147] Athanasius, *Epistula festalis 39*, CSCO 151 34f: "Έστι τοίνυν τῆς μὲν
παλαιᾶς διαθήκης βιβλία τῷ ἀριθμῷ τὰ πάντα εἰκοσιδύο - τοσαῦτα γάρ, ὡς ἤκουσα,

verbindet er die Zahl der 22 kanonischen Bücher mit der Zahl der Buchstaben des hebräischen Alphabets. Die 22 kanonischen Bücher des Alten Testaments haben deshalb besonderes Gewicht, weil Jesus von ihnen spricht, wenn er von "der Schrift" redet[148]. Athanasius verwendet zum ersten Mal das Adjektiv "kanonisch" in diesem Zusammenhang[149] und grenzt so die Bücher der hebräischen Bibel von den Septuaginta-Zusätzen ab, die er als "ἕτερα βιβλία" bezeichnet. Dennoch schließt er sie nicht völlig aus dem kirchlichen Gebrauch aus, weil die Tradition der Väter diese Schriften neben den Büchern der hebräischen Bibel überliefert hat. Ähnlich wie Origenes empfiehlt er - neben anderen Büchern - einige der Septuaginta-Zusätze zur einführenden Lektüre für Katechumenen[150]. Als "Apokryphen" bezeichnet er solche Schriften, die unter dem Namen des Henoch, Jesaja oder Mose verbreitet wurden, aber nicht die Schriften, die die Septuaginta über den Bestand der hebräischen

---

καὶ τὰ στοιχεῖα τὰ παρ' Ἑβραίοις εἶναι παραδέδοται · τῇ δὲ τάξει καὶ τῷ ὀνόματί ἐστιν ἕκαστον οὕτω· πρῶτον Γένεσις, εἶτα Ἔξοδος, εἶτα Λευϊτικόν, καὶ μετὰ τοῦτο Ἀριθμοί, καὶ λοιπὸν τὸ Δευτερονόμιον· ἑξῆς δὲ τούτων ἐστὶν Ἰησοῦς ὁ τοῦ Ναυὴ καὶ Κριταὶ καὶ μετὰ τοῦτο ἡ Ῥούθ, καὶ αὖθις ἑξῆς Βασιλέων βιβλία τέσσαρα καὶ τούτων τὸ μὲν πρῶτον καὶ δεύτερον εἰς ἓν βιβλίον ἀριθμεῖται, τὸ δὲ τρίτον καὶ τέταρτον ὁμοίως εἰς ἕν· μετὰ δὲ ταῦτα Παραλειπομένων πρῶτον καὶ δεύτερον, ὁμοίως εἰς ἕν βιβλίον ἀριθμούμενα· εἶτα Ἔσδρας πρῶτος καὶ δεύτερος εἰς ἕν· μετὰ δὲ ταῦτα βίβλος Ψαλμῶν καὶ ἑξῆς Παροιμιῶν, εἶτα Ἐκκλησιαστὴς καὶ Ἆισμα αἰσμάτων· πρὸς τούτοις ἐστὶ καὶ Ἰώβ· καὶ λοιπὸν Προφῆται, οἱ μὲν δώδεκα εἰς ἕν βιβλίον ἀριθμούμενοι· εἶτα Ἡσαΐας, Ἱερεμίας καὶ σὺν αὐτῷ Βαρούχ, Θρῆνοι καὶ Ἐπιστολή, καὶ μετ' αὐτῶν Ἰεζεκιὴλ καὶ Δανιήλ· ἄχρι τούτων τὰ τῆς παλαιᾶς διαθήκης ἵσταται".

148 Athanasius, *Epistula festalis 39*, CSCO 151 35: "περὶ τούτων ὁ Κύριος Σαδδουκαίους μὲν ἐδυσώπει λέγων".

149 Athanasius, *Epistula festalis 39*, CSCO 151 34: "ἑξῆς ἐκθέσθαι τά κανονιζόμενα καὶ παραδοθέντα, πιστευθέντα τε θεῖα εἶναι βιβλία".

150 Athanasius, *Epistula festalis 39*, CSCO 151 35: "ὡς [ὅτι] ἐστὶ καὶ ἕτερα βιβλία τούτων ἔξωθεν, οὐ κανονιζόμενα μὲν, τετυπωμένα δὲ παρὰ τῶν πατέρων ἀναγινώσκεσθαι τοῖς ἄρτι προσερχομένοις καὶ βουλομένοις κατηχεῖσθαι τὸν τῆς εὐσεβείας λόγον· Σοφία Σολομῶντος, καὶ Σοφία Σιράχ, καὶ Ἐσθήρ, καὶ Ἰουδίθ, καὶ Τωβίας καὶ Διδαχὴ καλουμένη τῶν ἀποστόλων καὶ ὁ Ποιμήν". Vgl. Origenes, *Homilia in Numeri 27,1* GCS 30 256,8-12. Gegenüber Origenes erweitert Athanasius die Liste der zur Einführung zu lesenden Bücher um Jesus Sirach, die Didache und den Hirt des Hermas. Er unterscheidet sich aber auch in der Stellung des Buches Esther von Origenes. Athanasius führt Esther erst bei den Schriften zur Einführung auf, während es bei Origenes auch zu den 22 kanonischen Bücher gehört. Hans Peter RÜGER, Das Werden des christlichen Alten Testaments, a.a.O. S. 185f. führt die Verwendung des Begriffes "draußenstehende Bücher" bei Athanasius und Origenes auf direkten oder indirekten jüdischen Einfluß zurück.

Bibel hinaus enthält[151]. Vor den apokryphen Schriften warnt er alle rechtgläubigen Christen, weil sie reine Fabeln enthalten[152] und von Häretikern, vor allem den Melitianern, dazu benutzt werden, die katholischen Christen zu betrügen, weil sie aus ihnen zitieren, als handele es sich um kanonische Bücher[153].

Der 39. Osterfestbrief des Athanasius ist ein klares Zeugnis für die Autorität des Kanons der hebräischen Bibel in der christlichen Kirche. Nur dessen Bücher werden als kanonisch betrachtet. Daneben ist dieses Schreiben auch ein Beleg für die - auch in der griechischen Kirche - weithin übliche Verwendung der Septuaginta-Zusätze[154]. Das Zitierverhalten des Athanasius stimmt mit seinen Äußerungen zum Kanon überein, er verwendet sowohl Zitate aus der hebräischen Bibel als auch der Septuaginta[155].

10. Die Kanones von Laodicea und die Apostolischen Kanones

Neben den Kanonlisten von einzelnen Autoren sind in der griechischen Kirche auch zwei Verzeichnisse der kanonischen Bücher über-

---

[151] Die obengenannten zur Einführung gelesenen Schriften grenzt Athanasius zusammen mit den 22 Büchern des Kanons des Alten Testaments und dem Neuen Testament von den Apokryphen ab; CSCO 151 35: "κακείνων κανωνιζομένων καὶ τούτων ἀναγινωσκομένων". Das entspricht der Verwendung des Begriffs "Apokryphen" bei Origenes (s.o.).

[152] Athanasius, *Epistula festalis 39*, CSCO 150 20,26-28; CSCO 151 38,7-19.

[153] Athanasius, *Epistula festalis 39*, CSCO 150 60f; CSCO 151 39,1-8 + 27-33.

[154] Vgl. Eric JUNOD, La formation et la composition de l'Ancien Testament dans l'Église grecque des quatre premiers siècles, a.a.O. S. 126: "Les 22 livres énumérés correspondent à ceux de la Bible juive pour ce qui concerne les titres, mais le texte est évidemment celui de la LXX avec ses particularités et ses ajouts propres". Auch wenn Athanasius in seinen Schriften zumeist aus der Septuaginta zitiert, weiß er dennoch um die Unterschiede zwischen hebräischem Text, Septuaginta und den Übersetzungen des Symmachus oder Aquilas. Das belegen die Verweise auf solche Unterschiede in seinem Psalmenkommentar: Athanasius, *Expositio in Psalmorum* PG 27; zu Symmachus 288D, zu Aquila 289D, zum hebräischen Text 342C und *Argumentum in Psalmos*, PG 27 55.

[155] Albert C.SUNDBERG, *The Old Testament of the Early Church*, Cambridge 1964 (HThS 20), S. 140f: "In the remainder of Athanasius' works no marked difference between his use of the books of the Jewish canon and the Apocrypha (SUNDBERG verwendet den Begriff "Apokryphen" zur Bezeichnung der Septuaginta-Zusätze, R.H.) appears. Citations from the books of Apocrypha are intermingled with citations from the books of the Jewish canon with no indication of any difference of status. Moreover, many quotations from the Apocrypha are introduced with formulas regularly used for quotations from the canonical books".

liefert worden, die als Teil einer Sammlung von kirchlichen Rechtssätzen (Kanones) offiziellen Charakter haben. Die Ursprünge der beiden Sammlungen sind nicht genau zu bestimmen. Weder sind Nachrichten über die Synode zu Laodicea erhalten, noch sind Verfasser und Ursprungsort der als Teil der Apostolischen Konstitutionen überlieferten Apostolischen Kanones bekannt[156]. Die Sammlung von 60 Kanones, die aus den Beschlüssen einer Synode in Laodicea in Phrygien hervorgegangen ist, stammt wahrscheinlich aus dem dritten Viertel des vierten Jahrhunderts. Formal und inhaltlich weisen die im fünften Jahrhundert zusammengestellten apostolischen Kanones große Ähnlichkeiten mit dieser Sammlung auf[157]. In beiden Sammlungen ist die Tendenz zur Definition und Festschreibung der katholischen Tradition unverkennbar. Damit verbunden ist die Abgrenzung von Juden, Heiden und Häretikern[158]. Beide Sammlungen enden mit einer Liste der kanonischen Bücher.

Die Liste in den Kanones von Laodicea zählt die 22 Bücher der hebräischen Bibel als kanonisch auf[159]. Neben der eigentlichen

---

[156] Die Frage nach dem Verfasser bzw. Sammler der apostolischen Konstitutionen ist umstritten, vgl. Marcel METZGER, Konstitutionen, (Pseud-) apostolische, in: *TRE* 19 (1990) S. 542. Ein Versuch, den Autor der apostolischen Konstitutionen ausfindig zu machen, stammt von Dieter HAGEDORN, *Der Hiob-Kommentar des Arianers Julian* (PTS), Berlin 1973 S. XXXVI-LVII, der Julian auch die Verfasserschaft an den Konstitutionen zuschreibt.

[157] Marcel METZGER, Konstitutionen, a.a.O. S. 541 charakterisiert die apostolischen Kanones als "eine Zusammenstellung von Kanones, die mit denen verschiedener zwischen 325 und 380 abgehaltener Synoden verwandt sind".

[158] Vgl. Eduard SCHWARTZ, Die Kanonessammlungen der alten Reichskirche, in: DERS., *Ges. Schr. Bd 4. Zur Geschichte der Alten Kirche und ihres Rechts,* Berlin 1960 S. 191, der ebenfalls die scharfe Absonderung von Juden, Heiden und Häretikern betont. So findet sich z.B. das in den Kanones von Laodicea erwähnte Verbot, mit den Juden Passa zu feiern (Kanon 38 von Laodicea, SQS 12 76,20f), auch in den Apostolischen Kanones (Apostolische Kanones 70, SQS 12 10,24-28).

[159] Kanones von Laodicea 60, SQS 12 78,17-23: "Ὅσα δεῖ βιβλία ἀναγινώσκεσθαι τῆς παλαιᾶς διαθήκης· α΄. Γένεσις κόσμου. β΄. Ἔξοδος ἐξ Αἰγύπτου. γ΄. Λευϊτικόν. δ΄. Ἀριθμοί. ε΄. Δευτερονόμιον. ϛ΄. Ἰησοῦς Ναυῆ. ζ΄. Κριταί, Ῥούθ. η΄. Ἐσθήρ. θ΄. Βασιλειῶν πρώτη καὶ δευτέρα. ι΄. Βασιλειῶν τρίτη καὶ τετάρτη. ια΄. Παραλειπόμενα πρῶτον καὶ δεύτερον. ιβ΄. Ἔσδρας πρῶτον καὶ δεύτερον. ιγ΄. Βίβλος Ψαλμῶν ἑκατὸν πεντήκοντα. ιδ΄. Παροιμίαι Σολομῶντος. ιε΄. Ἐκκλησιαστής. ιϛ΄. Ἆισμα ἀισμάτων. ιζ΄. Ἰώβ. ιη΄. Δώδεκα προφῆται. ιθ΄. Ἠσαΐας. κ΄. Ἰερεμίας καὶ Βαρούχ, Θρηνοὶ καὶ ἐπιστολαί. κα΄. Ἰζεκιήλ. κβ΄. Δανιήλ". In der ersten Fassung der lateinischen Übersetzung des Dionysius Exiguus fehlt die Kanonliste; PL 67 170C, während sie in der zweiten Fassung neben dem griechischen Original steht; PL 67 75C. Diese Tatsache hat häufiger Anlaß zu Vermutungen über eine

Kanonliste gibt es keine weiteren Hinweise auf den Kanon der hebräischen Bibel oder die Juden als Überlieferer des Textes.

Die Liste der Apostolischen Kanones erwähnt weder den Kanon der hebräischen Bibel noch die 22-Zahl der kanonischen Bücher[160]. In Kanon 85 werden über den Bestand des Kanons der hebräischen Bibel hinaus drei Makkabäerbücher als kanonisch aufgezählt und als Ergänzung zu den kanonischen Büchern wird jungen Leuten die Lektüre des Jesus Sirach empfohlen. Diese Kanonliste ist stärker von der Septuaginta beeinflußt als die Liste in den Kanones von Laodicea. Da aber einige Schriften der Septuaginta wie z.B. Weisheit und Psalmen Salomos fehlen und Jesus Sirach ausdrücklich nicht zum Kanon gerechnet wird, ist dennoch zu erkennen, daß auch diese Liste am Kanon der hebräischen Bibel orientiert ist.

Die Kanonliste von Laodicea ist bereits in das vorchalcedonensische Corpus Canonum der griechischen Reichskirche aufgenommen worden[161]. Die Apostolischen Kanones haben neben den Apostolischen Konstitutionen[162] Eingang in die erste, nicht maßgebliche Auflage der lateinischen Kanonessammlung des Dionysius Exiguus gefunden[163]. Auf diese Weise sind beide Kanonlisten weit verbreitet worden und haben als Teile von Rechtstexten zugleich einen verbindlicheren Charakter als die bisher untersuchten Äußerungen einzelner Theologen. Inhaltlich stimmen die Listen dieser beiden Kanonessammlungen aber mit den anderen Stellungnahmen griechischer Theologen zum Kanon des Alten Testaments überein. Sie orientieren sich am Kanon der hebräischen Bibel, auch

---

spätere Entstehungszeit dieser Liste im Kanon 60 gegeben; vgl. Theodor ZAHN, *Geschichte des neutestamentlichen Kanons* II/1 S. 193-202.

[160] Apostolische Kanones 85, SQS 12 12,27-13,7: "Ἔστω πᾶσιν ὑμῖν κληρικοῖς καὶ λαϊκοῖς βιβλία σεβάσμια καί ἅγια, τῆς μὲν παλαιᾶς διαθήκης Μωυσέως πέντε, Γένεσις, Ἔξοδος, Λευΐτικόν, Ἀριθμοί, Δευτερονόμιον· Ἰησοῦ υἱοῦ Ναυῆ ἕν· [Κριτῶν ἕν·] Ῥούθ ἕν· Βασιλειῶν τέσσαρα· Παραλειπομένων τοῦ βιβλίου τῶν ἡμερῶν δύο· [Ἔσδρα δύο·] Ἐσθὴρ ἕν· Μαχαβαϊκῶν τρία· Ἰὼβ ἕν· Ψαλτήριον ἕν· Σολομῶντος τρία, Παροιμίαι, Ἐκκλησιαστής, Ἄισμα ἀισμάτων· Προφητῶν δεκαδύο ἕν· Ἡσαΐου ἕν· Ἰερεμίου ἕν· Ἰεζεκιὴλ ἕν· Δανιὴλ ἕν· ἔξωθεν δὲ προσιστορείσθω ὑμῖν, μανθάνειν ὑμῶν τοὺς νέους τὴν Σοφίαν τοῦ πολυμαθοῦς Σειράχ".

[161] Vgl. Eduard SCHWARTZ, Die Kanonessammlungen, a.a.O. S. 161; 191-192.

[162] Die apostolischen Konstitutionen sind zwar auf dem Quini-Sextum von 692 verworfen worden, die apostolischen Kanones wurden davon aber ausdrücklich ausgenommen.

[163] Aus der zweiten Fassung der Kanonessammlung des Dionysius Exiguus wurden sie entfernt, weil sie nicht allgemein anerkannt waren, vgl. Michael RICHTER, Dionysius Exiguus, in: *TRE* 9 (1982) S. 3.

wenn die Listen im Detail voneinander abweichen und nur selten der Ordnung der hebräischen Bibel folgen.

11. *Gregor von Nazianz*

Gregor von Nazianz hat wie sein Cousin Amphilochius von Ikonium eine Kanonliste in Versen hinterlassen. Gregor zählt 22 Bücher als kanonisch auf[164]. Ihre Zahl bringt er mit der Zahl der hebräischen Buchstaben in Verbindung und verweist mit der einleitenden Bemerkung "Τῆς ἀρχαιοτέρης Ἑβραϊκῆς σοφίης". darauf, daß die Juden die Schriften des Alten Testaments überliefert haben. In der Anordnung der aufgeführten Bücher zeigt sich Gregor aber von der Septuaginta beeinflußt. Er zählt ausdrücklich 12 historische, fünf poetische und fünf prophetische Bücher auf. In der Aufzählung der Propheten erwähnt er alle einzelnen Bücher des Dodekapropheton, nennt aber keines der sonst zu Jeremia gezählten Bücher und läßt auch das Buch Esther unerwähnt. Das Zitierverhalten Gregors weicht von seiner Kanonliste ab. Er kennt und zitiert die Zusätze der Septuaginta[165].

---

[164] Gregor von Nazianz, *Carmen I,1,12 De veris Scripturae libris*, PG 37 472A-474A:
"Δέχνυσο τοῦτον ἐμεῖο τὸν ἔγκριτον, ὦ φίλ᾽, ἀριθμόν.
Ἱστορικαὶ μὲν ἔασι βίβλοι δυοκαίδεκα πᾶσαι
Τῆς ἀρχαιοτέρης Ἑβραϊκῆς σοφίης.
Πρωτίστη, Γένεσις, εἶτ᾽ Ἔξοδος, Λευιτικόν τὲ.
Ἔπειτ᾽ Ἀριθμοί. Εἶτα Δεύτερος Νόμος.
Ἔπειτ᾽ Ἰησοῦς, καὶ Κριταί. Ῥοὺθ ὀγδόη.
Ἡ δ᾽ ἐνάτη δεκάτη τε βίβλοι, Πράξεις βασιλήων,
Καὶ Παραλειπόμεναι. Ἔσχατον Ἔσδραν ἔχεις.
Αἱ δὲ στιχηραὶ πέντε, ὧν πρῶτός γ᾽ Ἰώβ·
Ἔπειτα Δαυῒδ· εἶτα τρεῖς Σολομωντίαι·
Ἐκκλησιαστὴς, Ἄισμα καὶ Παροιμίαι.
Καὶ πένθ᾽ ὁμοίως Πνεύματος προφητικοῦ.
Μίαν μέν εἰσιν ἐς γραφὴν οἱ δώδεκα·
Ὡσηὲ κ᾽ Ἀμὼς, καὶ Μιχαίας ὁ τρίτος·
Ἔπειτ᾽ Ἰωὴλ, εἶτ᾽ Ἰωνᾶς, Ἀβδίας,
Ναούμ τε, Ἀββακούμ τε, καὶ Σοφονίας,
Ἀγγαῖος, εἶτα Ζαχαρίας, Μαλαχίας.
Μία μὲν οἴδε. Δευτέρα δ᾽ Ἡσαίας.
Ἔπειθ᾽ ὁ κληθεὶς Ἱερεμίας ἐκ βρέφους.
Εἶτ᾽ Ἰεζεκιὴλ, καὶ Δανιήλου Χάρις.
Ἀρχαίας μὲν ἔθηκα δύω καὶ εἴκοσι βίβλους,
Τοῖς τῶν Ἑβραίων γράμμασιν ἀντιθέτους".
[165] Vgl. Paul GALLAY, La Bible dans l'oeuvre de Grégoire de Nazianze le Théologien, in: *Le monde grec ancien et la Bible*, Paris 1984 S. 313-334. Nach den Angaben der *Biblia Patristica V* zitiert Gregor Dan 3,24-90 (14x); 13 (11x);

Damit kann auch für ihn die bereits erwähnte Diskrepanz zwischen den Kanonlisten und dem Zitierverhalten der griechischen Kirchenväter angenommen werden[166].

Gregor von Nazianz gehört zu den Lehrern des Hieronymus[167]. Sie sind sich in Konstantinopel vor und während des Konzils im Jahre 381 begegnet. Diese Begegnung hat auf die exegetische Arbeit des Hieronymus und seine Stellung zum Alten Testament wohl einigen Einfluß ausgeübt.

12. Amphilochius von Ikonium

Amphilochius[168] hat in einem Lehrgedicht, den *Jamben an Seleukos*, ebenfalls eine Kanonliste überliefert[169]. In diesem Gedicht bemüht sich Amphilochius darum, das nach der Heiligen Schrift ausgerichtete Leben der Christen von paganer Bildung und Lebensführung abzugrenzen. Daß er dazu die Form des Lehrgedichtes wählt, zeigt sein pädagogisches Interesse. Er will auf diese Weise Lebensregeln und Lehrinhalte einprägsam vermitteln[170].

Amphilochius steht mit den "großen Kappadoziern" in enger Verbindung[171] und kennt auch die Katechesen des Cyrill von

---

14 (13x); 1. Makkabäer (2x); 2. Makkabäer (19x); Weisheit Salomos (105x); Jesus Sirach (34x); Baruch (9x); Tobit (12x) und Judith (1x).

[166] Vgl. Paul GALLAY, La Bible dans l'oeuvre de Grégoire de Nazianze le Théologien, a.a.O. S. 318: "Il y a donc un certain décalage entre le canon que Grégoire proclame et l'usage qu'il fait des livres saints. Quand il affirme la canonicité, il est très prudent; quand il cite ou utilise la Bible, il prend son bien partout, du moment que citations et exemples peuvent être utiles aux auditeurs ou aux lecteurs".

[167] S.u. zu Hieronymus.

[168] Zu Leben und Werk des Amphilochius liegt neuerdings eine umfassende Bibliographie vor: Hubertus R. DROBNER, Bibliographia Amphilochiana, in: *ThGl* 77 (1987) S. 14-35 u. 179-196.

[169] Die *Jamben an Seleukos* sind über lange Zeit Gregor von Nazianz zugeschrieben worden. Vgl. Erich OBERG, Das Lehrgedicht des Amphilochius von Ikonium, in: *JbAC* 16 (1973) S. 68. Die *Jamben an Seleukos* sind herausgegeben von Erich OBERG, *Amphilochii Iconiensis Jambi ad Seleucum* (PTS 9), Berlin 1969. In seinem o.g. Aufsatz hat OBERG neben der deutschen Übersetzung auch eine leicht verbesserte Version des Textes vorgelegt, die hier zitiert wird.

[170] Erich OBERG, Das Lehrgedicht des Amphilochius von Ikonium, a.a.O. S. 71 u. 74.

[171] Dazu hat Karl HOLL eine noch immer maßgebliche monographische Untersuchung vorgelegt: Karl HOLL, *Amphilochius von Ikonium in seinem Verhältnis zu den großen Kappadoziern*, Tübingen / Leipzig 1904.

Jerusalem[172]. Trotz dieses Einflusses unterscheidet sich seine Kanonliste von den von Cyrill und Gregor von Nazianz überlieferten. Zwar verbindet auch Amphilochius seine Kanonliste[173] mit einer einleitenden Warnung vor apokryphen Schriften, die zitiert werden, als ob sie kanonische Bücher seien[174]; er zählt dann aber die Bücher des Alten und Neuen Testaments auf, ohne anzugeben, um wieviel Schriften es sich jeweils handelt. Auch gibt es bei ihm weder einen Verweis auf die 22 Buchstaben des hebräischen Alphabets, noch darauf, daß das Alte Testament von den Juden überliefert worden ist.

Dennoch hat die Kanonliste des Amphilochius große Ähnlichkeiten mit den bisher besprochenen. Er zählt nur diejenigen Bücher zum Kanon, die zur hebräischen Bibel gehören, nennt sie allerdings in

---

[172] Erich OBERG, Das Lehrgedicht des Amphilochius von Ikonium, a.a.O. S. 69f, weist literarische Abhängigkeit der "Jamben an Seleukos" von den Katechesen des Cyrill nach.

[173] Amphilochius, *Jambi ad Seleucum* 261-289, hg.v. Erich OBERG in: *JbAC* 16 (1973) S. 92-94:

"Τούτων χάριν σοι τῶν θεοπνεύστων ἐρῶ
βίβλων ἑκάστην· ὡς δ' ἂν εὐκρινῶς μάθης,
τὰς τῆς παλαιᾶς πρῶτα διαθήκης ἐρῶ.
ἡ πεντάτευχος τὴν κτίσιν, εἶτ' ἔξοδον,
λευιτικὸν δὲ τὴν μέσην βίβλον ἔχει,
μεθ' ἣν ἀριθμούς, εἶτα δευτερονόμιον.
τούτοις Ἰησοῦν προστίθει καὶ τοὺς κριτάς,
ἔπειτα τὴν Ῥοὺθ βασιλειῶν τε τέσσαρας
βίβλους, παραλειπομένων δέ γε ξυνωρίδα.
Ἔσδρας ἐπ' αὐταῖς πρῶτος, εἶθ' ὁ δεύτερος.
ἑξῆς στιχηρὰς πέντε σοι βίβλους ἐρῶ·
στεφθέντος ἄθλοις ποικίλων παθῶν Ἰὼβ
ψαλμῶν τε βίβλον, ἐμμελὲς ψυχῶν ἄκος,
τρεῖς δ' αὖ Σολομῶντος τοῦ σοφοῦ, παροιμίας,
ἐκκλησιαστὴν ᾆσμά τε τῶν ᾀσμάτων.
ταύταις προφήτας προστίθει τοὺς δώδεκα,
Ὠσηὲ πρῶτον, εἶτ' Ἀμὼς τὸν δεύτερον,
Μιχαίαν, Ἰωήλ, Ἀβδίαν καὶ τὸν τύπον
Ἰωνᾶν αὐτοῦ τοῦ τριημέρου πάθους,
Ναοὺμ μετ' αὐτούς, Ἀββακούμ, εἶτ' εἴνατον
Σοφονίαν, Ἀγγαῖόν τε καὶ Ζαχαρίαν
διώνυμόν τε ἄγγελον Μαλαχιάν.
μεθ' οὓς προφήτας μάνθανε τοὺς τέσσαρας,
παρρησιαστὴν τὸν μέγαν Ἡσαΐαν
Ἰερεμίαν τε συμπαθῆ, καὶ μυστικὸν
Ἰεζεκιήλ, ἔσχατον δὲ Δανιήλ,
τὸν αὐτὸν ἔργοις καὶ λόγοις σοφώτατον.
τούτοις προσεγκρίνουσι τὴν Ἐσθὴρ τινες".

[174] Amphilochius, *Jambi ad Seleucum* 251-260, hg.v. Erich OBERG in: *JbAC* 16 (1973) S. 92.

einer von der Septuaginta beeinflußten Reihenfolge. Die Abhängigkeit seiner Kanonliste von der Gregors zeigt sich darin, daß
Amphilochius alle Bücher des Dodekapropheton einzeln aufzählt und
weder die noch Baruch oder die Epistula Jeremiae im Zusammenhang mit Jeremia nennt. Im Unterschied zu Gregor von Nazianz
erwähnt er - wie z.B. Cyrill von Jerusalem - das Buch Esther[175].
Hieronymus hat das Verzeichnis des Amphilochius nicht gekannt;
dennoch ist es ein wichtiges Beispiel für das Fortleben der Tradition
der griechischen Kirche, sich am Bestand der hebräischen Bibel zu
orientieren.

13. Epiphanius von Salamis

Die Bedeutung, die Epiphanius von Salamis zu seiner Zeit hatte, und
der Einfluß der von ihm ausging, sind schwer zu überschätzen. Der
in der Literatur allgemein als unsympathisch, starrsinnig und theologisch wenig originell charakterisierte Epiphanius hat gebildete wie
ungebildete Zeitgenossen stark beeindruckt[176]. Auch Hieronymus[177]

---

175 Amphilochius, *Jambi ad Seleucum* 289, hg.v. Erich OBERG in: *JbAC* 16
(1973) S. 94. Die Aussage des Amphilochius "manche rechnen auch Esther
hinzu" beschreibt treffend die Situation des Buches in der christlichen
Kanonsgeschichte.

176 Dieses Urteil über Epiphanius ist weit verbreitet. Als Beispiele seien
angeführt, Carl Gottlob SEMISCH, Epiphanius Bischof von Constantia, in: *RE*² 4
(1879) S. 265: "Das Lebensbild des Epiphanius hat wenig anziehendes ...Von
Natur mäßig begabt, durch die mönchische Erziehung noch beschränkter, beim
Mangel einer selbständigen Entwicklung one die Befähigung, das Recht der
religiösen Individualität neben dem Machtgebot der Kirche zu verstehen, setzte
er alles Heil in die Exaktheit der Bekenntnisformel und asketischen Übung".
Oder auch Ursula TREU, Epiphanius von Salamis, in: *RGG*³ 2 (1958) S.531:
"Sein Stil ist wie sein Wissen konfus und weitschweifig". SEMISCH weist darauf
hin, daß die Zeitgenossen des Epiphanius ein anderes Urteil über ihn fällten,
a.a.O.: "Als heiliggehaltenes Vorbild der Mönchsvollkommenheit und
Rechtgläubigkeit genoß er bei den Zeitgenossen eine starke, ungeteilte
Verehrung". Den besten Überblick über Leben, Werk und den Forschungsstand
zu Epiphanius bietet Pierre NAUTIN, Épiphane de Salamine, in: *DHGE* 15 (1963)
S. 617-631. Darüberhinaus sind vor allem zwei amerikanische Dissertationen zu
nennen: Jon Frederik DECHOW, *Dogma and Mysticism in the Early Christianity:
Epiphanius of Salamis and the Legacy of Origen*, Dissertation University of
Pennsylvania 1975 (Microfilm), in überarbeiteter Form gedruckt, Macon/GA
1988 (Patristic Monograph Series 13); Glen Alan KOCH, *A Critical Investigation
of Epiphanius' Knowledge of the Ebionites: Translation and Critical Discussion
of Panarion 30*, Dissertation, University of Pennsylvania 1976.

177 Ausgangspunkt für die Bekanntschaft zwischen Epiphanius und
Hieronymus ist der erste Aufenthalt des Hieronymus im Osten. Bereits während
der Zeit in der Chalkis hat er von Epiphanius gehört. Epiphanius ist unter den

und Augustinus[178] sind von ihm nicht unbeeinflußt geblieben. Epiphanius beherrschte für seine Zeit ungewöhnlich viele Sprachen. Er soll neben Latein und Griechisch auch Hebräisch, Koptisch und Aramäisch (Syrisch) gesprochen haben. Wegen dieser außergewöhnlichen Sprachkompetenz bezeichnet Hieronymus ihn bewundernd als *"papa Epiphanius πεντάγλωσσος"* [179]. Seine Kenntnisse des Hebräischen und Aramäischen verdankt er seiner Herkunft aus der Nähe von Gaza[180] und der Zeit als Klostervorsteher dort, während er Koptisch bei seinem Studienaufenthalt in Ägypten gelernt hat[181]. Durch seinen Aufenthalt im Heiligen Land vor der Weihe zum Bischof von Constantia (Salamis) auf Zypern im Jahre 367 ist

---

Mönchen der Chalkis gut bekannt. Durch seine Verbindungen zum ägyptischen Mönchtum und die lange Zeit, die er selbst in seinem Kloster zu Besanduc (in der Nähe seines Geburtsortes Eleutheropolis, nahe Gaza) verbracht hat, hat er sich den Ruf mönchischer Heiligkeit erworben. Von den Mönchen aus der Chalkis haben die zwei *presbyter* Paulus und Akakius (Akakius wird später Bischof im benachbarten Beröa, vgl. Theodoret *HE* V,4,5 GCS 44 283,1) eine besonders gute Beziehung zu Epiphanius. Diesen beiden widmet er sein großes antihäretisches Werk, das *Panarion* (Praefatio II,5 GCS 25 170,24-27). Epiphanius hat Hieronymus seit dieser Zeit stark beeinflußt. Zum ersten persönlichen Kontakt kommt es im Sommer 382, als Hieronymus nach dem Konzil zu Konstantinopel Paulinus von Antiochia und Epiphanius von Salamis auf ihrer Reise nach Rom begleitet. Seitdem Hieronymus in Bethlehem lebt, gibt es einen intensiven Kontakt zwischen Epiphanius und Hieronymus, der im ersten origenistischen Streit weitreichende Folgen hat (Dazu vgl. Jon F. DECHOW, *Dogma and Mysticism*, a.a.O., Balthasar EBERHARD, *Die Betheiligung des Epiphanius am Streite über Origenes. Beiträge zur Geschichte des Origenismus*, Trier 1859; Pierre NAUTIN, Épiphane de Salamine a.a.O., sowie die Kapitel über den origenistischen Streit in den Biographien von GRÜTZMACHER, CAVALLERA und KELLY.).

[178] Augustinus hat Epiphanius nicht persönlich kennengelernt, aber er kennt und schätzt seine antihäretischen Schriften ebenso wie die zur biblischen Realienkunde. Augustinus lernt das *Panarion*, in einer Übersetzung der Zusammenfassung *Anacephaleiosis* kennen und verwendet in weiten Passagen Auszüge daraus für seine Schrift *De haeresibus*. In dieser Schrift findet Augustinus endlich ein kompaktes Ketzerkompendium, um das er Hieronymus bereits 387 als Gegenstück zu dessen *De viris illustribus* gebeten hatte (Augustinus, Ep. 28 CSEL 34/II 80,3-5). Augustinus kennt auch eine Übersetzung der Schrift *De mensuris et ponderibus*, aus der einige Darstellungen in *De civitate Dei* einfließen, vgl. Berthold ALTANER, Augustinus und Epiphanius von Salamis, in: *Kleine patristische Schriften*, hg.v. G. GLOCKMANN, Berlin 1967 S. 286-296, dort auch zur *Anacephalaiosis*.

[179] Hieronymus, *Epistula adv. Rufinum* 6 CCL 79 79,27-29.

[180] Als Geburtsorte werden Besanduc oder das nahe Eleutheropolis angegeben, vgl. Jon F. DECHOW, *Dogma and Mysticism*, a.a.O. S. 31.

[181] Vgl. Jon F. DECHOW, *Dogma and Mysticism*, a.a.O. S. 32-36

Epiphanius gut mit den Verhältnissen des syrisch-palästinischen Raumes vertraut.

Von Epiphanius sind drei unterschiedliche Kanonlisten des Alten Testaments überliefert, die in verschiedenen Schriften veröffentlicht worden sind. Die erste Liste stammt aus dem *Panarion*, der großen Ketzerbekämpfungsschrift des Epiphanius, die zwischen 374 und 378 entstanden ist. Zwei weitere Kanonlisten stammen aus der im Jahre 392 entstandenen Schrift *De mensuris et ponderibus* [182].

Die erste Kanonliste ist eingebettet in eine Beschreibung der "ketzerischen" Juden im achten Kapitel des *Panarion*. Epiphanius grenzt sich in dieser Liste aber nicht polemisch von den Juden und deren Kanon ab, vielmehr versucht er, das Verhältnis von jüdischem und christlichem Umgang mit dem Alten Testament zu klären. So bezeichnet er die in seiner Liste aufgeführten Schriften audrücklich als von Gott den Juden gegeben:

αὗταί εἰσιν αἱ εἴκοσι ἑπτὰ βίβλοι ἐκ θεοῦ δοθεῖσαι τοῖς Ἰουδαίοις [183].

Im nächsten Abschnitt bemüht sich Epiphanius darum, die heilsgeschichtliche Relevanz des Alten Testaments für Christen nachzuweisen. Das Verhältnis von Altem und Neuem Testament versteht er typologisch. Den alttestamentlichen τύποι steht im Neuen Testament die Wahrheit gegenüber:

οἱ τύποι ἐν τῷ νόμῳ ἦσαν, ἡ δὲ ἀλήθεια ἐν τῷ εὐαγγελίῳ [184].

In der eigentlichen Kanonliste zählt Epiphanius im *Panarion* 27 Bücher einzeln als kanonische Schriften auf [185]. Dennoch gibt er

---

[182] Der ursprüngliche Titel der Schrift ist nicht bekannt. Der Titel *De mensuris et ponderibus* stammt aus einer der maßgeblichen griechischen Handschriften des Werkes, Cod. Parisinus Graecus 835 s.XVI. Dort ist von späterer Hand eingetragen "Περὶ μέτρων καὶ σταθμῶν". Vgl. James Elmer DEAN, *Epiphanius' Treatise on Weights and Measures. The Syriac Version*, Chikago 1935 S. 2-4.

[183] Epiphanius, *Panarion* 8,6,3GCS 25 192,3f.

[184] Epiphanius, *Panarion* 8,6,6GCS 25 192, 16f.

[185] Epiphanius, *Panarion* 8,6,1-3 GCS 25 191,9-192,9: "Ἔσχον δὲ οὗτοι οἱ Ἰουδαῖοι ἄχρι τῆς ἀπὸ Βαβυλῶνος τῆς αἰχμαλωσίας ἐπανόδου βίβλους τε καὶ προφήτας τούτους καὶ προφητῶν βίβλους ταύτας· πρώτην μὲν Γένεσιν δευτέραν Ἔξοδον τρίτην Λευιτικὸν τετάρτην Ἀριθμοὺς πέμπτην Δευτερονόμιον ἕκτη βίβλος Ἰησοῦ τοῦ Ναυῆ ἑβδόμη τῶν Κριτῶν ὀγδόη τῆς Ῥοὺθ ἐνάτη τοῦ Ἰὼβ δεκάτη τὸ Ψαλτήριον ἐνδεκάτη Παροιμίαι Σολομῶντος δωδεκάτη Ἐκκλησιαστὴς τρισκαιδεκάτη τὸ ἄισμα τῶν ἀισμάτων τεσσαρεσκαιδεκάτη Βασιλειῶν πρώτη πεντεκαιδεκάτη Βασιλειῶν δευτέρα ἑκκαιδεκάτη Βασιλειῶν τρίτη ἑπτακαιδεκάτη Βασιλειῶν τετάρτη ὀκτωκαιδεκάτη Παραλειπομένων πρώτη ἐννακαιδεκάτη

die Zahl der kanonischen Bücher mit 22 an. Die offensichtliche
Differenz erklärt er damit, daß zehn Bücher zu zweien zusammengezählt werden, sodaß die Anzahl der kanonischen Schriften weiterhin den 22 Buchstaben des hebräischen Alphabets entspricht[186].
Epiphanius gibt nicht nur den Umfang des Kanons an, sondern
erwähnt auch, wann er zusammengestellt worden ist. In der Einleitung zu seiner Liste erwähnt er die im Judentum verbreitete Auffassung, daß die Schriften der hebräischen Bibel von den Männern der
großen Synagoge unter Esra festgelegt worden seien[187]. Die
Kanonliste selbst weicht in der Stellung der Bücher sowohl von der
hebräischen Bibel als auch von der Septuaginta ab. Epiphanius stellt
Hiob, den Psalter und die Sprüche zwischen Ruth und das erste Buch
der Könige (1. Samuel). Weiterhin trennt er Esra und die
Chronikbücher und stellt die 2 Bücher Esra zusammen mit Esther an
das Ende seiner Kanonliste. Die beiden anderen Kanonlisten des
Epiphanius zeigen ähnliche Merkmale.

Die zweite und dritte Kanonliste stammen aus der Schrift *De
mensuris et ponderibus*. Im ersten Teil dieser am besten als alttestamentliche Realienkunde charakterisierten Schrift[188] gibt Epiphanius
ausführlich Rechenschaft über den Text des Alten Testament und
seine Übersetzungen. Zu Beginn führt er den Leser in die textkritischen Zeichen ein, die in Bibelhandschriften verwendet werden. Für
die Kanongeschichte sind seine Äußerungen zu den beiden Zeichen
"Asteriscus" und "Obelus" aufschlußreich. Epiphanius versucht in
beiden Fällen, sowohl die Integrität des hebräischen Textes als auch
der Septuaginta zu bewahren. So erklärt er, daß es sich bei den mit

---

Παραλειπομένων δευτέρα εἰκοστὴ τὸ Δωδεκαπρόφητον εἰκοστὴ πρώτη Ἡσαΐας ὁ
προφήτης εἰκοστὴ δευτέρα Ἰερεμίας ὁ προφήτης μετὰ τῶν Θρηνῶν καὶ ἐπιστολῶν
αὐτοῦ τε καὶ <τοῦ> Βαροὺχ εἰκοστὴ τρίτη Ἰεζεκιὴλ ὁ προφήτης εἰκοστὴ τετάρτη
Δανιὴλ ὁ προφήτης εἰκοστὴ πέμπτη Ἔσδρας α΄, εἰκοστὴ ἕκτη Ἔσδρας β΄, εἰκοστὴ
ἑβδόμη Ἐσθήρ. αὗται εἰσιν αἱ εἴκοσι ἑπτὰ βιβλίοι ἐκ θεοῦ δοθεῖσαι τοῖς Ἰουδαίοις·
εἴκοσι δύο δέ εἰσιν ὡς τὰ παρ' αὐτοῖς στοιχεῖα τῶν Ἑβραϊκῶν γραμμάτων
ἀριθμούμεναι διὰ τὸ διπλοῦσθαι δέκα βίβλους εἰς πέντε λογιζομένας. περὶ τούτου δὲ
ἄλλη που σαφῶς εἰρήκαμεν. εἰσὶ δὲ καὶ ἄλλαι δύο βίβλοι παρ' αὐτοῖς ἐν ἀμφιλέκτῳ, ἡ
Σοφία τοῦ Σιρὰχ καὶ ἡ τοῦ Σολομῶντος, χωρὶς ἄλλων τινῶν βιβλίων ἐναποκρύφων".
Das Buch Jesus Sirach wird z.B. in QohR 12,11 als apokryph ausgegrenzt (s.o.).

[186] In den Kanonlisten in *De mensuris et ponderibus* harmonisiert er diese
Differenz, indem er die fünf Finalbuchstaben des Hebräischen zu Hilfe nimmt.

[187] Diese Auffassung ist schon in IV. Esra 14,18ff belegt und findet sich
später sowohl in der rabbinischen Tradition z.B. bBB 14b, als auch im
hellenistischen Judentum z.B. Josephus, *Contra Apionem* 1,8 NIESE 8,24-9,11.

[188] Alfred JÜLICHER, Epiphanius, in: *PRE* 6 (1909) S. 193 bezeichnet *De
mensuris et ponderibus* als "Urform eines Bibellexikons".

einem Asteriscus gekennzeichneten Stellen nicht um Auslassungen handele; vielmehr hätten die 72 Übersetzer nur Unnötiges - z.B. Dittographien - weggelassen[189]. Damit haben sie, obwohl nur an unwichtigen Stellen, den hebräischen Text verdunkelt, wie eine Wolke die Sterne[190]. Das Verdienst des Origenes besteht darin, daß er in die hexaplarische Septuaginta die ausgelassenen Worte aufgenommen und mit einem Asteriscus gekennzeichnet hat[191]. Den Hauptzweck des Rückgriffs auf den hebräischen Text sieht Epiphanius dabei in der Zurückweisung jüdischer Kritik am christlichen Bibeltext[192]. Bei den mit einem Obelus gekennzeichneten Stellen handelt es sich, nach der Meinung des Epiphanius, nicht um simple Zusätze der Septuaginta, sondern um hilfreiche Erläuterungen, die ebenso wie der übrige Text vom Heiligen Geist inspiriert sind[193]. Dennoch verweist er auf den hebräischen Text als Maßstab, von dem sich die mit einem Obelus gekennzeichneten Worte entfernt haben[194]. Eingebettet in die Aussagen zum Obelus sind eine ausführliche und ausgeschmückte Entstehungslegende der Septuaginta[195], die zweite Kanonliste und eine Beschreibung der Hexapla und Oktapla des Origenes. In dem gesamten Abschnitt ist eine klare Tendenz zur Harmonisierung der Gegensätze von Septuaginta und hebräischem Text zu erkennen. Diese Tendenz wird durch die zweite Kanonliste des Epiphanius bestätigt. Er leitet von dem Bericht über die Entste-

---

[189] Epiphanius, *De mensuris et ponderibus* 2, MOUTSOULAS 143,38-42.

[190] Epiphanius, *De mensuris et ponderibus* 3, MOUTSOULAS 143,55-144,61.

[191] Epiphanius, *De mensuris et ponderibus* 3, MOUTSOULAS 143,45-51. Ein weiteres Lob der textkritischen Arbeit des Origenes findet sich zusammen mit einer Zurückweisung seiner übrigen Schriften ebd. MOUTSOULAS 148,174-149,185. Epiphanius ist ansonsten der schärfste Gegner des Origenes in den Auseinandersetzungen um seine Theologie im 4. und 5. Jahrhundert, vgl. Jon F. DECHOW, *Dogma and Mysticism*, a.a.O.

[192] Epiphanius, *De mensuris et ponderibus* 3, MOUTSOULAS 143,48f: "ἵνα μὴ παραλείψῃ Ἰουδαίοις καὶ Σαμαρείταις ἐπιλαμβάνεσθαι τῶν ἐν ταῖς ἁγίαις ἐκκλησίαις θείων γραφῶν".

[193] Epiphanius, *De mensuris et ponderibus* 3, MOUTSOULAS 144,66-72.

[194] Epiphanius, *De mensuris et ponderibus* 7, MOUTSOULAS 149,187-191.

[195] Epiphanius verbindet verschiedene Elemente zu einer reich ausgeschmückten Entstehungslegende. Er nimmt sogar das Motiv und die Zahlen der im IV. Esra 14,47 erwähnten Neuanfertigung der kanonischen Schriften auf. Allerdings spricht Epiphanius von 22 kanonischen (im IV. Esra = 24) und 72 apokryphen Büchern, die im Prozeß der Übersetzung der Septuaginta entstanden sind (zum IV. Esra s.o.). Er gesteht aber auch ein, daß die vom Geist gewirkte Einmütigkeit der Septuaginta nicht vollkommen ist, indem er Unterschiede in den verschiedenen Septuaginta-Ausgaben erwähnt; Epiphanius, *De mensuris et ponderibus* 8, MOUTSOULAS 150,204-208.

hung der Septuaginta zur Kanonliste über mit der Bemerkung, so
seien die 27 kanonischen Bücher übersetzt worden, die gemäß den
Buchstaben des hebräischen Alphabets als 22 Bücher gezählt
würden[196]. Die Diskrepanz zwischen den beiden Zählweisen
harmonisiert Epiphanius mit Hilfe der fünf hebräischen
Finalbuchstaben; zählt man sie mit, ergibt sich die Anzahl von
27 Buchstaben des hebräischen Alphabets[197]. So bleibt auch bei der
Zählung von 27 Büchern die Verbindung zum hebräischen Alphabet
gewahrt.

In der zweiten Kanonliste zählt Epiphanius dann 22 Bücher als
kanonisch auf[198] und spricht bis zum Ende dieses Abschnittes nur
noch von 22 Büchern. Er gliedert die erste Liste in *De mensuris et
ponderibus* in 4 Gruppen von je fünf Büchern, die er "Pentateuche"
nennt und zwei übrige Bücher[199]. Dieses Gliederungsprinzip ist
einzigartig. Es ist mir einstweilen nicht möglich, zu ermitteln, ob
Epiphanius dafür Vorlagen hat. Ähnlich wie im *Panarion* stellt er
fünf poetische Bücher als zweiten "Pentateuch" hinter den Pentateuch, dann folgt der dritte "Pentateuch" mit den Büchern Josua,
Richter u. Ruth, 1.+2. Chronik, 1.+2. Könige, 3.+4. Könige, der
vierte "Pentateuch" besteht aus dem Dodekapropheton, Jesaja,
Jeremia, Ezechiel und Daniel. Den Schluß der Liste bilden die
beiden nicht zu einem "Pentateuch" gehörenden Bücher 1.+2. Esra
und Esther. Im weiteren grenzt sich Epiphanius ausdrücklich von
den nicht kanonischen Büchern Weisheit Salomos und Jesus Sirach
ab. Für seine Ablehnung ist die hebräische Bibel der Maßstab. In der
Begründung nimmt er die rabbinische Tradition auf, daß eine
Gesetzesrolle in der Bundeslade gelegen habe[200]. Epiphanius äußert

[196] Epiphanius, *De mensuris et ponderibus* 3, MOUTSOULAS 145,92-95: "Καὶ
οὕτως αἱ εἴκοσι ἑπτὰ βίβλοι αἱ ῥηταὶ καὶ ἐνδιάθετοι, εἴκοσι δὲ καὶ δύο κατὰ τὴν τοῦ
ἀλφαβήτου παρ' Ἑβραίοις στοιχείωσιν ἀριθμούμεναι ἡρμηνεύθησαν".
[197] Epiphanius, *De mensuris et ponderibus* 3, MOUTSOULAS 145,96f.
[198] Epiphanius, *De mensuris et ponderibus* 3, MOUTSOULAS 145,105-
146,117.
[199] Epiphanius, *De mensuris et ponderibus* 3, MOUTSOULAS 145,104f:
"σύγκεινται αἱ βίβλοι ἐν πεντατεύχοις τέτταρσι καὶ μένουσιν ἄλλαι δύο
ὑστεροῦσαι".
[200] Epiphanius, *De mensuris et ponderibus* 4, MOUTSOULAS 146,118-124:
"Αἱ γὰρ στιχήρεις δύο βίβλοι, ἥ τε τοῦ Σολομῶντος, ἡ Πανάρετος λεγομένη, καὶ ἡ
τοῦ Ἰησοῦ τοῦ υἱοῦ Σειράχ ...Καὶ αὗται χρήσιμοι μέν εἰσι καὶ ὠφέλιμοι, ἀλλ' εἰς
ἀριθμὸν τῶν ῥητῶν οὐκ ἀναφέρονται. Διὸ οὐδὲ ἐν τῷ ἀαρῶν ἐνετέθησαν, τουτέστιν ἐν
τῇ τῆς διαθήκης κιβωτῷ". Bereits die Verwendung des Begriffs אָרוֹן zeigt, daß
Epiphanius den hebräischen Text von Dt 32,26 kennt. Daß er im Gegensatz zu
der dort gemachten Angabe (im masoretischen Text wie in der Septuaginta),

sich auch noch zu den Anhängen, die mit dem Buch Jeremia verbunden sind. Er weist darauf hin, daß die Juden nur die Klagelieder als kanonisch anerkennen und zum Buch Jeremia hinzuzählen. Aus dieser Feststellung zieht Epiphanius allerdings keine ausdrücklichen Konsequenzen für den christlichen Gebrauch der übrigen Jeremia-Anhänge Baruch und Epistula Jeremiae[201].

Bei der Erklärung der Hohlmaßes "μόδιος"[202] führt Epiphanius bei der Verbindung verschiedener, mit der Zahl 22 verknüpfter Zusammenhänge, eine dritte Kanonliste an. Vor der Kanonliste erwähnt Epiphanius die 22-Zahl der Schöpfungswerke und die 22 Generationen von Adam bis zu Jakob[203], im Anschluß an die Kanonliste stellt er alle besonderen Bedeutungen der Zahl 22 zusammen und deutet sie auf das Kommen Christi. In der Liste zählt Epiphanius 22 kanonische Bücher auf[204], verweist aber wie in den anderen Listen auf die Zählweise von 27 Büchern und die Kongruenz beider Zählweisen mit dem hebräischen Alphabet. Außergewöhnlich ist an der dritten Kanonliste, daß er zu den griechischen Namen der biblischen Bücher auch die hebräischen in Umschrift hinzufügt[205].

---

davon spricht, die Tora-Rolle (סֵפֶר הַתּוֹרָה) sei i n der Bundeslade aufbewahrt worden, läßt die Kenntnis der rabbinischen Diskussion erkennen. Dort wird in bBB 14a und jSheq VI,1 die Frage verhandelt, ob Moses die Tora-Rolle zusammen mit den Gebotstafeln in die Lade gelegt oder eine eigene Kiste für sie gebaut hat. Nach einer anderen Auslegung hat Moses 13 Tora-Rollen angefertigt, eine für jeden Stamm und ein Exemplar für die Bundeslade (DevR 9,4).

[201] Epiphanius, *De mensuris et ponderibus* 147, MOUTSOULAS 147,140-143.

[202] Epiphanius spielt offenbar auf das in Dt 25,15 erwähnte Maß an; welcher hebräische Begriff Äquivalent zu μόδιος sein soll, ist nicht klar. Es kann nur mit מִדָּה (vgl. Hiob 28,25; 1.Chr 23,29; 2.Chr 3,3) in Verbindung gebracht werden.

[203] Die 22 Generationen erwähnt bereits Origenes, *Homilia IV in Numeros*, GCS 30 S. 20,12-18 (s.o.).

[204] Epiphanius, *De mensuris et ponderibus* 5, MOUTSOULAS 174,679-175,691: "Οὗτος γὰρ αἱ βίβλοι ἀριθμοῦνται α' Βιρσήθ, ἢ καλεῖται Γένεσις κόσμου. Ἐλησιμώθ, ἢ Ἔξοδος τῶν υἱῶν Ἰσραὴλ ἐξ Αἰγύπτου. Ουαϊεκρά, ἢ ἑρμηνεύεται Λευιτικόν. Ουαϊδαβήρ, ἥ ἐστιν Ἀριθμῶν. Ἐλλεδαβερείμ, τὸ Δευτερονόμιον. Διησοῦ, ἢ τοῦ Ἰησοῦ τοῦ Ναυῆ. Διώβ, ἢ τοῦ Ἰώβ. Δεσωφτείμ, ἢ τῶν Κριτῶν. Δερούθ, ἢ τῆς Ῥούθ. Σφερτελείμ, τὸ Ψαλτήριον. Δεβριαμείν, ἢ πρώτη τῶν Παραλειπομένων. Δεβριαμείν, Παραλειπομένων δευτέρα. Δεσαμουήλ, Βασιλειῶν πρώτη. Δαδουδεσαμουήλ, Βασιλειῶν δευτέρα. Δμαλαχείμ, Βασιλειῶν τρίτη. Δμαλαχείμ, Βασιλειῶν τετάρτη. Δμεθαλώθ, ἢ Παροιμιῶν. Δεκωέλεθ, ὁ Ἐκκλησιαστής. Σιραθσιρείν, τὸ Ἆισμα τῶν Ἀισμάτων. Δαθαριασαρά, τὸ Δωδεκαπρόφητον. Δησαῖου, τοῦ προφήτου Ἡσαΐου. Διερεμίου, ἢ τοῦ Ἰερεμίου. Διεζεκιὴλ, ἢ τοῦ Ἰεζεκιήλ. Δεδανιήλ, ἢ τοῦ Δανιήλ. Δέσδρα, ἢ τοῦ Ἔσδρα πρώτη. Δέσδρα, ἢ τοῦ Ἔσδρα δευτέρα. Δεσθήρ, ἢ τῆς Ἐσθήρ".

[205] Der Zweck der Umschrift ist, die hebräischen Namen der griechischen Bücher anzugeben. Nur so erklärt sich die Wiederholung der Namen für die

Zu dieser Liste gibt es eine Parallele im MS 54 der Bücherei des Griechischen Patriarchats in Jerusalem aus dem Jahre 1056[206]. Offenbar haben Epiphanius und MS 54 eine gemeinsame Vorlage, deren zeitlicher und räumlicher Ursprung nicht genau zu bestimmen ist[207]. Allen drei Listen des Epiphanius sind bestimmte Eigentümlichkeiten in der Stellung einzelner Bücher gemeinsam, wie z.b. des Buches Hiob und des Psalters zwischen den Geschichtsbüchern. Da ähnliche Umstellungen auch in MS 54 auftreten, aber nicht in den übrigen bisher untersuchten Kanonlisten, ist anzunehmen, daß Epiphanius auf anderes Traditionsgut als die übrigen griechischen Kanonlisten zurückgreift. Wegen der hebräischen Umschrift der dritten Kanonliste und den guten Verbindungen des Epiphanius zum syrisch-palästinischen Raum kann der Ursprung dieser Tradition dort vermutet werden. Dabei ist zu bemerken, daß Epiphanius nur in der Stellung, nicht aber im Umfang von den anderen griechischen Kanonlisten abweicht.

In allen drei Kanonlisten hält sich Epiphanius an den Umfang der hebräischen Bibel. Auch wenn er die einzelnen Bücher in einer abweichenden Reihenfolge auflistet, läßt er keinen Zweifel daran, daß nur den Büchern der hebräischen Bibel kanonische Autorität gebührt. Diesen Eindruck verstärkt er durch die Aufnahme der hebräischen Buchtitel in die dritte Kanonliste. Mit dieser eindeutigen

---

Bücher Chronik, Könige und Esra, vgl. Alfred JEPSEN, Zur Kanongeschichte des Alten Testaments, in: *ZAW* 71 (1959) S. 121. Epiphanius bemerkt nichts dazu, daß er 24 Namen hebräischer Bücher auf 27 kanonische Schriften verteilt.

[206] Um diese Liste gibt es eine umfangreiche Diskussion. Vor allem die Frage, ob es sich um die griechische Umschrift hebräischer oder hebräisch-aramäischer Namensformen handelt, ist heftig umstritten worden. Jean-Paul AUDET, A Hebrew-Aramaic list of books of the Old Testament in Greek transcription, in: *JThS NS* 1 (1950) S. 135-154 hat zuerst auf das Problem aufmerksam gemacht. Die neuere Forschung tendiert dazu, von einer Umschrift hebräischer Namen zu sprechen, vgl. David GOODBLATT, Audet's "Hebrew-Aramaic" list of books of the OT revisited, in: *JBL* 101 (1982) S. 75-84.

[207] Vgl. David GOODBLATT, Audet's "Hebrew-Aramaic" list, a.a.O. S. 75 Der Beweis für die literarische Abhängigkeit von einer gemeinsamen Vorlage sind die Transkriptionsfehler, die sich in beiden Listen finden. Dennoch gibt es einige Abweichungen in der Stellung der biblischen Bücher. Im Unterschied zu Epiphanius stellt MS 54 Josua und das Deuteronomium zwischen Levitikus und Numeri, Hiob zwischen Ruth und Richter, 1.+2. Chronik hinter 1.-4. Könige und Jeremia vor das Dodekapropheton. Durch den Nachweis, daß es sich um die Umschrift hebräischer Titel handelt, gibt es keinen Grund, eine nicht-jüdische Quelle als Ursprung dieser Liste anzunehmen. Damit fallen auch die sprachlichen Gründe für eine Frühdatierung der Liste in MS 54 weg, vgl. GOODBLATT, a.a.O. S. 83f und Alfred JEPSEN, Zur Kanongeschichte, a.a.O. S. 129.

Stellungnahme geht das Bemühen einher, die Autorität der Septuaginta, vor allem ihrer Textgestalt, aufrecht zu erhalten[208]. Deshalb hat für ihn der von Origenes unternommene Rückgriff auf den hebräischen Text keinen Eigenwert. Er dient nur zur Verteidigung gegen den jüdischen Vorwurf, einen falschen Bibeltext zu benutzen[209].

14. Zusammenfassung

Zum Abschluß der Untersuchung ergibt sich ein deutliches Bild vom Verhältnis der griechischen Theologen zum Kanon des Alten Testaments. Das Bewußtsein, daß die hebräische Bibel Maßstab für das christliche Alte Testament ist, spricht aus allen Kanonlisten[210] und bestätigt so die Feststellung Eric JUNODS, daß die Septuaginta-Zusätze zu dieser Zeit keine große Rolle gespielt haben: "Aucune livre absent de la Bible juive n'a pu jouer un rôle central dans l'Église grecque des quatre premiers siècles".[211] Verstärkt wird dieser Eindruck durch zahlreiche Verweise darauf, daß die kanonischen Bücher von den Juden überliefert worden sind[212]. Seit

---

[208] Neben der Anleitung zum kritischen Gebrauch der Septuaginta mit Hilfe der textkritischen Zeichen des Origenes, steht unverbunden der Vergleich der 72 Übersetzer mit den Propheten, *De mensuris et ponderibus* 17, MOUTSOULAS 163,470-472: "Εὔδηλον ὅτι ἐν τοῖς ἑβδομήκοντα δύο εὑρεθήσεται ἡ ἀλήθεια. Ὥστε γνωστὸν τοῦτον τοῖς φιλαλήθως ἐξετάζειν βουλομένοις, ὅτι οὐ μόνον ἑρμηνευταὶ ἐκεῖνοι γεγόνασιν, ἀλλὰ καὶ ἀπὸ μέρους προφῆται".

[209] Epiphanius, *De mensuris et ponderibus* 5, MOUTSOULAS 166, 539-531: "'Αλλ' 'Ωριγένης πυθόμενος τὴν τῶν ἑβδομήκοντα δύο ἔκδοσιν ἀκριβῆ εἶναι, μέσην ταύτην συνέθηκεν (sc. der Hexapla-Spalten, R.H.), ὅπως τὰς ἐντεῦθεν καὶ ἐντεῦθεν ἑρμηνείας διελέγχῃ". Dieses Argument verwendet auch Hieronymus, um Augustinus von der Nützlichkeit seiner Übersetzung aus dem Hebräischen zu überzeugen (s.u.).

[210] Adolf Martin RITTER, Die Entstehung des neutestamentlichen Kanons, in: Aleida und Jan Assmann [Hg.], *Kanon und Zensur. Archäologie der literarischen Kommunikation II*, München 1987 S. 94: "Es zeigt sich auch, daß die ...Kanonverzeichnisse (u.a. Euseb, hist. eccl. IV 26,14; VI 25,2) bis hin zu des Athanasius 39. Osterfestbrief von 367 und zur sog. 'Stichometrie' des Konstantinopler Patriarchen Nikephoros (806-818) - und zwar die griechischen weit mehr als die lateinischen - ...dem hebräischen Kanon nahezu völlig entsprechen, während sie die Überschüsse der LXX gegenüber MT als at.liche 'Schriften' registrieren, 'denen widersprochen wird und die nicht kirchlich anerkannt (ἐκκλησιάζονται)' sind".

[211] Eric JUNOD, La formation et la composition de l'Ancien Testament dans l'Église grecque des quatre premiers siècles, a.a.O. S. 119.

[212] Diese Beobachtung macht auch Franz STUHLHOFER, *Der Gebrauch der Bibel*, a.a.O. S. 129: "Aber es war das allgemeine Empfinden der Kirche, das

Origenes drückt sich dieses Wissen bei manchen Autoren in dem Hinweis auf die Übereinstimmung der Anzahl der biblischen Bücher mit der der Buchstaben des hebräischen Alphabets aus.

Dennoch ist das Ergebnis der Untersuchung widersprüchlich. Obwohl nur die Bücher der hebräischen Bibel kanonische Autorität genießen[213], ist zu beobachten, daß fast alle Autoren aus den Septuaginta-Zusätzen zitieren, ohne sich dazu zu äußern, wie das mit ihrer Orientierung an der hebräischen Bibel zu vereinbaren ist[214]. Auch die Autorität der Septuaginta als inspirierter Übersetzung wird durch die Orientierung an der hebräischen Bibel offenbar nicht eingeschränkt. Die kanonischen Schriften werden vielmehr in der Textgestalt der Septuaginta benutzt[215]. Auffällig sind zudem die großen Unterschiede der Reihenfolge, in der die Kanonlisten die Bücher des Alten Testaments verzeichnen. Weder die Reihenfolge der hebräischen Bibel noch die der Septuaginta wird eingehalten. Offenbar steht die Reihenfolge der kanonischen Bücher, anders als der Umfang des Kanons, nicht eindeutig fest[216].

In der weiteren Geschichte des Kanons in der griechischen Kirche werden im Jahre 692 im Kanon 2 des Quini-Sextums die verbindlichen Lehrmeinungen der voraufgegangenen Synoden, Konzile und Kirchenväter, vor allem aus der griechischen Kirche, summarisch rekapituliert. Damit wird zwar implizit auch ein Großteil der bisher behandelten Kanonlisten bestätigt, aber eine weitere Debatte um den Kanon findet nicht statt[217]. Dennoch läßt

---

AT von den Juden übernommen zu haben und deshalb rückfragen zu müssen, wie es bei den Juden ursprünglich war".

[213] Die einzige Ausnahme ist die Erwähnung von drei Makkabäerbüchern in der Liste der apostolischen Kanones. Ansonsten werden die Septuaginta-Zusätze, wenn sie erwähnt werden, eindeutig als außerhalb des Kanons stehende Schriften bezeichnet, die nur von einigen Autoren zur Lektüre erlaubt werden.

[214] Hier wäre eine detaillierte Untersuchung der Verwendung der Zitate aus den Septuaginta-Zusätzen bei den verschiedenen Autoren erforderlich.

[215] Die Hexapla des Origenes stellt einen Versuch dar, diese Diskrepanz zwischen inspirierter Übersetzung und ursprünglicher Textform zu überwinden.

[216] Dafür sprechen auch die unterschiedlichen Reihenfolgen in den großen Handschriften dieser Zeit. Die berühmten christlichen Codices Vaticanus, Sinaiticus und Alexandrinus weichen in der Reihenfolge der biblischen Bücher (z.T. auch in der Anzahl) voneinander ab; vgl. die Übersicht bei Eric JUNOD, La formation et la composition de l'Ancien Testament dans l'Église grecque des quatre premiers siècles, a.a.O. S. 151. Ob das wirklich auch für den Kanon der hebräischen Bibel gilt, wie Alfred JEPSEN behauptet, ist sehr schwer nachzuweisen; vgl. Alfred JEPSEN, Zur Kanongeschichte, a.a.O. S. 129 u. 132.

[217] Warum Trajan MITREVSKI der Meinung ist, daß die Beschlüße der Synoden zu Hippo und Karthago von der griechischen Kirche im Kanon 2 des

sich ein Fortleben der griechischen Kanontradition nachweisen. Zwei Kanonverzeichnisse von wichtigen byzantinischen Theologen seien hier als Beispiele angeführt. Johannes von Damaskus (gest. um 750) zählt 22 Bücher des Alten Testaments als kanonisch auf[218]. Er übernimmt offenbar die Liste des Epiphanius aus *De mensuris et ponderibus* 4[219]. So benutzt er auch dessen Argument, die Bücher Weisheit Salomos und Jesus Sirach könnten deswegen keine kanonische Geltung beanspruchen, weil sie nicht in der Bundeslade - ἐν κιβωτῷ - überliefert worden seien[220]. Als zweites sei auf die sogenannte *Stichometrie* des Patriarchen Nicephorus von Konstantinopel (gest. 828) hingewiesen. In seinem Χρονογραφικὸν σύντομον findet sich eine Kanonliste, die auch die Anzahl der Verse der einzelnen Bücher angibt und daher meist nur als *Stichometrie* bezeichnet wird. Nicephorus zählt ebenfalls nur die 22 Bücher der hebräischen Bibel zu den kanonischen Schriften[221]. Diese beiden

---

Quini-Sextums (MANSI 11,940f) übernommen worden sind, ist nicht klar; Trajan MITREVSKI, Die kanonische Geltung der deuterokanonischen Bücher der hl. Schrift in der orthodoxen Kirche nach den Konzilsentscheidungen, in: *Kyrios* 13 (1973) S. 51. Diese Auffassung könnte ihren Grund darin haben, daß in der summarischen Aufzählung autoritativer Kanones und Kirchenväter des Quini-Sextums zwar nur die unter Cyprian abgehaltenen afrikanischen Synoden anerkannt werden, aber dennoch in Kanon 12, 29 und 33 aus den Kanones der Synoden zu Karthago 390 und 397 zitiert wird, allerdings ohne irgendeinen Zusammenhang mit der Kanonfrage.

[218] Johannes von Damaskus, "Εκδοσις ἀκριβὴς τῆς ὀρθοδόξου πίστεως 90 (4,17), KOTTER 210,46f: "Ἰστέον δὲ, ὡς εἴκοσι δύο βίβλοι εἰσὶ τῆς παλαιᾶς διαθήκης κατὰ τὰ στοιχεῖα τῆς Ἑβραΐδος φωνῆς".

[219] Johannes von Damaskus, "Εκδοσις ἀκριβὴς τῆς ὀρθοδόξου πίστεως 90 (4,17), KOTTER 210,46-211,71. Johannes übernimmt von Epiphanius den Hinweis auf die Existenz von fünf Finalbuchstaben im Hebräischen, die auch eine Zählung von 27 biblischen Büchern ermöglichen, die Unterteilung des Alten Testaments in vier Pentateuche und den Ausschluß von Weisheit Salomos und Jesus Sirach aus dem Kanon mit dem Verweise darauf, daß sie nicht in der Bundeslade verwahrt worden sind. Vgl. Epiphanius, *De mensuris et ponderibus* 4, MOUTSOULAS 146,118-124 (s.o.).

[220] Johannes von Damaskus, "Εκδοσις ἀκριβὴς τῆς ὀρθοδόξου πίστεως 90 (4,17), KOTTER 211,71.

[221] Nicephorus von Konstantinopel, Χρονογραφικὸν σύντομον, DE BOOR 132-135. Nicephorus leitet seine Liste mit dem ausdrücklichen Hinweis ein, daß diese Bücher von der Kirche anerkannt und zum Kanon gehörig seien: "ὅσαι εἰσὶ θεῖαι γραφαὶ ἐκκλησιαζόμεναι καὶ κεκανονισμέναι". Die Septuaginta-Zusätze zählt er zusammen mit Esther zu den "ἀντιλέγονται γραφαί", interessanterweise erwähnt er dabei auch die Geschichte der Susanna aus den Septuaginta-Zusätzen zu Danielbuch. Die Septuaginta-Zusätze unterscheidet Nicephorus aber noch von den apokryphen Bücher, die er eigens aufführt. Zu dieser Kanonliste vgl. auch Karl August CREDNER, *Zur Geschichte des Kanons*, Halle 1847, S. 97-116.

Kanonlisten sind ein Beleg für das Fortleben der Orientierung an der hebräischen Bibel in der griechischen Kirche.

C. LATEINISCHE KANONTRADITION

Nach den zahlreichen Zeugnissen zur Kanonfrage aus dem griechischsprachigen Osten sollen die Zeugnisse für die Entwicklung des alttestamentlichen Kanons im lateinischsprachigen Westen vorgestellt werden. Die erste Kanonliste im Westen ist die Übersetzung der Liste des Origenes durch Hilarius von Poitiers. Eigenständige Verzeichnisse der kanonischen Bücher im Westen gibt es erst am Ende des vierten Jahrhunderts.

1. Tertullian

Den ersten Beleg für eine lateinische Stellungnahme zum Kanon bietet Tertullian. Von ihm ist keine Kanonliste erhalten, aber er gibt in der noch in seiner katholischen Periode entstanden Schrift *De cultu feminarum* einen ausdrücklichen Hinweis auf den Umfang des Kanons:

> *Scio scripturam Enoch ...non recipi a quibusdam, quia nec in armarium Judaeorum admittitur ...Sed cum Enoch eadem scriptura etiam de domino praedicarit, a nobis quidem nihil omnino rejiciendum est, quod pertineat ad nos. Et legimus omnem scripturam aedificationi habilem divinitus inspirari, et a Judaeis postea - iam videris propterea - reiectam, sicut et cetera fere quae Christum sonant* [222].

Aus dieser kurzen Äußerung ist zu ersehen, daß Tertullian - ähnlich wie Clemens von Alexandria - andere Kriterien für die Kanonizität einer Schrift aufstellt als die Zugehörigkeit zur hebräischen Bibel[223]. Vor allem ist für ihn die Feststellung, daß die betreffende Schrift inspiriert ist, ein Kriterium. Darüber entscheidet der Beitrag, den die Schrift zur Erbauung leistet, denn alle Schriften, die der Erbauung dienen, sind von Gott inspiriert. Die Inspiration steht wiederum in enger Verbindung mit dem prophetischen Christuszeugnis. Tertullian nimmt an, daß Schriften, die prophetisch

---

[222] Tertullian, *De cultu feminarum* I,3,1-3 CCL I 346,1-24

[223] Tertullian ist kein Gegner des Alten Testaments. Er verteidigt vielmehr mit Verve den christlichen Gebrauch des Alten Testament gegen Marcion. Zudem gebraucht er die hebräischen Schriften für einen Altersbeweis gegenüber der griechischen und römischen Religion (Apologeticum 18). Zum Altersbeweis im allgemeinen s. Peter PILHOFER, *Presbyteron kreitton*, a.a.O.

auf Christus hinweisen, eben deswegen von den Juden nicht zum Kanon gerechnet werden. Das Argument gegen eine in Frage stehende Schrift, sie werde von den Juden nicht als kanonisch anerkannt, kann deshalb von Tertullian nicht ernst genommen werden.

Interessant ist an der Stellungnahme Tertullians, daß von anderen Christen offenbar der Kanon der hebräischen Bibel für normativ gehalten wird und sie ihn deshalb wegen des Gebrauchs des Buches Henoch angreifen. Mit Eric JUNOD kann man zusammenfassen: "On voit nettement que, vers les années 200, la présence ou l'absence d'un livre dans la bible juive n'est pas sans compter pour les chrétiens ou du moins pour certains d'entre eux".[224]

2. Hilarius von Poitiers

Hilarius[225] hat sich während seiner Verbannung im Osten nicht nur am "arianischen" Streit beteiligt, sondern auch Griechisch gelernt und exegetische Studien betrieben. Eine Frucht dieser Studien ist der nach seiner Rückkehr nach Poitiers entstandene Kommentar zum Psalter. Hilarius benutzt für seine Arbeit den Psalmenkommentar des Origenes[226]. Wie Origenes in der Einleitung zu Psalm 1 stellt Hilarius seinem Kommentarwerk eine Kanonliste voran[227]. Von

---

[224] Eric JUNOD, La formation et la composition de l'Ancien Testament dans l'Église grecque des quatre premiers siècles, a.a.O. S. 113.

[225] Zu Leben und Werk des Hilarius vgl. Jean DOIGNON, Hilarius von Poitiers, in: Reinhart HERZOG [Hg.], Handbuch der lateinischen Literatur der Antike Bd. 5 (HAW VIII/5), München 1989 S. 447-477.

[226] P. SMULDERS, Hilarius von Poitiers, in: M. Greschat [Hg.], Gestalten der Kirchengeschichte I/1 Stuttgart 1984 S. 263: "Der Vergleich mit den authentischen Fragmenten von Origenes zeigt, daß Hilarius dessen Schrift vorlag. Unzweifelhaft entlehnt er seine Verweise auf die hebräische Bibel und auf Aquila dem Meister". Vgl. dazu die Studie von E. GOFFINET, L'utilisation d'Origène dans le Commentaire des Psaumes de saint Hilaire de Poitiers, Paris 1960.

[227] Hilarius, Tractatus in psalmorum, Instructio Psalmorum CSEL 22 13,1-15: "Et ea causa est, ut in viginti duos libros lex Testamenti Veteris deputetur, ut cum litterarum numero convenirent. qui ita secundum traditiones veterum deputantur, ut Moysei sint libri quinque, Jesu Nave sextus, Judicum et Ruth septimus, primus et secundus Regnorum octavus, tertius et quartus in nonum, Paralipomenon duo in decimum sint, sermones dierum Esdrae in undecimum, liber Psalmorum duodecimus sit, Salomonis Proverbia, Ecclesiastes, Canticum canticorum in tertium decimum et quartum decimum et quintum decimum, duodecim autem minores Prophetae in sextum decimum, Esaias deinde et Hieremias cum lamentatione et epistula, sed et Daniel et Ezechiel et Iob et Hester viginti duum librorum numerum consumment. quibusdam autem visum est additis Tobia et Judith viginti quattour libros secundum numerum graecorum litterarum connumerare".

Origenes übernimmt Hilarius die Reihenfolge der Bücher und die Bemerkungen, welche Bücher zusammengezählt werden. Hilarius zählt 22 Bücher entsprechend der hebräischen Bibel auf. Dabei erwähnt er, daß er diese Zählweise von seinen Vorgängern übernimmt. Ebenso setzt er die Zahl 22 mit der Anzahl der Buchstaben des hebräischen Alphabets in Beziehung. Er verzichtet aber im Gegensatz zu Origenes auf die Umschrift und Übersetzung der hebräischen Namen der biblischen Bücher und zählt die fünf Bücher des Pentateuch nicht einzeln auf, sondern faßt sie zu "fünf Büchern Mose" zusammen. Am Ende der Liste erwähnt er nicht - wie Origenes - die Makkabäerbücher als außerhalb des 22 Bücher umfassenden Kanons stehende Schrift, sondern Tobit und Judith. Zusammen mit den 22 Büchern der Kanonliste ergibt sich die Zahl von 24 Büchern, die Hilarius - ohne Hinweis auf die rabbinische Zählweise von 24 kanonischen Büchern - mit den 24 Buchstaben des griechischen Alphabets in Beziehung setzt[228].

Der Hinweis auf Tobit und Judith zeigt, daß Hilarius nicht daran interessiert ist, den Kanon der hebräischen Bibel zum Maßstab der christlichen Kirche zu machen. Trotz der Übernahme der Kanonliste des Origenes hat für ihn die Septuaginta die maßgebliche Autorität:

> Sed perfecta horum septuaginta interpretum auctoritas manet[229].

Mit dieser Stellungnahme für die Septuaginta verbindet sich bei Hilarius die Vorliebe für eine christologische Auslegung des Alten Testaments[230]. So stellt er auch die an der hebräischen Bibel orientierte Kanonliste des Origenes unter ein christologisches Vorzeichen[231]. Hilarius will dabei nicht Altes und Neues Testament von-

---

[228] Auf die Bedeutung des Griechischen für die Exegese des Hilarius weist auch hin Marc MILHAU, Le grec, une "clé pour l'intelligence du psaumes", Étude sur les citations grecques du Psautier contenues dans les Tractatus super psalmos d'Hilaire de Poitiers, in: REAug 36 (1990) S. 67-79.

[229] Hilarius, Tractatus in psalmum 2,3 CSEL 22 39,18f.

[230] Hilarius, Tractatus in psalmorum, Instructio Psalmorum CSEL 22 6,1f: "Non est vero ambigendum, ea, quae in psalmis dicta sunt, secundum evangelicam praedicationem intellegi oportere".

[231] Hilarius zieht die Verbindung zwischen dem Akrostichon Ps 118(119), den 22 Buchstaben des hebräischen Alphabets und den 22 Büchern des Kanons der hebräischen Bibel. In den jeweils acht Versen der einzelnen Abschnitte in Ps 118(119) sieht Hilarius die Überlegenheit des Christentums, das den achten Tag der Woche feiert, gegenüber dem Judentum, das "nur" den siebten Tag der Woche feiert, symbolisiert. Die Verbindung der so gedeuteten Zahl 8 mit der Zahl 22 weist ihm den Weg zu einem christlichen Verständnis des Alten

einander trennen, für ihn besteht vielmehr eine enge Verbindung zwischen Evangelium und christologisch ausgelegtem Gesetz[232]. Das eine ist ohne das andere unvollständig[233]. Hilarius ordnet seine, von Origenes vermittelte, Kenntnis der hebräischen Bibel seinen Erkenntnissen der christlichen Wahrheit unter[234].

Die Position des Hilarius beeinflußt die lateinische Kanontradition. Die Septuaginta ist sowohl für Ambrosius als auch für Augustinus und die afrikanischen Synoden die maßgebliche Autorität für den Kanon des Alten Testaments. Aber auch Hieronymus kennt die Einstellung des Hilarius zum Kanon des Alten Testaments. Sein Kommentar zu den Psalmen ist eines der ersten exegtischen Werke in der Bibliothek des Hieronymus[235].

3. Ambrosius

Von Ambrosius ist weder eine Kanonliste noch eine andere explizite Äußerung zum Kanon des Alten Testaments überliefert. Da er aber eine wichtige Rolle in der lateinischen Kirche des 4. und 5. Jahrhunderts spielt, muß seine Position dennoch berücksichtigt werden. Seine auffälligste Stellungnahme zur Kanonfrage hat Ambrosius dadurch gegeben, daß er den ersten christlichen Kommentar zu einem Buch veröffentlicht hat, das nicht zur hebräischen Bibel gehört. Er widmete dem Buch Tobit einen eigenen

---

Testaments; Tractatus in psalmorum, Instructio in psalmorum CSEL 22 12,23f: *"per omnes viginti et duas Hebraei sermones litteras sub sacramento ogdoadis erudiemur".*

[232] Vgl. Néstor J. GASTALDI, *Hilario de Poitiers. Exegeta del Salterio,* Paris / Rosario 1969 S. 216-240. Das Verhältnis von Exegese und Christologie bei Hilarius bestimmt GASTALDI so (S. 248): "Es esta cristologia que dirige la exégesis y tiene la última palabra, asi como tenía la primera".

[233] Hilarius beschreibt diesen Zusammenhang ebenfalls mit dem Bild der Sieben- und Achtzahl; *Tractatus in psalmorum, Instructio in psalmorum* CSEL 22 14,10-12: *"neque hebdomas legis sine evangeliorum ogdoade, neque ogdoas evangeliorum sine legis hebdomade virum posset praestare perfectum".*

[234] Das gilt auch für andere Themen, sowohl für Detailkenntnisse, wie die Hilarius bekannte rabbinische Unterteilung des Psalters in fünf Bücher, der er das Zeugnis der Apostel vorzieht, die von einem Psalmbuch sprechen (Apg 1,20), als auch für größere Themen, wie die Übersetzung des Alten Testaments. Hier stellt Hilarius die dogmatische Zuverlässigkeit des Übersetzers vor die Beachtung des Literalsinnes: *"sed nobis translatorem utendum auctoritate est, legem non ambiguitate litterae, sed doctrinae scientia transferendum". Tractatus in psalmum 2,4* CSEL 22 40,19f.

[235] Hieronymus bittet Florentius aus der Chalkis, daß ihm Rufin diesen Kommentar zusammen mit anderen Büchern zukommen lassen möge; Hieronymus ad Florentinum, Ep. 5,2 CSEL 54 229f.

Kommentar[236]. In der Einleitung zu diesem Werk räumt er diesem Buch den Rang eines prophetischen Buches ein[237]. Daran wird der Unterschied zwischen den lateinischen und griechischen Exegeten besonders deutlich[238].

Ansonsten hält Ambrosius die Septuaginta für die größte Autorität in der Frage nach Text und Umfang des Alten Testaments. Da er auch von griechischer Exegese beeinflußt ist, ist ihm das Problem der doppelten Übersetzung vom Hebräischen ins Griechische und dann ins Lateinische bewußt. Ohne eine Reflexion über den unterschiedlichen Text und Umfang der verschiedenen Kanonformen behauptet Ambrosius, daß trotz Übersetzungen der *sensus* des Bibeltextes gleich geblieben sei[239]. Auf diese Weise umgeht er die Notwendigkeit eines Rückgriffs auf die hebräische Bibel[240]. Im Gefolge des Origenes benutzt Ambrosius die Übersetzungen von Aquila, Symmachus und Theodotion, allerdings ohne ihre philologischen Prinzipien zu berücksichtigen[241]. Vielmehr benutzt er sie, um

---

[236] Die Schrift des Ambrosius ist ein Beispiel für das Problem, die Gattungen von Kommentar und Homiliensammlung klar voneinander abzugrenzen. Die Schrift *De Tobia* ist aus mehreren Predigten zusammengestellt worden, vgl. M. GIACCHERO, *Ambrosii De Tobia*, Genua 1965 S. 10-15 und beschäftigt sich vor allem mit dem Thema der *avaritia* und bietet keine fortlaufende Auslegung. Dennoch wird es von Augustinus, *Contra Julianum* 1,3,10 PL 44,646 mit der Bemerkung zitiert: *"in espositione libri Tobiae"*.

[237] Ambrosius, *De Tobia*, CSEL 32/II 519,1f: *"Lecto prophetico libro, qui inscribitur Tobis.."*. außerdem bezeichnet er Tobias in der Erklärung von Tob 2,9f ausdrücklich als Propheten *"propheta cum requiescit in cubiculo suo"* CSEL 32/II 520,20f.

[238] Eric JUNOD, La formation et la composition de l'Ancien Testament dans l'Église grecque des quatre premiers siècles, a.a.O. S. 119: "On a là un exemple de la différence d'attitude des écrivains latins et grecs du IVᵉ à l'égard des deutérocanoniques".

[239] Ambrosius, *Explanatio in Psalmum* 37,49 CSEL 64 176: *"Sensus ergo nobis spectandus est semper, quem etiam ipsum frequens translatio ex Hebraeo in Graecum, ex Graeco in Latinum attenuare consuevit"*. Vgl. Josef HUHN, Bewertung und Gebrauch der Heiligen Schrift durch den Kirchenvater Ambrosius, in: *HJ* 77 (1958) S. 393f.

[240] Das verbindet sich mit seiner ausgeprägt ablehnenden Haltung zu den Juden im allgemeinen. Vgl. J. WYTZES, Ambrosius en de Joden, in: *KeTh* 37 (1986) S. 20: "Ambrosius was de eerste en de enige niet die zo fel afwijzend en afkeurend over de Joden sprak - want dat is wel de geest van de meeste van zijn uitlatingen".

[241] Zum Gebrauch der verschiedenen Übersetzungen des Alten Testaments bei Ambrosius vgl. L.F. Pizzolato, *La dottrina esegetica di Sant'Ambrogio*, Mailand 1982 S. 212-222.

im Einzelfall das Potential der Auslegungsmöglichkeiten zu
erweitern.

Da für ihn aber die Bibel eine einzigartige Quelle der Wahrheit
ist[242], ist er auf eine zuverlässige Textgrundlage angewiesen. Deshal
gesteht er der Septuaginta maßgebliche Autorität auf Grund der
kirchlichen Anerkennung zu[243]. Dieses Denk- und Argumentations-
muster übernimmt später Augustinus in seiner Auseinandersetzung
mit Hieronymus[244].

4. Zusammenfassung

Für den lateinischen Westen hat die Kanonfrage vor Augustinus und
Hieronymus keine große Rolle gespielt. Die einzige bei Hilarius von
Poitiers erhaltene Kanonliste geht auf den Einfluß des Origenes
zurück. Aus der griechischen Kirche sind demgegenüber insgesamt
10 Kanonlisten aus der zweiten Hälfte des vierten Jahrhunderts
überliefert.

Die westlichen Kirchenväter sind ausnahmslos davon überzeugt[245], mit der Septuaginta und den nach ihr gefertigten Übersetzungen ins Lateinische einen zuverlässigen Bibeltext zu
besitzen[246]. Es wird nicht einmal die Möglichkeit diskutiert, daß die

---

[242] Goulven MADEC, *Saint Ambroise et la philosophie* (EAug), Paris 1974
S. 177-179.

[243] Ambrosius, *Expositio in Psalmum* 118(119) 9,13 CSEL 62 196: *"Sed quia
Septuaginta virorum sententias magis sequitur ecclesia et hic sensus est planior
et nihil offensionis admitti, quod possit aliquibus scrupulum commovere, ideo ita
accipiamus"*.

[244] Zum Verhältnis von Ambrosius und Augustinus vgl. Goulven MADEC,
Saint Ambroise, a.a.O. S.61f.; 66; 71f.; 91 und vor allem 346f.

[245] Zu den bereits Genannten läßt sich noch Cyprian von Karthago
hinzufügen, der zwar auch nicht explizit zum Kanon Stellung genommen hat, für
den sich aber an Hand einer Untersuchung des Zitierverhaltens nachweisen läßt,
daß er die Septuaginta-Zusätze verwendet. Vgl. Michael Andrew FAHEY SJ,
Cyprian and the Bible. A Study in Third-Century Exegsis (BGBH 9), Tübingen
1971 S. 40.

[246] Für die lateinische Kirche gilt die Beschreibung von Johannes LEIPOLDT,
Geschichte des neutestamentlichen Kanons, 1. Teil: Die Entstehung, Leipzig
1907, S. 18: "Die Autorität des LXXwortlautes stieg in der alten Kirche
dermaßen, daß man es in weiten Kreisen als anstößig empfand, wenn jemand die
LXX auf Grund des Urtextes verbessern wollte. Selbst Tochterübersetzungen der
LXX, wie die altlateinische Bibelübersetzung, genossen dasselbe Ansehen wie
ihre Mutter. Man hat es z.B. Hieronymus arg verdacht, daß er den
althergebrachten lateinischen Text verbessern wollte; nicht nur Laien haben ihm
das zum Vorwurfe gemacht, sondern auch so hochgebildete Theologen wie
Augustin".

hebräische Bibel auch für die Kirche eine Norm darstellen könne. Im Osten wird zwar die Autorität der Septuaginta nicht bestritten, aber zumindest in der Kanontheorie tritt sie dort hinter der hebräischen Bibel zurück. Die Behauptung des Ambrosius, daß der *sensus* des Textes trotz der zweifachen Übersetzung gleichgeblieben sei, zeigt deutlich, daß es im Westen kein Interesse daran gab, zu untersuchen, ob es neben den Textvarianten auch Unterschiede im Umfang der Kanonformen gibt oder sich der Frage zu stellen, ob die Überlieferung der Schriften des Alten Testaments durch die Juden für Christen relevant sein kann. Die hebräische Bibel als Maßstab für den Kanon des Alten Testaments kommt nicht in den Blick. Erst durch den Einfluß des Hieronymus ändert sich diese Situation.

D. HIERONYMUS

Hieronymus übernimmt aus der griechischen Tradition die Auffassung, daß die hebräische Bibel die maßgebliche Autorität in der Frage des Kanons des Alten Testaments hat. Diese Haltung hat auch Auswirkungen auf seine Übersetzungstätigkeit. Er versucht, wie Origenes - und die jüngeren jüdischen Übersetzer - in seinen Übersetzungen dem hebräischen Text so nahe wie möglich zu kommen. Im Laufe seines Lebens verschiebt sich seine Haltung in dieser Frage immer mehr zu Gunsten des hebräischen Textes.

Hieronymus hat bereits in Rom (382-385) im Auftrage des Bischofs Damasus[247] die Evangelien und den Psalter neu übersetzt[248], aber erst nach der endgültigen Übersiedlung in den Osten beginnt er, das gesamte Alte Testament zu übersetzen[249]. Die ersten

---

[247] Die Neuübersetzung oder Revision solch zentraler Texte mußte als *novum opus* auf Kritik nahezu aller traditionsbewußten Christen stoßen. Um die Benutzung der Übersetzungen im Gottesdienst dennoch durchzusetzen, bedurfte es der ganzen Autorität des Auftraggebers Damasus, vgl. Stefan REBENICH, *Hieronymus und sein Kreis*, a.a.O. S. 175-177.

[248] Vgl. zur Übersetzung der Evangelien: Albert A. BELL, Jerome's role in the Translation of the Vulgate New Testament, in: *NTS* 23 (1977) S. 230-233; R.R. HARRISON, *Jerome's Revision of the Gospels* (Diss. Univ. of Pennsylvania), Philadelphia 1986; zum Psalter: Franz Arthur ALLGEIER, Die Hexapla in den Psalmenübersetzungen des heiligen Hieronymus, in: *Bib* 8 (1927) S. 450-463; Collette ESTIN, *Les Psautiers de Jérôme à la lumière des traductions juives antérieures* (CBLa 15), Rom 1984.

[249] Zur Bibelübersetzung des Hieronymus gibt es eine umfangreiche Diskussion in der Forschung. Zum einen ist es die Frage nach den Einflüssen der Vorgängerübersetzungen, die unterschiedlich beurteilt wird, dazu vgl.: A. CONDAMIN, L'influence de la tradition juive dans la version de s. Jérôme in:

Übersetzungen einzelner Bücher sind noch nach der hexaplarischen Septuaginta angefertigt[250]. In der Vorrede zur Übersetzung der Chronikbücher findet sich auch der einzige Beleg dafür, daß Hieronymus die Septuaginta für eine geistgewirkte Übersetzung hält[251]. Seit dem Winter 392/393 wendet sich Hieronymus aber dem

RSR 5 (1914) S. 1ff; Franz Arthur ALLGEIER, Schlussbemerkungen zum Gebrauch der Hexapla bei Hieronymus, in: *Bib* 8 (1927) S. 468f; P. Alberto VACCARI, Esaple e Esaplare in S. Girolamo, in: *Bib* 8 (1927) S. 463-468; M. JOHANNESSOHN, Hieronymus und die jüngeren griechischen Übersetzungen des Alten Testaments, in: *ThLZ* 73 (1948) S. 145-152; DERS., Zur Entstehung der Ausdrucksweise der lateinischen Vulgata aus den jüngeren griechischen alttestamentlichen Übersetzungen, in: *ZNW* 44 (1952-53) S. 90-102; J. ZIEGLER, *Die jüngeren griechischen Übersetzungen als Vorlage der Vulgata in den prophetischen Schriften*, Braunsberg 1944/45; DERS., Die Septuaginta Hieronymi im Buch des Propheten Jeremias, in: *FS A. Dold,* Beuron 1952 S. 13-24; Igino CECCHETTI, S. Girolamo e il suo "Prologus Galeatus" (Alle origini della Volgata), in: *Miscellanea A. Piolante II,* Roma 1964 S. 77-114; Caroline Penrose BAMMEL, Die Hexapla des Origenes: Die hebraica veritas im Streit der Meinungen, in: *Aug* 28 (1988) S. 125-149. Zum anderen ist auch die Übersetzungstheorie Gegenstand der Forschung, vor allem, da sie auch in der Auseinandersetzung zwischen Rufin und Hieronymus eine wichtige Rolle spielt: vgl. dazu: F. STUMMER, Einige Beobachtungen über die Arbeitsweise des Hieronymus bei der Übersetzung des Alten Testaments aus der hebraica veritas, in: *Bib* 10 (1929) S. 1-30; B. KEDAR-KOPFSTEIN, *The Vulgate as a translation, some semantics and syntactical aspects of Jerome's version of the Hebrew Bible* (Diss. phil.), Jerusalem 1968; Friedhelm WINKELMANN, Einige Aussagen zu den Aussagen des Rufinus von Aquileia und des Hieronymus über ihre Übersetzungstheorie und Methode, in: *Kyriakon, FS J. Quasten* hg.v. P. Granfield / J.A. Jungmann, Münster 1970, Bd. 2 S. 532-547; Heinrich MARTI, *Übersetzer der Augustin-Zeit* (Studia et Testimonia antiqua XIV), München 1974.

[250] Hieronymus konnte das Original in Caesarea einsehen, vgl. J.N.D. KELLY, *Jerome. His Life, Writings and Controversies,* London 1975 S. 135. Er behauptet, das gesamte Alte Testament nach der hexaplarischen Septuaginta übersetzt zu haben, Hieronymus, *Epistula adv. Rufinum* 25 CCL 79 97,15-17: *"Septuaginta editionem, quam dilligentissime emendatam ante annos plurimos meae linguae hominis dedi"* und Hieronymus ad Lucinum Beaticum, Ep. 71,5 CSEL 55 6,8f; *Apologia contra Rufinum* II,24 CCL 79 60,20ff. Tatsächlich lassen sich aber nur Übersetzungen folgender Bücher nachweisen: Psalter, Hiob, 1.+2. Chronik, Sprüche, Kohelet und Hohelied.

[251] Hieronymus, *Praefatio in Librum Paralipomenon juxta LXX Interpretes,* PL 29,424+426. Hieronymus bezeichnet die Septuaginta-Übersetzer als voll des Heiligen Geistes, läßt es aber offen, ob auch die Zusätze der Septuaginta gegenüber dem hebräischen Text inspiriert sind: *"Septuaginta Interpretes addiderint, vel ob decoris gratiam, vel ob Spiritus sancti auctoritatem".* In späteren Schriften findet sich kein Hinweis mehr auf die Inspiration der Septuaginta-Zusätze, vgl. Pierre JAY, *L'Exégèse de Saint Jérôme d'après son "Commentaire sur Isaie",* Paris 1985 S. 120: "Et l'on chercherait en vain dans tout le Commentaire l'idée, également formulée jadis, que le Saint Esprit aurait

Hebräischen als alleiniger Grundlage seiner Übersetzung zu[252]. Kriterium wird für ihn die *hebraica veritas*. Dieser Begriff schließt für Hieronymus aber keineswegs die weitere Verwendung der Septuaginta aus. Er ist vielmehr gerade deshalb, weil er mit der Übersetzung nach der *hebraica veritas* Neuland betritt, darauf angewiesen, nicht den Eindruck zu erwecken, er verachte die allgemein geachtete Septuaginta[253]. So ergibt sich eine merkwürdige Doppelung: zum einen vertritt Hieronymus vehement den Vorrang der hebräischen Bibel, zum anderen verwendet er in seinen Übersetzungen und Kommentaren beide Textformen nebeneinander[254].

Voraussetzung für die Arbeit am hebräischen Text ist die Beherrschung der Sprache[255]. Hieronymus vervollkommnet die während

---

pu inspirer aux Septante les additions apportées par eux à l'hébreu". Vgl. Guiseppe VELTRI, L'inspirazione della LXX tra leggenda e teologia. Dal racconto di Aristea all "veritas hebraica" di Girolamo, in: *Laur.* 29 (1986) S. 3-71.

[252] Vgl. Pierre JAY, La datation des premières traductions de l'AT sur l'hebreu par S. Jérôme, in: *REAug* 28 (1982) S. 208-212. JAY vermutet, daß der Übergang zum hebräischen Text mit der Übersetzung des Psalters begonnen hat. Anders J.N.D. KELLY, *Jerome*, a.a.O. S. 161.

[253] Die scheinbare Wankelmütigkeit des Hieronymus in dieser entscheidenden Frage hat immer wieder Anlass zur Kritik gegeben. Am schärfsten hat diese Kritik Collette ESTIN in einem fiktiven, satirischen Dialog geäußert. Colette ESTIN, Saint Jérôme, de la traduction inspirée à la traduction relativiste, in: *RBI* 88 (1981) S. 199-215. Ein positives Urteil über diese Arbeitsweise des Hieronymus hat dagegen Heinrich MARTI gefällt. Heinrich MARTI, *Übersetzer der Augustin-Zeit,* a.a.O. S. 62: "Dabei scheint uns, es sei gerade eine Stärke der hieronymianischen Position, frei zu sein von allem Schematismus: der Bethlehemit trifft dort den Kern der Sache am besten, wo er zugibt, daß kein Werk, kein Satz nach demselben Schema übertragen werden kann".

[254] Pierre JAY, *L'Exégèse de Saint Jérôme,* a.a.O. S. 120 "Les Septantes peuvent donc être traites aussi bien que l'hebreu". Vgl. auch Heinrich MARTI, *Übersetzer der Augustin-Zeit,* a.a.O. S. 137.

[255] In der Frage der Hebräischkenntnisse des Hieronymus hat es in der Forschung immer wieder Kontroversen gegeben. Nach der unkritischen Übernahme der Angaben des Hieronymus haben in diesem Jahrhundert Adolf von HARNACK, Gustave BARDY und Pierre NAUTIN versucht, zu zeigen, daß Hieronymus nahezu völlig von seinen literarischen Vorlagen, vor allem Origenes, abhängig ist und kaum eigene Kenntnisse hat: Adolf von HARNACK, *Der kirchengeschichtliche Ertrag der exegetischen Arbeiten des Origenes* (TU 42/4), Leipzig 1919, S. 141-168 Anhang: Origenistisches Gut von kirchengeschichtlicher Bedeutung in den Kommentaren des Hieronymus zum Philemon-, Galater-, Epheser- und Titusbrief; Gustave BARDY, St. Jérôme et ses maîtres hebreux, in: *RBen* 46 (1934) S. 145-164; Pierre NAUTIN, *Origène,* Paris 1977 bes. S. 214ff, 284ff, 326ff, 344ff, 359ff. Andere Untersuchungen haben aber ergeben, daß Hieronymus in Ansatz und Durchführung seiner Arbeit mit hebräischem Material über seine Vorgänger hinausgeht. Als Beispiele seien

des ersten Aufenthaltes im Osten gewonnenen Anfangskenntnisse in Bethlehem mit Hilfe weiterer jüdischer Lehrer[256]. Dabei geht Hieronymus so weit, seinen jüdischen Lehrer Baranina ebenso als *praeceptor* zu bezeichnen wie Donatus, Gregor von Nazianz oder Didymus[257]. Der Kontakt beschränkt sich aber nicht nur auf Sprachunterricht; Hieronymus bemüht sich auch, exegetische Traditionen der Juden kennenzulernen[258], die er in seine Auslegungen einbezieht, ohne deshalb seine christozentrische Exegese aufzugeben[259]. Der

---

genannt: die Arbeit von Adam KAMESAR an den *Quaestiones in Genesim*; Adam KAMESAR, *Studies in Jerome's Quaestiones Hebraicae in Genesim: The Work as Seen in the Context of Greek Scholarship*, (Diss. masch.) Oxford 1987 und Ralph HENNINGS, Antijüdisches und Rabbinisches bei Hieronymus, Ep. 121,10, in: J. van Oort, / U. Wickert [Hg.], *Christliche Exegese zwischen Nicaea und Chalcedon*, Kampen 1992 S. 49-71. Zu dem gesamten Problemfeld jetzt auch Stefan REBENICH, Jerome: The "vir trilinguis" and the "hebraica veritas", in: *VigChr* 47 (1993) S.50-77. Aus der übrigen Literatur sei nur eine Auswahl genannt: M. RAHNER, *Die hebräischen Traditionen in den Werken des Hieronymus. Quaestiones in Genesim*, Breslau 1871, DERS., *Die hebräischen Traditionen in den Werken des Hieronymus. Die commentarii zu den 12 kleinen Propheten I-II*, Berlin 1902; W. BACHER, Eine angebliche Lücke im hebräischen Wissen des Hieronymus, in: *ZAW* 22 (1902) S. 114ff; Edmund F. SUTCLIFFE, St. Jerome's hebrew manuscripts, in: *Bib* 29 (1947) S. 195-204; Ders., St. Jerome's Pronunciation of Hebrew, in: *Bib* 29 (1948) S. 112-125; James BARR, St. Jeromes appreciation on Hebrew, in: *BJRL* 49 (1966) S. 281-302; Etian BURSTEIN, La compétence de Jérôme en hebreu, in: *REAug* 21 (1975) S. 3-12.
[256] Vgl. dazu die erwähnten Arbeiten von M. RAHNER, a.a.O., sowie einige Untersuchungen jüdischer Gelehrter: Heinrich Hirsch GRAETZ, Haggadische Elemente bei den Kirchenvätern, in: *MGWJ* 3 (1854) S. 311-319, 352-355, 381-387, 428-431 u. 4 (1855) S. 186-192; S. KRAUSS, The Jews in the Works of the Church Fathers, in: *JQR* 5 (1893) S. 122-157; 6 (1894) S. 82-99, 225-261; J. SCHWARTZ, Jerome and the Jews of Judea (Hebr. mit engl. Zusammenfassung), in: *Zion* (Jerusalem) 47 (1982) S. 186ff. Die jüngste Untersuchung von Ilona OPELT versucht, insgesamt fünf hebräische Lehrer zu identifizieren Ilona OPELT, San Girolamo e i suoi maestri ebrei, in: *Aug* 28 (1988) S. 327-338.
[257] Hieronymus, *Apologia contra Rufinum* I,13 CCL 79 12,3-5.
[258] Vgl. Pierre JAY, *L'Exégèse de Saint Jérôme*, a.a.O. S. 39: "Pour être á même de remonter aux textes originaux de l'Ancien Testament, Jérôme n'avait pas hésité en effet á aller chercher auprès de juifs compétents une connaissance non seulement de la langue mais des traditions hébraïques".
[259] Zur christozentrischen Exegese des Hieronymus vgl. Wilfried HAGEMANN, *Wort als Begegnung mit Christus. Die christozentrische Schriftauslegung des Kirchenvaters Hieronymus* (TthSt 23), Trier 1970, A. PENNA, Prinicpi e carrattere dell'esegesi di san Girolamo, Rom 1950 und Pierre Jay, L'Exégèse de Saint Jerome d'après son "Commentaire sur Isaie", Paris 1985.

direkte Kontakt zu Juden und die Anerkennung ihrer Sprach- und exegetischen Kompetenz unterscheidet Hieronymus von seinen Zeitgenossen[260].

Hieronymus hat im Zusammenhang mit seiner Bibelübersetzung aus dem Hebräischen eine Kanonliste veröffentlicht[261], in der deutlich zum Ausdruck kommt, daß nur der Bestand der hebräischen Bibel kanonische Autorität genießt[262]. Im sogenannten *Prologus galeatus*, der den Samuel- und Königsbüchern vorangeht, hat er an exponierter Stelle zum Kanon Stellung genommen[263]. In der Einleitung zu seiner Liste weist er darauf hin, daß nur die 22 Bücher der hebräischen Bibel zum Kanon gehören[264]. Dabei erwähnt er im Gefolge des Origenes die Übereinstimmung der 22-Zahl mit den Buchstaben des hebräischen Alphabets und bringt wie Epiphanius die 5 Finalbuchstaben des Hebräischen mit der Möglichkeit in Verbin-

---

[260] Gegen Angriffe, die ihn des Judaismus beschuldigen, wehrt er sich mit dem Verweis auf seine Vorgänger Origenes, Eusebius und Clemens, die ebenfalls auf jüdische Quellen zurückgegriffen haben, Hieronymus, *Apologia contra Rufinum* I,13 CCL 79 12,21-25.

[261] Hieronymus hat nur diese eine Kanonliste veröffentlicht. Darüberhinaus gibt er in Ep. 53 an Paulinus eine Auflistung der Bücher des Alten Testaments mit kurzen Inhaltsangaben und in Ep. 107 an Laeta die Anweisung, in welcher Reihenfolge ein heranwachsendes Mädchen die biblischen Bücher lesen soll.

[262] Mit der Stellung des Hieronymus zum Kanon des Alten Testaments beschäftigen sich folgende Spezialuntersuchungen: Léon SANDER, *Études sur saint Jérôme: Sa doctrine touchant l'inspiration des Livres saints et leur véracité, l'autorité des livres deutérocanoniques, la distinction entre l'épiscopat et le presbytérat, l'Origénisme*, Brüssel/Paris 1903; H.H. HOWORTH, The Influence of St. Jerome on the Canon of the Western Church, in: *JThS* 10 (1908/09) S. 481-496; 11 (1909/10) S. 321-47; 13 (1911/12) S. 1-18; Patrick W. SKEHAN, St. Jerome and the Canon of the Holy Scriptures, in: *A Monument to St. Jerome*, New York 1952 S. 259-287; J.F.Hernadez MARTIN, S. Jerónimo y los deuterocanónicos del Antiguo Testamento, in: *CDios* 182 (1969) S. 373-384; Maurice E. SCHILD, *Abendländische Bibelvorreden von der Reformation bis zur Aufklärung* (QFRG 39), Gütersloh 1975; vgl. auch Otto WERMELINGER, Le canon des latins au temps de Jérôme et d'Augustin. in: J.-D. KAESTLI / O. WERMELINGER [Hg.], *Le canon de l'Ancien Testament, sa formation et son histoire*, Genf 1984 S. 153-196.

[263] Hieronymus, *Praefatio in Libros Samuel et Malachim*, PL 28 555f: "*Hic prologus Scripturarum, quasi galeatum principium omnibus libris, quos de Hebraeo vertimus in Latinum, convenire potest: ut scire valeamus quidquid extra hos est, inter ἀπόκρυφα esse ponendum*".

[264] Hieronymus, *Praefatio in Libros Samuel et Malachim*, PL 28 551-552: "*Quomodo igitur viginti duo elementa sunt, per quae scribimus Hebraice omne quod loquimur, et eorum initiis vox humana comprehenditur: ita viginti duo volumina supputantur, quibus quasi litteris et exordiis, in Dei doctrina, tenera adhuc et lactens viri justi eruditur infantia*".

dung, gewisse Bücher getrennt zu zählen. Wie diese beiden gibt auch Hieronymus die hebräischen Buchtitel an. Er stellt sie allerdings an die erste Stelle und macht so den Vorrang des Hebräischen deutlich[265]. Die Liste ist als Wiedergabe des traditionellen Bestandes der hebräischen Bibel stilisiert. Hieronymus spricht nicht von "unseren" oder "den" Schriften, sondern verweist durchgängig auf die jüdische Herkunft, indem er von "ihrer" Ordnung und "ihrer" Benennung redet. Seine Kanonliste folgt der Dreiteilung der hebräischen Bibel und markiert die einzelnen Abschnitte (*ordines*). Ein weiteres Zeichen für den Einfluß der hebräischen Bibel ist die Stellung Daniels unter den Schriften[266]. Die einzigen Abweichungen sind die Bezeichnung von Esra/Nehemia als 1.+2. Esra und der Abschluß des Kanons durch das angehängte Buch Esther. Darin läßt sich der Einfluß christlicher Kanonlisten erkennen. Origenes, Amphilochius

---

[265] Hieronymus, *Praefatio in Libros Samuel et Malachim*, PL 28 552-554: *"Primus apud eos liber vocatur* BERESITH (בראשית) *quem nos Genesim dicimus. Secundus* ELLE SMOTH (אלה שמות), *qui Exodus appellatur. Tertius* VAJECRA (ויקרא), *id est Leviticus. Quartus* VAJEDABBER (וידבר), *quem Numeros vocamus. Quintus* ELLEADDABARIM (אלה הדברים), *qui Deuteronomium praenotatur. Hi sunt quinque Mosi, quos proprie* THORATH (תורת), *id est, legem appelant.*
Secundum Prophetarum ordinem faciunt; et incipiunt ab Jesu filio Nave, qui apud eos JOSUE BEN NUN (יהושע בן נון) *dicitur. Deinde subtexunt* SOPHTIM (שוטים), *id est, Judicum librum; et in eundem compingunt* RUTH (רות), *quia in diebus judicum facta narratur historia. Tertius sequitur* SAMUEL (שמואל), *quem nos Regnorum primum et secundum dicimus. Quartus* MALACHIM (מלכים), *id est, Regum, qui tertio et quarto Regnorum volumine continetur. Meliusque multo est,* MALACHIM, *id est regum, quam* MALACHOT (מלכות), *id est Regnorum dicere. Non enim multarum gentium regna describit; sed unius Israelitici populi, qui tribus duodecim continetur. Quintus* ISAIAS (ישעיה). *Sextus* JEREMIAS (ירמיה). *Septimus* JEZECHIEL (יהזקאל). *Octavus liber duodecim Prophetarum, qui apud illos vocatur* THARE ASRA (תרי עסרא).
Tertius ordo Ἁγιόγραφα *possidet; et primus liber incipit ab* JOB (איוב). *Secundus a* DAVID (דוד), *quem quinque incisionibus, et uno Psalmorum volumine comprehendunt. Tertius est* SALAMON (שלמה) *tres libros habens: Proverbia, quae illi Parabolas, id est* MASALOTH (משלות) *appellant: Ecclesiasten, id est* COHELET (קהלת): *Canticum canticorum, quem titulo* SIR ASSIRIM (שיר השירים) *praenotant. Sextus est* DANIEL (דניאל). *Septimus* DABRE AJAMIM (דברי הימים), *id est, verba dierum, quod significantius* Χρονικὸν *totius divinae historiae possumus appellare. Qui liber apud nos* Παραλειπομένων, *primus et secundus inscribitur. Octavus* EZRAS (עזרא), *qui et ipse similter apud Graecos et Latinos in duos libros divisus est. Nonus* ESTHER (אסתר)*".*
[266] Das betont Hieronymus auch in seiner Vorrede zum Buch Daniel: *"non haberi Danielem apud Hebraeos inter prophetas, sed inter eos qui* Ἁγιόγραφα *conscripserunt".* Hieronymus, *Praefatio in Danielem Prophetam*, PL 28 1294.

von Ikonium und Epiphanius beenden ihre Listen ebenfalls mit dem Buch Esther. Mit der Bemerkung, manche zählten Ruth und Klagelieder als einzelne Bücher und erreichten so die Zahl von 24 Büchern, weist Hieronymus auf die rabbinische Zählung hin[267]. Am Ende seiner Kanonliste schließt er alle anderen Bücher als "ἀπόκρυφα" aus[268]. Ausdrücklich nennt er Weisheit Salomos, Jesus Sirach, Judith, Tobit, den Hirt des Hermas und die Makkabäerbücher als außerkanonische Schriften[269]. Diese deutliche Absage an die Septuaginta-Zusätze bekräftigt noch einmal die Autorität der hebräischen Bibel[270]. Trotzdem kann er sich an anderer Stelle der bereits bei Origenes und Athanasius geäußerten Auffassung anschließen, daß diese Schriften nicht zum Kanon gehören, aber dennoch gelesen werden dürfen und der Erbauung der Gläubi-

---

[267] Hieronymus nimmt allerdings sogleich eine Deutung auf die 24 Ältesten der Apokalypse vor. Er versucht aber nicht, wie Hilarius von Poitiers, die Zahl 24 mit den Buchstaben des griechischen Alphabets zu verbinden.

[268] Hieronymus ist der einzige christliche Autor, der die Septuaginta-Zusätze als ἀπόκρυφα bezeichnet. Vgl. J.F. Hernadez MARTIN, S. Jerónimo y los deuterocanónicos del Antiguo Testamento, in: CDios 182 (1969) S. 376 "S.Jerónimo es el único, entre los antiguos, que llama apócrifos a los deuterocanónicos del Antiguo Testamento". MARTIN weist ebenfalls daraufhin, daß diese Verwendung dem rabbinischen Gebrauch von ספרים החצונים entspricht, mit dem ebenfalls alle Schriften bezeichnet werden, die nicht zur hebräischen Bibel gehören. Vgl. ebd. S. 384: "El concepto que S.Jerónimo tenía de los deuterocanónicos parece acercarse mucho a lo que los judíos entendían por los libros 'jisonim'".

[269] In den weiteren Vorreden präzisiert Hieronymus seine Angaben zu den außerkanonischen Büchern. In der Vorrede zum Buch Jeremia begründet er die Verwerfung des Baruch damit, daß das Buch nicht im Hebräischen erhalten sei: Hieronymus, Prologus in Jeremiam, PL 28 848. Das bereits in der Vorrede zu der Übersetzung aus der Septuaginta vorgetragene Urteil über Jesus Sirach und Weisheit Salomos (Hieronymus, Praefatio in Libros Salomonis juxta LXX Interpretes, PL 29 427f) wiederholt er in der Praefatio in Libros Salomonis, PL 28 1242. In der Vorrede zu Esra schließt er deutlich die Bücher III. + IV. Esra als apokryph aus; Hieronymus, Praefatio in Esram, PL 28 1403. In der Vorrede zu Tobit weist er ausdrücklich daraufhin, daß dieses Buch von den Juden nicht zu den heiligen Schriften gezählt wird; Hieronymus, Praefatio in Librum Tobiae, PL 29 24. Ebenso in der Vorrede zu Judith; Hieronymus, Praefatio in Librum Judith, PL 29 41. An dieser Stelle verweist Hieronymus auf die angebliche Kanonliste von Nicaea, wobei nicht zu ermitteln ist, auf welche Liste er sich bezieht, da aus dem Umkreis des Konzils kein Kanonverzeichnis überliefert wurde.

[270] Vgl. Maurice SCHILD, Abendländische Bibelvorreden, a.a.O. S. 27, der bei der "Praefatio in Jeremiam" beobachtet: "daß Hieronymus nicht nur den Text der Hebräischen Bibel übersetzen will, sondern daß er die Ordnung der Abschnitte nach ihr herstellt, ja, daß sie für ihn als Kriterium für die Ausscheidung unkanonischer Teile der Bibel bestimmend ist".

gen dienen. Hieronymus fügt ergänzend hinzu, daß sie nicht zur dogmatischen Beweisführung gebraucht werden sollen.

> *legit quidem Ecclesia, sed inter canonicas Scripturas non recipit: sic haec duo volumina* (sc. Weisheit Salomos und Jesus Sirach, R.H.) *legat ad aedificationem plebis, non ad auctoritatem Ecclesiasticorum dogmatum confirmandam* [271].

Mit dieser Haltung nähert sich Hieronymus seinen griechischen Lehrern, die sich ebenfalls an der hebräischen Bibel orientiert haben, ohne die Septuaginta zu verwerfen. Dennoch geht seine Arbeit am hebräischen Text über die ihre hinaus, die sich zumeist nur um die Philologie des Septuaginta-Textes bemühte[272]. Mit der Übersetzung aus dem Hebräischen geht er auch weiter als Origenes, der die Septuaginta zwar nach dem hebräischen Text verbessert, an ihrem Gebrauch aber auf Grund ihrer kirchlichen Anerkennung festhält. Deswegen muß sich Hieronymus gegen Angriffe wehren, die ihm vorwerfen, er achte die Autorität der Septuaginta gering und seine von Juden beeinflußte Arbeit sei für Christen nicht tragbar[273]. Beide Vorwürfe erhebt auch Augustinus in seinen Briefen an Hieronymus[274].

Ein wichtiges Argument für seinen Rückgriff auf die hebräische Bibel findet Hieronymus im Gebrauch der Textformen im Neuen Testament. Die Evangelisten und Apostel selbst zitieren ebenso aus

---

[271] Hieronymus, *Praefatio in Libros Salomonis*, PL 28 1243.

[272] Adam KAMESAR, *Studies in Jerome's quaestiones Hebraicae in Genesim*, a.a.O. S. 147: "For his attempt to confront the biblical text in its original form stands in contrast to the LXX-based philology of the Greeks".

[273] Hieronymus, *Praefatio in Librum Paralipomenon*, PL 28 1325: "...cur me non suscipiant Latini mei, qui inviolata Editione veteri ita novam condidi, ut laborem meum Hebraeis, et, quod his majus est, Apostolis auctoribus probem?"

[274] Heinrich MARTI, *Übersetzer der Augustin-Zeit*, a.a.O. S. 135: "Hieronymus vermochte sich jedoch gegenüber seinen Zeitgenossen kaum durchzusetzen: Die Opposition gegen seine AT-Übersetzung *secundum Hebraeos* ...war ziemlich allgemein". So versucht auch Rufin, die Septuaginta gegen den Versuch des Hieronymus, der hebräischen Bibel zu folgen, zu verteidigen. Er tut das mit den gleichen Argumenten wie Augustinus: die Septuaginta ist inspiriert und durch die kirchliche Tradition anerkannt. Vgl. Otto WERMELINGER, Le canon des latins au temps de Jérôme et d'Augustin, a.a.O. S. 161 "Il prend la défense du texte de la LXX qu'il considère comme le seul texte normatif dans l'Église. Son argumentation repose sur deux affirmations: seule la LXX est inspirée; cette inspiration exclusive est garantie par les apôtre et la tradition ecclésiale". Weiter soll hier auf die Auseinandersetzung zwischen Rufin und Hieronymus nicht eingegangen werden.

dem Text der hebräischen Bibel wie der Septuaginta[275]. Ihre Autorität soll die Arbeit am hebräischen Text stützen. Daneben bestreitet er vehement, die Autorität der Septuagita und der älteren lateinischen Übersetzungen in Frage zu stellen[276]. Da er sich für seine Übersetzung nach der *hebraica veritas* nicht auf ein Vorbild berufen kann, verteidigt er statt dessen die Neuheit seiner Arbeit[277]:

si cui legere non placeat, nemo compellit invitum. bibat vinum vetus cum suavitate et nostra musta contemnat, quae in explanatione priorum edita sunt, ut sicubi illa non intelleguntur, ex nostris manifestiora fiant [278].

Hieronymus möchte seine Arbeit nach dem Kriterium der Leistungsfähigkeit seiner Übersetzung bewertet sehen[279]. Auf der Seite der Textvorlage kommt dazu die *integritas* des Textes, ohne die die beste Übersetzung zu nichts nütze ist. Als integren Text betrachtet Hieronymus bei der Übersetzung des Alten Testaments die hebräische Bibel, bei der des Neuen Testaments den griechischen Text, weil dies die ursprünglichen Textformen sind[280]. Er umgeht so das Problem einer Doppelübersetzung vom Hebräischen über das

---

[275] Hieronymus, *Praefatio in Pentateuchum*, PL 28 149: "*maximque quae evangelistarum et apostolorum auctoritas promulgavit: in quibus multa de veteri Testamento legimus, quae in nostris codicibus non habentur …Interrogemus ergo eos, ubi haec scripta sint: et cum dicere non potuerint, de libris Hebraeis proferamus*". Zur Untermauerung seiner These nennt er die Stellen Mt 2,15.23; Joh 7,38; 19,37 und 1.Kor 2,9.

[276] Hieronymus ad Augustinum, Ep. 75,20 CSEL 34/II 319,8-10: "*ego enim non tantum vetera abolere conatus sum, quae linguae meae hominibus emendata de Graeco in Latinum transtuli*". Vgl. aber auch Hieronymus, *Praefatio in Pentateuchum*, PL 28 147f.

[277] Zu Problem und Begriff der Neuheit in der Kirchengeschichte vgl. jetzt Wolfram KINZIG, *Novitas Christiana: Die Idee des Fortschritts in der Alten Kirche*, a.a.O.

[278] Hieronymus ad Augustinum, Ep. 75,20 CSEL 34/II 319,12-320,1. Zur Verwendung der Begriffe *vinum* und *mustum* in diesem Zusammenhang s.o. zum Argumentationsgang.

[279] Dazu gehört auch die Beachtung der Eigentümlichkeiten der Quell- und der Zielsprache der Übersetzung, vgl. Heinrich MARTI, *Übersetzer der Augustin-Zeit*, a.a.O. S. 102-126.

[280] Darauf, daß der von Augustinus gelobten Übersetzung des Neuen Testaments dieselben Prinzipien zu Grunde liegen wie der gescholtenen des Alten Testaments, weist Hieronymus ausdrücklich hin, Hieronymus ad Augustinum, Ep. 75,20 CSEL 34/II 320,5-11. Augustinus hat davor schon selbst die Notwendigkeit des Rückgriffs auf die *lingua praecedens* betont, Augustinus, *De doctrina christiana* II,11 CCL 32 42,2-6. Zu diesem Problem vgl. Heinrich MARTI, *Übersetzer der Augustin-Zeit*, a.a.O. S. 59f.

Griechische zum Lateinischen[281]. Der Rückgriff auf die hebräische Bibel geht allerdings über das Problem der Ursprache hinaus. Wenn Hieronymus in diesem Zusammenhang von der *hebraica veritas* spricht, ist darin nicht nur die simple Feststellung enthalten, in welcher Sprache der Text überliefert worden ist, sondern auch die Orientierung an der hebräischen Bibel als Maßstab für den Kanon. Deshalb erkennt Hieronymus apokryphe Schriften auch dann nicht als kanonisch an, wenn sie in Hebräisch vorliegen[282]. Damit der Rückgriff auf die hebräische Bibel nicht als willkürlicher Akt erscheint, wird Hieronymus nicht müde, sich darauf zu berufen, daß das der Kanon ist, den die Juden überliefert haben. Ihre Überlieferung ist Garant der *integritas* seiner Textvorlage. Gegenüber Augustinus hat er seine Position folgendermaßen zusammengefaßt:

> *et si me, ut dicis, in novi testamenti emendatione suscipis exponisque causam, cur suscipias, quia plurimi linguae Graecae habentes scientiam de meo posssent opere iudicare, eandem integritatem debueras etiam in veteri credere testamento, quod non nostra confinximus, sed, ut apud Hebraeos invenimus, divina transtulimus. sicubi dubitas, Hebraeos interroga* [283].

Dem Problem, daß seine Übersetzung aus dem Hebräischen auf Grund der mangelnden Sprachkenntnisse seiner Zeitgenossen nicht überprüft werden kann[284], begegnet er mit dem Hinweis, daß die Juden zur Kontrolle seiner Arbeit herangezogen werden können[285].

---

[281] Wie Pierre JAY richtig bemerkt, gibt es bei Hieronymus keine Anzeichen für eine Kritik des hebräischen Textes mit Hilfe der älteren Textfassungen der Septuaginta. Pierre JAY, *L'Exégèse de Saint Jérôme*, a.a.O. S. 91: "Jérôme accorde donc à l'hébreu la confiance aveugle que mérite à ses yeux un texte original par rapport à ses traductions ...Et 'idée modern que l'ancienneté de la version grecque traditionelle pourrait refléter un état du texte original différent de celui qu'on atteint à son époque ne l'effleure pas davantage. Jérôme ne doute donc pas d'avoir, en revenant à l'hébreu le chemin du texte authentique de l'Écriture".

[282] Hieronymus erwähnt eine hebräische Fassung des ersten Buches der Makkabäer, *Praefatio in Librorum Samuelis et Malachim*, PL 28 557; des Buches Jesus Sirach, *Praefatio in Libros Salomonis*, PL 28 1242; sowie eine aramäische Fassung von Tobit, *Praefatio in Librum Tobiae*, PL 29 23f und eine ebensolche des Buches Judith, *Praefatio in Librum Judith*, PL 29 41.

[283] Hieronymus ad Augustinum, Ep 75,20 CSEL 34/II 320,5-11.

[284] Augustinus ad Hieronymum, Ep. 71,4 CSEL 34/II 252,4-9.

[285] Das äußert Hieronymus nicht nur gegenüber Augustinus, er weist auch die Leser seiner Übersetzungen in den einzelnen Vorreden immer wieder darauf hin. Hieronymus, *Praefatio in Librum Psalmorum*, PL 28 1125; *Praefatio in Librum Paralipomenon*, PL 28 1325; *Praefatio in Esram*, PL 28 1404: *"Interrogent*

Daß Hieronymus in einer so wichtigen Frage des christlichen Glaubens und Lebens auf jüdische Traditionen und Gelehrsamkeit zurückgreift und diese auch noch zur einzigen Kontrollinstanz macht, ist eines der herausragenden Zeugnisse für die Möglichkeiten der Kooperation von Juden und Christen in der Spätantike[286]. Gerade wegen dieser Nähe zu Juden wird Hieronymus von seinen Zeitgenossen heftig attakiert[287]. Er muß sich dagegen wehren, mit den jüngeren jüdischen Übersetzern auf eine Stufe gestellt zu werden[288]. Deshalb verteidigt er seine Übersetzung gegenüber Augustinus mit dem Hinweis, er sei im Gegensatz zu jenen, ein Christ[289]. Deshalb verdiene seine Übersetzung Vertrauen, weil er nicht, wie den Juden vorgeworfen, den Text antichristlich verfälschen werde. Seine Arbeit soll vielmehr dazu dienen, jene Verfälschungen aufzudecken[290].

Zusammenfassend läßt sich die Position des Hieronymus als eine Weiterführung der griechischen Kanontradition verstehen. Hieronymus ist von griechischen Theologen beeinflußt, die die hebräische Bibel als verbindlichen Maßstab für den Kanon des Alten Testaments

---

Hebraeos: et ipsis auctoritatibus, translationi meae vel arrogent vel derogent fidem".

[286] Zu weiteren Phänomenen der Nähe zwischen Juden und Christen in dieser Zeit vgl. Wolfram KINZIG, 'Non-Separation': Closeness and Co-Operation between Jews and Christians in the Fourth Century, in: *VigChr* 45 (1991) S. 27-53.

[287] Z.B. Rufin, *Apologia contra Hieronymum* 2,41 CCL 20 115,4-7.

[288] Ein Anklang an den traditionell gegenüber Aquila, Symmachus und Theodotion erhobenen Vorwurf ist bei Augustinus zu hören. Augustinus ad Hieronymum, Ep. 28,2 CSEL 34/I 106,9-107,2. Möglicherweise hat auch Theodor von Mopsuestia diesen Vorwurf gegen Hieronymus erhoben. Er polemisiert gegen einen Menschen in Bethlehem, den er Aram nennt, der eine neue Übersetzung des Alten Testaments vorgelegt hat. "καὶ ἀπώσασθαι μὲν τῆς θείας καὶ παλαιᾶς γραφῆς ἣν οἱ ἑβδομήκοντα συνεληλυθότες ἐκδεδώκασι μετάφρασιν, καὶ δὴ καὶ τὴν Συμμάχου καὶ Ἀκύλα καὶ τῶν ἄλλων, ἰδίαν δέ τινα καὶ καινὴν ἐπαρθῆναι συντάξαι μήτε τὸν τῆς θείας γραφῆς νοῦν ἐκδιδαχθέντα, Ἑβραίων δέ τισι τῶν χαμαιπετῶν ἑαυτὸν ἐκδεδωκότα ἐκεῖθεν θαρρῆσαι ἰδίαν ἔκδοσιν ἀναγράφειν". Dieses Zitat ist überliefert bei Photios, *Bibliothek* 177, hg.v R. HENRY Bd.2 121b,36-122a,4. Vgl. Georg GRÜTZMACHER, *Hieronymus. Eine biographische Studie zur Alten Kirchengeschichte*, Leipzig / Berlin Bd. 3 S. 277f und Stefan REBENICH, *Hieronymus und sein Kreis*, a.a.O. S. 268. Zur positiven Haltung Theodors zur Septuaginta vgl. *Comm. in Sophoniam* 1 PG 66 453A.

[289] Hieronymus ad Augustinum, Ep. 75,19 CSEL 34/II 316,14-317,5: *"miror …Christiani hominis interpretatiunculam non sequaris, praesertim cum ea, quae addita sunt, ex hominis Judaei atque blasphemi post passionem Christi editione transtulerit"*.

[290] Hieronymus ad Augustinum, Ep. 75,20 CSEL 34/II 319,8-12: *"conatus sum …ea testimonia, quae a Judaeis praetermissa sunt vel corrupta, proferre in medium, ut scirent nostri, quid Hebraea veritas contineret"*.

ansehen. Ihren Rückgriff auf die hebräische Bibel übernimmt Hieronymus und führt ihn weiter, indem er sie zur Grundlage seiner Übersetzung macht[291]. Damit geht er entschieden einen Schritt weiter als die griechische Kanontradition. Dabei ist seine Haltung nicht frei von Widersprüchen, die zu einem guten Teil auf die Widerstände zurückzuführen sind, die seiner Arbeit entgegengebracht wurden. Vor allem deshalb verwirft er die Septuaginta nicht völlig[292]. Er verwendet in seinen Kommentaren ihren Text parallel zum Hebräischen, läßt sich in seiner Übersetzung von ihr beeinflußen und verbannt auch die Septuaginta-Zusätze nicht völlig - er übersetzt sie sogar. Damit, daß Hieronymus gegen die jüngeren jüdischen Übersetzungen den Vorwurf der Textverfälschung erhebt, steht er in einer Linie mit der bei Justin beginnenden christlichen Tradition. Zum anderen überwindet er die Grenzen zwischen Juden und Christen, indem er sich an jüdische Lehrmeister wendet und sich von ihnen ins Hebräische und ihre exegetischen Traditionen einführen läßt. Daß er schließlich die Juden zur Überprüfung seiner Arbeit empfiehlt, zeigt, wie groß die Möglichkeiten zur Zusammenarbeit zwischen Juden und Christen in diesem Bereich sind[293].

E. AUGUSTINUS

Die ersten Äußerungen Augustins zum Kanon des Alten Testaments stammen aus seiner Zeit als *presbyter* in Hippo. Sie sind geprägt durch die Auseinandersetzung mit Gruppen, deren Stellung zum Kanon des Alten Testaments von der kirchlichen Tradition abwich. Dem Einfluß dieser Auseinandersetzungen auf Augustinus soll ein

---

[291] Maurice SCHILD, *Abendländische Bibelvorreden,* a.a.O. S. 27: "Die Bibel der Juden liefert das Kriterium für die Kanonizität und bietet zugleich den Text, der zu übersetzen ist".

[292] Vgl. Die Darstellung des Einflusses der Auseinandersetzung mit Gegnern auf die Rolle der Septuaginta in den exegetischen Arbeiten des Hieronymus bei Stefan REBENICH, Jerome: The "vir trilinguis" and the "hebraica veritas", a.a.O. S. 65. Wobei darauf hinzuweisen ist, daß Hieronymus die Septuaginta regelmäßig in seinen exegetischen Kommentaren benutzt, nicht nur wenn er sich gegen Kritiker verteidigen muß.

[293] Auch in der weiteren Geschichte der Kirche haben christliche Exegeten immer wieder auf die jüdische Überlieferung zurückgegriffen. Einen kurzgefaßten Überblick dazu gibt Dominique BARTHELEMY, Christliche Bibelauslegung und jüdische Kommentare, in: *Judaica* 41 (1985) S. 207-216; ansonsten vgl. die entsprechenden Abschnitte bei Ludwig DIESTEL, *Geschichte des Alten Testaments in der christlichen Kirche,* a.a.O.

eigener Abschnitt gewidmet sein, ebenso wie der Synode zu Hippo 393, auf der die erste eigenständige Kanonliste der westlichen Kirche beschlossen wurde.

1. Auseinandersetzungen mit Manichäern, Donatisten und Priscillianisten

Augustinus hat sich seit dem Beginn seiner kirchlichen Tätigkeit mit zwei Gruppen auseinandersetzen müssen, deren Stellung zum Kanon des Alten Testaments stark von der kirchlichen Tradition abweicht, den Manichäern und den Priscillianisten. Die Manichäer[294], zumindest in Nordafrika, verwerfen das Alte Testament[295] und benutzen neben den neutestamentlichen auch eigene Schriften[296]. Dem hält Augustinus entgegen, daß Altes und Neues Testament zusammengehören[297] und daß eines prophetisch auf das andere verweist[298]. Beide zusammen bilden den Kanon der Kirche, der durch die von den Aposteln überlieferte Tradition festgelegt ist[299].

---

[294] Zur Auseinandersetzung Augustins mit den Manichäern um den Kanon vgl. Cornelius MAYER, Garanten der Offenbarung. Probleme der Tradition in den antimanichäischen Schriften Augustins, in: *Aug* 12 (1972) S. 51ff; Arthur ALLGEIER, Der Einfluß des Manichäismus auf die exegetische Fragestellung bei Augustinus, a.a.O.; Gregor WENNING, Der Einfluß des Manichäismus und des Ambrosius auf die Hermeneutik Augustins, in: *REAug* 36 (1990) S. 80-90. Einen Überblick über die ältere Forschungsgeschichte gibt J. RIES, La bible chez Saint Augustin et chez les Manichéens, in: *REAug* 7 (1961) S. 321-343; 9 (1963) S. 210-215; 10 (1964) S. 309-329. Einen detaillierten Überblick über die antimanichäischen Schriften Augustins gibt François DECRET, *L'Afrique manichéenne (IVe-Ve siècles)*, 2 Bde. (EAug), Paris 1978 S. 19-157 zur Erkenntnistheorie der Manichäer und Augustins Auseinandersetzung damit s. S. 239-289.

[295] Augustinus, *De utilitate credendi* 4 CSEL 25 7,3f: *"Manichaeorum temeritate, qua vetus testamentum et catholicam fidem reprehendunt"*. Vgl. auch die Diskussion im vierten Buch von Augustinus, *Contra Faustum*, CSEL 25,268,9-271,6.

[296] Neben außerkanonischen jüdischen und christlichen haben sie auch eigene Schriften wie die in den Turfan-Funden entdeckten Texte und den Kölner Mani-Kodex verwendet. Zum Manichäismus insgesamt vgl. Samuel N.C. LIEU, *Manichaeism in the Later Roman Empire and Medieval China*, Manchester 1985; zur Situation in Nordafrika François DECRET, *L'Afrique manichéenne*, a.a.O.

[297] Augustinus, *Contra Adimantum* 7 CSEL 25 130,7f: *"utrumque testamentum sibi convenire atque congruere tamquam ab uno deo utrumque conscriptum"*.

[298] Augustinus, *Contra Faustum* 15,2 CSEL 25 419,5f: *"vetus autem testamentum recte intelligentibus prophetia est novi testamenti"*.

[299] Augustinus, *Contra Faustum*, 13,5 CSEL 25 382,18-20: *"nostrorum porro librorum auctoritas tot gentium consensione per successiones apostolorum, episcoporum conciliorumque roborata vobis adversa est"* und ebd. 33,9

Darüberhinaus behaupteten die Manichäer, es gebe Fälschungen, vor allem in den Schriften des Neuen Testaments[300]. Deshalb versucht Augustinus, durch philologische Arbeit am Bibeltext nachzuweisen, daß dieser keine Verfälschungen aufweist[301].

In der Auseinandersetzung mit den Donatisten, die die Lage in Afrika im 4. und 5. Jahrhundert bestimmt hat[302], spielt die Frage des Bibelkanons keine Rolle. Die Donatisten berufen sich wie die katholischen Christen auf die Septuaginta mit allen ihren Zusätzen[303]. Zur selben Zeit gibt es aber eine weitere Gruppe, die in der Frage des Kanons von der Haltung der katholischen Kirche abweicht. Es sind die seit ca. 370 vor allem in Spanien verbreiteten Priscillianisten, die den Kanon durch die Benutzung vieler apokrypher Schriften ausweiten[304]. Auch wenn Augustinus erst 415

CSEL 25 796,18-23: *"ut si auctoritatem scripturarem, omnibus praeferendam sequi vultis, eam sequamini, quae ab ipsius praesentiae Christi temporibus per dispensationes apostolorum et certas ab eorum sedibus successiones episcoporum usque ad haec tempora toto orbe terrarum custodita, commendata, clarificata pervenit"* vgl. auch ebd. 9,5 CSEL 25 320,18-22; ebd. 23,8 CSEL 25 714,28-715,2.

[300] Ronald S. COLE-TURNER, Anti-heretical issues and the debate over Galatians 2:11-14 in the letters of St.Augustine to St.Jerome, in: *AugSt* 11 (1980) S. 157: "Their position was that the Old Testament condoned flagrant immorality and was therefore false, and the text of the New Testament was largely corrupted, leaving only a few passages as true".

[301] Arthur ALLGEIER, Der Einfluß des Manichäismus auf die exegtische Fragestellung bei Augustinus, a.a.O. S. 9: "Mit denselben Mitteln wie den Kanon begründet und verteidigt Augustin die Unverfälschtheit der Bibel. Es sei eine leere manichäische Behauptung, an einigen Stellen anzunehmen, die Heiligen Schriften seien interpoliert. Man muß auch zeigen können, wo und wann die angeblichen Interpolationen erfolgt sind. man muß auch über das Lateinische hinauf zur praecedens lingua fortschreiten. Aber weder im Lateinischen noch im Griechischen lassen sich die Vorwürfe erhärten. Vielmehr haben die biblischen Bücher zu allen Zeiten und in allen Provinzen die Textgestalt gehabt, in der sie die Gegenwart überliefert bekommen hat".

[302] William Hugh Clifford FREND, The Gnostic - Manichaean Tradition in Roman North Africa, in: *JEH* 4 (1953) S. 13-26; DERS., *The Donatist Church. A Movement of Protest in Roman North Africa*, Oxford 1952.

[303] Otto WERMELINGER, Le canon des latins au temps de Jérôme et d'Augustin, a.a.O. S. 179: "La tradition africaine accepte les deutérocanoniques. A ce sujet, il n'y a pas de divergences entre les catholiques et les donatistes".

[304] Zu Priscillian s. vor allem Henry CHADWICK, *Priscillian of Avila. The occult and the charismatic in the Early Church*, Oxford 1976. Für die Priscillianisten ist die Benützung folgender apokrypher Schriften nachzuweisen: Thomasakten, Henoch, IV.Esra, Himmelfahrt Jesajas, der Brief des Paulus an die Laodicener. Priscillian erhebt gegen die kirchliche Tradition seine eigene Inspiration und die seiner Anhänger zum Maßstab für die Anerkennung bestimmter Bücher. Dank des Fortwirkens prophetischer Gaben in der Gemeinde

gegen sie Stellung nimmt[305], beeinflußt ihr Auftreten doch schon die Kanondebatte des ausgehenden vierten Jahrhunderts[306]. Bereits im Jahre 380 untersagt die Synode zu Saragossa das Lesen außerkanonischer Bücher. Diesen Beschluß wiederholt die Synode zu Toledo im Jahre 400. Auch von Hieronymus gibt es bereits um 392 eine polemische Attacke gegen die Ausweitung des Kanons durch diese Gruppe[307].

2. Die Kanonliste der Synode zu Hippo 393

Die Beschlüsse der Synode zu Hippo am 8. 10. 393 sind in gekürzter Form von einer Synode zu Karthago am 28. 8. 397 bestätigt worden und haben als *Breviarium Hipponense* Eingang in die Kanonessammlung der afrikanischen Kirche gefunden[308]. Die erhaltenen

---

Christi, ist das ein sicheres Verfahren. Äußerungen Priscillians zu apokryphen Schriften sind vor allem seinem *Liber de fide et apocryphis* genannten Traktat zu entnehmen; CSEL 18 44-56. Vgl. Moritz HARTBERGER, Priszillians Verhältnis zur Heiligen Schrift, in: *BZ* 8 (1910) S. 124: "Zu entscheiden, welches Buch eine Prophetie enthält, steht dem Gläubigen zu, denn dieser kann nicht irre gehen, da er den Gott Christus als Wegweiser (demonstrator) in sensu hat, der einen etwaigen Irrtum enthüllen würde". Auf Grund dieser Unterscheidungsgabe können auch apokryphe und von Häretikern interpolierte Texte gelesen werden. Vgl. Henry CHADWICK, *Priscillian of Avila*, a.a.O.S. 24: "The essential core of the argument is that the biblical writers themselves cite non-canonical texts [sc. im NT; R.H.] ...that heretics have interpolated some of the apocryphal documents; but that the spiritual and discerning reader can safely read even the interpolated texts, armed with the criterion that if an apocryphon teaches Christ to be God it is acceptable".

[305] Augustinus, *Contra Priscillianistas*, CCL 49, zum Bezug auf die kanonischen Schriften s. besonders 11,14 CCL 49 178,377-382. Auch seine 420 entstandene zweite Schrift zum Thema Lüge *Contra Mendacium*, CSEL 41 ist zum Teil von der Polemik gegen diese Gruppe beeinflußt.

[306] Vgl. Otto WERMELINGER, Le canon des latins au temps de Jérôme et d'Augustin, a.a.O. S. 154-160. Vgl. auch Anne-Marie LA BONNARDIERE, Du nouveau sur les priscillianisme (Ep. 11*) in: *Les lettres de Saint Augustin découvertes par Johannes Divjak*, Paris 1983 S. 205-214 und Madeleine MOREAU, Kommentar zu Ep. 11*, in: *BA 46ᴮ*, Paris 1948 S. 479-488.

[307] Hieronymus, *Praefatio in Pentateuchum*, PL 28 150: *"Quod multi ignorantes, apocryphorum deliramenta sectantur, et Iberas naenias libris authenticis praeferunt"*. Zur Stellung des Hieronymus zu den Priscillianisten vgl. Stefan REBENICH, *Hieronymus und sein Kreis*, a.a.O. S. 274-285. REBENICH geht allerdings nicht auf die Einflüsse der Priscillianisten auf die Kanondebatte ein.

[308] Zur Geschichte des *Breviarium Hipponense* vgl. Charles MUNIER, La tradition manuscrite de l'Abrégé d'Hippone et le Canon des Écritures des Églises africaines, in: *SE* 21 (1972-73) S. 43-55. Zu den Synoden in Hippo zur Zeit

Kanones lassen erkennen, daß auf der Synode in Hippo zwei große theologische Themen eine Rolle gespielt haben, die Rezeption des nicäno-konstantinopolitanischen Glaubensbekenntnisses und die Festlegung des Kanons. Die versammelten Bischöfe beschließen, daß nur über die kanonischen Schriften und über Märtyrerlegenden gepredigt werden darf[309]. Zur inhaltlichen Füllung dieses Beschlusses wird festgelegt, welche Schriften des Alten und Neuen Testaments kanonische Geltung haben[310]. Diese Kanonliste ist das erste westliche Verzeichnis, das nicht von einer griechischen Vorlage abhängig ist[311]. An dieser Stelle werden zum erstenmal in der Kanongeschichte die Septuaginta-Zusätze Weisheit Salomos, Jesus Sirach (als 4. und 5. salomonisches Buch aufgeführt), Tobit, Judith und 1.+2. Makkabäer offiziell als kanonische Schriften bezeichnet. Es gibt keine Hinweise darauf, daß sie mindere Bedeutung als die übrigen Bücher hätten[312].

Ein Hinweis auf die Intention der versammelten Bischöfe findet sich in einem der von Johannes DIVJAK entdeckten Briefe. Unter ihnen befindet sich nämlich ein Brief des Hieronymus aus dem Jahre 391/92 an Aurelius von Karthago, den er aus seiner Zeit in Rom persönlich kennt[313]. Dieses Schreiben zeigt, daß die Werke des

---

Augustins vgl. Gustave BARDY, Conciles d'Hippone au temps de saint Augustin, in: *Aug(L)* 5 (1955) S. 441-458.

[309] *Concilium Hipponense* (5) CCL 149 21,44-46: *"Ab universis episcopis dictum est: Omnibus placet ut scripturae canonicae quae lectae sunt, sed et passiones martyrum, sui cuiusque locis, in ecclesiis praedicentur".*

[310] *Breviarium Hipponense* 36 CCL 149 43,194-201: *"Ut praeter scripturas canonicas nihil in ecclesia legatur sub nomine divinarum scripturarum. Sunt autem canonicae scripturae: genesis. exodus. leviticus. numeri. deuteronomium. iesu nave. iudicum. ruth. regnorum libri iiii. paralipomenon libri ii. iob. psalterium. salomonis libri v. liber xii prophetarum minorum. item isaias. hieremias. ezechiel. danihel. tobias. judith. esther. esdrae libri ii. machabaeorum libri ii".*

[311] Das spiegelt sich auch darin, daß die Liste die einzelnen Bücher in einer ungewöhnlichen Reihenfolge angibt, die weder mit der hebräischen Bibel noch den christlichen Verzeichnissen der griechischen Tradition übereinstimmt. So stehen Esra und die Chronikbücher nicht zusammen und Tobit, Judith und Esther sind zwischen Daniel und Esra angeordnet. Dennoch ist die Dreiteilung der Septuaginta in historische, poetische und prophetische Bücher noch zu erkennen.

[312] Im Unterschied zu Origenes, Athanasius und Amphilochius von Ikonium, die die Septuaginta-Zusätze im Anschluß an ihre Listen erwähnen, sie aber eindeutig als nicht gleichwertig kennzeichnen.

[313] Augustinus Ep. 27* CSEL 88, 131,2-4. Zur Datierung des Briefes und zum Leben des Aurelius allgemein vgl. André MANDOUZE, *Prosopographie de l'Afrique chrétienne*, a.a.O. S. 105-127. Hieronymus reagiert auf die Nachricht seiner Wahl zum Bischof von Karthago. Aurelius ist bereits um 391 zum Bischof

Hieronymus in Nordafrika mit Interesse betrachtet wurden[314]. Daher ist anzunehmen, daß auch der gleichzeitige Beginn seiner Übersetzung nach der *hebraica veritas* dort nicht verborgen geblieben ist. Dafür, daß die Kanonliste der Synode zu Hippo zumindest zu einem Teil gegen den Versuch des Hieronymus gerichtet ist, die hebräische Bibel zum Maßstab für den Kanon des Alten Testaments zu machen, spricht die Formulierung in Augustins Ep. 28,2. Dort richtet Augustinus eine offizielle Aufforderung an Hieronymus, sich in seiner Übersetzungstätigkeit nicht mehr an der hebräischen Bibel, sondern an der Septuaginta zu orientieren[315]. Sollte die Kanonliste aus Hippo tatsächlich gegen Hieronymus gerichtet sein, ist das aber sicherlich nicht der einzige Grund ihrer Entstehung. Die Abgrenzung gegenüber den Manichäern und Priscillianisten bietet Anlaß genug, um durch einen Synodalbeschluß den Umfang des Bibelkanons festzuschreiben.

Die Liste der Synode in Hippo verdankt ihre vorliegende Form der Redaktion, die die byzacenischen Bischöfe zusammen mit Aurelius von Karthago vor der Synode zu Karthago 397 vorgenommen haben[316]. Ob und welche Eingriffe es in die Liste der Synode zu Hippo gegeben hat, ist nicht mehr zu klären. Daß Augustin beide Male an der Entstehung bzw. Verabschiedung des Kanonverzeichnisses beteiligt war, steht hingegen außer Frage[317]. An der Synode zu

---

gewählt worden, deshalb ist die vorgeschlagene Datierung ins Jahr 392 um ein Jahr nach vorne zu verschieben.

[314] Vor 391 befanden sich im Besitz des Aurelius Arbeiten des Hieronymus zu Jeremia und dem Hohenlied, sowie ein Matthäuskommentar unter seinem Namen, der aber nicht von ihm stammt. Zusammen mit Ep. 27* übersendet Hieronymus seine *Quaestiones hebraicae in Genesim* und eine Auslegung zu Ps. 10.

[315] Augustinus ad Hieronymum, Ep. 28,2 CSEL 34/I 105,8f. Vgl. Otto WERMELINGER, Le canon des latins au temps de Jérôme et d'Augustin, a.a.O. S. 172f: "Le découverte d'une lettre de Jérôme à Aurèle de Carthage ...nous fait connaître non seulement qu'Augustin suivait de très près l'activité littéraire de Jérôme, mais aussi que son intervention au nom des Églises africaines, vers 394, correspond bien à une inquiétude générale provoquée par la nouvelle entreprise de Jérôme".

[316] Charles MUNIER, La tradition manuscripte de l'Abrégé d'Hippone, a.a.O. S. 52f.

[317] Cornelius MAYER, Garanten der Offenbarung, a.a.O. S. 65: "Es war gewiß kein Zufall, daß der definitive Kanon auf einem Konzil namentlich zum erstenmal auf dem im Jahre 393 zu Hippo gehaltenen afrikanischen Plenarkonzil aufgeführt wurde. Denn es ist anzunehmen, daß Augustin, der damals noch Presbyter und dennoch schon der eigentliche spiritus rector jener Versammlung

Hippo 393 hat er als *presbyter* teilgenommen und den versammelten
Bischöfen ein Grundsatzreferat zum Glaubensbekenntnis vorgetragen, das in seiner Schrift *De Fide et Symbolo* erhalten ist. Das zeigt,
welches Ansehen Augustins bereits genoß. Deswegen kann vielleicht
vermutet werden, daß er auch an den Beratungen über den Kanon
beteiligt war. An der Synode in Karthago hat Augustinus ebenfalls
teilgenommen, und wenn er auch nicht an der Revision des
Breviarium Hipponense beteiligt war, hat er doch zumindest dieser
Zusammenfassung zugestimmt[318].

3. Zur Kanonfrage

Augustinus überliefert im Jahre 396, ein Jahr nach dem ersten Brief
an Hieronymus, in seiner Schrift *De doctrina christiana* ein Kanonverzeichnis, das nicht direkt von der Liste des *Breviarium Hipponense* abhängig ist[319].

Eingebettet ist Augustins Kanonliste in eine Darstellung seiner
siebenfach gestuften Erkenntnistheorie[320]. Darin spielt die Heilige
Schrift eine wichtige Rolle, nach dem *timor dei* und der *pietas* bildet
ihre Lektüre die dritte Stufe auf dem Weg der Seele zu Gott. Auf
dieser Stufe wird das, was von Gott zu wissen notwendig ist, die
scientia [321], durch die Lektüre der kanonischen Schriften vermittelt.
Um an dieser Stelle die Möglichkeit von Irrtümern oder Fehlern
methodisch ausschließen zu können, besteht Augustinus auf einem
autoritativ[322] festgelegten Kanon der heiligen Schrift[323]. Angesichts

---

war, aus seiner Erfahrung mit den Manichäern nach einer Fixierung der Liste
mit den heiligen Schriften drängte".

[318] Vgl. die Subskriptionenliste zur Sitzung der Synode am 28. 8. 397,
CCL 149 49 Nr.27-29.

[319] Die vorhandenen Unterschiede sind aber nicht so gravierend, daß man
von verschiedenen Kanontraditionen sprechen könnte; gegen Anne-Marie LA
BONNARDIERE, Le canon des divines Ecritures, in: DIES. [Hg.], *S. Augustin et
la Bible,* Paris 1986 S. 293f.

[320] Auf die Nähe dieser Konzeption zu neuplatonischen Modellen ist oft
hingewiesen worden, vgl. z.B. Henry CHADWICK, *Augustine,* Oxford 1986
S.51f.

[321] Augustinus, *De doctrina christiana* II,10 CCL 32 37,13f: "*Post istos duos
gradus timoris atque pietatis ad tertium venitur scientiae gradum*".

[322] Zur *auctoritas* der Heiligen Schrift s.u. im Kapitel "Der Streit zwischen
Petrus und Paulus in Antochia".

[323] Zur Rolle der Bibel in der Erkenntnistheorie Augustins vgl. Gerhard
STRAUSS, *Schriftgebrauch, Schriftauslegung und Schriftbeweis bei Augustin*
(BGBH 1), Tübingen 1959. Zur Erkenntnistheorie im allgemeinen Alfred
SCHOEPF, *Wahrheit und Wissen. Die Begründung der Erkenntnis bei Augustin,*

der erheblich voneinander abweichenden Textformen der lateinischen Bibelübersetzungen ist eine explizite Festlegung des Kanons notwendig[324]. Zum Maßstab für den Kanon erhebt Augustinus die kirchliche Autorität[325]. Die Überlieferung der Apostel und die bischöfliche Sukzession bilden die Garanten für den Bibelkanon[326]. Aus diesem Grund ist für Augustinus der in Hippo 393 beschlossene Kanon verbindlich. Zu dieser formalen Bestimmung kommt die inhaltliche hinzu, nach der das Alte Testament der lateinischen Kirche sich nach der Septuaginta richten soll, deren Vorrang in ihrer Inspiration begründet liegt[327]:

> *Et latinis quibuslibet emendandis graeci adhibeantur, in quibus Septuaginta interpretum, quod ad vetus testamentum attinet, excellit auctoritas; qui iam per omnes peritiores ecclesias tanta praesentia sancti spiritus interpretati esse dicuntur, ut os unum tot hominum fuerit …Quis huic auctoritati conferre aliquid nedum praeferre audeat* [328]*?*

(Epimeleia 2), München 1965; Ulrich WIENBRUCH, *Erleuchtete Einsicht. Zur Erkenntnislehre Augustins*, (APPP 218) Bonn 1989.

[324] Augustinus ad Hieronymum, Ep. 71,6 CSEL 34/II 254,13f: *"Latinae veritati …quae in diversis codicibus ita varia est, ut tolerari vix possit".*

[325] Zum Begriff *auctoritas* bei Augustinus vgl. Karl Heinrich LÜTCKE, *"Auctoritas" bei Augustin* (TBAW 44), Tübingen 1968. Zur Rolle der Kirche vgl. Ernst TROELTSCH, *Augustin, die christliche Antike und das Mittelalter* (HB 36), München 1915, Nachdr. Aalen 1963 S. 26: "Die Kirche ist für Augustin ganz wesentlich …Autorität und Kräftigung für die allgemeine Wahrheit an sich".

[326] Augustinus, *De doctrina christiana* II,12 CCL 32 39,9-12: *"In canonicis autem scripturis, ecclesiarum catholicarum quam plurimam auctoritatem sequatur, inter quas sane illae sint, quae apostolicas sedes habere et epistolas accipere meruerunt".* Vgl. Anne-Marie LA BONNARDIERE, Le canon des divines Ecritures, a.a.O. S. 289: "leur garantie de canonicité et d'authenticité vient de leur origene apostolique et de la tradition transmise aux Eglises fondées par les Apôtres auxquels ont succédé les Evêques". Dieses Kriterium hat Augustinus bereits in der Auseinandersetzung mit den Manichäern entwickelt.

[327] Berthold ALTANER, Augustinus und Epiphanius von Salamis, in: *Kleine patristische Schriften*, hg.v. G. Glockmann, Berlin 1967 S. 286-296 hat nachgewiesen, daß Augustins Bericht in *De civitate Dei* XVIII,42 nur mit Kenntnis von Epiphanius verfaßt sein kann, während die Notiz in *De doctrina christiana* II 15,22 CCL 32 47-48 nicht auf Epiphanius zurückgeht, sondern auf Irenäus. Zur Bedeutung der Inspiration der Bibel vgl. Hermann SASSE, Sacra Scriptura. Bemerkungen zur Inspirationslehre Augustins, in: *FS Franz Dornseiff* S. 262-273, Leipzig 1953 und die ausführliche Untersuchung von Charles Joseph COSTELLO, *Augustine's Doctrine on the Inspiration and Canonicty of Scripture*, Washington 1930.

[328] Augustinus, *De doctrina christiana* II,22 CCL 32 47,3-12.

Diesen Äußerungen entspricht auch die Kanonliste in *De doctrina christiana* [329]; sie richtet sich nach dem Kanon der Septuaginta und zählt ebenso wie das *Breviarium Hipponense* deren Zusätze zu den kanonischen Schriften[330]. Augustinus greift zwar auf die Unterscheidung der Septuaginta zwischen historischen und prophetischen Schriften zurück, faßt aber die Schriften, die sonst als poetische Bücher zusammengestellt sind, nicht zu einer Gruppe zusammen.

Bis auf die Erläuterung, daß *Ecclesiasticus* von Jesus Sirach stammt[331], gibt er in der Kanonliste keinen Hinweis darauf, daß es hebräische Vorlagen für die verschiedenen Übersetzungen gibt[332]. Zwar fordert er im Anschluß an die Liste, daß zum Bibelstudium

---

[329] Augustinus, *De doctrina christiana* II,13 CCL 32 39,21-40,48: *"Totus autem canon scripturarum, in quo istam considerationem versandam dicimus, his libris continetur: Quinque Moyseos, id est Genesi, Exodo, Levitico, Numeris, Deuteronomio; et uno libro Jesu Nave, uno Judicum, uno libello, qui appellatur Ruth, qui magis ad Regnorum principium videtur pertinere; deinde quattour Regnorum et duobus Paralipomenon, non consequetibus, sed quasi a latere adiunctis simulque pergentibus. Haec est historia, quae sibimet annexa tempora continet atque ordinem rerum; sunt aliae tamquam ex diverso ordine, quae neque huic ordini neque inter se connectuntur, sicut est Job et Tobias et Esther et Judith et Machabaeorum libri duo et Esdrae duo, qui magis subsequi videntur ordinatam illam historiam usque ad Regnorum vel Paralipomenon terminatam; deinde prophetae, in quibus David unus liber Psalmorum, et Salomonis tres, Proverbiorum, Cantica canticorum et Ecclesiastes. Nam illi duo libri, unus qui Sapientia et alius qui Ecclesiasticus inscribitur, de quadam similitudine Salomonis esse dicuntur; nam Jesus Sirach eos conscripsisse constantissime perhibetur. Qui tamen quoniam in auctoritatem recipi meruerunt, inter propheticos numerandi sunt. Reliqui sunt eorum libri, qui proprie prophetae appellantur, duodecim prophetarum libri singuli, qui connexi sibi met, quoniam numquam sejuncti sunt, pro uno habentur: quorum prophetarum nomina sunt haec: Osee, Joel, Amos, Abdias, Jonas, Micha, Naum, Abbacuc, Sophonias, Aggaeus, Zacharias, Malachi. Deinde quattour prophetae sunt majorum voluminum: Esaias, Hieremias, Danihel, Ezechiel. His quadraginta quattour libris testamenti veteris terminatur auctoritas"*.

[330] Vgl. Anne-Marie LA BONNARDIERE, Le canon des divines Ecritures, a.a.O. S. 296: "Sans aucune hésitation, Augustin maintient la valeur canonique de ces livres". Charles Joseph COSTELLO, *Augustine's Doctrine on the Inspiration and Canonicity of Scripture*, a.a.O. S. 97, der seine Untersuchung zu Augustins Verhältnis zu den Septuaginta-Zusätzen folgendermaßen schließt: "In a word, these considerations show that the deuterocanonical books were at all times truly regarded by him as canonical Scriptures".

[331] Vgl. Anne-Marie LA BONNARDIERE, Le canon des divines Ecritures, a.a.O. S. 294f.

[332] Anne-Marie LA BONNARDIERE, Le canon des divines Ecritures, a.a.O. S. 291: "Augustin semble tout à fait ignorer que le Canon des Ecritures comprend 22 livres".

Kenntnis des Griechischen und Hebräischen notwenig sei[333], schränkt aber ein, daß er niemanden kenne, der vom Hebräischen ins Lateinische übersetze[334]. Diese Äußerung ignoriert die Arbeit des Hieronymus und steht in Widerspruch zu der früheren Aufforderung in Ep. 28,2, dieser möge nicht mehr aus dem Hebräischen übersetzen[335]. Augustinus erwähnt auch mit keinem Wort, daß diese Schriften von den Juden überliefert worden sind[336]. Weitere Äußerungen in *De doctrina christiana* lassen die Juden vielmehr in einem schlechten Licht erscheinen, weil sie von anderen Texten ausgehen als die Christen[337]. Für Augustinus sind die Juden trotz ihrer starken Präsenz in Nordafrika[338] in Fragen des Kanons und der Bibelauslegung keine Gesprächspartner.

---

[333] Daß diese Forderung im Widerspruch zu seiner Haltung gegenüber Hieronymus und seiner Übersetzung der hebräischen Bibel steht, ist schon häufiger bemerkt worden. Vgl. Heinrich Joseph VOGELS, Die heilige Schrift bei Augustinus, in: *Aurelius Augustinus*, (FS der Görres-Gesellschaft), hg. von M. Grabmann / J. Mausbach, Köln 1930 S. 416: "Auffällig und nur durch seine, auch von anderen Kirchenvätern geteilte Überschätzung der als inspiriert betrachteten Septuaginta zu erklären, bleibt die Ablehnung der Übersetzungsarbeit des Hieronymus aus dem Hebräischen. Bis in die letzten Jahre seines Lebens hat Augustinus sich offenbar nicht mit ihr befreunden können und beobachtet eine Haltung, die im Widerspruch steht zu seiner Forderung in De doctr. christ. 2,11,16 bezüglich des Rüstzeugs des Exegeten; ad exemplaria praecedentia recurratur, si quam dubitationem attulerit latinorum interpretum infinita varietas. Mit dem nämlichen Recht, mit dem er De doctr. christ 2,15,22 sagt: Libros autem novi testamenti, si quid in latinis varietatibus titubat, graecis cedere oportere non dubium est, hätte er beim Alten Testament dem Hebräischen vor dem Septuagintatext den Vorrang einräumen müssen".
[334] Augustinus, *De doctrina christiana* II,16 CCL 31 42,21-23: *"Qui enim scripturas ex hebraea in graecam verterunt, numerari possunt, latini autem interpretes nullo modo"*.
[335] Die ablehnende Haltung Augustins gegenüber der Übersetzung des Hieronymus nach der hebräischen Bibel kommt auch darin zum Ausdruck, daß er sie nicht benutzt. Vgl. Anne Marie LA BONNARDIERE, Augustin a-t-il utilisé la "Vulgate" de Jérôme? in: DIES. *Augustin et la Bible*, Paris 1986 S. 312: "Jusqu'à la fin, Augustin a conservé sa fidélité à la version biblique du Septante de l'Ancien Testament".
[336] Zum Verhältnis Augustins zu den Juden vgl. Pierre BERNARD, *St. Augustin et les Juifs*, Besancon 1913; Bernhard BLUMENKRANZ, Augustin et les Juifs, Augustin et le judaïsme, in: *RechAug* 1 (1958) S. 224-241; DERS., *Die Judenpredigt Augustins. Ein Beitrag zur Geschichte der jüdisch-christlichen Beziehungen in den ersten Jahrhunderten*, Basel 1946, Nachdr. Paris 1973.
[337] Augustinus, *De doctrina christiana* II,22 CCL 32 48,16-21.
[338] Sie bezeugen zahlreiche Untersuchungen jüdischer und christlicher Gelehrter, z.B.: Paul MONCEAUX, Les colonies juives dans l'Afrique romaine, in: *REJ* 44 (1902) S. 1-28; M. RACHMUTH, Die Juden in Nordafrika bis zur Invasion der Araber (644), in: *MGWJ* 50 (1906) S. 22-58; Matthias MIESES, Les

In dieser Haltung beginnt Augustinus die Auseinandersetzung mit Hieronymus. Wie bereits geschildert[339], fordert er von diesem, die Septuaginta zur Grundlage seiner Übersetzungsarbeit zu machen und auf die Arbeit am hebräischen Text zu verzichten. Er bringt verschiedene Argumente für die Septuaginta vor, neben ihrer geistgewirkten Entstehung[340] sind es der Gebrauch durch die Apostel[341], der gewohnte Wortlaut[342], die Schwierigkeit, die übersetzung des Hieronymus zu kontrollieren[343], und die Gefahr einer Spaltung zwischen der griechischen und der lateinischen Kirche[344]. Nur zum Teil vermag die Antwort des Hieronymus in Ep. 75 Augustinus zu überzeugen. So zeigt er sich in Ep. 82 vom prinzipiellen Nutzen einer Übersetzung nach der hebräischen Bibel überzeugt[345]. Der wichtigste Grund für diesen Wandel ist das Argument des Hieronymus, daß seine Übersetzung es ermögliche, jüdische Textverfälschungen zu erkennen:

> De interpretatione tua iam mihi persuasisti, qua utilitate
> scripturas volueris transferre de hebraeis, ut scilicet ea, quae a

---

Juifs et les établissements puniques en Afrique du Nord, in: *REJ* 92 (1932) S. 113ff; 93 (1932) S. 53ff, 195ff; 94 (1933) S. 73ff; Marcel SIMON, Le judaïsme berbère dans l'Afrique ancienne, wiederabgedruckt in: *Recherches d'histoire judéo-chrétienne*, Paris 1962 S. 30-87; William Hugh Clifford FREND, Jews and Christians in Third Century Carthage, in: *FS Marcel Simon*, Paris 1978 S. 185-194. Die Kenntnisse, die Augustinus vom jüdischen Leben in seiner Umgebung hatte, sind bisher nur unzureichend erforscht. Eine Untersuchung über seine Kenntnis des Sabbats liegt vor von Thomas RAVEAUX, Augustin über den jüdischen Sabbat seiner Zeit, in: *REAug* 28 (1982) S. 213-224.

[339] S.o. zum Argumentationsgang. Der Briefwechsel wird an dieser Stelle nicht noch einmal ausführlich referiert.

[340] Augustinus ad Hieronymum, Ep. 28,2 CSEL 34/I 106,5.

[341] Augustinus ad Hieronymum, Ep. 71,6 CSEL 34/II 254,10. Dasselbe Argument hat auch Hieronymus in seinen Bibelvorreden gebraucht, um seine eigene Verwendung der hebräischen Bibel zu rechtfertigen (s.o.).

[342] Vgl. das von Augustinus angeführte Beispiel des Konflikts in Oea. Augustinus ad Hieronymum, Ep. 71,3 CSEL 34/II 253,1-16.

[343] Augustinus ad Hieronymum, Ep. 71,4 CSEL 34/II 252,6-9.

[344] Augustinus ad Hieronymum, Ep. 71,4 CSEL 34/II 252,4-6. Augustinus setzt dabei voraus, daß die griechischen Kirchen dem Septuaginta-Kanon folgen, auch wenn dies nicht den Tatsachen entspricht.

[345] Zum Wandel der Stellung Augustins zur Septuaginta durch die Diskussion mit Hieronymus vgl. G. JOUASSARD, Réflexions sur la position de saint Augustin relativement aux Septante dans sa discussion avec saint Jérôme, in: *REAug* 2 (1956) S. 93-99.

Judaeis praetermissa vel corrupta sunt, proferres in medium [346].

Augustinus überlegt im weiteren Verlauf, welche Textformen von Juden verfälscht sein könnten, und kommt zu dem Schluß, daß es nicht die Septuaginta sein könne, da diese vor Christi Geburt entstanden sei und deshalb keine antichristlichen Absichten gehabt haben kann. So bleibt für ihn die Integrität der Septuaginta trotz der kritischen Arbeit des Hieronymus am hebräischen Text gewahrt[347].

Augustinus bezeichnet die Übersetzung des Hieronymus ausdrücklich als nützlich[348], will aber ihre Anwendung auf die von Hieronymus selsbt angeführte Kontrollfunktion beschränken. Sie soll nicht in den kirchlichen Gebrauch übernommen werden. Er begründet das weiterhin mit der *consuetudo* der Gemeinde, die an lateinische Übersetzungen nach dem Septuaginta-Text gewohnt sei und die eine solche Neuerung zutiefst verwirren würde:

me nolle tuam ex Hebraeo interpretationem in ecclesiis legi, ne contra septuaginta auctoritatem tamquam novum aliquid proferentes magno scandalo pertubemus plebes Christi, quarum aures et corda illam interpretationem audire consuerunt, quae etiam ab apostolis adprobata est [349].

Nicht nur um der Gewohnheit willen will Augustinus allerdings am "Kürbis" in Jona 4,6ff festhalten[350], sondern, weil er den Übersetzern der Septuaginta größere Sachkenntnis zuschreibt als Hieronymus oder Aquila, Symmachus und Theodotion, die mit Efeu übersetzen[351]. Augustinus erkennt also den Wert der Übersetzung nach der *hebraica veritas* für bestimmte Zwecke an, weicht aber deswegen nicht von seiner generellen Bevorzugung der Septuaginta ab. Deshalb ist er weiterhin daran interessiert, von Hieronymus eine Übersetzung des Alten Testaments nach der Septuaginta zu erhal-

---

[346] Augustinus ad Hieronymum, Ep. 82 CSEL 34/II 385,10f. Dabei zitiert Augustinus wörtlich aus Ep. 75,19 CSEL 34/II 319,10f.

[347] Vgl. Arthur ALLGEIER, Der Einfluß des Manichäismus auf die exegetische Fragestellung bei Augustin, a.a.O. S. 12: "Nach und nach hatte Augustin den Glauben an die Inspiration der LXX geändert. Aufgegeben hat er ihn wahrscheinlich nie".

[348] Augustinus ad Hieronymum, Ep. 82,35 CSEL 34/II 386,14: *"utilibus laboribus tuis"*.

[349] Augustinus ad Hieronymum, Ep. 82,35 CSEL 34/II 386,15-20.

[350] Zur Auseinandersetzung um "Kürbis" oder "Efeu" in Jona 4,6ff s.o. im Kapitel zum Argumentationsgang.

[351] Augustinus ad Hieronymums Ep. 82,35 CSEL 34/II 386,20-387,4.

ten[352]. Dennoch hat die Kontroverse mit Hieronymus Früchte getragen. In späteren Schriften beurteilt Augustinus dessen Arbeit positiver. In *De civitate Dei* widmet er einen längeren Abschnitt im Anschluß an die Entstehungslegende der Septuaginta[353] den Unterschieden zwischen hebräischer Bibel, den jüngeren jüdischen Übersetzungen und der Septuaginta[354]. Dabei erwähnt er lobend, daß es zu seinen Lebzeiten einen Mann gebe, der aller drei Sprachen mächtig[355], direkt aus dem Hebräischen ins Lateinische übersetze. Seiner Übersetzung nach der hebräischen Bibel bescheinigt Augustinus die Anerkennung der Juden, der aber weder er noch die christlichen Kirchen sich anschließen können[356]. Sie ziehen vielmehr die Septuaginta allen anderen Übersetzungen vor:

> *quamvis non defuerit temporibus nostris presbyter Hieronymus, homo doctissimus et omnium trium linguarum peritus, qui non ex Graeco, sed ex Hebraeo in Latinum eloquium easdem scripturas convertit. Sed eius tamen litteratum laborem quamvis Judaeis fateantur esse veracem, septuaginta vero interpretes in multis errasse contendant: tamen ecclesiae Christi tot hominum auctoritati ab Eleazaro tunc pontifice ad hoc tantum opus electorum neminem iudicant praeferendum* [357].

Augustinus begründet im folgenden den Vorrang der Septuaginta damit, daß er die siebzig Übersetzer den Propheten gleichstellt[358]. Er benutzt aber die prophetische Inspiration der Septuaginta nicht dazu,

---

[352] Augustinus ad Hieronymums Ep. 82,35 CSEL 34/II 386,11-13. Erst 11 Jahre später erhält Augustinus in Ep. 172,2 CSEL 44 639,6-10 die ablehnende Antwort des Hieronymus. Hieronymus hat auch nicht alle Schriften des Alten Testaments nach der Septuaginta übersetzt (s.o.).

[353] Zum Einfluß des Epiphanius auf die Schilderung der Entstehung der Septuaginta vgl. Berthold ALTANER, Augustinus und Epiphanius von Salamis, a.a.O.

[354] Augustinus, *De civitate Dei* XVIII,43-44 CCL 48 638-641.

[355] Zur gezielten Selbstdarstellung des Hieronymus als *vir trilinguus* vgl. Stefan REBENICH, *Hieronymus und sein Kreis*, a.a.O. S. 255f.

[356] Auch wenn für Augustinus die Meinung der Juden nicht maßgeblich ist, vermerkt er dennoch in einigen späteren Schriften, vor allem auch in *De civitate dei*, daß die Septuaginta-Zusätze von den Juden nicht für kanonisch gehalten werden; für Weisheit Salomos und Jesus Sirach: *De civitate dei* XVII,20 CCL 48 586,12-48; für Judith: ebd. XVIII,26 CCL 48 617,8f; für die Makkabäerbücher: ebd. XVIII,36 CCL 48 632,15-17.

[357] Augustinus, *De civitate Dei* XVIII,43 CCL 48 639,10-18.

[358] Augustinus, *De civitate Dei* XVIII,43 CCL 48 639,25-28, auch an dieser Stelle zeigt sich der Einfluß des Epiphanius, der ebenfalls die Siebzig mit den Propheten gleichgestellt hat; Epiphanius, De mensuris et ponderibus 17, MOUTSOULAS, 163,40-472; vgl. Berthold ALTANER, Augustinus und Epiphanius von Salamis, a.a.O.

sich an ihrem Wortlaut festzubeißen, sondern zu einer Ausweitung der prophetischen Würde vom hebräischen Originaltext auf die griechische Übersetzung. Mit dieser Konstruktion vermag er - Ambrosius folgend[359] -, den *sensus* zum einzig bestimmenden Kriterium zu machen[360]. Deshalb kann er die Unterschiede zwischen Septuaginta und hebräischer Bibel ignorieren und für seine Auslegung beide Textformen heranziehen[361]. Für seine Haltung beruft er sich auf die Apostel, die ebenfalls sowohl die Septuaginta als auch die hebräische Bibel zitiert haben. Damit folgt er dem Versuch des Hieronymus, seinen Rückgriff auf die hebräische Bibel durch den Nachweis der Benutzung durch die Apostel abzusichern. Augustinus schließt mit der Feststellung, daß die Septuaginta ebenso göttlich sei wie die hebräische Bibel:

> *Unde etiam ego pro meo modulo vestigia sequens apostolorum, quia et ipsi ex utriusque, id est ex Hebraeis et ex Septuaginta, testimonia prophetica posuerunt, utraque auctoritate utendum putavi, quoniam utraque una atque divina est* [362].

Dennoch gesteht Augustinus zu, daß gegenüber Angriffen - wohl auch von jüdischer Seite - die Septuaginta-Zusätze nicht dieselbe Beweiskraft besitzen wie die Schriften der hebräischen Bibel:

> *Sed adversus contradictores non tanta firmitate proferuntur, quae scripta non sunt in canone Judaeorum* [363].

Der Berufung des Hieronymus auf das Zeugnis der Juden, die das Alte Testament zuverlässig überliefert haben, kann Augustinus ebenfalls erst in *De civitate dei* eine positive Seite abgewinnen. Ihr Zeugnis ist für Augustinus nicht für den Kanon oder den Bibeltext von Bedeutung, sondern für die Verteidigung gegen den heidnischen Vorwurf, die Christen hätten ihre prophetischen Schriften selbst

---

[359] Ambrosius, *Explanatio in Psalmum* 37,49 CSEL 64 176 (s.o.).
[360] Augustinus, *De civitate Dei* XVIII,43 CCL 48 639,31f: *"non eadem verba, item tamen sensus"*.
[361] Augustinus, *De civitate Dei* XVIII,43 CCL 48 639,30-640,53 zur Septuaginta. In XVIII,44 CCL 48 640,1-641,36 erläutert Augutinus seine Auffassung an Hand des Beispiels Jona 3,4. Im hebräischen Text hat Ninive eine Frist von 40 Tagen, in der Septuaginta nur 3 Tage. Beiden Zahlen vermag er einen geistlichen Sinn abzugewinnen indem er die drei Tage auf die Zeit zwischen Kreuzigung und Auferstehung Christi bezieht, die vierzig Tage auf die Zeit bis zur Himmelfahrt.
[362] Augustinus, *De civitate Dei* XVIII,44 CCL 48 641,39-44.
[363] Augustinus, *De civitate Dei* XVII,20 CCL 48 587,45f.

erfunden[364]. Weil die Juden das Alte Testament in der Diaspora so
weit verbreitet haben, ermöglichen sie es den Christen, auf das
Zeugnis der Juden zu verweisen, die auf diese Weise als
(unfreiwillige) Zeugen der Wahrheit des Evangeliums dienen[365]. Daß
auf diese Weise Juden und Christen die hebräische Bibel als gemeinsames Erbe haben, drückt Augustinus damit aus, daß er die Schriften
des Alten Testaments als *Hebraeis nobisque communes* bezeichnet,
im Gegenssatz zu den Schriften des Neuen Testaments von denen er
als *propriae nostrae libri* spricht[366].

Augustinus gesteht in dieser Schrift auch ein, daß die lateinische
Kirche sich in der Kanonfrage von der griechischen unterscheidet.
Er räumt ein, daß vor allem die westliche Kirche die Bücher
Weisheit Salomos und Jesus Sirach als kanonische Schriften akzeptiert[367]. Damit nimmt er indirekt seinen in Ep. 71 erhobenen Vorwurf gegen Hieronymus zurück[368], er trenne durch seine Orientierung an der hebräischen Bibel die lateinische von der griechischen
Kirche. Trotz dieser Einschränkungen bleibt Augustinus aber vom

[364] Augustinus, *De civitate dei* XVIII,46 CCL 48 Bernhard BLUMENKRANZ,
Augustin et les juifs, a.a.O. S. 231: "Quand ceux-ci quelquefois se voient
accusés par des païens d'avoir fabriqué eux-memes les textes prophétiques,
annonce et preuve de la vérité de la foi chrétienne, il leur suffit alors de citer en
témoins les Juifs qui, bien qu'eux mêmes adversaires de la foi chrétienne,
conservent pieusement les preuves de la religion ennemie, en charriant à travers
le monde l'Ancien testament".
[365] Ernst BAMMEL hat die Funktion, die die Juden für Augustinus in der
Überlieferung des Alten Testaments haben, ausführlicher beschrieben. Ernst
BAMMEL, Die Zeugen des Christentums, in: Herbert Frohnhofen [Hg.],
Christlicher Antijudaismus und jüdischer Antipaganismus, Hamburg 1990
S. 171f: "Die Juden sind Träger, Abschreiber, Verwalter und Wächter von
Büchern. Es obliegt ihnen, Bücher zu tragen, ja zu schleppen, einen Dienst zu
tun, wie ihn ein Diener verrichtet". Dabei hat der Dienst der Juden für
Augustinus durchaus eine heilsgeschichtliche Dimension vgl. ebd. S. 175: "Die
scrinarii sind, ob sie es wollen oder nicht, Zeugen unter allen Völkern *(testes in
omnibus gentibus)*. Ihre Verbreitung über das Erdreich ist eine Fügung Gottes,
mit der er sein Werk fördert. Die Zerstreuung wird als ein Mittel angesehen, um
die Bücher zu verbreiten und damit indirekt die Wahrheit der neutestamentlichen
Schriften zu veranschaulichen". Zur weiteren Geschichte dieses augustinischen
Gedankens s. Bernhard BLUMENKRANZ, Die Juden als Zeugen der Kirche, in:
ThZ 5 (1949) S. 396-398.
[366] Augustinus, *De civitate dei* XX,24 CCL 48 744,27f. Damit ist allerdings
keine Orientierung an der hebräischen Bibel verbunden.
[367] Augustinus, *De civitate Dei* XVII,20 CCL 48 587,17f.: *"eos tamen in
auctoritatem maxime occidentalis antiquus recepit ecclesiae"*.
[368] Augustinus ad Hieronymum, Ep. 71,4 CSEL 34/II 252,4-6.

Vorrang der Septuaginta überzeugt, der durch ihre Inspiration und die kirchliche Anerkennung gestützt ist.

Zusammenfassend läßt sich sagen, daß die Haltung Augustins zum Kanon des Alten Testaments zum einen bestimmt ist durch die Hochschätzung der Septuaginta in der lateinischen Kanontradition und zum anderen durch die Auseinandersetzung mit Manichäern und Priscillianisten. Wie sein Lehrer Ambrosius betont er die Autorität des von den Aposteln und der bischöflichen Sukzession überlieferten Kanons. Dabei besteht für ihn anfänglich kein Zweifel an der alleinigen Gültigkeit der Septuaginta. Die hebräische Bibel kommt erst durch die Arbeit des Hieronymus in seinen Blick. Augustinus reagiert abwehrend auf den Versuch des Hieronymus, sich an deren Umfang und Text zu orientieren und versucht, ihn davon abzubringen. Damit im Zusammenhang steht die Kanonliste der Synode zu Hippo - auch wenn die Frage ungeklärt ist, welchen Einfluß Augustinus darauf genommen hat - die zum erstenmal einige der Septuaginta-Zusätze für kanonisch erklärt. Augustinus übernimmt sie ebenfalls in seine Kanonliste in *De doctrina christiana*. Das wichtigste Argument für die Septuaginta ist in Augustins Augen neben der kirchlichen Anerkennung ihre Inspiration. Dadurch kommt ihr eine solch große Autorität zu, daß sie allen anderen Kanonformen oder Übersetzungen vorzuziehen ist. Ihre Autorität überwiegt auch gegenüber dem von Augustinus selbst aufgestellten philologischen Prinzip, die Ursprache zur Grundlage von Übersetzungen zu machen. Aus diesem Grund überzeugt ihn auch die Argumentation des Hieronymus für die hebräische Bibel nur zum Teil. Augustinus erkennt zwar die wissenschaftliche Leistung des Hieronymus und den Nutzen seiner Übersetzung in der Auseinandersetzung mit Juden an. Dennoch will er die anerkannte Septuaginta nicht aus dem gewohnten kirchlichen Gebrauch verdrängen lassen[369]. In der Frage

---

[369] Für die weitere Geschichte des Kanons in der lateinischen Kirche ist das *Decretum Gelasianum* wichtig. In diesem Verzeichnis der anerkannten und verworfenen Bücher sind die Septuaginta-Zusätze in den Kanon des Alten Testaments aufgenommen und in das dreigliedrige Schema des Septuaginta-Kanons eingefügt, *Decretum Gelasianum* 2, hg.v. Ernst von DOBSCHÜTZ (TU 38/4) 5,55-6,97. Das gesamte Werk stammt aus dem sechsten Jahrhundert, aber schon Eduard SCHWARTZ hat gezeigt, daß die ersten Teile aus der Zeit des Damasus stammen; Eduard SCHWARTZ, Die Kanonessammlungen der alten Reichskirche, a.a.O. S. 223. Ob das auch für die Kanonliste gilt, ist fraglich, da z.B. die Bemerkung zum Buch Jeremia *"Hieremiae cum Cinoth id est lamentationibus suis"* auf den *Prologus galeatus* des Hieronymus zurückzugehen scheint, der um 393, auf jeden Fall aber nach dem Tod des Damasus verfaßt

der Inspiration beschreitet er schließlich einen Mittelweg, indem er
der hebräischen Bibel dasselbe Maß an Inspiration zugesteht wie der
Septuaginta. Auf diese Weise können beide Text- und Kanonformen
unterschiedslos nebeneinander verwendet werden. Damit läßt er den
Versuch des Hieronymus, die von den Juden überlieferte hebräische
Bibel zum Maßstab für das christliche Alte Testament zu machen,
ins Leere laufen.

F. ZUSAMMENFASSUNG

Die Auseinandersetzung zwischen Augustinus und Hieronymus um
den Kanon des Alten Testaments entwickelt sich aus Zusammenprall
der verschiedenen Kanontraditionen. Zwischen der griechisch und
lateinisch sprechenden Kirche hatte sich eine unterschiedliche
Auffassung von der Geltung der hebräischen Bibel bzw. der Septuaginta herausgebildet.
    Die Kanonlisten aus der griechischen Kirche zeigen deutlich, daß
es über lange Zeit eine Orientierung an der hebräischen Bibel
gegeben hat. Dabei hat die zuerst bei Origenes bezeugte Verbindung
zwischen der Zählweise von 22 kanonischen Büchern und den
22 Buchstaben des hebräischen Alphabets sicherlich dazu beigetra-
gen, die Erinnerung daran wachzuhalten, daß die Kirche ihr Altes
Testament den Juden verdankt. Die Orientierung an der hebräischen
Bibel in der griechischen Kanontradition geht aber nicht so weit, daß
die Septuaginta-Zusätze gänzlich aus dem kirchlichen Gebrauch
verbannt wären. Sie werden häufig zitiert und manche Autoren
empfehlen sie ausdrücklich zur Lektüre für neue Gemeindeglieder.
    Hieronymus übernimmt von seinen griechischen Lehrern diese
Orientierung an der hebräischen Bibel. Er geht aber über deren
Anerkennung der hebräischen Bibel in der Kanontheorie hinaus und
fertigt seine bersetzung ins Lateinische nach der *hebraica veritas* an,
d.h. in Umfang und Text der hebräischen Bibel folgend. Dazu beruft
er sich auf die Juden, die die hebräischen Bibel zuverlässig überlie-

---

worden ist; vgl. VON DOBSCHÜTZ, a.a.O. S. 247. Vgl dazu auch Charles PIETRI,
Roma Christiana (BEFAR 224) Paris 1976, Bd 1 S. 881-884. WERMELINGER
behauptet, daß die Kanonliste des "Decretum Gelasianum" eine Reaktion auf die
Arbeit des Hieronymus sei; Otto WERMELINGER, Le canon des latins au temps
de Jérôme et d'Augustin, a.a.O. S.169: "Elle refuse aussi bien d'élagir la notion
d'Écriture (contre Priscillien) que de réduire le canon traditionnel (contre
Jérôme)". Wenn das zutrifft, kann die Liste aber erst nach dem Tod des
Damasus, frühestens gleichzeitig mit der Synode zu Hippo entstanden sein.

fert haben. Hieronymus beruft sich auf sie auch als Kontrollinstanz für seine Arbeit. Aber auch wenn er als einziger Kirchenvater die Septuaginta-Zusätze als "ἀπόκρυφα" bezeichnet, verwirft er sie nicht völlig, sondern übersetzt und zitiert sie.

Ganz anders ist die Position Augustins in dieser Frage. Er orientiert sich vor allem an seinen lateinischen Vorgängern und übernimmt von ihnen die Septuaginta als Maßstab für den Kanon des Alten Testaments. Die Überlieferung durch die Apostel und ihre Nachfolger sowie ihre Inspiration sind die Kriterien, die ihre Zuverlässigkeit garantieren und ihre Autorität sichern. Darauf ist Augustinus vor allem in den Auseinandersetzungen mit Manichäern und Priscillianisten angewiesen. Doch geht Augustinus selbst kritisch mit den ihm vorliegenden verschiedenen lateinischen Übersetzungen um. Der Rückgriff auf die Ursprachen findet seine volle Zustimmung. Deshalb kann er die Arbeit des Hieronymus an der hebräischen Bibel gutheißen, aber er gerät in einen Zwiespalt zwischen der Anerkennung den bewährten Übersetzungen samt ihrer inspirierten Vorlage und der Arbeit des Hieronymus. Deshalb erkennt er erst in seinen späten Schriften ihren Wert an und möchte die Benutzung der Übersetzung des Hieronymus auf bestimmte Zwecke begrenzen.

Besonders deutlich wird der Gegensatz zwischen Augustinus und Hieronymus in dieser Frage an den Instanzen, die Integrität und Autorität des Kanons garantieren; bei Hieronymus ist es die jüdische Überlieferung, bei Augustinus die apostolische Sukzession und der kirchliche Konsens. Darin zeigen sich auch die unterschiedlichen Interessen, die Augustinus und Hieronymus leiten[370]. Während Hieronymus sich vorrangig um einen historisch und philologisch zuverlässigen Text des Alten Testament bemüht, ist Augustinus daran interessiert, die kirchliche Praxis zu stabilisieren und gegen Abweichungen zu schützen.

---

[370] Ein Versuch, diese unterschiedlichen Positionen in der Kontroverse zwischen Augustinus und Hieronymus für die Debatte um die moderne Bibelexegese am Anfang des 20. Jhdts zu instrumentalisieren ist der Beitrag von Marie Joseph LAGRANGE, L'esprit traditionel et l'esprit critique, in: *BLE* 1 (1899) wieder abgedruckt in: DERS., *Mélanges d'histoire réligieuse*, unter dem Titel: S.Jérôme et s.Augustin. A propos des origines de la Vulgate, Paris 1915 S. 167-185. LAGRANGE sieht in der Debatte den Konflikt zwischen einem konservativen, doktrinären und einem modernen, wissenschaftlichen Bibelverständnis vorweggenommen.

SECHSTES KAPITEL

DER STREIT ZWISCHEN PETRUS UND PAULUS IN ANTIOCHIA
(GAL. 2,11-14)

Der Streit zwischen Petrus und Paulus in Antiochia ist ein Problem
für die christliche Theologie, weil er Kritikern einen günstigen Ausgangspunkt für Angriffe gegen die Kirche bietet. Der Streit zwischen
den bedeutendsten Aposteln gefährdet ein wichtiges Argument für
die Glaubwürdigkeit des Christentums: die Einheit des apostolischen
Zeugnisses[1]. Ein zusätzliches Problem ist die Uneinheitlichkeit der
Überlieferung dieses Streites im Neuen Testament. Nur Paulus selbst
berichtet davon im Galaterbrief; die Apostelgeschichte kennt keinen
Streit zwischen Petrus und Paulus. Bereits Marcion nahm den
Bericht in Gal 2,11-14 zum Ausgangspunkt seiner Argumentation
gegen die Einheit der Apostel. Er sah im Fehlen der Nachrichten
über den Streit in Antiochia in der Apostelgeschichte einen Beweis
für seine These von der Verfälschung des Evangeliums, das allein
von Paulus rein verkündet worden sei[2]. In der Auslegung von
Gal 2,11-14 spielen fast immer apologetische Interessen eine Rolle.
Meistens dient die Auslegung der Verteidigung der Einheit des
apostolischen Zeugnisses gegen die Angriffe von Heiden und

---

[1] Vgl. dazu zwei neuere neutestamentliche Arbeiten, die sich um dieses
Problem bemühen; Traugott HOLTZ, Der antiochenische Zwischenfall, in: *NTS*
32 (1986) S. 344-361 und Eduard LOHSE, St.Peter's Apostleship in the
Judgement of St.Paul, the Apostle to the Gentiles, in: *Gr.* 72 (1991) S. 419-435.

[2] Tertullian, *Adv. Marcionem* I,20 CCL 1 462; IV,3 CCL 1 548f; V,3 CCL 1
668f.

Häretikern[3]. Deshalb bemühen sich viele kirchliche Schriftsteller in ihrer Auslegung, den Streit zu entschärfen[4].

Bis zum Ende des 4. Jahrhunderts haben sich im Osten und Westen des römischen Reiches unterschiedliche Traditionen der Auslegung von Gal 2,11-14 herausgebildet[5], die in der Auseinandersetzung zwischen Augustinus und Hieronymus eine wichtige Rolle spielen[6]. Hieronymus kennt und vertritt die von Origenes geprägte Auslegung der griechischsprachigen Exegeten, während Augustinus

---

[3] Obwohl der Streit zwischen Petrus und Paulus in Antiochia auch eine Auseinandersetzung zwischen Juden- und Heidenchristen ist, spielt die Auslegung von Gal 2,11-14 in Apologetik und Polemik gegenüber Juden keine Rolle. Eine judenchristliche Reaktion findet sich aber in den Κηρύγματα Πέτρου, die in den pseudoklementinischen Homilien erhalten sind. Dort wird Simon (= Deckname für Paulus) darauf verwiesen, daß er sich der überragenden Autorität des Petrus unterzuordnen habe; *Die Pseudoklementinen I. Homilien* 18,13-19GCS 42, 240,3-14. Ein weiterer Reflex von Gal 2,11-14 findet sich in der *Epistula Petri* 2,3-5 GCS 42 2,1-10.

[4] Den besten Überblick über die Diskussion bis zur Neuzeit gibt Franz MUSSNER, *Der Galaterbrief* (HThK 9), Freiburg 1981 Exkurs 3: Gal 2,11-14 in der Auslegungsgeschichte S. 146-167. MUSSNERS Darstellung läßt aber den Streit zwischen Augustinus und Hieronymus weitgehend unberücksichtigt.

[5] Die immer noch wichtigste Darstellung der Auslegungsgeschichte von Gal 2,11-14 hat Franz OVERBECK mit seinem Basler Rektoratsprogramm vorgelegt: *Über die Auffassung des Streits des Paulus mit Petrus in Antiochien (Gal 2,11ff.) bei den Kirchenvätern*, Basel 1877 (Nachdr. Darmstadt 1967).

[6] Zur Darstellung der Kontroverse zwischen Augustinus und Hieronymus vgl.: J.A. MÖHLER, Hieronymus und Augustinus im Streit über Gal 2,11ff., in: *Gesammelte Aufsätze*, hg.v. J.J.I. DÖLLINGER, Regensburg 1839 S. 1-18; R. BUCHWALD, Augustinus und Hieronymus im Streit über Gal 2,11ff, in: *Schlesisches Pastoralblatt* 41 (1920) S. 19-23 E. MALFATTI, Una controversia tra S.Agostino e S.Girolamo: il conflitto di Antiochia in: *ScC* 49 (1921) S. 321-338; Karl HOLL, Der Streit zwischen Petrus und Paulus zu Antiochien in seiner Bedeutung für Luthers innere Entwicklung, in: DERS., *Gesammelte Aufsätze zur Kirchengeschichte III*, S. 134-146, Tübingen 1928; Pierre AUVRAY, S. Jérôme et S. Augustin. La controverse au sujet de l'incident d'Antioche, in: *RSR* 29 (1939) S. 594-610; Gustave COMBES, Le prétendu mensonge de saint Paul, in: *BA* 2 (1948) S. 626-629; R.E.TAYLOR, Attitudes of the Fathers toward Practices of Jewish Christians, in: *TU* 78 (*StPatr* 4), Berlin 1961, S. 504-511; Hayo GERDES, Luther und Augustin über den Streit zwischen Petrus und Paulus zu Antiochia, in: *LuJ* 29 (1962) S. 9-24; G.H.M. POSTHUMUS MEYJES, *De Controversie tussen Petrus en Paulus. Galaten 2,11 in de historie,* 's-Gravenhage 1967. Die Arbeit von FOLGADO war mir leider nicht zugänglich; Bonaventura FOLGADO, *La interpretación patrística de la disputa antioquena (Gal,11ss)*, Salamanca 1954 (diss.theol.); Donald S.COLE-TURNER, Anti-Heretical Issues and the Debate over Galatians 2:11-14 in the Letters of St. Augustine to St. Jerome, in: *AugSt* 11 (1980) S. 155-166. Dazu kommen die entsprechenden Kapitel in den Biographien von GRÜTZMACHER, CAVALLERA und KELLY.

sich seinen lateinischen Vorgängern anschließt. In der Kontroverse zwischen Augustinus und Hieronymus treffen die verschiedenen Auslegungstraditionen aufeinander, die sich bis dahin weitgehend unabhängig voneinander entwickelt haben[7].

A. DIE GRIECHISCHE AUSLEGUNGSTRADITION

Der Strang der griechischen Auslegungstradition, der bis zu Hieronymus reicht, beginnt mit Clemens von Alexandria. Den frühesten Versuch, den Apostelstreit in einer Auslegung von Gal 2,11-14 gegen Angriffe von Gegnern zu verteidigen, hat allerdings Irenäus von Lyon unternommen[8]. An einer Stelle, an der eine Stellungnahmen zu erwarten wäre, übergeht er in seiner Beschreibung der Stellung von Petrus und Paulus zum Gesetz den Streit zwischen beiden[9]. Sein Versuch, das Problem zu ignorieren, wurde von den späteren Autoren nicht übernommen. Sie haben sich vielmehr mit dem Apostelstreit auseinandergesetzt und unterschiedliche Strategien zur Lösung dieses Problems entwickelt. Die verschiedenen Ansätze werden hier einzeln in Aufbau und Wirkung vorgestellt. Dabei läßt sich die Entstehung einer geschlossenen Tradition beobachten, in der auch Hieronymus steht.

1. Clemens von Alexandria

Clemens von Alexandria entwickelt eine These, die die Existenz einer Auseinandersetzung zwischen Petrus und Paulus schlicht leugnet. Er vertritt in den nahezu völlig verlorengegangenen acht Büchern *Hypotyposen*[10] die Auffassung, nicht Petrus, sondern ein anderer der 70 Apostel namens Kephas sei von Paulus zurechtgewie-

---

[7] So versteht auch WILES die Auseinandersetzung zwischen Augustinus und Hieronymus. Maurice WILES, *The Divine Apostle,* Cambridge 1967 S. 25: "The difference of approach between East and West stands out most clearly in the different premises from which they argue in discussing the story of Paul's rebuke of Peter. The controversy between Jerome and Augustine on the subject was in effect a controversy between East and West".

[8] Irenäus, *Adversus Haereses* III,12.

[9] Eine Darstellung seiner Position gibt Franz OVERBECK, *Über die Auffassung des Streits zwischen Paulus und Petrus,* a.a.O. S. 8-13.

[10] Zu den literarhistorischen Fragen um die Hypotyposen s. Pierre NAUTIN, La fin des Stromates et les Hypotyposes de Clément d'Alexandrie, in: *VigChr* 30 (1976) S. 268-302. Einige Fragmente hat ans Licht gebracht: Rudolf (= Utto) RIEDINGER, Neue Hypotyposen-Fragmente bei Pseudo-Caesarius und Isidor von Pelusium, in: *ZNW* 51 (1960) 154-196.

sen worden. Bei Eusebius von Caesarea ist ein Zitat aus den *Hypoty-posen* erhalten:

ἡ δ᾽ ἱστορία παρὰ Κλήμεντι κατὰ τὴν πέμπτην τῶν Ὑποτυπώσεων. ἐν ᾗ καὶ Κηφᾶν, περὶ οὗ φησιν ὁ Παῦλος ʼὅτε δὲ ἦλθεν Κηφᾶς εἰς Ἀντιόχειαν, κατὰ πρόσωπον αὐτῷ ἀντέστηνʼ, ἕνα φησὶ γεγονέναι τῶν ἑβδομήκοντα μαθητῶν, ὁμώνυμον Πέτρῳ τυγχάνοντα τῷ ἀποστόλῳ[11].

Diese These, die kühn den gesamten Kontext von Gal 1,18-2,14 vernachlässigt, hat den Zweck, die Wahrheit der christlichen Lehre zu bewahren, die durch die ungebrochene Kette der Überlieferung von den Aposteln bis zur Gegenwart garantiert ist. Es darf unter den Hauptaposteln Petrus, Jakobus, Johannes und Paulus keinen Streit gegeben haben. Sonst wäre das Heil gefährdet[12]. Da die *Hypoty-posen* nicht erhalten sind, ist nicht zu ermitteln, ob Clemens in dem Abschnitt, aus dem das Zitat des Eusebius stammt, die Einheit der apostolischen Lehre gegen einen speziellen Angriff verteidigt oder nicht. Die These des Clemens hat trotz ihres offensichtlichen Ungenügens eine lange Wirkungsgeschichte. Sie wird von Eusebius von Caesarea zitiert[13] und sowohl von Eusebius von Emesa und Johannes Chrysostomus als auch von Hieronymus in Widerlegungen erwähnt[14].

Neben dieser kühnen These zur Auslegung von Gal 2,11-14 findet sich bei Clemens noch ein weiteres Element der späteren Diskussion. Er geht auf die Beschneidung des Timotheus durch Paulus ein[15] und erklärt das Handeln des Paulus damit, daß er einem Abfall der neu zum Glauben gekommenen Juden vorbeugen wollte. Der Gedanke, daß die Apostel sich besonders um den Glauben einer bestimmten Gruppe sorgen müssen und um dessentwillen auch Unerlaubtes tun dürfen, findet sich in der gesamten späteren griechischen Exegese von Gal 2,11-14.

2. Origenes

Den entscheidenden Impuls für die griechische Auslegungstradition von Gal 2,11-14 hat Origenes gegeben. Leider ist weder der

---

[11] Eusebius von Caesarea, *HE* I,12,2 82,1-5.

[12] Clemens von Alexandria, *Stromata*, I,1, §11,3 GCS 15, 9,4-7.

[13] Eusebius zitiert Clemens mit der Absicht, zu zeigen, daß einige Namen der siebzig Jünger erhalten sind, und nicht um des Streites zwischen Petrus und Paulus willen.

[14] S.u. zu dem jeweiligen Autor.

[15] Clemens von Alexandria, *Stromata* VI,15 §124,1 GCS 15 494,11-16.

Kommentar zum Galaterbrief, noch das zehnte Buch der *Stromata*
erhalten, in dem Origenes ausführlich zu den Problemen der Auslegung von Gal 2,11-14 Stellung genommen hat[16]. Die Auslegung
des Origenes muß deshalb aus verstreuten Anspielungen in anderen
Werken und späteren Zeugnissen rekonstruiert werden. Dafür ist
neben Werken des Chrysostomus der Galater-Kommentar des
Hieronymus die wichtigste Quelle. Hieronymus beruft sich
ausdrücklich auf die beiden verlorenen Schriften des Origenes und
referiert dessen Auslegung zu Gal 2,11-14 Seine Angaben können an
Hand der Auslegungen des Chrysostomus überprüft werden. Neben
diesen späteren Zeugnissen sind nur wenige Anhaltspunkte für die
Interpretation des Origenes erhaltenen. Andere Stellen im Johanneskommentar und in *Contra Celsum*, an denen sich Origenes auf den
Apostelstreit bezieht, enthalten nur undeutliche Hinweise auf seine
Auslegung zu Gal 2,11-14[17].

Origenes stellt das Verhalten der beiden Apostel in Antiochia als
verabredetes Scheingefecht dar. Das erfordert eine komplizierte
Gedankenführung, die, sowohl in der Wiedergabe des Hieronymus
als auch in der des Johannes Chrysostomus, nicht ganz einfach zu
verstehen ist. Eine der wichtigsten gedanklichen Voraussetzungen
dafür ist, daß die Beobachtung des Gesetzes durch Petrus und andere
Judenchristen nicht im Widerspruch zur Erfüllung des Gesetzes
durch Christus steht. Diese These entwickelt er in der Auseinandersetzung mit dem Vorwurf des Celsus, die Christen seien von den
πάτριοι νόμοι der Juden abgefallen[18]. Gegenüber Celsus hebt er des-

---

[16] Hieronymus, *Comm. in Ep. ad Galatas, Prologus* PL 26 333: *"Scripsit
enim ille vir in Epistolam Pauli ad Galatas, quinque proprie volumina, et
decimum Stromatum suorum librum commatico super explanatione ejus sermone
complevit"*.

[17] Origenes, *Johanneskommentar* XXXII GCS 10 434,15ff; dort hebt
Origenes in einem langen Abschnitt über den Apostel Petrus dessen Langmut in
der Auseinandersetzung in Antiochia lobend hervor. Vgl. auch Origenes, *Contra
Celsum* III,11 GCS 2 211,1-18, wo kontroverse Auseinandersetzungen der
apostolischen Zeit aufgezählt werden. Origenes erwähnt dabei den Streit
zwischen Petrus und Paulus nicht, obwohl er ausdrücklich den Streit um die
Gültigkeit des Gesetzes für Heidenchristen erwähnt. Beide Stellen weisen darauf
hin, daß Origenes die in Gal 2,11-14 geschilderten Ereignisse in Antiochia nicht
als Streit verstanden hat.

[18] Die Begriffe πάτριοι νόμοι oder *paternae traditiones* sind ein äußerst
wichtiger Bestandteil der Diskussion um die Gültigkeit des Zeremonialgesetzes
für die Heidenchristen; dazu s.u. den Abschnitt "paternae traditiones" im Kapitel
über die "Kontroverse um das Zeremonialgesetz". Zur Antwort des Origenes auf
die Frage des Celsus vgl. auch Guiseppe SGHERRI, *Chiesa e Sinagoga nell opere
di Origene* (SPMed 13), Mailand 1982 S. 286.

halb bei der Erwähnung des Apostelstreites die Gesetzesbeachtung des Petrus besonders hervor[19]. Origenes bleibt aber nicht dabei stehen, sondern entwickelt eine Konzeption, mit deren Hilfe sich der Übergang vom Halten des Gesetzes zum gesetzesfreien Evangelium erklären läßt. Er stellt im Anschluß an Joh 16,12-13 bei den Aposteln ein Fortschreiten der Erkenntnis, das Gesetz betreffend, fest. Nach seiner Interpretation hat der Hl. Geist mit der Vision vor der Taufe des Kornelius (Apg 10,10-16) Petrus den wahren, geistlichen Sinn der Speisegebote offenbart. Erst jetzt erkannte Petrus, daß die Vorschriften des Gesetzes nur Vorabschattungen jener himmlischen Wahrheit sind, die mit Christus offenbar geworden ist[20]. Gemäß der von Hieronymus und Chrysostomus referierten Auslegung von Gal 2,11-14 liegt es danach im Bereich apostolischer Freiheit, das Gesetz zu halten, solange für die Einheit des Zeugnisses keine Gefahr besteht[21]. Deshalb hat für Origenes das Verhalten des Petrus in Antiochia in keinem Fall etwas Verwerfliches an sich.

In der Auslegung, die Hieronymus wiedergibt, stellt sich die Auseinandersetzung in Antiochia so dar, daß beide Apostel sich gleichermaßen um die ihnen speziell anvertraute Gruppe und um deren Heil gesorgt haben. Demzufolge hat einerseits der Rückzug des Petrus von der Tischgemeinschaft mit den Heidenchristen, die er zunächst in der Freiheit vom Gesetz gepflegt hat, den Sinn gehabt, die ihm anvertrauten Judenchristen durch die öffentliche Beachtung des Gesetzes vor dem Abfall vom Glauben zu bewahren[22]. Durch die Aufhebung der Tischgemeinschaft und den scheinbaren Streit οἰκονομία sollte andererseits bewirkt werden, daß die von Paulus bekehrten Heidenchristen nicht ihrerseits durch die Beachtung des

---

[19] Origenes, *Contra Celsum* II,2 GCS 2 127,22-26.

[20] Origenes, *Contra Celsum* II,2 GCS 2 129,11-24.

[21] Origenes, *Fragmentum in Corinthios* 37,16-23 hg.v. C. JENKINS, dort spricht er von der Gesetzesbeachtung sogar als einem πρᾶγμα ἀδιάφορον. Wegen dieses Gedankens greift Hieronymus Augustinus scharf an, s.u. im Abschnitt über Hieronymus im Kapitel "Die Kontroverse um das Zeremonialgesetz".

[22] Die um der Judenchristen willen unternommene scheinbare Gesetzesbeachtung des Petrus, bezeichnet Origenes als οἰκονομία, vgl. Chrysostomus, *Comm. in Ep. ad Galatas* PG 61, 641. Zu dieser Bedeutung von οἰκονομία vgl. G.W.H. LAMPE, *A Greek Patristic Lexicon* S. 641 und Bernard BOTTE, OIKONOMIA. Quelques emplois spécifiquement chrétiens, in: *Corona Gratiarum, FS E. Dekkers OSB*, Brugge / s'-Gravenshage 1975 S.3-9, der auch auf die lateinischen Übersetzungen eingeht und darauf hinweist, daß die - auch von Hieronymus gebrauchte - Übersetzung mit *dispensatio* völlig mit dieser Bedeutung des Griechischen übereinstimmt, bes. S. 9.

Zeremonialgesetzes durch einen der Apostel zum Abfall vom
Glauben gebracht werden. Der öffentliche Vorwurf des Paulus an
Petrus ist nach dieser Auslegung auch nicht gegen diesen selbst
gerichtet gewesen - er träfe ihn in seiner Freiheit dem Gesetz
gegenüber auch gar nicht - sondern dient ausschließlich dem Heil der
anwesenden Heidenchristen[23]. Daß Petrus den Vorwurf so ruhig
ertragen hat, rührt daher, daß er um die Intention seines Mitapostels
gewußt hat.

An dieser Stelle weichen die Überlieferungen des Hieronymus
und des Chrysostomus voneinander ab. Chrysostomus sieht in dem
Verhalten des Petrus eine Doppelstrategie - eine doppelte οἰκονομία.
Zum einen verläßt Petrus um der Jerusalemer willen die
Tischgemeinschaft mit den Heidenchristen, zum anderen schafft er
damit die Gelegenheit, daß Paulus, indem er Petrus angreift, die
Jerusalemer und andere Judenchristen von ihrer Meinung abbringt,
sie müßten das Gesetz halten[24]. Chrysostomus begründet seine Interpretation damit, daß mit dem Angriff auf Petrus die ganze Gruppe
der Judenchristen angegriffen sei. Da Petrus mit Paulus überein-
gestimmt habe, könne er nicht dessen Gegner gewesen sein. In der
Feststellung, daß Petrus und Paulus in gegenseitigem Einvernehmen
gehandelt haben, stimmen die Überlieferungen von Hieronymus und
Chrysostomus überein. Origenes hat den Apostelstreit nicht als Streit
zwischen Petrus und Paulus verstanden, sondern als strategisches
Manöver (οἰκονομία / *dispensatio*), das darauf abzielte, in dieser
Situation den Abfall vom Glauben bei Juden- und Heidenchristen in
Antiochia zu verhindern. Voraussetzung für diese Strategie ist, daß
das Zermonialgesetz aufgehoben ist, die Apostel es aber zum Schein
halten dürfen, wenn die Sorge um den Glauben Anderer es als
ratsam erscheinen läßt.

Die skizzierte Auffassung des Origenes, die zwar kompliziert,
aber durchaus schlüssig ist, bildet für die nachfolgenden Autoren

---

[23] Hieronymus, *Comm. in Ep. ad Galatas* 2,11ff PL 26,363f: *"hi qui
Antiochiae crediderant ex gentibus ...non intellegentes dispensationes Petri, qua
Judaeos salvari cuperet, sed putantes ita se Evangelii habere rationem. Cum
itaque vidisset apostolus Paulus periclitari gratiam Christi, nova bellator vetus
usus est arte pugnandi, ut dispensationem Petri, qua Judaeos salvari cupiebat,
nova ipse contradictionis dispensatione corrigeret, et resisteret ei in faciem: ...ut
ex eo quod Paulus eum arguens resistebat, hi qui crediderant ex gentibus,
servarentur"*.

[24] Chrysostomus, *Comm. in. Ep. ad Galatas* PG 61, 640-641: "ἀλλὰ
μετέθετο, δύο ταῦτα οἰκονομῶν, καὶ τὸ μὴ σκανδαλίσαι τοὺς ἐξ Ἰουδαίων, καὶ τὸ
παρασχεῖν Παύλῳ εὔλογον τῆς ἐπιτιμήσεως πρόφασιν".

eine wichtige Voraussetzung, um dem kurze Zeit später erfolgenden Angriff des Porphyrius begegnen zu können. Hieronymus beruft sich in seinem Galaterkommentar auf sechs griechische Exegeten, die der Auslegung des Origenes folgen und deren Arbeiten er in seinem Kommentar benutzt[25]. Das Problem für eine Untersuchung der Auslegungsgeschichte von Gal 2,11-14 zwischen Origenes und Hieronymus besteht darin, daß keine der von Hieronymus erwähnten und benutzten Arbeiten erhalten ist. Nur bei Eusebius von Emesa läßt sich ein sicherer Beleg seiner Stellung zum Streit zwischen Petrus und Paulus finden.

3. Porphyrius

Porphyrius verdient in dieser Untersuchung einen eigenen Abschnitt, weil sein Angriff auf die Glaubwürdigkeit der Apostel für die Geschichte der Auslegung von Gal 2,11-14 ein bestimmender Faktor ist.

Porphyrius ist ein neuplatonischer Philosoph, Schüler Plotins, der zu Beginn seiner Laufbahn für verschiedene Religionen aufgeschlossen war, darunter auch das Christentum[26]. Während seines Aufenthaltes in Sizilien im Jahre 271 oder kurz danach hat Porphyrius schließlich 15 Bücher gegen die Christen verfaßt, von denen leider nur einzelne Zitate bei seinen Gegnern, den kirchlichen Autoren, erhalten sind[27]. Die unsichere Quellenlage macht es fast unmöglich,

---

[25] Es handelt sich um Didymus, Eusebius von Caesarea, Apollinaris von Laodicea, Alexander, Eusebius von Emesa, Theodor von Heraclea. Später erwähnt Hieronymus in Ep. 75 gegenüber Augustinus auch noch die Auslegungen des Johannes Chrysostomus.

[26] Eusebius von Caesarea überliefert, daß Porphyrius als junger Mann Origenes begegnet sei: Eusebius von Caesarea, *HE* VI 19,5 GCS 5 558,25. (Er erwähnt Porphyrius außerdem noch in *Dem. ev.* III,3,10 (GCS 23) und *Praep. ev.* X,9,12 (GCS 43/I); dort aber nur im Zusammenhang des Alterbeweises des Christentums.) Welche Beziehung Porphyrius zu Origenes hatte, ist nicht mehr zu ermitteln. Neben der Bewunderung für die Schriften des Origenes überliefert Eusebius auch die Kritik des Porphyrius, der Origenes vorwirft, sich mit der als Grieche unter Griechen erlernten allegorischen Auslegungsmethodik den jüdischen Schriften zugewandt zu haben; Eusebius von Caesarea, *HE* VI 19,7-9 GCS 5 560,4-23. Eusebius, aber auch andere christliche Schriftsteller haben von den Schriften des Porphyrius eifrig Gebrauch gemacht, obwohl er sich später zu einem entschiedenen Gegner des Christentums entwickelt hat. Zur Entwicklung der Stellung des Porphyrius zu den Christen gibt den besten Überblick R.M. GRANT, Porphyry among Early Christians, in: *Romanitas et Christianitas, FS H. Waszink*, hg.v. W.de Boer, Amsterdam 1973 S. 181-187.

[27] Zur Datierung von "Gegen die Christen" s. R.M. GRANT, Porphyry among Early Christians, a.a.O. S. 182. Die Fragmente sind von HARNACK in

die einzelnen Züge seiner Argumentation zu erkennen. Aus den Reaktionen der Kirchenväter ist aber sehr gut zu ersehen, welche Punkte seiner Kritik besonders getroffen haben. Daß der Angriff des Porphyrius ernstgenommen wurde, geht auch aus seiner Verurteilung durch Konstantin d.Gr. im Jahre 333 zusammen mit Arius hervor[28].

Von den vielen Punkten, an denen Porphyrius die Christen angreift, ist hier nur der Versuch, die Glaubwürdigkeit der Apostel zu erschüttern, wichtig. Porphyrius stellt die Auseinandersetzung zwischen Petrus und Paulus als Streit dar, der die Zerrissenheit und Unglaubwürdigkeit der christlichen Lehre zeige[29], zumal er auch noch kindisch ausgetragen werde[30].

Die Polemik des Porphyrius hat im Osten und im Westen des Reiches in unterschiedlicher Weise auf die christliche Theologie gewirkt. Im Osten standen die Kirchenväter ihm äußerst kritisch gegenüber, auch wenn sie seine philosophischen Schriften benutzten, da der von ihm geprägte Neuplatonismus als Konkurrenz verstanden wurde[31]. Im Westen hingegen waren die Übergänge vom Neuplato-

---

einer nicht unumstrittenen Zusammenstellung gesammelt: Adolf von HARNACK, Porphyrius "Gegen die Christen", 15 Bücher. Zeugnisse, Fragmente und Referate, in: DERS., *Kleine Schriften zur Alten Kirche*, hg.v. W. Peek Bd. 2, S. 362-495.

[28] Das Edikt Konstantins gegen Arius ist veröffentlicht in Athanasius Werke III,1 *Urkunden zur Geschichte des arianischen Streites* hg.v. H.-G. OPITZ, Berlin 1935 S. 66-68. Dort wird Porphyrius als Vorgänger des Arius und Feind des Glaubens bezeichnet (67,1.5) und zur Verbrennung seiner Schriften aufgefordert. Eine weitere Aufforderung zur Bücherverbrennung spricht das Gesetz Theodosius' II. vom 16. 2. 448 aus; Otto SEEK, *Regesten* S. 379.

[29] Hieronymus, *Comm. in Ep. ad Galatas, Prologus* PL 26,334f: *"Porphyrius, in primo operis sui adversum nos libro, Petrum a Paulo objecit esse reprehensum, quod non recto pede incederet ad evangelizandum, et huic procacitatis, et in commune ficti dogmatis accusare mendacium, dum inter se Ecclesiarum principes discrepent".*

[30] Hieronymus ad Augustinum, Ep. 75,11 CSEL 34/II 300,16-301,1: *"Porphyrii ...qui Paulum et Petrum puerilii dicit inter se pugnasse".* Ein weiterer Beleg dafür, daß Porphyrius Gal 2,11-14 als Streit zwischen Petrus und Paulus versteht, findet sich in Fragment II,26 aus "Gegen die Christen" bei von HARNACK, a.a.O. S. 415,13: "Κατέγνω καὶ Παῦλος Πέτρου λέγων" (es folgt Gal 2,11ff). Zum Angriff des Porphyrius speziell gegen Petrus als Haupt der Apostel s. Adolf von HARNACK, Petrus im Urteil der Kirchenfeinde des Altertums, in: *Festgabe für Karl Müller*, Tübingen 1922 S. 2-4.

[31] Heinrich DÖRRIE, Porphyrios als Mittler zwischen Plotin und Augustin, in: *MM* 1 (1962) S. 31: "Weil im Osten Porphyrius in dieser so betont opponierenden Schule fortlebte, blieb sein Einfluß außerhalb gering. Selbstverständlich ist er hier und da von Christen ausgebeutet worden; ...Aber das Ausbeuten geschah doch immer mit dem Bewußtsein, daß man sich mit dem bösartigsten Feind des Christentums einließ".

nismus zum Christentum einfacher, denn "hier fehlte das Bewußtsein
von der tiefen Kluft zwischen Porphyrius und dem Christentum
völlig; die Schrift gegen die Christen blieb ganz unbekannt"[32]. Bis
zum 5. Jahrhundert haben dementsprechend nur griechischsprachige
Theologen auf seinen Angriff gegen das Christentum reagiert. Die
große Anzahl der Schriften gegen Porphyrius zeigt, daß seine
Polemik die Christen getroffen hat[33]. Hieronymus bezeugt, daß
Methodius von Olympos[34], Eusebius von Caesarea[35] und Apollinaris
von Laodicea[36] gegen Porphyrius gerichtete Abhandlungen verfaßt
haben, die alle das Schicksal der Schrift des Porphyrius teilen und
nicht mehr erhalten sind. Damit sind auch viele wichtige Quellen für
die Auseinandersetzung um Gal 2,11-14 verlorengegangen, die Auf-
schluß über den Weg gegeben hätten, der von der Auslegung des

---

[32] Heinrich DÖRRIE, Porphyrios als Mittler zwischen Plotin und Augustin,
a.a.O. S. 39.

[33] Franz OVERBECK, *Über die Auffassung des Streits zwischen Paulus und
Petrus,* a.a.O. S. 8 schätzt den Einfluß, den die Angriffe von Marcion, Celsus
und Porphyrius auf die Entwicklung der Auslegung von Gal 2,11-14 haben,
anders ein: "Doch hätte es dieser wiederholten Angriffe radicaler Gegner der
Kirche kaum bedurft, um die Theologen, die halben Gegner ihres Glaubens,
welche sie stets im eigenen Schoße geborgen hat, zur Erwägung der
Anstößigkeiten der paulinischen Erzählung zu veranlaßen. Das erste
Aufdämmern wissenschaftlicher Reflexion schon mußte darauf führen".

[34] Hieronymus, *De vir.ill.* 83 SQS 11 44,2f: *"nitidi conpositque sermonis
adversum Porphyrium confecit libros".* Einige Fragmente einer Schrift gegen
Porphyrius werden unter dem Namen des Methodius überliefert *Contra
Porphyrium* (Fragmente) GCS 27, hg. von Nathanael BONWETSCH, Leipzig
1917). Allerdings darf es durch die Arbeit von BUCHHEIT als erwiesen gelten,
daß die Fragmente nicht von Methodius selbst stammen. Vincenz BUCHHEIT,
Studien zu Methodios von Olympos (TU 69), Berlin 1958 Die Echtheit der
Fragmente wird von BUCHHEIT auf Grund stilkritischer Untersuchungen in Frage
gestellt. Der Nachweis, daß eine Stelle aus Fragment 3 (GCS 27, 506,26 -
507,2), deren Übereinstimmung mit einer Passage in *De resurrectione* III, 23,4
(GCS 27, 421,1-4) bisher als wichtiges Argument für die Echtheit der Fragmente
galt, aus der Schrift *De resurrectione* des Gregorius Thaumaturgus stammt,
macht es noch unwahrscheinlicher, daß die Fragmente, die unter dem Namen des
Methodius überliefert sind, von ihm selbst verfaßt wurden. Das heißt nicht, daß
Methodius keine Schrift gegen Porphyrius verfaßt hat. Es ist nur damit zu
rechnen, daß von dieser Schrift nichts erhalten ist und die Fragmente auf Grund
der Überlieferung, daß Methodius als erster gegen Porphyrius geschrieben hat,
ihm zugeschrieben worden sind, obwohl sie von einem anderen Autor stammen.

[35] Hieronymus, *De vir. ill.* 81 SQS 11 44,8-10: *"et contra Porphyrium qui
eodem tempore scribebat in Sicilia, ut quidem putant, libri viginti quinque".*

[36] Hieronymus, *De vir. ill.* 104 SQS 11 50,4-6: *"Extant eius adversus
Porphyrium triginta libri, qui inter cetera opera eius vel maxime probantur".*

Origenes über die Kritik des Porphyrius zur Position des Hieronymus führt.

4. Apollinaris von Laodicea

Apollinaris von Laodicea hat, nach den Angaben des Hieronymus,
sowohl eine Schrift gegen Porphyrius, als auch eine Auslegung von
Gal 2,11-14 verfaßt[37]. Da diese Schriften des Apollinaris nicht
erhalten sind, muß seine Stellung aus anderen Zeugnissen erschlossen werden. Hieronymus gibt einen Hinweis auf die Position des
Apollinaris in der Auslegung von Gal 2,11-14 Er nimmt die Autorität des Apollinaris als Exegeten in Anspruch, um sich in der Auseinandersetzung mit Augustinus abzusichern. Hieronymus reiht ihn in
die Reihe derer ein, die der Auffasung des Origenes folgen[38]. Diese
Nachricht könnte zuverlässig sein, weil Hieronymus Apollinaris
persönlich gekannt[39] und immer wieder auf seine exegetischen
Werke zurückgegriffen hat. Leider gibt es keine Nachricht darüber,
wie Apollinaris dem Angriff des Porphyrius in der Auslegung von
Gal 2,11-14 begegnet ist.

5. Eusebius von Emesa

Eusebius von Emesa hat einen Kommentar zum Galaterbrief
geschrieben, in dem er sich auch zu dem Problem von Gal 2,11-14
geäußert hat[40]. Die Schriften des Eusebius sind bis auf Fragmente
und lateinisch erhaltene Abhandlungen[41] verloren. Aus dem Galater-

---

[37] Hieronymus ad Augustinum, Ep. 75,4 CSEL 34/II 286,8 und *Comm. in
Ep. ad Galatas* PL 26, 333A.

[38] Hieronymus ad Augustinum, Ep. 75,4 CSEL 34/II 286,8. Zur Beziehung
zwischen Origenes und Apollinaris von Laodicea vgl. Ekkehard MÜHLENBERG,
Apollinaris von Laodicea und die origenistische Tradition, in: *ZNW* 76 (1985)
S. 270-283.

[39] Hieronymus hat Apollinaris während des Aufenthaltes in Antiochia (374-
379) kennengelernt und war sein Schüler. Vgl. Pierre JAY, Jérôme auditeur
d'Apollinaire de Laodiceé à Antioche, in: *REAug* 20 (1974) S. 36-41.

[40] Das geht aus der Bemerkung des Hieronymus in Ep. 75,4 und aus dem
Bericht in *De vir. ill.* 91 SQS 11 47,5f hervor; er habe *"ad Galatas libri decem"*
verfaßt.

[41] É.M. BUYTAERT, hat die literarischen Hinterlassenschaft des Eusebius
gesammelt, *L'Héritage litteraire d'Eusèbe d'Émèse*, Louvain 1948 und *Eusèbe
d'Émèse, Discours conservès en latin*, hg. von É.M. BUYTAERT, Louvain 1953.
Die armenische Parallelüberlieferung ist herausgegeben worden von Nerses
AKINIAN, Die Reden des Bischofs Eusebius von Emesa, in: *HA* 70 (1956)
S. 289-300, 385-416; 71 (1957) S. 97-130, 257-266; 72 (1958) S. 1-22, 161-
182, 449-474. Die Fragmente der Kommentare zu den Paulusbriefen hat Karl

kommentar des Eusebius sind einige Fragmente erhalten, allerdings fehlt die Auslegung von Gal 2,11-14 Nachrichten über seine Stellung zum Streit zwischen Petrus und Paulus müssen anderen Texten entnommen werden. Ein Fragment aus dem Galaterkommentar ist dennoch für die Untersuchung der Auslegungsgeschichte wichtig. In einer Bemerkung zu Gal 2,9 gibt Eusebius eine Erklärung für die wechselnde Verwendung von Πέτρος und Κηφᾶς im Galaterbrief. Die Verschiedenheit der Namen war Anlaß für Clemens von Alexandria gewesen, zu behaupten, es handle sich bei dem Apostelstreit nicht um einen Streit zwischen Petrus und Paulus, sondern um einen anderen Apostel namens Κηφᾶς. Ohne daß in dem erhaltenen Fragment ein Bezug zu Clemens von Alexandria erkennbar wäre, erklärt Eusebius, daß die verschiedenen Namen zu ein und derselben Person gehören:

διὰ τί δὲ ποτε Κηφᾶς, ποτὲ δὲ Πέτρος; οἱ ἐλθόντες εἰς τὴν Γαλατίαν καὶ ταράξαντες Ἰουδαῖοι ἦσαν· Πέτρος οὖν ὁ κατ᾽ ἐκείνους Κηφᾶς ὀνομαζόμενος, ἵνα [οὖν] δι᾽ οὗ ἤκουσαν, διὰ τούτου καὶ καλέσῃ, εἴρηται[42].

Eusebius weiß, daß Κηφᾶς die aramäische Namensform ist und erklärt den Gebrauch der beiden Namensformen damit, daß diese Form von den hebräisch- (bzw. aramäisch) sprechenden, judaisierenden Gegnern des Paulus in Galatien verwendet worden ist[43].

Mit einiger Mühe läßt sich aus den lateinisch erhaltenen Schriften aber auch seine Stellung zur Kontroverse zwischen Petrus und Paulus rekonstruieren. In der lateinisch erhaltenen Predigt *De apostolis et de fide* findet sich ein Hinweis, der von der Forschung bisher nicht beachtet worden ist, aber Licht auf die Meinung des Eusebius zum Streit zwischen Petrus und Paulus in Antiochia wirft[44]. Die gesamte Predigt hat zum Ziele, die Einheit und Einmütigkeit der

---

STAAB gesammelt, *Pauluskommentare aus der griechischen Kirche,* Münster 1933, Nachdr. 1984 S. 46-52.

[42] Karl STAAB, *Pauluskommentare* a.a.O. S. 48.

[43] Hieronymus verweist in seiner Stellungnahme zu der These des Clemens von Alexandrien ebenfalls auf das Aramäische.

[44] Für die Datierung ergibt sich ein Terminus ante quem aus den Angaben des Hieronymus in *De vir. ill.* 91. Demzufolge ist er noch innerhalb der Regierungszeit des Konstantius (bis 361) gestorben: *"Floruit temporibus Constantii imperatoris, sub quo et mortuus, Antiochiae sepultus est".* Hieronymus, *De vir. ill.,* 91. Die Predigt wurde von Eusebius offensichtlich in Antiochia gehalten, denn er redet die Antiochener direkt an: *"venit Petrus ad vos, et Paulus apud vos"*; Eusèbe d'Émèse, *Discours,* S. 317,15.

Apostel, insbesondere der Hauptapostel Petrus, Johannes und Paulus, herauszustellen. Eusebius benutzt dabei den Bericht des Galaterbriefs zu zwei Zwecken: zum einen, um zu zeigen, daß Paulus unbedingt zu den Haupt- oder Uraposteln gerechnet werden muß[45], zum anderen um die Einmütigkeit, die zwischen Petrus und Paulus in Antiochia herrschte, hervorzuheben:

> *Cum venerit Petrus, inquit, Antiochiam. Ergo venit Paulus ad vos, et Petrus apud vos; et verbum oportet dicere; non enim blandior. Ab his enim exivit verbum Dei: initium quidem ab Hierosolyma, sed certa fides et pura praedicatio a nobis sumpsit initium. Istic enim discipuli adunati et contemplati, quae deberent scribere gentibus, statuerunt; istic Paulus locutus est, Petrus a s s e n t i t et apostoli consignaverunt et gentes susceperunt* [46].

Eusebius spricht im Anschluß an das Zitat Gal 2,11 eindeutig von einem Konsens der Apostel in Antiochia - es hat also keinen Streit gegeben. Diese Aussagen lassen sich sehr gut im Kontext der Auslegung des Origenes verstehen, in der auch die Übereinstimmung von Petrus und Paulus betont wird. Dieses Ergebnis ist bedeutsam, weil damit die Lücke in der Auslegungstradition zwischen Origenes und Hieronymus einigermaßen zuverlässig geschlossen werden kann.

6. Johannes Chrysostomus

Von Chrysostomus sind zwei Werke überliefert, in denen er sich ausführlich mit den Problemen der Auslegung von Gal 2,11-14 beschäftigt. Beide sind zwischen 388 und 397 entstanden, als Chrysostomus *presbyter* in Antiochia war[47]. Das erste ist eine Predigt über Gal 2,11-14, die aus dem Herbst des Jahres 388 stammt[48]. Als zweites ist im Jahre 393 in einer Reihe von

---

[45] Eusèbe d'Émèse, *Discours*, S. 299,3-17.

[46] Eusèbe d'Émèse, *Discours*, S. 317,13-21 (Hervorhebung R.H.).

[47] Die Datierung der Werke des Chrysostomus ist schwierig, weil es kaum Anhaltspunkte für absolute Daten in seine Werken gibt. Vgl. neben dem Überblick von Jean-Marie LEROUX, Johannes Chrysostomos, in: *TRE* 17 (1988) S. 118-127 und der großen Biographie von Chrysostomus BAUR, *Johannes Chrysostomus und seine Zeit* 2 Bde., München 1929-30; speziell zu seinen Predigten M. VON BONSDORFF, *Zur Predigttätigkeit des Johannes Chrysostomus*, Diss. Helsinki 1922 und die chronologische Übersicht bei Louis MEYER, *Saint Jean Chrysostome. Maître de perfection chrétienne*, Paris 1933 S. XIII-XXVIII.

[48] Chrysostomus, *Homilia in illud: In faciem ei restiti*, PG 51, 371-388. Der Unterschied zwischen den Gattungen Kommentar und Predigt ist in diesem Fall schwierig zu bestimmen. Der sog. Kommentar zum Galaterbrief verdient diesen Namen nur, weil es sich um eine Auslegung des gesamten Galaterbriefs handelt.

Kommentaren zu den Paulusbriefen auch ein Kommentar zum Galaterbrief entstanden[49]. Beide Werke gehören strenggenommen nicht mehr zur Vorgeschichte des Streites zwischen Augustinus und Hieronymus, sondern stehen als zeitgenössische Zeugnisse neben ihrem Briefwechsel. Hieronymus beruft sich in dem 404 verfaßten Brief 75 an Augustinus auf Chrysostomus als Zeugen für seine eigene Auslegung von Gal 2,11-14[50]. Spätestens zu diesem Zeitpunkt müssen seine Arbeiten Hieronymus bekannt gewesen sein.

Chrysostomus äußert sich in seinem Kommentar zum Galaterbrief und der erwähnten Predigt ausführlich zu dem Problem von Gal 2,11-14 und greift dabei vor allem auf die Auslegung des Origenes zurück. Er geht aber auch auf die These des Clemens von Alexandria ein, daß es nicht Petrus, sondern ein anderer Apostel Namens Kephas gewesen sei, dem Paulus in Antiochia widerstanden habe. Chrysostomus widerlegt diese These mit einem anderen Argument als Eusebius von Emesa oder Hieronymus. Er verweist darauf, daß es höchst unwahrscheinlich sei, daß Barnabas, der langjährige Gefährte des Paulus in der Heidenmission, sich von den Heidenchristen getrennt hätte (Gal 2,13), wenn ihn nicht die persönliche Autorität des Petrus dazu bewogen hätte[51]. Damit ist die Identität des Petrus in Antiochia eindeutig festgestellt. Das Problem, daß sich Petrus und Paulus in Antiochia gestritten haben, muß anders gelöst werden. Chrysostomus schlägt in seiner Auslegung den Weg ein, den Origenes gewiesen hat.

Vor allem im Kommentar zum Galaterbrief bezieht Chrysostomus die Nachrichten über das gute Verhältnis zwischen Petrus und Paulus aus der Apostelgeschichte in seine Auslegung ein. Die Schilderungen der Eintracht der beiden Apostel und der harmonischen Aufgabenteilung, derzufolge Petrus die Juden und Paulus die Heiden bekehren soll (Gal 2,7f), stützen die Hauptthese, daß in Antiochia überhaupt kein Streit stattgefunden hat, sondern ein wohlüberlegtes Täuschungsmanöver:

Die Predigt *In faciem ei restiti* könnte in Stil und Aufbau durchaus ein Teil des Kommentars sein.

[49] Chrysostomus, *Comm. in Ep. ad Galatas* PG 61, 640-645.

[50] Hieronymus ad Augustinum, Ep. 75 CSEL 34/II 289,15-290,2: *"quid dicam de Johanne, qui dudum in pontificali gradu Constantinopolitanam rexit ecclesiam et proprie super hoc capitulo latissimum exaravit librum, in quo Origenis et veterum sententiam est secutus?"*

[51] Chrysostomus, *Homilia in illud: In faciem ei restiti* 15 PG 51, 383f.

ὅτι οὐ μάχης ἦν τὰ ῥήματα, ἀλλ' οἰκονομίας[52].

Chrysostomus benutzt wie Origenes den Begriff οἰκονομία, um das Verhalten der Apostel in Antiochia zu beschreiben, das in seiner Auslegung einem Scheingefecht oder einer frommen Täuschung ähnelt[53]. Seine Erklärung für das Verhalten der Apostel in Antiochia beruht auf der Voraussetzung, daß die judenchristliche Gemeinde Jerusalems ebenso wie Paulus bei der von ihm veranlaßten Beschneidung des Timotheus das Gesetz nur wegen der Rücksicht auf die Schwachen halten dürfen[54]. Um Mißverständnissen vorzubeugen, betont er ausdrücklich, daß nicht das Gesetz als solches verteidigt, sondern nur die Schwäche der Judenchristen berücksichtigt wird[55]. Da diese Rücksichtnahme in der überwiegend heidenchristlichen Gemeinde Antiochias nicht notwendig ist, lebt Petrus dort, ohne die Vorschriften des Gesetzes zu beachten. Diese Situation wird durch die Ankunft der Boten aus Jerusalem gestört. Nun ist Petrus in einer Zwangslage. Zum einen muß er nun wieder Rücksicht auf die Judenchristen nehmen, zum anderen muß er Paulus eine gute Gelegenheit geben, die falsche Meinung der Boten, das Halten des Gesetzes sei notwendig, zu korrigieren[56].

Darin besteht also das verabredete Scheingefecht: Für die Judenchristen aus Jerusalem sieht es so aus, als ob Petrus aus Furcht vor Paulus sich von dem in Jerusalem geübten Halten des Gesetzes abgewandt habe. Um sie nicht zu verstören, zieht sich Petrus mit ihnen von der Gemeinschaft der Heidenchristen zurück. Petrus überläßt es dann Paulus, die falsche Meinung der Judenchristen zu korrigieren, die glauben, es sei notwendig, das Gesetz zu halten. Weil Petrus mit Paulus übereinstimmt, schweigt er zu den gegen ihn

---

[52] Chrysostomus, *Comm. in Ep. ad Galatas* PG 61, 641. Im selben Zusammenhang sagt Chrysostomus in der Homilia in illud: *In faciem ei restiti*, PG 51, 375: "οὐκ ἔστι μάχη".

[53] In Kommentar und Predigt benutzt Chrysostomus οἰκονομία insgesamt 13mal im Zusammenhang der Erklärung von Gal 2,11ff.

[54] Chrysostomus, *Comm. in Ep. ad Galatas,* zum Halten des Gesetzes in Jerusalem PG 61, 613: Die dortigen Apostel Petrus, Jakobus und Johannes erlauben das Halten des Gesetzes wegen der Schwäche der Judenchristen "οὐ δογματίζοντες τοῦτο ἐποίουν, ἀλλὰ τῇ ἀσθενείᾳ συγκαταβαίνοντες τῶν ἐξ Ἰουδαίων πιστευόντων"; zur Beschneidung des Timotheus vgl. PG 61, 637.

[55] Chrysostomus, *Comm. in Ep. ad Galatas* PG 61, 635: "οἱ μὲν ἀπόστολοι οὐχ ὡς νόμον ἐκδικοῦντες συνεχώρουν, ἀλλὰ τῇ ἀσθενείᾳ τῇ Ἰουδαϊκῇ συγκαταβαίνοντες".

[56] Chrysostomus, *Comm. in Ep. ad Galatas* PG 61, 640-641: "ἀλλὰ μετέθετο, δύο ταῦτα οἰκονομῶν, καὶ τὸ μὴ σκανδαλίσαι τοὺς ἐξ Ἰουδαίων, καὶ τὸ παρασχεῖν Παύλῳ εὔλογον τῆς ἐπιτιμήσεως πρόφασιν".

erhobenen Vorwürfen. Die Vorwürfe sind auch nur scheinbar an Petrus gerichtet. Sie zielen in Wirklichkeit auf die Judenchristen, die durch die Zurechtweisung ihres Meisters Petrus zu einer Abkehr von ihrer falschen Gesetzesbeachtung gebracht werden sollen[57]. Mit dieser Auslegung erreicht Chrysostomus, daß man nicht von einem Streit der Apostel sprechen kann. Keiner der beiden Apostel kommt in den Geruch der Irrlehre. Daß das sein Ziel ist, gibt er offen zu:

Τοῦτο τῆς οἰκονομίας τὸ κέρδος. Οὕτως ἡμῖν ἑκάτερος τῶν ἀποστόλων ἐγκλημάτων μὲν ἀπήλλακται, μυρίων δὲ ἐστιν ἐγκωμίων ἄξιος[58].

Die Auslegung des Chrysostomus ist der beste Beleg für die exegetische Tradition des griechischen Ostens in der Auslegung von Gal 2,11-14 Der Ansatz des Origenes ist voll durchgeführt. Weder hat einer der Apostel falsch gehandelt, noch kann man von einem Streit zwischen den beiden sprechen.

Deshalb muß Chrysostomus jede Position zurückweisen, die Petrus in Gal 2,11-14 als zu Recht von Paulus getadelt sieht. In der wahrscheinlich im Jahre 388 entstandenen Predigt über Gal 2,11-14 geht Chrysostomus auf eine andere Auslegung ein, die dies behauptet[59]. Da die Aussage, daß Petrus zu Recht wegen seines Judaismus von Paulus in Antiochia getadelt worden ist, zu den Standardsätzen der lateinischen Auslegung von Gal 2,11-14 gehört, könnte es möglich sein, daß Chyrsostomus sich auf einen der lateinischen Kommentare zum Galaterbrief bezieht[60]. Wahrscheinlicher ist es aber, daß diese Position auch im griechischsprachigen Bereich vertreten wurde. Dafür gibt es aber nur einen Beleg in einer zeit-

---

[57] Das weist Chrysostomus in einer minutiösen Analyse des Textes von Gal 2,11-14. nach; *Comm. in Ep. ad Galatas* PG 61, 640-644.

[58] Chrysostomus, *Homilia in illud: In faciem ei restiti* 19 PG 51, 388. Dazu vgl. Franz OVERBECK, *Über die Auffassung des Streits zwischen Paulus und Petrus*, a.a.O. S. 30f: "Auch Chrys. hat es darauf abgesehen, den Ruhm b e i d e r apostolischer Streiter aus der Prüfung des Streites fleckenlos hervorgehen zu lassen, und erklärt sich mit jeder Apologie unzufrieden, bei welcher auch nur das Eine Ross des apostolischen Zwiegespannes hinkend zurückbliebe".

[59] Chrysostomus, *Homilia in illud: In faciem ei restiti* 16 PG 51, 384-385.

[60] Auf Grund der Entstehungszeit (um 388) könnte es sich dabei nur um den Kommentar des Ambrosiaster oder des Marius Victorinus handeln. Die entscheidende Frage ist, wie Chrysostomus zu Kenntnissen der lateinischen Auslegung gelangt sein könnte. Denkbar wären Besuche lateinischer Theologen im Osten.

genössischen Predigt des Asterius von Amasea[61], der in einem Satz anklingen läßt, daß Paulus, um der Wahrheit willen, Petrus wegen des Verhaltens in Antiochia tadelte und dabei keine Rücksicht auf Alter und Vorrang im Apostolat nahm[62]. Chrysostomus weist in seiner Erwiderung vor allem die Auffassung zurück, es habe sich um eine wirkliche Zurechtweisung und um wirklichen Judaismus des Petrus gehandelt[63].

7. Theodor von Mopsuestia

Ein weiteres Zeugnis für die Auslegung von Gal 2,11-14 bietet Theodor von Mopsuestia[64]. Sein zwischen 400 und 415 entstandener Kommentar zum Galaterbrief ist ein weitererBeleg für die Haltung der antiochienischen Schule[65]. Weil sein Kommentar ungefähr zur gleichzeitig zu dem Streit zwischen Augustinus und Hieronymus entstanden ist, wird er in die Untersuchung einbezogen. Theodors Auslegung ist ein Beispiel für die Kontinuität, mit der die griechi-

---

[61] Zu Leben und Werk des Asterius vgl. Wolfgang SPEYER, Asterios von Amaseia, in: *RAC* Suppl. 1/4 (1986) 626-639.

[62] Asterius von Amasea, *Homilie* 8 27,3 DATEMA 102,4-9: "συνεπλάκη διὰ τῶν λεγομένων αὐτῷ τῷ κορυφαίῳ τῶν ἀποστόλων καὶ πανταχοῦ καθαπτόμενος διετέλεσε καὶ ἀψιμαχῶν πρὸς τὸν Πέτρον ὡς τὴν νέαν ἐπιθολοῦντα πολιτείαν τῇ προσχρήσει τῶν παλαιῶν καὶ πεπαυμένων δογμάτων· καὶ οὔτε τὴν πολιὰν ᾐδέσθη τοῦ γέροντος οὔτε τὰ τῆς ἀποστολῆς πρεσβεῖα, ὅτε εἶδε κινδυνεύουσαν τὴν ἀλήθειαν".

[63] Chrysostomus, *Homilia in illud: In faciem ei restiti* 17-19 PG 51, 385-388.

[64] Zu Leben und Denken Theodors s. Alfred RADDATZ, Theodor von Mopsuestia, in: Martin Greschat [Hg.], *GKG, Alte Kirche 2*, Stuttgart 1984 S. 167-177; Ulrich WICKERT, *Studien zu den Pauluskommentaren des Theodor von Mopsuestia* (BZNW 27), Berlin 1972; Luise ABRAMOWSKI, Zur Theologie des Theodor von Mopsuestia, in: *ZKG* 72 (1961) S. 263-293 und die postum veröffentlichte Habilitationsschrift Rudolf BULTMANNs, *Die Exegese des Theodor von Mopsuestia*, hg.v. H. FELD / K.H. SCHELKE, Stuttgart 1984. Die einzige Untersuchung zur Chronologie der Werke Theodors stammt von J.M. VOSTÉ, La chronologie de l'activité littéraire de Théodore de Mopsueste, in: *RBib* 34 (1925) S. 54-81. Er datiert die Kommentare zu den paulinischen Briefen auf die zweite Periode des exegetischen Schaffens Theodors, die sich von 400 bis 415 erstreckt. A.a.O. S. 80: "Ce n'est qu'après 400 (402-403 selon la chronique d'Édesse, peutêtre à l'occasion de la déposition (404) ou mort (407) de Chrysostome) qu'il revint aux études: pendant sette deuxième période de son activité exégètique il écrivit les commentaires si importants et remarquables sur les Évangilès et les Épitres".

[65] Theodori Episcopi Mopsuesteni *Comm. in Ep. b. Pauli*, hg.v. H.B. SWETE, Bd. I, Cambridge 1880. Zur antiochenischen Schule vgl. Christoph SCHÄUBLIN, *Untersuchungen zur Methode und Herkunft der antiochenischen Exegese*, Köln / Bonn 1974, der ihre Besonderheiten vor allem aus ihrer Nähe zu den paganen Dichterkommentaren erklärt.

sche Exegese Origenes folgt. Theodor grenzt sich zwar in vielen
Punkten von der alexandrinischen Schule ab, vor allem von deren
allegorischer Auslegung[66]. Dennoch schließt er sich, wie
Chrysostomus, der Auslegung des Origenes von Gal 2,11-14 an[67].
Er interpretiert den Vorfall in Antiochia nicht als Streit zwischen
Petrus und Paulus und stellt auch bei keinem der beiden ein tadelns-
wertes Verhalten fest. Für ihn sind vielmehr beide Apostel für ihr
Verhalten zu loben, sei es, daß sie ihr Scheingefecht verabredet
haben, sei es, daß sie ausschließlich aus Fürsorge für die jeweils
anvertraute Gruppe gehandelt haben:

> *illud autem dico, quoniam sive consensu ipsam controversiam*
> *inter se simulaverunt pro aliorum utilitate, sunt vere quidem*
> *mirandi, eo quod omnia ad aliorum utilitate facere adquiever-*
> *unt; sive quia Petrus illorum curam habens qui ex Judaeis*
> *crediderant, visus est se cohibere a communione illorum qui ex*
> *gentibus erant - Paulus vero horum qui ex gentibus crediderant*
> *curam habens, resultare at arguere eum in faciem non piguit,*
> *utrique sunt demirandi de suis sententiis et arbitriis* [68].

Theodor geht nicht auf die Frage ein, ob die Worte des Paulus in
Gal 2,11-14 im Widerspruch zu seinen eigenen Handlungen, wie der
Beschneidung des Timotheus, stehen. Für ihn steht fest, daß es nach
der Annahme des Glaubens an Christus keinen Grund mehr geben
kann, das Gesetz zu halten[69]. Der Gegensatz zwischen Judenchristen
und Heidenchristen reduziert sich für ihn darauf, daß die einen die
Wahrheit auf diese, die anderen auf jene Weise empfangen[70]. Hinter
den Verschiedenheiten der Verkündigung des Petrus und des Paulus
steht der eine Gott, der beide gesandt hat[71].

---

[66] Zum Konflikt zwischen der alexandrinischen und antiochienischen
Exegetenschule vgl. Jacques GUILLET, Les exégèses d'Alexandrie et d'Antioche:
conflit ou malentendu? in: *RSR* 34 (1947) S. 257-302.

[67] Vgl. Franz OVERBECK, *Über die Auffassung des Streits des Paulus mit*
Petrus, a.a.O. S. 28 Anm. 59: "Hiernach hält sich Theod. streng innerhalb der
Schranken der origenist. Ansicht".

[68] Theodor von Mopsuestia, *Comm. in Ep. ad Galatas* 2,11-14, SWETE I
22,25-23,7.

[69] Theodor von Mopsuestia, *Comm. in Ep. ad Galatas* 2,11-14, SWETE I
24,10f: *"quia nulla ratione iustum est eos post fidem quam in Christo acceperant*
ultra legi inservire". Zur Freiheit vom Gesetz vgl. Ulrich WICKERT, *Studien zu*
den Pauluskommentaren, a.a.O. S. 73 u. 172.

[70] Theodor von Mopsuestia, *Comm. in Ep. ad Galatas* 2,11-14, SWETE I
24,2f: *"alii post Petrum, alii post Paulum alium quidem recipere veritatis*
magistrum".

[71] Vgl. Ulrich WICKERT, *Studien zu den Pauluskommentaren,* a.a.O. S. 52:
"Gal 2,8 betrachtet Theod. als Parenthese zum Zwecke des Nachweises, daß

8. Zusammenfassung

Trotz der schwierigen Überlieferungslage für die Zeit zwischen Origenes und Hieronymus bzw. Chrysostomus läßt sich ein deutliches Bild der griechischen Auslegungstradition von Gal 2,11-14 zeichnen. Der erste Versuch, die Schwierigkeiten, die der Streit zwischen Petrus und Paulus verursacht, zu beseitigen, stammt von Clemens von Alexandria. Er erklärt, es sei nicht Petrus gewesen, dem Paulus in Antiochia ins Gesicht widerstanden habe, sondern ein anderer Apostel namens Kephas. Diese Erklärung ist offensichtlich ungenügend, da aus dem Kontext des Galaterbriefs eindeutig hervorgeht, daß es sich um den Apostel Petrus handelt. Trotzdem haben Eusebius von Emesa, Chrysostomus und Hieronymus sich jeweils die Mühe gemacht, die von Clemens vorgetragene Auffassung zu widerlegen[72]. Entscheidend für die gesamte spätere Auslegungstradition ist die Auffassung des Origenes. Er erklärt, es habe kein Streit zwischen Petrus und Paulus stattgefunden, sondern ein verabredetes Scheingefecht, das den Sinn hatte, beide Gruppen, Juden- und Heidenchristen, vor dem Abfall vom Glauben zu bewahren. Die Zurechtweisung des Petrus durch Paulus diene dazu, die Heidenchristen in ihrem Glauben zu stärken und gegenüber den Judenchristen klarzustellen, daß das Zeremonialgesetz nicht mehr heilsnotwendig sei. Mit dieser Auslegung hat Origenes die Voraussetzungen dafür geschaffen, dem Angriff des Porphyrius zu begegnen, der Gal 2,11-14 als Beweis für die Zerstrittenheit und Unglaubwürdigkeit der Apostel benutzt hat. Leider ist keiner der Texte erhalten, in denen die Auslegung von Gal 2,11-14 mit der Polemik gegen Porphyrius verbunden wird. Nur aus den Zeugnissen des Hieronymus und seiner Auslegung läßt sich diese Verbindung ersehen. Daß Origenes die gesamte griechische Auslegungsgeschichte geprägt hat, zeigen die Rekonstruktion der Position des Eusebius von Emesa und die Auslegungen des Johannes Chrysostomus und Theodors von Mopsuestia. Wie sehr auch Hieronymus von dieser Tradition geprägt ist, wird sich in dem Abschnitt über seine Auslegung von Gal 2,11-14 zeigen.

---

das Evangelium durch die Arbeitsteilung zwischen Paulus und Petrus keine Einbuße erleide: 'weil es derselbe Gott ist, der dieses dem Petrus und jenes ihm aufgetragen hat.'"
[72] Das weitere Fortwirken dieses Erklärungsversuches beschreibt Franz OVERBECK, *Über die Auffassung des Streits zwischen Paulus und Petrus*, a.a.O. S. 17 Anm. 32 und S. 37.

B. DIE LATEINISCHE AUSLEGUNGSTRADITION

Die westliche Kirche hat erst in der Mitte des vierten Jahrhunderts Kommentare zu den Paulusbriefen hervorgebracht. Die früheren Stellungnahmen zur Auslegung von Gal 2,11-14 stammen deshalb aus nicht-exegetischen Schriften und behandeln häufig nur Teilaspekte des Geschehens in Antiochia. Da in der lateinischen Kirche nicht auf ein exegetisches Vorbild wie Origenes zurückgegriffen werden kann, bildet sich erst im Laufe des vierten Jahrhunderts eine Auslegungstradition.

1. Tertullian

Tertullian ist der erste lateinische Theologe, von dem eine Auslegung von Gal 2,11-14 erhalten ist. Er entwickelt seine Position in einer Frontstellung gegen Marcion[73]. Für Marcion ist das Christentum eine Antithese zum Judentum. Jesus hat mit dem Alten Testament nichts zu tun. Deshalb verwirft Marcion das Alte Testament und große Teile des Neuen. Kriterium für die neutestamentlichen Schriften ist, daß sie frei von jeglicher Form des Judaismus sein müssen. Für Marcion ist Paulus der Hauptapostel, der als einziger das wahre apostolische Zeugnis überliefert[74]. Die übrigen Texte des Neuen Testaments sind nach seiner Meinung judaisierend verfälscht und deshalb unnütz. Für ihn ist Gal 2,11-14 ein wichtiger innerbiblischer Beweis dafür, daß die Apostel nicht einer Meinung waren[75] und nur Paulus die Wahrheit vertreten hat[76].

---

[73] Zur Auseinandersetzung Tertullians mit Marcion vgl. E.P. MEIJERING, *Tertullian contra Marcionem. Gotteslehre in der Polemik Adversus Marcionem I-II* (PhP 3), Leiden 1977. Zu den Auswirkungen der Lehren Marcions vgl. E.C. BLACKMANN, *Marcion and his Influence*, London 1948. Zu Marcions Stellung zu den Juden vgl. Wolfgang BIENERT, Christentum als Antithese zum Judentum, in: H. Frohnhofen [Hg.] *Christlicher Antijudaismus und Jüdischer Antipaganismus*, Hamburg 1990 S. 139-144 und zu Tertullians Stellung zu den Juden vgl. Claude AZIZA, *Tertullien et le Judaïsme*, Paris 1977. Einen Überblick über die neuere Marcion-Forschung gibt Gerhard MAY, Marcion in Contemporary Views: Results and Open Questions, in: *The Second Century* 6 (1987-88) S. 129-151.

[74] Zu Marcions Kanon gehören das Lukas-Evangelium und 10 Paulusbriefe, wobei der Galaterbrief eine herausragende Stellung einnimmt. Marcion hat ihn an den Anfang seiner Paulusbriefsammlung gestellt, vgl. David TROBISCH, *Die Entstehung der Paulusbriefsammlung* (NTOA 10), Freiburg/Schweiz / Göttingen 1989 S. 39f.

[75] Franz OVERBECK, *Über die Auffassung des Streits zwischen Paulus und Petrus*, a.a.O. S. 11: "Marcion spannte den Gegensatz der Urapostel und des

Tertullian begegnet dem Angriff Marcions dadurch, daß er die Einheit von Altem und Neuen Testament betont[77]. Dem Bestreben Marcions, Altes und Neues Testament, Juden und Christen auseinanderzureißen[78], setzt er ein Konzept der Einheit in Verschiedenheit entgegen, in dem Altes und Neues Testament zusammengehören, weil das eine aus dem anderen erwachsen ist:

> *Sicut fructus separatur a semine, cum sit fructus ex semine, sic et evangelium separatur a lege, dum provehitur ex lege, aliud ab illo, sed non alienum, diversum, sed non contrarium* [79].

Tertullian betont gegenüber Marcion die Einheit des apostolischen Zeugnisses. Um der von Marcion betriebenen Heraushebung des Paulus als Hauptapostel zu begegnen, bemüht sich Tertullian im Gegenzug, die 12 Urapostel als die eigentlichen Traditionsträger zu kennzeichnen, mit denen Paulus übereinstimmt und von denen er als Jüngerer abhängig ist[80]. Diese Sichtweise bestimmt auch seine Aus-

---

Paulus so weit, daß er sie zu Verkündern verschiedener Götter machte, und er berief sich für diesen Gegensatz auch auf den Streit in Antiochien".

[76] Tertullian berichtet, Marcion habe davon gesprochen, daß Paulus und Petrus verschiedene Evangelien verkündet hätten. Tertullian, *De praescriptione haereticorum* 23,5 CCL 1 205,11-15: "*Sed credant sine scripturis ut credant adversus scripturas. Tamen doceant ex eo quod allegant Petrum a Paulo reprehensum aliam evangelii formam a Paulo superductam citra eam quam praemiserat Petrus et ceteri*".

[77] Tertullian kennzeichnet die Trennung von Altem und Neuen Testament als wesentlichen Punkt der Häresie Marcions; *adv. Marcionem* I,19,4 CCL I 460,22f: "*Separatio legis et evangelii proprium et principale opus est Marcionis*".

[78] Tertullian, *adv. Marcionem* IV,6,3 CCL I 552,3-5: "*Inter hos magnam differentiam scindit, quantam inter iustum et bonum, quantam inter legem et evangelium, quantam inter Judaismum et Christianismum*". Dazu vgl. auch Wolfgang BIENERT, Christentum als Antithese zum Judentum, a.a.O.

[79] Tertullian, *adv. Marcionem* IV,11,10; vgl. auch den weiteren Zusammenhang IV,11, 11 CCL I 568,1-16: "*Nam et vinum is non committit in veteres utres, qui nec veteres utres habuerit, et novum additamentum nemo incit veteri vestimento, nisi cui non defuerit et vetus vestimentum. Ille non facit quid, si faciendum non est, qui <non> habeat, unde faciat, si faciendum esset. Itaque si in hoc dirigebat similitudinem, ut ostenderet se evangelii novitatem separare a legis vetustate, suam demonstrabat et illam, a qua separabat. Alienorum separatio non fuisset notanda, quia nemo alienis sua adiungit, ut ab alienis separare possit. Separatio per coniunctionem capit, de qua fit. Ita quae separabat et in uno ostendebat fuisse, sicut et fuissent, si non separaret. Et tamen, si concedimus separationem istam, per reformationem, per amplitudinem, per profectum*".

[80] Die Rolle, die Tertullian Paulus zuweist, hat Fritz BARTH, Tertullians Auffassung des Apostels Paulus und seines Verhältnisses zu den Uraposteln, in: *JPTh* 8 (1882) S. 716-756 ausführlich beschrieben.

legung des Streites zwischen Petrus und Paulus in Antiochia. Seiner Meinung nach handelt Paulus unerfahren, im Überschwang[81]. Er versucht, den Streit herunterzuspielen, indem er die Kontroverse zwischen Judenchristen und Heidenchristen als Grundlage der Auseinandersetzung in Antiochia leugnet[82]. Somit betrachtet er den Streit als Meinungsaustausch, der nach Zeit und Umstand verschieden ausfallen kann[83]. Das Verhalten des Paulus in Antiochia ist nach Tertullians Meinung nur deswegen tadelnswert, weil er Petrus unüberlegt etwas vorwirft, das er selbst getan hat, nämlich Vorschriften des Zeremonialgesetzes einzuhalten[84]. Das Verhalten des Petrus in Antiochia ist für ihn ebensowenig tadelnswert wie die Beschneidung des Timotheus durch Paulus. Die Möglichkeit, das Gesetz zu halten, besteht, weil nach seiner Auffassung in der apostolischen Zeit das Zeremonialgesetz noch nicht endgültig aufgehoben war[85]. Deshalb nimmt er keinen Anstoß an den Stellen, an denen berichtet wird, daß Paulus Vorschriften des Zeremonialgesetzes erfüllt hat. Für ihn sind sie zeitbedingte, legitime Ausnahmen

---

[81] Tertullian, *adv. Marcionem* I,20,2-3 CCL I 461,19-31: *"Nam et ipsum Petrum ceterosque, columnas apostolatus, a Paulo reprehensos opponunt, quod non recto pede incederent ad evangelii veritatem, ab illo certe Paulo, qui adhuc in gratia rudis, trepidus denique, ne in vacuum currisset aut curreret, tunc primum cum antecessoribus apostolis conferebat. Igitur si ferventer adhuc, ut neophytus, adversus Judaismum aliquid in conversatione reprehendum existimavit, passivum scilicet < vindicans > convictum, postmodum et ipse usu omnibus omnia futurus, ut omnes lucraretur, Judaeus quasi Judaeis et eis, qui sub lege, tamquam in lege".*
[82] Deshalb geht Tertullian auch nicht auf den Widerspruch zwischen den Äußerungen des Paulus in Gal 2,11-14 und der Beschneidung des Timotheus ein.
[83] Tertullian, *adv. Marcionem* IV,3,3 CCL I 548,24-549,1: *"Porro etsi reprehensus est Petrus et Johannes et Jakobus, qui existimabantur columnae, manifesta causa est: personarum enim respectu videbantur variae convictum. Et tamen cum ipse Paulus omnibus omnia fieret, ut omnes lucraretur, potuit et Petro hoc in consilio fuisse aliquid aliter agendi quam docebat".*
[84] Tertullian, De praescriptione haereticorum 24,3 CCL 1 206,7-11: *"Adeo pro temporibus et personis et causis quaedam reprehendebat, in quae et ipsi aeque pro temporibus et personis et causis committebant, quemadmodum si et Petrus reprehenderet Paulum quod prohibens circumcisionem circumcideret ipse Timotheum".*
[85] Zu diesem Urteil kommt auch Franz OVERBECK, *Über die Auffassung des Streits zwischen Paulus und Petrus*, a.a.O. S. 12f: "Bei aller Freiheit in Bezug auf das Gesetz ist der Standpunkt der Apostel, Tert. gemäß, doch noch nicht der einer völligen Indifferenz, sondern wenn sie zeitweise dem Gesetz sich unterwerfen, so hängt dies daran, dass überhaupt ihr Zeitalter sich noch nicht gegen das Gesetz entschieden hat und noch zwischen Abhängigkeit und Freiheit davon schwebt".

von der von Paulus selbst aufgestellten Regel, daß das Zeremonialgesetz aufgehoben ist[86].

Tertullian versteht den Apostelstreit, im Gegensatz zur griechischen Auslegungstradition, nicht auf dem Hintergrund einer
heilsgeschichtlichen Konzeption, die mit Tod und Auferstehung
Christi das definitive Ende des Zeremonialgesetzes verbindet. Er hat
auch kein Interesse daran, um jeden Preis Gal 2,11-14 so auszu-
legen, daß der Streit zwischen Petrus und Paulus vertuscht wird. Er
übernimmt die Darstellung der neutestamentlichen Berichte und versucht dabei, den Streit herunterzuspielen, um so der Polemik
Marcions den Boden zu entziehen.

2. Cyprian von Karthago

Von Cyprian von Karthago ist eine Stellungnahme zum Problem des
Apostelstreits überliefert, die das Verhalten des Petrus in Antiochia
anders beurteilt. In seinem im Jahre 255 verfaßten Brief an Quintus
begründet Cyprian die Auffassung, daß die Zurechtweisung des
Petrus berechtigt gewesen sei:

> *Non est autem de consuetudine praescribendum, sed ratione*
> *vincendum. nam nec Petrus quem primum Dominus elegit et*
> *super quem aedificavit ecclesiam suam, cum secum de circum-*
> *cisione postmodum disceptaret, vindicavit sibi aliquid insolenter*
> *aut adrogantur adsumpsit, ut diceret se primatum tenere et*
> *obtemperari a novellis et posteris sibi potius oportere, nec*
> *despexit Paulum quod ecclesiae prius persecutor fuisset, sed*
> *consilium veritatis admisit et rationi legitimae quam Paulus*
> *vindicabat facile consensit* [87].

Cyprian hat Ep. 71 im Zusammenhang mit dem Ketzertaufstreit
in Nordafrika verfaßt. In dieser Auseinandersetzung mit den
Novatianern spielt das Argument eine Rolle, daß die Ablehnung der
Ketzertaufe, die eine neuerliche Taufe beim Eintritt in die katholische Kirche nötig macht, gegen die Tradition stehe[88]. Stephan von

---

[86] Tertullian, *De Monogamia* 14,1 CCL 2, 1249,2-7: *"proinde fecisset*
quemadmodum et cetera quae adversus formam regulae suae pro condicione
temporum gessit, circumcidens Timotheum propter superinducticios falsos
fratres, et rasos quosdam inducens in templum propter observationem
Judaeorum"; ähnlich äußert sich Tertullian auch in *De Pudicia* 17,19 CCL 2
1317,81f: *"contra institutum suum pro ratione temporis faceret. Circumcidit*
Timotheum solum et tamen abstulit circumcisionem".

[87] Cyprian von Karthago, Ep. 71,3 CSEL 3/II 773,10-18.

[88] Eine Untersuchung des Kontextes von Ep. 71,2 hat Gert HAENDLER
vorgelegt, Cyprians Auslegung zu Galater 2,11ff, in: *ThLZ* 97 (1972) S. 561-
568. Zum Ketzertaufstreit s. besonders S. 563f. HAENDLER erwähnt auch,

Rom macht den Anspruch geltend, als Nachfolger Petri die apostolische Tradition zu vertreten[89]. Dagegen verweist Cyprian auf den Vorrang von Vernunftargumenten vor der Tradition[90] und beruft sich auf den Apostelstreit, in dem selbst Petrus den vernünftigen Argumenten des Paulus Gehör geschenkt habe[91].

Cyprians Verständnis von Gal 2,11-14 orientiert sich am Wortlaut des paulinischen Textes, der ein eindeutiges Fehlverhalten des Petrus feststellt. Zudem ist nach dem Kommen Christi das Gesetz aufgehoben. Davon gibt es weder für die Apostel noch für Judenchristen eine Ausnahme. Cyprian geht über den Text von Gal 2,11-14 hinaus, wenn er berichtet, Petrus habe die Zurechtweisung des Paulus willig akzeptiert. Davon berichtet Paulus nichts. Neben dem Fehlverhalten des Petrus, sieht Cyprian aber auch Lobenswertes. Petrus ist ein Vorbild an Demut. Er, als der älteste Apostel, erträgt die Kritik des jüngeren Paulus mit Gelassenheit. Damit ist er ein Vorbild im Bewahren der Eintracht und der Geduld:

> *documentum scilicet nobis et concordiae et patientiae tribuens, ut non pertinaciter nostra amemus, sed quae aliquando a fratribus et collegis nostris utiliter et salubriter suggeruntur, si sint vera et legitima, ista potius nostra ducamus* [92].

---

welche Nachwirkung Cyprians Argumentation hatte. So beruft sich auch Augustinus in der Auseinandersetzung mit den Donatisten um die Taufe auf diesen Brief Cyprians und auf Gal 2,11-14. Dazu vgl. auch G. BAVAUD, La faute de Pierre blâmée par Paul, in: *BA* 29 (1964) S. 591: "Chez l'un et l'autre [bei Petrus und bei Cyprian in Augustins Darstellung, R.H.], une erreur capable de détruire l'unité est excusée par l'humilité et l'amour de la paix".

[89] Gert HAENDLER, Cyprians Auslegung zu Galater 2,11ff, a.a.O. S. 564: "Man meint in Rom, die alte Tradition von den Aposteln her gepachtet zu haben; man fordert daher von Cyprian, daß er nicht in Nordafrika eine Änderung der Tradition vornimmt. Von daher kommt Cyprian zu der Forderung: Die Vernunft muß den Vorrang haben vor der Gewohnheit, auch Petrus hat sich von Paulus belehren lassen und von Traditionen gelöst".

[90] Gert HAENDLER, Cyprians Auslegung zu Galater 2,11ff, a.a.O. S. 563: "Jedenfalls kommt es ihm gerade darauf an: Ob früher eine Ketzertaufe anerkannt worden ist oder nicht - das soll die entscheidende Rolle nicht spielen; entscheidend ist vielmehr, daß eine Ketzertaufe gegen die Vernunft ist".

[91] Cyprian steht mit seiner Auslegung von Gal 2,11-14 nicht alleine. In der Diskussion auf der nachfolgenden Synode zu Karthago im Jahre 256 führt Zosimus von Tharassa Gal 2,11-14 in einem ähnlichen Sinn an: *"Revelatione facta veritatis, cedat error veritati: quia et Petrus, qui prius circumcidebat, cessit Paulo veritatem praedicandi";* MANSI 1,962.

[92] Cyprian von Karthago, Ep. 71,3 CSEL 3/II 773,18-22. Der Auffassung, daß Petrus sich vorbildlich verhalten habe, schließen sich spätere Ausleger an, z.B. Augustinus (s.u.) und Gregor d.Gr., *In Ezech. II Hom.* 6,9f PL 76, 1002f an.

Cyprians Auslegung beeinflußt die spätere lateinische Auslegung von Gal 2,11-14[93]. Im Gegensatz zur griechischen Auslegungstradition besteht nicht das Interesse, zu beweisen, daß beide Apostel in Antiochia richtig gehandelt haben; stattdessen wird ein eindeutiges Fehlverhalten des Petrus festgestellt.

3. Marius Victorinus

Victorinus[94] ist der erste, der in lateinischer Sprache einen Kommentar zu den Paulusbriefen verfaßt. Seine Arbeit ist keine völlige Neuschöpfung, er kann auf das Vorbild seiner Kommentare zu klassischen Autoren[95] und griechischer Kommentare zur Heiligen Schrift zurückgreifen. Für den lateinischen Westen betritt er mit seinen Kommentaren zu Paulus Neuland, deshalb verdienen sie besondere Beachtung. Victorinus hat seine Kommentare erst im hohen Alter verfaßt. Nach seiner aufsehenerregenden Konversion zum Christentum[96] hat er zunächst einige dogmatische, vor allem antiarianische Schriften verfaßt. Danach wendet er sich der Auslegung des von ihm bereits vorher besonders geschätzten Paulus zu[97]. Die Kommentare sind in die Zeit um 363 zu datieren[98], in der

---

[93] Gert HAENDLER, Cyprians Auslegung zu Galater 2,11ff, a.a.O. S. 564f weist darauf hin, daß Cyprians Position in Augustins Auseinandersetzung mit den Donatisten ein wichtiges Argument ist.

[94] Zu Leben und Werk des Victorinus vgl. G. MADEC / P.L. SCHMIDT, Marius Victorinus in: Reinhart HERZOG [Hg.], Handbuch der lateinischen Literatur der Antike Bd. 5 (HAW VIII/5), München 1989 S. 342-355.

[95] Victorinus hat Kommentare zu folgenden Schriften verfaßt: Cicero, De inventione, Topica, Dialogi, unsicher sind: Aristoteles, Categoriae und ein Kommentar zu Vergil. Vgl. Pierre HADOT, Marius Victorinus. Recherches sur sa vie et ses oeuvres, Paris 1971, S. 289. HADOT hat nachgewiesen, daß diese die Vorlage für seine Pauluskommentare bilden: "Aussi, le caractère général de son commentaire le distingue tout à fait des commentaires traditionels. On peut dire que sa méthode est rhétorico-philosophique".

[96] Augustinus, Confessiones VIII,2,3 gibt die Erzählung des Simplicianus von der Konversion des Victorinus wieder.

[97] Dafür, daß Victorinus seine Kommentare nach den dogmatischen Schriften verfaßt hat, sprechen einige Indizien. Zum Beispiel führt Hieronymus die Kommentare nach den theologischen Schriften auf, De vir. ill. 101 SQS 11 49,1-5: "Victorinus, natione Afer, Romae sub Constantio principe rhetoricam docuit et in extrema senectute Christi se tradens fidei scripsit adversus Arium libros more dialectico valde obscuros, qui nisi ab eruditis non intelleguntur, et commentarios in apostolum". Ein weiteres wichtiges Kennzeichen dafür, daß die Kommentare nach den dogmatischen Schriften entstanden sind, ist, daß in einigen Kommentaren Teile aus dogmatischen Schriften zitiert werden; z.B. finden sich im Kommentar zu Phil 2,6-8 (1207C-1207D) Zitate aus Adv. Ar. Ib,54-59 und Adv. Ar. IV,1-8.

er nach der Entfernung aus seinem Rhetorenamt durch Julians Gesetz vom 1. 8. 362 die Muße besaß, sein Kommentarwerk zu verfassen. Die Kommentare des Victorinus zu den Paulusbriefen sind nicht von der älteren lateinischen Auslegung abhängig. Er scheint weder Tertullians noch Cyprians Exegese von Gal 2,11-14 zur Kenntnis genommen zu haben.

Es lassen sich aber andere Einflüsse finden, die seine Auslegungstätigkeit prägen. Zum einen kennt Victorinus die marcionitischen Prologe zu den paulinischen Briefen und ist von deren theologischen Aussagen beeinflußt[99]. Das äußert sich in starkem Antijudaismus, besser gesagt in der Brandmarkung judaisierender Tendenzen. Damit folgt er zum einen Paulus selber, zum anderen, in der krassesten Form seiner Aussagen, Marcion[100]. Ein wichtiger Unterschied zu Marcions Sicht der Apostel ist, daß Victorinus den Vorwurf des Judaismus fast immer gegen den Herrenbruder Jakobus richtet und Petrus ausdrücklich davon freispricht. Jakobus wird durch die Darstellung als Häretiker und Hauptapostel der Symmachianer[101] stark aus dem Kreis der Apostel

---

[98] Pierre HADOT, *Marius Victorinus*, a.a.O. S. 286: "L'édit de Julien provoque des démissions retentissantes ...Marius Victorinus démissiona également. Et l'on peut se demander s'il ne prit pas Julien au mot en consacrant son otium à commenter les Épîtres de Saint Paul ...On peut donc penser qu'ils ont été écrits après 362 ou 363". Vgl. auch Werner ERDT, *Marius Victorinus Afer, der erste lateinische Pauluskommentator*, Frankfurt a.M. u.a 1980 (ESH.T 135) S. 85.

[99] Die Existenz marcionitischer Prologe zu den paulinischen Briefen hat Donatien DE BRUYNE nachgewiesen; Prologues bibliques d'origine marcionite, in: *RBen* 24 (1907) S. 1-16. Die sich daran anschließende lange Diskussion um diese Prologe kann hier nicht referiert werden. Karl Theodor SCHÄFER "Marius Victorinus und die marcionitischen Prologe zu den Paulusbriefen" in: *RBen* 80 (1970) S. 6-17 hat nachgewiesen, daß Victorinus diese Prologe gekannt hat.

[100] Diesen Zusammenhang unterstreicht auch Werner ERDT, *Marius Victoriuns Afer*, a.a.O. S. 198-208, z.B. S. 205f: "neben dem zuletzt von Schäfer eng philologisch geführten Beweis einer Benutzung der sog. markionitischen Prologe zu den Paulusbriefen sind die Geschichtstheorie von der judaistischen Verfremdung des reinen Evangeliums von Christus sowie die durchscheinende Theorie von dem Primat des Paulus unter den Aposteln weitere, klare Argumente für die These von der Beeinflussung des Marius Victorinus durch eine markionistische Tradition".

[101] Wer die Symmachianer sind, ist unklar. Nach den Äußerungen des Victorinus handelt es sich um eine nicht genau definierte judenchristliche Gruppe, die in irgendeiner Form mit Jakobus in Zusammenhang steht. Vgl. Werner ERDT, *Marius Victorinus Afer,* a.a.O. S. 213f, und A.F.J. KLIJN / G.J. REININK, *Patristic Evidence for Jewish-Christian Sects* (NT.S 36), Leiden 1973 S. 52-54.

ausgegrenzt[102], sodaß Victorinus schließlich ihn für den Streit des Petrus und Paulus in Antiochia verantwortlich machen kann. Die Polemik gegen Jakobus reicht so weit, daß er ihm vorwirft, ein anderes Evangelium zu verkünden[103]. Offenbar wird der Angriff Marcions auf Petrus von Victorinus auf Jakobus umgelenkt.

Zum anderen ist Victorinus auch in seiner Exegese von neuplatonischen Schriftstellern - vor allem Porphyrius - beeinflußt[104]. Es ist bekannt, daß Victorinus die *Isagoge* des Porphyrius übersetzt hat[105]. Darüberhinaus ist durch den Bericht Augustins bekannt, daß er weitere (neu-) platonische Schriften ins Lateinische übersetzt hat[106]. Um welche Bücher es sich dabei handelt, ist der angeführten Augustinus-Stelle nicht zu entnehmen. Augustinus spricht ungenau von *"quidam platonicorum libri"*. Es gibt daher in der Forschung große Kontroversen darüber, ob es sich um Schriften Plotins oder des Porphyrius oder beider gehandelt hat[107]. Daß ihm aber die Schrift des Porphyrius gegen die Christen bekannt war, ist wahrscheinlich[108]. Sein Kommentar muß also auf dem Hintergrund

---

[102] Victorinus bringt Jakobus zweimal mit den Symmachianern in Verbindung, *Comm. in Gal.* 1,19 BSGRT 1155B und 2,11 BSGRT 1163A. Das tut er an den Stellen, an denen sich Marcion bemühte, die Autorität des Petrus dadurch zu untergraben, daß er ihm nachwies, daß er das gesetzesfreie Evangelium Christi judaisierend verfälsche. Victorinus lenkt die Polemik Marcions um und greift mit demselben Vorwurf Jakobus an.

[103] Victorinus, *Comm. in Gal.* 1,19 BSGRT 1153A.

[104] Den allgemein starken Einfluß des Porphyrius auf die Kommentare des Victorinus hat bereits WISCHMEYER beobachtet. Wolfgang WISCHMEYER, Bemerkungen zu den Paulusbriefkommentaren des C.Marius Victorinus, in: *ZNW* 63 (1972) S. 117. Er spricht von einer "Synthese von Paulus und Plotin/Porphyrius, die in den Kommentaren vorliegt".

[105] Pierre HADOT, *Marius Victorinus*, a.a.O. S. 179ff, sowie die Rekonstruktion der "Isagoge" ebd. S. 367-380. Zum Verhälntis zu Porphyrius vgl. die ausführliche Untersuchungt von Pierre HADOT, *Porphyre et Victorinus*, 2 Bde. Paris 1968.

[106] Augustinus, *Confessiones* VIII,2,1: *"commemoravi legisse me quosdam libros Platonicorum, quos Victorinus quondam rhetor urbis Romae, quem Christianum defunctum esse audieram, in Latinum linguam transtulisset"*.

[107] Einen Überblick gibt Pierfranco BEATRICE, Quosdam platonicorum libros. The Platonic Readings of Augustine in Milan, in: *VigChr* 43 (1989) S. 248-281.

[108] Pierfranco BEATRICE, Quosdam platonicorum libros, a.a.O. hat wahrscheinlich gemacht, daß Victorinus die Schrift des Porphyrius gegen die Christen gekannt hat. Im Kommentar des Victorinus zu Ciceros "De inventione" lassen sich Parallelen zur antichristlichen Polemik des Porphyrius erkennen. S. 265: "The biting anti-Christian irony of this passage (sc. Victorinus, *In Cic. Rhet.* I, 29, ed. C. HALM, *Rhetores latini minores*, Leipzig 1863, 2. Nachdr. Frankfurt a.M. 1964 S. 232) reveals Marius Victorinus's cultural linkings and

seiner Kenntnis der Polemik des Porphyrius, die dieser im Anschluß an Gal 2,11-14 führt, gelesen werden.

Victorinus übernimmt im Galaterkommentar den Antijudaismus des Paulus[109]. Dabei läßt er sich meistens auf das Gefälle des paulinischen Textes ein[110]. Seine Ablehnung des Judaismus begründet er damit, daß das Gesetz in einer Antithese zum Glauben an Jesus Christus steht. Das Halten der Vorschriften des Gesetzes ist ein schwerer Irrtum, und davon ist kein Heil zu erwarten:

> *illi igitur erraverunt, qui praeter fidem, quam acceperunt in Iesum Christum dominum nostrum, adiungendam etiam legem putaverunt et praecepta legis, id est, ut ex operibus iustificationem crederent* [111].

Victorinus kann das Verhältnis von Glauben an Christus und Halten des Gesetzes auch in einer Antithese zwischen zwei Gesetzen formulieren: *"per legem Christi mortuus sum legi Iudaeorum ante datae"*. [112] Verbunden ist die Ablehnung des Gesetzes bei Victorinus mit der Ablehnung jeder Form von Werkgerechtigkeit:

---

religious interests. There is evidence, here, of how closely he followed Porphyry's anti-Christian arguments". Möglicherweise hat Victorinus sogar eine Übersetzung der Schrift gegen die Christen ins Lateinische angefertigt; vgl. BEATRICE, Quosdam platonicorum libros, a.a.O. S. 265: "Therefore, we are allowed to think that he was the author of the Latin translation of Porphyry's work against the Christians which we have identified with the *Philosophy from Oracles*".

[109] Victorinus, *Comm. in Gal. Praefatio*, BSGRT 1146D: *"summa autem huius epistulae haec est: errare Galatas, quod ad evangelium fidei, quod est in Christo, adiungant Iudaismum corporali intellectu observantes sabbatum et circumcisionem, item cetera opera, quae ex lege perceperant".*

[110] Vgl. Franz OVERBECK, *Über die Auffassung des Streites des Paulus mit Petrus*, a.a.O. S. 40. Aus diesem Grund urteilt OVERBECK folgendermaßen über den Kommentar des Victorinus: "Der ...Commentar des Rhetors Victorinus, der im guten Sinne einfältigste, den wir zum Galaterbrief aus der Zeit der Kirchenväter haben". OVERBECK rechnet Victorinus das Bemühen um eine zusammenhängende Auslegung des Textes hoch an, geht aber auf die Traditionszusammenhänge (Marcion und Porphyrius), die seine Arbeit beeinflußen und seine Auslegungsmethode vorstrukturieren, nicht ein.

[111] Victorinus, *Comm. in Gal.* 3,9, BSGRT 1169C.

[112] Victorinus, *Comm. in Gal.* 2,19, BSGRT 1165C. WILES hat darauf hingewiesen, wie stark diese Haltung des Victorinus die Einheit von Altem und Neuem Testament gefährdet; Maurice WILES, *The divine Apostel*, Cambridge 1967, S. 66: "The unity of the old and the new could hardly be stressed more strongly than that".

> *apostolus negat ex operibus benedictionem provenire, sed, quod*
> *est etiam gravius et contrarium benedictioni, sub maledictione*
> *esse eos, qui ex operibus agunt* [113].

Diese Auffassungen bilden den Hintergrund für die scharfe Polemik des Victorinus gegen Jakobus, den Herrenbruder, der für ihn der Hauptvertreter des Judaismus unter den Aposteln ist[114]. Demgegenüber haben Petrus und Paulus in der Verkündigung des gesetzesfreien Evangeliums übereingestimmt[115]. Daß Petrus wegen seines Verhaltens in Antiochia zu tadeln ist, steht für Victorinus auf Grund seiner schroffen Ablehnung jeder Form des Judaismus fest[116]. Der Hauptvorwurf trifft dabei allerdings nicht Petrus, sondern Jakobus, der ihn dazu bewogen hat, von seinem ursprünglichen, richtigen Verhalten, dem gesetzesfreien Zusammenleben mit den Heidenchristen, abzuweichen[117]. Damit entschuldigt Victorinus in gewisser Weise das Verhalten des Petrus. Petrus fällt nicht endgültig zum Judaismus ab. Seiner Meinung nach täuscht Petrus nur Gesetzesbeachtung vor[118]. Daß Petrus ein gesetzesfreies Leben geführt und als Apostel der Juden ein gesetzesfreies Evangelium gepredigt hat, ist für ihn, entgegen allen anderslautenden neutesta-mentlichen Zeugnissen, unbestreitbar[119]. Victorinus stellt im Zusammenhang mit der Beschneidung des Timotheus (Apg 16,1-3) fest, daß eine zeitweilige und nur *simulative* geschehene Abweichung

---

[113] Victorinus, *Comm. in Gal.* 3,9, BSGRT 1169D.

[114] Victorinus geht soweit, Jakobus die Apostelwürde abzusprechen, weil er dem Judaismus Vorschub geleistet hat BSGRT 1156A: *Comm. in Gal.* 1,19 *"Jacobus apostolus non est et in haeresi sit".*

[115] Victorinus, *Comm. in Gal.* 2,5 BSGRT 1153B: *"evangelium unum et Petrum et se habere dicit* (sc. Paulus R.H.)".

[116] Victorinus, *Comm. in Gal.* 2,11 BSGRT 1162A: *"peccatum Petri non tacui".*

[117] Victorinus, *Comm. in Gal.* 1,13f BSGRT 1153C: *"integre Petrum dicit egisse, antequam a Iacobo quidam venerunt. deinde posteaquam venerunt, mutatus est, et hoc ipsum quod reprehenderit Paulus et eum revicerit. mutatus autem fuerat, ut non ederet cum gentibus et Judaeis cibis uteretur. hoc a se dicit reprehensum, quippe cum antequam venissent a Jacobo, cum gentibus vivebat, postea timens Jacobi legatos cum Judaeis vixerit".* Das wiederholt Victorinus später noch deutlicher, *Comm. in Gal.* 2,12f BSGRT 1163D: *"Petrus...in eo tamen peccavit, quod subtrahebat se timens eos, qui erant ex circumcisione".*

[118] Victorinus, *Comm. in Gal.* 2,13 BSGRT 1163C: *"nam neque Petrus neque ceteri transierant in Judaicam disciplinam, sed ad tempus consenserant".*

[119] Victorinus, *Comm. in Gal.* 2,14 BSGRT 1164A: (Paulus spricht an Petrus gerichtet:) *"vixisti cum gentibus et vivis cum gentibus. si enim ad tempus consensionem* (sc. mit den judaisierenden Boten des Jakobus R.H.) *habes, sine dubio gentiliter vivis".*

vom rechten Evangelium nicht gleichbedeutend mit einem Abfall vom rechten Glauben ist[120]. Damit tritt er der Behauptung des Porphyrius entgegen, daß sich Petrus und Paulus in Antiochia in einem kindischen Streit befunden hätten. Er behauptet, daß Petrus und Paulus ein und dasselbe Evangelium verkünden. Die Wucht seiner Kritik trifft Jakobus, der das Evangelium mit dem Gesetz vermischt[121] und sich selbst aus dem Kreis der Apostel ausgeschlossen hat. Seine Auslegung ähnelt auf eine gewisse Weise der des Origenes. Beide behaupten, daß Petrus und Paulus sich in der Verkündigung des gesetzesfreien Evangeliums einig sind und, wenn sie Vorschriften des Gesetzes einhalten, das nur *simulative* tun.

4. Ambrosiaster

Der Galater-Kommentar, der unter dem Namen des Ambrosius veröffentlicht worden ist[122], hat eine ausgeprägt griechenfeindliche Tendenz. Besonders in der Kommentierung von Gal 2,2 polemisiert Ambrosiaster gegen die griechischen Exegeten; er bezeichnet sie als Sophisten[123], die trotz ihrer Sophisterei den Text nicht verstehen[124]. Diese Bemerkung läßt bereits erwarten, daß er die griechische Auslegung von Gal 2,11-14 nicht rezipiert.

Ambrosiaster wirft Petrus ein Fehlverhalten vor, das für ihn aber nicht im Halten des Gesetzes besteht, sondern in der mangelnden Absprache mit Paulus und den anderen Heidenchristen. Dieser Sichtweise liegt die Auffassung zu Grunde, daß die Geltung des

---

[120] Victorinus, *Comm. in Gal.* 2,5 BSGRT 1159C: *"cum enim Christus in animo sit et Christus nutriatur per fidem in nobis, cedere ad tempus regulae non verae periculum non est"*.

[121] Victorinus, *Comm. in Gal.* 2,7-14 BSGRT 1153C: *"Iacobus admixto Judaismo Christum evangelizabat"*.

[122] Der Kommentar wird unter dem Namen des Ambrosius überliefert und schon zur Zeit des Erscheinens unter seinem Namen zitiert. Offenbar hält auch Augustinus diese Kommentare für ein Werk des Ambrosius: Augustinus ad Hieronymum, Ep. 82,24 CSEL 34/II 376,25. Dennoch stammt der Kommentar nachweislich nicht von ihm. Seit Erasmus von Rotterdam wird der anonyme Autor "Ambrosiaster" genannt. Daß Ambrosius selbst sich nicht zum Apostelstreit geäußert hat, mag auch daran liegen, daß er den Angriff des Porphyrius auf die Glaubwürdigkeit der Apostel nicht kannte. Vgl. Goulven MADEC, *Saint Ambroise et la philosophie* (EAug), Paris 1974 S. 333: "Les adversaires d'Ambroise étaient peut-être en régression ou du moins en retrait, comme des disciples attardés de Celse plutôt de Porphyre".

[123] Ambrosiaster, *Comm. in Ep. in Galatas* CSEL 81/III 18,18: *"nunc dicunt sofistae Graecorum"*.

[124] Ambrosiaster, *Comm. in Ep. in Galatas* CSEL 81/III 19,6f: *"quae sofistae Graecorum non intellegentes"*.

Gesetzes aufgehoben ist, es aber dennoch erlaubt ist, das Gesetz zu
halten, um Juden für Christus zu gewinnen bzw. die Judenchristen
nicht zum Abfall zu bringen[125]. Gemäß seiner Auffassung konnte
Paulus, der ja selbst Timotheus beschneiden ließ, nichts dagegen
haben, daß Petrus das Gesetz hielt - als *simulatio* um der Judenchristen willen. Für Ambrosiaster besteht das Vergehen des Petrus
nur darin, daß er sich nicht mit Paulus abgesprochen hat[126]. Dabei
läßt er offen, ob das aus einer Nachlässigkeit heraus geschehen, oder
ob es ein wirkliches Fehlverhalten des Petrus ist[127]. Ein Vergehen
liegt für ihn aber darin, daß das Motiv für das Handeln des Petrus
die Furcht vor den anderen Judenchristen ist:

> *sed hic tota causa reprehensionis est, quia advenientibus
> Judaeis ab Jacobo non solum segregabat se ab eis, cum quibus
> gentiliter vixerat, sed et compellebat illos (eos) iudaizare causa
> t i m o r i s illorum, ut quid horum verum esset, ignorarent
> gentiles* [128].

Petrus hätte wenigstens, wie Paulus nach der Beschneidung des
Timotheus, im Anschluß an seinen Rückzug von der Tischgemeinschaft predigen sollen, daß das nicht mehr heilsnotwendig sei. Dann
hätte er die Heidenchristen nicht verunsichert[129]. Nachdem das nicht
der Fall war, mußte Paulus gegen ihn das Wort erheben und ihn
zurechtweisen. Das mußte Paulus tun, weil kein anderer es hätte
wagen können, gegen den ersten der Apostel das Wort zu erheben:

> *nam quis eorum auderet Petrus primum apostolorum* ...
> *resistere nisi alius talis* [130]?

5. Zusammenfassung

Die lateinische Auslegungstradition erweist sich in ihren Grundsätzen als festgefügt, auch wenn ihr ein überragendes Vorbild wie

---

[125] Damit nähert er sich der Auffassung der von ihm so geschmähten
Griechen. Auch Origenes geht davon aus, daß die Apostel in ihrer Freiheit das
Gesetz halten durften, um Juden zu gewinnen oder aus Rücksicht auf die
Judenchristen (s.o.).

[126] Ambrosiaster, *Comm. in Ep. in Galatas* CSEL 81/III 25,24: *"quod ille
sine consilio fuerat"*.

[127] Ambrosiaster, *Comm. in Ep. in Galatas* CSEL 81/III 25,15: *"hac
interveniente causa neglegentiae vel erroris"*.

[128] Ambrosiaster, *Comm. in Ep. in Galatas* CSEL 81/III 26,25-27,2
(Hervorhebung R.H.).

[129] Ambrosiaster, *Comm. in Ep. in Galatas* CSEL 81/III 27,9-11.

[130] Ambrosiaster, *Comm. in Ep. in Galatas* CSEL 81/III 25,21ff.

Origenes fehlt. Seit Cyprian von Karthago steht für die lateinische Auslegung fest, daß Petrus in Antiochia falsch gehandelt hat und zurecht von Paulus deswegen getadelt worden ist. Mit der Feststellung eines Fehlverhaltens ist aber keine Abwertung des Petrus verbunden; vielmehr wird das ruhige Ertragen der Kritik des Paulus als vorbildliche Demut verstanden.

In der griechischen Auslegung gab der Angriff des Porphyrius auf die Glaubwürdigkeit der Apostel den Anlaß, den Streit zu einem verabredeten Scheingefecht zu erklären. Dennoch stellt sich im Anschluß an Gal 2,11-14 die Frage, wie die biblischen Berichte zu verstehen sind, die vom Halten der Vorschriften des Zeremonialgesetzes durch die Apostel sprechen. Hier nähern sich sowohl Victorinus als auch Ambrosiaster der griechischen Auslegung und sprechen von einem nur scheinbaren *(simulative)* Halten des Gesetzes. Damit wird die strenge heilsgeschichtliche Zwei-Stufen-Konzeption, nach der das Zeremonialgesetz durch Christus aufgehoben ist und seine Vorschriften nicht mehr eingehalten werden dürfen, durchbrochen.

C. HIERONYMUS

Hieronymus verfaßt 386, im ersten Jahr seines Aufenthaltes in Bethlehem, einen Kommentar zum Galaterbrief[131], den er, wie viele andere seiner Schriften, Paula und deren Tochter Eustochium widmet. Es ist der erste lateinische Pauluskommentar[132], der auf die exegetischen Arbeiten griechischer Theologen zurückgreift. Hieronymus hat eine Brückenfunktion; er macht die griechische Auslegungstradition im Westen bekannt. Sein Kommentar wurde schnell verbreitet und lag Augustinus bei der Abfassung seines Kommentares zum Galaterbrief vor[133]. Er löste die Kritik Augustins aus, auf die Hieronymus mit der ausführlichen Verteidigung seiner Auslegung in Ep. 75 geantwortet hat.

---

[131] Vgl. Pierre NAUTIN, La date des Commentaires de Jérôme sur les épîtres pauliniennes, in: *RHE* 74 (1979) S. 5-12.

[132] Zur Bedeutung des Paulus für Hieronymus vgl. L.J. VAN DER LOF, L'Apôtre Paul dans les lettres de saint Jérôme, in: *NT* 19 (1977) S. 150ff.

[133] Daß Augustinus den Kommentar des Hieronymus kennt, ergibt sich eindeutig aus dem Briefwechsel. Daß ihm der Kommentar des Hieronymus bereits bei der Abfassung seines eigenen Kommentares vorlag, erwähnt Augustinus nicht. Das kann aber an Hand des Bibeltextes beobachtet werden, der seinem Kommentar zu Grunde liegt.

Im Kommentar zum Galaterbrief läßt sich seine Arbeitsweise ohne den Einfluß aktueller, polemischer Auseinandersetzungen beobachten. Hieronymus gibt im Prolog Rechenschaft darüber, welche Quellen er benutzt und wie er sie verarbeitet[134]. Er erwähnt die Werke folgender Autoren: Origenes, Didymus, Apollinaris von Laodicea, Alexander, Eusebius von Emesa und Theodor von Heraclea[135]. Die Aufzählung zeigt deutlich, daß Hieronymus sich in die griechische Auslegungstradition einreiht. Der einzige erwähnte lateinische Kommentar ist der des Marius Victorinus, dessen Interpretation Hieronymus aber nicht zustimmt[136]. Die Nennung der Autoritäten dient nicht nur als Quellennachweis[137], sie hat auch apologetischen Charakter. Wer die Auslegung des Hieronymus angreifen will, muß sich mit den aufgezählten Autoritäten auseinandersetzen[138]. Hieronymus beschreibt darüberhinaus, wie er das zur Verfügung stehende Material verarbeitet hat:

> *legi haec omnia, et in mente me plurima coacervans, accito notario, vel mea, vel aliena dictavi, nec ordinis, nec verborum interdum, nec sensuum memoriam retentans* [139].

---

[134] In dieser Ausführlichkeit verzeichnet Hieronymus seine Quellen nur in diesem Kommentar.

[135] Hieronymus, *Comm. in Ep. ad Galatas, Prologus*, PL 26, 333 *"Praetermitto Didymum videntem meum, et Laodicenum de Ecclesia nuper egressum, et Alexandrum veterem haereticum, Eusebium quoque Emesenum, et Theodorum Heracleoten, qui et ipsi nonnullos super haec re Commentariolos reliquerunt".*

[136] Hieronmyus, *Comm. in Ep. ad Galatas, Prologus*, PL 26, 332: *"Non ignorem Caium Marium Victorinum, qui Romae, me puero, rhetoricam docuit, edidisse Commentarios in Apostolum".* Heinrich VOGELS, Ambrosiaster und Hieronymus, in: *RBen* 66 (1956) S. 14-19, hat gezeigt, daß Ambrosiaster und Hieronymus während seines Aufenthaltes in Rom (382-386) verdeckte literarische Auseinandersetzungen geführt haben. Deswegen erwähnt Hieronymus ihn an dieser Stelle nicht.

[137] Georg GRÜTZMACHER, *Hieronymus*, a.a.O. Bd.II S. 25 bezeichnet die von Hieronymus in der Vorrede zum Galaterkommentar gemachten Angaben als "Generalbeichte", die es Hieronymus ermögliche, in seinem Kommentar auf die weitere Nennung von Quellen zu verzichten. Dieses Urteil greift zu kurz, weil es die apologetische Funktion der Aufzählung verkennt.

[138] In der Auseinandersetzung mit Augustinus verteidigt sich Hieronymus mit diesem Argument; Hieronymus ad Augustinum, Ep. 75,4 CSEL 34/II 287,5-8: *"si quid igitur reprehensione dignum putaveras in explanatione nostra, eruditionis tuae fuerat quaerere, utrum ea, quae scripsimus, habentur in Graecis, ut, si illi non dixissent, tunc meam proprie sententiam condemnares".*

[139] Hieronymus, *Comm. in Ep. ad Galatas, Prologus*, PL 26, 333.

Diese Arbeitsweise hat Hieronymus wahrscheinlich von seinem Lehrer Donatus übernommen[140]. Darin unterscheidet er sich von den älteren lateinischen Kommentatoren, die sich um ein eigenständiges Verständnis der biblischen Texte bemüht haben. Er steht auch darin den griechischen Auslegern näher, die ebenfalls fremdes Material aufnehmen. Hieronymus beansprucht nicht, mit seinem Kommentar eine verbindliche eigene Auslegung zu geben. Er will vielmehr seinen Lesern ermöglichen, sich mit Hilfe der verschiedenen dargebotenen Auslegungen ein eigenes Urteil zu bilden[141]. Dieses Vorgehen erlaubt ihm, auch die Grenzen der sonst von ihm ängstlich bewahrten Rechtgläubigkeit zu überschreiten und Nichtchristen oder Häretiker zu zitieren[142].

Wie die griechischen Ausleger vor ihm, verarbeitet Hieronymus vor allem die These des Clemens von Alexandria, und die Auslegung des Origenes. Er erwähnt die Auslegung des Clemens von Alexandria, ohne seinen Namen zu nennen[143]. Hieronymus widerlegt

---

[140] Donatus beschreibt im Widmungsbrief seines Vergil-Kommentars die Tätigkeit des Kommentators als ein *munus collaticum*; Donatus ad Munatium, in: *Vitae Vergilianae*, hg.v. Jakob BRUMMER, Leipzig 1912 S. VII: *"agnosce igitur saepe in hoc munere conlauo* (intellege *collativo* vel *collaticio*) *sinceram vocem priscae auctoritatis. cum enim liceret usquequaque nostra interponere, maluimus optima fide, quorum respuerant* (intellege *respexerant*) *eorum etiam verba servare. quid igitur adsecuti sumus? hoc scilicet, ut his adpositis quae sunt congesta de multis, admixto etiam sensu nostro"*. Zum Verhältnis zwischen Hieronymus und Donatus vgl. F. LAMMERT, *De Hieronymo Donati discipulo*, Jena 1912; Giorgio BRUGNOLI, Donato e Girolamo, in: *VetChr* 2 (1965) S. 139-249 und Louis HOLTZ, *Donat et la tradition de l'enseigment grammatical*, Paris 1981. Zu Donatus vgl. P.L. SCHMIDT, in: *Restauration und Erneuerung. Die lateinische Literatur von 284 bis 374 n.Chr.* hg.v. Rainer HERZOG (HAW 8, 5), München 1989 S.143ff.

[141] Hieronymus ad Augustinum, Ep. 75,4 CSEL 23/II 287,16-288,2: *"ea expressisse, quae legeram, ut lectoris arbitrio derelinquerem, utrum probanda essent an improbanda"*. und Ep. 75,5 CSEL 34/II 289,2-5: *"maiorum scripta legere et in commentatriis secundum omnium consuetudinem varias ponere explanationes, ut e multis sequatur uniusquisque quod velit"*.

[142] So kann Hieronymus ausführliche Anleihen bei jüdischer und judenchristlicher Exegese machen, auch nach der Verurteilung des Origenes weiterhin dessen Werke zitieren und auf andere Häretiker (z.B. Apollinaris von Laodicea) zurückgreifen. Darin nimmt er das Vorbild der paganen Kommentare auf, vgl. Christoph SCHÄUBLIN, *Untersuchungen zur Methode und Herkunft der antiochenischen Exegese*, a.a.O.

[143] Hieronymus, *Comm. in Ep. ad Galatas* PL 26,366. Damit folgt er der griechischen Auslegungstradition, in der die These des Clemens ebenfalls anonym zitiert wird. Offenbar weiß Hieronymus aber auch nicht, daß diese Auslegung von Clemens von Alexandria stammt, denn er versteht sie ebenfalls

sie durch den Hinweis, daß Κηφᾶς dasselbe im Syrischen[144] (und Hebräischen) bedeutet wie Πέτρος im Griechischen und *Petrus* im Lateinischen. Es ist in Gal 2,11, wie schon in Gal 2,7 und 2,9, von Simon Petrus die Rede. Damit verweist Hieronymus die These des Clemens ins Reich der Phantasie.

In der Auslegung von Gal 2,11-14 übernimmt Hieronymus die Argumentation des Origenes[145], der den Konflikt zwischen Petrus und Paulus in Antiochia als Scheingefecht versteht. Er benutzt vor allem das 10. Buch der *Stromata*, das auch die Hauptquelle für die älteren griechischen Auslegungen war[146]. Seine Auslegung hat verschiedene Prämissen, aus denen sich die einzelnen Züge ableiten lassen. Alle Apostel - auch Petrus - haben ein gesetzesfreies Evangelium vertreten[147]. Deshalb sind die biblischen Berichte, die davon sprechen, daß die Apostel das Gesetz halten, so zu verstehen,

---

als Reaktion auf den Angriff des Porphyrius: *"Ad extremum si propter Porphyrii blasphemiam, alius nobis fingendus est Cephas, ne Petrus putetur errasse"*.

[144] Die Anmerkung des Hieronymus könnte ein Hinweis auf Syroaramäischkenntnisse sein, die er sich bei seinem Aufenthalt in der Chalkis erworben hat. Der Beiname Κηφᾶς stammt nicht aus dem biblischen Hebräisch, sondern aus dem Aramäischen. כפא bezeichnet eigentlich ein Gewichtsmaß, ähnlich dem Hebräischen שקל. Schon in den Targumim wird aber oft für סלע (=Fels) das Wort כיפא eingesetzt. In der griechischen Form erhält es dann noch ein Schlußsigma und wird zu Κηφᾶς; vgl. O.Cullmann, πέτρα; πέτρος/Κηφᾶς in: *ThWNT* 6 S. 94f; 99f.

[145] Hieronymus, *Comm. in Ep. ad Galatas, Prologus*, PL 26, 332f: *"Origenes Commentarios sum secutus. Scripsit enim ille vir in Epistolam Pauli ad Galatas, quinque proprie volumina, et decimum Stromatum suorum commatico super explanatione ejus sermone complevit: Tractatus quoque varios, et Excerpta, quae vel sola possint (al.possent) sufficere, composuit"*. Gegenüber den Angriffen Augustins beruft sich Hieronymus noch einmal ausdrücklich auf Origenes, Hieronymus ad Augustinum, Ep. 75,4 CSEL 34/II 286-287. Vgl. M.A. SCHATKIN, The Influence of Origen upon St. Jerome's Commentary on Galatians, in: *VigChr* 24 (1970) S. 49-58.

[146] Hieronmyus Ep. 75,6 CSEL 34/II 289,7-9: *"Hanc autem expositionem, quam primus Origenes in decimo Stromatum libro, ubi epistulam Pauli ad Galatas interpretatur, et ceteri deinceps interpretes sunt secuti"*.

[147] Hieronymus, *Comm. in Ep. ad Galatas* 2,14 PL 26,367: *"o Petre, tu natura Judaeus es, circumcisus a parva aetate, et universa legis praecepta custodiens, nunc ob gratiam Christi scis ea nihil per se habere utilitatis, sed exemplaria esse et imagines futurorum"*. Hieronymus verweist auf die Rolle des Petrus auf dem sog. Apostelkonzil (Apg 15,7-11) und bezeichnet ihn sogar als Initiator der Lehre vom gesetzesfreien Evangelium; Hieronymus ad Augustinum, Ep. 75,8 CSEL 34/II 294,5f: *"Petrum, immo principem huius fuisse decreti legem post evangelium non servandam"*. Hieronymus datiert, anders als Augustinus (s.S. 258), das Apostelkonzil vor die Auseinandersetzung in Antiochia.

daß sie das Gesetz nur scheinbar *(simulative)* gehalten haben[148]. Ihr
Halten des Gesetzes beeinträchtigt weder die Wahrheit des gesetzes-
freien Evangeliums noch die Autorität der Kirche, denn es geschieht
im Rahmen einer speziellen Erlaubnis *(dispensatio)* [149]. Deshalb ist
das Verhalten der Apostel nicht unehren- oder lügenhaft. Den
Vorwurf Augustins, die von ihm vorgetragene griechische
Auslegung hieße, von einer Lüge der Apostel zu sprechen, weist
Hieronymus entrüstet zurück:

> *non officiosum mendacium defendentes, sicut tu scribis, sed*
> *docentes h o n e s t a m dispensationem* [150].

In der heilsgeschichtlichen Konzeption des Hieronymus dürfen
die Vorschriften des Zeremonialgesetzes nach Tod und Auferstehung
Christi nicht mehr eingehalten werden. Wenn dies dennoch
geschieht, sind die betreffenden entweder Juden, oder sie täuschen
wegen zwingender Gründe nur vor, das Zeremonialgesetzes einzuhalten[151]. Der wichtigste Grund für eine solche Vortäuschung ist die
Sorge um den Abfall der Judenchristen vom Glauben. Weil in
Antiochia Petrus und Paulus die ihnen jeweils speziell anvertraute
Gruppe vor dem Abfall vom Glauben zu bewahren hatten[152], ist in
diesem Falle eine vorgetäuschte Gesetzesbeachtung möglich.

---

[148] Das geschieht im Anschluß an die paulinische Terminologie. In Gal 2,13
bezeichnet Paulus das Verhalten des Petrus, des Barnabas und der übrigen
Judenchristen als ὑπόκρισις. In den lateinischen Übersetzungen steht dafür
simulatio.

[149] Das ist vor allem für Rolle des Petrus wichtig. Petrus als der Fels, auf
dem die Kirche gebaut ist, darf nicht vom rechten Glauben abgewichen sein,
sonst gerät die Autorität der Kirche ins Wanken. Vgl. Yvon BODIN, *Saint
Jérôme et 'Église*, Paris 1966 S. 143: "pour Jérôme, désigner Pierre comme le
roc ou comme le fondement de l'Église, c'est le désigner comme celui qui détient
l'autorité contre l'erreur".

[150] Hieronymus ad Augustinum, Ep. 75,11 CSEL 34/II 300,13-15
(Hervorhebung R.H.).

[151] Hieronymus ad Augustinum, Ep. 75,17 CSEL 34/II 313,11-314,2.
Hieronymus kommt es darauf an, daß die Apostel das Gesetz nicht wirklich
halten, weil sie sonst Juden würden. Ob man den Beweggrund dafür nun Furcht
oder Mitgefühl nennt, ist Hieronymus hingegen egal: *"nec multum interest inter
meam et tuam sententiam quia ego dico et Petrum et Paulum timore fidelium
Judaeorum legis exercuisse, immo simulasse mandato. tu autem adseris hoc eos
fecisse clementer 'non mentiendis astu sed compatientis affectu', dum modo illud
constet, vel metu vel misericordia eos simulasse es esse, quod non erat".*

[152] Zur Ekklesiologie des Hieronymus und der Rolle, die die Heidenchristen
darin spielen, vgl. die Arbeiten von Yvon BODIN, L'Église des Gentiles dans
l'ecclésiologie des S. Jérôme, in: StPatr VI S. 6-12; DIES., L'ecclésiologie de
saint Jérôme, Paris 1962 und DIES., St. Jérôme et l'Église, Paris 1966.

Unter diesen Prämissen stellt sich der Apostelstreit für Hieronymus folgendermaßen dar: Petrus lebte in Antiochia mit den Heidenchristen zusammen und demonstrierte damit, daß sie nicht verpflichtet sind, das Zeremonialgesetz zu halten[153]. Durch die Ankunft der Boten des Jakobus wurde Petrus bewogen, sich um der Judenchristen willen von den Heidenchristen zurückzuziehen[154]. Die Heidenchristen verstanden die *simulatio* des Petrus nicht, der so handelte, um die Judenchristen vor dem Abfall vom Glauben zu bewahren. Sie glaubten, daß sein Verhalten dem Evangelium entspreche, das auch für sie gilt[155]. Um der drohenden Gefahr des Abfalls der Heidenchristen zu begegnen, mußte Paulus öffentlich Petrus widersprechen[156]. Nur so konnten beide Gruppen mit Hilfe des vorgetäuschten Streits (οἰκονομία / *dispensatio*) vor dem Abfall vom Glauben gerettet werden[157]. Mit dieser Auslegung verfolgt Hieronymus das Ziel, dem Angriff des Porphyrius auf die Glaubwürdigkeit der Apostel zu begegnen[158]:

> *ego, immo alii ante me exposuerunt causam ...ut et apostolorum prudentiam demonstrarent et blasphemantis Porphyrii*

[153] Hieronymus, *Comm. in Ep. ad Galatas* 2,11-13 PL 26,363: *"Ex eo quod Petrus antequam quidam de Hierosolymis Antiochiam venirent, edebat cum gentibus, ostenditur non eum oblitum fuisse praecepti"*.
[154] Hieronymus, *Comm. in Ep. ad Galatas* 2,11-13 PL 26,363: *"Petrus ...propter eos, qui adhuc legem observandam putabant, paululum se a convictu subtraxerat gentium"*.
[155] Hieronymus, *Comm. in Ep. ad Galatas* 2,11-13 PL 26,363: *"hi qui Antiochiae crediderant ex gentibus ...non intelligentes dispensationem Petri, qua Judaeos salvari cuperet, sed putantes ita se Evangelii habere rationem"*.
[156] Hieronymus, *Comm. in Ep. ad Galatas* 2,11-13 PL 26,363-364: *"Cum itaque vidisset Paulus periclitari gratiam Christi ...resisteret ei in faciem ...ut ex eo quod Paulus eum arguens resistebat, hi qui crediderant ex gentibus, servarentur"*.
[157] Hieronymus, *Comm. in Ep. ad Galatas* 2,11-13 PL 26,364: *"uterque populus salvus fieret, dum et qui circumcisionem laudant, Petrum sequuntur; et qui circumcidi nolunt, Pauli praedicant libertatem"*.
[158] Hieronymus zitiert die Vorwürfe des Porphyrius in: *Comm. in Jesajam* 53,12; *Comm. in Ep. ad Galatas Prologus*; Ep. 102; *Comm in Matthaeum* IX,9. Gegenüber Augustinus bezeichnet er sein apologetisches Interesse als Hauptgrund für die Übernahme der griechischen Auslegungstradition. Hieronymus ad Augustinum, Ep. 75,6 CSEL 34/II 289,7-11: *"Origenis ...et ceteri deinceps interpretes sunt secuti, illa vel maxime causa subintroducunt, ut Porphyrio respondeant blasphemati"*. Welche Bedeutung für Hieronymus die Verteidigung gegen Porphyrius' Schrift "Κατὰ χριστιανῶν" über die Exegese von Gal 2,11-14 hinaus hat, läßt sich daraus ersehen, daß er eine eigene Schrift gegen dieses Buch geplant hatte; *Comm. in Ep. ad Galatas* 2,11-13 PL 26,366-

inpudentiam cohercerent, qui Paulum et Petrum puerili dicit inter se pugnasse certamine, immo exarsisse Paulum in invidiam virtutum Petri et ea scripsisse iactanter, vel quae non fecerit vel, si fecit, proaciter fecerit in alio reprehendens, quod ipse commiserit [159].

Durch die Darstellung des Apostelstreites als wohlüberlegtes Scheingefecht, wird die Behauptung des Porphyrius, die Apostel hätten sich kindisch gestritten, gegenstandslos. Das Interesse, die Apostel vor diesem Vorwurf zu schützen, steht sowohl bei Hieronymus, als auch bei den griechischen Kirchenvätern hinter dieser Auslegung.

Hieronymus geht bereits im Galaterkommentar auf die völlig andere lateinische Auslegung ein[160]. Er kennt den Kommentar des Victorinus und bezeichnet den Verfasser als ungelehrt in den Heiligen Schriften[161]. Er greift, ohne Namen zu nennen, "irgendjemand" an, der glaubt, Paulus habe Petrus wirklich *(vere)* widerstanden[162]. Damit zielt er auf Victorinus, der den Konflikt zwischen Petrus und Paulus als Folge eines realen, schuldhaften Vergehens des Petrus versteht, das Paulus zu Recht tadelt. Ausdrücklich erklärt Victorinus: *"peccatum Petri non tacui"* [163]. Deswegen rechnet ihn Hieronymus zu denen, "die Petrus und Paulus in einen Kampf miteinander zwingen"[164]. Hieronymus muß dieser Auffassung scharf

---

367: *"Sed at adversum Porphyrium, in alio ...opere pugnabimus"* die allerdings nie geschrieben wurde.

[159] Hieronymus ad Augustinum, Ep. 75,1: CSEL 34/II 300,12-301,4.

[160] Das ist in den bisherigen Untersuchungen zum Streit zwischen Augustinus und Hieronymus um Gal 2,11-14 nicht berücksichtigt worden.

[161] Hieronymus, *Comm. in Ep. ad Galatas Prologus*, PL 26,332: *"Scripturas omnino sanctas ignoraverit, et nemo possit, quamvis eloquens, de eo bene disputare quod nesciat".* Dieses Urteil bestätigt Pierre HADOT, *Marius Victorinus. Recherches sur sa vie et ses oeuvres*, a.aO. S. 238: "Victorinus n'est pas 'nourri' de l'Ancien Testament comme Ambroise, Jérôme ou Augustin". Auf anderen Gebieten begegnet Hieronymus Victorinus aber mit größerer Achtung; so weiß er, wie hoch Victorinus im Ansehen der Römer stand und berichtet von einer Säule, die ihm zu Ehren auf dem Forum Traianum errichtet worden ist (Hieronymus, *Chronik*, GCS 47 239,7-15). Er erwähnt zudem neben anderen Kommentaren zu lateinischen Klassikern auch seinen Kommentar zu Ciceros Dialogen; Hieronymus, *Apologia adv. Rufinum* I,16 CCL 79 15,28.

[162] Hieronymus, *Comm. in Ep. ad Galatas* 2,11-13 PL 26,364: *"si putat aliquis, vere Paulum Petro apostolo restitisse".*

[163] Marius Victorinus, *Comm. in Ep. ad Galatas*, BSGRT 1162A.

[164] Hieronymus, *Comm. in Ep. ad Galatas* 2,14 PL 26,367: *"'Si tu, cum Judaeus sis, gentiliter, et non Judaisce vivis: quomodo gentes cogis judaizare?' Indissolubili argumento constringit Petrum, immo per Petrum, eos qui pugnantia illum inter se facere cogebant".*

widersprechen, die seinem Verständnis des Apostelstreites diametral entgegengesetzt ist.

Hieronymus übernimmt die griechische Auslegungstradition und verteidigt diese Auslegung von Gal 2,11-14 gegen Victorinus als Vertreter der lateinischen Exgese. Er ist vor allem daran interessiert, dem Angriff auf die Glaubwürdigkeit der Apostel den Boden zu entziehen. Um dieses Ziel zu erreichen, betont er die Einmütigkeit, die in Antiochia zwischen Petrus und Paulus geherrscht hat. Er erklärt ihr Verhalten mit der Sorge um die ihnen anvertrauten Gruppen, die Petrus dazu bewogen hat, *simulative* das Zeremonialgesetz zu halten und Paulus, Petrus um der Heidenchristen willen öffentlich zu tadeln. Das apologetische Interesse des Hieronymus läßt den Text von Gal 2,11-14, der eindeutig von einem Streit zwischen Petrus und Paulus spricht, in den Hintergrund treten. Seine Auslegung hat zur Folge, daß sowohl in einem theologisch so heiklen Punkt wie dem Halten des Zeremonialgesetzes Ausnahmen gemacht werden können[165], als auch daß die Autorität der Heiligen Schrift selbst ins Wanken gerät. Diese Punkte hat Augustinus erkannt und setzt dort mit seiner Kritik an.

D. AUGUSTINUS

Augustinus hat in den Jahren 394/395 einen Kommentar zum Galaterbrief verfaßt. Der Kommentar stammt aus seiner Zeit als *presbyter* in Hippo, einer Phase in der Augustinus sich intensiv um die Vertiefung seiner wissenschaftlichen Bibelkenntnisse bemüht[166]. Gleichzeitig ist die erste Schrift über die Lüge *De mendacio* entstanden[167], in der sich Augustinus ebenfalls mit dem Problem der Ausle-

---

[165] Zur Auseinandersetzung zwischen Augustinus und Hieronymus um das Zeremonialgesetz s. den nachfolgenden Abschnitt.

[166] Neben dem Kommentar zum Galaterbrief entsteht der erste Teil der *Ennarationes in Psalmos*, die Schrift *De Genesi ad litteram imperfectus liber* und die *Expositio quarundam propositionum ex Epistola Apostoli ad Romanos*.

[167] Die Schrift *De mendacio* stammt wie die Kommentare zum Römer- und Galaterbrief aus Augustins Zeit als *presbyter*. Aus der Reihenfolge in den Retractationes kann geschlossen werden, daß er erst die Kommentare verfaßt hat *(Retractationes* I,22-25) und danach die Schrift über die Lüge *(Retractationes* I,26). Einen guten Überblick über die Rolle von *De mendacio* im Kontext der Auseinandersetzung zwischen Augustinus und Hieronymus gibt Paul KESELINK in der Einleitung zur deutschen Ausgabe, *Augustins, "Die Lüge" und "Gegen die Lüge"*, Würzburg 1953 S. XVI-XX.

gung von Gal 2,11-14 beschäftigt[168]. Bereits bei der Abfassung dieser Schriften hat ihm der Galater-Kommentar des Hieronymus vorgelegen[169], auf den er, allerdings ohne Namensnennung, Bezug nimmt. Der Einfluß der lateinischen Auslegungstradition auf Augustinus ist bisher wenig untersucht worden[170]. Der Einfluß seiner Vorgänger ist aber auf Grund verschiedener sachlicher Parallelen nachzuweisen. Augustinus selbst beruft sich - zwar erst im Jahre 405, am Ende der Kontroverse mit Hieronymus - auf zwei lateinische Ausleger: Ambrosius[171] und Cyprian von Karthago[172]. Aber bereits der zehn Jahre früher entstandene Galaterkommentar Augustins ist von der lateinischen Auslegungstradition beeinflußt. Er folgt in seiner Interpretation Cyprian, Marius Victorinus und Ambrosiaster. Deshalb interpretiert er den Streit in Antiochia als wahre *(vere)* Begebenheit und spricht von einem Fehlverhalten *(error)* des Petrus in Antiochia[173]. Er sieht das Fehlverhalten darin, daß Petrus den Anschein erweckt, die Heiden müßten das Zeremonialgesetz halten:

Petrus autem, cum venisset Antiochiam, obiurgatus est a Paulo non, quia servabat consuetudinem Judaeorum, in qua natus atque obiurgatus erat, quamquam apud gentes eam non

---

[168] Zum Thema Lüge vgl. Thomas D. FEEHAN, Augustin on Lying and Deception, in: *AugSt* 19 (1988) S. 131-139.

[169] Augustinus erwähnt gegenüber Hieronymus, daß er seinen Kommentar kennt: Augustinus ad Hieronymum, Ep. 28,3 CSEL 34/I 107,6f: *"Legi etiam quaedam scripta, quae tua dicerentur, ut in epistolas apostoli Pauli, quarum ad Galatas cum enodare velles"*. Daß Augustinus zu diesem Zeitpunkt eine der griechischen Auslegungen von Gal 2,11-14 im Original kannte, ist nicht wahrscheinlich. Vgl. den Forschungsüberblick von Gerard J.M. BARTELINK, Die Beeinflußung Augustins durch die griechischen Patres, in: J. den BOEFT / J. van OORT [Hg.], *Augustiniana traiectina*, Paris 1987 S. 9-24.

[170] Einen Überblick über den Forschungsstand bietet Antoon A.R. BASTIAENSEN, Augustin et ses prédécesseurs latins, in: J. den BOEFT / J. van OORT [Hg.], *Augustiniana traiectina*, Paris 1987 S. 25-57.

[171] Die Erwähnung des Ambrosius durch Augustinus an dieser Stelle ist ein wichtiger Beleg in der Diskussion um die pseudonymen Kommentare Ambrosiasters. Vgl. Antoon A.R. BASTIAENSEN, Augustin et ses prédécesseurs latins, a.a.O. S. 30.

[172] Augustinus ad Hieronymum, Ep. 82,24 CSEL 34/II 376,13f.

[173] Augustinus, *Comm. in Ep. ad Galatas* 2,11ff CSEL 84 70,12. Auch in *De baptismo* VII,1,1 CSEL 51 342 bezeichnet er das Verhalten des Petrus als *error* und bringt es in Zusammenhang mit der judenchristlichen Häresie: *"sicut illi, qui se christianos Nazarenos vocant, carnalia praeputia circumdidunt, nati haeretici ex illo errore, in quem Petrus devians a Paulo revocatus est, in hoc adhuc usque persistent"*.

servaret, sed obiurgatus est, quia gentibus eam volet imponere [174].

Der lateinischen Tradition folgend, entschärft er die Kritik an Petrus durch ein Lob für das geduldige Ertragen der Kritik des Paulus[175]. Denn Petrus ist trotz seines Fehlverhaltens in Antiochia der Erste der Apostel, dem der Alters- und Autoritätsvorrang vor Paulus gebührt[176]. Durch sein demütiges Annehmen der sachgemäßen Kritik des Paulus steigert Petrus seine Autorität[177]. Augustinus wehrt sich dagegen, daß Hieronymus im Anschluß an seine exegetischen Autoritäten das Verhalten des Petrus *hypocrisis* nennt[178] und zudem anhand alttestamentlicher Vorbilder erklärt, eine Täuschung oder Lüge sei um des eigenen Heiles oder des Heiles anderer willen erlaubt[179]. Dagegen erklärt er: *In nulla ergo simula-*

---

[174] Augustinus, *Comm. in Ep. ad Galatas* 2,11ff, CSEL 84 69,20-24. Zur Gesetzesproblematik s.u. das Kapitel über die Kontroverse um das Zeremonialgesetz.

[175] Augustinus ad Hieronymum, Ep. 82,22 CSEL 34/II 374,19-375,3: *"ipse vero Petrus, quod a Paulo fiebat utiliter libertate caritatis, sanctae ac benignae pietate humilitatis accepit atque ita rariu et sanctius exemplum posteris praebuit, quo non dedignarentursicubi forte recti tramitem reliquisset, etiam a posteribus corrigi".*

[176] Das Fehlverhalten des Petrus in Antiochia stellt für die katholische Theologie ein Problem in der Frage des Primatsanspruches des Petrus und seiner Nachfolger dar. Vgl. G.F.D. LOCHER, Het Probleem van het primaat van Petrus bij Augustinus naar aanleiding van zijn uitleg van Galaten 2:11-14, in: *KeTh* 35 (1984) S. 288-304.
Der Entschärfung des Fehltritts des Petrus dient bereits Augustins Datierung des Apostelstreits vor das Apostelkonzil. Wenn Petrus erst nach der Zurechtweisung des Petrus dafür eintritt, den Heiden die Last des Zeremonialgesetzes nicht aufzubürden, paßt dies viel besser ins Bild, als ein Rückfall in Antiochia hinter die von ihm selbst in Jerusalem eingenomme Position; Augustinus ad Hieronymum, Ep. 82,11 CSEL 34/II 361,12f: *"Si autem hoc, quod magis arbitror, ante illud Hierosolymitanum concilium Petrum fecit".*

[177] Dieses Argument spielt auch in der Auseinandersetzung mit den Donatisten eine Rolle. Vgl. Ronald S. COLE-TURNER, Anti-Heretical Issues and the Debate over Galatians 2:11-14 in the Letters of St. Augustine to St. Jerome, in: *AugSt* 11 (1980) S. 164: "On the basis of this image of St.Peter as the one who excels in humility and grace, Augustine finds a way to maintain, against the Donatists, that any bishop, St.Peter or St.Cyprian, might be wrong without any loss of worthiness".

[178] Hieronymus, *Comm. in Ep. ad Galatas* 2,11ff PL 26,339f.

[179] Augustinus bemüht sich sowohl in *De mendacio*, als auch in *Contra mendacium* darum, die biblischen Beispiele zu widerlegen, die immer wieder als Belege dafür vorgebracht worden sind, daß es in bestimmten Fällen erlaubt ist, zu lügen. Vgl. Franz SCHINDLER, Die Lüge in der patristischen Literatur, in: *FS Albert Erhardt*, hg.v. A.M. Koeninger, Bonn / Leipzig 1922 S. 429f.

tione Paulus lapsus erat [180]. Augustinus wirft Hieronymus wieder-holt vor, daß er sich mit seiner Auslegung von Gal 2,11-14 zu einem Anwalt der Lüge mache [181]. Er beharrt deswegen darauf, daß der Apostelstreit nicht als Täuschungsmanöver zu erklären ist, weil die Feststellung einer Täuschung oder Lüge in der Heiligen Schrift deren gesamte Autorität ins Wanken brächte:

> *ne sancta scriptura, quae ad fidem posteris edita est, admissa auctoritate mendacii tota dubia nutet et fluctuet* [182].

Augustinus ist nicht so sehr daran interessiert, eine plausible Erklärung für das Verhalten der beiden Apostel in Antiochia zu geben, als vielmehr daran, daß der paulinische Bericht darüber wahrheitsgemäß und zuverlässig ist [183]. Deshalb betont er mehrfach, daß Paulus im Galaterbrief die Wahrheit schreibt [184]: *"Paulus vera narravit"* [185] oder *"hoc verum scripsit"* [186]. Augustinus führt den Versuch des Hieronymus, zu zeigen, daß keiner der Apostel falsch gehandelt habe, ad absurdum. Er zieht die Konsequenz aus dem -

---

[180] Augustinus, *Comm. in Ep. ad Galatas* 13 CSEL 84 69,6. Vgl. auch Augustinus ad Hieronymum, Ep. 82,22 CSEL 34/II 374,14-19: *"fidelis igitur dispensator apostolus Paulus procul dubio nobis exhibet in scribendo fidem, quia veritas dispensator erat, non falsitatis. ac per hoc verum scripsit vidisse se Petrum non recte ingredientem ad veritatem evangelii eique in faciem restitisse, quod gentes cogeret iudaizare"*.

[181] Augustinus ad Hieronymum, Ep. 28,3 CSEL 34/I 107,6-108,10, Ep. 82,21-22 CSEL 34/II 373,10-375,14.

[182] Augustinus ad Hieronymum, Ep. 40,5 CSEL 34/II 75,5-7.

[183] Vgl. Gerhard STRAUSS, *Schriftgebrauch, Schriftauslegung und Schriftbeweis bei Augustin* (BGBH 1), Tübingen 1959 S. 47: "Was die beiden (sc. Hieronymus und Augustinus R.H.) aber dennoch voneinander trennte, war die schärfer profilierte Auffassung Augustins von dem metaphysisch-erkenntnistheoretischen Zusammenhang zwischen der summa veritas und dem Weg, der allein zu ihr führen kann. Im Zeugnis der Hl. Schrift sieht er diese 'via auctoritatis' gegeben, weshalb es ihm auch weniger darum geht, was im Fall von Gal. 2 Petrus tatsächlich getan hat, als er sich von der Tischgemeinschaft mit den Heidenchristen zurückzog, sondern daß vielmehr der Bericht, den Paulus von dem Vorfall gibt, wahr sei ...Nur unter der Voraussetzung, daß nicht nur das bezeugte Geschehen, sondern auch der Bericht selbst zu jener dispensatio gehört, deren objektiver Wahrheitsgehalt in keinem Punkt ungewiß sein darf, kann für Augustin der Bibel in dem größeren Rahmen des ...skizzierten Schemas ein Platz zugewiesen werden".

[184] Im Streit mit Hieronymus beruft sich deshalb Augustinus auf Paulus selbst, der in Gal 1,20 beteuert, die Wahrheit zu sagen. Vgl. zur Autorität des Paulus L.J. van der LOF, Die Autorität des Apostels Paulus nach Augustinus, in: *Aug(L)* 30 (1980) S. 10-28.

[185] Augustinus ad Hieronymum, Ep. 40,5 CSEL 34/II 75,5.

[186] Augustinus ad Hieronymum, Ep. 82,22 CSEL 34/II 374,17.

von Hieronymus nie gesagten - Satz, es sei besser, daß Paulus etwas
Falsches geschrieben, als daß Petrus etwas Falsches getan habe.
Demnach wäre es auch besser, daß die Evangelien lügen, als daß
Petrus Christus verleugnet habe[187]. In der Frage der Zuverlässigkeit
und Wahrheit der heiligen Schrift darf es nicht einmal die Möglichkeit des Zweifels geben. Augustinus kann diese Position aufrecht-
halten, weil er nicht versucht, die Glaubwürdigkeit der Apostel
gegen den Angriff des Porphyrius zu verteidigen. Er hat die philosophischen Schriften des Porphyrius überwiegend positiv rezipiert[188]
und nennt ihn *"doctissimus philosophorum"* [189]. Auch damit steht er
in der Tradition der lateinischen Auslegung, die nicht auf den
Angriff des Porphyrius reagiert und deshalb offen von einem Fehlverhalten des Petrus und einem Tadel des Paulus reden kann.

Augustinus betrachtet den Apostelstreit auf dem Hintergrund der
Frage nach der *auctoritas* der Heiligen Schrift. Zu ihrer *auctoritas*
gehört nicht nur ein eindeutig abgegrenzter und durch die apostolische Traditionskette verbürgter Kanon[190], sondern auch ihre Fehler-
freiheit. Sein Interesse an der *auctoritas* der Heiligen Schrift
erwächst aus der Bedeutung, die sie in seiner neuplatonisch beeinflußten Erkenntnistheorie hat. Darin ist die Heilige Schrift eine Stufe
auf dem Weg zu Gott[191]. Sie bildet als Offenbarung eine Brücke,

---

[187] Augustinus ad Hieronymum, Ep. 82,5 CSEL 34/II 355,18-21: *"At enim
satius est credere apostolum Paulum aliquid non vere scripsisse, quam
apostolum Petrum non recte aliquid egisse. hoc si ita est, dicamus, quod absit,
satius esse credere mentiri evangelium, quam negatum esse a Petro Christum"*.
An anderer Stelle hat sich Augustinus weitergehend mit dem Problem der nicht
zutreffenden Aussagen in der Bibel beschäftigt und ist zu dem Schluß
gekommen: *"quamvis verum sit omnino quod dicta sint, non tamen omnia quae
dicta sunt vera, esse creduntur"*; Augustinus, *Ad Orosium contra Priscillianistas
et Origenistas* 9,12 CCL 49 175, 301f. Die prophetische oder figürliche Rede in
der Heiligen Schrift wird von Augustinus weder in *De mendacio* noch in *Contra
mendacium* als Lüge gewertet.
[188] Vor allem auf dem Gebiet der Logik hat Porphyrius überragenden Einfluß
auf die westliche Theologie gewonnen. Wichtig für die Vermittlung seiner
Schriften sind die Übersetzungen des Victorinus. Zum Einfluß auf Augustinus
vgl. Heinrich DÖRRIE, Porphyrios als Mittler zwischen Plotin und Augustin, in:
MM 1 (1962) S. 26-47 und Willy THEILER, *Porphyrius und Augustin*, (SKG)
Halle 1933. Ob er die Schrift des Porphyrius gegen die Christen gekannt hat, ist
nicht mit völliger Sicherheit zu belegen, auch wenn BEATRICE gezeigt hat, das
Augustinus möglicherweise eine Übersetzung des Victorinus gekannt haben
kann; vgl. BEATRICE, Quosdam platonicorum libros, a.a.O. S. 265.
[189] Augustinus, *De civitate dei* XIX, 22f CCL 47 690,18.
[190] S.o. zur Stellung Augustins zum Kanon.
[191] Vgl. Emil DORSCH, St. Augustinus und Hieronymus über die Wahrheit
der biblischen Geschichte, in: *ZKTh* 35 (1911) S. 421-448; 601-664 und Gerhard

über die Gott und Seele in eine Beziehung zueinander kommen, die in der angestrebten *visio beatifica* ihre Vollendung findet.

Die Heilige Schrift zählt formal und inhaltlich zu den historischen Daten und Überlieferungen. Diese sind menschlichen und historischen Zufällen unterworfen und besitzen daher im Rahmen erkenntnistheoretischer Überlegungen einen geringeren Gewißheitsgrad als unmittelbare Erfahrungen. Da für Christen die Heilige Schrift aber das zentrale Zeugnis der Offenbarung Gottes ist, muß ihre Autorität in allen Punkten gesichert sein; sonst kann sie ihre Funktion im Prozeß der Gotteserkenntnis nicht erfüllen. Ohne die völlige Gewißheit, daß alles, was in der Schrift steht, wahr ist, gerät das Heil ins Wanken:

> *Quae si falsa de illo* (sc. Christus R.H.) *scripta essent, etiam omnia periclitarentur mendacio, neque in illis litteris ulla fidei salus generi humano remaneret* [192].

Auch wenn die Schrift in allen Teilen wahr ist, bleibt sie ein historisches Dokument, das seiner eigenen Geschichtlichkeit nicht entkommen kann. Ihr steht die ewige *veritas* Gottes gegenüber, die sie unter den Bedingungen der Welt offenbart[193]. Augustinus bezeichnet das Handeln Gottes, der seine Offenbarung den Möglich-

---

STRAUSS, *Schriftgebrauch, Schriftauslegung und Schriftbeweis bei Augustin* a.a.O. S. 42:. "Ihre Auslegung hat dann so vor sich zu gehen, daß in jedem ihrer Sätze hinter der oft undeutlichen Gestalt vergänglicher Zeichen der ewige Gehalt aufgesucht wird, von dem man im vornhinein weiß, daß er der Auferbauung jenes Gott und die Seele Umgreifenden, der Liebe, dienen wird. Damit erscheint die Hl.Schrift als eine zwar nicht zu übersehende, aber immerhin zu überwindende Stufe in dem ordo, von dem der junge Augustin sagte: ordo est, quem si tenuerimus in vita, perducet ad deum, et nisi tenuerimus in vita, non pervenimus ad deum" (sc. Augustinus, *De ordine* 1,9,27 CCL 29 102,9-11 R.H.).

[192] Augustinus, *Confessiones* VII,19,25 CCL 27 109,16-18. Vgl. Gerhard STRAUSS, *Schriftgebrauch, Schriftauslegung und Schriftbeweis bei Augustin* a.a.O. S. 44 "Die Hl.Schrift lügt nicht nur nicht, sie irrt auch nicht". Ein wichtige Rolle im Erweisen der Irrtumsfreiheit der Schrift fällt dem Weissagungsbeweis zu; vgl. Augustinus, *De civitate dei* XX,30 CCL 48 753-758. Die Wahrhaftigkeit der Schrift wird im Durchgang durch die Weissagungen bewiesen.

[193] Ihre *auctoritas* als Offenbarungsurkunde erhält die Heilige Schrift trotz ihres Charakters als historischer Überlieferung durch ihre Inspiriertheit, Irrtumsfreiheit und das Zeugnis der apostolischen Traditionskette. Zur Frage der Inspiration bei Augustinus vgl. Hermann SASSE, Sacra Scriptura. Bemerkungen zur Inspirationslehre Augustins, in: *FS Franz Dornseiff* S. 262-273, Leipzig 1953.

keiten menschlichen Verstehens anpaßt, als *dispensatio*[194]. Dieser
Begriff wird sowohl von Augustinus, als auch von Hieronymus zur
Bezeichnung des Verhaltens der Apostel benutzt, die das
Zeremonialgesetz beachten, obwohl sie wissen, daß es nach Tod und
Auferstehung Christi keinen Weg zum Heil mehr darstellt. Während
es nach Augustins Auffassung den Aposteln auf Grund der *dispensatio* möglich ist, weiterhin das Zeremonialgesetz zu beachten, beinhaltet die *dispensatio* für Hieronymus, daß sie die Möglichkeit
haben, aus bestimmten Gründen vorzutäuschen, das Gesetz zu
halten[195].

Zu dem Interesse, das Augustinus an der Irrtumslosigkeit der
Heiligen Schrift auf Grund ihrer wichtigen Funktion in seiner
Erkenntnistheorie hat, kommt das apologetische Interesse hinzu.
Augustinus verteidigt die Zuverlässigkeit der Heiligen Schrift immer
wieder gegen Manichäer[196] und Donatisten[197]. Gegen deren Angriffe
hält er an Irrtumslosigkeit, eindeutiger Abgrenzung des Kanons und
Unverfälschtheit der Bibel fest. Anders als es in der Forschung

---

[194] Zum Begriff *dispensatio* vgl. R. HOFMANN, Accomodation, in: *RE²* 1
(1877) S. 112-115. Zu der unterschiedlichen Verwendung von *dispensatio* bei
Augustinus und Hieronymus vgl. Gerhard STRAUSS, *Schriftgebrauch,
Schriftauslegung und Schriftbeweis bei Augustin* a.a.O. S. 45: "Hieronymus hatte
sowohl in seinem Galaterbriefkommentar wie auch gegenüber Augustin zur
Erklärung des vermeintlichen Streites zwischen Petrus und Paulus von einer
'honesta dispensatio' der beiden Apostel gesprochen, die die Erklärung für ihr
Verhalten abgeben soll. Objektiv mußte der Streit dabei zu einem Scheingefecht
werden, das den Zweck hatte, den Frieden zwischen Juden und Heidenchristen
aufrechtzuerhalten. Demgegenüber versteht Augustin unter 'dispensatio
(temporalis)' die zeitliche Entfaltung der ewigen veritas als auctoritas. Daher
muß für ihn der leiseste Zweifel sowohl am Bericht, wie am Geschehen selbst,
die Autorität der ganzen Hl. Schrift zerstören, ... Die 'dispensatio', die für
Hieronymus auch ein 'fingere' und 'simulare' auf Seiten der Apostel einschließt,
ist für Augustin objektiv bestimmt durch den 'progressus temporis', dem auch
die Apostel unterliegen. Ihre subjektive Wahrhaftigkeit bleibt dadurch gewahrt,
auch wenn sie sich - wie in diesem Falle Petrus - in der konkreten Situation
falsch verhalten".
[195] Zur Kontroverse um das Zeremonialgesetz s.u.
[196] Vgl. Arthur ALLGEIER, Der Einfluß des Manichäismus auf die
exegetische Fragestellung bei Augustin, in: *Aurelius Augustinus* (FS der Görres-
Gesellschaft), hg.v. W. Grabmann / J. Mausbach, Köln 1930 S. 1-13
[197] Ronald S.COLE-TURNER, Anti-Heretical Issues and the Debate over
Galatians 2:11-14 in the Letters of St. Augustine to St. Jerome, a.a.O. S. 166:
"Thus it is that Augustine's anti-Donatist debate provides an additional reason to
correspond with Jerome about Galatians 2:11-14. Augustine must defend his
interpretation of Galatians 2 against Jerome if he is to maintain his cases against
the Manichees and against the Donatists".

beschrieben wurde, entspringt Augustins Auslegung also nicht nur einem "natürlichen Gefühl"[198], sondern baut auf seinen lateinischen Vorgängern auf und ist von deutlich erkennbaren theologischen Grundsätzen geprägt.

1. Stellungnahmen von Augustinus und Hieronymus zu Gal 2,11-14 in ihren späteren Schriften

Die von Hieronymus in Ep. 75 vorgebrachten Argumente für seine Auslegung von Gal 2,11-14, überzeugen Augustinus nicht. Er antwortet auf diesen Brief mit Ep. 82 und legt noch einmal seine Position dar, ohne irgendwelche Zugeständnisse an die Auffassung des Hieronymus zu machen. Hieronymus hat auf diesen Brief Augustins nicht geantwortet. Er hat seine Äußerungen aus Ep. 75 nicht revidiert, sondern den Briefwechsel in seiner Ausgabe mit dieser Stellungnahme beendet[199].

Obwohl es den Anschein hat, als beharrten nach dem Abschluß der Korrespondenz zu diesem Thema sowohl Augustinus als auch Hieronymus auf ihren Positionen, gibt es verstreute Zeugnisse dafür, daß die Argumente Augustins eine Wirkung auf Hieronymus gehabt haben. In seinem 408 verfaßten Jesajakommentar überwiegt das apologetische Interesse des Hieronymus. Er verteidigt seine Auslegung von Gal 2,11-14 und beschuldigt alle, die die Ereignisse in Antiochia als wirklichen Streit verstehen, Porphyrius in die Hände zu spielen:

> *Ex quo qui dispensatoriam inter Petrum et Paulum contentionem vere dicunt iurgium fuisse atque certamen, ut blasphemanti Porphyrio satisfaciant* [200].

---

[198] Zum Beispiel Karl HOLL, Der Streit zwischen Petrus und Paulus zu Antiochien in seiner Bedeutung für Luthers innere Entwicklung, in: DERS., *Gesammelte Aufsätze zur Kirchengeschichte III*, Tübingen 1928 S. 135: "Dem hatte Augustin lebhaft widersprochen. Seinem natürlichen Gefühl widerstrebte es von vornherein, die beiden Apostel miteinander vor der Gemeinde ein Lügenspiel aufführen zu lassen". Oder Hayo GERDES, Luther und Augustin über den Streit zwischen Petrus und Paulus in Antiochien (Galater 2,11ff), in: *LuJ* 29 (1962) S. 11 "Augustin freilich wird doch zu einem sachlich tieferen Verständnis der Galaterstelle gezwungen durch einen seiner liebenswertesten Charakterzüge: die unbedingte Wahrhaftigkeit".

[199] Zu den unterschiedlichen Ausgaben, die Augustinus und Hieronymus von ihrem Briefwechsel veröffentlicht haben, s.o. im Kapitel zur Überlieferungsgeschichte.

[200] Hieronymus, *Comm. in Jesajam* 53,12 CCL 73a 597,28-31.

In seiner 415 verfaßten Schrift gegen die Pelagianer benutzt
Hieronymus hingegen Petrus als Beispiel für die Unmöglichkeit
eines vollkommenen, fehlerfreien Lebens und nähert sich damit der
lateinischen Tradition, die von einem Fehlverhalten des Petrus in
Antiochia spricht:

> *Primum quod dixit, 'irreprehensibilis', aut nullus, aut rarus*
> *est. Quis enim, qui non quasi in pulchro corpore aut naevum*
> *aut verrucam habeat? Si enim ipse Apostolus dicit de Petro,*
> *quod non recto pede incesserit in Evangelii veritate, et in*
> *tantum reprehensibilis fuerit, ut et Barnabas adductus sit in*
> *eandem simulationem: quis indignabitur id sibi denegari, quod*
> *princeps apostolorum non habuit* [201]?

Von der späten Abkehr des Hieronymus von seiner Auslegung hat
Augustinus erfahren und teilt seinerseits umgehend Oceanus mit, daß
nun auch Hieronymus der Auslegung Cyprians von Karthago
folgt[202]. So hat also Augustinus Hieronymus in der Frage des
Apostelstreites schließlich zu überzeugen vermocht, wie Hieronymus
Augustinus schließlich - zumindest teilweise - in der Frage des
Kanons des Alten Testaments. J.A.MÖHLER hat dieses versöhnliche
Ende der Kontroverse in der Sprache des 19. Jahrhunderts so
beschrieben:

> A u c h große Männer können Streit anfangen, aber nur
> g r o ß e werden ihn also endigen; das erste theilen sie mit
> Jedermann, das zweite nur mit sich selbst[203].

---

[201] Hieronymus, *Dialogus adversus Pelagianos* I,22 PL 23 538C-539A.

[202] Augustinus ad Oceanum, Ep. 180,5 CSEL 44 700,1-6.

[203] J.A. MÖHLER, Hieronymus und Augustinus im Streit über Gal 2,14, in:
DERS., *Gesammelte Schriften und Aufsätze*, hg.v J.J.I. Döllinger, Regensburg
1839, S. 16.

DIE KONTROVERSE UM DAS ZEREMONIALGESETZ

A. VORAUSSETZUNGEN

Der Auseinandersetzung zwischen Petrus und Paulus in Antiochia liegt die Frage zu Grunde, ob Heidenchristen das Zeremonialgesetz[1] halten müssen und ob Judenchristen es halten dürfen[2]. Augustinus und Hieronymus greifen im Zuge ihrer Kontroverse dieses Thema auf und versuchen, eine Antwort zu finden, die das unterschiedliche Verhalten der Apostel in dieser Frage befriedigend erklärt[3]. Drei entscheidende Voraussetzungen für ihre Diskussion müssen in die Untersuchung einbezogen werden: die Unterscheidung zwischen ethischem Gesetz und Zeremonialgesetz, Augustins *lex aeterna* Lehre und der Begriff *paternae traditiones*.

---

[1] Der in dieser Untersuchung verwendete Begriff "Zeremonialgesetz" hat seinen Ursprung im lateinischen Terminus *caeremoniae legis*. Zur Problematik des Einhaltens der jüdischen Gesetze durch Heiden in frühchristlicher Zeit und der Entstehung von christlichen Gemeinden aus Juden und Heiden vgl. Paula FREDRIKSEN, Judaism, the Circumcision of Gentiles, and Apocalyptic Hope: Another Look at Galatians 1 and 2, in: *JThS* 42 (1991) S. 532-564. Einen kurzen Abriß zur Stellung der frühen Kirche zum Zeremonialgesetz gibt: R.E. TAYLOR, Attitudes of the Fathers toward Practices of Jewish Christians, in: *TU* 78 (*StPatr* 4), Berlin 1961, S. 504-511.

[2] Zur neueren Diskussion um das Problem der Judenchristen in der Alten Kirche vgl. Joan E. TAYLOR, The Phenomenon of Early Jewish-Christianity: Reality or Scholarly Invention? in: *VigChr* 44 (1990) S.313-334 (mit Literaturhinweisen). Die Belegstellen der patristischen Literatur sind gesammelt bei A.F.J. KLIJN / G.J. REININK, *Patristic Evidence for Jewish-Christian Sects*, (NT.S 36) Leiden 1973.

[3] Die einzige Arbeit, die die Kontroverse zwischen Augustinus und Hieronymus über den Apostelstreit unter dem Gesichtspunkt der Gesetzesbeachtung betrachtet, stammt aus dem Umkreis der von Hermann Leberecht Strack geprägten Berliner Israelmission: Karl HÖHNE, Hieronymus und Augustinus über die Gesetzesbeobachtung bei Paulus und den Judenchristen, in: *Nathanael* 12 (1896) S.97-124; 129-141. Dazu vgl. Birger PERNOW, Judenmission, in: *RGG³* 3 (1959) S. 977 und Hans-Joachim STOEBE, Strack, Hermann Leberecht, in: *RGG³* 6 (1962) S. 392.

1. Ethisches Gesetz und Zeremonialgesetz

Die Unterscheidung zwischen Zeremonial- und ethischem Gesetz in den Gesetzestexten des Alten Testaments wurde vorbereitet durch die allmähliche - und in der Zerstörung des Tempels im jüdischen Krieg als schmerzhaftem Bruch vollzogene - Ablösung der Synagogengemeinden vom Tempelkult, die ein Fortbestehen des Judentums bei einem gewandelten Verständnis des Gesetzes ermöglichte[4]. In diesem Prozess spielen die Pharisäer eine besondere Rolle, weil ihre Konzeption der Heiligkeit des ganzen Volkes Israel die Grundlage für ein jüdisches Leben ohne Tempel bildete[5]. Statt auf den kultischen Vorschriften lag nun der Schwerpunkt auf der Beachtung der Tora im ethischen Vollzug[6].

Dadurch wurde die in der christlichen Auslegung des Alten Testaments häufig angewandte Unterscheidung zwischen Zeremonial- und ethischem Gesetz, vorbereitet[7]. Diese spätestens seit dem Barnabasbrief[8] vorgenommene Unterscheidung liegt auch bei Augustinus und Hieronymus vor[9]. Obwohl das Alte Testament

---

[4] Johann MAIER, *Jüdische Auseinandersetzungen mit dem Christentum in der Antike,* Darmstadt 1982 S. 187: "Die Rabbinen selbst waren bereits um 70 n.Chr. trotz ihrer Bejahung des Kults theologisch in mancher Hinsicht schon so selbständig vom Tempel und Opferkult geworden, daß der Fortbestand des Judentums auch ohne Kult gesichert war".

[5] Jacob NEUSNER, *Das pharisäische und talmudische Judentum* (Texte u. Stud. zum antiken Judentum 4), Tübingen 1984 S.14: "Als der Tempel zerstört wurde, stellte sich heraus, daß die Pharisäer für diesen schrecklichen Wandel in der heiligen Ökonomie vorgesorgt hatten. Sie lebten weiterhin so, als stünde der Tempel noch, als gäbe es einen neuen Tempel, das jüdische Volk. Verbunden mit ihrer Weltsicht war der Kern des Ideals der Schriftgelehrten: Torastudium und praktische Ausübung der Lehren der Tora".

[6] Das illustriert sehr deutlich eine Geschichte aus den Abot de Rabbi Nathan 4A, übers.v. SALDARINI Kap.8: "A story is told about Rabban Johanan ben Zakkai that he was walking along the road when Rabbi Joshua ran after him and said to him: Woe to us because the house of our life has been destroyed, the place which used to atone for our sins. He answered: Do not be afraid. We have another atonement instead of it. He asked: What is it? Johanan answered: 'For I desire loving kindness and not sacrifice (Hos 6,6)'".

[7] Maurice WILES, *The divine Apostle,* Cambridge 1967, S.68 "The importance of this distinction between the moral and ceremonial law in the whole succeeding tradition of exegesis can hardly be exaggerated. It is to be found universally. ...But it is in the Western commentators that it is most fully developed and exploited".

[8] Barnabasbrief 2,6; 4,6-8; 9,4.7; 10,1.9.11-12; 14; 18,1.

[9] Augustinus, *Comm. in Ep. ad Gal.* 3,1 CSEL 84 76,13-16: *"sed haec quaestio, ut diligenter tractetur, ne quis fallatur ambiguo, scire prius debet opera legis bipartita esse. Nam partim in sacramentis, partim vero in moribus*

als Teil der christlichen Bibel kanonische Autorität beansprucht[10], gelten die Vorschriften des Zeremonialgesetzes nicht in der Kirche. Weil die Rechtfertigung durch den Glauben an Jesus Christus geschieht[11], eröffnet das Halten des Gesetzes den Christen keinen Weg mehr zum Heil[12]. Das Zeremonialgesetz hat dennoch innerhalb des christlichen Verständnisses eine wichtige Funktion, weil es prophetisch auf die in Christus erschienene Fülle der Gnade und Wahrheit vorausweist[13]. Die ethischen Gebote des Alten Testamentes

---

accipiuntur". In Ep. 82,20 legt Augustinus dar, daß Christen das ethische Gesetz einhalten müssen, aber nicht das Zeremonialgesetz; CSEL 34/II 371,14-20: *"Magna mihi videtur quaestio, quid sit sub lege sic, quemadmodum apostolum culpat. neque enim hoc eum propter circumcisionem arbitrior dicere aut illa sacrifica, quae tunc a patribus nunc a Christianis non fiunt, et cetera huius modi, sed hoc ipsum etiam, quod lex dicit: 'Non concupisces', quod fatemur certe Christianos observare debere atque evangelica maxime inlustratione praedicare"*. Vgl. Bernhard BLUEMNKRANZ, Augustin et les juifs. Augustin et le Judaïsme, in: *RechAug* 1 (1957) S.229: "dans l'Ancien Testament, constate-t-il, sont contenus simultanément des lois et préceptes de valeur permanente, et d'autres, de caractère cérémoniel, qui n'avaient qu'une durée limitée. Les 'préceptes salutaires', notamment le décalogue (exception faite de sa prescription sabbatique), doivent toujours être observés, tandis que le reste des lois, de caractère prophétique uniquement, se trouve aboli depuis la venue de Jésus qui a accompli leur promesse prophétique".

[10] Das betonen Augustinus und Hieronymus immer wieder gegen Marcion und die Manichäer. Als Beispiel sei hier nur eine Äußerung des Hieronymus angeführt; *Comm. in Eccl.* 12,11 CCL 72 358,320-324: *"doctrinae unus auctor est Dominus. Facit hic locus adversus eos, qui alium legis veteris, alium evangelio aestimant Deum, quod unus pastor concilium prudentium instruxerit. Prudentes autem tam prophetae, quam apostoli"*.

[11] Das ist die gemeinsame Überzeugung von Augustinus und Hieronymus. Beide äußern sich wiederholt dahingehend, daß vom Halten des Gesetzes keinerlei positive Wirkung für die Rechtfertigung zu erwarten ist. Als naheliegendes Beispiel sei auf den Fortgang ihrer beiden Kommentare zu Gal 2 verwiesen: Augustinus, *Comm. in Ep. ad Galatas* CSEL 84 71-75, Hieronymus, *Comm. in Ep. ad Galatas* PL 26 367-372.

[12] Augustinus ad Hieronymum, Ep. 82,16 CSEL 34/II 367,2-6: Christen müssen das Zeremonialgesetz nicht halten: *"nunc vero confirmata per tot gentes doctrina gratiae Christianae, confirmata etiam per omnes Christi ecclesias lectione legis et prophetarum, quo modo haec intellegenda, non observanda recitentur"*. Das Gesetz ist kein Weg zum Heil mehr, aber es hat dennoch für das Leben der Christen wegweisende Wirkung und zugleich die Funktion einer *lex accusans*; Augustinus, *Enchiridion* 31, 117 CCL 46 112,17-21: *"Fides namque impetrat quod lex imperat. Nam sine dei dono, id est sine spiritu sancto, per quem diffunditur caritas in cordibus nostris, iubere lex poterit, non iuvare, et praevaricatorem insuper facere qui de ignorantia se excusare non possit"*.

[13] Augustinus ad Hieronymum, Ep. 82,14 CSEL 34/II 363,20-22: *"Cur autem non dicam praecepta illa veterum sacramentorum nec bona esse, quia non*

268 SIEBENTES KAPITEL

haben hingegen auch für Christen weiterhin volle Gültigkeit[14]. Darüber sind sich Augustinus und Hieronymus einig. Dissens besteht in der Frage, welche Bedeutung die Vorschriften des Zeremonialgesetzes nach der *passio Christi* haben und ob Juden, die zum christlichen Glauben gekommen sind, weiterhin die Vorschriften des Zeremonialgesetzes halten dürfen[15]. Folgerichtig spitzt Hieronymus die Frage darauf zu und läßt das ethische Gesetz außer Acht:

> *Haec ergo summa est quaestionis, ...ut post evangelium Christi bene faciant credentes Judaei, si legis mandata custodiant* [16].

2. Die lex-aeterna-Lehre Augustins

Der Gesetzesbegriff Augustins ist nicht ohne die stoische Lehre von der *lex aeterna* zu verstehen[17]. Der eng mit Augustins "ordo"-Gedanken verbundene Begriff der *lex aeterna* bildet den philosophischen Hintergrund der Aussagen Augustins zum Gesetz. In *De libero arbitrio* beschreibt Augustinus, was dieser Begriff umfaßt:

> *A. Quid? Illa lex, quae summa ratio nominatur, cui semper obtemperandum est per quam mali miseram, boni beatam vitam merentur, per quam denique illa, quam temporalem vocandam*

---

eis homines iustificatur, umbrae sunt enim praenuntiantes gratiam, qua iustificamur".

[14] Vgl. Marcia L. COLISH, *The Stoic Tradition from Antiquity to the Early Middle Ages* (SHCT 35), Leiden 1985 Bd. 2 S.164: "Augustine is referring ...to the moral law of the Old Testament which the New Testament confirms, not to those Mosaic regulations it supersedes".

[15] Alle anderen Aspekte der Auseinanderseztzung um Gesetz, Natur und Gnade, zu denen Augustinus und Hieronymus z.B. im pelagianischen Streit Stellung genommen haben, bleiben hier unberücksichtigt. Für Pelagius sei verwiesen auf Gisbert GRESHAKE, *Gnade als konkrete Freiheit. Eine Untersuchung zur Gnadenlehre des Pelagius*, Mainz 1973.

[16] Hieronymus ad Augustinum, Ep. 75,13 CSEL 34/II 303,3-5.

[17] Für den gesamten Zusammenhang bietet die Arbeit von Alois SCHUBERT, *Augustins lex-aeterna-Lehre nach Inhalt und Quellen*, Münster 1924 (BGPhMA 24/2) immer noch den besten Überblick. Auf dem Hintergrund der Auseinandersetzungen um Naturrecht und Positives Recht untersucht Dietrich RITSCHL Augustins *lex-aeterna* Lehre; Dietrich RITSCHL, Some Comments on the Background and Influence of Augustine's *Lex Aeterna* Doctrine, in: *Creation, Christ and Culture, Studies in Honour of T.F. Torrance*, hg.v. R.W.A. McKinney, Edinburgh 1976, S.63-82. Im zweiten Abschnitt seiner Untersuchung widmet er sich auch der Vorgeschichte der *lex aeterna* Lehre (S.67-71).

diximus, recte fertur, recteque mutatur ...Evodius inquit: video hanc aeternam esse atque incommutabilem legem [18].

Das ewige Gesetz ist also weit mehr als ein Gesetzestext; es handelt sich um nicht weniger als um den nach Gottes Willen geordneten Zusammenhang der Welt[19]. Dafür gibt Augustinus in der im Jahre 398 entstandenen Schrift *Contra Faustum* eine klassisch gewordene Definition:

lex vero aeterna est ratio divina vel voluntas Dei, ordinem naturalem conservari iubens, perturbari vetans [20].

Dieser von Gott gegebenen, natürlichen Ordnung entsprechen ausnahmslos alle Formen von Gesetzen, seien sie heidnisch, vormosaisch[21], mosaisch oder christlich[22]. Das ewige Gesetz gibt auch die Möglichkeit, bestehende (zeitliche) Gesetze richtig zu korrigieren. In seiner für den Menschen gültigen Form ist das ewige Gesetz als Sittengesetz *(lex naturalis)* in die Seele des Einzelnen einge-

---

[18] Augustinus, *De libero arbitrio* 1,6 48-49 CCL 29 220,46-55.

[19] Die dem stoischen Gedankengut entlehnte Konzeption der *lex aeterna* hat Augustinus in seiner 387/388 verfaßten Schrift *De libero arbitrio* entwickelt. Zwischen 391 und 395, unmittelbar vor Beginn des Briefwechsels mit Hieronymus, hat er die Schrift noch einmal überarbeitet und ein drittes Buch angefügt. Im ersten Buch gibt Augustinus eine Beschreibung der *lex-aeterna*; der Dialogpartner Evodius gibt dazu das Stichwort: *"Video hanc aeternam esse atque incommutabilem legem. A: Simul etiam te videre arbitror in illa temporali nihil esse iustum atque legitimum quod non ex hac aeterna sibi homines derivaverint. Nam si populus ille quodam tempore iuste honores dedit, quodam rursus iuste non dedit, haec vicissitudo temporalis ut esset iusta ex illa aeternitate tracta est, qua semper iustum est gravem populum honores dare, levem non dare. An tibi aliter videtur?"* De libero arbitrio 1,6 49-50 CCL 220,55-62. Zum Stoizismus Augustins in "De libero arbitrio" s. Robert O'CONNEL SJ, in: *AugSt* 1 (1970) S.48-68, zur *lex-aeterna* s. besonders S. 56.

[20] Augustinus, *Contra Faustum* 22,27 CSEL 25 621,13-15.

[21] Deshalb war es Moses auch vor der Verleihung des Gesetzes auf dem Sinai möglich, mit Hilfe des ewigen Gesetzes gerecht zu richten: Augustinus, *Quaestiones in Heptateuchum* II, quaest. 67 (Ex 18,15f), CSEL 28/II 132,9-21: *"Quaeri potest quomodo Moyses ita dixerit, cum lex Dei adhuc nulla conscripta esset, nisi, quia lex Dei sempiterna est, quam consulunt omnes piae mentes, ut quod in ea invenerint, vel faciant, vel iubeant, vel vetent, secundum quod illa incommutabili veritate praeceperit. Moyses, nisi suae menti praesidentem Dominum consuleret, legemque eius sempiternam sapienter attenderet, quid iustissimum inter discepantes iudicare posset, non inveniret".*

[22] Dietrich RITSCHL, Some Comments, a.a.O. S.70 beschreibt diesen an sich stoischen Gedankengang so: "All human laws, the *lex humana* must reasonably be in accordance with the *lex naturalis*, which in turn is the expression of the *lex aeterna*. This is the wellknown Stoic schema which we find again in Augustine, and following him, in Thomas".

senkt[23], so daß es keines geschriebenen Gesetzes bedarf, um sich am ewigen Gesetz zu orientieren. Zu dieser Quelle der Gesetzeserkenntnis kommt nach Augustins Verständnis die Bibel hinzu[24]. Diese bildet in Altem und Neuem Testament zusammen die Vervollkommnung und Bestätigung der *lex naturalis* [25]. Diese Konzeption gibt Augustinus die Möglichkeit, hinter den Unterschieden zwischen *lex naturalis, lex hebraeorum* und *lex veritatis* das Verbindende zu sehen und Übergänge von einem zum anderen für möglich zu halten, ohne die Unterschiede zu verwischen[26].

3. *Paternae traditiones*

Ein Schlüsselbegriff der Diskussion zwischen Augustinus und Hieronymus um das Zeremonialgesetz sind die *paternae traditiones*. In der griechischen und der römischen Gesellschaft gibt es den

---

[23] Augustinus, *De ordine* II,8,25 CCL 29: *"Haec autem disciplina ipsa dei lex est, quae apud eum fixa et inconcussa semper manens in sapientes animas quasi transcribitur"*.

[24] Dietrich RITSCHL, Some Comments, a.a.O. S.73: "The difference between natural law as an outgrowth of or derivation from the *lex aeterna* on the one hand, and God's positive law on the other, is correlated in Augustine's understanding with the fact that there are two sources of knowledge of the law: creation and the Bible".

[25] Siehe dazu auch die schematische Darstellung bei Dietrich RITSCHL, Some Comments, a.a.O. S.74. Alois SCHUBERT beschreibt den Zusammenhang zwischen *lex aeterna* und dem Gesetz in Altem und Neuem Testament so: "Bei Augustinus ist also ausgemacht, daß Gott die lex naturalis als Sittengesetz in die Seele des Menschen eingeprägt hat. So stammt das natürliche Sittengesetz tatsächlich aus der lex aeterna, der ewigen Wahrheit. Das mosaische Gesetz, die lex hebraeorum, betrachtet Augustin als Ergänzung des natürlichen Sittengesetzes und die lex veritatis des Neuen Bundes als dessen Vollendung". Alois SCHUBERT, *Augustins lex-aeterna-Lehre,* a.a.O. S.14.

[26] Vgl. die Beschreibung der stoischen Traditionen, die es Augustinus ermöglichen, das Problem der Einheit und Verschiedenheit von Moral- und Zermonialgesetz sowie Altem und Neuem Testament zu lösen, bei Marcia L. COLISH, *The Stoic Tradition,* a.a.O. Bd. 2 S.161f: "Augustine defuses this exegetical landmine by conflating two Stoic ideas, the notion of a divine law that is the same always and everywhere, which he credits to Cicero, and the casuistic method of Panaetian ethics. Armed with this amalgam, Augustine concludes that God indeed has legislated consistent moral guidelines for men. At all times God's law is designed to curb intemperance, disobedience, self-absorption, and anti-social conduct. But God also makes a casuistic application of these rules to different historical ages, according to what He thinks is needful at the time, and, in case of shifting customs in the Old Testament era, in the light of the ways He intends His revelation in the Old Testament to foreshadow the New".

Begriff der "väterlichen Überlieferungen"[27], die allgemein zur
Bewahrung der überkommenen Ordnung dienen[28]. Das gilt mit
spezifischen Abweichungen auch für die idealisierte Auffassung, die
sich in der Spätantike von der klassischen Vorzeit bildete. In dieser
Vorstellung bildeten die *mores maiorum* eine der Hauptstützen der
Gesellschaft. Sie waren eine unerschöpfliche Quelle für Ratsuchende
in allen Fragen des politischen und privaten Lebens. Der ständige
Rekurs auf die *exempla maiorum* drückt die Überzeugung aus, daß
"über aller Geschäfte Lauf vorzeiten besser und richtiger verfügt
worden wäre, und was man davon umstoße, sich alsbald zum
Schlimmeren kehre".[29] Diese Haltung ist Teil des größeren Zusam-
menhangs des lateinischen Klassizismus und hat neben der politischen und sozialen Dimension auch Bedeutung für die Religion,
denn die Vorfahren waren nach dieser Auffassung den Göttern
näher:

> *Iam ritus familiae patrumque servare id est (quoniam antiquitas
> proxime accedet ad deos) a diis quasi traditam religionem
> tueri* [30].

Diese Einstellung begünstigt eine Hochschätzung der eigenen
überkommenen Traditionen, ermöglicht es aber auch, anderen
zuzugestehen, sich an ihre eigenen Traditionen zu halten und sie zu
schützen. So erklärt sich, daß sowohl Diadochen, als auch römische
Kaiser die "väterlichen Überlieferungen" besiegter Fremdvölker
anerkannt haben. So haben sowohl Antiochus V. Eupator, als auch

---

[27] Der deutsche Begriff "väterliche Überlieferungen" steht hier für die
verschiedenen griechischen und lateinischen Äquivalente. Im Griechischen gibt
es die Termini πάτριος νόμος, πατρία πολιτεία, τὰ πάτρια, etc. im Lateinischen
wird dieselbe Vorstellung mit den Begriffen *mores maiorum, exempla maiorum,
consuetudo maiorum, paternae traditiones* etc. ausgedrückt.

[28] Hans G. KIPPENBERG, Die jüdischen Überlieferungen als πάτριοι νόμοι, in:
R. FABER / R. SCHLESIER [Hg.], *Die Restauration der Götter. Antike Religion
und Neo-Paganismus*, Würzburg 1986 S.47; faßt die Funktion der πάτριοι νόμοι
für die griechische Gesellschaft so zusammen: "Die Begriffe πάτριοι νόμοι etc.
sind nicht deskriptiv, sondern gebrauchen Überliefertes zum Zwecke der
Legitimation aktuellen politischen Handelns". Zum damit verbundenen
Altersbeweis in der griechisch-römischen und der jüdisch-christlichen Literatur
vgl. Peter PILHOFER, *Presbyteron kreitton. Der Altersbeweis der jüdischen und
christlichen Apologeten und seine Vorgeschichte* (WUNT 2. Reihe 39), Tübingen
1990.

[29] Cassius Longus bei Tacitus, *Annales* 14,43, zitiert nach Franz WIEACKER,
Römische Rechtsgeschichte (HAW III,1,1) München 1988 S.374. Zu diesem
Themenbereich s. vor allem S. 373-387; 502-511.

[30] Cicero, *De legibus* II 11,27.

SIEBENTES KAPITEL

Julius Caesar den Juden das Recht verbrieft, ihren väterlichen Überlieferungen gemäß zu leben[31]. Das ermöglichte schließlich sogar die
Anerkennung des Judentums als sogenannte *religio licita* innerhalb
des römischen Reiches. Unter Nerva (96 n.Chr.) konnte das Leben
nach der Väter Sitte sogar das ethnische Prinzip als Bemessungs-
grundlage des *fiscus judaicus* ablösen[32], wie Cassius Dio bezeugt:

> καὶ ἀπ' ἐκείνου δίδραχμον ἐτάχθη τοὺς τὰ πάτρια αὐτῶν ἔθη
> περιστέλλοντας τῷ καπιτωλίῳ Διὶ κατ' ἔτος ἐπιφέρειν[33].

In Antizipation dieser hellenistischen oder römischen Kategorien
findet sich auch in jüdischen Quellen eine Betonung der "väterlichen
Überlieferung". Besonders deutlich wird das im Kampf der
Makkabäer gegen die hellenistische Fremdherrschaft[34]. Das ist
auffällig, weil im Judentum bereits die Möglichkeit bestünde, sich
auf den verpflichtenden Charakter des Gesetzes bis hin zum
Martyrium zu berufen[35]. Die Treue zum Gesetz Gottes findet in

---

[31] Der Erlaß des Antiochus V. ist in 2.Makk 11,22-26 überliefert; der
Caesars bei Josephus, *Ant. Jud.* XIV 194.202.206.

[32] Martin GOODMANN, Nerva, the *fiscus judaicus* and Jewish Identity, in:
JRS 79 (1989) S.40-44. Zu den möglichen Auswirkungen auf die
Kirchenzugehörigkeit von Judenchristen vgl. Joan E. TAYLOR, The Phenomenon
of Early Jewish-Christianity, a.a.O. S.318: "It was very likely that the critical
turning point for Jews within the Church was A.D. 96, when Nerva exempted
ethnic Jews who no longer practised their ancestral custom from paying two
denarii for the temple of Jupiter Capitolinus in Rome (Cassius Dio, Hist. Rom.
37, 16,5-17,1). If it was by Jews' personal declaration that the state recognized
Jews liable to be taxed, as Goodmann has argued, then it was up to Jews within
the Church to decide whether they were religiously still Jews or something else".

[33] Cassius Dio, *Romanorum Historiarum* LXVI 7,2 Bd. 3 140,3f hg.v. U.P
BOISSEVAIN, Berlin 1903; vgl. auch Hist. Rom. XXXVII 16,5-17,2 Bd. 1
404,24-29, dort behauptet Cassius Dio, daß Proselyten ebenfalls mit dem Namen
"Juden" bezeichnet werden, weil sie die jüdischen Gesetze einhalten.

[34] Hans G. KIPPENBERG, Die jüdischen Überlieferungen, a.a.O. S.53: "Die
Makkabäer, die gegen eine griechische Überfremdung kämpften, argumentieren
in Kategorien, die auch aus den griechischen Stadtstaaten bekannt waren".

[35] Hans G. KIPPENBERG, Die jüdischen Überlieferungen, a.a.O. S.54: "Es ist
nämlich auffallend, wie häufig vom Sterben für die πάτριοι νόμοι gesprochen
wird. Es würde ja reichen, vom Sterben für das Gesetz Gottes zu sprechen".
Eine Quelle, die vom Sterben für das Gesetz Gottes ohne den Begriff "väterliche
Überlieferungen" spricht, hat KIPPENBERG offenbar nicht berücksichtigt. Bei
Josephus, *Contra Apionem* I,42, NIESE 9,12-15, heißt es im Anschluß an die
Kanonliste I,37-41, daß die Juden im Gegensatz zu den Griechen bereit sind, für
ihr Gesetz zu sterben: "πᾶσι δὲ σύμφυτόν ἐστιν εὐθὺς ἐκ πρώτης γενέσεως Ἰουδαίοις
τὸ νομίζειν αὐτὰ θεοῦ δόγματα καὶ τούτοις ἐμμένειν καὶ ὑπὲρ αὐτῶν, εἰ δέοι,
θνήσκειν ἡδέως". Vgl. Peter PILHOFER, *Presbyteron kreitton*, a.a.O. S. 199.
Zum Märtyrertum in Frühjudentum und Frühchristentum vgl. Hans Frhr. VON

manchen jüdischen Kreisen ihren Ausdruck in der Berufung auf die "väterlichen Überlieferungen". Diese Kongruenz zwischen jüdischer und hellenistisch-römischer Vorstellung von "väterlichen Überlieferungen" bringt Philo klar zum Ausdruck:

δίχα τοῦ καὶ τοὺς τὴν Ἰουδαίαν κατοικοῦντας ἀπείρους τε εἶναι τὸ πλῆθος καὶ τὰ σώματα γενναιοτάτους καὶ τὰς ψυχὰς εὐτολμοτάτους καὶ προαποθνήσκειν αἱρουμένους τῶν διαβαλλόντων εἴποιεν ἄν, βαρβαρικοῦ, ὡς δὲ ἔχει τἀληθὲς, ἐλευθερίου καὶ εὐγενοῦς[36].

Gleichzeitig ist die Konzeption der gesellschaftsstützenden Bedeutung der "väterlichen Überlieferung" einer der Hauptausgangspunkte für Angriffe gegen das Christentum. Da die Christen weder die römischen, noch die im römischen Reich anerkannten jüdischen "väterlichen Überlieferungen" beachteten, waren sie von heidnischer Seite - von Celsus[37] bis zu Julian[38] - immer wieder heftiger Kritik in diesem Punkte ausgesetzt.

In der Diskussion zwischen Augustinus und Hieronymus spielt zudem die Erwähnung der *paternae traditiones* im Galaterbrief eine Rolle[39]. Paulus spricht in Gal 1,14 von sich selbst als "ζηλωτὴς ὑπάρχων τῶν πατρικῶν μου παραδόσεων". Hieronymus übersetzt mit:

CAMPENHAUSEN, *Die Idee des Martyriums in der Alten Kirche*, Göttingen 1964[2]; W.H.C. FREND, *Martyrdom and Persecution in the Early Church. A Study of Conflict from the Maccabees to Donatus*, Oxford 1965 und J.W. VAN HENTEN, *Die Entstehung der jüdischen Martyrologie*, Leiden 1989.

[36] Philo, *Legatio ad Gaium* 215, COHN / WENDLAND 6,195. Diese Konzeption ermöglicht es dem rabbinischen Judentum, an einigen Stellen, die Sitten von Fremdvölkern anzuerkennen, z.B. bHul13b wo es heißt: "die Nichtjuden außerhalb des Landes seien keine Götzendiener, sondern halten nur am Brauche ihrer Vorfahren".

[37] Origenes, *Contra Celsum* II,1 GCS 2 127,13; 128,4; 129,27. Origenes zitiert einen Vorwurf aus dem ἀληθὴς λόγος des Celsus, der den Christen vorwirft, die πάτριοι νόμοι der Juden verlassen zu haben. Zu der schwierigen Antwort des Origenes vgl. Giuseppe SGHERRI, *Chiesa e Sinagoga nelle opere di Origene* (SPMed 13), Mailand 1982 S. 286.

[38] Julian, *Contra Galilaeos*, 238 A B, " Ἀνθ᾽ ὅτου δὲ μηδὲ τοῖς Ἑβραϊκοῖς λόγοις ἐμμένετε μήτε ἀγαπᾶτε τὸν νόμον, ὃν δέδωκεν ὁ θεὸς ἐκείνοις, ἀπολιπόντες δὲ τὰ π ά τ ρ ι α καὶ δόντες ἑαυτοὺς οἷς ἐκήρυξαν οἱ προφῆται, πλέον ἐκείνων ἢ τῶν παρ᾽ ἡμῖν ἀπέστητε; τὸ γὰρ ἀληθὲς εἴ τις ὑπὲρ ὑμῶν ἐθέλοι σκοπεῖν, εὑρήσει τὴν ὑμετέραν ἀσέβειαν ἔκ τε τῆς Ἰουδαϊκῆς τόλμης καὶ τῆς παρὰ τοῖς ἔθνεσιν ἀδιαφορίας καὶ χυδαιότητος συγκειμένην".

[39] Für die bei Augustinus und Hieronymus unterschiedliche inhaltliche Füllung des Begriffes sind Mt 15,1-20/Mk 7,1-13 sowie 2.Makk 7,2.9.30 wichtig.

"aemulator existens paternarum mearum traditionum" [40]. Mit diesem Satz des Paulus ist das Problem für Augustinus und Hieronymus angesprochen; kann jemand, der sich zum Christentum bekehrt, weiterhin nach seinen "väterlichen Überlieferungen" leben? Darüber, daß Heidenchristen das nicht dürfen, gibt es keinen Streit. Da die paganen *paternae traditiones* auch den Dienst an den heidnischen Göttern umfassen, werden sie von Christen wie Juden als Götzendienst verurteilt[41]. Anders ist es mit den Judenchristen. Der qualitative Unterschied besteht darin, daß die Vorschriften des Zeremonialgesetzes, die die "väterlichen Überlieferungen" bilden, Teil der Offenbarung Gottes sind, und deshalb auch von Christen nicht mit dem heidnischen Götzendienst auf eine Stufe gestellt werden können.

B. DIE AUSEINANDERSETZUNG ZWISCHEN AUGUSTINUS UND HIERONYMUS

1. Augustinus

Die prinzipielle Frage, ob Juden und Heiden das Gesetz halten müssen, wenn sie sich zum Glauben an Jesus Christus bekehren, bewegt Augustinus seit seiner Auseinandersetzung mit den Manichäern[42]. Gegenüber dieser Gruppe, die das Alte Testament komplett verwirft, ist er gezwungen, zu erklären, warum für Christen das Alte Testament zwar ein wesentlicher Teil ihrer Bibel ist, die Vorschriften des Zeremonialgesetzes aber dennoch nicht eingehalten werden müssen. Seine vor allem in der Schrift gegen

---

[40] Diese Übersetzung hat auch Augustinus in seinem Galaterkommentar benutzt.

[41] Augustinus ad Hieronymum, Ep. 40,6 CSEL 34/II 76,12-77,2; in einer rhetorischen Frage führt Augustinus die Auslegung des Hieronymus, Petrus und Paulus hätten das Gesetz *simulative* gehalten, um die Juden zu gewinnen (1.Kor 9,20) ad absurdum und fragt, warum Paulus dann nicht auch den römischen Opferkult mitvollzogen habe, um die Heiden zu gewinnen (1.Kor 9,21): *"nam si propterea illa sacramenta celebravit, quia simulavit se Judaeum, ut illos lucrifaceret, cur non etiam sacrificavit cum gentibus, quia et his, qui sine lege erant tamquam sine lege factus est, ut eos quoque lucrifaceret".*

[42] Vgl. Arthur ALLGEIER, Der Einfluß des Manichäismus auf die exegetische Fragestellung bei Augustin, in: *Aurelius Augustinus* (FS der Görres-Gesellschaft), hg.v M. Grabmann / J. Mausbach, Köln 1930 S. 7.

Faustus entwickelte Konzeption[43] hat Augustinus in der Diskussion mit Hieronymus nicht wesentlich verändert[44], nur der Schwerpunkt hat sich verschoben. Gegenüber Hieronymus muß er nicht den Wert des Alten Testamentes für die christliche Kirche verteidigen. Ihn versucht er davon zu überzeugen, daß die Apostel legitimerweise die Vorschriften des Gesetzes einhielten[45]. Die Achtung vor dem nicht mehr gültigen Zeremonialgesetz erlaubt ihnen, dessen Vorschriften, die ihre väterlichen Überlieferungen sind, einzuhalten, ohne lügen zu müssen - ohne es *simulative* halten zu müssen.

1.1. Die Stellung zum Gesetz

Das Gesetz ist mit dem *passio Christi* erfüllt worden (Mt 5,17). Statt der Voraussage und Vorabschattung der Wahrheit, die das alttestamentliche Gesetz enthält, ist in Christus die Wahrheit selber erschienen. Damit ist die Aufgabe *(officium)* des Gesetzes beendet; an seine Stelle tritt der Glaube[46]. Dadurch ist das Gesetz aber nicht unnütz geworden oder gar seiner Würde als von Gott gegebenen Gebotes beraubt, es behält sie auf Grund seines prophetischen Charakters[47]. Die Erfüllung des Gesetzes durch Christus bewirkt aber, daß die - im Nachhinein als Voraussage zu verstehenden -

---

[43] Augustinus, *Contra Faustum* 19,17 CSEL 25 514,4-516,27. Zur Bedeutung des Faustus für Augustins Theologie vgl. Franz Overbeck, *Über die Auffassung des Streites des Paulus mit Petrus,* a.a.O. S. 50: "Am principiellsten hat Augustin dieses Problem gegen den Manichäer Faustus zu behandeln gehabt, welcher mit seiner Verwerfung des Alten Testaments für ihn das gewesen ist, was für die Väter am Ende des II. Jahrhunderts Marcion".

[44] Augustinus ad Hieronymum, Ep. 82,17 CSEL 34/II 368,13.

[45] Augustinus ad Hieronymum, Ep. 40,4 CSEL 34/II 73,13-74,9. An Hand des Zitates 1.Kor 9,20 ("Ich bin den Juden ein Jude geworden, damit ich die Juden gewinne".) erläutert Augustinus die Haltung des Paulus so: *"nam utique Judaeus erat, Christianus autem factus non Judaeorum sacramenta reliquerat, quae c o n v e n i e n t e r ille populus et l e g i t i m e tempore, quo oportebat, acceperat. ideoque suscepit ea celebranda, cum iam Christi esset apostolus, sed ut doceret non esse perniciosa his, qiu ea vellent, sicut a parentibus per legem acceperant, custodire, etaim cum in Christum credidissent, non tamen in eis iam constituerent spem salutis, quoniam per dominum Jesum salus ipsa, quae illis sacramentis significabatur, advenerat. ideoque gentibus, quod insuetos a fide revocarent onere gravi et non necessario, nullo modo inponenda esse censebat"* (Hervorhebungen R.H.).

[46] Augustinus ad Hieronymum, Ep. 82,16 CSEL 34/II 367,11-14: *"iam enim cum venisset fides, quae prius illius observationibus praenuntiata post mortem et resurrectionem domini revelata est, amiserant tamquam vitam officii sui"*.

[47] Augustinus ad Hieronymum, Ep. 82,8 CSEL 34/II 358,12-16: *"nefas est, ut credentes in Christum discindatur a propheta Christi tamquam eius doctrinam detestantes atque damnantes, de quo ipse Christus dicit: Si credideritis Moysi, credideritis et mihi, de me enim ille scripsit (Joh 5,46)"*.

Vorschriften des Zeremonialgesetzes keinen sakramentalen Charakter mehr haben. In dieser Auffassung stimmen Augustinus und Hieronymus überein[48].

Die Frage ist, ob das Halten des Zeremonialgesetzes nach der *passio domini* auf irgendeine Weise erlaubt sein kann. Augustinus ist der Meinung, daß dies zumindest den Aposteln, die die Vorschriften des Zeremonialgesetzes als *paternae traditiones* von ihren Vorfahren übernommen haben, möglich sei[49]. Voraussetzung dafür ist allerdings, daß die Vorschriften des Zeremonialgesetzes nicht für heilsnotwendig gehalten werden[50]. Sie können aber z.B. *ex consuetudine solemnitatis* eingehalten werden und sind dann nicht schädlich[51]. Aber auch die nicht mehr heilsnotwendigen Vorschriften des Gesetzes können nicht in Bausch und Bogen verdammt werden. Mit Ez 20,25 fragt er deshalb Hieronymus, ob Gott etwa Vorschriften gegeben habe, die nicht gut seien[52]. Ganz im Sinne seiner *lex aeterna* Lehre[53] kann Augustinus davon sprechen, daß die von Gott gegebenen Vorschriften stets der Zeit und den Menschen angepaßt

---

[48] Die Vorschriften des Zeremonialgesetzes hatten ihre vorausweisende Funktion bis zum Kommen Christi; Augustinus ad Hieronymum, Ep. 82,15 CSEL 34/II 364,21-24: *"Dico ergo circumcisionem praeputii et cetera huius modi priori populo per testamentum, quod vetus dicitur, divinitus data ad significationem futurorum, quae Christum oportebat impleri"*. Hieronymus formuliert die Antithese noch deutlicher. Hieronymus ad Augustinum, Ep. 75,14 CSEL 34/II 306,8-11: *"pro legis gratia, quae praeteriit, gratiam evangelii accepimus permanentem et pro umbris et imaginibus veteris instrumenti veritas per Jesum Christum facta est"*. Daraus ziehen Augustinus und Hieronymus für die Interpretation des alttestamentlichen Gesetzes die gleichen Schlußfolgerungen: es muß von der in Christus zur Gänze sichtbar gewordenen Wahrheit her verstanden werden, deshalb ist eine "geistliche Auslegung" notwendig.

[49] Augustinus ad Hieronymum, Ep. 40,4 CSEL 34/II 74,2-4: (Paulus betreffend) *"non esse perniciosa his ...sicut a parentibus per legem acceperant, custodire"*.

[50] Da die Juden die Vorschriften des Zeremonialgesetzes weiterhin für heilsnotwendig halten, wendet sich Paulus von ihnen ab; Augustinus ad Hieronymum, Ep. 40,6 CSEL 34/II 75,15-76,3: *"quod post passionem et resurrectionem Christi dato ac manifesto sacramento gratiae secundum ordinem Melchisedech adhuc putabant vetera sacramenta non ex consuetudine solemnitatis sed ex necessitate salutis esse celebranda"*.

[51] Augustinus ad Hieronymum, Ep. 40,5 CSEL 34/II 74,10f: *"quamvis enim iam superflua tamen solita non nocerent"*.

[52] Augustinus ad Hieronymum, Ep. 82,14 CSEL 34/II 364,1-3: *"cum me adiuvet etiam prophetica sententia, qua dicit deus se illi populo dedisse praecepta non bona?"*

[53] Zu Augustins *lex-aeterna* Lehre s.o.

sind[54]. Sie bilden die zeitlich bedingte Ausformung des ewigen Gesetzes. Da die Vorschriften des Zeremonialgesetzes von Gott gegeben sind und wesentlich zur Heilsgeschichte gehören, können sie auf keinen Fall mit den heidnischen Opferkulten auf eine Stufe gestellt und wie sie verurteilt werden[55]. Deshalb ist für Augustinus auch das Sterben der Makkabäer für das Gesetz nicht sinnlos[56].

Für Augustinus vollzieht sich in der apostolischen Zeit ein allmählicher Übergang vom Zeremonialgesetz zum gesetzesfreien Evangelium[57]. Die Apostel sind, wie die übrigen ersten Christen, ausnahmslos Juden. Deshalb sind sie das Halten der Vorschriften des Zeremonialgesetzes gewohnt. Sie haben es von ihren Vorfahren übernommen *(paternae traditiones)* und praktizieren es täglich *(consuetudo)*. Deshalb sieht Augustinus für die apostolische Zeit eine Übergangslösung vor, in der ein unschädliches Halten des Zeremonialgesetzes möglich ist[58]. Voraussetzung dafür ist, daß die Apostel

---

[54] Augustinus ad Hieronymum, Ep. 82,8 CSEL 34/II 358,8-10 und Ep. 82,14 CSEL 34/II 363,23f: *"divinitus praecepta sunt tempori personisque congruentia"*.

[55] Augustinus ad Hieronymum, Ep. 82,8 CSEL 34/II 358,8-10: *"sed ne illa, quae prioribus, ut congruebat, temporibus in umbris rerum futurarum deus fieri iusserat, tamquam idolatriam gentilium damnare crederetur"*. Am Beispiel der Beschneidung betont Augustinus das noch einmal; Ep. 82,12 CSEL 34/II 362,6-10: *"ne ...detestari circumcisionem, sicut idolatria detestanda est, cum illam deus fieri praeceperit, hanc satanas persuaserit"*.

[56] Augustinus ad Hieronymum, Ep. 40,6 CSEL 34/II 76,3-5: *"quae tamen si numquam fuissent necessaria, infructuose atque inaniter pro eis Machabei martyres fierent"*. Hieronymus geht auf diese Frage Augustins nicht ein. Aber zum Martyrium der Makkabäer hat es in der alten Kirche verschiedene Positionen gegeben. So ist z.B. Athanasius der Ansicht, daß die Makkabäer nicht wegen ihres Martyriums zu den Heiligen gerechnet werden können; *Expositio in Psalmorum* 78,2-3 PG 27 358D. Augustinus kann dagegen sogar eine Gedächtnispredigt für die Makkabäer halten, Sermo XVII (Denis) in: *Miscellanea Agostiniana* Bd.1 S.81ff.

[57] Hayo GERDES, Luther und Augustin über den Streit zwischen Petrus und Paulus in Antiochien (Galater 2,11ff), a.a.O. S. 17 geht aus systematisch-theologischer Sicht auf die Probleme des Gesetzesverständnisses Augustins ein und stellt dabei heraus, daß es ihm nicht gelungen ist, "den Begriff des Gesetzes als einer besonderen göttlichen Offenbarung von bestimmten Sätzen" zu zerbrechen. "So bleibt das Evangelium ihm immer auch ein neues Gesetz".

[58] Bernhard BLUMENKRANZ, Augustin et les juifs, a.a.O. S.230: "Il résout la difficulté en envisageant trois périodes par rapport à la loi: une première où elle était parfaitement valable; la présente où elle est abolie (changée, mais non pas rejetée, précise-t-il). Mais entre ces deux, s'intercale une période de transition". Für diese Übergangsperiode gebraucht Augustinus das Bild der Beerdigung eines Freundes [sic!]; Augustinus ad Hieronymum, Ep 82,16 CSEL 34/II 367,15-21. Ihm wird aus religiöser Pflicht die letzte Ehre erwiesen, aber dann ist das Grab

und die übrigen frühen Christen das Zeremonialgesetz nicht deshalb halten, weil sie meinen, es führe zum Heil. Sie dürfen es halten, weil es von Gott gegebene Vorschriften sind, an die sie von Kindesbeinen an gewohnt sind[59]. Für die apostolische Zeit betont Augustinus auf diese Weise den engen Zusammenhang von christlicher Kirche und Judentum[60]. Durch die Predigt von der Gnade Gottes in Jesus Christus und die Ausbreitung des gesetzesfreien Evangeliums wird diese Übergangszeit endgültig beendet[61]. Augusti-

---

geschlossen und jeder der es aufbricht (also etwa ein judenchristlicher Zeitgenosse Augustins), ist ein Grabräuber.

[59] Nur für die, die glauben, durch das Gesetz gerechtfertigt zu sein, gilt das Verdikt des Paulus aus Gal 5,4. Augustinus ad Hieronymum, Ep 82,19 CSEL 34/II 371,3-9: *"hoc declarat et quod ipse commemorasti: 'Evacuatiestes a Christo, qui in lege iustificamini; a gratia excidistis'. illos itaque arguit, qui se iustificari in lege credebant, non qui legitima illa in eius honore, a quo mandata sunt observabant intellegentes, et quia praenuntiandae veritatis ratione mandata sint et quosque debeant perdurare".*

[60] Die Auffassung, daß die christliche Kirche am Anfang sehr eng mit dem Judentum verbunden gewesen sei, findet sich auch in anderen Schriften Augustins. Z.B. Augustinus, *De civitate dei* XVII,7, dort fügt er zu dem typologischen Vergleich von Hagar und Sara mit Israel und der Kirche hinzu, daß sich beide Frauen eine Zeit lang gemeinsam in Abrahams Hause befunden haben: *"Et dividetur Israel in duo; in Israel scilicet inimicum Christo et Israel adhaerentem Christo; in Israel ad ancillam et Israel ad libertam pertinentem. Nam ista duo genera primum simul erant, velut Abraham adhuc adhaeret ancillae, donec sterilis per Christi gratiam fecundata clamaret: Ejice ancillam et filium eius".*

[61] Vgl. Die Zusammenfassung von HÖHNE, in dessen Darstellung die Schuld an der Trennung zwischen Kirche und Synagoge ganz bei der letzteren liegt. Karl HÖHNE, Hieronymus und Augustinus über die Gesetzesbeobachtung bei Paulus und den Judenchristen, a.a.O. S.139: "Augustins Meinung war hiernach: Gesetzesbeobachtung war nicht nur statthaft, sondern konnte sogar durch die Verhältnisse als geboten erscheinen, so lange die Kirche um ihre Existenz zu ringen hatte und ihr daran liegen mußte, im Interesse der Erhaltung ihres ursprünglichen Wesens ihren Zusammenhang mit dem Israel des alten Bundes vor den Heiden offen zu bekennen und dementsprechend auch die altisraelitischen Institutionen nach ihrem offenbarungsgemäßen Charakter und nach den ihnen als wichtigen erziehungsgeschichtlichen Faktoren und als Vorbildern zukünftiger Dinge gebührenden, sie von den heidnischen Bräuchen grundsätzlich unterscheidenendem Ansehen vor heidnischer Mißachtung und Verunglimpfung zu schützen. Anders wurde die Lage der Dinge, als sich allmählich zwischen Synagoge und Kirche durch die Schuld der ersteren eine tiefe Kluft befestigte. Da entstand die Gefahr, daß, wenn man die in der Synagoge fortgeltenden, innerhalb der Kirche jedoch nach Verschmelzung der heidenchristlichen und judenchristlichen Gemeinden allmählich außer Brauch gekommenen jüdischen Satzungen wieder aufrichten und, wie es nun den Anschein haben mußte, von der Synagoge herübernehmen würde, die

nus nennt kein fixes Datum für das Ende dieser Übergangsperiode, wie etwa die Zerstörung des Tempels in Jerusalem[62], dennoch ist für ihn diese Periode eindeutig abgeschlossen. Danach gibt es keine Möglichkeit mehr, als Christ das Zeremonialgesetz einzuhalten. Damit schiebt Augustinus möglichen Versuchen, ein Judenchristentum zu begründen, einen Riegel vor[63]. Diese Konzeption breitet Augustinus zusammenhängend in einem Abschnitt des letzten an Hieronymus zu diesem Thema geschriebenen Briefes aus:

> *circumcisionem praeputii et cetera huiusmodi ...quamvis gentibus non imponenda non essent, non tamen sic debuissse auferri a consuetudine Judaeorum tamquam detestanda atque damnanda. sensim proinde atque paulatim fervente sane praedicatione gratiae Christi, qua sola nossent credentes se iustificari salvosque fieri, non illis umbris rerum ante futurarum tunc iam venientium atque praesentium, ut in illorum Judaeorum vocatione, quos praesente carnis domini et apostolica tempora sic invenerant, omnis illa actio consumeretur umbrarum, hoc ei suffecisse ad commendationem, ut non tamquam detestanda et similis idolatriae vitaretur, ultra vero non haberet progressum, ne putaretur necessaria, tam quam vel ab illa salus esset vel sine illa esse non posset, quod putaverunt haeretici, qui dum volunt et Judaei esse et Christiani, nec Judaei nec Christiani esse potuerunt [64].*

Auch für andere Teilaspekte der Auseinandersetzung zwischen Augustinus und Hieronymus um den Apostelstreit hat diese Konzeption Augustins eine Bedeutung. Auf dem Hintergrund seiner Auffassung von der Gültigkeit des Zeremonialgesetzes wird verständlich, warum die Beschneidung des Timotheus (Apg 16,1-3) keinen Widerspruch zur Nicht-Beschneidung des Titus darstellt (Gal 2,3). Paulus läßt Timotheus wegen seiner jüdischen Mutter beschneiden. Das kann er tun, weil er weiß, daß diese Vorschrift des Zeremonialgesetzes nicht heilsnotwendig ist. Deswegen muß er

---

urapostolische Lehre von der Erlangung des Heils allein aus Gnaden eine tiefgehende Schädigung erfahren würde".

[62] Für Origenes ist die Zerstörung des Tempels ein wichtiger Einschnitt in der Frage der Geltung des Zeremonialgesetzes. Durch den Wegfall des Kultes ist es auch für die Juden unmöglich geworden, die Vorschriften des Gesetzes einzuhalten; Origenes, *Comm. in Romanos* 2,13 PG 44,906f.

[63] S.u. Augustinus und Hieronymus zu den Judenchristen.

[64] Augustinus ad Hieronymum, Ep. 82,15 CSEL 34/II 364,21-365,16; die Darstellung in Ep. 82,15 ist nicht singulär, in der im Jahre 398 verfaßten antimanichäischen Schrift *Contra Faustum* 19,17 hat Augustinus seine Konzeption vom Übergang vom Zeremonialgesetz zum gesetzesfreien Evangelium noch ausführlicher dargelegt.

weder die Verkündigung des gesetzesfreien Evangeliums, noch sein Christentum aufgeben[65]. Titus mußte hingegen nicht beschnitten werden, eben weil das Zeremonialgesetz nicht heilsnotwendig ist und Heidenchristen auf keinen Fall gezwungen werden können, es zu halten[66].

Auch Augustins Auffassung des Apostelstreits selbst läßt sich auf dem Hintergrund seiner Konzeption von der Gültigkeit des Zeremonialgesetzes besser verstehen. Petrus kann unbeschadet die Speisevorschriften des Zeremonialgesetzes beachten, ohne ins Judentum zurückzufallen. Der Fehler des Petrus, der dem Evangelium widerspricht und dessentwegen Paulus ihn tadelt, besteht darin, die Heidenchristen zu zwingen, die Speisevorschriften zu beachten[67], nicht darin, daß er selber sie beachtet. Durch den von Petrus ausgeübten Druck auf die Heidenchristen entsteht, nach Augustins Meinung, der Eindruck, daß die Vorschriften des Gesetzes weiterhin heilsnotwendig seien, was sie nach der *passio Christi* nicht mehr sind[68]. Augustinus kann an dieser Stelle sogar den umstrittenen Begriff *simulatio* gebrauchen, mit dem Hieronymus im Gefolge des Origenes das Verhalten des Petrus und Paulus beschrieben hatte. Nach Augustins Auffassung ist das Verhalten des Petrus eine Täuschung *(simulatio)*, weil er vortäuscht, daß die Vorschriften des Zeremonialgesetzes heilsnotwendig seien[69]. Dem

---

[65] Augustinus ad Hieronymum, Ep. 82,12 CSEL 34/II 362,6-10.

[66] Eine ausführliche Erläuterung dieses Sachverhaltes gibt Augustinus ad Hieronymum, Ep. 82,12 CSEL 34/II 362,6-363,2.

[67] Augustinus ad Hieronymum, Ep. 40,5 CSEL 34/II 74,10-75,2 (Hervorhebung R.H.): *Quapropter non ideo Petrum emendavit, quod paternas traditiones observaret, quod si facere vellet, nec mendaciter nec incongrue faceret, quamvis enim iam superflua tamen solita n o n   n o c e r e n t, sed quoniam cogebat iudaizare, quod nullo modo posset, nisi ea sic ageret, tamquam adhuc etiam post domini adventum necessaria saluti forent. quod vehementer per apostolatum Pauli veritas dissuasit".*

[68] Augustinus ad Hieronymum, Ep. 82,8 CSEL 34/II 357,18-358,1: *"et ideo non recte agebat hoc Petrus; erat enim contra evangelii veritatem, ut putarent, qui credebant in Christum, sine illis veteribus sacramentis salvos se esse non posse".*

[69] Augustinus ad Hieronymum, Ep. 82,11 CSEL 34/II 361,19-362,5: *"neque enim negamus in hac sententia fuisse iam Petrum, in qua ea re verum esset, docebat, sed eius simulationem, qua gentes iudaizare cogebantur, arguebat non ob aliud, nisi quia sic illa omnia simulatoria gerebantur, tamquam verum esset, quod discebant illi, qui sine circumcisione praeputii atque aliis observationibus umbrae futurorum putabant credentes salvos esse non posse".* In demselben Sinne gebraucht Augustinus den Begriff *simulatio* auch in Ep. 82,10+11 (CSEL 34/II 361,7; 361,22; 362,2).

mußte Paulus vehement widersprechen. Paulus läßt diesen Eindruck
nicht entstehen, wenn er Vorschriften des Zeremonialgesetzes
beachtet. Deswegen handelt Paulus im Gegensatz zu Petrus nicht
tadelnswert[70].

2. Hieronymus

Hieronymus hat sich zu systematisch-theologischen Fragen selten
anders als in der Form vom Kommentaren oder Briefen geäußert[71].
Das macht es schwierig, seine Position aus dem jeweiligen Kontext
zu isolieren. Deshalb wird die Beschreibung seines Gesetzesverständnisses in zwei Teile unterteilt. Als erstes wird die Terminologie
betrachtet, die Hieronymus verwendet, als zweites die Vorstellungen, die er von der Gültigkeit des Zeremonialgesetzes hat.

2.1. Terminologie

In einem Zitat aus dem Römerbrief-Kommentar des Origenes gibt
Hieronymus die verschiedenen Bedeutungen von *lex* wieder, die in
der Auslegung der Heiligen Schrift verwendet werden[72]. Er zählt
insgesamt sechs verschiedene Bedeutungen von *lex* auf[73]. So werden
zum Beispiel mit *lex* die drei Kanonteile bezeichnet[74], aber auch das
den Heiden gegebene Naturgesetz und die geistliche Auslegung[75]. Im
Zusammenhang der Auseinandersetzung mit Augustinus sind
besonders die Bedeutungen von *lex* interessant, die die Vorschriften
des jüdischen Zeremonialgesetzes betreffen. Hieronymus übernimmt
die von Origenes innerhalb des Pentateuchs vorgenommene Unterscheidung zwischen dem von Mose gegebenen Gesetz[76] und den

---

[70] Augustinus ad Hieronymum, Ep. 40,6 CSEL 34/II 76,9f: *"observationes
legis ...sicut ab ipso celebratae sint ulla salutis necessitate"*.

[71] Ausnahmen stellen seine Streitschriften gegen Jovinian, Johannes von
Jerusalem und die Pelagianer dar.

[72] Hieronymus ad Algasiam, Ep. 121,8. Er zitiert aus dem Kommentar des
Origenes zu Röm 7,7, der auch in der *Philocalia* 9,1-2 (SC 302,350-356)
erhalten ist. Zu den Zusammenhängen zwischen den beiden Texten vgl.
C.P. HAMMOND-BAMMEL, Philocalia IX, Jerome, Epistle 121, and Origens
Exposition of Romans VII, in: *JThS NS* 32 (1982) S.50-81.

[73] Hieronymus spricht von den *genera legis;* Hieronymus ad Algasiam,
Ep. 121,8 CSEL 56 31,23.

[74] Für den Pentateuch sind das von Mose gegebene Gesetz und die
historischen Teile Beispiel, für die Propheten Jesaja, für die Schriften die
Psalmen.

[75] Für das Naturgesetz dient Röm 2,14f als Beleg; für die geistliche
Auslegung Röm 7,14.

[76] Hieronymus ad Algasiam, Ep. 121,8 CSEL 55 31,24: *"dicitur lex, quae
per Moysen data est"*.

Teilen des Pentateuchs, die keine Vorschriften enthalten, sondern historische Sachverhalte schildern[77]. Den Unterschied zwischen den historischen und den legislativen Teilen des Pentateuch drückt Hieronymus dadurch aus, daß er die legislativen Teile und deren Vorschriften als *praecepta* oder *mandata* oder *caeremoniae legis* [78] bezeichnet. Auf diese Weise kann zwischen dem Pentateuch und den von den Juden eingehaltenen Vorschriften des Zeremonialgesetzes differenziert werden, zu denen Hieronymus vor allem Opferkult, Beschneidung und das Halten des Sabbats zählt:

> *si legis mandata custodiant, hoc est sacrificia offerant, ...filios circumdidant, si sabbatum servent* [79].

2.2. Die Stellung zum Gesetz

Da Hieronymus nicht die stoische *lex aeterna* Lehre übernimmt[80], besteht für ihn der Unterschied zwischen Gesetz und Evangelium nicht in einer verschiedenen Ausprägung ein und desselben ewigen Gesetzes[81]. Vielmehr versteht Hieronymus den Unterschied zwischen beiden als unumkehrbaren Übergang von einer Zeit zur anderen. Die Zeit des Gesetzes ist gekennzeichnet durch das mosaische Gesetz und wird durch die Synagoge repräsentiert. Die Zeit des Evangeliums ist gekennzeichnet durch die Gnade und wird durch die Kirche repräsentiert[82]. Dabei bleibt Gott ein und derselbe,

---

[77] Hieronymus ad Algasiam, Ep. 121,8 CSEL 55 32,13f: *"Historia quoque quae praecepta non continet, sed quid factum sit refert"*.

[78] Das ist der bei Hieronymus am häufigsten verwendete Begriff. Vgl. Hieronymus ad Augustinum, Ep. 75,13 CSEL 34/II 303,10; Ep. 75,14 CSEL 34/II 305,5 + 9; Ep. 75,16 CSEL 34/II 311,7.

[79] Hieronymus ad Augustinum, Ep. 75 CSEL 34/II 303,4-6.

[80] Die Art in der Hieronymus die stoische Philosophie behandelt, hat Marcia L.COLISH, *The Stoic Tradition*, a.a.O. Bd. 2 S.72 treffend charakterisiert: "Jerome treats Stoicism in an essentially decorative manner".

[81] Indirekt, über Paulus (Röm 2,14f) findet sich auch bei Hieronymus die Vorstellung einer *lex naturalis*, die den Heiden und den Patriarchen vor der Gesetzgebung am Sinai gegeben ist. Diese Aussagen haben aber keinen stoischen Hintergrund. Hieronymus, *Comm. in Ep. ad Galatas, Prologus*, PL 26 374: *"ex auditu fidei et naturali lege, quae loquitur in cordibus nostris, bona quaeque facienda, et vitanda mala: per quam dudum quoque Abraham, Moysen, et ceteros sanctos justificare retulimus"*.

[82] In seinem 386/7 entstandenen Kohelet-Kommentar verbindet Hieronymus seine Darstellung der zwei Zeiten mit der Warnung vor einem Rückfall in die alte Zeit, in die Zeit des Gesetzes; Hieronymus, *Comm. in Eccl.* 7,11 CCL 72 303,125-304,142: *"Ne dixeris: Quid factum est? quia dies priores meliores erant, quem isti; non enim sapienter interrogasti de hoc* (Koh 7,11). *Ne vetus saeculum praesenti praeferas quia unus utriusque est conditor deus. Virtutes*

er sammelt und weidet zu seiner Zeit Israel, und er sammelt und weidet zu seiner Zeit die Kirche[83]. Die Sammlung und Führung der Kirche schließt die Verwerfung der Juden ein, sofern sie sich nicht zum Glauben an Christus bekehren[84]. Wenn sich die Juden nicht zum Glauben an Christus bekehren und dabei das Gesetz aufgeben, gehen sie in ihrer Gerechtigkeit zu Grunde. Das heißt, daß ihnen das, was sie für gerecht halten, nicht mehr zur Gerechtigkeit dient. Hieronymus vergleicht sie mit den beiden Söhnen Aarons, die wegen ihres unbotmäßigen Opfers von Gott getötet wurden (Lev 10,1f)[85].

Obwohl das Gesetz nach der *passio Christi* unwirksam, ja schädlich geworden ist, ist es für Hieronymus nicht unwichtig. Hieronymus versteht das Gesetz als vorbereitendes Instrument Gottes vor dem Kommen Christi. Er bezeichnet es als *paedagogus Christi* und kann es in dieser Funktion sogar als Mutter des Glaubens an Jesus Christus bezeichnen[86]. Das Alte Testament muß aber jetzt aus dem

---

bonos dies viventi faciunt, vitia malus. Ne dicas ergo meliores dies fuisse sub Moyse et sub Christo; quam modo sunt. Nam et illo tempore plures fuerunt increduli et dies eorum mali facti sunt; et nunc credentes multi repperiuntur, de quibus Salvatore ait: 'Beatiores qui non viderunt et crediderunt' (Joh 20,19). Aliter: Sic debes vivere ut semper praesentes dies meliores tibi sunt, quam praeteriti, ne cum paulatim decrescere coeperis, dicatur tibi: 'Currebatis bene, qui vos impedivit veritati non oboedire' (Gal 5,7). Et iterum: 'Inscipientes spiritu nunc carne consummamini' (Gal 3,3). Aliter: Ne dicas meliora tempora olim quam nunc, Moysi quam Christi, legis fuisse, quam gratiae. Si enim hoc volueris quaerere, imprudenter facis, non videns, quantum distet evangelium a veteri testamento".

[83] Hieronymus, *Comm. in Eccl.* 1,4 CCL 72 253,116-125: "*Aliter, prima recedit generatio Judaeorum, et succedit generatio de gentibus congregata*".

[84] Hieronymus, *Comm. in Eccl.* 3,6-7 CCL 72 275,108-276,115: "*Quomodo enim Synagoga destruitur, ut aedificatur Ecclesia, et a lege fit scissio, ut evangelia consuantur, quod evangelistae singuli perpetrarent, de lege et prophetis adventis dominici testimonia consuentes; ita tempus fuit quaerendi et custodiendi Israel, tempus perdendi et proiciendi illum. Vel certe tempus quaerendi populum ex gentibus et tempus perdendi populum Judaeorum. Tempus custodiendi credentes ex nationibus et tempus abiciendi incredules ex Israel*".

[85] Hieronymus, *Comm. in Eccl.* 7,16 CCL 72 307,245f: "*Hebraei iustos pervenentes in iustitia, filios Aaron suscipiantur, quod dum se iuste ager, alienum ignem obtulerint*".

[86] Hieronymus, *Comm. in Ep. ad Galatas* 3,24 PL 26,368: "*Itaque et Moysi lex, populo lascivienti, ad instar paedagogi severioris apposita est, ut custodiret eos, et futurae fidei praepararet, quae postquam venit, et credidimus in Christum, iam non sumus sub paedagogo, tutor a nobis curatorque et legitimum aetatis tempus inventes, veri Dei filii nominatur, cui nos generat non lex abolita, sed mater fides, quae est in Christo Jesu*".

Blickwinkel des Neuen Testamentes gelesen werden[87]. Das erfordert eine spezielle Hermeneutik, die "geistliche Schriftauslegung"[88]. So geschieht die Außerkraftsetzung des Gesetzes nicht durch seine Aufhebung, sondern durch seine geistliche Erfüllung:

> *ut omnia quoque sacrificia et circumcisio et sabbatum spiritaliter complerentur* [89].

Hieronymus zieht eine scharfe Trennlinie zwischen der Zeit, in der das Gesetz gültig war und seine Vorschriften eingehalten werden mußten und der Zeit, in der durch das Kommen Christi und seiner Gnade allein der Glaube an Christus erforderlich ist. Diese beiden Zeiten und ihre Repräsentanten, Synagoge und Kirche, bilden eine unumkehrbare Reihenfolge. Zwischen ihnen gibt es einen Bruch, keinen allmählichen Übergang. Damit steht er fest in der Tradition der Vorstellung, daß die *passio Christi* das definitve Ende des Zeremonialgesetzes bedeutet. Er beruft sich direkt auf Paulus und bezeichnet das als das Zentrum seiner Botschaft:

> *Nullus quidem Apostoli sermo est, vel per Epistolam, vel per praesentis, in quo non laboret docere antiquae legis onera deposita, et omnia illa quae in typis et imaginibus praecesserunt, id est, otium Sabbati, circumcisione injuriam, Kalendarum et trium per annum solemnitatum recursus, scrupulositatem ciborum, et per dies singulos lavacra iterum sordidanda, gratia Evangelii subrepente cesasse, quam non sanguis victimarum, sed fides animae credentis impleret* [90].

Hieronymus wirft Augustinus vor, er verhalte sich in der Frage des Zeremonialgesetzes wie die Stoiker, die *adiaphora* kennen. Das

---

[87] Hieronymus kann auch hier die Metapher vom Tod durch das Gesetz benutzen (Gal 2,19). Hieronymus, *Comm. in Ep. ad Galatas* PL 26,370: *"Qui per legem igitur spiritualem, legi litterae moritur, Deo vivit, cum non sine lege Dei, sed in lege sit Christi".*

[88] Hieronymus schildert in dem schönen Bild von Früh- und Spätregen, die beide die Christen tränken, wie er sich das Zusammenkommen der Auslegung von Altem und Neuen Testament und zugleich die Unterschiede zwischen beiden vorstellt; *Comm. in Eccl.* 11,5-8 CCL 72 348,135-142: *"Repromittit in alio loco Deus dicens: 'Dabo vobis pluviam temporaneam et serotinam', vetus scilicet testamentum et novum, et utroque imbre vos irrigabo. Unde et nunc admonemur, ut sic legamus veterem legem, ne evangalium contemmnemus, sic quaeremus spiritalem in veteri instrumento intellegentiam, ne in evangelistis et in apostolis hoc tantum putemus sonare quod legitur".*

[89] Hieronymus, *Comm. in Hieremiam* 6,26 CCL 74 319 26f.

[90] Hieronymus, *Comm. in Galatas, Prologus,* PL 26, 333-334.

ist für Hieronymus unhaltbar[91]. Weder in der Ethik, in der die Stoiker die *adiaphora* als dritte Kategorie neben gut und böse stellen, noch in der Lehre vom Gesetz, gibt es für ihn etwas Indifferentes; nach der *passio Christi* ist das Zeremonialgesetz endgültig aufgehoben, und seitdem ist das Einhalten seiner Vorschriften schädlich[92]. Seine Position ist weniger differenziert als die Augustins, aber dennoch konsequent durchdacht[93]. Hieronymus zieht eine klare Trennungslinie zwischen der Zeit, als die Beobachtung des Zeremonialgesetzes von Gott angeordnet und daher notwendig war, und der Zeit, die der Vorschriften des Zeremonialgesetzes auf Grund der durch das Kommen Christi offenbar gewordenen Gnade Gottes nicht mehr bedarf[94]. Deshalb reagiert er mit Unverständnis auf die Äußerungen Augustins zu diesem Thema. Für Hieronymus ist es eine unumstößliche Tatsache, daß das Zeremonialgesetz nach der *passio Christi* außer Kraft gesetzt ist. Seiner Meinung nach haben die Apostel das Zeremonialgesetz nicht gehalten, auch wenn das in den biblischen Berichten erwähnt wird, es sei denn, sie wären durch Rücksichtnahme oder äußeren Druck *(metu Judaeorum)* dazu gezwungen worden.

---

[91] Hieronymus ad Augustinum, Ep. 75,16 CSEL 34/II 311,1f: *"neque enim indifferentia sunt inter bonum et malum, sicut philosophi disputant:"*. Vgl. Marcia L. COLISH, *The Stoic Tradition*, a.a.O. Bd. 2 S.75f, der auf Hieronymus, *Comm. in Esaiam* 4,11 verweist, wo Hieronymus seine Äußerung aus dem Brief an Augustinus noch einmal wiederholt. Der einzige, der in der Frage der Gesetzesbeachtung als einem πράγμα ἀδιάφορον gesprochen hat, ist Origenes, der große Lehrmeister des Hieronymus. Vgl. Giuseppe SGHERRI, *Chiesa e Sinagoga*, a.a.O. S.289, der allerdings nicht auf die stoische Herkunft des Begriffes eingeht.

[92] Der Vorwurf des Hieronymus trifft Augustinus nicht, denn er lehnt ebenfalls die *adiaphora* als ethische Kategorie ab; vgl. Marcia L. COLISH, *The Stoic Tradition*, a.a.O. Bd. 2 S. 237. Deshalb kann er diesem Vorwurf nicht anders begegnen, als darauf zu verweisen, daß er lieber wie ein Stoiker etwas für indifferent halte, als wie ein Advokat seinen Mandanten mit Lügen zu verteidigen, was er im Gegenzug Hieronymus vorwirft; Augustinus ad Hieronymum, Ep. 82,13 CSEL 34/II 363,10-13.

[93] Hayo GERDES, Luther und Augustin über den Streit zwischen Petrus und Paulus in Antiochien (Galater 2,11ff), a.a.O. S.16: "Man muß Hieronymus zugestehen, daß unter seiner Voraussetzung: Christus des Zeremonialgesetzes Ende - und das war damals durchaus herrschende Meinung - sich kaum etwas Besseres sagen ließ, wenn man nicht gezwungen sein wollte, Paulus und Petrus unter die ebionitischen Ketzer zu rechnen".

[94] Hieronymus ad Augustinum, Ep. 75,14 CSEL 34/II 306,8-11: *"pro legis gratia, quae praeteriit, gratiam evangelii accepimus permanentem et pro umbris et imaginibus veteris instrumenti veritas per Jesum Christum facta est"*.

3. Der Dissens zwischen Augustinus und Hieronymus

Der Dissens zwischen Augustinus und Hieronymus besteht darin, daß Augustinus das Halten des Gesetzes in der apostolischen Zeit nicht für schädlich hält[95], Hieronymus dagegen sehr wohl[96].

Die Aussagen Augustins darüber, daß das Halten des Zeremonialgesetzes den Aposteln erlaubt gewesen sei, klingen in den Ohren des Hieronymus äußerst gefährlich. Er kennt in der Frage des Zeremonialgesetzes nur "Ja" und "Nein"[97]. Die von Augustinus vorgesehene "Zwischenzeit" ist für ihn inakzeptabel. Er ist nicht bereit, mit Augustinus darüber zu diskutieren, ob es zwischen "Ja" und "Nein" noch etwas Drittes gibt, wie das "die Philosophen zu tun pflegen"[98]. Er sieht die große Gefahr, daß die Christen aus der Gnade Gottes herausfallen und zu verworfenen Juden werden, wenn sie das Zeremonialgesetz halten[99].

Für Hieronymus stehen sich in der Frage der Gültigkeit des Zeremonialgesetzes Juden und Christen antagonistisch gegenüber[100];

[95] Augustinus ad Hieronymum, Ep. 40,5, Zitat s.o., dazu handelt Augustinus in Ep. 82,14 CSEL 34/II 363,20-364,20 ausführlich davon, daß er zwar nicht will, das Christen das Gesetz halten, er es aber auf keinen Fall für schädlich halten kann, da es von Gott gegeben ist.

[96] Hieronymus ad Augustinum, Ep. 75,14 CSEL 34/II 305,7-11: *"ego e contrario loquar et reclamante mundo libera voce pronuntiem caeremonias Judaeorum et perniciosas esse et mortiferas Christianis, et quicumque eas observavit sive ex Judaeis sive ex gentibus, eum in barathrum diaboli devolutum".*

[97] Hieronymus neigt häufiger zu solch scharfen Zuspitzungen; eine parallele Argumentationsstruktur findet sich zum Beispiel im *Apologeticum ad Pammachium* in der Auseinandersetzung um Jovinian, Hieronymus ad Pammachium, Ep. 49,2 CSEL 54 351,21f: *"Medium esse nihil potest, aut mea sententia sequenda est aut Joviniani".*

[98] Hieronymus ad Augustinum, Ep. 75,16 CSEL 34/II 311,1-9: *"neque enim indifferentia sunt inter bonum et malum, sicut philosophi disputant ...observare legis caeremonias non potest esse indifferens, sed aut malum aut bonum est. tu dicis bonum, ego adverso malum".* Vgl. Hayo GERDES, Luther und Augustin über den Streit zwischen Petrus und Paulus in Antiochien (Galater 2,11ff), a.a.O. S. 17. GERDES bezeichnet die Position Augustins als ein "Sowohl-Als-Auch".

[99] Hieronymus ad Augustinum, Ep. 75,13 CSEL 34/II 304,8-14: *"neque enim eiusdem est, criminis in explanatione scripturarum diversas maiorum sententias ponere et haeresim sceleratissime rursus in ecclesiam introducere. sin autem haec nobis incumbit necessitas, ut Judaeos cum legitimis suis suscipiamus et licebit eis observare in ecclesiis Christi, quod exercuerunt in synagogis satanae, - dicam, quod sentio - non illi Christiani fient, sed nos Judaeos faciant".*

[100] Hieronymus verlagert die scharfe Trennung von Juden und Christen in die apostolische Zeit, ohne Rücksicht darauf, daß die biblischen Berichte nicht von einer solchen klaren Unterscheidung sprechen. Vgl. auch Maurice WILES, *The*

deshalb überzeugt ihn auch das von Augustinus in die Diskussion gebrachte Argument nicht, daß die Apostel durch Beachtung ihrer *paternae traditiones*[101] das von Gott gegebene Alte Testament weiterhin ehren und diese Wertschätzung den kommenden Generationen weitervermitteln wollen. Gerade den Juden, mit denen Gott den Alten Bund geschlossen hat, gilt die Verheißung des Neuen Bundes, der das Zeremonialgesetz ablöst[102]. Die völlige Aufhebung des Zeremonialgesetzes geschieht nach der Auffassung des Hieronymus mit der *passio Christi*, nicht erst im Laufe der apostolischen Zeit. Darum ist das Halten der Vorschriften des Zeremonialgesetzes nach der *passio Christi* nicht nur für Heidenchristen sondern auch für Judenchristen schädlich[103]. Erst bei der Wiederkunft Christi wird dieses Unterscheidungsmerkmal zwischen Juden und Heiden aufgehoben werden; darin sind sich wiederum Augustinus und Hieronymus einig[104].

---

divine apostle, a.a.O. S.72: "It is clear from the way Jerome argues that, in trying to determine Paul's attitude to the law, he has one eye firmly fixed upon the contemporary situation over against Jews and Judaizing Christians".

[101] Das betont Hieronymus im Anschluß an ein längeres Zitat aus Augustins Ep. 40,4; Hieronymus ad Augustinum, Ep. 75,14 CSEL 34/II 305,4-14: *"Judaeorum Paulus caeremonias observabat, cum iam Christi esset apostolus, et dicis eas non esse perniciosas his, qui eas velint, sicut a parentibus acceperint, custodire. ego e contrario loquar et reclamante voce pronuntiem caeremonias Judaeorum et perniciosas esse et mortiferas Christianis et, quicumque eas observaverit sive ex Judaeis sive ex gentibus, eum in barathrum diaboli devolutum. 'finis enim legis Christus est ad iustitiam omni credenti', Judaeo scilicet atque gentili: neque enim omni credenti erit 'finis ad iustitiam', si Judaeus excipitur".*

[102] Hieronymus ad Augustinum, Ep. 75,14 CSEL 34/II 306,17-307,4 (Hervorhebungen R.H.): *"non populum gentilium cum quo ante non fuerat testamentum, sed populo Judaeorum, cui legem dederat per Moysen, testamentum novum evangelii repromittat ut nequaquam vivant in v e t u s t a t e litterae sed in n o v i t a t e spiritus".*

[103] Hieronymus ad Augustinum, Ep. 75,16 CSEL 34/II 311,7-10: *"observare legis caeremonias non potest esse indifferens, sed aut malum est aut bonum est. tu dicis bonum, ego adsero malum et malum non solum his, qui ex gentibus, sed et his, qui ex Judaico populo crediderunt".*

[104] Für Augustinus vgl. Bernhard BLUMENKRANZ, Augustin et les juifs, a.a.O. S.235: "Mais cette entrée massive des Juifs dans l'Église, Augustin en est bien conscient, c'est une vue eschatologique". Für Hieronymus vgl. Yvon BODIN, L'Eglise des Gentils dans l'ecclesiologie de St. Jérôme, in: StPatr 6 (1962) S.8: "Toutefois, cette entrée massive des nations dans l'Eglise sera à la longue pour le bénéfice des Juifs: Israël lui-même aura miséricorde, les Juifs se convertiront, car ils sont nos pères, comme Paul l'a dit en Rom. 11,25. Ainsi, après le rejet temporaire des Juifs, symbolisé dans le figuier maudit, il y aura réunion générale de tous en J.C. et dans la charité mutuelle".

4. Augustinus und Hieronymus über die Judenchristen

An die Diskussion um das Halten des Zeremonialgesetzes schließt sich nahtlos die Frage an, wie Augustinus und Hieronymus zum Judenchristentum stehen[105]. Diese Frage soll hier zwar nicht ausführlich behandelt, aber zumindest angesprochen werden. Zu Lebzeiten Augustins und des Hieronymus gab es noch judenchristliche Gruppen, die das Zeremonialgesetz hielten und an Jesus Christus glaubten. Zwar hatten weder Augustinus noch Hieronymus persönlichen Kontakt zu Judenchristen[106], aber sie erwähnen sie in ihren Schriften. Hier soll ihre theologische Position gegenüber Judenchristen auf dem Hintergrund ihrer Stellung zum Zeremonialgesetz untersucht werden.

4.1. Augustinus

Augustins Anliegen in der Frage der Gültigkeit des Zeremonialgesetzes ist es, zu verhindern, daß Nichtjuden gezwungen werden, das Zeremonialgesetz zu halten. Deshalb betont er in seiner Auslegung von Gal 2,11-14 wiederholt, daß Paulus vor allem aus diesem Grund Petrus widersprach. Denselben Fehler sieht Augustinus in der Diskussion mit dem Manichäer Faustus immer noch bei den judenchristlichen Gruppen vorliegen:

> *hoc igitur temperamentum moderatumque spiritus sancti per apostolos operantis cum displicuisset quibusdam ex circumcisione credentibus, qui haec non intellegebant, in ea perversitate mansuerunt, ut gentes cogerent judaizare. hi sunt, quos*

---

[105] Vgl. Carsten COLPE, *Das Siegel der Propheten. Historische Beziehungen zwischen Judentum, Judenchristentum und Heidentum und frühem Islam* (ANTZ 3), Berlin 1990 S.38-58. COLPE hat auf die terminologischen Schwierigkeiten hingewiesen, die es mit der Bezeichnung "Judenchristen/tum" gibt. Diese in der Wissenschaftssprache entstandene Bezeichnung ist äußerst mehrdeutig und kann von der allgemeinen Tatsache, daß Juden und Christen gemeinsame Wurzeln haben, bis zu Gruppen jüdischer Herkunft, die nicht in der Großkirche aufgegangen sind, viele verschiedene Phänomene bezeichnen. In dieser Untersuchung werden mit "Judenchristen" nur solche Gruppen jüdischer Herkunft, die sich zum Glauben an Jesus Christus bekennen, bezeichnet.

[106] A.F.J. KLIJN / G.J. REININK, *Patristic Evidence for Jewish-Christian Sects*, a.a.O. S.52, "The only writers who knew something about the Nazoreans were Epiphanius and Jerome, and they had no first-hand knowledge of their beliefs". Zu der judenchristlichen Gruppe der Nazarener vgl. R.A. PRITZ, *Nazarene Jewish Christianity: From the End of the New Testament Period until its Disappeareance in the Fourth Century*, (StPB 37), Jerusalem / Leiden 1988. Zum Judenchristentum allgemein vgl. Georg STRECKER, Judenchristentum, in: *TRE* 17 (1988) S. 310-325 und Wolfram KINZIG, 'Non-Separation': Closeness

Faustus Symmachianorum vel Nazaraeorum nomine commemo-
ravit, qui usque ad nostra tempora iam quidem in exigua, sed
adhuc tamen vel in ipsa paucitate perdurant [107].

Bei dieser Äußerung wird die Möglichkeit, daß sich Juden in
Augustins Zeit zum Glauben an Christus bekehren, aber wie Paulus
das Zeremonialgesetz als *paternae traditiones* weiterhin halten
wollen, nicht in Betracht gezogen. In der zitierten Passage aus
Contra Faustum wird die Möglichkeit jedoch auch nicht explizit
ausgeschlossen. In der Diskussion mit Hieronymus hingegen übernimmt Augustinus von Hieronymus das Resümee, daß die Häretiker,
die gleichzeitig Juden und Christen sein wollten, beides nicht sein
können[108]. Das ist eine klare Absage an ein eigenständiges
Judenchristentum. Gegenüber Hieronymus äußert er sich auch klar
darüber, daß er es auf keinen Fall für legitim hält, wenn ein zum
Glauben an Christus gekommener Jude das Zeremonialgesetz hält,
welche Bedeutung er ihm auch beimessen mag[109]. Damit macht auch
Augustinus das Faktum des Haltens des Zeremonialgesetzes zum
Kriterium der Zugehörigkeit zum Judentum oder Christentum. Die
Konzeption, mit der Augustinus den Aposteln das Halten des
Zeremonialgesetzes ermöglicht, findet nur Anwendung für die Phase
zwischen der Zeit *sub lege* und der Zeit *sub gratia.*

4.2. Hieronymus
Obwohl Hieronymus derjenige unter den lateinischen Kirchenvätern
ist, der die meisten Informationen über Judenchristen in seinen
Schriften überliefert, hat er offfenbar keinen direkten Kontakt zu
ihnen gehabt. Er verdankt sein Wissen zu einem Großteil Epiphanius

---

and Co-Operation between Jews and Christians in the Fourth Century, in:
VigChr 45 (1991) S.27-53 (Literatur).
    [107] Augustinus, *Contra Faustum* 19,17 CSEL 25 516, 20-27.
    [108] Augustinus ad Hieronymum, Ep. 82,15 CSEL 34/II 365,15f: *"haeretici,*
qui dum volunt Judaei esse et Christiani, nec Judaei nec Christiani esse
potuerunt". Augustinus paraphrasiert hier einen Satz des Hieronymus aus
Ep. 75,13 CSEL 34/II 304,3f: *"sed dum volunt et Judaei esse et Christiani, nec*
Judaei sunt nec Christiani".
    [109] Augustinus ad Hieronymum, Ep. 82,17 CSEL 34/II 368,19-369,4:
"numquam mihi visum fuisse etiam nunc Christianos ex Judaeis factos
sacramenta illa vetera quolibet affectu quolibet animo celebrare debere aut eis
ullo modo licere, cum illud de Paulo semper ita senserim, ex quo illius mihi
litterae innotuerunt, sicut nec tibi videtur hoc tempore cuiquam ista esse
simulanda, cum hoc fecisse apostolos credas".

von Salamis[110]. Darüberhinaus verweist Hieronymus in seinen Kommentaren häufig auf judenchristliche Exegese. Das heißt aber nicht, daß er dem Judenchristentum freundlich gegenübersteht. Da Hieronymus jegliches Halten des Zeremonialgesetzes nach der *passio Christi* für schädlich hält, ist es für ihn undenkbar, daß es ein eigenständiges Judenchristentum geben kann. Er verweist deshalb auch darauf, daß der Versuch, das Halten des Zeremonialgesetzes mit dem Glauben an Christus zu verbinden, auch von den orthodoxen Juden abgelehnt wird[111]. In Umkehrung des von Augustinus gebrauchten Argumentes, daß die Apostel die Vorschriften des Zeremonialgesetzes als *paternae traditiones* einhalten durften, weist Hieronymus darauf hin, daß die, die das Evangelium Christi mit den Vorschriften des Zeremonialgesetzes vermischt haben, von ihren eigenen Vätern wegen dieser Vermischung verdammt worden sind[112]. Diese Vermischung ist für Hieronymus genausowenig akzeptabel wie für die Rabbinen. Für Hieronymus besteht die einzige Lösung des Problems darin, das Alte, d.h. die Vorschriften des Zeremonialgesetzes zu verlassen und sich dem Neuen, dem gesetzesfreien Evangelium Christi, zuzuwenden.

C. ZUSAMMENFASSUNG

Die Untersuchung der Kontroverse zwischen Augustinus und Hieronymus um das Zeremonialgesetz ergibt, daß sich beide im Grunde in der heilsgeschichtlichen Konzeption einig sind. Für beide ist die Verpflichtung erloschen, die Vorschriften des Zeremonialgesetzes einzuhalten, weil es durch das Kommen Christi erfüllt und damit aufgehoben ist. Das Halten des Zeremonialgesetzes ist für Christen nicht mehr zulässig; an ihm unterscheiden sich jetzt Juden und Christen. Augustinus sieht aber im Gegensatz zu Hieronymus

[110] Die von Epiphanius überlieferten Informationen sind zusammengestellt bei A.F.J. KLIJN / G.J. REININK, *Patristic Evidence for Jewish-Christian Sects*, a.a.O. S. 154-196.

[111] Hieronymus ad Augustinum, Ep. 75,13 CSEL 34/II 303,12-304,4: *"quid dicam de Hebionitis, qui Christianos esse se simulant? usque hodie per totas orientes synagogas inter Judaeos haeresis est, qua dicitur Minaeorum et a Pharisaeis huc usque damnatur, quos vulgo Nazareos nuncupant ...sed dum volunt et Judaeio esse et Christiani, nec Judaei sunt nec Christiani".*

[112] Hieronymus ad Augustinum, Ep. 75,13 CSEL 34/II 303,8-11: *"in Cerinthi et Hebionis haeresim delabimur, qui credentes in Christo propter hoc solum a parentibus anathemazati sunt, quod legis caeremonias Christi evangelio miscerunt et sic nova confessi sunt, ut vetera non ammitterunt".*

eine Übergangszeit vor, in der es für Judenchristen möglich ist, das Zeremonialgesetz zu halten, sofern es nicht für heilsnotwendig erachtet und kein Heidenchrist gezwungen wird, es ebenfalls einzuhalten. Diese Regelung gilt nach der Meinung Augustins ausschließlich für die apostolische Zeit[113] und stellt deshalb keine Zustimmung zu irgendwelchen Formen des Judenchristentums dar. Dafür ist kein Platz zwischen der klaren Zugehörigkeit zum Juden- oder Christentum. In der Unterscheidung zwischen Juden und Christen, die durch das Halten des Zeremonialgesetz dokumentiert wird, sind sich Augustinus und Hieronymus wiederum einig. Auch Augustinus würde es keinem konvertierten Juden erlauben, das Zeremonialgesetz als seine *paternae traditiones* einzuhalten.

---

[113] Diesen Unterschied zwischen Augustinus und Hieronymus hat bereits Thomas von Aquin, *Summa theologica II/1* quaest. 103,4 erkannt und treffend formuliert, daß Hieronymus nur zwischen zwei Zeiten unterscheide; zwischen der Zeit *ante passionem Christi* und der Zeit *post passionem Christi*. Augustinus hingegen zähle drei Zeiten: zwischen der Zeit *ante Christi passione*m und der *post tempus Evangelii divulgati* gebe es bei ihm noch eine dritte, mittlere Zeit, *tertium est tempus medium*. Eine ausführlichere Darstellung findet sich in Thomas' *Lectura super Epistolas S. Pauli* Bd. I Nr. 94, S. 585f.

ACHTES KAPITEL

SCHLUSSZUSAMMENFASSUNG

Die Ergebnisse der Arbeit am Briefwechsel zwischen Augustinus und Hieronymus sollen zum Schluß zusammengefaßt werden. Durch die Untersuchung des Briefwechsels wurde kein völlig neues Bild der beiden Kirchenväter und ihrer brieflichen Auseinandersetzung gewonnen, aber in vielen Punkten größere Klarheit erreicht. Das gilt sowohl für die Überlieferung der Briefe als auch für die behandelten Themen.

Entgegen anderen Vermutungen kann festgestellt werden, daß fast alle Briefe, die Augustinus und Hieronymus gewechselt haben, erhalten geblieben sind. Ihr Briefwechsel ist in zwei Teile unterteilt[1], die durch einen zeitlichen Abstand von zehn Jahren getrennt sind, unterschiedliche Themen behandeln und auch unterschiedlich überliefert worden sind. Der erste Teil des Briefwechsels ist bis auf zwei kurze Notizen vollständig erhalten. Er umfaßt 12 Briefe, die zwischen 395 und 405 verfaßt worden sind. In ihnen diskutieren Augustinus und Hieronymus über den Kanon des Alten Testaments, die Auslegung von Gal 2,11-14 und die Geltung des Zeremonialgesetzes. Der zweite Teil des Briefwechsels ist ebenfalls bis auf zwei Briefe vollständig erhalten. Er umfaßt 7 Briefe, die zwischen 415 und 419 entstanden sind. Der letzte Brief, Ep. 19*, ist erst vor kurzem entdeckt worden[2]. Die Briefe des zweiten Teils sind zwar alle durch den pelagianischen Streit beeinflußt, aber sie bilden nicht, wie der erste Teil, eine thematische Einheit.

---

[1] Donatien DE BRUYNE, La correspondance échangée entre Augustin et Jérôme, in: *ZNW* 31 (1932) S.233-248 und Hans LIETZMANN, Zur Entstehungsgeschichte der Briefsammlung Augustins, in: *Kleine Schriften* I, hg.v. K. ALAND, Berlin 1958 S.260-304 haben versucht, den Briefwechsel in drei Teile zu unterteilen, das hat sich aber durch die Untersuchung der handschriftlichen Überlieferung als nicht zutreffend erwiesen, s.o.

[2] Ep. 19* ist bisher ins Jahr 416 datiert worden; eine Analyse im Kontext des übrigen Briefwechsels ergibt aber, daß er nicht aus dieser Zeit stammen kann, sondern erst 419 verfaßt wurde. Zur Datierung und Einordnung in den Briefwechsel s.o.

Die Untersuchung der handschriftlichen Überlieferung des Briefwechsels und der erhaltenen spätantiken Nachrichten über den
Briefwechsel ergeben, daß sowohl Augustinus als auch Hieronymus
den ersten Teil ihrer Korrespondenz veröffentlicht haben. Ihre
Autorenrezensionen unterscheiden sich aber in der Anzahl, dem
Textbestand und der Reihenfolge der Briefe voneinander. Beide
Ausgaben folgen demselben Editionsprinzip. Sowohl Augustinus als
auch Hieronymus geben den Verlauf des Briefwechsels so wieder,
wie er aus ihrer Perspektive ausgesehen hat. Daß sich ihre Ausgaben
dennoch stark voneinander unterscheiden, ist bedingt durch den
komplizierten Verlauf des Briefwechsels[3]. Einige Briefe haben sich
gekreuzt, einer kursierte sogar jahrelang in Italien, bevor Hieronymus ihn zu Gesicht bekam. Die Verstimmung des Hieronymus
darüber erschwerte die Verständigung mit Augustinus zusätzlich und
führte schließlich dazu, daß Hieronymus in seiner Rezension
Augustins Ep. 73 zu einer Entschuldigung umformte[4]. Hieronymus
verfolgt wie Augustinus mit seiner Rezension des Briefwechsels das
Ziel, sich seinen Lesern möglichst als Gewinner der Auseinandersetzung zu präsentieren.

Wie das Bemühen um eine positive Darstellung in den Autorenrezensionen zeigt, sind die Kontroversen zwischen Augustinus und
Hieronymus für ein größeres Publikum von Interesse[5]. Dieses
Interesse gründet sich nicht nur auf die Bekanntheit der beiden
Autoren, sondern auch auf die Themen, die sie in ihren Briefen verhandeln. Sowohl mit der Diskussion um den Kanon des Alten
Testaments als auch um die rechte Auslegung von Gal 2,11-14 und
die Geltung des Zeremonialgesetzes verhandeln sie zentrale Themen
der Theologie. Bei beiden Themen hat die Untersuchung gezeigt,
daß sowohl Augustinus als auch Hieronymus in einem höheren Maße
als bisher angenommen von bestehenden Traditionen abhängig sind.
Hieronymus ist von der Position der griechischen Kirche beeinflußt.
Sein Versuch, sie an die lateinische Kirche zu vermitteln, kollidiert
in beiden Fällen mit vorhandenen gegenteiligen Überzeugungen.

---

[3] Dazu s.o. Graphik 3.

[4] Hieronymus läßt die ersten drei Kapitel von Ep. 73 weg und beginnt den
Brief dann mit den Worten: *"cur itaque conor contra fluminis tractum et non
potius veniam peto?"*; Augustinus ad Hieronymum, Ep. 73 CSEL 34/II 265,23-
266,1.

[5] Augustinus ist sich des öffentlichen Interesses an dem Briefwechsel mit
Hieronymus durchaus bewußt und bringt das auch gegenüber Hieronymus zum
Ausdruck. Augustinus ad Hieronymum, Ep. 82,32 CSEL 34/II 382,19f:
"Proinde carissimos nostros, qui nostris laboribus sincerissime favent..".

Vor allem in den Kanonlisten der griechischen Kirche hat es in der Frage des alttestamentlichen Kanons durchgängig eine Orientierung an der hebräischen Bibel gegeben. Damit verbunden ist die Vorstellung, daß die Kirche das Alte Testament gemeinsam mit den Juden benutzt, die diese Schriften überliefert haben[6]. Das drückt sich darin aus, daß in den Kanonverzeichnissen nur die Schriften der hebräischen Bibel als kanonisch anerkannt werden. Darüberhinaus findet die Verbindung zu den Juden - seit Origenes - ihren Ausdruck in der Zählung von 22 Büchern, deren Zahl ausdrücklich mit der Anzahl der Buchstaben des hebräischen Alphabets in Verbindung gebracht wird.

Hieronymus übernimmt von seinen griechischen Lehrern die Hochschätzung der hebräischen Bibel. Er geht über sie hinaus, indem er eine Übersetzung ins Lateinische direkt aus dem hebräischen Text anfertigt, während sich seine griechischen Vorbilder, allen voran Origenes, mit der Verbesserung des Septuaginta-Textes begnügt hatten. Diese Arbeit geschieht in Zusammenarbeit mit jüdischen Gelehrten, die sich nicht nur auf Sprachunterricht, sondern auch auf exegetische Traditionen erstreckt. In der Kooperation mit den Juden geht Hieronymus so weit, daß er sich ausdrücklich auf die Überlieferung der hebräischen Bibel durch die Juden beruft, die die Zuverlässigkeit des Textes gewährleistet, den er seiner Arbeit zu Grunde legt. Darüberhinaus setzt er die Juden auch zur Kontrollinstanz für seine Übersetzung ein.

Im lateinischen Westen, der sich bis dahin mit der Kanonfrage kaum beschäftigt hatte, stieß seine Orientierung an der hebräischen Bibel auf Widerstand, weil sie die traditionelle Vorrangstellung der Septuaginta erschütterte. Augustinus, der an den Bemühungen der afrikanischen Kirche beteiligt ist, den kirchlichen Gebrauch der Septuaginta als verbindlicher Form des Kanon des Alten Testaments festzuschreiben, tritt Hieronymus entgegen, um ihn von seinem Vorhaben abzubringen. Für seine Auseinandersetzungen mit den Manichäern und später den Priscillianisten, ist es notwendig, sich auf einen festgelegten, verläßlichen Bestand der Bibel zu berufen. Dafür

---

6 Vgl. Franz STUHLHOFER, *Der Gebrauch der Bibel von Jesus bis Euseb. Eine statistische Untersuchung zur Kanongeschichte*, Wuppertal 1988 S.129: "Aber es war das allgemeine Empfinden der Kirche, das AT von den Juden übernommen zu haben und deshalb rückfragen zu müssen, wie es bei den Juden ursprünglich war". Diese Aussage trifft allerdings nur für die griechische Kirche zu.

bietet in Augustins Augen die inspirierte Septuaginta die besten
Möglichkeiten. Zwar zeigt sich Augustinus prinzipiell vom Nutzen
der Übersetzung des Hieronymus nach der hebräischen Bibel überzeugt, eine Möglichkeit der Anwendung sieht er aber auch später nur
darin, jüdische Verfälschungen am Bibeltext nachzuweisen.

Der Gegensatz zwischen Augustinus und Hieronymus in dieser
Frage ist offensichtlich. Vor allem unterscheiden sie sich in der
Haltung zu den Juden und ihrer Kompetenz in Fragen, die das Alte
Testament betreffen. Während Hieronymus davon ausgeht, daß die
von ihnen überlieferte hebräische Bibel zuverlässig ist, ist
Augustinus der Überzeugung, daß die Septuaginta durch ihre Inspi-
ration vertrauenswürdig ist, die Juden hingegen Texte antichristlich
verfälscht hätten[7].

Die Auseinandersetzung um Gal 2,11-14 entzündet sich an der
Frage, ob das inkonsequente Verhalten des Petrus in Antiochia als
simulatio, das heißt als vorgetäuschte Handlung oder als Fehlverhalten zu werten ist. In der Diskussion zwischen Augustinus und
Hieronymus stoßen noch einmal griechische und lateinische
Auslegungstraditionen aufeinander. Sowohl Augustinus als auch Hieronymus stützen sich auf exegetische Autoritäten. Hieronymus übernimmt die Auslegung von seinen griechischen Lehrern[8], die auf
Origenes zurückgeht und das Geschehen in Antiochia als verabredetes Scheingefecht erklärt, das Petrus und Paulus aufführen, weil
jeder Rücksicht auf die ihm anvertraute Gruppe nimmt. Petrus trennt
sich - zum Schein - von den Heidenchristen, um die aus Jerusalem
gekommenen Judenchristen vor dem Abfall vom Glauben zu
bewahren, und Paulus widersteht Petrus - zum Schein -, damit die
Heidenchristen nicht glauben, es sei heilsnotwendig, das
Zeremonialgesetz einzuhalten.

Augustinus widerspricht Hieronymus mit der Feststellung, daß
die Auslegung des Hieronymus und seiner Vorgänger den Bibeltext
nicht ernst nimmt und die Schilderung des Paulus, er habe Petrus ins
Gesicht widerstanden, durch seine Erklärung verwässert. Die Aus-

---

[7] Dieser Vorwurf wird vor allem gegen die jüngeren jüdischen Übersetzungen
ins Griechische, die von Aquila, Symmachus und Theodotion angefertigt worden
sind, erhoben.

[8] Er nennt als Vorgänger Origenes, Didymus, Eusebius von Caesarea,
Apollinaris von Laodicea, Alexander, Eusebius von Emesa und Theodor von
Heraclea, auf sie beruft er sich am Anfang seines Galaterkommentars und
gegenüber Augustinus; Hieronymus ad Augustinum, Ep. 75,4 CSEL 34/II 286,7-
10.

legung des Hieronymus eröffnet die Möglichkeit, daß Bibeltexte nicht wahr, sondern nur Vortäuschungen oder gar Lügen sind. Das bringt die gesamte Autorität der heiligen Schrift ins Wanken. Augustinus ist besonders deshalb darauf bedacht, daß die Bibel irrtumsfrei ist und keine Lüge enthält, weil er im Rahmen seiner Erkenntnistheorie darauf angewiesen ist. Darum hält er an der lateinischen Auslegungstradition fest, die den Apostelstreit als wahre Begebenheit versteht. Im Gefolge seiner Vorbilder stellt Augustinus fest, daß Petrus in Antiochia einen schweren Fehler begeht, indem er die Heiden nötigt, das Zeremonialgesetz einzuhalten. Paulus handelt hingegen richtig, wenn er dem ersten der Apostel widerspricht. Petrus wiederum erwirbt sich seit Cyprian von Karthago das Lob der lateinischen Exegeten durch die willige Annahme der Kritik des Paulus.

Weiterhin wird die Kontroverse dadurch verschärft, daß beide mit ihrer Argumentation ein apologetisches Interesse verfolgen. Hieronymus will Petrus und Paulus gegen den Vorwurf des Porphyrius in Schutz nehmen, sie hätten sich wie kleine Kinder gestritten, und Augustinus ist in der Auseinandersetzung mit Manichäern und Donatisten daran gelegen, zum einen die Wahrheit des biblischen Berichtes zu verteidigen, zum anderen die Autorität des Petrus trotz seines Fehlverhaltens unbeschädigt zu bewahren.

Im Hintergrund der Auseinandersetzung um Gal 2,11-14 steht eine allgemeinere Kontroverse um die Geltung des Zeremonialgesetzes. Augustinus ist der Meinung, daß es nach der *passio Christi* eine Art Übergangszeit gegeben hat, in der das Zeremonialgesetz zwar nicht mehr heilsnotwendig war, seine Vorschriften aber dennoch von den Aposteln und den übrigen Judenchristen eingehalten werden durften, wenn sie es aus Traditionsbewußtsein taten. Deshalb besteht für ihn das Fehlverhalten des Petrus auch nicht darin, daß er zusammen mit den Jerusalemer Boten Vorschriften des Zeremonialgesetzes beachtet hat, sondern darin, daß er durch sein Vorbild die Heidenchristen zwang, sie ebenfalls zu halten. Für Hieronymus gibt es diese Zwischenzeit nicht; nach der *passio Christi* ist das Zeremonialgesetz aufgehoben, und kein Christ darf seine Vorschriften einhalten. Wer das tut, ist Jude. Um weder Petrus noch Paulus dem Vorwurf aussetzen zu müssen, sie seien zum Judentum "zurückgefallen" - der eine in Antiochia, der andere, als er das Nasiratsgelübde erfüllte und Timotheus beschneiden ließ - nimmt Hieronymus an, die Apostel hätten das Zeremonialgesetz scheinbar einhalten *(simulative)* dürfen, um Juden für das Christentum zu gewinnen. Augustinus und Hieronymus sind grundsätzlich der Meinung, daß das Zeremonialgesetz endgültig aufgehoben ist. Aber die biblischen Berichte darüber, daß die Apostel Vorschriften des Zeremonialgesetzes eingehalten haben, nötigen sie, ein Konzept zu entwickeln, das es möglich macht, beides zu vereinbaren, damit den Aposteln nicht vorgeworfen werden kann, sie seien Juden geblieben.

Die Untersuchung des Briefwechsels macht deutlich, daß das Bemühen um ein rechtes Schriftverständnis im Zentrum der Auseinandersetzung zwischen Augustinus und Hieronymus steht. In der Kanonfrage sind es Umfang und Textbestand des Alten Testaments, in der Kontroverse um Gal 2,11-14 ist es die Wahrhaftigkeit der Schrift, an der der Streit entbrennt. Dazu kommt noch die Auseinandersetzung um das Zeremonialgesetz, die ein weiteres wichtiges Thema der Theologie berührt. Mit beiden Themenkomplexen ist auch die Stellung zu den Juden unlösbar verbunden. Diese Themen haben bis heute nichts an Bedeutung für die Theologie eingebüßt. Das ist ein Grund für die große Beachtung, die der Briefwechsel zwischen Augustinus und Hieronymus immer gefunden hat. Ein anderer liegt darin, daß sie auf ihre Weise dokumentieren, wie lebendig und fruchtbar auch harte Kontroversen in der Kirche sein können. Auch wenn sie ihre strittigen Punkte nicht einer Lösung zuführen konnten, haben ihre Kontroversen große Wirkung gehabt[9]. Da bis heute der Kanon des Alten Testaments in den Kirchen der Christenheit umstritten ist[10], die Auslegung von Gal 2,11-14 immer noch kontrovers diskutiert wird[11] und die Bedeutung der Beziehung zu den Juden für die Theologie erst in den letzten Jahrzehnten ins Bewußtsein gedrungen ist, wird der Briefwechsel zwischen Augustinus und Hieronymus auch weiterhin mit lebhaftem Interesse gelesen werden.

---

[9] So haben sich bei der Festlegung ihres Kanons des Alten Testament die reformatorischen Kirchen auf Hieronymus berufen, die römisch-katholische Kirche im Tridentinum auf die Synode von Hippo.

[10] Vgl. die Übersicht bei Hans-Peter RÜGER, Apokryphen, in: *TRE* 3 (1979) S.295 und DERS., Der Umfang des alttestamentlichen Kanons in den verschiedenen kirchlichen Traditionen, in: *Wissenschaft und Kirche FS E.Lohse*, hg.v. K. Aland, Bielefeld 1989 S. 336-345.

[11] Vgl. den Überblick über die neuere Auslegungsgeschichte von Gal 2,11-14 bei Franz MUSSNER, *Der Galaterbrief* (HThK 9), Freiburg 1981 S. 157-167.

LITERATURVERZEICHNIS

Die verwendeten Abkürzungen folgen dem Abkürzungsverzeichnis der *Theologischen Realenzyklopädie*, hg.v. Siegfried SCHWERTNER, Berlin 1976, außer:

AAP = Atti dell'Academia Pontiniana, Neapel
ANTZ = Arbeiten zur neutestamentlischen Theologie und Zeitgeschichte
CCL = Corpus Christianorum, Series Latina
GKG = Gestalten der Kirchengeschichte
HE = Historia Ecclesiastica
JbAC = Jahrbuch für Antike und Christentum
NTOA = Novum Testamentum et Orbis Antiquus
SJOT = The Scandinavian Journal for the Study of the Old Testament

A. QUELLEN

ABOT DE RABBI NATHAN - *The fathers according to Rabbi Nathan, Version B*, übers. u. kommentiert v. Anthony J. SALDARINI S.J. (SJLA 11), Leiden 1975

AMBROSIUS - *Opera*, Bd.1 hg.v. SCHENKL (CSEL 32/I-IV), Wien 1897-1902; Bd.2 + 3 hg.v. PETSCHENIG, (CSEL 62 + 64), Wien 1913

AMBROSIASTER - *Ambrosiastri qui dicitur Commentarius in Epistulas Paulinas*, 3 Bde., hg.v. Heinrich Josef VOGELS (CSEL 81/I-III), Wien 1966-1969

AMPHILOCHIUS von Ikonium - *Jambi ad Seleucum*, hg.v. Erich OBERG (PTS 9), Berlin 1969
- *Das Lehrgedicht des Amphilochius von Ikonium*, hg.v. Erich OBERG, in: JbAC 16 (1973) S. 67-97

ARISTEASBRIEF - *Aristeas to Philoctrates*, hg. u. übers. v. Moses HADAS, New York 1973
- Intr. texte critique, traduction et notes par André PELLETIER (SC 89), Paris 1962

ASTERIUS VON AMASEA - *Homilies I-XIV*, hg., eingel. u. komm.v. Cornelius DATEMA, Leiden 1970

ATHANASIUS - *Werke III,1. Urkunden zur Geschichte des arianischen Streites*, hg.v. Hans-Georg OPITZ, Berlin / Leipzig 1935
- *Expositio in Psalmorum* (PG 27), Paris 1857
- *Lettres festales et pastorales en copte*, hg.u. übers.v. L.-Th. LEFORT (CSCO 150 + 151) Louvain 1955

AUGUSTINUS - *Opera omnia*, 11 Teile, Basel 1506 (Joh. Amerbach); und Index, hg.v. Johannes Teuschlein, Basel 1517 (Joh. Amerbach)
- *Confessiones libri 12*, hg.v. Luc VERHEIJEN (CCL 27), Tournhout 1981
- *Contra academicos, De ordine, De beata vita, De magistro, De libero arbitrio*, hg.v. W.M. GREEN (CCL 29), Tournhout 1970
- *Contra adversarium legis et prophetarum; Commonitorium Orosii et Contra Priscillianistas*, hg.v Klaus-D. DAUR (CCL 49), Tournhout 1985

- *Contra Faustum*, hg.v. Joseph ZYCHA (CSEL 25), Wien 1891
- *De baptismo*, hg.v. M. PETSCHENIG (CSEL 51), Wien 1908
- *De civitate Dei*, hg.v. B. DOMBART / A.KALB (CCL 47 + 48), Tournhout 1965
- *De diversis quaestionibus ad Simplicianum*, hg.v. Almut MUTZEN-BECHER (CCL 44), Tournhout 1970
- *Liber epistolarium beati Augustini episcopi hipponensis ecclesie*, Basel 1493 (Joh. Amerbach)
- *Epistolae*, hg.v. Alois GOLDBACHER (CSEL 34/I + II, 44, 57, 58), Wien 1895-1923
- *Epistolae ex duobus codicibus nuper in lucem prolatae*, hg.v. Johannes DIVJAK (CSEL 88), Wien 1981
- *Oeuvres de Saint Augustin 46b. Lettres 1*-29**, hg.v. Johannes DIVJAK, Paris 1987
- *Epistolae ad Galatas expositionis liber unus*, hg.v. Johannes DIVJAK (CSEL 84), Wien 1971
- *Enchiridion ad Laurentium de fide et spe et caritate*, hg.v. E. EVANS (CCL 46), Tournhout 1969
- *De Genesi contra Manichaeos* (PL 34), Paris 1887
- *De gestis Pelagii*, hg.v. Karl F. URBA / J. ZYCHA (CSEL 42), Wien 1902
- *De Fide et Symbolo, De mendacio, Contra mendacium*, hg.v. Joseph ZYCHA (CSEL 41), WIEN 1900
- *"Die Lüge" und "Gegen die Lüge"*, übers. u. hg.v. Paul KESELINK, Würzburg 1953
- *De haeresibus*, hg.v. R. VANDER PLAETSE / C. BEUKERS (CCL 46), Tournhout 1969
- *De moribus ecclesiae catholica et de moribus Manichaeorum* (PL 32), Tournhout o.J.
- *Retractationes*, hg.v. Almut MUTZENBECHER (CCL 57), Tournhout 1984
- *Sermones de vetere Testamento*, hg.v. Cyrill LAMBOT (CCL 41), Tournhout 1961

The Bible in Aramaic based on Old Manuscripts and Printed Texts, Vol. IVa: *The Hagiographa. Transition from Translation to Midrash*, hg.v Alexander SPERBER, Leiden 1968

Biblia Sacra iuxtam vulgatam versionem, hg.v. Robert WEBER OSB, 2 Bde., Stuttgart, 1983[3]

CASSIUS DIO - *Historiarum Romanorum*, hg.v. U.P. BOISSEVAIN, 3 Bde., Berlin 1895-1901

CICERO, Marcus Tullius - *De legibus*, hg.v. Konrat ZIEGLER, 3.Aufl. v. W. GÖRLER (Heidelberger Texte, lateinische Reihe 20), Freiburg / Würzburg 1979

CLEMENS von Alexandrien - *Stromata Buch I-VI*, hg.v. Otto STÄHLIN (GCS 15), in dritter Aufl. hg.v. Ludwig FRÜCHTEL, Berlin 1960

The Codex Alexandrinus (Royal MS 1 D v-vii) in reduced photographic facsimile. Old Testament, 3 Bde., London 1915

Codex Sinaiticus. The Old Testament, reproduced in facsimile from photographs, by Helen and Kirsopp LAKE, Oxford 1922

Concilia Africae, hg.v. Charles MUNIER (CCL 149), Tournhout 1974

CYPRIAN von Karthago - *Epistulae*, hg.v. Wilhelm HÄRTEL (CSEL 3/II), Wien 1871

DIONYSIUS Exiguus - *Codex canonum Ecclesiae universae* (PL 67), Paris 1865

DOBSCHUETZ, Ernst von - *Das Decretum Gelasianum de libris recipiendis et non recipiendis*, (TU 38/4), Leipzig 1912

EPIPHANIUS von Salamis - *I. Ancoratus und Panarion haer. 1-33*, hg.v. Karl HOLL (GCS 25), Leipzig 1915; *II. Panarion haer. 33-64*, hg.v. Karl HOLL (GCS 31), 2. bearb. Auflage hg.v. Jürgen DUMMER, Berlin 1980; *III. Panarion haer. 65-80 und de Fide*, hg.v. Karl HOLL (GCS 37), 2. bearb. Auflage hg.v. Jürgen DUMMER, Berlin 1986
- *The Panarion. Book I (Sects 1-46)* übers.v. Frank WILLIAMS (NHS 35), Leiden 1987
- *Τὸ "Περὶ μέτρων καὶ σταθμῶν" ἔργον Ἐπιφάνιου τοῦ Σαλαμῖνος*, hg.v. Elia D. MOUTSOULAS, Athen 1971
- *Treatise on Weights and Measures. The Syriac Version*, hg.v. James Elmer DEAN (SAOC 11), Chikago 1935

4. Esra. Die Apokalypsen des Esra und des Baruch, hg.v. Bruno VIOLET (GCS 32), Leipzig 1924

Die Esra Apokalypse (IV. Esra), übers.u. hg.v. A.F.J. KLIJN (GCS), Berlin 1992

EUSEBIUS von Emesa - *Discours conserves en latin*, hg.v. É.M. BUYTAERT 2 Bde., Louvain 1953-1957

EUSEBIUS von Caesarea - *Historia ecclesiastica*, (Kleine Ausgabe) hg.v. Eduard SCHWARTZ, Leipzig 1908
- *Kirchengeschichte*, übers. u. eingel. v. Heinrich KRAFT, München 2.Aufl. 1981
- *Praeparatio evangelicae* (GCS 43/2), Berlin 1956

FACUNDUS Hermianensis - *Pro defensione trium capitulorum*, hg.v. J.-M. CLEMENT / R. VANDER PLAETSE (CCL 90a), Tournhout 1984

GREGOR von Nazianz - *Poemata* (PG 37), Paris 1862

HIERONYMUS - *Omnium operum divi Eusebii Hieronymi Stridonensis*, hg.v. Erasmus von Rotterdam, 9 Teile, Basel 1516. *Index in tomos omnes operum divi Hieronymi cum interpretatione nominum Graecorum et Hebraeorum*, zusammengestellt v. Johannes Oecolampad, Basel 1520
- *Hebraicae questiones in libro Geneseos, Liber interpretationis hebraicorum nominum, Commentarioli in Psalmos, Commentarium in Ecclesiasten* (CCL 72), Tournhout 1959
- *Commentariorum in Epistolam ad Galatas libri 3* (PL 26), Paris 1884
- *Commentariorum in Hieremiam libri 6*, hg.v. Siegfried REITER (CCL 74), Tournhout 1960
- *Commentariorum in Esaiam libri 18*, hg.v. Marc ADRIAEN (CCL 73 + 73a), Tournhout 1963
- *Commentariorum in Hiezechielem libri 14*, hg.v. F. GLORIE (CCL 75), Tournhout 1964
- *Commentariorum in Danielem libri 3 (4)*, hg.v. F. GLORIE (CCL 75a), Tournhout 1964
- *Commentarii in Prophetas minores*, hg.v. Marc ADRIAEN (CCL 76 + 76a), Tournhout 1969-1970
- *Contra Joannem Hierosolymitanum* (PL 23), Paris 1883
- *Contra Rufinum*, hg.v. P. LARDET (CCL 79), Tournhout 1982

- *Dialogus adversus Pelagianos*, hg.v. C. MORESCHINI (CCL 80), Tournhout 1990
- *Dialogus contra Luciferanos* (PL 23), Paris 1883
- *Epistolare beati Hieronymi*, Basel 1492
- *Epistolae*, hg.v. Isidor HILBERG (CSEL 54-56), Wien 1910-1918
- *SS. Eusebii Hieronymi et Aurelii Augustini. Epistolae mutuae*, ed., prolegomenis et notis instruxit Josef SCHMID (FlorPatr Fasc. 22), Bonn 1930
- *Saint Jérôme Lettres*, hg. u. übers.v. Jérôme LABOURT, 8 Bde., Paris, 1947-1963
- *De viris inlustribus*, hg.v. Carl Albrecht BERNOULLI (SQS 11), Freiburg / Leipzig 1895, Nachdr. Frankfurt 1968
- *Vita S.Pauli primi eremitae*, (PL 23), Paris 1883
- *Vita S.Hilaronis* (PL 23), Paris 1883
- *Vita Malchi* (PL 23), Paris 1883

HILARIUS von Poitiers - *Tractatus in Psalmorum*, hg.v. Anton ZIEGERLE (CSEL 22), Wien 1891

IRENÄUS von Lyon - *Adversus haereses, Liber III*, hg.v. A. ROUSSEAU / L. DOUTRELEAU (SC 211), Paris 1974

Itinerarium Burgdalense, hg.v P. GEYER / O. CUNTZ (CCL 175), Tournhout 1965

Itinerarium Egeriae, hg.v. A. FRANCESCHINI / R. WEBER (CCL 175), Tournhout 1965

JOHANNES von Damaskus - Ἔκδοσις ἀκριβὴς τῆς ὀρθοδόξου πίστεως. *Die Schriften des Johannes von Damaskos II*, hg.v. Bonifatius KOTTER (PTS 12), Berlin / New York 1973

JOSEPHUS, Flavius - *De Judaeorum vetustate sive contra Apionem Libri II, Flavii Josephi Opera Bd.V*, hg.v. Benedikt NIESE, Berlin 1899

Das Buch der Jubiläen, hg.v. Klaus BERGER (JSHRZ II/3), Gütersloh 1981

JULIAN - *The Works of the Emperor Julian*, hg. u. Übers.v. Wilmer Cave Wright (LCL), London 1913-1923, Nachdr. 1962

JUSTINUS - Apologie und Dialog mit dem Juden Tryphon, hg.v Edgar J. GOODSPEED, *Die ältesten Apologeten*, Göttingen 1914, Neudr. 1984

KARLSTADT, Andreas Bodenstein von - De canonicis scripturis, hg.v. Karl August Credner, in: DERS.: *Zur Geschichte des Kanons*, Halle 1847 S. 316-412

LUTHER, Martin - *Assertio omnium articulorum M.Lutheri per bullam Leonis X novissimus damnatorum* (WA 7), WEIMAR 1897
  - *Vorlesung über den Galaterbrief 1516/17* (WA 57), Weimar 1939
  - *In epistolam Pauli ad Galatas commentarius 1519* (WA 2), Weimar 1884
  - *In epistolam S.Pauli ad Galatas Commentarius (1531) 1535* (WA 40/I), WEIMAR 1911

MELITO of Sardis, *On Pascha and Fragments*, hg.v. Stuart George HALL, Oxford 1979

Midrash Rabba. Numeri - übers.v. Judah J. SLOTHI London 1951
  - *Lamentationes*, übers.v. A. COHEN, London 1951
  - *Ecclesiastes*, übers.v. A. Cohen London 1951
  - *Song of Songs*, übers. v. Maurice SIMON, London 1951

NICEPHORUS von Konstantinopel - *Opuscula historica*, hg.v. Carl DE BOOR, Leipzig (Teubner) 1880

NILUS Ancyranus - *Epistulae*, (PG 79), Paris 1865

ORIGENES - *Contra Celsum*, hg.v. Paul KOETSCHAU (GCS 2 + 3), Leipzig 1899
- *Johanneskommentar*, hg.v. Erwin PREUSCHEN (GCS 10), Leipzig 1903
- *Klageliederkommentar (Fragmente)*, hg.v. Erich KLOSTERMANN (GCS 6), Leipzig 1901
- *Numeri-Homilien*, hg.v. W.A. BAEHRENS (GCS 30), Leipzig 1921
- *Korintherkommentar* (Fragmente), hg.v. C. JENKINS, Origen on I. Corinthians, in: *JThS* 9 (1908) S. 231-247, 353-372. 500-514; 10 (1909) S. 29-51

PALLADIUS - *Dialoge sur la vie de Jean Chrysostome*, hg.v Anne-Marie MALINGREY in Zusammenarbeit mit Philipp LECLERCQ (SC 341 + 342), Paris 1988

Pauluskommentare aus der griechischen Kirche. Aus Katenenhandschriften gesammelt und herausgegeben von Karl STAAB (NTA 15), Münster 1933

PHILO von Alexandrien - *Opera quae supersunt*, hg.v. L. COHN / P. WENDLAND, 6 Bde., Berlin 1896-1930

PHOTIUS - *Bibliothek*, hg.v. René HENRY, 5 Bde., Paris 1959-1960

PLATON - *Werke in 8 Bänden*, hg.v. Gunter EIGLER, Darmstadt 1990[2]

POSSIDIUS - Operum S. Augustini Elenchus, hg.v. A. WILMART in: *Miscellanea Agostiniana 2*, Rom 1930

PREUSCHEN, Erwin - *Analecta 2. Zur Kanonsgeschichte* (SQS 8/II), Tübingen 1910

PRISCILLIAN - *Opera quae supersunt*, hg.v. Georg SCHEPSS (CSEL 18), WIEN 1889

PROSPER von Aquitanien - Epitoma chronicon, in: *Chronica minora, seac. IV.-VII Bd.1* hg.v. Theodor Mommsen (MGH.AA 9), BERLIN 1961

Pseudoklementinen. I. Homilien, hg.v. Bernhard REHM (GCS 42), Berlin 1953

RUFINUS - *Apologia Contra Hieronymum*, hg.v M. Simonetti (CCL 20), Tournhout 1961

Septuaginta. Vetus Testamentum Graecum. Auctoritate Societatis Litterarum Gottingensis editum, Göttingen 1931ff
- hg.v. Alfred *Rahlfs* 2 Bde., Stuttgart 1965[2]

Talmud, babylonischer - hg. u. übers. v. Lazarus GOLDSCHMITT, Berlin / Leipzig / Den Haag 1897-1935

Targum to the five Megillot. Ruth, Ecclesiastes, Canticles, Lamentationes, Esther (Faks. Codex Vatican Urbinati 1), Intr. Note, Transl. and Indices, hg.v. Etan LEVINE, Jerusalem 1977

THEODOR von Mopsuestia - *In epistolas beati Pauli commentarii. The latin version with the Greec fragments*, hg.v. H.B.SWETE, Cambridge 1880-1882, Nachdr. 1969

THEODORET von Cyrus - *Historia ecclesiastica*, hg.v. Léon PARMENTIER, 2. Aufl.v. Felix SCHEIDWEILER (GCS 44), Berlin 1954

THOMAS von Aquin - *Summa theologica*. Die deutsche Thomas Ausgabe, übers.v. Dominikanern und Benediktinern Deutschlands und Österreichs, Salzburg u.a. 1934[3]ff.
- *Super Epistolas S. Pauli Lectura*, hg.v. Raphaelis CAI O.P., 7. durchges. Aufl. Turin, Marietti, Rom

VICTORINUS, Marius - *Commentarii in epistulas Pauli ad Galatas, ad Phillippenses, ad Ephesios*, hg.v. A. LOCHER, BSGRT, London 1972
- *Opera theologica*, hg.v P. HENRY S.J. / P. HADOT (CSEL 83/I), Wien 1971

- *Opera exegetica*, hg.v. Franco GORI (CSEL 83/II), Wien 1986
Vitae Vergilianae, hg.v. Jakob BRUMMER, Leipzig (Teubner) 1912
ZOSIMUS - Epistulae, in: *Epistolae Arelatenses genuinae*, hg.v. W. GUNDLACH,
in: MGH.Ep 3, 5-13, Berlin 1892

B. HILFSMITTEL UND LEXIKA

ALTANER, Berthold / STUIBER, Alfred - *Patrologie. Leben, Schriften und Lehre
der Kirchenväter*, Freiburg i.Br. 1981[9]
ANDRESEN, Carl - *Bibliographia Augustiniana*, 2. völlig neu bearb. Aufl.,
Darmstadt 1973
ANTIN, Paul - Bibliographia Hieronymiana, in: CCL 72 (1959) S. IX-LIX
Augustin-Bibliography, hg.v. Institute des Études Augustiennes Paris, 2 Tle.
Autoren-Katalog und Sach-Katalog in 4 Bde., Boston 1972
BARDENHEWER, Otto - *Geschichte der altchristlichen Literatur*, 5 Bde., Freiburg
i.Br. 1912-32
VAN BAVEL, Tarsicius - *Répertoire Bibliographique de saint Augustin 1950-1960
(IP 3)*, Steenbrugge 1963
*Verzeichnis der von der königlichen Bibliothek zu BERLIN erworbenen Meermann-
Handschriften des Sir Thomas Phillipps. Die lateinischen Meermann-
Handschriften*, beschrieben von Valentin ROSE, Berlin 1892
*Biblia Patristica. Index des citations et allusions bibliques dans la littérature
patristique*, hg.v. Centre d'analyse et de documentation patristiques, Paris
1975ff
CAMPENHAUSEN, Hans Freiherr von - Neuere Augustinliteratur, in: *ThR* NF 17
(1948) S. 51-72
Clavis Patrum Craecorum I-V - hg.v. Maurice GEERARD (Bd. I-IV) und
M. GEERARD / F. GLORIE (Bd. V), Tournhout 1974-1987
CROUZEL, Henry - *Bibliographie critique d'Origène* (IP 8), Steenbrügge 1971
DENZINGER, Heinrich - *Enchiridion symbolorum, definitionum et declarationum
de rebus fidei et morum*, Freiburg i.Br. 1977[36]
Dictionaire de la Bible, hg.v. F. VIGOROUX, Paris 1895-1912. *Suppléments*,
hg.v. Louis PISOT, Paris 1928ff
Dictionaire de spiritualité, ascetique et mystique, hg.v. Marcel VILLER S.J. u.a.,
Paris 1932ff
Dictionaire d'histoire et de geographie ecclesiatique, hg.v. Alfred BAUDRIL-
LARD u.a., Paris 1912ff
Dictionary of Christian Biography, Literature, Sects and Doctrines, hg.v.
W. SMITH / H. WACE, 4 Bde., London 1877-1887
DÖRRIES, Hermann - 15 Jahre Augustinforschung, in: *ThR* NF 1 (1929) S .217-
240
Die handschriftliche Überlieferung der Werke des Heiligen Augustinus - Bd. I/1
Italien: Werkverzeichnis, bearb.v. Manfred OBERLEITNER (SÖAW.PH
263), Wien 1969
- Bd. I/2 *Italien: Verzeichnis nach Bibliotheken*, bearb.v. Manfred OBER-
LEITNER (SÖAW.PH 267), Wien 1970
- Bd. II/1 *Großbritannien und Irland: Werkverzeichnis*, bearb.v. Franz
RÖMER (SÖAW.PH 281), Wien 1972
- Bd. II/2 *Großbritannien und Irland: Verzeichnis nach Bibliotheken*,
bearb.v. Franz RÖMER (SÖAW.PH 276), Wien 1972

- Bd. III *Polen, Anhang: Die skandinavischen Staaten, Dänemark - Finnland - Schweden*, bearb.v. Franz RÖMER (SÖAW.PH 289), Wien 1973
- Bd. IV *Spanien und Portugal: Werkverzeichnis und Verzeichnis nach Bibliotheken*, bearb.v. Johannes DIVJAK (SÖAW.PH 292), Wien 1974
- Bd. V/1 *Bundesrepublik Deutschland und Westberlin: Werkverzeichnis*, bearb.v. Rainer KURZ (SÖAW.PH 306), Wien 1976
LAMPE, G.W.H. - *A Greek Patristic Lexicon*, Oxford 1961
LAMBERT, Bernard - *Bibliotheca Hieronymiana Manuscripta*, 4 Bde. (IP 4), Steenbrugge / La Haye 1966-72
LENFANT, David F.- *Concordantia Augustinianae sive collectio omnium sententiarum quae sparsim reperiuntur in omnibus S.Augustini operibus*, 2 Bde., Paris 1656-65 Nachdr. Brüssel 1963
LIDELL, Henry George / SCOTT, Robert - *A Greek-English Lexikon*. A New Edition revised and augmented throughout by Sir Henry Stuart JONES with the assistance of Roderick MCKENZIE, Oxford 1940[9]
LORENZ, Rudolf - Augustinliteratur seit dem Jubiläum von 1954, in: *ThR* NF 25 (1959) S. 1-75
- Zwölf Jahre Augustinusforschung, in: *ThR* NF 38 (1974) S. 292-333; 39 (1974) S. 95-138; 253-286; 331-364; 40 (1975) S. 1-41; 97-149; 227-261
MANDOUZE, André - *Prosopographie chrétienne du bas-empire. Bd. 1 Prosopographie de l'Afrique chrétienne (304-533)*, Paris 1982
MEIER, Gabriel P. O.S.B. - *Catalogus codicum manu scriptum qui in bibliotheca Monasterii Einsiedelensis O.S.B. servantur Bd. 1*, Leipzig 1899
Oxford Latin Dictionary, hg.v. P.G.W. GLARE, Oxford 1982
PAPE, W. - *Handwörterbuch der Griechischen Sprache* 4 Bde., Braunschweig 1849[2]
Paulys Real-Encyclopädie der classischen Altertumswisseschaften, Neuausgabe begonnen von Georg WISSOWA, Stuttgart 1894ff
The Phillipps Manuscripts. Catalogus librorum manuscriptorum in Bibliotheca D. Thomae Phillipps, imprimis Typis Medio-Montanis 1837-1871, Nachdr. London 1968
Prosopographia imperii romani saec. I. II. III. 3 Bde. hg.v. E. KLEBS / H. DESSAU / P.v. ROHDEN, Berlin 1897-1898
Reallexikon für Antike und Christentum, hg.v. Theodor KLAUSER u.a., Stuttgart 1950ff
Die Religion in Geschichte und Gegenwart, hg.v. Kurt GALLING, 6 Bde., Tübingen 1957-1965
SEEK, Otto - *Regesten der Kaiser und Päpste für die Jahre 311 bis 476 n.Chr.. Vorarbeit zu einer Prosopographie der christlichen Kaiserzeit*, Stuttgart 1919
SOUTER, Alexander - *A Glossary of Later Latin to 600 A.D.*, Oxford 1949
STRACK, H.J. / BILLERBECK, P. - *Kommentar zum Neuen Testament aus Talmud und Midrasch*, München 1979-82[5-7]
Theologische Realenzyklopädie, hg.v. G. MÜLLER, Berlin / New York 1977ff
Theologisches Wörterbuch zum Neuen Testament, hg.v. E. KITTEL u.a., Stuttgart 1933-1979
Thesaurus Linguae Latinae, editus auctoritate et consilio academiam quinque germanicarum: Berolinensis, Gottingensis, Lipsiensis, Monacensis, Vindobonensis, Leipzig 1900ff

WARNER, G.F. / GILSON, J.P. - *Catalogue of Western Manuscripts in the Old Royal and King's Collections* Bd. 1, London 1921

C. SEKUNDÄRLITERATUR

ABRAMOWSKI, Louise - Zur Theologie des Theodor von Mopsuestia, in: *ZKG* 72 (1961) S. 263-293

ADAMS, Jeremy Duquesnay - *The Populus of Augustine and Jerome*, New Haven / London 1971

ADKIN, Neil - The shadow and the thruth, an unidentified antithesis in the Fathers, in: *GIF* 15 (1984) S. 245-252

ALLGEIER, Franz Arthur - *Die altlateinischen Psalterien. Prolegomena zu einer Textgeschichte der hieronymianischen Psalmenübersetzung*, Freiburg i.Br.
- Die Hexapla in den Psalmenübersetzungen des heiligen Hieronymus, in: *Bib* 8 (1927) S. 450-463
- Schlussbemerkungen zum Gebrauch der Hexapla bei Hieronymus, in: *Bib* 8 (1927) S. 468f
- Der Brief an Sunnia und Fretela und seine Bedeutung für die Textherstellung der Vulgata, in: *Bib* 11 (1930) S. 86-107
- Der Einfluß des Manichäismus auf die exegetische Fragestellung bei Augustinus, in: *Aurelius Augustinus* (FS der Görres Gesellschaft), hg. von M. Grabmann / J. Mausbach, Köln 1930 S. 1-13
- *Die Psalmen der Vulgata. Ihre Eigenart, sprachliche Grundlage und geschichtliche Stellung*, Paderborn 1940

ALTANER, Berthold - Wann schrieb Hieronymus seine ep. 106 ad Sunnia et Fretelam de Psalterio?, in: *VigChr* 4 (1950) S. 246-248
- *Kleine patristische Schriften*, hg.v. G.Glockmann, (TU 83) Berlin 1970

ALVAREZ, J.- St. Augustine and Antisemitism, in: *StPatr* 9 (1966) S. 340-349

VAN AMERSFORT, J. / VAN OORT, J. [Hg.], *Juden und Christen in der Antike*, Kampen 1990

AMSLER, Samuel - *L'Ancien Testament dans l'Eglise. Essai d'herméneutique chrétienne*, Neuchatel 1960

ANDERSON, G.W.- Canonical and Non-Canonical, in: *The Cambridge History of the Bible*, hg.v. P.R. Ackroyd / C.F. Evans, Cambridge 1970 Bd. 1 S. 113-159

ANDRESEN, Carl [Hg.] - *Zum Augustingespräch der Gegenwart*, 2 Bde., Darmstadt 1975-1981

ANTIN, Paul - Jérôme Ep. 22,6,3 et la bible, in: *RBen* 68 (1958) S. 113
- Jérôme Ep. 125,18,2-3, in: *RBen* 69 (1959) S. 342-347
- Saint Jérôme et son lecteur, in: *RSR* 34 (1947) S. 82-99
- *Recueil sur Saint Jérôme* (CollLat 95), Brüssel 1968

APTOVITZER, V. - Rabbinische Parallelen und Aufschlüsse zur Septuaginta und Vulgata, in: *ZAW* 29 (1900) S. 241-252

ARMSTRONG, A. Hilary - *Plotinian and Christian Studies* (Collected Studies Ser. 102), London 1979

ARMSTRONG, Gregory T. - *Die Genesis in der Alten Kirche*, Tübingen 1962

ARNS, Evaristo R.P. - *La technique du livre d'après saint Jérôme*, Paris 1953

ASSLABER, P. - *Die persönlichen Beziehungen der drei großen Kirchenlehrer Ambrosius, Hieronymus und Augustinus*, Wien 1909

AUDET, Jean-Paul - A Hebrew-Aramaic List of Books of the Old Testament in Greek Transcription, in: *JThS NS* 1 (1950) S. 135-154

AUERBACH, Erich - *Mimesis. Dargestellte Wirklichkeit in der abendländischen Literatur,* Bern 1946

AUER, F. - Der Hl. Hieronymus im Spiegel seiner Vulgata, in: *FS S.K. Landersdorfer* S. 11-24, Passau 1953

Augustinus Magister. Congrès International Augustinien, Paris 21.-24.Sept.1954, 3 Bde. (Etudes Augustiennes), Paris 1955

AUVRAY, Pierre - S. Jérôme et S. Augustin. La controverse au sujet de l'incident d'Antioche, in: *RSR* 29 (1939) S. 594-610
- Comment se pose le problème de l'inspiration de Septante, in: *RB NS* 59 (1952) S. 321-336

AZIZA, Claude - *Tertullien et le Judaïsme* (Publ. de la Faculté des Lettres et des Sciences Humaines de Nice 16) Paris 1977

BACHER, W.- Eine angebliche Lücke im hebräischen Wissen des Hieronymus, in: *ZAW* 22 (1902) S. 114-116

BACHT, Heinrich - Die Rolle der Tradition in der Kanonbildung, in: *Cath* 12 (1958) S. 16-36

BALADY, M.A. Tabet - La hermenéutica bíblica de s. Agustín en la carta 82 a s. Jerónimo, in: *Augustinus* 33 (1988) S. 181-193

BAMMEL, Caroline Penrose - Die Hexapla des Origenes: Die hebraica veritas im Streit der Meinungen, in: *Aug* 28 (1988) S. 125-149

BAMMEL, Ernst - Die Zeugen des Christentums, in: H.Frohnhofen [Hg.], *Christlicher Antijudaismus und jüdischer Antipaganismus,* Hamburg 1990 S. 170-180

BARDENHEWER, Otto - *Hieronymus.* Rede beim Antritt des Rektorats der Ludwig-Maximilians-Universität, gehalten am 25.11.1905, München 1905

BARDY, Gustave - *Recherches sur l'histoire du texte et des verions latins du "De principiis" d'Origene,* Paris 1923
- Les traditions juives dans l'oeuvre d'Origène, in: *RB NS* 34 (1925) S. 217-252
- Commentaires patristiques de la Bible, in: *DBS* 2 (1934) 73-103
- St. Jérôme et ses maîtres hebreux, in: *RBen* 46 (1934) S. 145-164
- Traducteurs et adapteurs au quatrième siècle, in: *RSR* 30 (1940) S. 257-306
- Saint Jérôme et l'évangile selon les Hébreux, in: *MSR* 3 (1946) S. 5-36
- Post apostolos ecclesiarum magister (Origenes), in: *RMAL* 6 (1950) S. 313-316
- Conciles d'Hippone au temps de saint Augustin, in: *Aug(L)* 5 (1955) S. 441-458

BARR, James - St. Jeromes appreciation of Hebrew, in: *BJRL* 49 (1966) S. 281-302
- *Holy Scripture. Canon, Authority, Criticism,* Oxford 1983

BARTELINK, Gerard J.M. - Einige Bemerkungen über Evagrius' von Antiochien Übersetzung der Vita Antonii, in: *RBen* 82 (1972) S. 98-105
- Een gemeenplaats uit de briefliteratur bij een christelijk auteur: Brevitas epistolaris bij Hieronymus, in: *Lampas* 10 (1977) S. 61-65
- Hieronymus über die minuta animalia, in: *VigChr* 32 (1978) S. 289-300
- Hieronymus, in: M. Greschat [Hg.], *GKG, Alte Kirche 2,* Stuttgart 1984 S. 145-165

- Hieronymus über die Schwäche der conditio humana, in: *Kairos* 37 (1986) S. 23-32
- Augustin und die griechischen Patres, in: J. den Boeft / J. van Oort [Hg.], *Augustinina traiectina*, S. 9-24, Paris 1987

BARTH, Fritz - Tertullians Auffassung des Apostels Paulus und seines Verhältnisses zu den Uraposteln, in: *JPTh* 8 (1882) S. 716-756

BARTHELEMY, Dominique - "Quinta" ou version selon les Hebreux? in: *ThZ* 16 (1960) S. 342-353
- Eusèbe, la Septante et "les autres" in: *La Bible et les Pères. Colloque du Strasbourg (1.-3.10.1969)*, Paris 1971 S. 51-65
- La place de la Septante dans l'Église, in: DERS., *Études d'histoire du texte de l'Ancien Testament* (OBO 21), Freiburg/Schweiz / Göttingen 1978 S. 111-126
- L'Ancien Testament a mûri à Alexandrie, in: DERS., *Études d'histoire du texte de l'Ancien Testament* (OBO 21), Freiburg/Schweiz / Göttingen 1978 S. 127-139
- Christliche Bibelauslegung und jüdische Kommentare, in: *Judaica* 41 (1985) S. 207-216

BARTLETT, John R.- *Jews in the Hellenistic World*, I. Josephus, Aristeas, The Sibylline Oracles, Eupolemus, Cambridge 1985

BASKIN, J.R. - Rabbinic-Patristic Exegetical Contacts in Late Antiquity: A Biographical Reappraisal, in: W.S.Green [Hg.], *Approaches to Ancient Judaism*, Atlanta 1985 S. 53ff

BASSERMANN, Heinrich - Zur Charakteristik des Origenes als Prediger, in: *ZPrTh* 5 (1883) S. 123-137

BASTIAENSEN, Antoon A.R.- Augustin et ses prédécesseurs latins chrétiens, in: J. den Boeft / J. van Oort [Hg.], *Augustiniana traiectina*, Paris 1987 S. 25-27

BAUMGARTEN, Sigmund Jakob / SEMLER, Johann Salomo - *Untersuchung theologischer Streitigkeiten*, 3 Bde., Halle 1762-1764

BAUR, Chrysostomus - *Johannes Chrysostomus und seine Zeit* 2 Bde., München 1929-30

BAVAUD, G.- La faute de Pierre blâmée par Paul, in: *BA* 29 (1964) S. 590-592

BEATRICE, Pierfanco - Quosdam platonicorum libros. The Platonic Readings of Augustine in Milan, in: *VigChr* 43 (1989) S. 248-281

BECK, Hans-Georg - *Kirche und theologische Literatur im byzantinischen Reich* (HAW 12, 2/I), München 1959

BECKWITH, Roger Thomas - *The Old Testament of the New Testament church and its background in early Judaism*, London 1985
- A Modern Theory of the Old Testament Canon, in: *VT* 41 (1991) S. 385-395

BEDOULLE, Guy - Le canon de l'Ancien Testament dans la perspective du Concile de Trente, in: J.-D. Kaestli / O. Wermelinger [Hg.], *Le canon de l'Ancien Testament, sa formation et son histoire*, Genf 1984 S. 253-282

BELL, Albert A. - Jerome's role in the Translation of the Vulgate New Testament, in: *NTS* 23 (1977) S. 230-233

BENOIT, Pierre - L'inspiration des Septante d'après les Pères, in: *L'homme devant Dieu. I. Exégèse et Patristique*, FS H.de Lubac, Paris 1963 S. 169-187

BERNARD, Pierre - *St. Augustin et les Juifs*, Besancon 1913

BERNFELD, J.- Epiphanius, in: *EJ(D)* Bd. 6 S. 688f.

BERROUARD, Marie-François - Les lettres 6* et 19* de saint Augustin, in: *REAug* 27 (1981) S. 264-277

BEUMER, Johannes - *Die Inspiration der Heiligen Schrift* (HDG I,3b), Freiburg 1968

BICKEL, E. - Das asketische Ideal bei Ambrosius, Hieronymus und Augustinus, in: *NJKA* 37 (1916) S. 437-474

BIENERT, Wolfgang - Markion. Christentum als Antithese zum Judentum, in: H.Frohnhofen [Hg.], *Christlicher Antijudaismus und jüdischer Antipaganismus*, Hamburg 1990 S. 139-144

BIETENHARD, Hans - *Origenes, Caesarea und die Juden*, Stuttgart 1974

BISCHOFF, Bernhard - Zur Rekonstruktion der ältesten Handschrift der Vulgata-Evangelien und der Vorlage ihrer Marginalien, in: ders., *Mittelalterliche Studien I*, Stuttgart 1966 S. 101-112
- Wendepunkte in der Geschichte der lateinischen Exegese im Frühmittelalter, in: ders., *Mittelalterliche Studien I*, Stuttgart 1966 S. 205-273
- Panorama der Handschriftenüberlieferung aus der Zeit Karls des Großen, in: ders., *Mittelalterliche Studien III*, Stuttgart 1981 S. 5-39
- *Die Abtei Lorsch im Spiegel ihrer Handschriften*, Lorsch 1989 2.Aufl.

BLACKMAN, E.C.- *Marcion and his Influence*, London 1948

BLOCH, Johann Samuel - *Studien zur Geschichte der Sammlung der althebräischen Literatur*, Breslau 1876

BLUME H. / MANN, F. [Hg.] - *Platonismus und Christentum. FS H.Dörrie* (JbACE 10), Paderborn 1983

BLUMENKRANZ, Bernhard - Die Juden als Zeugen der Kirche, in: *ThZ* 5 (1949) S. 396-398
- Augustin et les juifs, Augustin et le judaïsme, in: *RechAug* 1 (1958) S. 224-241
- *Die Judenpredigt Augustins. Ein Beitrag zur Geschichte der jüdisch-christlichen Beziehungen in den ersten Jahrhunderten*, Basel 1946, Nachdr. Paris 1973

BODIN, Yvon - L'Église des Gentiles dans l'ecclésiologie des S.Jérôme, in: *StPatr* 6 (=TU 81) (1962) S. 6-12
- *L'ecclésiologie de saint Jérôme*, Paris 1962
- *St. Jérôme et l'Église*, Paris 1966

BOER, W. den - Hermeneutic Problems in the Early Christian Literature, in: *VigChr* 1 (1947) S. 150-167

BONSDORFF, M. von - *Zur Predigttätigkeit des Johannes Chrysostomus*, Diss. Helsinki 1922

LA BONNARDIERE, Anne Marie - Jérôme "informateur" d'Augustin au sujet d'Origene, in: *REAug* 20 (1974) S. 42-54
- Du noveau sur les priscillianisme (Ep. 11*), in: *Les Lettres de Saint Augustine découvertes par J. Divjak*, Paris 1983 S. 205-214
- [Hg.], *S. Augustin et la Bible*, Paris 1986
- Le canon des divines Écritures, in: DIES. [Hg.], *S. Augustin et la Bible*, Paris 1986 S. 287-301
- Augustin a-t-il utilisé la "Vulgate" de Jérôme? in: DIES. [Hg.], *S. Augustin et la Bible*, Paris 1986 S. 303-312

BONNER, Gerald - *St. Augustine of Hippo. Life and Controversies*, Norwich 1963, 1986[2]

BONWETSCH, Nathanael - *Die Theologie des Methodius* (AGWG.PH 7/1) 1903, Nachdr. Göttingen 1970

BOOTH, A.D.- The date of Jerome's birth, in: *Phoe* 33 (1979) S. 346-353
- The chronology of Jerome's early years, in: *Phoe* 35 (1981) S. 237-259
BOTTE, Bernard - OIKONOMIA. Quelques emplois spécifiquement chrétiens, in: *Corona Gratiarum*, FS E.Dekkers OSB, Brugge / s'-Gravenshage 1975 S.3-9
BOUSSET, Wilhelm - *Die Religion des Judentums im späthellenistischen Zeitalter*, dritte, verb. Aufl. hg.v. Hugo GRESSMANN, Tübingen 1926
BRAUN, H.- Das Alte Testament im Neuen Testament, in: *ZThK* 59 (1962) S. 16f
BRAUN, René - Une nouvelle lettre de saint Jérôme, in: *Nikaia-Cemenelum, Bulletin de l'Arelan* 4 (1985) S. 17-25
BRAVERMANN, Jay - *S. Jerome's Commentary on Daniel. A Study of comparative Jewish and Christian interpretations of the Hebrew Bible* (CBQ Monogr. 7), Washington 1978
BRENNECKE, Hanns Christof - Hilarius von Poitiers, in: *TRE* 15 (1986) S. 315-322
- *Studien zur Geschichte der Homöer* (BhTh 73), Tübingen 1988
BROCHET, J.- *Saint Jérôme et ses ennemis. Étude sur la querelle de Saint Jérôme avec Rufin d'Aquilée et sur l'ensemble de son oeuvre polémique*, Paris 1905
BROCK, Sebastian P. - Bibelübersetzungen 2, in: *TRE* 6 (1980) S. 163-172
BROWN, Dennis - Saint Jerome as a biblical exegete, in: *Irish Biblical Studies* 5 (1983) S. 138-155
- *Vir Trilinguis. A Study in the Biblical Exegesis of Saint Jerome*, Kampen 1992
BROWN, Peter - *Augustine of Hippo*, Berkeley / Los Angeles 1967
- *Religion and Society in the Age of Saint Augustine*, London 1972
BRUGNOLI, Giorgi - Donato e Girolamo, in: *VetChr* 2 (1965) S. 139-149
DE (1OUBRUYNE, Donatien - Prologues bibliques d'origine marcionite, in: *RBen* 24 (1907) S. 1-16
- La correspondance échangée entre Augustin et Jérôme, in: *ZNW* 31 (1932) S. 233-248
BUCHHEIT, Vincenz - *Studien zu Methodios von Olympos* (TU 69), Berlin 1958
BUCHWALD, R. - Augustinus und Hieronymus im Streit über Gal 2,11ff, in: *Schlesisches Pastoralblatt* 41 (1920) S. 19-23
BUDDE, Karl - *Der Kanon des Alten Testaments*, Giessen 1900
BUHL, Frants - *Der Kanon und Text des Alten Testaments*, Leipzig 1891
BULTMANN, Rudolf - *Die Exegese des Theodor von Mopsuestia*, postum hg.v. H. Feld / K.H. Schelke, Stuttgart 1984
BURNS, J.Patout - Augustine's Role in the Imperial Action Against Pelagius, in: *JThS NS* 29 (1978) S. 67-83
BURSTEIN, Etian - La compétence de Jérôme en hebreu, in: *REAug* 21 (1975) S. 3-12

CAMPENHAUSEN, Hans Freiherr von - Das At als Bibel der Kirche vom Ausgang des Urchristentums bis zur Entstehung des NT's, in: DERS., *Aus der Frühzeit des Christentums*, Tübingen 1963 S. 152-195
- *Die Entstehung der christlichen Bibel* (BHTh 39), Tübingen 1968
- *Griechische Kirchenväter*, Mainz 1981[6]
- *Lateinische Kirchenväter*, Mainz 1983[5]

CARSON, D.A. / WILLIAMSON H.G.M. [Hg.] - *It is Written. Scripture Citing Scripture. Essays in Honour of Barnabas Lindars,* Cambridge 1988

CASTRICIUS, Helmut - The Jews in North Africa at the time of Augustine of Hippo - Their social and legal position, in: *9th World Conference of Jewish Studies, Abt.B, Bd.1,* Jerusalem 1986, S. 31-37
- Seid weder den Juden noch den Heiden noch der Gemeinde Gottes ein Ärgernis (1. Kor 10,32). Zur sozialen und rechtliche Stellung der Juden im spätrömischen Nordafrika, in: *Antisemitismus und Jüdische Geschichte,* FS H.A.Strauss, hg.von R. Erb / M. Schmitt Berlin 1987

CAVALLERA, Ferdinand - *Le schisme d'Antioche (IVe - Ve siècle),* Paris 1905
- *Jérôme, sa vie et son oeuvre,* 2 Bde., Paris 1922
- Les "Quaestiones Hebraicae in Genesim" de Saint Jérôme et les "Quaestiones in Genesim" de Saint Augustin, in: *Miscellanea Agostiniana 2,* S. 359-372, Rom 1931
- The Personality of Saint Jerome, in: *A Monument to Saint Jerome,* New York 1952, S. 13-34

CECCHETTI, Igino - S. Girolamo e il suo "Prologus Galeatus" (Alle origini della Volgata), in: *Miscellanea A.Piolante II,* Roma 1964, S. 77-114

CHADWICK, Henry - Origen, Celsus and the Resurrection of the Body, in: *HThR* 41 (1948) S. 83-102
- *The Sentences of Sextus. A Contribution to the History of Early Christian Ethics* (Texts and Studies 5), Cambridge 1959
- *The Early Church,* Hammondsworth / Middlessex 1967
- *Priscillian of Avila. The occult and the charismatic in the Early Church,* Oxford 1976
- New Letters of St. Augustine, in: *JThS NS* 34 (1983) S. 425-452
- *Augustine,* Oxford 1986, dt. Übers. Göttingen 1987
- History and Symbolism in the Garden at Milan, in: *From Augustine to Eriugena. Essays on Neoplatonism and Christianity in Honour of John O'Meara,* hg.v. F.X. Martin / J.A. Richmond, Washington 1991 S.42-55

CHAUFFIN, Yvonne - *Saint Jérôme,* Paris 1961

CHERCHI, Paolo - Un'eco ciceroniana in S. Agostino, in: *REAug* 19 (1973) S. 303f.

CHILDS, Breward Springs - *Introduction to the Old Testament as Scripture,* London 1983[2]

COLE-TURNER, Donald S.- Anti-Heretical Issues and the Debate over Galatians 2:11-14 in the Letters of St. Augustine to St. Jerome, in: *AugSt* 11 (1980) S. 155-166

COLISH, Marcia L.- *The Stoic Tradition from Antiquity to the Early Middle Ages,* 2 Bde. (SHCT 34 + 35), Leiden 1985

COLPE, Carsten - *Das Siegel der Propheten. Historische Beziehungen zwischen Judentum, Judenchristentum und Heidentum und frühem Islam* (ANTZ 3), Berlin 1990

COMBES, Gustave - Le prétendu mensonge de saint Paul, in: *BA* 2 (1948) S. 626-629

CONDAMIN, A.- L'influence de la tradition juive dans la version de s. Jérôme in: *RSR* 5 (1914) S. 1-21

CONTESTIN, G. - Origène exégète, in: *RSESC* 14 (1866) S. 155-171, 320-344, 482-502; 15 (1867) S. 133-150

312 LITERATURVERZEICHNIS

CORSI, P.- Gli Ebrei nella Historia Ecclesiastica di Eusebio da Caesarea, in: *AAP* 29 (1980) S. 197-212

COSTELLO, Charles Joseph - *Augustine's Doctrine on the Inspiration and Canonicity of Scripture,* Washington 1930

COURCELLE, Pierre - Paulin de Nole et Saint Jérôme, in: *REL* 24 (1947) S. 274-279
- *Les lettres greques en occident. De Macrobe a Cassiodore,* Paris 1948[2]
- *Recherches sur les "Confessions" de S. Augustin,* Paris 1950

CREDNER, Karl August - *Zur Geschichte des Kanons,* Halle 1847

CUENDET, G. - Cicéron et S. Jérôme traducteurs, in: *REL* 11 (1933) S. 380-400

DANIELOU, Jean - L'unité des deux Testaments dans l'oeuvre d'Origène, in: *RevSR* 22 (1948) S. 27-56
- Les divers sens de l'Écriture dans la tradition chrétienne primitive, in: *EThL* 24 (1948) S. 118-126

DASSMANN, Ernst - "Tam Ambrosius quam Cyprianus" (c.Iul.imp. 4,112) Augustins Helfer im pelagianischen Streit, in: *Oecumenica et Patristica,* FS W.Schneemelcher, hg.v. D. Papandreou / W.A. Bienert / K. Schäferdiek, Chambèsy 1989

DAUSCH, P.- *Der Kanon des Neuen Testamentes* (BZfr I/5), Münster 1910

DAVIS, H.G.- The Scriptural Controversy between St. Jerome and St. Augustine, in: *ACR* 33 (1956) S. 103-116

DECHOW, Jon F.- *Dogma and Mysticism in Early Christianity. Epiphanius of Cyprus and the Legacy of Origen* (North American Patristic Society, Patristic Monograph Series 13), Macon/GA 1988

DECRET, François - *L'Afrique manichéenne (IVe-Ve siècles). Étude historique et doctrinale,* 2 Bde. (EAug), Paris 1978

DEMANDT, Alexander - *Die Spätantike. Römische Geschichte von Diocletian bis Justinian 284-565 n.Chr.* (HAW III.6), München 1989

DEN BOEFT, Jan / VAN OORT, Johannes [Hg.] - *Augustiniana traiectina. Communications présentées au Colloque International d'Utrecht 13-14 novembre 1986,* Paris 1987

DIEM, Hermann - *Das Problem des Schriftkanons* (ThStB), Zürich 1952

DIESNER, H.J.- Possidius und Augustinus, in: *StPatr* 6 (=TU 81) S. 350-365

DIESTEL, Ludwig - *Die Geschichte des Alten Testaments in der christlichen Kirche,* Jena 1869, Nachdr. Leipzig 1981

DIVJAK, Johannes - Zur Struktur Augustinischer Briefkorpora, in: *Les Lettres de Saint Augustine découverters par J. Divjak,* Paris 1983 S. 13-27
- Die Binnenanrede in den Briefen Augustins, in: *RBen* 94 (1984) S. 285-294

DOELGER, F.J. - Hat Jesus Schuhe getragen? in: *AuC* 6 (1940-50) S. 65-66

DÖRRIE, Heinrich - Zur Geschichte der Septuaginta im Jahrhundert Konstantins, in: *ZNW* 39 (1940) S. 57-110
- Die Stellung der vier Makkabäerbücher im Kanon der griechischen Bibel, in: *NGWG-Fachgruppe 5 I,* 1936-43 S. 45-54
- Porphyrius als Mittler zwischen Plotin und Augustin, in: *MM* 1 (1962) S. 26-47

DOHMEN, Christoph / OEHMING, Manfred - *Biblischer Kanon warum und wozu?* (QD 137), Freiburg 1992

DOIGNON, J. Nos bons hommes de foi: Cyprien, Lactance, Victorin, Optat, Hilaire (Augustin, de doctrina christiana IV,40,61), in: *Latomus* 22 (1963) S. 785-805

DOMBROVSKI, Alexander - La Doctrine de l'Église russe et le Canon de l'Ancien Testament, in: *RB* 10 (1901) S. 267-277

DORIVAL, G. / HARL, M. / MUNNICH, O. - *La bible grecque des Septante. Du judaïsme hellénistique au christianisme ancien*, Paris 1988

DORNER, August - Augustinus, in: *RE²* 1 (1888) S. 781-795

DORNSEIFF, Franz - *Das Alphabet in Mystik und Magie*, Leipzig 1922

DORSCH, Emil - Die Wahrheit der biblischen Geschichte in den Anschauungen der alten Kirche, in: *ZKTh* 29 (1905) S. 631-653; 30 (1906) S. 57-107, 227-265, 430-453, 671-692
  - St. Augustinus und St. Hieronymus über die Wahrheit der biblischen Geschichte, in: *ZKTh* 35 (1911) S. 421-448 u.601-664

DREY, Johann Sebastian - *Neue Untersuchungen über die Konstitutionen und Canones der Apostel. Ein historisch - kritischer Beitrag zur Literatur der Kirchengeschichte und des Kirchenrechts*, 1832 Nachdr. Aalen 1970

DUMORTIER, Jean - La valeur historique du Dialoge de Palladius et la chronologie de saint Jean Chrysostome, in: *MSR* 7 (1951) S. 51-56

DUCHROW, Ulrich - *Sprachverständnis und biblisches Hören bei Augustin* (HUTh5), Tübingen 1965

DUFEY - Le Controverse entre saint Jérôme et saint Augustin d'apres leurs lettres, in: *RCF* 25 (1901) S. 141-149

DULAEY, Martine - Le chandelier à sept blanches dans le christianisme ancien, in: *REAug* 29 (1983) S. 3-26

DUNPHY, W.- On the Date of St. Ambrose's *De Tobia*, in: *SE* 27 (1984) S. 27-36

DUVAL, Yves-Marie - Saint Augustin et le Commentaire sur Jonas de saint Jérôme, in: *REAug* 12 (1966) S. 9-40
  - Tertullien contre Origène sur la resurrection de la chair dans le contra Johannem Hierosolymitanum de saint Jérôme, in: *REAug* 17 (1971) S. 227-278
  - Saint Cyprien et le roi de Ninive dans l'In Jonam de Jérôme, in: J. Fontaine / C. Kannengiesser [Hg.], *Epektasis, Mélanges patristiques offerts au Cardinal Jean Danielou*, Paris 1972
  - *La livre de Jonas dans la littérature chretienne greque et latine. Sources et influences du Commentaire sur Jonas de saint Jérôme*, 2 Bde., Paris 1973
  - Jérôme et Origène avant la querelle origeniste. La cure et la guérison ultime du monde et du diable dans l'In Nahum, in: *Aug.* 24 (1984) S. 471-484
  - Traduction et commentaire sur Augustin, Ep. 19* et 27*, in: Johannes Divjak [Hg.], *Oeuvres de saint Augustin 46b. Lettres 1*-29**, Paris 1987 S. 287-291; 395-401; 507-516; 560-568
  - [Hg.], *Jérôme entre l'occident et l'orient. XVIe centenaire du départ de saint Jérôme de Rome et de son installation à Bethléem. Actes du Colloque de Chantilly (septembre 1986)*, Paris 1988
  - La date du "De natura" de Pélage. Les premières étapes de la controverse sur la nature de la grâce, in: *REAug* 36 (1990) S. 257-283

EBELING, Gerhard - Tradition VII. Dogmatisch, in: *RGG³* 6 (1962) S. 976-984

EBERHARD, Balthasar - *Die Betheiligung des Epiphanius am Streite über Origenes. Beiträge zur Geschichte des Origenismus*, Trier 1859
EISWIRTH, R. - *Hieronymus' Stellung zu Literatur und Kunst*, Wiesbaden 1955
ELLIS, E. Earle - *The Old Testament in Early Christianity: canon and interpretation in the light of modern research* (WUNT 54), Tübingen 1991
ELLIOTT, C.J. - Hebrew learning among the Fathers, in: *DCB* II (1880) S. 851-872
ENO, Robert B.- Some Patristic Views on the Relationship of Faith and Works in Justification, in: *RechAug* 19 (1984) S. 3-27
ERBES, P.J. - *Die Job-Übersetzungen des hl. Hieronymus* (Diss.masch.), Freiburg 1951
ERDT, Werner - *Marius Victorinus Afer, der erste lateinische Pauluskommentator. Studien zu seinen Pauluskommentaren im Zusammenhang der Wiederentdeckung des Paulus in der abendländischen Theologie des 4.Jahrhunderts*, (EHS.T 135) Frankfurt a.M. u.a 1980
ERHARDT, A.- The birth of Synagogue and Rabbi Akiba, in: *StTh* 9 (1956) S. 86-111
ERMONI, V.- Acace (5. und 6.), in: *DHGE* 1 (1912) S. 241f
VAN ESBROEK, Michel - Jean II de Jérusalem et les cultes de saint Etienne de la Sainte-Sion et de la Croix, in: *AnBoll* 102 (1984) S. 99-134
ESTIN, Collette - Saint Jérôme, de la traduction inspireé à la traduction relativiste, in: *RBI* 88 (1981) S. 199-215
- *Les Psautiers de Jérôme à la lumière des traductions juives antérieures* (CBLa 15), Rom 1984
EVANS, R.F.- *Pelagius. Inquiries and Reappraisals*, London 1968

FAHEY, Michael Andrew SJ - *Cyprian and the Bible. A Study in Third-Century Exegsis* (BGBH 9), Tübingen 1971
FAVEZ, Charles - *Saint Jerôme peint par lui-même* (CollLat 33), Brüssel 1958
FEEHAN, Thomas D. - Augustine on Lying and Deceiving, in: *AugSt* 19 (1988) S. 131-139
FERRON, Jean P.- Inscriptions juives de Carthage, in: *CByrsa* I (1951) S. 175-206
FESTUGIERE, A.J.- *Antioche païenne et chrétienne. Libanius, Chrysostome et les moines de Syrie* (BEFAR 194), Paris 1959
FICKER, Gerhard - *Amphilochiana I.Teil*, Leipzig 1906
FISKE, Adele M. - Hieronymus Ciceronianus, in: *TPAPA* 96 (1965) S. 119-138
FLASCH, Kurt - *Augustin. Einführung in sein Denken*, Stuttgart 1980
FLESSEMANN-VAN LEER, Ellen - *Tradition and Scripture in the Early Church*, Assen 1954
- Prinzipien der Sammlung und Ausscheidung bei der Bildung des Kanons, in: *ZThK* 61 (1964) S. 404-420
FOLGADO, Bonaventura - *La interpretación patrística de la disputa antioquena (Gal,11ss)*, Salamanca 1954 (diss.theol.)
FOLLIET, G.- "nonnulli putaverunt..." (De opere monachorum, XI,12), in: *REAug* 1 (1955) S. 401
FONTAINE, J. / PIETRI, Ch. [Hg.] - *Le monde latine antique et la bible*, Paris 1985
FORTIN, Ernest - Saint Augustin et la doctrine néoplatonicienne de l'âme (Ep 137,11), in: *Augustinus Magister III*, Paris 1955 S. 371-380

FREDRIKSEN, Paula - Judaism, the Circumcision of Gentiles, and Apocalyptic Hope: Another Look at Galatians 1 and 2, in: *JThS NS* 42 (1991) S. 532-564

FREND, William Hugh Clifford - *The Donatist Church. A Movement of Protest in Roman North Africa,* Oxford 1952
- The Gnostic - Manichaean Tradition in Roman North Africa, in: *JEH* 4 (1953) S. 13-26
- Jews and Christians in Third Century Carthage, in: *FS Marcel Simon,* Paris 1978 S. 185-194
- The Divjak letters. New Light on St. Augustine's Problems, in: *JEH* 34 (1983) 497-513

FREZOULS, E. - Une synagoge juive attestée à Volubilis, in: *Acta of the 5th Int. Conf. of Greek and Latin Epigraphy,* Cambridge 1971 S. 287-293

FRIEDMANN, Herbert - *A bestiary for Saint Jerome. Animal symbolism in European religious art,* Washington 1980

FRITZSCHE, O.F. - Bibelübersetzungen, in: *RE²* 2 (1878) S. 437-450
- Lateinische Bibelübersetzungen, in: *RE²* 2 (1881) S. 433-472

FROHNHOFEN, Herbert [Hg.] - *Christlicher Antijudaismus und jüdischer Antipaganismus. Ihre Motive und Hintergründe in den ersten drei Jahrhunderten* (Hamburger Theologische Studien 3), Hamburg 1990

FÜRST, Julius - *Der Kanon des Alten Testamentes nach den Überlieferungen in Talmud und Midrasch,* Leipzig 1868

GALLAY, Paul - La Bible dans l'oeuvre de Grégoire de Nazianze le Theologien, in: *Le monde grec ancien et la Bible,* Paris 1984 S. 313-334

GAMBER, K.- Das "Liber Comites" des Hieronymus. Ein wenig beachteter Zeuge der Vulgata, in: *StEv* 6 (1973) S. 114

GASTALDI, Néstor J.- *Hilario de Poitiers. Exegeta del Salterio,* Paris / Rosario 1969

GERDES, Hayo - Luther und Augustin über den Streit zwischen Petrus und Paulus zu Antiochia, in: *LuJ* 29 (1962) S. 9-24

GINZBERG, Louis - *Die Haggada bei den Kirchenvätern und in der apokryphen Literatur,* Berlin 1900
- Die Haggada bei den Kirchenvätern, VI. Der Kommentar des Hieronymus zu Jesaja, in: S.W. Baron / A. Marx [Hg.], *Jewish Studies in Memory of G.A. Kohut,* New York 1935 S. 279-314

GLORIE, F. - Sources de S. Jérôme et S. Augustine in: *SE* 18 (1967-68) S. 661-667

GOODBLATT, D. - Audet's "hebrew-aramaic" List of the Books of the Old Testament Revisited, in: *JBL* 101 (1982) S. 75-84

GOODMANN, Martin - Nerva, the *fiscus judaicus* and Jewish Identity, in: *JRS* 79 (1989) S. 40-44

GORMAN, Michel - The Text of Saint Augustine's "De Genesi ad litteram imperfectus liber", in: *RechAug* 20 (1985) S. 65-86

GRABMANN, M. / MAUSBACH, J. [Hg.] - *Aurelius Augustinus. FS der Görresgesellschaft,* Köln 1930

GRAETZ, Heinrich Hirsch - Fälschungen in dem Texte der Septuaginta von christlicher Hand zu dogmatischen Zwecken, in: *MGWJ* 2 (1853) S. 432-436
- Haggadische Elemente bei den Kirchenvätern, in: *MGWJ* 3 (1854) S. 311-319; 352-355; 381-387; 428-431; 4 (1855) S. 186-192

- *Kohélet oder der salomonische Prediger,* Leipzig 1871
GRANT, R.M.- The Book of Wisdom at Alexandria: Reflections on the History of the Canon and Theology, in: *StPatr* 7 (=TU 91) (1966) S. 462-472
- Porphyry among Early Christians, in: *Romanitas et Christianitas, FS H.Waszink,* hg.v. W. de Boer, Amsterdam 1973, S. 181-187
GRESHAKE, Gisbert - *Gnade als konkrete Freiheit. Eine Untersuchung zur Gnadenlehre des Pelagius,* Mainz 1973
GROH, D.E.- Hans von Campenhausen on the Canon, in: *Interpretation* 28 (1974) S. 331-343
GRÜTZMACHER, Georg - *Hieronymus. Eine biographische Studie zur alten Kirchengeschichte,* 3 Bde., Leipzig / Berlin 1901-08
GUDEMANN, A.- Kritische Zeichen, in: *PRE* 11/II (1922) S. 1916-1927
GUIDI, I.- Il Canone biblico della Chiesa Copta, in: *RB* 10 (1901) S. 161-174
GUILLET, Jacques - Les exégèses d'Alexandrie et d'Antioche: conflit ou malentendu? in: *RSR* 34 (1947) S. 257-302
GUTTMANN, M.- Alphabet, in: *EJ(D)* 2 (1932) S. 400-447

HADOT, Pierre - *Porphyre et Victorinus,* 2 Bde. Paris 1968
- *Marius Victorinus. Recherches sur sa vie et ses oeuvres,* Paris 1971
HAENDLER, Gert - Cyprians Auslegung zu Gal 2,11ff, in: *ThLZ* 97 (1972) S. 561-568
HAENEL, J.- *Der Schriftbegriff Jesu. Studie zur Kanongeschichte und religiösen Beurteilung des Alten Testaments* (BFChTh 14:5/6), Gütersloh 1919
HAGEMANN, Wilfried - *Wort als Begegnung mit Christus. Die christozentrische Schriftauslegung des Kirchenvaters Hieronymus* (TthSt 23), Trier 1970
HAGENDAHL, Harald - *Latin Fathers and the Classics. A Study on the Apologists, Jerome and other Christian Writers,* Göteborg 1958
- *Augustine and the Latin Classics,* Göteborg 1967
- Jerome and the Latin Classics, in: *VigChr* 28 (1974) S. 216-227
HAGENDAHL, H. / WASZINK, J.H.- Hieronymus, in: *RAC* 15 (1989) S. 117-139
HAHN, Ferdinand - Die Verwurzelung des Christentums im Judentum, in: *KuD* 34 (1988) S. 193-208
HAHN, V. - *Das wahre Gesetz. Eine Untersuchung der Auffassung des Ambrosius von Mailand vom Verhältnis der beiden Testamente* (MBTh 33), Münster 1969
HAITJEMA, Th. L. - De briefwisseling tussen Augustinus en Hieronymus, in: *TG* 36 (1921) S. 159-198
HALEVY, Joseph - L'origine de la transcription du texte hébreu en caractères grecs dans les Hexaples d'Origène, in: *JA 9. Serie 17* (1901) S. 335-343
- La transcription du Tétragramme dans les versions grecques, in: *JA 9. Serie 19* (1902) S. 134-136
HAMMAN, Adalbert - *La vie quotidienne en Afrique du-Nord au temps de saint Augustin,* Paris 1979
HARNACK, Adolf von - *Lehrbuch der Dogmengeschichte,* 3 Bde., Freiburg 1888-1890
- *Der kirchengeschichtliche Ertrag der exegtischen Arbeiten des Origenes* (TU 42), Leipzig 1919
- Petrus im Urteil der Kirchenfeinde des Altertums, in: *Festgabe für Karl Müller,* Tübingen 1922 S. 1-6
HARRISON, R.R. - *Jerome's Revision of the Gospels* (Diss. Univ. of Pennsylvania), Philadelphia 1986

HARTBERGER, Moritz, Priszillians Verhältnis zur heiligen Schrift, in: *BZ* 8 (1910) S.113-129

HARTMANN, L.N. - St. Jerome as an Exegete, in: *A Monument to St. Jerome*, New York 1952, S. 37-81

HAUSACH, E. - Luk 2,14 Friede den Menschen auf Erden, die guten Willens sind? Ein Beitrag zur Übersetzungstechnik der Vulgata, in: *BZ NS* 21 (1977) S. 117f

HAYWARD, C.T.R.- Jewish Traditions in Jerome's Comentary on Jeremiah and the Targum of Jeremiah, in: *Proceedings of the Irish Biblical Association* 9 (1985) S. 100ff
- St. Jerome and the Aramaic Targum, *JSSt* 32 (1987) S. 105-123

HEIMANN, D.F. - The polemical application of Scripture in St. Jerome, in: *StPatr* 12 (1975) S. 309-316

HENNINGS, Ralph - Antijüdisches und Rabbinisches bei Hieronymus, Ep 121,10, in: J van Oort, / U. Wickert [Hg.], *Christliche Exegese zwischen Nicaea und Chalcedon*, Kampen 1992 S. 49-71

VAN HENTEN, J.W.- *Die Entstehung der jüdischen Martyrologie* (StPB 38), Leiden 1989

HERZOG, Reinhart [Hg.] - *Restauration und Erneuerung. Die lateinische Literatur von 284 bis 374 n.Chr.* (HAW 8, 5), München 1989

HESSE, D.F.- Das Alte Testament als Kanon, in: *NZSTh* 3 (1961) S. 315-327

HILGENFELD, Adolf - *Der Kanon und die Kritik des Neuen Testaments in ihrer geschichtlichen Ausbildung und Gestaltung, nebst Herstellung und Beleuchtung des Muratorischen Bruchstücks*, Halle 1863
- *Judentum und Judenchristentum: Eine Nachlese zu der "Ketzergeschichte des Urchristentums"*, Leipzig 1886

HOEHNE, K. - Hieronymus und Augustinus über die Gesetzesbeobachtung bei Paulus und den Judenchristen, in: *Nathanael. Zeitschrift für die Arbeit der evangelischen Kirche an Israel* 12 (1896) S. 97-141

HOELSCHER, G. - *Kanonisch und Apokryph. Ein Kapitel aus der Geschichte des alttestamentlichen Kanons*, Naumburg a.d.S. 1905

HOFMANN, Rud.- Accomodation, in: *RE²* 1 (1877) S. 112-115

HOLL, Karl - *Amphilochius von Ikonium in seinem Verhältnis zu den großen Kappadoziern*, Tübingen/Leipzig 1904
- Der Streit zwischen Petrus und Paulus zu Antiochien in seiner Bedeutung für Luthers innere Entwicklung, in: DERS., *Gesammelte Aufsätze zur Kirchengeschichte III*, S. 134-146, Tübingen 1928

HOLL, K. / JÜLICHER, A. - Die Zeitfolge des ersten origenistischen Streits, wieder abgedruckt in: K. HOLL, *Gesammelte Aufsätze zur Kirchengeschichte II,2* Tübingen 1928 S. 310-350, Erstveröffentlichung in: *SPAW* 9 (1916) S. 226-275

HOLTZ, Louis - *Donat et la tradition de l'enseigment grammatical*, Paris 1981

HOLTZ, Traugott - Der antiochenische Zwischenfall, in: *NTS* 32 (1986) S. 344-361

HORNSCHUH, Manfred - *Die Anfänge des Christentums in Ägypten,* (Diss. theol. masch.) Bonn 1959

HOWORTH, H.H.- The Influence of St. Jerome on the Canon of the Western Church, in: *JThS* 10 (1908/09) S. 481-496; 11 (1909/10) S. 321-47; 13 (1911/12) S. 1-18

HRUBY, K. - *Juden und Judentum bei den Kirchenvätern*, Zürich 1971

HUHN, Josef - Bewertung und Gebrauch der Heiligen Schrift durch den Kirchenvater Ambrosius, in: *HJ* 77 (1958) S. 387-396

HUNT, E.D. - From Dalmatia to the Holy Land: Jerome and the World of Late Antiquity, in: *JRS* 67 (1977) S. 166-171

D'IVRAY, Jehan - *S. Jérôme et les dames de l'Aventin*, Paris 1938

JASCHKE, Hans-Jochen - Irenäus von Lyon, in: *TRE* 16 (1987) S. 258-268

JAX, H.- Zum Indiculus des Possidius, in *WS* 53 (1953) S. 133-146

JAY, Pierre - Le vocabulaire exégétique de saint Jérôme dans le commentaire sur Zacharie, in: *REAug* 14 (1968) S. 1-16
- Jérôme auditeur d'Apollinaire de Laodiceé à Antioche, in: *REAug* 20 (1974) S. 36-41
- "Allegoria nubilum" chez saint Jérôme, in: *REAug* 22 (1976) S. 82-89
- S. Jérôme et le triple sens de l'Ecriture, in: *REAug* 26 (1980) S. 214-227
- La datation des premières traductions de l'AT sur l'hebreu par S. Jérôme, in: *REAug* 28 (1982) S. 208-212
- Jérôme et la pratique de l' exégèse, in: J. Fontaine / Ch. Pietri, *Le monde latine antique et la Bible*, Paris 1985 S. 523-542
- *L'Exégèse de Saint Jérôme d'après son "Commentaire sur Isaie"*, Paris 1985

JEPSEN, Alfred - Zur Kanongeschichte des Alten Testaments, in: *ZAW* 71 (1959) S. 114-136

JOHANNESSOHN, M. - Hieronymus und die jüngeren griechischen Übersetzungen des Alten Testaments, in: *ThLZ* 73 (1948) S. 145-152
- Zur Entstehung der Ausdrucksweise der lateinischen Vulgata aus den jüngeren griechischen alttestamentlichen Übersetzungen, in: *ZNW* 44 (1952-53) S. 90-102

JOUASSARD, G. - Réflexions sur la position de saint Augustin relativement aux Septante dans sa discussion avec saint Jérôme, in: *REAug* 2 (1956) S. 93-99

JÜLICHER, Adolf - Epiphanius 3, in: *PRE* 6 (1909) S. 193-194

JUDANT D.- *Judaïsme et Christianisme. Dossier patristique*, Paris 1969

JUGIE, P.Martin le - *Histoire du canon de l'Ancien Testament dans l'Eglise grecque et de l'Eglise russe* (Subsidia byzantina 14), Leipzig 1909, Nachdr. 1974

JUNOD, Eric - La formation et la composition de l'Ancien Testament dans l'Église grecque des quatre premiers siècles, in: J.-D. Kaestli / O. Wermelinger [Hg.], *Le canon de l'Ancien Testament, sa formation et son histoire*, Genf 1984 S. 105-151

JULIUS, C.- *Die griechischen Danielzusätze und ihre kanonische Geltung*, Freiburg 1901

JUSTER, Jean - *Les juifs dans l'empire romain, leur condition juridique, économique et sociale*, 2 Bde., Paris 1914

KAESTLI, J.D. / WERMELINGER, O. [Hg.] - *Le canon de l'Ancien Testament, sa formation et son histoire*, Genf 1984

KAISER, Otto - *Die Bedeutung des Alten Testaments für den christlichen Glauben*, in: ZThK 86 (1989) S. 1-17

KAMESAR, Adam - *Studies in Jerome's Quaestiones Hebraicae in Genesim: The Work as Seen in the Contex of Greek Scholarship*, (Diss.) Oxford 1987

- The Virgin of Isaiah 7:14: The Philological Argument from the Second to the Fifth Century, in: *JThS NS* 41 (1990) S. 51-75

KARPP, Heinrich - "Prophet" oder "Dolmetscher"? Die Geltung der Septuaginta in der Alten Kirche, in: *FS G.Dehn*, hg.v. W.Schneemelcher, Neukirchen 1957 S. 103-117
- *Vom Umgang der Kirche mit der Heiligen Schrift. Gesammelte Aufsätze* (Kölner Veröffentlichungen zur Religionswisssenschaft 3), Köln/Wien 1983

VAN KASTEREN, J.P. - L'Ancien Testament d'Origène, in: *RB* 10 (1901) S. 413-423
- Het Oude Testament van Origenes, in: *Studiën* 35 (1903) S. 61-81

KATZ, Peter - Frühere hebraisierende Rezensionen der Septuaginta und die Hexapla. Bemerkungen zu der Arbeit von Dr.G.ZUNTZ, ZAW 68 (1956) S. 124-184, in: *ZAW* 69 (1957) S. 77-84
- The Old Testament Canon in Palestine and Alexandria, in: *ZNW* 47 (1956) S. 191-217
- Retractatio (zu ZNW 47 (1956), 206) in: *ZNW* 49 (1958) S.223

KECH, Herbert - *Hagiographie als christliche Unterhaltungsliteratur. Studien zum Phänomen des Erbaulichen anhand der Mönchsviten des hl. Hieronymus* (Göppinger Arb. zur Germanistik 225), Göppingen 1977

KEDAR-KOPFSTEIN, B. - *The Vulgate as a translation, some semantics and syntactical aspects of Jerome's version of the Hebrew Bible* (Diss. phil.), Jerusalem 1968

KELLY, J.N.D. - *Jerome. His Life, Writings and Controversies*, London 1975

KIMELMANN, Reuven - Rabbi Yohanan and Origen on the Song of Songs: A Third-Century Jewish-Christian Disputation, in: *HTR* 73 (1980) S. 567-595

KINZIG, Wolfram - *Novitas Christiana: Die Idee des Fortschritts in der Alten Kirche* 2 Bde., (Habil. Schrift), Heidelberg 1991
- 'Non-Separation': Closeness and Co-Operation between Jews and Christians in the Fourth Century, in: *VigChr* 45 (1991) S. 27-53

KLEFFNER, Anton Ignaz - *Porphyrius, der Neuplatoniker und Christenfeind*, Paderborn 1896

KLIJN, A.F.J. / G.J. REININK - *Patristic evidence for Jewish-Christian Sects* (SplNT 36), Leiden 1973

KLOETERS, G. - *Buch und Schrift bei Hieronymus*, (Diss. masch.), Münster 1957

KLOSTERMANN, Erich - *Analecta zur Septuaginta, Hexapla und Patristik*, Leipzig 1895
- Die Überlieferung der Jeremiahomilien des Origenes, in: *TU* XVI/3 NF I/3 Leipzig/Berlin 1897

KOOLE, J.L.- Die Gestaltung des alttestamentlichen Kanons. Vom Wesen und Werden des Alten Testaments, in: *GThT* 77 (1977) S. 224-238

KOSKENNIENNI, Heikki - *Studien zur Idee und Phraseologie des griechischen Briefes bis 400 n.Chr.*, Helsinki 1956

KRAUSS, S.- The Jews in the Works of the Church Fathers, in: *JQR* 5 (1893) S. 122-157; 6 (1894) S. 82-99, 225-261

KÜNNETH, Walter, Kanon, in: *TRE* 17 (1988) S. 562-570

KUNZELMANN, A.- Die Chronologie der Sermones des Hl. Augustinus, in: *Miscellanea Agostiniana* 2, Rom 1931 S. 417-520

KUTSCH, Ernst - Von berith zu "Bund", in: *KuD* 14 (1968) S. 159-182

LAGRANGE, Marie Joseph - S. Jérôme et la tradition juive dans la Genèse, in: *RB* 7 (1898) S. 563-566
- L'esprit traditionel et l'esprit critique, wieder abgedruckt in: DERS., *Mélanges d'histoire réligieuse,* unter dem Titel: S.Jérôme et s.Augustin. A propos des origines de la Vulgate S.167-185, Erstveröffentlichung in: *BLE* 1 (1899), Paris 1915
- La révision de la Vulgate par S. Jérôme, in: *RB NS* 15 (1918) S. 254-257

LAMBERIGTS, Mathijs - Augustine and Julian of Aeclanum on Zosimus, in: *Aug(L)* 42 (1992) S. 311-330

LAMMERT, Friedrich - *De Hieronymo Donati discipulo* (Commentationes Philologicae Jenensis 9/2), Leipzig 1912

DE LANGE, Nicholas - *Origen and the Jews,* Cambridge 1976

LARDET, Pierre - Jérôme exégète: Une cohérence insoupçonnée, IN: *REAug* 36 (1990) S. 300-307

LAWLER, Th. Comerford - Jerome's first letter to Damasus, in: *Kyriakon, FS J.Quasten,* hg.v. P. Granfield / J.A. Jungmann, Münster 1970 Bd. 2 S. 548-552

LAY, J.- Origenes über die hebräische Metrik, in: *ZAW* 12 (1892) S. 212-217

LEE, Bo Min - *Mendacium officiosum. Een beordeeling van de zgn. "Noodleugen", met speciale aandacht voor Augustinus' opvattingen* (Diss.), Groningen 1979

LEIMANN, Sid Z. [Hg.] - *The Canon and the Masorah of the Hebrew Bible. An Introductionary Reader,* New York 1974
- *The Canonisation of Hebrew Scripture: The Talmudic and Midrashic Evidence,* Hamden/Conn. 1976
- Inspiration and Canonicity: Reflections on the Formation of the Biblical Canon, in: *Jewish and Christian Self-Definition* Bd.2, hg.v. E.P . Sanders / A.I. Baumgarten / A. Mendelson, London 1981 S.56-63

LEIPOLDT, Johannes - *Geschichte des neutestamentlichen Kanons,* Leipzig 1908

LENTZ, Carl Georg Heinrich - *Geschichte der christlichen Homiletik, ihrer Grundsätze und der Ausübung derselben in allen Jahrhunderten der Kirche* 2 Bde., Braunschweig 1839

LEROUX, Jean-Marie - Jean Chrysostome et la querelle origéniste, in: J. Fontaine / C. Kannengiesser [Hg.], *Epektasis, Mélanges patristiques offerts au Cardinal Jean Danielou,* Paris 1972
- Johannes Chrysostomos, in: *TRE* 17 (1988) S. 118-127

Les Lettres de Saint Augustin decouvertes par Johannes Divjak. Communications présentées au colloque des 20. et 21. Septembre 1982 (EAug), Paris 1983

LEWIS, Jack P.- What do we mean by Jabneh? in: Sid Z. Leimann [Hg.], *The Canon and the Masorah of the Hebrew Bible. An Introductionary Reader,* New York 1974

LIETZMANN, Hans - *Apollinaris von Laodicea und seine Schule. Texte und Untersuchungen,* Tübingen 1904, Nachdr. Hildesheim 1970
- Zur Entstehungsgeschichte der Briefsammlung Augustins, in: *Kleine Schriften I,* hg.v. K.Aland, Berlin 1958 S. 260-304
- Hieronymus, in: *Kleine Schriften I,* hg.v. K.Aland, Berlin 1958 S. 305-325

LIEU, Samuel N.C.- *Manichaeism in the Later Roman Empire and Medieval China,* Manchester 1985

LIPPOLD, Adolf - *Theodosius der Große und seine Zeit,* München 1980²

LIPSIUS, Richard Adelbert - Epiphanius of Salamis, in: *DCB* 2 (1880) S. 149-156

LOCHER, G.F.D. - Het Probleem va het primaat van Petrus bij Augustinus naar aanleiding van zijn uitleg van Galaten 2:11-14, in: *KeTh* 35 (1984) S. 288-304

LODS, M.- Étude sur les sources juives de la polémique de Celse contre les chrétiens, in: *RHPhR* 21 (1941) S. 1-33

VAN DER LOF, L.J.- L'Apôtre Paul dans les lettres de saint Jérôme, in: *NT* 19 (1977) S. 150ff
  - Die Autorität des Apostels Paulus nach Augustinus, in: *Aug(L)* 30 (1980) S. 10-28

LOHSE, Eduard - St.Peter's Apostleship in the Judgement of St.Paul, the Apostle to the Gentiles, in: *Gr.* 72 (1991) S. 419-435

LOWIT, A.- Kirchenväter und christliche Gelehrte über Talmudisten und Talmud, in: *Populärwiss. Monatsblätter zu Belehrung über das Judentum für Gebildete aller Konfess.*, Frankfurt a.M. Nr 5 + 6 (1885 + 1886)

LUBAC, Henry - "Typologie" et "Allegorisme", in: *RSR* 34 (1947) S. 180-226

LUDWIG, Dagmar Luise - *Der sog. Indiculus des Possidius. Studien zur Entstehungs- und Wirkungsgeschichte einer spätantiken Augustin-Bibliographie*, (Diss. theol.) Göttingen 1984

LÜTCKE, Karl Heinrich - *"Auctoritas" bei Augustin* (TBAW 44), Tübingen 1968

MADEC, Goulven - *Saint Ambroise et la philosophie* (EAug), Paris 1974
  - Du noveau dans la correspondance augustienne, in: *REAug* 27 (1981) S. 56-66
  - Table Ronde sur les lettres de saint Augustin nouvellement decouvertes, in: *REAug* 28 (1982) S. 383
  - "Ego sum qui sum" de Tertullien à Jérôme, in: *Dieu et l'être - Exégèse d'Exode*, Paris 1978
  - Le néoplatonisme dans la conversion d'Augustin. Etat d'une question centenaire (depuis Harnack et Boissier, 1888), in: C. Mayer, / K.H. Chelius, [Hg.], *Internationales Symposion über den Stand der Augustinus-Forschung* (Cass. 29/1), Würzburg 1989 S. 9-25

MAIER, Franz Georg - *Augustin und das antike Rom* (TBAW 39), Stuttgart 1955

MAIER, Jean Louis - *L'épiscopat de l'Afrique romaine, vandale et byzantine* (Bibliotheca Helvetica romana 11), Rom 1973

MAIER, Johann - *Jüdische Auseinandersetzungen mit dem Christentum in der Antike*, Darmstadt 1982

MALFATTI, E.- Una controversia tra S.Agostino e S.Girolamo: il conflitto di Antiochia in: *ScC* 49 (1921) S. 321-338

MANDOUZE, André - *Saint Augustin. L'aventure de la raison et de la grâce*, Paris 1968

MANGOLD, W. - Hieronymus und die römischen Frauen, in: *MIZG* 29 (1867) S. 127-151

MARAVAL, P. - Saint Jérôme et le pèlerinages aux lieux saints de Palestine, in: Y.-M. Duval [Hg.], *Jérôme entre l'occident et l'orient*, Paris 1988 S. 345-353

MARROU, Henri-Irénée - *Saint Augustin et la fin de la culture antique*, Paris 1958⁴

MARTI, Heinrich - *Übersetzer der Augustin-Zeit*, (Studia et Testimonia antiqua 14), München 1974

MARTIN, J.F. Hernadez - S. Jerónimo y los deuterocanónicos del Antiguo Testamento, in: *CDios* 182 (1969) S. 373-384

MARTIN, Luther H. - *Hellenistic Religions. An Introduction,* New York/Oxford 1987

MATTHIEU, J.-M.- Grégoire de Nazianze et Jérôme: Commentaire de l'In Ephesios 3,5,32, in: Y.-M. Duval [Hg.], *Jérôme entre l'occident et l'orient,* Paris 1988 S. 115-127

MAURER, Rudolf - *Strukturelle Untersuchungen zu den augustinischen Briefkorpora* (Diss. masch.), Wien 1991

MAYER, Cornelius - Garanten der Offenbarung. Probleme der Tradition in den antimanichäischen Schriften Augustins, in: *Aug* 12 (1972) S. 51ff

MAYER, C. / CHELIUS, K.H. [Hg.] - *Internationales Symposion über den Stand der Augustinus-Forschung* (Cass. 29/1), Würzburg 1989

MAY, Gerhard - Marcion in Contemporary Views: Results and Open Questions, in: *The Second Century* 6 (1987-88) S. 129-151

MAY, Susanne G. - *A Study of Jerome's attitudes as exhibited in his controversies,* Abilene 1967

MC DERMOTT, William C.- Saint Jerome and Pagan Greec Literature, in: *VigChr* 36 (1982) S. 372-382

MEADE, David G.- *Pseudonymity and Canon. An Investigation into the Relationship of Autorship and Authority in Jewish and Earliest Christian Tradition,* Tübingen 1986

VAN DER MEER, F.- *Augustinus der Seelsorger. Leben und Wirken eines Kirchenvaters,* Köln 1953

MEERSHOEK, G.Q.A. - *Le latin biblique d'apres saint Jérôme. Aspects linguistiques de la recontre entre la Bible et le monde classique,* Nijmegen/Utrecht 1966

MEHAT, A.- *Étude sur les "Stromates" de Clément d'Alexandrie,* Paris 1966

MEIJERING, E.P.- *Tertullian contra Marcionem. Gotteslehre in der Polemik Adversus Marcionem I-II* (PhP 3), Leiden 1977

MERCATI, Giovanni - Il nuovo trattato di S. Girolami sulla visione d'Isaia, in: *RB* 10 (1901) S. 385-392

MERK, Augustin - Origenes und der Kanon des Alten Testaments, in: *Bib* 6 (1925) S. 200-205

METZGER, Marcel - Konstitutionen, (Pseud-) apostolische, in: *TRE* 19 (1990) S. 540-544

MEYER, Louis - *Saint Jean Chrysostome. Maître de perfection chrétienne,* Paris 1933

MEYERS, Eric M. / STRANGE, J.E. - *Les Rabbins et les premiers Chrétiens. Archéologie et Histoire,* Paris 1984

MIESES, Matthias - Les Juifs et les établissements puniques en Afrique du Nord, in: *REJ* 92 (1932) S. 113ff; 93 (1932) S. 53ff, 195ff; 94 (1933) S. 73ff

MILHAU, Marc - Le grec, une "clé pour l'intelligence des psaumes". Étude sur les citations grecques du Psautier contenues dans les Tractatus super psalmos d'Hilaire de Poitiers, in: *REAug* 36 (1990) S. 67-79

Miscellanea Agostiniana. Testi e Studi. Publicata a cura dell' Ordine Eremitano di S. Agostino nel XV centenario dalla morte del santo dottore 2 Bde., Rom 1930-31

Miscellanea Geronimiana. Scritti varii publicata nel XV centenario dalla morte di San Girolamo, Rom 1920

MITREVSKI, Trajan - Die kanonische Geltung der deuterokanonischen Bücher der heiligen Schrift nach den Konzilsentscheidungen, in: *Kyrios* 13 (1973) S. 49-57

MÖHLER, J.A.- Hieronymus und Augustinus im Streit über Gal 2,11ff, in: *Gesammelte Aufsätze*, hg.v. J.J.I. Döllinger, Regensburg 1839 S. 1-18

MOHRMANN, Christine - Saint Jérôme et saint Augustin sur Tertullien, in: *VigChr* 5 (1951) 111-112

MONAT, Pierre - *Lactance et la Bible*, Paris 1982

MONCEAUX, Paul - Les colonies juives dans l'Afrique romaine, in: *REJ* 44 (1902) S. 1-28
  - *Saint Jérôme. Sa jeunesse, l'étudiant, l'érémite*, Paris 1932

MOREAU, Madeleine - Kommentar zu Ep. 11*, in: *BA* 46ᴮ, Paris 1948 S. 479-488

MORESCHINI, Cl.- Il contributo di Gerolamo alla polemica antipelagiana, in: *Cristianesimo nella storia* 3 (1982) S. 61ff
  - Gerolamo tra Pelagio e Origene, in: *Aug.* 26 (1986) S. 207-216
  - Praeceptor meus. Tracce dell'insegnamento di Gregorio Nazianzeno in Gerolamo, in: Y.-M. Duval [Hg.], *Jérôme entre l'occident et l'orient*, Paris 1988 S. 129-138

MORIN, Germain - Le nouveau traité de saint Jérôme sur la vision d'Isaie, édité par Dom Ambr. Amelli, in: *RHE* 2 (1901) S. 810-827

MÜHLENBERG, Ekkehard - Appolinaris von Laodicea, in: *TRE* 3 (1978) S. 362-371
  - Appolinaris von Laodicea und die origenistische Tradition, in: *ZNW* 76 (1985) S. 270-283

MÜLLER, Mogens - Graeca sive hebraica veritas? The Defence of the Septuagint in the Early Church, in: *SJOT* 1 (1989) S. 10-124

MUNDLE, W.- *Die Exegese der paulinischen Briefe im Kommentar des Ambrosiaster*, (Diss.theol.) Marburg 1919

MUNIER, Charles - La tradition manuscrite de l'Abrégé d'Hippone et le Canon des Écritures des Églises africaines, in: *SE* 21 (1972-73) S. 43-55

MURPHY, Francis Xavier [Hg.] - *A Monument to Saint Jerome. Essays on some aspects of his life, works and influence*, New York 1952

MURPHY, Roland - The Old Testament Canon in the Catholic Church, in: *CBQ* 28 (1966) S. 189-193

MUßNER, Franz - *Der Galaterbrief* (HThK 9), Freiburg / Basel / Wien 1981⁴

MUTZENBECHER, Almut - Bemerkungen zum *Indiculum* des Possidius. Eine Rezension, in: *REAug* 33 (1987) S. 128-131

NAUROY, G.- Jérôme lecteur et censeur de l'exégèse d'Ambroise, in: Y.-M. Duval [Hg.], *Jérôme entre l'occident et l'orient*, Paris 1988 S. 173-203

NAUTIN, Pierre - La date du "De viris inlustribus" de Jérôme, de la mort de Cyrille de Jérusalem et de celle de Grégoire de Nazianze, in: *RHE* 56 (1961) S. 33ff
  - Épiphane de Salamine, in: *DHGE* 15 (1963) S. 617-631
  - L'excommunication des S. Jérôme, in: *AEPHE.R* 80/81 (1971-73) S. 7-37
  - Études de chronologie hieronymienne, in: *REAug* 18 (1972) S. 209-218; 19 (1973) S. 69-86; 20 (1974) S. 251-284
  - *Origene. Sa vie et son oeuvre*, Paris 1977

- La date des Commentaires de Jérôme sur les épîtres pauliniennes, in: *RHE* 74 (1979) S. 5-12
- L'activité littéraire de Jérôme de 387 à 392, in: *RThPh* 115 (1983) S. 247-259
- Le premier échange épistolaire entre Jérôme et Damase: lettres réeles ou fictives?, in: *FZPhTh* 30 (1983) S. 331ff
- La liste des oeuvres de Jérôme dans le De viris inlustribus, in: *Orpheus NS* 5 (1984) S. 319-334
- Hieronymus, in: *TRE* 15 (1986) S. 304-314
- La lettre "Magnum est" de Jérôme à Vincent et la traduction des homélies d'Origène sur les prophètes, in: Y.-M. Duval [Hg.], *Jérôme entre l' occident et l'orient,* Paris 1988 S. 27-39
- Notes critiques sur la lettre 27* de Jérôme à Aurélius de Carthage, in: *REAug* 36 (1990) 298-299

NEUSCHÄFER, Bernhard - *Origenes als Philologe* (SBA 14/1+2), Basel 1987

NEUSNER, Jacob - *Das pharisäische und talmudische Judentum* (Texte und Studien zum antiken Judentum 4), Tübingen 1984

NODET, Charles-Henri - Position de Saint Jérôme en face des problèmes sexuels, in: *Mystique et continence (Travaux scientifiques du VIIe congrès international d'Avon),* Paris 1952 S. 308-356

NORMANN, Ralf - On the Semiotic Function of Cucurbits, in: *Humanitas Religiosa FS H. Biezais,* Stockholm 1979 S. 126-138

O'CONNEL, Robert J.- Ennead VI, 4 and 5 in the Works of Saint Augustine, in: *REAug* 9 (1963) S. 1-39
- St.Augustine's Criticism of Origen in the Ad Orosium, in: *REAug* 30 (1984) S. 84-99

OCKER, Christoph - Augustine, Episcopal Interests, and the Papacy in Late Roman Africa, in: *JEH* 42 (1991) 179-201

OESTBORN, Gunnar - *Cult and Canon. A Study in the canonization of the Old Testament* (AUU 1950/10), Uppsala 1950

OHLY, Friedrich - *Hohelied-Studien. Grundzüge einer Geschichte der Hoheliedauslegung des Abendlandes bis um 1200* (Schriften der wiss.Gesell. a.d.Universität Frankfurt I), Wiesbaden 1958

OLLIVIER, Claude - *Jérôme* (dt. Stuttgart 1965), Paris 1963

O'MALLEY, - *Tertullian and the Bible: Language, Imagery, Exegesis,* Nijmegen 1967

VAN OORT, Johannes - *Jerusalem and Babylon. A Study into Augustine's City of God and the Sources of his Doctrine of the Two Cities* (Suppl. to VigChr 14), Leiden 1991

VAN OORT, Johannes / WICKERT, Ulrich [Hg.] - *Christliche Exegese zwischen Nicaea und Chalcedon,* Kampen 1992

OPELT, Ilona - *Hieronymus' Streitschriften,* Heidelberg 1973
- *Die Polemik in der christlichen lateinischen Literatur von Tertullian bis Augustin,* Heidelberg 1980
- Augustinus Epistula 20* (Divjak). Ein Zeugnis für lebendiges Punisch im 5. Jhdt. nach Christus, in: Aug. 25 (1985) S. 121-132
- Origene visto de S. Girolamo, in: *Aug.* 26 (1986) S. 217-222
- San Girolamo e i suoi maestri ebrei, in: *Aug.* 28 (1988) S. 327-338
- Aug. *Epist.* 27* Divjak: Ein Schreiben des Hieronymus an Bischof Aurelius von Karthago, in: *Collectanea Augustiniana. Mélanges T.J. van*

Bavel, hg.v. B. Bruning / M. Lamberigts / J. van Houtem, Leuven 1990 S. 19-25

OPPEL, H. - *ΚΑΝΩΝ. Zur Bedeutungsgeschichte des Wortes und seiner lateinischen Entsprechungen (regula - norma)*, (Ph.S 30/4), Leipzig 1937

Origeniana. Premier colloque international des etúdes origéniennes, hg.v. H.Crouzel u.a. (Quaderni di VetChr 12), Bari 1975

Origeniana secunda. Seconde colloque international des études origeniennes, hg.v. H.Crouzel u.a. (Quaderin di VetChr 15), Bari 1975

Origeniana tertia, hg.v. R.C.P.Hanson / H.Crouzel, Rom 1985

Origeniana quarta, hg.v. L.Lies (Innsbrucker theol. Std. 19), Innsbruck 1987

ORLINSKY, Harry M. - The Canonization of the Bible and the Exclusion of the Apocrypha, in: *Essays in Biblical Culture and Bible Translation*, New York 1974 S. 257-286

OVERBECK, Franz - *Über die Auffassung des Streites des Paulus mit Petrus in Antiochien (Gal 2,11ff) bei den Kirchenvätern*, Basel 1877
- Aus den Briefwechsel des Augustin mit Hieronymus, in: *HZ 42 NF 6* (1879) S. 222-259
- *Zur Geschichte des Kanons*, Chemnitz 1880, Nachdr. Darmstadt 1965
- Über die Anfänge der patristischen Literatur, in: *HZ 48 NF 12* (1882) S. 417-472 Nachdr. Darmstadt 1954

Paganisme, judaisme, christianisme, influence et affontement dans le monde antique. Mélanges offertes à Marcel Simon, Paris 1978

PANNENBERG, Wolfhardt - Christentum und Platonismus. Die kritische Platon-rezeption Augustins in ihrer Bedeutung für das gegenwärtige christliche Denken, in: *ZKG* 96 (1988) S. 147-161

PAREDI, Angelo - S. Girolamo e S. Ambrogio, in: *Mélanges Eugène Tisser-ant V.*, Citta del Vaticano 1964 S. 183-198

PEASE, Arthur Stanley - Medical allusions in the works of saint Jerome, in: *HSCP* 25 (1914) S. 73-86

PELLISTRANDI, St.- A propos d'une recherche prosopographique: Jérôme, Bonose et la vocation monastique, in: Y.-M. Duval [Hg.], *Jérôme entre l'occident et l'orient*, Paris 1988 S. 14-25

PENNA, A.- *Prinicpi e carrattere dell'esegesi di san Girolamo*, Rom 1950

PEPIN, Jean - Saint Augustin et la fonction protreptique de l'allégorie, in: *RechAug* 1 (1958) S. 243-286

PERLER, Othmar - Das Datum der Bischofsweihe Augustins, in *REAug* 11 (1965) S. 25-37

PERLER, Othmar / MAIER, Jean Louis - *Les Voyages de S.Augustin*, Paris 1969

PERNOND, Madeleine et Regine - *Saint Jérôme. "Votre nom - votre saint"*, Tours 1961 (engl. New York 1962)

PERNOW, Birger - Judenmission, in: *RGG³* 3 (1959) Sp.976-978

PERRIN, M.- Jérôme lecteur de Lactance, in: Y.-M. Duval [Hg.], *Jérôme entre l'occident et l'orient*, Paris 1988 S. 99-114

PETITMENGIN, P.- Saint Jérôme et Tertullien, in: Y.-M. Duval [Hg.], *Jérôme entre l'occident et l'orient*, Paris 1988 S. 43-59

PETZOLD, Julius - *Commentatio hebraeo-palaeographica de quibusdam Origenis et Hieronymi locis, in: viro ampl. C.Aug. Rüdigero ... Gymn. Friberg. rectori* (Festschrift) interprete R.Brause, Leipzig 1837 S. 7-15

PICHLER, Karl - *Streit um das Christentum. Der Angriff des Kelsos und die Antwort des Origenes* (Regensburger Studien zur Theologie 23), Frankfurt a.M. 1980

PIETRI, Charles - *Roma Christiana. Recherches sur l'Eglise de Rome, son organisation, sa politique, son idéologie de Miltiade à Sixte (311-440)* 2 Bde. (BEFAR 224), Rom 1976

PILHOFER, Peter - *Presbyteron kreitton. Der Altersbeweis der jüdischen und christlichen Apologeten* (WUNT 2.Reihe 39), Tübingen 1990

PINDIERLE A.- Ambrogio et Agostino, in: *Aug* 14 (1974) S. 385-407

PIZZOLATO, L.F.- *La dottrina esegetica di sant' Ambrogio* (Studia Patristica Mediolanesia 9), Mailand 1978

POINSOTTE, Jaen-Michel - Les Juifs dans les centons latins chrétiens, in: *RechAug* 21 (1986) S. 85-116

PONTET, Maurice - *L'exégèse de saint Augustin prédicateur,* Paris 1944

POSTHUMUS MEYJES, G.H.M. - *De Controversie tussen Petrus en Paulus. Galaten 2,11 in de historie,* 'S-Gravenhage 1967

PRATSCHER, Wilhelm - *Der Herrenbruder Jakobus und die Jakobustradition* (FRLANT 139), Göttingen 1987

PREUSCHEN, Erwin - Origenes über die hebräische Metrik, in: *ZAW* 11 (1891) S. 316f.
- Noch einmal das Origenesfragment, in: *ZAW* 13 (1893) S. 280
- Bibelcitate bei Origenes, in: *ZNW* 4 (1903) S. 67-74

PRIGNET, P. - *Justin et l'Ancien Testament,* Paris 1964

PRINZ, F. - *Askese und Kultur. Vor- und Frühbenediktinisches Mönchtum an der Wiege Europas,* München 1980

PRITZ, R.A. - *Nazarene Jewish Christianity: From the End of the New Testament Period until its Disappeareance in the Fourth Century* (StPB 37), Jerusalem / Leiden 1988

PROCKSCH, Otto - *Die Septuaginta Hieronymi im Dodekapropheton,* Greifswald 1914

QUISPEL, Gille - The Gospel of Thomas and the New Testament, in: *VigChr* 11 (1957) S. 183-207
- The Discussion of Judaic Christianity, additional note, in: *VigChr* 22 (1968) S. 81-93

RACHMUTH, M.- Die Juden in Nordafrika bis zur Invasion der Araber (644), in: *MGWJ* 50 (1906) S. 22-58

RADDATZ, Alfred - Theodor von Mopsuestia, in: M. Greschat [Hg.], *GKG, Alte Kirche 2,* Stuttgart, 1984 S. 167-177

RAHNER, Hugo - Flumina de ventre Christi. Die patristische Auslegung von Joh 7,37-38, in: *Bib* 22 (1941) S. 269-302 u. 367-403

RAHNER, M. - *Die hebräischen Traditionen in den Werken des Hieronymus. Quaestiones in Genesim,* Breslau 1871
- *Die hebräischen Traditionen in den Werken des Hieronymus. Die commentarii zu den 12 kleinen Propheten I-II,* Berlin 1902

RAPISARDA, C.A.- Ciceronianus es, non christianus. Dove e quando avvene il sogno di S. Girolamo, in: *MSLCA* 1954 S. 1-18

RAVEAUX, Thomas - Augustin über den jüdischen Sabbat seiner Zeit, in: *REAug* 28 (1982) S. 213-224

REBENICH, Stefan, *Hieronymus und sein Kreis. Prosopographische und sozial-geschichtliche Untersuchungen* (Diss. phil.), Mannheim 1990
- Jerome: The "vir trilinguis" and the "hebraica veritas", in: *VigChr* 47 (1993) S.50-77.
REHM, M. - Die Bedeutung hebräischer Wörter bei Hieronymus, in: *Bib* 35 (1954) S. 174-197
REITZENSTEIN, Richard - Origenes und Hieronymus, in: *ZNW* 20 (1921) S. 90-93
REUSCHENBACH, Felix - *Hieronymus als Übersetzer der Genesis* (Diss. theol. Freiburg/Schweiz), Limburg a.d.Lahn 1949
RICHTER, Michael - Dionysius Exiguus, in: *TRE* 9 (1982) S. 1-4
RIEDEL, Johann Wilhelm - *Die Auslegung des Hohenliedes in der jüdischen Gemeinde und der griechischen Kirche*, Leipzig 1898
RIEDINGER, Rudolf (= Utto) - Neue Hypotyposen-Fragmente bei Pseudo-Caesarius und Isidor von Pelusium, in: *ZNW* 51 (1960) S. 154-196
- Akoimeten, in: *TRE* 2 (1978) S. 148-153
RIES, J.- La bible chez Saint Augustin et chez les Manichéens, in: *REAug* 7 (1961) S. 321-343; 9 (1963) S. 210-215; 10 (1964) S. 309-329
RITSCHL, Dietrich - Some Comments on the Background and Influence of Augustine's *Lex Aeterna* Doctrine, in: *Creation, Christ and Culture, Studies in Honour of T.F. Torrance*, hg.v. R.W.A. McKinney, Edinburgh 1976, S. 63-82
RITTER, Adolf Martin - *Das Konzil von Konstantinopel und sein Symbol. Studie zur Geschichte und Theologie des II. ökumenischen Konzils* (FKDG 15), Göttingen 1965
- Die Entstehung des neutestamentlichen Kanons: Selbstdurchsetzung oder autoritative Entscheidung? in: A. u. J. Assmann [Hg.], *Kanon und Zensur, Archäologie der literarischen Kommunikation II*, München 1987 S. 93-99
ROHNERT, W.- *Die Inspiration der heiligen Schrift und ihre Bestreiter*, Leipzig 1889
RONDET, Henri SJ - Thèmes bibliques - Exégèse augustinienne, in: *Augustinus Magister III*, Paris 1955 S. 231-246
ROUSSEAU, P. - *Ascetics, authority and the church in the age of Jerome and Cassian*, Oxford 1978
ROWLEY, Harold Henry - *The Growth of the Old Testament*, London 1950 Nachdr. 1960
RUEF, Hans - *Augustin über Semiotik und Sprache*, Bern 1981
RÜGER, Hans Peter - Hieronymus, die Rabbinen und Paulus. Zur Vorgeschichte des Begriffspaares "innerer und äußerer Mensch", in: *ZNW* 68 (1977) S. 132-137
- Apokryphen I, in: *TRE* 3 (1978) S. 289-316
- Das Werden des christlichen Alten Testaments, in: *JBTh* 3 (1988) S.175-189
- Der Umfang des alttestamentlichen Kanons in den verschiedenen kirchlichen Traditionen, in: *Wissenschaft und Kirche FS E.Lohse*, hg.v. K. Aland, Bielefeld 1989 S.336-345
RUWET, Jean - Duo textus Origenis de canone antiqui Testamenti, in: *Bib* 2 (1921) S. 57-60
- Les *Antilegomena* dans les oeuvres d'Origène, in: *Bib* 24 (1943) S. 18-58

- Les apocryphes dans les oeuvres d'Origène, in: *Bib* 25 (1944) S. 143-166
- Clément d'Alexandrie. Canon des Écritures et Apocryphes, in: *Bib* 29 (1948) S. 71-99; 240-268
- Les *agrapha* dans les oeuvres de Clément d'Alexandrie, in: *Bib* 30 (1949) S. 133-160
- La canon alexandrin des Écritures. Saint Athanase, in: *Bib* 33 (1952) S. 1-29

SAND, Alexander - *Kanon. Von den Anfängen bis zum Fragmentum Muratorianum* (HDG I,3a1), Freiburg 1974
SANDER, Léon - *Études sur saint Jérôme: Sa doctrine touchant l'inspiration des Livres saints et leur véracité, l'autorité des livres deutéro-canoniques, la distinction entre l'épiscopat et le presbytérat, l'Origénisme,* Brüssel/Paris 1903
SANDERS, E.P. / BAUMGARTEN, A.I. / MENDELSON, A. [Hg.] - *Jewish and Christian Self-Definition* Bd. 2, London 1981
SANDERS, James A.- Canonical Criticism: An Introduction, in: J.-D. Kaestli / O. Wermelinger [Hg.], *Le canon de l'Ancien Testament, sa formation et son histoire,* Genf 1984 S. 341-362
SANDMEL, Samuel - On Canon, in: *CBQ* 28 (1966) S. 203-207
SASSE, Hermann - Sacra Scriptura. Bemerkungen zur Inspirationslehre Augustins, in: *FS F. Dornseiff,* Leipzig 1953 S. 262-273
SCHADE, L.- *Die Inspirationslehre des Heiligen Hieronymus* (BSt(F) 15,4-5), Freiburg i.Br. 1910
SCHÄFER, Peter - Die sogenannte Synode zu Jabne, in: *Jud* 31 (1975) S. 54-65
SCHÄFER, Karl Theodor - Marius Victorinus und die marcionitischen Prologe, in: *RBen* 70 (1980) S. 7-16
SCHÄUBLIN, Christoph - *Untersuchungen zur Methode und Herkunft der antiochenischen Exegese,* Köln, Bonn 1974
- Textkritisches zu den Briefen des Hieronymus, in: *MH* 30 (1973) S. 55-62
- Zur paganen Prägung der christlichen Exegese, in: J.v. Oort / U. Wickert [Hg.], *Christliche Exegese zwischen Nicaea und Chalcedon,* Kampen 1992 S. 148-173
SCHATKIN, M.A.- The Influence of Origen upon St. Jerome's Commentary on Galatians, in: *VigChr* 24 (1970) S. 49-58
SCHILD, Maurice - *Abendländische Bibelvorreden bis zur Lutherbibel* (QRFG 39), Heidelberg 1970
SCHINDLER, Alfred - Augustin, in: *TRE* 4 (1979) S. 645-699
SCHINDLER, Franz - Die Lüge in der patristischen Literatur, in: *Beiträge zur Geschichte des christl. Altertums, FS A. Erhard,* hg.v. A.M. Köninger, Bonn/Leipzig 1922 S. 423-433
SCHMITHALS, Walter - Zur Abfassung und ältesten Sammlung der paulinischen Hauptbriefe, in: *ZNW* 51 (1960) S. 225-245
SCHNEEMELCHER, Wilhelm - Epiphanius von Salamis, in: *RAC* 5 (1960) S. 909-927
SCHOEPF, Alfred - *Wahrheit und Wissen. Die Begründung der Erkenntnis bei Augustin,* (Epimeleia 2), München 1965
SCHULTZ, Samuel J.- Augustin and the OT Canon, in: *EvQ* 28 (1953) S. 93-100

SCHWARTZ, Eduard - Über die Sammlung des Codex Veronense LX, in: *ZNW* 35 (1936) S. 3-23
- Die Kanonessammlungen der alten Reichskirche, in: DERS., *Gesammelte Schriften Bd. 4*, Berlin 1960 S. 159-275
- Zur Kirchengeschichte des vierten Jahrhunderts, in: DERS., *Gesammelte Schriften Bd. 4*, Berlin 1960 S. 1-110
SCHWARTZ, J.- Jerome and the Jews of Judea (Hebr. mit engl. Zusammenfassung), in: *Zion* (Jerusalem) 47 (1982) S. 186ff
SCHWARZBAUER, E. - *Die Kirche als Corpus mysticum Christi beim Hl. Hieronymus*, Rom 1939
SCOURFIELD, J.H.D. - Jerome, Antioch, and the Desert: A Note on Chronology, in: *JThS NS* 37 (1986) S. 117-121
SEEK, Otto - *Geschichte des Untergangs der antiken Welt*, Stuttgart 1921[4]
SEMISCH, Carl Gottlob, Epiphanius von Constantia, in: *RE*[2] 4 (1879) S. 263-266
SEMPLE, W.H.- St.Jerome as a biblical translator, in: *BJRL* 48 (1965) S. 227-243
- Some Letters of Augustine, in: *BJRL* 33 (1950) S. 111-130
SGHERRI, Giuseppe - *Chiesa e Sinagoga nelle opere di Origene* (Studia Patristica Mediolensia 13), Mailand 1982
- A proposito di Origene e la lingua ebraica, in: *Aug.* 14 (1974) S. 223ff
SHIEL, J. - St. Jerome in: Church and State in the 4th century A.D., in: *HT* 11 (1961) S. 278-286
SIEGFRIED C. - Midrashisches in Hieronymus und Ps. Hieronymus, in: *JPTh* 9 (1883) S. 346-352
- Die Aussprache des Hebräischen bei Hieronymus, in: *ZAW* 4 (1884) S. 34-83
SIMARD, Georges - La querelle des deux saints: Saint Jérôme et saint Augustin, in: *Revue de l'Université d'Ottawa* 12 (1942) S. 15-38
SIMON, Maria - *Gewißheit und Wahrheit bei Augustin* (Diss.), Bonn 1938
SIMON, Marcel - *Recherches d'histoire Judéo-chrétienne*, Paris 1962
- *Verus Israel. Étude sur les relations entre chrétiens et juifs dans l'Empire romain (135-425)*, Paris 1964[2]
- *Le christianisme antique et son contexte réligieux. Scripta varia* 2 Bde. (WUNT 23), Tübingen 1981
SIMON, M. / BENOIT, A. - *Le Judaïsme et le christianisme antique d'Antiochus Epiphane à Constantin*, Paris 1962
SIMON, Richard - *Histoire critique du Vieux Testament*, Amsterdam 1678, Nachdr.Frankfurt 1967
- *Histoire critique des commentateurs du Nouveau Testament dépuis le commencement du Christianisme jusqu'à notre temps. Avec une dissertation critique sur les principaux actes manuscrits qui ont été cités dans les trois parties de cet ouvrage*, Amsterdam 1693, Nachdr.Frankfurt 1967
SKEHAN, Patrick W. - St. Jerome and the Canon of the Holy Scriptures, in: *A Monument to St. Jerome*, New York 1952 S. 259-287
SMEETS, J. - Traditions juives dans la Vulgate de Daniel et le Commentaire de Jérôme in: *Service international de documentation judéo-chrétienne* Bd 11,2, Rom 1979 S. 16-26
SMITH, T.V. - *Petrine Controversies in Early Christianity. Attitudes towards Peter in Christian Writings of the First Two Centuries* (WUNT 2,15), Tübingen 1985

SMULDERS, P.- Hilarius von Poitiers, in: M. Greschat [Hg.], *GKG, Alte Kirche 1*, Stuttgart 1984 S. 250-265

SODEN, Hans von - *Die Cyprianische Briefsammlung. Geschichte ihrer Entstehung und Überlieferung* (TU 25/3), Leipzig 1904
- *Das lateinische Neue Testament in Afrika zur Zeit Cyprians* (TU 33), Leipzig 1933

SOUTER, Alexander - *The Earliest Latin Commentaries on the Epistels of St. Paul*, Oxford 1927

SPANNEUT, M.- Evagre, in: *DHGE* 16 (1967) S. 102ff

SPARKS, H.F.D. - Jerome as Biblical Scholar, in: *CHB* 1 (1970) S. 510-541

SPELLER, Lydia - Ambrosiaster and the Jews, in: *StPatr* 17 (1982) S. 72-78

SPEYER, Wolfgang - Asterios von Amaseia, in: *RAC Suppl.* 1/4 (1986) S. 626-639

STÄHLIN, Otto - *Clemens Alexandrinus und die Septuaginta*, 1901

STAERCK, W. - Der Schrift- und Kanonbegriff der jüdischen Bibel, in: *ZSTh* 6 (1929) S. 101-119

STEBE, Marie-Hélène / GOUDET, Marie-Odile [Hg.] - *Marc commenté par Jérôme et Jean Chrysostome*, Paris 1986

STECK, Odil Hannes - Der Kanon des hebräischen Alten Testaments. Historische Materialien für eine ökumenische Perspektive, in: *Vernunft des Glaubens FS W. Pannenberg*, hg.v. J. Rohls / G. Wenz, Göttingen 1988 S. 231-252

STEINMANN, Jean - *S. Jérôme*, Paris 1958; engl. Notre Dame/Ind. 1960; dt. Leipzig 1973

STEINMANN, Werner - *Die Seelenmetaphysik des Marius Victorinus* (Hamburger Theol. Stud. 1), Hamburg 1990

STEMBERGER, Günter - *Das klassische Judentum. Kultur und Geschichte der rabbinischen Zeit* (70-1040 n.Chr.), München 1979
- Günter STEMBERGER, Die sogenannte "Synode von Jabne" und das frühe Christentum, in: *Kairos* 19 (1971) S. 14-21
- Jabne und der Kanon, in: *JBTh* 3 (1988) S. 163-174

STENZEL, Meinrad - Der Bibelkanon des Rufin von Aquileia, in: *Bib* 23 (1942) S. 43-61

STOEBE, Hans-Joachim - Strack, Hermann Leberecht, in: *RGG³* 6 (1962) Sp. 392

STOLZ, E. - Didymus, Ambrosius, Hieronymus, in: *ThQ* 87 (1905) S. 371-401

STONE, Michael E. - Armenian Canon Lists V - Anonymus Lists, in: *HTR* 83 (1991) 141-161

STRACK, H.J. / STEMBERGER, Günter - *Einleitung in Talmud und Midrasch*, München 1982[7]

STRAUSS, Gerhard - *Schriftgebrauch, Schriftauslegung und Schriftbeweis bei Augustin* (BGBH 1), Tübingen 1959

STRECKER, Georg - Judenchristentum, in: *TRE* 17 (1988) S. 310-325

STROUMSA, Gedaliahu G.- "Vetus Israel": Les Juifs dans la littérature hiérosolymitaine d'époque byzantine, in: *RHR* 205 (1988) S. 115-131
- Gnostics and Manicheans in Byzantine Palestine, in: *StPatr* 18 (1985) S. 273-278

STUDER, Basil - A propos des traductions d'Origene par Jérôme et Rufin, in: *VetChr* 5 (1968) S. 137-155
- Augustin et la foi de Nicée, in: *RechAug* 19 (1984) S. 133-154

STUHLHOFER, Franz - *Der Gebrauch der Bibel von Jesus bis Euseb. Eine statistische Untersuchung zur Kanongeschichte*, Wuppertal 1988

STUIBER, Alfred - Ambrosiaster, in: *TRE* 2 (1977) S. 356-362

STUMMER, F. - Spuren jüdischer und christlicher Einflüsse auf die Übersetzung der großen Propheten durch Hieronymus, in: *JPOS* 8 (1928) S. 35-48
- Einige Beobachtungen über die Arbeitsweise des Hieronymus bei der Übersetzung des Alten Testaments aus der hebrica veritas, in: *Bib* 10 (1929) S. 1-30
- Beiträge zur Lexicographie der lateinischen Bibel. Untersuchungen zum Sprachgebrauche des Hieronymus in der Vulgata, in: *Bib* 18 (1937) S. 23-50
- Beiträge zu dem Problem: Hieronymus und die Targumim, in: *Bib* 18 (1937) S. 174-181

SUNDBERG, Albert S. Jr. - *The Old Testament of the Early Church* (HThS 20), Cambridge/Mass. 1964
- The Protestant Old Testament Canon: Should it be re-examined? in: *CBQ* 28 (1966) S. 194-203

SUGANO, K. - *Das Rombild des Hieronymus*, Frankfurt / Bern / New York 1983

SUTCLIFFE, Edmund F. - St. Jerome's Pronunciation of Hebrew, in: *Bib* 29 (1948) S. 112-125
- St. Jerome's hebrew manuscripts, in: *Bib* 29 (1948) S. 195-204
- The Council of Trent and the "Authentica" of the Vulgate, in: *JThS* 49 (1948) S. 35ff
- The Name "Vulgate", in: *Bib* 29 (1948) S. 345-352

TAJO, Maria - Un confronto tra S.Ambrogio e S.Agostino a proposito dell'esegesi del Cantico dei Cantici, in: *REAug* 7 (1961) S. 127-151

TAKESHI, Okada - The Thought of Origen about the Canon of Holy Scripture. With special regard to the Deuterocanonical books (Japanisch mit engl. Zusammenfassung), in: *Kattorikku-kenkyu* (Tokio) 22,42 (1983) S. 95-116

TANDONNET, Roger - S. Épiphane de Constantia, in: *DSp* 4/1 (1960) S. 854-861

TARDIEU, Michel - *Les règles de l'interprétation*, Paris 1987

TAYLOR, Joan E.- The Phenomenon of Early Jewish-Christianity: Reality or Scholarly Invention? in: *VigChr* 44 (1990) S. 313-334

TAYLOR, R.E. - Attitudes of the Fathers toward Practices of Jewish Christians, in: *StPatr* 4 (TU 78) Berlin 1961, S. 504-511

TESELLE, Eugene - Rufinus the Syrian, Caelestius, Pelagius: Explorations in the Prehistory of the Pelagian Controversy, in: *AugSt* 3 (1972) S. 61ff

TESTARD, Maurice - *Saint Augustin et Cicéron*, 2 Bde. (EAug), Paris 1958

THEILER, Willy - *Porphyrius und Augustin* (SKG), Halle 1933
- Augustin und Origenes, in: *Aug* 13 (1968) S. 423-432

THIERRY, A. - *Saint Jérôme, la société chrétienne à Rome et l'émigration romaine en Terre-Sainte*, 2 Bde., Paris 1867

THIERRY, J.J. - The date of the dream of Jerome, in: *VigChr* 17 (1963) S. 28-40
- Some note on Epistle 22 of St. Jerome, in: *VigChr* 21 (1967) S. 120-127

THORNDIKE, Lyon - The attitude of Origen and Augustine toward magic, in: *The Monist* (Chicago) 18 (1908) S. 46-66

THORNTON, T.C.G. - Christian Understanding of the Birkat-Ha-Minim in the Eastern Roman Empire, in: *JThS NS* 38 (1987) S. 419-431

DE TILLEMONT, Lenain - *Memoire pour servir a l'histoire ecclesiastique des six premieres siecles*, 17 Tle. Paris 1709-1713

TOURSCHER, Francis E. - The Correspondence of St. Augustin and St. Jerome, in: *AEcR* 57 (1917) S. 476-492

- Studies in St. Jerome and St. Augustine: The Classics and Christian Culture, in: *AEcR* 61 (1919) S. 648-663

TOV, Emanuel - The impact of the LXX-Translation of the Pentateuch on the Translation of the other Books, in: *Mélanges Dominique Barthélemy*, hg.v. P. Casetti / O. Keel / A. Schenker (OBO 38), Freiburg/Schweiz / Göttingen 1981 S. 577-592.

- Die griechischen Bibelübersetzungen, in: *ANRW* II 20/I (1987) S. 121-189

TRECHSEL, Friedrich - *Über den Kanon, die Kritik und Exegese der Manichäer. Ein historisch-kritischer Versuch*, Bern 1832

TREU, Ursula - Epiphanius, in: *RGG³* 2 (1958) S. 531

TRIGG, Joseph Wilson - *Origen. The Bible and Philosophy in the Third-Century Church*, Atlanta 1983

TROBISCH, David - *Die Entstehung der Paulusbriefsammlung* (NTOA 10), Freiburg/Schweiz / Göttingen 1989

TROELTSCH, Ernst - *Augustin, die christliche Antike und das Mittelalter* (HB 36), München 1915, Nachdr. Aalen 1963

TROUT, Dennis E. - Augustin at Cassiacum: Otium Honestum and the social dimensions of conversion, in: *VigChr* 42 (1988) S. 132-146

ULBRICH, Heinrich - Augustins Briefe zur entscheidenden Phase des Pelagianischen Streites, in: *REAug* 9 (1963) S. 41-49

URBACH, E.E.- Rabbinic exegesis and Origen's Commentary on the Song of Songs and Jewish-Christian Polemics, in: *Tarb.* 30 (1960) S. 148-170

VACCARI, P. Alberto - Esaple e Esaplare in S. Girolamo, in: *Bib* 8 (1927) S. 463-468

- Cuore e stile di S. Agostino nella lettera 73, in: *Miscellanea Agostiniana* 2, Rom 1931 S. 353-358

- Saint Augustin, Saint Ambroise et Aquila, in: *Augustinus Magister III*, Paris 1955 S. 471-482

VATHAIRE, J. de - Les relations de S. Augustin et de S. Jérôme, in: *Miscellanea Augustiniana*, Rotterdam 1930 S. 484-499

VELTRI, Guiseppe - L'inspirazione della LXX tra leggenda e teologia. Dal racconto di Aristea alla "veritas hebraica" di Girolamo, in: *Laur.* 29 (1986) S. 3-71

- Zur traditionsgeschichtlichen Entwicklung des Bewußtseins von einem Kanon: Die Yabneh-Frage, in: *JSJ* 21 (1990) S. 210-226

VERBECKE G. - Augustin et le Stoicisme, in: *RechAug* 1 (1958) S. 67-89

VERNET, F. - Irénée, in: *DThC* 7 (1923) S. 2394-2533

VOGELS, Heinrich Joseph - Die heilige Schrift bei Augustinus, in: *Aurelius Augustinus* (FS der Görres-Gesellschaft), hg.v. M. Grabmann / J. Mausbach, Köln 1930 S. 411-421

- Ambrosiaster und Hieronymus, in: *RBen* 66 (1956) S. 14-19

VOGT, Hermann-Josef - Die Geltung des AT bei Irenäus von Lyon, in: *THQ* 60 (1980) S. 17-28

VOSTÉ, J.M. - La chronologie de l'activité littéraire de Théodore de Mopsueste, in: *RBib* 34 (1925)

WANKE, Gunther - Die Entstehung des Alten Testaments als Kanon, in: *TRE* 6 (1980) S. 1-8

WANKENNE, Ludovic-Jules - La langue de la correspondance de Saint Augustin, in: *RBen* 94 (1984) S. 102-153

WEIDENHAN, J.L. - The dependance of St. Jerome on Origen, in: *CUB* 20 (1914) S. 594-605

WELL, W. - Der Bibelkanon des Flavius Josephus, in: *BZ* 7 (1909) S.1-16; 113-122; 235-244

WENGST, Klaus - *Tradition und Theologie des Barnabasbriefes* (AKG 42), Berlin / New York 1971

WENNING, Gregor - Der Einfluß des Manichäismus und des Ambrosius auf die Hermeneutik Augustins, in: *REAug* 36 (1990) S. 80-90

WERMELINGER, Otto - *Rom und Pelagius. Die theologische Position der römischen Bischöfe im pelagianischen Streit 411-432*, Stuttgart 1975
- Das Pelagiusdossier in der tractoria des Zosimus, in: *FZPhTh* 26 (1976) S. 336-368
- Le canon des latins au temps de Jérôme et d'Augustin, in: J.-D. Kaestli / O. Wermelinger [Hg.], *Le canon de l'Ancien Testament, sa formation et son histoire*, Genf 1984 S. 153-196
- Neue Forschungskontroversen um Augustinus und Pelagius, in: *Internationales Symposion über den Stand der Augustinus-Forschung*, hg.v. C. MAYER / K.H. CHELIUS (Cass. 29/1), Würzburg 1989 S. 189-217

WETTSTEIN, Johann Rudolf - *Dissertatio philologico-theologica de Historia Susannae, qua disquiritur: Utrum Origenes in Epistula ad Africanum et Veteris Ecclesiae Patres Susannae historiam habuerint pro parte Scripturae divina et canonica*, Basel (Bertsch) 1691

WICKERT, Ulrich - *Studien zu den Pauluskommentaren des Theodor von Mopsuestia* (BZNW 27), Berlin 1962

WIENBRUCH, Ulrich - *Erleuchtete Einsicht. Zur Erkenntnislehre Augustins* (APPP 218), Bonn 1989

WIESEN, David S. - *St. Jerome as a Satirist*, Ithaka/N.Y. 1964

WILBRAND, W.- Ambrosius und der Kommentar des Origenes zum Römerbriefe, in: *BZ* 8 (1910) S. 26-32

WILDEBOER, G. - *Die Entstehung des alttestamentlichen Kanons*, Gotha 1891
- De Kerkvader Origenes en de kanon des Ouden Verbonds, in: *VMAW* 4.Reihe 5 (1903) S. 143-163

WILES, Maurice F.- *The Divine Apostel. The Interpretation of St. Paul's Epistles in the Early Church*, Cambridge 1967

WINKELMANN, Friedhelm - Einige Aussagen zu den Aussagen des Rufinus von Aquileia und des Hieronymus über ihre Übersetzungstheotie und Methode, in: *Kyriakon FS J. Quasten* hg.v. P. Granfield / J.A. Jungmann, Münster 1970, Bd.2 S. 532-547

WÜRTHWEIN, Ernst - *Der Text des Alten Testaments*, Stuttgart 1973⁴

WURM, Hubert - *Studien und Texte zur Dekretalensammlung des Dionysius Exiguus* (KStT 16), Bonn 1939 Nachdr. Amsterdam 1964

WYTSES, J.- Ambrosius en de Joden, in: *KeTh* 37 (1986) S. 2-20

YARNOLD, Edward J.- Cyrillus von Jerusalem in: *TRE* 8 (1981) S. 261-266

ZAHN, Theodor von - Origenes und Hieronymus zu Matthäus, in: *FGNK* 2 (1883) S. 275-281
- *Geschichte des neutestamentlichen Kanons*, 2 Bde., Erlangen 1888-92

ZIEGLER, J. - *Die jüngeren griechischen Übersetzungen als Vorlage der Vulgata in den prophetischen Schriften,* Braunsberg 1944/45
- Die Septuaginta Hieronymi im Buch des Propheten Jeremias, in: *FS A. Dold,* Beuron 1952 S. 13-24
ZÖCKLER, Otto - *Hieronymus. Sein Leben und Wirken nach seinen Schriften dargestellt,* Gotha 1865
ZÖLLIG, August - *Die Inspirationslehre des Origenes* (StrThS 5/1), Freiburg 1902

ANHÄNGE

A. KONKORDANZ ZUR NUMMERIERUNG

Die Briefe der Korrespondenz zwischen Augustin und Hieronymus sind in den jeweiligen Ausgaben anders numeriert worden. Das macht die Sekundärliteratur zum Briefwechsel unübersichtlich. Um in dieser Arbeit Verwirrung zu vermeiden, werden die Numerierungen der Briefe wie folgt benutzt:

a) Es wird grundsätzlich der Absender und der Empfänger genannt.

b) Die Briefe Augustins und der Briefwechsel zwischen Augustinus und Hieronymus werden nach der Numerierung der Augustinusbriefe zitiert, z.B. Hieronymus ad Augustinum, Ep. 75 CSEL 34/II 306-324.

c) Die übrigen Briefe des Hieronymus werden mit der Nummer zitiert, die sie in Hilbergs Ausgabe tragen, z.B.: Hieronymus ad Theodoram Spanam, Ep. 75 CSEL 55 29,10-34,9.

	Augustinus- Ausgaben	Hieronymus- Ausgaben
1. Augustinus an Hieronymus	Nr. 28	Nr. 56
2. Hieronymus an Augustinus	Nr. 39	Nr. 103
3. Augustinus an Hieronymus	Nr. 40	Nr. 67
4. Augustinus an Hieronymus	Nr. 67	Nr. 101
5. Hieronymus an Augustinus	Nr. 68	Nr. 102
6. Augustinus an Hieronymus	Nr. 71	Nr. 104
7. Hieronymus an Augustinus	Nr. 72	Nr. 105
8. Augustinus an Hieronymus	Nr. 73	Nr. 110
9. Augustinus an Praesidius	Nr. 74	Nr. 111
10. Hieronymus an Augustinus	Nr. 75	Nr. 112
11. Hieronymus an Augustinus	Nr. 81	Nr. 115

12. Augustinus an Hieronymus	Nr. 82	Nr. 116
13. Hieronymus an Augustinus	Nr. 123	Nr. 142
13a. Hieronymus an Marcellinus und Anapsycha	Nr. 165	Nr. 136
14. Augustinus an Hieronymus	Nr. 166	Nr. 131
15. Augustinus an Hieronymus	Nr. 167	Nr. 132
16. Hieronymus an Augustinus	Nr. 172	Nr. 134
17. Hieronymus an Augustinus	Nr. 195	Nr. 141
18. Hieronymus an Augustinus und Alypius	Nr. 202	Nr. 143
19. Augustinus an Hieronymus	Nr. 19*	- - -

B. DER ANFANG VON EP. 73 IN DEN VERSCHIEDENEN REZENSIONEN

Der Text folgt CSEL 34/II 265,23-267,13, für die Hieronymus Ausgabe wird zusätzlich Cod. Carlsruhensis Aug. CV, saec. VIII berücksichtigt.

Augustins Version

Die Version des Hieronymus

Restat igitur, ut laedere me recribendo disponeres, si certo documento meas esse illas litteras nosses. atque ita quia non credo quod iniuste me laedendum putares, superest, ut agnoscam peccatum meum quod prior te illis litteris laeserim, quas meas esse negare non possum.

Cur itaque conor contra fluminis tractum ac non potius veniam peto? obsecro ergo te per mansuetudinem Christi, ut si laesi te, dimittas mihi nec me vicissim laedendo malum pro malo reddas. laedes autem me, si mihi tacueris errorem meum, quem forte inveneris in factis vel dictis meis. nam si ea in me reprehenderis, quae reprehenda non sunt, te laedis magis quam me, quod absit a moribus et sancto proposito tuo. ut hoc facias voluntate laedendi culpans in me

Cur itaque conor contra fluminis tractum et non potius veniam deprecor? obsecro [...] ut si te laesi, dimittas mihi nec me vicissim laedendo malum pro malo reddas. laedes enim si mihi tacueris errorem meum, quem forte inveneris in [...] dictis meis. nam si ea in me reprehendas, quae reprehenda non sunt, te potius laedis quam me, quod absit a moribus et sancto proposito tuo. ut hoc facias [...]

aliquid dente maledico, quod men-
te veridica scis non esse culpan-
dum. ac per hoc aut benivolo cor-
de argues, etiam si caret delicto,
quod arguendum putas, aut paterno
affectu mulceas, quem adicere nequeas.

potest enim fieri, ut tibi	potest enim fieri, ut tibi
aliud videatur, quam veritas ha-	videatur, aliud quam veritas ha-
bet, dum tamen abs te aliud non	bet, dum tamen aliud abs te non
fiat, quam caritas habet. et ego	fiat, quam caritas habet. et ego
amicissimam reprehensionem grati-	amicissimam reprehensionem [...]
ssime accipiam, etiam si reprehendi	
non meruit, quod recte defendi	
non potest, aut agnoscam simul et	
benevolentiam tuam et culpam meam	
et quantum dominus donat, in alio	
gratus, in alio emendatus inveniar.	
Quid ergo fortasse dura sed certe	
salubria verba tua tamquam caestus	
Entelli pertimescam? caedebatur	
ille, non curabatur et ideo vin-	
cebatur, non sanabatur. ego autem si	
medicinalem correptionem tuam si	si tranquillius
tranquillius accepero, non dolebo;	accepero, non dolebo; [...]
si vero infirmitas veleut humana	
vel mea, etiam cum veraciter	
arguor, non potest, nisi aliquan-	
tulum contristari, melius tumor	melius tumor
capitis dolet, dum curatur, quam,	capitis dolet, dum curatur, quam,
dum ei parcitur, non sanatur.	dum ei parcitur, non sanatur.

HANDSCHRIFTENVERZEICHNIS ZUM BRIEFWECHSEL ZWISCHEN
AUGUSTINUS UND HIERONYMUS

In der folgenden Tabelle sind die Handschriften zusammengestellt,
die den statistischen Aussagen über die Überlieferungsgeschichte des
Briefwechsels zu Grunde liegen. Auf Grund der unterschiedlichen
Überlieferungsgeschichte des ersten und des zweiten Teils des
Briefwechsels werden auch die Handschriften getrennt verzeichnet.
Das Verzeichnis der Briefe des ersten Teils ist nach
Autorenrezensionen gegliedert, zuerst werden die Hieronymus- und
Augustinus-Rezension aufgeführt, danach die Handschriften, die
keiner der beiden Rezensionen zugerechnet werden können. Die
Verzeichnisse sind alphabetisch nach Bibliotheken geordnet und
fortlaufend nummeriert.

Um Doppelnummerierungen zu vermeiden, werden die
Handschriften des ersten und zweiten Teils getrennt nummeriert.
Beide Listen beginnen mit "1". Im Text wird auf die jeweilige
Nummer verwiesen, indem zuerst mit "I." oder "II." angegeben
wird, ob es sich um eine Handschrift mit den Briefen des ersten oder
des zweiten Teils des Briefwechsels handelt. Danach wird für die
Handschriften des ersten Teils durch "H." oder "A." angezeigt,
welcher Rezension des ersten Teils des Briefwechsels die
Handschrift zugeordnet wurde bzw. mit "x.", daß sie nicht
eingeordnet werden konnte. Diese Angabe entfällt bei den
Handschriften des zweiten Teils. Schließlich wird laufende Nummer
angegeben. Also trägt zum Beispiel die Handschrift Köln,
Dombibliothek 60 aus der Hieronymus-Rezension die Bezeichnung
"I.H.63". Da diese Handschrift aber auch Briefe des zweiten Teils
enthält, trägt sie für den zweiten Teil die Bezeichnung "II.87".
Wenn auf beide Teile des Briefwechsels in einer Handschrift Bezug
genommen wird, werden beide Nummern angegeben.

Darüberhinaus werden weitere Sigla verwendet, die Auskunft
über die Reihenfolge der Briefe und den Textbestand einer
Handschrift geben:

* = Der Brief steht in der Handschrift an der üblichen Stelle
und ist vollständig.

\- = Der Brief fehlt.

^z = Ep. 110(73) beginnt gemäß der Hieronymus-Redaktion mit dem dritten Kapitel: *"cur itaque conor"* CSEL 34/II 265,23; vgl. auch die Gegenüberstellung der Augustinus- und Hieronymus-Rezension im Anhang.

^x = Welchen Textumfang Ep. 73(110) in dieser Handschrift hat, ist den Handschriftenverzeichnissen nicht zu entnehmen.

^y = Ep. 56(28) steht vor Ep. 101(67).

^w = Der Brief ist unvollständig, ohne genaue Angabe des fehlenden Textbestandes.

^v = Bei Ep. 67(101) fehlt der letzte Satz CSEL 34/II 239,9-11. (Der vorletzte Satz schließt mit *gloriantur* statt *gaudent*.)

^u = Bei Ep. 68(102) fehlt der letzte Absatz CSEL 34/II 243,1-11

^t = Bei Ep. 40(67) fehlt der letzte Satz CSEL 34/II 81,2-5

Schließlich wird in eckigen Klammern angegeben, aus welcher Quelle die Informationen über die jeweilige Handschrift stammen. Da die benutzten Handschriftenverzeichnisse alphabetisch nach Bibliotheken geordnet sind erübrigt sich hierbei eine Seitenangabe.

[L] = Bernard LAMBERT, *Bibliotheca Hieronymiana Manuscripta* Bd. Ia (IP 4), Steenbrügge / La Haye 1969.

[Ö²⁶⁷] = *Die handschriftliche Überlieferung der Werke des Heiligen Augustinus, Bd. I/2 Italien: Verzeichnis nach Bibliotheken*, bearb.v. Manfred OBERLEITNER (SÖAW.PH 267), Wien 1970.

[Ö²⁷⁶] = *Die handschriftliche Überlieferung der Werke des Heiligen Augustinus, Bd. II/2 Großbritannien und Irland: Verzeichnis nach Bibliotheken*, bearb.v. Franz RÖMER (SÖAW.PH 276), Wien 1972.

[Ö²⁸⁹] = *Die handschriftliche Überlieferung der Werke des Heiligen Augustinus, Bd. III: Polen, Anhang: Die skandinavischen Staaten, Dänemark - Finnland - Schweden*, bearb.v. Franz RÖMER (SÖAW.PH 289), Wien 1973.

[Ö^{292}] = *Die handschriftliche Überlieferung der Werke des Heiligen Augustinus, Bd. IV Spanien und Portugal: Werkverzeichnis und Verzeichnis nach Bibliotheken,* bearb.v. Johannes DIVJAK (SÖAW.PH 292), Wien 1974.

[Ö^{350}] = *Die handschriftliche Überlieferung der Werke des Heiligen Augustinus, Bd. V/2 Bundesrepublik Deutschland und Westberlin: Verzeichnis nach Bibliotheken,* bearb.v. Rainer KURZ (SÖAW.PH 350), Wien 1979.

[A] = An der Handschrift selbst überprüft.

I. DER ERSTE TEIL DES BRIEFWECHSELS

In dieser Liste sind nur die Handschriften aufgelistet, die eine komplette oder annähernd komplette Sammlung der Briefe des ersten Teils beeinhalten. Die Angabe der Nummern der Briefe folgen jeweils den zu Grunde liegenden Handschriftenverzeichnissen. Das gilt auch für vereinzelt auftrende andere Briefe aus der Korrespondenz Augustins oder des Hieronymus. Um eine schnelle Übersicht zu ermöglichen, wird auf jeder Seite in der Kopfzeile eine Synopse der Nummerierungen abgedruckt.

NUMMER DES BRIEFES IN DEN AUGUSTINUSAUSGABEN

| 67 | 68 | 39 | 74 | 73 | 28 | 72 | 40 | 71 | 75 | 81 | 82 |

NUMMER DES BRIEFES IN DEN HIERONYMUSAUSGABEN

| 101 | 102 | 103 | 111 | 110 | 56 | 105 | 67 | 104 | 112 | 115 | 116 |

1. Handschriften der Hieronymus-Redaktion (= H)

1) Alençon, Bibliothèque municipale 9, Chartreux du Val-Dieu [L]

| s. XIII | *(?) | *(?) | *(?) | * | *(?) | *(?) | *(?) | *(?) | *(?) | *(?) | - | *(?) |

2) Angers, Bibliothèque municipale 154 (146), Saint Aubin [L]

| s. XII | * | * | * | * | *^{X} | * | * | * | * | * | - | * |

3) Augsburg, Staats- und Stadtbibliothek, 71 (St.Ulrich und Afra, scripsit Joh. Knüßlin) [Ö^{350}]

| s. XV (1464) | * | * | * | * | *^{Z} | * | * | * | * | * | * | * |

4) Bamberg, Staatliche Bibliothek Patr.81 (B.III.41), Franziskanerkloster [Ö^{350}]

| s. XV | * | * | * | *^{1} | 28 | 73^Z | * | * | * | * | - | - |

5) Barcelona, Archivo de la Corona de Aragon, Ms. S.Cugat 19 (Hieronymi epistulae) [Ö^{292}]

| s. XV | * | * | * | * | * | * | * | * | * | * | *^{2} | * |

6) Barcelona, Biblioteca Central de Catalunya, Ms. 567 [Ö^{292}]

| s. XV | * | * | * | * | *^{Z} | * | * | * | * | * | - | - |

7) Barcelona, Biblioteca de la Universidad, 291 (20-2-3) (Epistulae Hieronymi) [Ö^{292}]

| s. XV | 74 | 67 | 68 | 73^3 | 39 | * | * | * | * | * | _^{4} | * |

8) Berlin, Staatsbibliothek Preuß. Kulturbesitz, Ms. theol.lat 2^0 119 [Ö^{350}]

| s. XII | * | * | * | * | *^{Z} | * | * | * | * | * | - | - |

9) Berlin, Staatsbibliothek Preuß. Kulturbesitz, Ms. theol. lat. 2^0 120 St.Augustin, Lippstadt [Ö^{350}]

| s. XV (1479) | * | * | * | * | *^{Z} | * | * | * | * | * | - | - |

---

[1] Zwischen Ep. 74(111) und Ep. 28(56) steht Ep. 73(110) mit vollständigem Text, während nach Ep. 56 der Text der Hieronymus-Rezension folgend erst mit *"cur itaque conor"* beginnt.

[2] Getrennt durch Augustinus, Ep. 165(126) ad Marcellinum et Anapsycham, folgen Ep. 81(115) u. 82(116) in den Handschriften: Barcelona, Archivo de la Corona 19; Burgo de Osma 109; El Escorial, lat. &.I.8.; Firenze, Laurentiana Plut.XIX Codd. 13 + 15; Glasgow, Cod. 202 (U.I.6); Toledo 11-19; Vat. lat. 350; Venezia, Cod. 1499 + 1513.

[3] Ep. 110 folgt in der Handschrift später noch einmal in der Hieronymus-Rezension.

[4] Ep. 81(115) folgt später zusammen mit einer zweiten Fassung von Ep. 111.

NUMMER DES BRIEFES IN DEN AUGUSTINUSAUSGABEN

67	68	39	74	73	28	72	40	71	75	81	82

NUMMER DES BRIEFES IN DEN HIERONYMUSAUSGABEN

101	102	103	111	110	56	105	67	104	112	115	116

10) Berlin, Staatsbibliothek Preuß. Kulturbesitz, Ms. lat. 2^O 194, Maria Laach [$Ö^{350}$]

s. XII	*	*	*	*	*	$_y$	*	*	*	*	*	*

11) Berlin, Staatsbibliothek Preuß. Kulturbesitz, Ms. lat 2^O 824, St. Peter, Erfurt [$Ö^{350}$]

s. XV	*	*	*	*	*	72	40	28	*	*	*	*

12) Bologna, Biblioteca Communale, A.1930 [$Ö^{267}$]

a. XV	*	*	*	*	$*^X$	*	*	*	*	*	*	-

13) Bologna, Biblioteca Universitaria 2813 (1499Fr) [$Ö^{267}$]

s. XV	*	*	*	*	$*^Z$	*	*	*	*	*	-	-

14) Brügge, Stadsbibliotheek 148, Ter Doest [L]

s. XII	*	*	*	*	$*^X$	$_y$	*	*	*	*	*	*

15) Brüssel, Koninklijke Bibliotheek, 87-96, O.L.V. Priorij van Korsendonk (Reg. Kan. S. Augustinus, Windesheim) [L]

s. XV	*	*	*	*	$*^X$	105	67	56	*	*	*	*

16) Brüssel, Koninklijke Bibliotheek, 296,Sint-Martensdaal, Leuven [L]

s. XV	*	21	*	*	*	$_y$	*	*	*	*	-	-

17) Brüssel, Koninklijke Bibliotheek, 870-72, Jezuïetencollege, Leuven [L]

s. XIV	*	*	*	*	56	131	*	*	*	*	-	-

18) Brüssel, Koninklijke Bibliotheek, 1048, Jezuïetencollege, Leuven [L]

s. XV	*	*	*	*	$*^X$	105	56	57[5]	*	*	*	*

19) Brüssel, Koninklijke Bibliotheek, 3527 [L]

s. XV	*	*	*	*	$*^X$	105	56	*	*	*	*	*

20) Brüssel, Koninklijke Bibliotheek, 5478-83, Abbaye de Sts. Pierre et Exupère de Gembloux (O.S.B.) [L]

s. XII	*	*	*	*	$*^X$	$_y$	*	*	*	*	*	*

21) Burgo de Osma, Biblioteca de la Catedral, 109 (Hieronymi Epistulae) [$Ö^{292}$]

s. XV	*	*	*	*	*	*	*	*	*	*	6*	*

---

[5] Ep. 57 ist vor der Sammlung des Briefwechsels bereits einmal in dieser Handschrift enthalten. Möglicherweise es handelt es sich um einen Druckfehler und an dieser Stelle steht Ep. 67(40) wie in der folgenden Handschrift.

[6] Getrennt durch Augustinus, Ep. 165(126) ad Marcellinum et Anapsycham, folgen Ep. 81(115) u. 82(116) in zehn Handschriften, vgl. Anm. 2.

NUMMER DES BRIEFES IN DEN AUGUSTINUSAUSGABEN

NUMMER DES BRIEFES IN DEN HIERONYMUSAUSGABEN

	67	68	39	74	73	28	72	40	71	75	81	82
	101	102	103	111	110	56	105	67	104	112	115	116

22) Cambridge, Emanuel-College, Cod. 57 [$\ddot{O}^{276}$]

s. XII in	*	*	*	*	*z	*	*	-	-	*	-	-

23) Cambridge, St.-John's College, Cod. 16 (A 16) [$\ddot{O}^{276}$]

s. XV	39	74	73^x	72	28	67	68	-	*	*	*	*

24) Cambridge, Peterhouse, Cod. 198 (2.0.2.) (Hieromyni epistulae) [$\ddot{O}^{276}$]

s. XIV	*	*	*	*	*7	*	*	*	*	81	75	*

25) Cambridge, Trinity College, Cod. 143 (B.4.29.230), Alcester [$\ddot{O}^{276}$]

s. XII	*	*	*	73^x	74	$-^y$	71	72	40	*	-	-

26) Cambridge, University Library, Cod. 1977 [$\ddot{O}^{276}$]

s. XIV	*	*	*	*	*	*x	*	*	*	*	-	-

27) Charleville-Mézières, Bibliothèque municipale, 196.d., Signy [L]

s. XII (Vol.1)	*	*	*	*	*x	*	*	*	*	*	-	-

28) Cortona, Libreria del Commune, Cod.membr.40 [L]

s. XV	*	*	*	*	*z	*	*	*	*	*	-	-

29) Coutanges, Bibliothèque municipale 1, Mont-Saint Michel [L]

s. XII	*	*	*	*	*x	*	*	*	*	*	-	-

30) Darmstadt, Hess. Landes- und Hochschulbibliothek, Ms. 1991 Bredelor, Dombibliothek Paderborn (?) [$\ddot{O}^{350}$]

s. XII	*	*	74	39	*z	*	*	*	*	*	-	-

31) Durham, Cathedral Library, B.II.10 (Hieronymi epistulae) [$\ddot{O}^{276}$]

s. XI ex	*	*	*	*	*z	*	*	*	*	*	-	-

32) Einsiedeln, Stiftsbibliothek Cod. 130^8 [A]

$s. X^2$					9*z	81^{10}*	*t	*	*	-		*11

---

[7] Ep. 73(110) beginnt mit *"obsecro te ut si"*, das entspricht der Hieronymus-Redaktion, nur ist der erste Satz *"cur itaque..."* zusätzlich ausgelassen.

[8] Bei GOLDBACHER = E CSEL 34/I 103. Wenn die Handschrift in GOLD-BACHERs Ausgabe durchgehend durch dasselbe Siglum bezeichnet wird, ist nur der erste Beleg aufgeführt.

[9] Der erste Teil der Handschrift umfaßt die Briefe 56(28), 67(40), 101(67), 102(68), 103(39), 111(74) nach der Augustinus-Rezension. In diesem Codex sind beide Rezensionen miteienander verschmolzen worden, was zu einiger Verwirrung in der Anordnung der Briefe und Doppelungen (Ep. 67(40) und 105(71) sind zweimal in dem Codex vorhanden) geführt hat. Dieser Befund ist nicht durch kodikologische Einwände zu entkräften, da der Codex von einer Hand geschrieben und die Sammlung als solche eindeutig durch Überschriften gekenn-zeichnet ist. Bereits GOLDBACHER hat bemerkt, daß dieser Befund nur durch die

ANHÄNGE

NUMMER DES BRIEFES IN DEN AUGUSTINUSAUSGABEN

67 68 39 74 73 28 72 40 71 75 81 82

NUMMER DES BRIEFES IN DEN HIERONYMUSAUSGABEN

101 102 103 111 110 56 105 67 104 112 115 116

---

33) Einsiedeln, Stiftsbibliothek Cod. 129^{12} [A]

s. XII $13*^z$ 81 $14*$ $*^t$ $*$ $*$ _ $*15$

34) El Escorial, Real Biblioteca, Lat. a.I.1, Cartuja Durbonense (Epistulae Hieronymi) $[\ddot{O}^{292}]$

s. XIII $*$ $*$ $_{16}$ 73^x 74 $_y$ 71 72 40 $*$ $*$ -

35) El Escorial, Real Biblioteca, Lat. a.II.10 $[\ddot{O}^{292}]$

s. XII $*^v$ $*^u$ $*$ $*$ $*^x$ $*$ $*$ $*^t$ $*$ $*$ _ $*$

36) El Escorial, Real Biblioteca, Lat. a.II.11 $[\ddot{O}^{292}]$

s. XV $*^v$ $*^u$ $*$ $*$ $*^z$ $*$ $*$ $*^t$ $*$ $*$ _   _

37) El Escorial, Real Biblioteca, Lat. &.I.4 (Epistulae Hieronymi) $[\ddot{O}^{292}]$

s. XII ex $*^v$ $*^u$ $*$ $*$ $*^z$ $*$ $*$ $*^t$ $*$ $*$ _   _

Verschmelzung verschiedener Vorlagen zu erklären ist; CSEL 58 LIV. Ein ähnlicher Fall liegt auch in den Handschriften Karlsruhe, Aug.Perg. LII und München, Clm 14370 vor.

[10] Bei Ep. 81(115) fehlt der letzte Absatz. Danach folgen noch Ep. 195(141) und 123(142) ohne trennende Überschrift, übergeleitet mit *"item post subscriptionem"* wie auch in den Handschriften Karlsruhe, Aug. Perg. LII, München, Clm 14370 und Arras, Bibliothèque municipale 696; vgl. CSEL 34/II 745.

[11] Es folgen die ersten 6 Kapitel von Ep. 131(166) und die sogenannte *Disputatio Hieronymi et Augustini de anima* (= Hieronymus, Ep.Supp. 37 PL 30 S.261-271. Diese von einem Unbekannten aus Texten Augustins und des Hieronymus kompilierte Disputatio versucht auf ihre Weise, dem Fehlen einer Antwort des Hieronymus auf Ep. 131 abzuhelfen.) sowie Ep. 143 und Ep. 111 (zum zweiten Mal).

[12] Diese Handschrift ist ein Apographon des Cod. 130 aus Einsiedeln. Im Katalog der Einsiedler Handschriften findet sich ein Druckfehler, den LAMBERT in seinem Verzeichnis übernommen hat, er gibt an, daß in Cod. 129 auf Ep. 56 Ep. 57 folge, es handelt sich aber um Ep. 67. Dieser Fehler hat sich auch in LAMBERTS Beschreibung von Cod. 130 eingeschlichen; vgl. P. Gabriel MEIER O.S.B. *Catalogus codicum manu scriptum qui in bibliotheca Monasterii Einsiedelensis O.S.B. servantur* Bd. 1, Leipzig 1899 S. 106.

[13] Der erste Teil der Handschrift umfaßt wie Cod. 130 die Briefe 56(28), 67(40), 101(67), 102(68), 103(39), 111(74) nach der Augustinus-Rezension.

[14] Bei Ep. 81(115) fehlt der letzte Absatz und es folgen 195(141), 123(142) wie in Cod. 130.

[15] Es folgen die ersten 6 Kapitel von Ep. 166(131), die *Disputatio Hieronymi et Augustini de anima* und Ep. 202(143) und Ep. 74(111) (zum zweiten Mal).

[16] Ep. 39(103) folgt in der Handschrift hinter Ep. 81(115) und 172(134).

NUMMER DES BRIEFES IN DEN AUGUSTINUSAUSGABEN

| 67 | 68 | 39 | 74 | 73 | 28 | 72 | 40 | 71 | 75 | 81 | 82 |

NUMMER DES BRIEFES IN DEN HIERONYMUSAUSGABEN

| 101 | 102 | 103 | 111 | 110 | 56 | 105 | 67 | 104 | 112 | 115 | 116 |

---

38) El Escorial, Real Biblioteca, Lat. &.I.8 (Epistulae Hieronymi) [Ö292]

s. XV

67	68	39	74	73	28	72	40	71	75	81	82
*	*	*	*	*[X]	*	*	*	*	*	17*	*

39) El Escorial, Real Biblioteca, Lat. &.I.14[18] [Ö292]

s. VIII ex

67	68	39	74	73	28	72	40	71	75	81	82
*[V]	*[u]	*	*	*[Z]	*	*	*[t]	*	*	19*	*

40) Erlangen, Universitätsbibliothek, Ms.168 (Heilsbronn) [Ö350]

s. XII

67	68	39	74	73	28	72	40	71	75	81	82
*	*	*	*	*[Z]	*	*	*	*	*	_	_

41) Epernburg, Freiherl. Brenkelsches Archiv, Hs 82, Böddeken (scripsit Theodorecus Wees, Conradus de Hersfeld) [Ö350]

s. XV

67	68	39	74	73	28	72	40	71	75	81	82
*	*	*	*	*[Z]	*	*	*	*	*	_	_

42) Firenze, Biblioteca Medicea Laurenziana, Aedil.3 [L]

s. XI

67	68	39	74	73	28	72	40	71	75	81	82
*	*	*	*	*[Z]	*	*	*	*	*	_	_

43) Firenze, Biblioteca Medicea Laurenziana, Aedil.4 [L]

s. XV

67	68	39	74	73	28	72	40	71	75	81	82
*	*20	*	*	*[Z]	*	*	*	*	*	_	_

44) Firenze, Biblioteca Medicea Laurenziana, Ashb. 131(63; 58) [Ö267]

s. XV

67	68	39	74	73	28	72	40	71	75	81	82
*	*	*	*	*[Z]	72	40	*	*	*	_	_

45) Firenze, Biblioteca Medicea Laurenziana, Med.Fesul.27 (Hieronymi Epistulae) [Ö267]

s. XV

67	68	39	74	73	28	72	40	71	75	81	82
*	*	*	*	*[Z]	*	*	*	*	*	_	_

46) Firenze, Biblioteca Medicea Laurenziana, Med.Fesul.38 [Ö267]

s. XII

67	68	39	74	73	28	72	40	71	75	81	82
*	*	*	*	*[Z]	*	*	*	*	_21	_	_

47) Firenze, Biblioteca Medicea Laurenziana, Plut.XIX Cod.9. [L]

s. XV

67	68	39	74	73	28	72	40	71	75	81	82
*	*	110[X]	67?	56?	104	112	115	116	111	105	103

48) Firenze, Biblioteca Medicea Laurenziana, Plut.XIX Cod.11 [L]

s. XV

67	68	39	74	73	28	72	40	71	75	81	82
*	*	110[X]	67	56	104	112	115	116	111	105	103

49) Firenze, Biblioteca Medicea Laurenziana, Plut.XIX Cod.12 [L]

s. XV

67	68	39	74	73	28	72	40	71	75	81	82
*	*[u]	*	*	*[Z]	*	*	*	*	*	_	_

---

[17] Getrennt durch Augustinus, Ep. 165(126) ad Marcellinum et Anapsycham, folgen Ep. 81(115) u. 82(116) in zehn Handschriften, vgl. Anm. 2.

[18] Bei GOLDBACHER = H CSEL 34/II S. 67.

[19] Es fehlt der letzte Absatz von Ep. 81(115) CSEL 34/II 351,4-9.

[20] Nach Ep. 68(102) folgt merkwürdigerweise Ep. 73(110) damit ist der Brief zweimal in dieser Handschrift vorhanden und er ist stärker als üblich gekürzt, der Text beginnt erst mit Kap. 4 "quam, dum ei parcitur...".

[21] Die Handschrift bricht vor Ep. 75(112) ab.

NUMMER DES BRIEFES IN DEN AUGUSTINUSAUSGABEN

67	68	39	74	73	28	72	40	71	75	81	82

NUMMER DES BRIEFES IN DEN HIERONYMUSAUSGABEN

101	102	103	111	110	56	105	67	104	112	115	116

50) Firenze, Biblioteca Medicea Laurenziana, Plut.XIX Cod.13 [L]

101	102	103	111	110	56	105	67	104	112	115	116
s. XV											
*	*	*	*	*^{Z}	*	*	*	*	*	22*	*

51) Firenze, Biblioteca Medicea Laurenziana, Plut.XIV [L]

s. XIV											
*	*	110^X	-	103	*	*	*	*	*	-	*

52) Firenze, Biblioteca Medicea Laurenziana, Plut.XIX Cod.15 [L]

s. XV											
*	*	*	*	*^{X}	*	*	*	*	*	23*	*

53) Firenze, Biblioteca Medicea Laurenziana, Laur.Plut XV, dext.7 [Ö^{267}]

s. XII											
*	*24	*	*	*^{Z}	*	*	*	*	*25	-	-

54) Firenze, Biblioteca Medicea Laurenziana, Santa Croce, Plut XV, Dext., Cod.13 [L]

s. XII											
*	*^{u}	*	*	*^{X}	*	*	*	*	*	-	-

55) Glasgow, Hunterian Museum, Cod.202 (U.1.6.) [Ö^{276}]

s. XV in											
-	*	*	*	*^{X}	*	*	*	*	*	26*	*

56) Graz, Universitätsbibliothek, 650 (35/61) Zisterzienserstift Neuberg [L]

s. XV(1496)											
*	*	*	*	*^{Z}	*	*	*	*	*	-	-

57) Graz, Universitätsbibliothek, 755 (40/53) Chorherrenstift Seckau [L]

s. XII											
*	*	*	*	*^{Z}	*	*	*	*	*	-	-

58) Holkham Hall, Library of the Earl of Leicester, 124, Canonicorum Verdara, Padova (Hieronymi Epistulae) [Ö^{276}]

s. XV											
*	*	73^X	39	74	*	*	*	*	*27	-	-

59) Holkham Hall, Library of the Earl of Leicester, 125 [Ö^{276}]

s. XV											
*	*	*	*	*^{Z}	*	*	*	*	*	-	-

60) Karlsruhe, Badische Landesbibliothek, Aug.Perg.CV, Reichenau [A]

s. VIII-IX											
*	*	*	*	*^{Z}	*	*	*	*	*	-	-

---

[22] Getrennt durch Augustinus, Ep. 165(126) ad Marcellinum et Anapsycham, folgen Ep. 81(115) u. 82(116) in zehn Handschriften, vgl. Anm. 2.

[23] Getrennt durch Augustinus, Ep. 165(126) ad Marcellinum et Anapsycham, folgen Ep. 81(115) u. 82(116) in zehn Handschriften, vgl. Anm. 2.

[24] Hinter Ep. 68(102) folgt Ep. 73(110) in der Form der Augustinus-Rezension.

[25] Ep. 81(115) + 82(116) gehen der Sammlung voran.

[26] Getrennt durch Augustinus, Ep. 165(126) ad Marcellinum et Anapsycham, folgen Ep. 81(115) u. 82(116) in zehn Handschriften, vgl. Anm. 2.

[27] Ep. 167(132), 202(143), 81(115) u. 82(116) gehen in dieser Handschrift Ep. 67(101) voraus.

NUMMER DES BRIEFES IN DEN AUGUSTINUSAUSGABEN

67 68 39 74 73 28 72 40 71 75 81 82

NUMMER DES BRIEFES IN DEN HIERONYMUSAUSGABEN

101 102 103 111 110 56 105 67 104 112 115 116

---

61) Karlsruhe, Badische Landesbibliothek, Aug.Perg.LII, Reichenau[28] [Ö^{350}]
s. IX $^{29}*^Z$ 81^{30}*   *   *   *   -   *

62) Klosterneuburg, Stiftsbibliothek, 213 [L]
s. XII med   *   *   *   * $(*)^Z$[31]   *   *   *   *   *   -   -

63) Köln, Dombibliothek 60 (Darmstadt 2053a)[32] [A]
s. VIII-IX $*^V$ $*^U$ *   * $*^Z$ *   * $*^t$ *   *   -   -

64) Köln, Dombibliothek 35 (Darmstadt 2031) Salzburg[33] [A]
s. IX $*^V$ $*^U$ *   * $*^Z$ *   * $*^t$ *   *   -   -

65) Kraków, Biblioteka Uniwersyteka Jagiellonska, 1371 (AA.7) [Ö^{289}]
s. XV (1435)   *   *   *   73   81   74   28   72   40   71   75   82

66) Kremsmünster, Stiftsbibliothek 137 [L]
s. XII/XIII   *   *   *   * $*^Z$ *   *   *   *   *   -   -

67) Leipzig, Universitätsbibliothek, 223, Predigerkloster Leipzig [L]
s. XIII   *   *   *   *   56 110^X *   *   35   *   126   104

68) Leipzig, Universitätsbibliothek 226, Altzelle (E.15) [L]
s. XII   102   103   102 110^X 111   *   *   *   *   *   -   -

69) Leipzig, Universitätsbibliothek, 227, Predigerkloster Leipzig [L]
s. XIII   *   *   * 110^X 111   -   *   *   *   *   -   -

70) Lille, Bibliothèque de la Ville, 624 (418) [L]
s. XV   *   *   *   * $*^X$ *   *   *   *   *   *[34]   *

71) Lincoln, Cathedral Chapter Library, Cod.47 (A.II.16) [Ö^{276}]
s. XIII   *   *   *   * $*^X$ *   *   *   *   *   -   *

---

[28] Bei GOLDBACHER = Q CSEL 34/I 103.

[29] Diese Handschrift ist der älteste Beleg für die Verschmelzung einer Augustinus- und Hieronymus-Rezension (vgl. Einsiedeln, 130 + 129 und München, Clm 14370). Am Anfang der Handschrift stehen Ep. 172(134), 28(56), 40(67), 67(101), 68(102), 39(103), 74(111). Vgl. GOLDBACHER, CSEL 58, LIII-LIV, der die enge Verwandschaft der erwähnten Handschriften betont.

[30] Bei Ep. 81(115) fehlt der letzte Absatz und es folgen 195(141), 123(142).

[31] Ep. 73(110) steht am Ende der Handschrift in der Hieronymus-Rezension.

[32] Bei GOLDBACHER = K¹ CSEL 34/I 103.

[33] Bei GOLDBACHER = K CSEL 34/I 103.

[34] Ep. 81(115) + 82(116) stehen hinter Ep. 67(101) am Anfang der Sammlung. Ihnen folgt eine unvollständige Zusammenstellung der Briefe des zweiten Teils und erst daran schließt sich Ep. 68(102) an.

NUMMER DES BRIEFES IN DEN AUGUSTINUSAUSGABEN

67	68	39	74	73	28	72	40	71	75	81	82

NUMMER DES BRIEFES IN DEN HIERONYMUSAUSGABEN

101	102	103	111	110	56	105	67	104	112	115	116

72) Lincoln, Cathedral Chapter Library, 141 (C.I.1) (Hieronymi Epistulae) [Ö^{276}]

s. XII   *   *   *   *   *^{Z} *   *   *   *   *   -   *

73) Lisboa, Biblioteca Nacional, 335 (IX) (Epistulae Hieronymi) [Ö^{292}]

s. XII   *^{V} *^{U} *   *   *^{Z} *   *   *^{t} *   *   -   -

74) London, British Museum, Addit. 11421 [Ö^{276}]

s. XV   *   *   *   *   *^{Z} 72   40   28   *   *   -   -

75) London, British Museum, Burney 322 [Ö^{276}]

s. XV   *   *   *   *   *^{X} *   *   *   *   *   -   -

76) London, British Museum, Egerton 3266 (N.-Italien) [Ö^{276}]

s. XV (1414)   *   *   *   *   *   *   *   *   *   *   *   *

77) London, British Museum, Harley 3044 (Hieronymi Epistulae) [Ö^{276}]

s. XII   *   *   *   *   *^{X} *   *   *   *   *   *   *

78) London, British Museum, Harley 3105 [Ö^{276}]

s. XV   *   *   *   *   *^{Z} *   *   *   *   *   -   -

79) London, British Museum, Harley 3109 (Hieronymi Epistulae) [Ö^{276}]

s. XV   *   *   73^{X} 39   74   -^{y} 71   72   40   *   -   -

80) London, British Museum, Harley 5003 [Ö^{276}]

s. XV   *   *   *   *   *^{Z} *   *   *   *   *   -   -

81) London, British Museum, Royal 6.C.XI (Hieronymi Epistulae) [A]

s. XII   *^{V} *^{U} *   *   *^{Z} *   *   *^{t} *   *   -   -

82) London, British Museum, Royal 6.D.I (Chertsey) [Ö^{276}]

s. XII ex   *   *   *   *   *^{Z} *   *   *   *   *   -   -

83) London, British Museum, Royal 6.D.II (Rochester) [Ö^{276}]

s. XII   *   *   *   *   *^{Z} *   *   *   *   *   -   -

84) London, British Museum, Royal 6.D.III [Ö^{276}]

s. XII   *   *   *   *   *^{Z} *   *   *   *   *   -   -

85) Madrid, Biblioteca Nacional 26 (B.29) [Ö^{292}]

s. XIV   *   *   *   *   *^{X} *   *   *   *   81   82   75

86) Madrid, Biblioteca Nacional 111 (A.111) [Ö^{292}]

s. XII   *   *   *   *   *^{X} *   *   *   *   *   -   *

NUMMER DES BRIEFES IN DEN AUGUSTINUSAUSGABEN

NUMMER DES BRIEFES IN DEN HIERONYMUSAUSGABEN

	67	68	39	74	73	28	72	40	71	75	81	82
	101	102	103	111	110	56	105	67	104	112	115	116
87) Madrid, Biblioteca Nacional 9461 [Ö292] s. XV	*[V]	*[u]	*	*	*[z]	-	*	-	-	-	-	-
88) Madrid, Biblioteca Nacional 10049 [Ö292] s. XIV	*	*	*	*	*	*	*	*	*	81	82	75
89) Milano, Biblioteca Ambrosiana, Cod. C.250.inf. [L] s. XV	*	*	*	*	*[x]	*	*	*	*	*	-	*
90) Monte Cassino, Biblioteca dell'Abbazia, Cod.16 L[35] [Ö267] s. XI	*[V]	*[u]	*	*	*[z]	*	*	*[t]	*	*	-	-
91) Monte Cassino, Biblioteca dell'Abbazia, Cod.92 H [L] s. XIII-XV	*	*	*	*	*[x]	*	*	*	*	*	-	-
92) Monte Cassino, Biblioteca dell'Abbazia, 296 MM [L] s. XII	*	*	*	*	*[x]	*	*	*	*	*	-	-
93) München, Bayrische Staatsbibliothek Clm 336 [A] s. XII	*	*	*	*	*[z]	*	*	*	*	*[36]	-	-
94) München, Bayrische Staatsbibliothek Clm 2753 [Ö350] s. XV	*	*	*	*	*[z]	*	*	*	*	*	-	-
95) München, Bayrische Staatsbibliothek Clm 3730, Dom Augsburg [L] s. X-XI	*	*	*	*	*[z]	*	*	*	*	*	-	-
96) München, Bayrische Staatsbibliothek Clm 14370, St. Emmeran Regensburg [A] s. X					[37]*[z]	81	[38]*	*[39]	*	*	-	*

[35] Bei GOLDBACHER = C CSEL 34/I 103. Vgl. auch die ausführliche Beschreibung in CSEL 58 XIX-XXIII.

[36] Ep. 81(115) und 73(110) gehen dieser Sammlung voran.

[37] Der erste Teil der Handschrift umfaßt die Briefe 134(172), 56(28), 67(40), 101(67), 102(68), 103(39), 111(74) nach der Augustinus-Rezension. In diesem Codex wurden beide Rezensionen miteinander verschmolzen, was dazu führt, das Ep. 67(40) zweimal in dem Codex vorhanden ist. Wie im Fall der Handschriften Karlsruhe, Aug.Perg. LII und Einsiedeln 130 (+129) ist dieser Befund nicht durch kodikologische Einwände zu entkräften, da auch dieser Codex von einer Hand geschrieben und die Sammlung als solche eindeutig gekennzeichnet ist.

[38] Hinter Ep. 81(115) + 82(116) stehen Ep 141(195) + 142(123) ohne trennende Überschrift, übergeleitet mit *"item post subscriptionem"* wie auch in den Handschriften Karlsruhe, Aug. Perg. LII, Einsiedeln, Cod. 130 + 129 und Arras, Bibliothèque municipale 696; vgl. CSEL 34/II 745.

[39] Der letzte Satz mit der Angabe des Namens des Boten Paulus fehlt.

350

67	68	39	74	73	28	72	40	71	75	81	82

101	102	103	111	110	56	105	67	104	112	115	116

97) München, Bayrische Staatsbibliothek Clm 18517b, Tegernsee [A]
s. XI^2 * * * * *^{z} * * * * * _ _

98) Napoli, Biblioteca Nazionale. Fondo Principale VI.B.20 [Ö^{267}]
s. XIV   40* * * * *^{z} * * * * _ _

99) Olomouc (Olmütz), Státní Vedecka Knihovna, M.III.29 [L]
s. non ind.   * * * * *^{x} * * * * * _ _

100) Oxford, Bodleian Library, Canon., Pat.lat.27. [Ö^{276}]
s. XV   * * * * *^{z} * * * * _ _

101) Oxford, Bodleian Library, Canon., Pat.lat.155. [Ö^{276}]
s. XV in   * * * * *^{x} * * * * _ _

102) Oxford, Bodleian Library, Canon., Pat.lat.220. [Ö^{276}]
s. XV (1463)   * * * * *^{z} * * * * _ _

103) Oxford, Bodleian Library, Canon., Pat.lat.221. [Ö^{276}]
s. XV   * * * * *^{x}41* * * * * * _

104) Oxford, Bodleian Library, Laud.Misc.252^{42} [Ö^{276}]
s. IX med.   43* * * * *^{z} * * * * _ _

105) Paris, Bibliothèque Mazarine, 574 (268) [L]
s. XV   * * * * *^{x} _y * * * * * *

106) Paris, Bibliothèque Mazarine, 575 (263), Saint Victor (n.1046; 216) [L]
s. XV   * * * * *^{x} * * * * _ _

107) Paris, Bibliothèque Nationale, Lat.1869 [L]
s. IX   *^{v} *^{u} * * *^{z} * _ *^{t} * * _ _

108) Paris, Bibliothèque Nationale, Lat.1870, Prieuré de la Voûte (Voûte-Chilhac) (?) (dioc. de Saint-Flour) [L]
s. IX. XI   *^{v} *^{u} * * *^{z} * * *^{t} * * _ _

---

^{40} Voran gehen Ep. 82(116) und eine gekürzte Fassung von Ep. 73(110).

^{41} Zusätzlich zu Ep. 73(110) in der normalen Reihenfolge ist der Brief noch einmal und zwar in der gekürzten Fassung der Hieronymus-Redaktion in der Handschrift enthalten.

^{42} Bei GOLDBACHER = O CSEL 34/I 103.

^{43} Die Handschrift enthält den ersten Teil des Briefwechsels zwischen Augustinus und Hieronymus zweimal, am Anfang der Handschrift ist eine Sammlung der Augustinus-Ausgabe ohne Ep. 81(115) und 82(116) erhalten.

NUMMER DES BRIEFES IN DEN AUGUSTINUSAUSGABEN

67	68	39	74	73	28	72	40	71	75	81	82

NUMMER DES BRIEFES IN DEN HIERONYMUSAUSGABEN

101	102	103	111	110	56	105	67	104	112	115	116

109) Paris, Bibliothèque Nationale, Lat.1871 [L]

s. X	*V	*u	*	*	*Z	*	_	*t	*	*	_	_

110) Paris, Bibliothèque Nationale, Lat.1874 [L]

s. XII	*V	*u	*	*	*Z	*	*	*t	*	*	_	_

111) Paris, Bibliothèque Nationale, Lat.1875, Saint-Martin, Tournai [L]

s. XII	*	*	*	*	*X	105	56	*	*	*	*	*

112) Paris, Bibliothèque Nationale, Lat.1878 [L]

s. XIII	*V	*u	*	*	*X	*	*	*t	*	*	_	*

113) Paris, Bibliothèque Nationale, Lat.1880, Foucarmont (dioc.de Noyon) [L]

s. XII	*	*	*	*	*X	*	*	*	*	115	116	112

114) Paris, Bibliothèque Nationale, Lat.1881 [L]

s. XIII-XIV	*	*	*	*	*X	*	*44	_	_	*45	_	_

115) Paris, Bibliothèque Nationale, Lat.1883, Saint-Amand-en-Pevèle (dioc.de Tournai) [L]

s. XII	*46	*	*	*	*X	*	*	*	*	*	(*)47	*

116) Paris, Bibliothèque Nationale, Lat.1888 [L]

s. XIV ex	*V	*u	*	*	*X	*	*	*	*	*	*	*

117) Paris, Bibliothèque Nationale, Lat.1889 [L]

s. XIII	*	*	*	*	*X	*	*	*	*	_	*	*48

118) Paris, Bibliothèque Nationale, Lat.1894 [L]

s. XIV	*V	*u	*	*	*Z	*	*	*t	*	*	_	_49

119) Paris, Bibliothèque Nationale, Lat.1896 [L]

s. XIV	*V	*u	*	*	*Z	_	*	_	*	*	_	_

120) Paris, Bibliothèque Nationale, Lat.13047, Corbie; Saint-Germain-des-Prés (n.841; olim 675)[50] [L]

s. VIII²	_	_	_	_	_	105	56	67	*	*	_	_

[44] Von Ep. 72(105) sind nur Kapitel 1-4 vorhanden.

[45] Kapitel 1-3 fehlen

[46] Hinter Ep. 67(101) stehen Ep. 81(115) und eine unvollständige Sammlung des zweiten Teils (die fehlenden Briefe stehen hinter Ep. 82[116]).

[47] Ep. 81(115) steht hinter Ep. 67(101).

[48] Von Ep. 82(116) sind nur Kapitel 1-3 erhalten.

[49] Am Ende der Handschrift folgen die ersten drei Kapitel von Ep. 110 sowie Ep. 116.

[50] Bei GOLDBACHER = *P*3 CSEL 34/I 103; *P*2 CSEL 34/II 69.248.280.

352 ANHÄNGE

NUMMER DES BRIEFES IN DEN AUGUSTINUSAUSGABEN

67	68	39	74	73	28	72	40	71	75	81	82

NUMMER DES BRIEFES IN DEN HIERONYMUSAUSGABEN

101	102	103	111	110	56	105	67	104	112	115	116

121) Paris, Bibliothèque Nationale, Nouv.acq.lat. 654 [L]
s. X   -   -   -   -   *   *   *   *   -   -   -   -

122) Paris, Bibliothèque Nationale, Nouv.acq.lat. 2282 [L]
s. XV (1467)   *   *   *   *   *[X]   *   *   *   *   *   -   -

123) Praha, Universitf Knihovna, XIII.C.13., Trebon [L]
s. XIV   *   *   *   *   *[Z]   *   *   *   *   *   -   -

124) Redlynch House (bei Salisbury), Major J.R.Abbey, J.A.3227 (Florenz) [Ö[276]]
s. XV (1430)   *   *   *   *   *[Z]   *   *   *   *   *   -   -

125) Reims, Bibliothèque municipale, 386 (E.248) [L]
s. XII ex   *   *   *   *   *[X]   *   *   *   *   *   -   -

126) Roma, Biblioteca Casanatense, Cod.68 [Ö[267]]
s. XV-XVI   *   *   *   *   *[Z]   *   *   *   *   *   -   -

127) Roma, Biblioteca Nazionale Centrale, Cod.827 [Ö[267]]
s. XIII   *   *   *   *   *[Z]   *   *   *   *   *   -   -

128) Roma, Biblioteca Vallicelliana, Cod.D.3. [Ö[267]]
s. XII   *   *   *   *   *[Z]   *   *   *   *   *   -   -

129) San Daniel del Friuli, Biblioteca Communale, Cod.5 [Ö[267]]
s. XV   *   *[51]   *   *   *[Z]   *   *   *   *   *   52[_]   -

130) San Daniele del Friuli, Biblioteca Communale Cod.31 [Ö[267]]
s. XV   *   *   *   *   *[X]   *   *   *   *   *   *   *

131) Sankt Gallen, Stiftsbibliothek 159[53] (Beschreibung nach Golbacher, CSEL 58, LIII)
s. X   *   *   *   *   *[Z]   *   *   *   *   *   -   -

132) Sevilla, Biblioteca Colombina, 83-5-3 [Ö[292]]
s. XIV-XV   *[V]   *[u]   *   *   *[Z]   *   *   *[t]   *   *   -   -

133) Toledo, Biblioteca del Calbildo, 9-33 [Ö[292]]
s. XV   *[V]   *[u]   *   *   *[Z]   *   *   *[t]   *   *   -   -

---

[51] Hinter Ep. 68(102) steht der Anfang von Ep. 73(110), der in der Hieronymus-Rezension fehlt, sodaß Ep. 73(110) insgesamt vollständig ist.
[52] Ep. 81(115) + 82(116) gehen der Sammlung voran.
[53] Bei GOLDBACHER = S CSEL 34/I 103.

NUMMER DES BRIEFES IN DEN AUGUSTINUSAUSGABEN

NUMMER DES BRIEFES IN DEN HIERONYMUSAUSGABEN

	67	68	39	74	73	28	72	40	71	75	81	82
	101	102	103	111	110	56	105	67	104	112	115	116
134) Toledo, Biblioteca del Calbildo, 11-18 [Ö292] s. XV	*V	*u	*	*	*z	*	*	*t	*	*	-	-
135) Toledo, Biblioteca del Calbildo, 11-19 [Ö292] s. XIII-XIV	*	*	*	*	*	(*)[54]	*	*	*	*	55*	*
136) Tours, Bibliothèque municipale, 279, Marmoutier (77) [L] s. X in	*	*	*	*	*z	*	*	*	*	*	-	-
137) Valencia, Biblioteca Universitaria, ms.1193 [Ö292] s. XV	*V	*u	*	*	*z	*	*	*t	*	*	-	-
138) Vaticano, Città del, Bibliotheca Apostolica Vaticana, Archivo di San Pietro, B.54. [L] s. XIV-XV	*	*	*	*	*X	*	*	*	*	*	-	-
139) Vaticano, Città del, Bibliotheca Apostolica Vaticana, Urbin. lat. 80 [Ö267] s. XV (1472)	*	*	73	-	39	*	*	*	*	*	-	-
140) Vaticano, Città del, Bibliotheca Apostolica Vaticana, Vat.lat. 341[56] [Ö267] s. X-XI	*V	*u	*	*	*z	*	*	*t	*	*	-	-
141) Vaticano, Città del, Bibliotheca Apostolica Vaticana, Vat.lat. 342 [L] s. XV	*	*	*	*	*X	*	*	*	*	*	-	-
142) Vaticano, Città del, Bibliotheca Apostolica Vaticana, Vat.lat. 349 [L] s. XV (1486)	*	*u	*	*	*X	*	*	*	*	*	-	-
143) Vaticano, Città del, Bibliotheca Apostolica Vaticana, Vat.lat. 350 [L] s. XV (1431)	*	*	*	*	*X	*	*	*	*	*	57*	*
144) Vaticano, Città del, Bibliotheca Apostolica Vaticana, Vat.lat. 351 [L] s. XV	*	*	*	*	103	*	*	*	*	*	-	-
145) Vaticano, Città del, Bibliotheca Apostolica Vaticana, Vat.lat. 352 [L] s. XV	*	*	*	*	*X58*	*	*	*	*	*	-	-

[54] Das Fehlen von Ep. 56(28) ist durch einen Seitenausfall bedingt.

[55] Getrennt durch Augustinus, Ep. 165(126) ad Marcellinum et Anapsycham, folgen Ep. 81(115) u. 82(116) in zehn Handschriften, vgl. Anm. 2.

[56] Bei GOLDBACHER = R CSEL 34/I 103.

[57] Getrennt durch Augustinus, Ep. 165(126) ad Marcellinum et Anapsycham, folgen Ep. 81(115) u. 82(116) in zehn Handschriften, vgl. Anm. 2.

[58] zwischen Ep. 110(73) und Ep. 56(28) sind in dieser Handschrift Ep. 134(172) und Ep. 141(195) eingefügt.

NUMMER DES BRIEFES IN DEN AUGUSTINUSAUSGABEN
67 68 39 74 73 28 72 40 71 75 81 82
NUMMER DES BRIEFES IN DEN HIERONYMUSAUSGABEN
101 102 103 111 110 56 105 67 104 112 115 116

| | 67 | 68 | 39 | 74 | 73 | 28 | 72 | 40 | 71 | 75 | 81 | 82 |
	101	102	103	111	110	56	105	67	104	112	115	116
146) Vaticano, Città del, Bibliotheca Apostolica Vaticana, Vat.lat. 353 [L] s. XV	*	*	*	*	*X	*	*	*59	*	*	-	-
147) Vaticano, Città del, Bibliotheca Apostolica Vaticana, Vat.lat. 354 [L] s. XI	*	*	*	*	*X	*	*	*	*	*	-	-
148) Vaticano, Città del, Bibliotheca Apostolica Vaticana, Vat.lat. 355[60] (Benev. Schrift) [Ö267] s. IX-X	*V	*u	*	*	*z	*	*	*t	*	*	-	-
149) Vaticano, Città del, Bibliotheca Apostolica Vaticana, Vat.lat. 357 [L] s. XV	*	*	*	*	*X	*	*	*	*	*	-	-
150) Vaticano, Città del, Bibliotheca Apostolica Vaticana, Vat.lat. 358 [L] s. XV (1452)	*	*	*	*	*X	*	*	*	*	*	-	-
151) Vaticano, Città del, Biblioteca Apostolica Vaticana, Vat.lat.5762[61] [Ö267] s. X	*V	*u	*	*	*z	*	*	*t	*	-	-	-
152) Venezia, Biblioteca Nazionale Marciana, Cod.1499 [Ö267] s. XV (1450)	*	*	*	*	*X	*	*	*	*	*	62*	*
153) Venezia, Biblioteca Nazionale Marciana, Cod.1513 [Ö267] s. XV	*	*	*	*	*X	*	*	*	*	*	63*	*
154) Venezia, Biblioteca Nazionale Marciana, Cod.2051 [Ö267] s. XV	*	*	*	-	28	40	71	72	75	73	-	*
155) Venezia, Biblioteca Nazionale Marciana, Cod.2232 [Ö267] s. XV	*	*	*	*	*Z	*	*	*	*	*	-	-
156) Venezia, Biblioteca Nazionale Marciana, Cod.2265 [Ö267] s. XV	*	*	*	*	*Z	*	*	*	*	*	-	-
157) Verona, Biblioteca Capitolare, XVI.14[64] [Ö267] s.IX in	*	*	*	*	*Z	*	*	*	*	*	-	-

[59] Zwischen Ep.40(67) und 71(104) stehen Hieronymus Ep. 14 ad Heliodorum und Ep. 125 ad Rusticum.
[60] Bei GOLDBACHER = V CSEL 34/I 103.
[61] Bei GOLDBACHER = U CSEL 34/II 67.
[62] Getrennt durch Augustinus, Ep. 165(126) ad Marcellinum et Anapsycham, folgen Ep. 81(115) u. 82(116) in zehn Handschriften, vgl. Anm. 2.
[63] Getrennt durch Augustinus, Ep. 165(126) ad Marcellinum et Anapsycham, folgen Ep. 81(115) u. 82(116) in zehn Handschriften, vgl. Anm. 2.
[64] Bei GOLDBACHER = B CSEL 34/I 103.

NUMMER DES BRIEFES IN DEN AUGUSTINUSAUSGABEN

67 68 39 74 73 28 72 40 71 75 81 82

NUMMER DES BRIEFES IN DEN HIERONYMUSAUSGABEN

101 102 103 111 110 56 105 67 104 112 115 116

158) Wolfenbüttel, Herzog-August-Bibliothek, Cod.Guelf.2⁰ 51.Gud.lat.,
Kloster Logum bei Tondern (Jütland)

s. XII   *   *   *   *   *^{z} *   *   *   *   *   _   _

159) Wolfenbüttel, Herzog-August Bibliothek, Cod.Guelf. 195 Helmst. (St.
Georgenberg / Goslar) [Ö^{350}]

s. XII (1144) *   *   *   *   *^{z} *   *   *   *   *   _   _

160) Zürich, Zentralbibliothek, Rh.41., Rheinau [A]

s. IX-X   *^{v} *^{u} *   *   *^{z} *   *   *^{t} *   *   _   _

NUMMER DES BRIEFES IN DEN AUGUSTINUSAUSGABEN

67	68	39	74	73	28	72	40	71	75	81	82

NUMMER DES BRIEFES IN DEN HIERONYMUSAUSGABEN

101	102	103	111	110	56	105	67	104	112	115	116

2. Handschriften der Augustinus-Redaktion (= A)[65]

1) Bamberg, Staatsbibliothek, Patr.11, Dombibliothek [Ö^{350}]

s. XI-XII	*	*	*	*	*	*	*	*	*	*	*	*

2) Bamberg, Staatsbibliothek, Patr.12, Dombibliothek [Ö^{350}]

s. XII-XIII	*	*	*	*	*	*	*	*	*	*	*	*

3) Bamberg, Staatsbibliothek, Patr.15, Franziskanerkloster [Ö^{350}]

s. XV	*	*	*	*	*	*	*	*	*	*	*	-

4) Bamberg, Staatsbibliothek, Patr.16[66], Michelsberg [Ö^{350}]

s. XV	*	*	*	*	*	*	*	*	*	*	*	-

5) Berlin, Staatsbibliothek Preuß. Kulturbesitz, Ms. lat. 2° 723 (Himmerod / Eifel) [Ö^{350}]

s. XIII	*	-	*	*	*	*	*	*	-	-	-	-

6) Cambridge, University Library, Cod.409 (Dd.VII.1.) [Ö^{276}]

s. XV	*	*	71	75	-	67	68	72	73	74	*	*

7) Cortona, Libreria del Commune cod.chart 122 (203) [Ö^{267}]

s. XV	*	*	*	*	*	-	*	*	*	*	*	-

8) Einsiedeln, Stiftsbibliothek, Cod. 130 [A]

s. X	*	*	*	*	*	*	*^{Z67}					

---

[65] LAMBERT gibt neben den hier aufgezählten noch die Handschriften London, British Museum, Royal 5.D.VI. s. XI-XII und Paris, Bibliothèque Nationale, Lat. 1928 s. XII an, die ebenfalls den Briefwechsel zwischen Augustinus und Hieronymus enthalten sollen. Aber bereits GOLDBACHER, CSEL 58 XIf hat angemerkt, daß in diesen Handschriften der Briefwechsel fehlt. Woher LAMBERT seine Angaben genommen hat ist nicht zu ermitteln. eine mögliche Quelle für Mißverständnisse ist die Darstellung bei LIETZMANN, Zur Entstehung der Briefsammlung Augustins, a.a.O. S. 261, der in seiner Sammlung "M" diese Handschrift aufführt und angibt, das sie Lücken hätten, ohne diese aber zu spezifizieren.

Zur Handschrift London, British Museum, Royal 5.D.VI., deren Inhalt mit Royal 5.B.V identisch ist, vgl. G. F. WARNER / J. P. GILSON, Catalogue of Western Manuscripts in the Old Royal and King's Collections Bd. 1, London 1921 und Franz RÖMER in SÖAW.Ph 276. Dort konnte das Fehlen des Briefwechsels zwischen Augustinus und Hieronymus bis auf Ep. 81(115) + 82(116) auch an den Handschriften selbst überprüft werden.

[66] Die beiden Handschriften Patr. 15 + 16 sind direkt voneinander abhängig.

[67] Danach folgen Ep. 81(115), 195(141), 123(142), 72(105), 40(67), 71(104), 75(112), 82(116), 166(131) [nur Kap. 1-6], ... 202(143). Hier liegt eine

NUMMER DES BRIEFES IN DEN AUGUSTINUSAUSGABEN

67 68 39 74 73 28 72 40 71 75 81 82

NUMMER DES BRIEFES IN DEN HIERONYMUSAUSGABEN

101 102 103 111 110 56 105 67 104 112 115 116

9) Einsiedeln, Stiftsbibliothek, Cod. 129[68] [A]

s. XII   *   *   *   *   *   *   *[Z69]

10) Epernburg, Freiherrl. Brenkensches Archiv, Hs. 79 (Böddeken, scripsit Theodoricus Wees) [Ö^{350}]

s. XV   *   *   *   *   *   *   *   *   *   *   *

11) El Escorial, Real Biblioteca, Lat. a.I.10 [Ö^{292}]

s. XV   *   *   *   *   *   *   *   *   *   *   *

12) Firenze, Biblioteca Medicea Laurenziana, Laur.XXI dext.III [Ö^{267}]

s. XIII   *   *   *   *   *   *   *   *   *   *   *

13) Karlsruhe, Badische Landesbibliothek, Aug.Perg.LII, Reichenau [Ö^{350}]

s. IX   70*   *   *   *   *   *   *[Z71]

14) Lucca, Biblioteca Governativa, Cod.1718 chart. [Ö^{267}]

s. XV   *   *   *   *   *   *   *72   *   *   *   (*)

15) Mantova, Biblioteca Communale, Cod.C.III.13 (Nr.333) [Ö^{267}]

s. XII-XIII   *   *   *   *   *   *   *   *   *   *   *   *

16) Milano, Biblioteca Ambrosiana, Cod.A.122.inf. [Ö^{267}]

s. XV   *   *   *   *   *   *   *   *   *   *   _

17) München, Bayrische Staatsbibliothek, Clm 6266, Freising[73] [A]

s. X (993)   *   *   *   *   *   *   *   *   *   *   *

18) München, Bayrische Staatsbibliothek Clm 14370, St. Emmeran Regensburg [A]

s. X   74*   *   *   *   *   *   *[Z75]

Verschmelzung von Hieronymus-und Augustinus-Rezension vor, vgl. die Angaben zu dieser Handschrift in der Hieronymus-Rezension.

[68] Diese Handschrift ist ein Apographon des Cod. 130 aus Einsiedeln.

[69] Es liegt wie im Cod. 130 eine Verschmelzung von Augustinus- und Hieronymus-Rezension vor.

[70] Vor Ep. 28(56) steht Ep 172(134).

[71] Diese Handschrift ist der älteste Beleg für den Versuch, eine Augustinus- mit einer Hieronymus-Rezension zu verschmelzen (vgl. Einsiedeln 130 + 129 und München Clm 14370), vgl. die Angaben zu dieser Handschrift in der Hieronymus-Rezension.

[72] Ep. 73(110) und 82(116) stehen vor der Sammlung.

[73] Bei GOLDBACHER = M CSEL 34/I 103.

[74] Vor Ep. 28(56) steht noch Ep. 172(134).

ANHÄNGE

NUMMER DES BRIEFES IN DEN AUGUSTINUSAUSGABEN

67	68	39	74	73	28	72	40	71	75	81	82

NUMMER DES BRIEFES IN DEN HIERONYMUSAUSGABEN

101	102	103	111	110	56	105	67	104	112	115	116

19) Napoli, Biblioteca Nazionale, Fondo Principale, Cod.VI.C.17 [Ö^{267}]

s. XIV	*	*	*	*	*	*	*	*	*	*	*	*

20) Paris, Bibliothèque Mazarine, 778 (985), Saint-Victor (ancien JJ.21) [L]

s. XIII	*	*	*	-	-	-	-	-	-	*	-	*

21) Paris, Bibliothèque Nationale, Lat. 1890 [L]

s. XV ex	*	*	104	112	-	101	102	*	110	111	*	*

22) Paris, Bibliothèque Nationale, Lat. 1895 [L]

s. XV	*	101	102	110	-[76]	*	104	*	67	*	*W	-

23) Paris, Bibliothèque Nationale, Lat. 1928 [L]

s. XII	*	*	*	*	*	*	*	*	*	*	*	*

24) Paris, Bibliothèque Nationale, Lat. 1993, Abbaye Notre-Dame de Bonlieu [L]

s. XII-XIII	-	*	*	*	*	*	*	*	*	*	*	*

25) Paris, Bibliothèque Nationale, Lat. 2702, Carmes, Paris [L]

s. XII (1167)	*	*	*	*	*	*	*	*	*	*	*	*

26) Paris, Bibliothèque Nationale, Lat. 12163, Saint-Germain-des-Près[77] [L]

s. IX	*	*	*	*	*	*	*	*	*	*	*	*[78]

27) Paris, Bibliothèque Nationale, Lat. 14480 [L]

s. XII	*	*	*	*	*	*	*	*	*	*	*	*

28) Paris, Bibliothèque Nationale, Nouv.acq.lat.1444[79] [L]

s. XI	*	*	*	*	*	*	*	*	*	*	*	*

---

[75] Danach folgen Ep. 81(115), 195(141), 123(142), 72(105), 40(67), 71(104), 75(112), 82(116), 166(131) [nur Kap. 1-6], ... 202(143). Hier liegt wie in den Handschriften Karlsruhe, Aug.Perg. LII und Einsiedeln 130 + 129 eine Verschmelzung der Hieronymus-und Augustinus-Rezension vor.

[76] Ep. 39(103) folgt nach Ep. 172(134) auf Ep. 81(115).

[77] Bei GOLDBACHER = P^{1+2} CSEL 34/I 103; P CSEL 34/II 67.350.745 + CSEL 57 214.299; P^1 CSEL 34/II 69.237.248.263.280 + CSEL 44 545.586.636.

[78] Im Anschluß an die Augustinus-Rezension folgen Ep. 73^z(110), 28(56) und die Briefe des zweiten Teils.

[79] Bei GOLDBACHER = P^4 CSEL 34/I 103; P^1 CSEL 34/II 67; P^3 CSEL 34/II 69.248.263.280; P^2 CSEL 34/II 237 + CSEL 44 545.636; P^1 CSEL 34/II 350; P CSEL 57 216.

NUMMER DES BRIEFES IN DEN AUGUSTINUSAUSGABEN

	67	68	39	74	73	28	72	40	71	75	81	82

NUMMER DES BRIEFES IN DEN HIERONYMUSAUSGABEN

	101	102	103	111	110	56	105	67	104	112	115	116

29) Saint-Omer, Bibliothèque municipale, 76.8.9[80] [L]

s. X-XI	*	*	*	*	*	*	*	*	*	*	*	*

30) Toledo, Biblioteca de la Catredal, 222 [Ö^{292}]

s.XV	*	*	*	*	_	*	*	*	*	*	*	_

31) Troyes, Bibliothèque municipale, 196 [L]

s. XII	*	*	*	*	*	*	*	*	*	*	*	*

32) Vaticano, Città del, Biblioteca Apostolica Vaticana, Archivo San Pietro (Basilic.) B.52 [Ö^{267}]

s. XIV	*	*	*	*	*	*	*	*	*	*	*	*

33) Vaticano, Città del, Biblioteca Apostolica Vaticana, Fondo Chigi, A.VII.211 [Ö^{267}]

s. XIV	*	*	*	*	*	*	*	*	*	*	81_	_

34) Vaticano, Città del, Biblioteca Apostolica Vaticana, Reg.lat.1944 [Ö^{267}]

s. XV	*	*	*	*	*	*	*	*	*	*	*	*

35) Vaticano, Città del, Biblioteca Apostolica Vaticana, Ross. 259 [Ö^{267}]

s. XIV (1345)	*	*	*	*	*	*	*	*	*	*	*	*

36) Wolfenbüttel, Herzog-August-Bibliothek Cod.Guelf.72.Weiss. (Weißenburg / Elsaß)

s. IX[1]	*	*	*	*	*	*	*82	*	*	*	_	*

---

[80] Bei GOLDBACHER = A CSEL 34/I 103.
[81] Ep. 81(115) + 82(116) gehen der Sammlung voraus.
[82] Zwischen Ep. 73(110) und 72(105) stehen Ep. 81(115) und Ep. 195(141).

3. Handschriften mit anderen Zusammenstellungen (= x)

1) Augsburg, Staats- und Stadtbibliothek, 70 [Ö^{350}]
s. XV   28 67 68 73 74 71 72 40 75 81

2) Berlin, Deutsche Staatsbibliothek, 17, (Philipps 1674) [L]
s. IX   111 ... 110 115 101 ... 103

3) Berlin, Deutsche Staatsbibliothek, 18, (Philipps 1675) [L]
s. XII^2 101 ... 102 ...105... 104 112 103 115 110 ...111

4) Edinburgh, New College, Cod.Med.1 [Ö^{276}]
s. XV   28 40 71 75 68 73 81 67 72 39

5) El Escorial, Real Biblioteca, Lat.a.II.3^1 [Ö^{292}]
s. X   73 ... 81 82

6) Hamburg, Staats- und Universitätsbibliothek, Scrin.6 [Ö^{350}]
s. XII   28 67 68 40 71 72 39 74 73 75 81 82

7) Holkham Hall, Library of the Earl of Leicester, 127 [Ö^{276}]
s. XV   39 40 67 68 28 71 72 74 73 72 81 82

8) Leipzig, Universitätsbibliothek 224, Thomaskloster [L]
s. XV   56 ... 101 102 115 110 104 105 67 112 ... 103

9) Madrid, Biblioteca Nacional, 199 [Ö^{292}]
s. XII   82 28 68 67 73 39 74 71 72 40 75

10) München, Bayrische Staatsbibliothek, Clm 3819 [Ö^{350}]
s. XV   28 67 68 73 74 71 72 40 75 81

11) Périgeux, Archives départementales, Fonds Cadouins 19 [L]
s. XII   102 103 105 112 115

12) Roma, Biblioteca Vallicelliana, Cod.D.2 [Ö^{267}]
s. XIV   67 68 73 39 74 71 72 40 75 81 82

13) Roma, Biblioteca Vallicelliana, Cod.D.16 [Ö^{267}]
s. XIII   67 68 73 39 28 72 40 71 75 82...74 81

14) Vaticano, Città del., Urbin.lat. 51 (107) [L]
s. XV   102 103 105 112

15) Vaticano, Città del, Biblioteca Apostolica Vaticana, Vat.lat.359 [L]
s. XII   101 102 110 111 104 105 67 112 115 ... 103

16) Vaticano, Città del, Biblioteca Apostolica Vaticana, Vat.lat.360 [L]
s. XII   56 101 102 110 111 104 105 67 105 ... 103

---

[1] Bei GOLDBACHER = I CSEL 34/II 263.

17) Vaticano, Città del, Biblioteca Apostolica Vaticana, Vat.lat.361 [L]
s. XII   56   101   ...   110 111 104 105 67   105 ...   103

18) Vaticano, Città del, Biblioteca Apostolica Vaticana, Vat.lat.362 [L]
s. XV (1459)   56   102 101 110 103 111 104 105 67   112...115...116

19) Vaticano, Città del, Biblioteca Apostolica Vaticana, Vat.lat.364 [L]
s. XV   103 111   ...   102 110 56   105 ...   104 112

20) Vaticano, Città del, Biblioteca Apostolica Vaticana, Vat.lat.366 [L]
s. XII ex   101 102 103 111 110 56   105 67   104 112

21) Vaticano, Città del, Biblioteca Apostolica Vaticana, Vat.lat.367 [L]
s. XV   101 102 103 56   105 67   112 101 102 103 110 104
               115 116

22) Vaticano, Città del, Biblioteca Apostolica Vaticana, Vat.lat.414 [L]
s. XIII   67   102 111 110 105 104 112 115 116

23) Venezia, Biblioteca Nazionale Marciana, Cod.1927 [Ö^{267}]
s. XV   28   40   73   72   39   74   71   75   81   82   ...68

24) Wien, Schottenstift, 148 [L]
s. XIV   56... 67... 101   102 103 104 105... 110   111 112 115
               116 110^{Z}

25) Zürich, Zentralbibliothek, Car.C.99 [L]
s. XV   56   102 101 110 103 111 104 105 67   112

II. Handschriften des zweiten Teils des Briefwechsels

In dieser Liste sind alle Handschriften verzeichnet, die Briefe des zweiten Teils beeinhalten. Folgende Sigla werden verwendet um die verschiedenen Sammlungstypen des zweiten Teils zu unterscheiden:

A = Die Briefe stehen im unmittelbaren Anschluß an eine Sammlung des ersten Teils des Briefwechsels der Hieronymus-Rezension (entspricht H^1 in Graphik 5).

B = Ep. 131 steht nach einer Sammlung des ersten Teils des Brief-wechsels der Hieronymus-Rezension, die auch Ep. 115 und 116 ent-hält und durch Ep. 126 von Ep. 131 getrennt ist (entspricht H^{2b} in Graphik 5).

C = Ep. 131 schließt sich durch Ep. 126 getrennt an eine Sammlung der Hieronymus-Rezension an, die mit Ep. 112 endet (entspricht H^{1b} in Graphik 5).

E = Ep. 131 schließt sich an eine Ausgabe der Augustinus-Rezension an (entspricht A^1 und A^{1a} in Graphik 5).

NUMMER DES BRIEFES IN DEN AUGUSTINUSAUSGABEN

| 166 | 167 | 172 | | 195 | 123 | 202 | 19* |

NUMMER DES BRIEFES IN DEN HIERONYMUSAUSGABEN

| 131 | 132 | 134 | | 141 | 142 | 143 | - |

1) Alençon, Bibliothèque municipale 9, Chatreux du Val-Dieu [L]

| s. XIII | B1* | * | - | | *(?) | *(?) | * |

2) Angers, Bibliothèque municipale 154 (146), Saint Aubin [L]

| s. XII | B2*(?) | * | * | | * | * | * |

3) Angers, Bibliothèque municipale 290 (281) [L]

| s. IX | - | - | * | | - | - | - |

4) Angers, Bibliothèque municipale 309 (300) [L]

| s. XII | - | - | * | | - | - | - |

5) Arras, Bibliothèque municipale 696 (621) [L]

| s. X | * | * | _ | | *3 | * | _ |

6) Augsburg, Staats- und Stadtbibliothek, 71 (St.Ulrich und Afra, scripsit Joh. Knüßlin) [Ö350]

| s. XV (1464) | B4* | * | * | | * | * | * |

7) Bamberg, Staatliche Bibliothek Class.93 (N.I.10), Karmeliterkloster [Ö350]

| s. XV | 44 | 27 | * | | 103 | 14 | |

8) Bamberg, Staatliche Bibliothek Patr.11 (B.III.8), Dombibliothek [Ö350]

| s. XI-XII | | | *5 | | | | |

9) Bamberg, Staatliche Bibliothek Patr.12 (B.III.20), Dombibliothek [Ö350]

| s. XII-XIII | | | * | | | | |

---

[1] Ep. 81(115) fehlt in folgenden Handschriften des B-Typs: Alençon, Bibliothèque municipale 9; Angers, Bibliothèque municipale 154; Coutanges, Bibliothèque municipale 1; El Escorial, Real Biblioteca, Lat a.II.10 + Lat a.II.11; Firenze, Biblioteca Medicea Laurenziana Plut.XIX, Cod.14; Lincoln, Cathedral Chapter Library Cod. 47 (A.II.16) + 141 (C.I.1); Madrid, Biblioteca Nacional 111(A.111); Paris, Bibliothèque Nationale Lat.1878; Reims, Bibliothèque municipale 386(E.224); Venezia, Biblioteca Nazionale Marciana, Cod. 2051.

[2] Ep. 81(115) fehlt (s.Anm. 1).

[3] Ep. 141(195) + 142(123) stehen zusammen ohne trennende Überschrift, übergeleitet mit "item post subscriptionem" wie auch in den Handschriften Karlsruhe, Aug. Perg. LII, München, Clm 14370 und Einsiedeln, 130 + 129; vgl. CSEL 34/II 745.

[4] Ohne Ep. 165(126)!

[5] Ep. 172(134) steht zusammen mit Ep. 82(116) hinter einer Sammlung der Augustinus-Rezension.

10) Bamberg, Staatliche Bibliothek Patr.14 (B.III.9), Chorherren zu Neunkirchen am Brand [Ö^{350}]

s. XIV   *   *   *   *   *6   *

11) Bamberg, Staatliche Bibliothek Patr.81 (B.III.41), Franziskanerkloster [Ö^{350}]

s. XV   C*   *   *   *   *   *

12) Bamberg, Staatliche Bibliothek Patr.82 (B.V.39), Karmeliterkloster [Ö^{350}]

s. XV (1480)   *7   *   *   *   *   *

13) Barcelona, Archivo de la Corona de Aragon, Ms. S.Cugat 19 [Ö^{292}]

s. XV   B8*   *   *   *   *9   *

14) Barcelona, Biblioteca del Universidad, 291 (20-2-3) [Ö^{292}]

s. XV   *   *   *10   *   *   *

15) Berlin, Staatsbibliothek Preuß. Kulturbesitz, Ms. theol. lat 2^0 119 [Ö^{350}]

s. XII   A*   172   167

16) Berlin, Staatsbibliothek Preuß. Kulturbesitz, Ms. theol. lat. 2^0 120 St. Augustin, Lippstadt [Ö^{350}]

s. XV (1479)   *   *   *

17) Berlin, Staatsbibliothek Preuß. Kulturbesitz, Ms. lat. 2^0 194 Maria Laach [Ö^{350}]

s. XII   A*   *   *   *   *   *

18) Berlin, Staatsbibliothek Preuß. Kulturbesitz, Ms. lat. 2^0 824 [Ö^{350}]

s. XV   B11**   *   *   *   *

19) Berlin, Deutsche Staatsbibliothek 17 (Phillips 1674) [L]

s. IX   *12   *   *   *   *   *

---

^{6} Zwischen Ep. 123(142) und 202(143) steht Ep. 165(126).

^{7} Vor Ep. 166(131) stehen noch Ep. 81(115), 82(116), 165(126).

^{8} Getrennt durch Augustinus, Ep. 165(126) ad Marcellinum et Anapsycham, folgen Ep. 81(115) u. 82(116) in den Handschriften: Barcelona, Archivo de la Corona 19; Burgo de Osma 109; El Escorial, lat. &.I.8.; Firenze, Laurentiana Plut.XIX Codd. 13 + 15; Glasgow, Cod. 202 (U.I.6); Toledo 11-19; Vat. lat. 350; Venezia, Cod. 1499 + 1513.

^{9} Ep. 123(142) steht ohne Überschrift in direktem Anschluß an Ep. 195(142).

^{10} Vor Ep. 172(134) steht Ep. 195(141), sodaß der Brief zweimal in dieser Handschrift enthalten ist.

^{11} Ohne Ep. 165(126)!

^{12} Ep. 166(131) ist unterteilt in zwei Hälften.

NUMMER DES BRIEFES IN DEN AUGUSTINUSAUSGABEN

166 167 172   195 123 202 19*

NUMMER DES BRIEFES IN DEN HIERONYMUSAUSGABEN

131 132 134   141 142 143 -

---

20) Berlin, Deutsche Staatsbibliothek 18 (Phillips 1675) [L]
s. XII^2 -   -   *   *   -   -

21) Bologna, Biblioteca Universitaria 2813 (1499Fr) [Ö^{267}]
s. XV   C*   *   *   *   *   *

22) Brügge, Stadsbibliotheek 148, Ter Doest [L]
s. XII   B*   *   *   *   *   *

23) Brüssel, Koninklijke Bibliotheek 66-76, Sint-Martinsdaal, Leuven (Reg. Kan. S. Augustinus, Windesheim) [L]
s. XV   124 *   -   -   -

24) Brüssel, Koninklijke Bibliotheek 87-96, O.L.V.-Priorij van Korsendonk (Reg. Kan. S. Augustinus, Windesheim) [L]
s. XV   -   -   13*   *   *   *   … 132

25) Brüssel, Koninklijke Bibliotheek 269, Sint-Martinsdaal, Leuven [L]
s. XV   A14**   *   *   *15   *

26) Brüssel, Koninklijke Bibliotheek 870-72, Jezuïetencollege, Leuven [L]
s. XIV   C*16*   *   *   *   *

27) Brüssel, Koninklijke Bibliotheek 1048, Jezuïetencollege, Leuven [L]
s. XV   -   -   *17   *   *   *

28) Brüssel, Koninklijke Bibliotheek 3257 [L]
s. XV   B*   *   *   *   -   *

29) Brüssel, Koninklijke Bibliotheek 5504-12, Gembloux [L]
s. XI   37 *   *   126 *   57

30) Brüssel, Koninklijke Bibliotheek II.963, (Phillips 359) Cambron [L]
s. X in   126 *   57

---

13 Ep. 172(134) steht hinter einer Hieronymus-Rezension, die auch Ep. 81(115) und 82(116) umfaßt.

14 Die Briefe des zweiten Teils stehen im Anschluß an Ep. 82(116), getrennt von einer Hieronymus-Rezension.

15 in den Handschriften Bamberg, Patr.14; Brüssel 268 steht zwischen Ep. 123(142) und 202(143) noch Ep. 165(126).

16 Ep. 166(131) steht zwischen Ep. 28(56) und Ep. 72(105) in einer Sammlung des ersten Teils des Briefwechsels.

17 Ep. 172(34) steht nach Ep. 165(126) im Anschluß an eine Hieronymus-Rezension, die auch Ep. 81(115) + 82(116) umfaßt.

NUMMER DES BRIEFES IN DEN AUGUSTINUSAUSGABEN
166 167 172   195 123 202 19*

NUMMER DES BRIEFES IN DEN HIERONYMUSAUSGABEN
131 132 134   141 142 143 -

31) Brüssel, Koninklijke Bibliotheek II.2587 (Phillips 2523), Cambron [L]
s. XIII   *   *   *

32) Burgo de Osma, Biblioteca de la Catedral, 109 [Ö^{292}]
s. XV   B18** *   * *19 *

33) Cambrai, Bibliothèque municipale 445 (416), Saint Aubert [L]
s. XII   *   *   *   126 143 115 116 141 142 111

34) Cambridge, Emanuel-College, 57 [Ö^{276}]
s. XII in   A* _   *   *20

35) Cambridge, St. Johns College 16 (A.16) [Ö^{276}]
s. XV   B* *   *   *   *   *

36) Cambridge, Peterhouse 198 (2.0.2.) [Ö^{276}]
s. XIV   B* *   *   *   * *21

37) Cambridge, Trinity College, Cod. 143 (B.4.29;230) [Ö^{276}]
s. XII   *

38) Cambridge, University Library, Cod.409 (Dd.VII.1.) [Ö^{276}]
s. XV   C202   195 123 166 167^{22}

39) Cambridge, University Library, Cod. 1977 [Ö^{276}]
s. XIV   C* *   *   *   * *23

40) Charleville-Mézières, Bibliothèque municipale, 196.d., Signy [L]
s. XII (Vol.1)   C* *   *   *   *   *

41) Chatres, Bibliothèque municipale 17(113), Abbaye Saint Père [L]
s. XII   *   _   *

42) Cortona, Libreria del Commune, Cod. membr. 40 [L]
s. XV   C24** *   143 141 142

---

[18] Getrennt durch Augustinus, Ep. 165(126) ad Marcellinum et Anapsycham, folgen Ep. 81(115) u. 82(116) in zehn Handschriften, vg. Anm. 8.
[19] Ep. 123(142) steht ohne Überschrift in direktem Anschluß an Ep. 195(142).
[20] Es schließt sich die *Disputatio Hieronymi et Augustini de anima* an.
[21] Es schließt sich die *Disputatio Hieronymi et Augustini de anima* an.
[22] Die Briefe des zweiten Teils gehen der Sammlung voran und es schließt sich die *Disputatio Hieronymi et Augustini de anima* an.
[23] Es schließt sich die *Disputatio Hieronymi et Augustini de anima* an.
[24] Zwischen Ep. 166(131) und 167(132) steht Ep. 165(126).

NUMMER DES BRIEFES IN DEN AUGUSTINUSAUSGABEN

166 167 172   195 123 202 19*

NUMMER DES BRIEFES IN DEN HIERONYMUSAUSGABEN

131 132 134   141 142 143 -

---

43) Cortona, Libreria del Commune, Cod. chart. 122(203) [Ö^{267}]
s. XV   -   -   *

44) Coutanges, Bibliothèque municipale 1, Mont-Saint Michel [L]
s. XII   B25**   *   *   *   *

45) Darmstadt, Hess. Landes- und Hochschulbibliothek, Ms. 1991 [Ö^{350}]
s. XII   -   *   -

46) Durham, Cathedral Library, B.II.10 [Ö^{276}]
s. XI ex   C*   *   *   *   *   *

47) Durham, Cathedral Library, Cod. 3056 (wahrscheinlich aus Nord-Italien) [Ö^{276}]
s. XV   *   -   *

48) Einsiedeln, Stiftsbibliothek, Cod. 130 [A]
s. X   26(*)   *   *   *

49) Einsiedeln, Stiftsbibliothek, Cod. 129^{27} [A]
s. XII   28(*)   *   *   *

50) El Escorial, Real Biblioteca, Lat a.I.1, Cartuja Durbonense (Epistulae Hieronymi) [Ö^{292}]
s. XII   -   -   29*

51) El Escorial, Real Biblioteca, Lat a.I.10 [Ö^{292}]
s. XV   *   *   *

52) El Escorial, Real Biblioteca, Lat a.II.3 [Ö^{292}]
s. X   30* *   *   *   *31

---

[25] Ep. 81(115) fehlt (s.Anm. 1).

[26] Ep. 195(141) + 123(142) stehen zwischen Ep. 81(115) und 72(105) an der Nahtstelle der Verschmelzung einer Augustinus- und einer Hieronymus-Rezension. Von Ep. 166(131) sind nur die ersten 6 Kapitel in dieser Handschrift erhalten, dann schließt sich die *Disputatio Hieronymi et Augustini de anima* an. Ep. 202(143) steht alleine hinter der Hieronymus-Übersetzung der Hohelied-Homilien des Origenes.

[27] Die Handschrift ist ein Apographon des Cod. 130.

[28] Die Reihenfolge entspricht Cod. 130.

[29] Ep. 172(134) schließt sich unmittelbar an eine Sammlung des hieronymianischen Typus an, die auch Ep. 81(115) umfaßt. Später folgt noch Ep. 165(126).

[30] Unmittelbar vor Ep. 166(131) stehen Ep. 81(115) und 82(116).

ANHÄNGE

NUMMER DES BRIEFES IN DEN AUGUSTINUSAUSGABEN

166 167 172   195 123 202 19*

NUMMER DES BRIEFES IN DEN HIERONYMUSAUSGABEN

131 132 134   141 142 143 -

---

53) El Escorial, Real Biblioteca, Lat a.II.10 [Ö^{292}]

s. XII   B*32*   *   *   *   *

54) El Escorial, Real Biblioteca, Lat a.II.11 [Ö^{292}]

s. XV   B*33*   *   *   *   *

55) El Escorial, Real Biblioteca, Lat &.I.8 [Ö^{292}]

s. XV   B34**   *   * *35 *

56) El Escorial, Real Biblioteca, Lat &.I.14^{36} [Ö^{292}]

s. VIII ex   B37**   *   * *38

57) Epernburg, Freiherrl. Brenkelsches Archiv, Hs 82 [Ö^{350}]

s. XV   39* 172 167   *   *   *

58) Erlangen, Universitätsbibliothek 170 [Ö^{350}]

s. XIV   *   *   -

59) Firenze, Biblioteca Medicea Laurenziana Aedil.3 [L]

s. XI   C*   *   *   *   *   *

60) Firenze, Biblioteca Medicea Laurenziana Aedil.4 [L]

s. XV   C*40*   *   *   *   -

61) Firenze, Biblioteca Medicea Laurenziana Ashb. 131(63; 58) [Ö^{267}]

s. XV   C*   *   *   *   *   *

---

^{31} Ep. 123(142) steht ohne Überschrift in direktem Anschluß an Ep. 195(142).

^{32} In Ep. 81(115) fehlt (s.Anm. 1).

^{33} In Ep. 81(115) fehlt (s.Anm. 1).

^{34} Getrennt durch Augustinus, Ep. 165(126) ad Marcellinum et Anapsycham, folgen Ep. 81(115) u. 82(116) in zehn Handschriften, vg. Anm. 8.

^{35} Ep. 123(142) steht ohne Überschrift in direktem Anschluß an Ep. 195(142).

^{36} Bei GOLDBACHER = H CSEL34/II S. 67.

^{37} Ep. 166(131) schließt sich ohne Ep. 165(126) an Ep. 82(116) an. Ep. 165(126) folgt vier Blätter später.

^{38} Ep. 123(142) steht ohne Überschrift in direktem Anschluß an Ep. 195(142).

^{39} Ep. 166(131), 172(134), 167(132) stehen vor der Sammlung des ersten Teils, Ep. 195(141), 123(142), 202(143) dahinter.

^{40} Ep. 81(115) und 82(116) stehen am Anfang dieser Handschrift, durch neun Briefe von der hieronymianischen Sammlung getrennt.

NUMMER DES BRIEFES IN DEN AUGUSTINUSAUSGABEN
166 167 172   195 123 202 19*
NUMMER DES BRIEFES IN DEN HIERONYMUSAUSGABEN
131 132 134   141 142 143 -

62) Firenze, Biblioteca Medicea Laurenziana Med.Fesul.27 (Hieronymi Epistulae) [Ö^{267}]
s. XV   C*   *   *   *   *   *

63) Firenze, Biblioteca Medicea Laurenziana Plut.XIX, Cod.9 [L]
s. XV   B*41*   *   42*   *   *

64) Firenze, Biblioteca Medicea Laurenziana Plut.XIX, Cod.11 [L]
s. XV   B*43 *44   *   45*   *   *

65) Firenze, Biblioteca Medicea Laurenziana Plut.XIX, Cod.12 [L]
s. XV   C*   *   *   *   *   *

66) Firenze, Biblioteca Medicea Laurenziana Plut.XIX, Cod.13 [L]
s. XV   C46**   *   *   *47   *

67) Firenze, Biblioteca Medicea Laurenziana Plut.XIX, Cod.14 [L]
s. XIV   B*48 *   *   *   *   *

68) Firenze, Biblioteca Medicea Laurenziana Plut.XIX, Cod.15 [L]
s. XV   B49**   *   *   *   -

69) Firenze, Biblioteca Medicea Laurenziana Gaddian., Plut.LXXXIX, Sup., Cod.15 [L]
s. XI   *

---

41 Ep. 166(131), 167(132), 172(134) stehen zwischen Ep. 39(103) und 165(126) am Schluß der Sammlung des ersten Teils s.o. die Angaben zu dieser Handschrift in der Hieronymus-Rezension.

42 Ep. 195(141), 123(142), 202(143) stehen am Anfang der Sammlung des ersten Teils, zwischen Hieronymus Ep. 27 und 51.

43 Ep. 166(131), 167(132), 172(134) stehen zwischen Ep. 39(103) und 165(126) am Schluß der Sammlung des ersten Teils s.o. die Angaben zu dieser Handschrift in der Hieronymus-Rezension.

44 Zwischen Ep. 166(131) und 167(132) steht die *Disputatio Hieronymi et Augustini de anima.*

45 Ep. 195(141), 123(142), 202(143) stehen am Anfang der Sammlung des ersten Teils.

46 Getrennt durch Augustinus, Ep. 165(126) ad Marcellinum et Anapsycham, folgen Ep. 81(115) u. 82(116) in zehn Handschriften, vg. Anm. 8.

47 Ep. 123(142) steht ohne Überschrift in direktem Anschluß an Ep. 195(142).

48 Ep. 81(115) fehlt (s.Anm. 1).

49 Getrennt durch Augustinus, Ep. 165(126) ad Marcellinum et Anapsycham, folgen Ep. 81(115) u. 82(116) in zehn Handschriften, vg. Anm. 8.

NUMMER DES BRIEFES IN DEN AUGUSTINUSAUSGABEN
166 167 172   195 123 202 19*

NUMMER DES BRIEFES IN DEN HIERONYMUSAUSGABEN
131 132 134   141 142 143 -

---

70) Firenze, Biblioteca Medicea Laurenziana Laur.XV dext.7 [Ö^{267}]
s. XII   C*50_   *   * * _

71) Firenze, Biblioteca Medicea Laurenziana Santa Croce, Plut.XV, Dext. Cod.13 [L]
s. XIII   C* * *   * * *

72) Firenze, Biblioteca Medicea Laurenziana Laur.XXI dext.III [Ö^{267}]
s. XIII   E* * *51

73) Gdansk, Biblioteka Gdanska Polskiej Akademii, Mar.F.278 (Verlust) [Ö^{289}]
s. XV   *

74) Gdansk, Biblioteka Gdanska Polskiej Akademii, Mar.F.307 [Ö^{289}]
s. XV^1 *

75) Glasgow, Hunterian Museum, Cod. 202 (U.I.6) [Ö^{276}]
s. XIV ex   B52 * *   * * *   166

76) Göttingen, Niedersächsische Staats- und Universitätsbibliothek, Cod.4º Theol.90 [Ö^{350}]
s. XV   202 195 123

77) Göttweig, Stiftsbibliothek, 14(33) [L]
s. XII   126 131 134 144

78) Göttweig, Stiftsbibliothek, 25 [L]
s. XII   -   *

79) Graz, Universitätsbibliothek, 270(33/19) [L]
s. XII^2 - - *

80) Graz, Universitätsbibliothek, 793(41/32) Chorherrenstift Seckau [L]
s. XII   - * *

81) Grenoble, Bibliothèque municipale, 218 Chartreux [L]
s. XII   - - *

82) Hamburg, Staats- und Universitätsbibliothek, Scrin.6 [Ö^{350}]
s. XII   (E)* * *   * * *

---

[50] Ep. 81(115) + 82(116) stehen vor der gesamten Sammlung.
[51] Als letzter Brief der Handschrift folgt Ep. 165(126).
[52] Getrennt durch Augustinus, Ep. 165(126) ad Marcellinum et Anapsycham, folgen Ep. 81(115) u. 82(116) in zehn Handschriften, vg. Anm. 8.

NUMMER DES BRIEFES IN DEN AUGUSTINUSAUSGABEN

166 167 172   195 123 202 19*

NUMMER DES BRIEFES IN DEN HIERONYMUSAUSGABEN

131 132 134   141 142 143 -

---

83) Holkham Hall, Library of the Earl of Leicester, 124 Canonicorum Verdara (Padova) [Ö^{267}]

s. XV   A*   *53   *   *   *   *

84) Holkham Hall, Library of the Earl of Leicester, 125 [Ö^{276}]

s. XV   A*   *   *   *   *   *

85) Holkham Hall, Library of the Earl of Leicester, 127 [Ö^{276}]

s. XV   (E)* *   *   *   *   *

86) Karlsruhe, Badische Landesbibliothek, Aug.Perg.LII, Reichenau [Ö^{350}]

s. IX   54*   *55

87) Köln, Dombibliothek 60 (Darmstadt 2053a) [A]

s. VIII-IX   A*56* *   *   *   *

88) Kraków, Archiwum Kapituly Metropolitalney, 177 [Ö^{289}]

s. XIII-XIV   *

89) Kraków, Archiwum Kapituly Metropolitalney, 184 [Ö^{289}]

s. XIV (1384)   *

90) Kraków, Biblioteka Uniwersyteka Jagiellonska, 1371 (AA II.7) [Ö^{289}]

s. XV   B*   *   *   *   *   *

91) Leiden, Universiteitsbibliotheek Periz.F.36 [L]

s. XV (1451)   -   -   *   *   *57   *

92) Leipzig, Universitätsbibliothek 223, Predigerkoster Leipzig [L]

s. XIII   C*   *   *   *   *   *

93) Leipzig, Universitätsbibliothek 224, Thomaskloster [L]

s. XV   -   -   *

94) Leipzig, Universitätsbibliothek 226, Altzelle (E.15) [L]

s. XII   C*   *   *   *   *   -

---

53 Ep. 167(132) und Ep. 202(143) stehen zusammen mit Ep. 81(115) + 82(116) vor der Sammlung des ersten Teils.

54 Ep. 195(141) + 123(142) stehen zwischen Ep. 81(115) und 72(105) an der Nahtstelle der Verschmelzung einer Augustinus- und einer Hieronymus-Rezension.

55 Ep. 123(142) steht ohne Überschrift in direktem Anschluß an Ep. 195(142).

56 Zwischen Ep. 75(112) und 166(131) steht Hieronymus Ep. 136 Innocentius ad Hieronymum.

57 Zwischen Ep. 123(142) und 202(143) steht Ep. 165(126).

NUMMER DES BRIEFES IN DEN AUGUSTINUSAUSGABEN

166 167 172   195 123 202 19*

NUMMER DES BRIEFES IN DEN HIERONYMUSAUSGABEN

131 132 134   141 142 143 -

---

95) Lille, Bibliothèque de la Ville 624(418) [L]

s. XV   * * -   131 134^{58}

96) Lincoln, Cathedral Chapter Library Cod. 47 (A.II.16) [Ö^{276}]

s. XIII   B59* * *   * * _60

97) Lincoln, Cathedral Chapter Library, 141 (C.I.1) [Ö^{276}]

s. XII   B61* * *   * * *

98) Lisboa, Biblioteca Nacional, 335 (IX) (Epistulae Hieronymi) [Ö^{292}]

s. XII   C* * *   * * *62

99) London, British Museum, Addit. 11421 [Ö^{276}]

s. XV   C* * *   * * *63

100) London, British Museum Addit. 24902 [A]

s. X-XI   64* * *   * *65 _

101) London, British Museum Burney 322 [Ö^{276}]

s. XV   C* * *   * * *

102) London, British Museum, Egerton 3266 (N.-Italien) [Ö^{276}]

s. XV (1414) B* * *   * * *66

103) London, British Museum Harley 3044 (Hieronymi Epistulae) [Ö^{276}]

s. XII   B* * *   * * *67

104) London, British Museum Harley 3105 [Ö^{276}]

s. XV   C* *

---

^{58} Es gehen Ep. 195(141) Ep. 67(101), 81(115) und 82(116) voraus, dann folgt eine Sammlung des ersten Teils des Briefwechsels nach der hieronymianischen Ausgabe.

^{59} Ep. 81(115) fehlt (s.Anm. 1).

^{60} Nach Ep. 123(142) folgt die *Disputatio Hieronymi et Augustini de anima*.

^{61} Ep. 81(115) fehlt (s.Anm. 1).

^{62} Es schließt sich die *Disputatio Hieronymi et Augustini de anima* an.

^{63} Es schließt sich die *Disputatio Hieronymi et Augustini de anima* an.

^{64} Vor Ep. 166(131) + 167(132) steht Abschnitt aus Augustins "Retractationes" der diese Briefe betrifft.

^{65} Ep. 123(142) steht ohne Überschrift in direktem Anschluß an Ep. 195(142). Dabei steht der letzte Satz von Ep. 123(142) am Anfang des Briefes CSEL 34/II 746,2-5. Danach folgt der übrige Text CSEL 34/II 754,1-756,2.

^{66} Es schließt sich die *Disputatio Hieronymi et Augustini de anima* an.

^{67} Es schließt sich die *Disputatio Hieronymi et Augustini de anima* an.

NUMMER DES BRIEFES IN DEN AUGUSTINUSAUSGABEN

166 167 172   195 123 202 19*

NUMMER DES BRIEFES IN DEN HIERONYMUSAUSGABEN

131 132 134   141 142 143 -

---

105) London, British Museum, Harley 5003 [$\ddot{O}^{276}$]

s. XV   c* * *   * * *

106) London, British Museum, Royal 6.C.XI (Hieronymi Epistulae) [A]

s. XII   c* * *   * *68 *69

107) London, British Museum, Royal 6.D.I (Chertsey) [$\ddot{O}^{276}$]

s. XII   c* * *   * * *70

108) London, British Museum, Royal 6.D.II (Rochester) [$\ddot{O}^{276}$]

s. XII   c* * *   * * *71

109) London, British Museum, Royal 6.D.III [$\ddot{O}^{276}$]

s. XII   c* * *   * * *72

110) Mantova, Biblioteca Communale, Cod.C.III.13 (Nr.333) [$\ddot{O}^{267}$]

s. XII-XIII   E* _ *   *73

111) Madrid, Biblioteca Nacional 26(B.29) [$\ddot{O}^{292}$]

s. XIV   B*74* *   * *75 *

112) Madrid, Biblioteca Nacional 111(A.111) [$\ddot{O}^{292}$]

s. XII   B*76* *   * * *

113) Madrid, Biblioteca Nacional 9461 [$\ddot{O}^{292}$]

s. XV   c_ * *   *

114) Madrid, Biblioteca Nacional 10049 [$\ddot{O}^{292}$]

s. XIV   B77* *78 _   * *

---

[68] Ep. 195(141) und 123(142) sind durch die Überschrift *"item ad ipsum"* und einen großen Initialbuchstaben voneinander getrennt.

[69] Es schließt sich die *Disputatio Hieronymi et Augustini de anima* an; hier überschrieben *Disputatio de ratione animae*.

[70] Es schließt sich die *Disputatio Hieronymi et Augustini de anima* an.

[71] Es schließt sich die *Disputatio Hieronymi et Augustini de anima* an.

[72] Es schließt sich die *Disputatio Hieronymi et Augustini de anima* an.

[73] Ep. 202(143) steht vor der Sammlung des ersten Teils.

[74] Ep. 81(115) + 82(116) stehen vor Ep. 75(112).

[75] Ep. 123(142) steht ohne Überschrift in direktem Anschluß an Ep. 195(142).

[76] Ep. 81(115) fehlt (s.Anm. 1).

[77] Es schließt sich die *Disputatio Hieronymi et Augustini de anima* an.

[78] Ep. 167(132), 195(141), 123(142) stehen vor der Sammlung des ersten Teils.

ANHÄNGE

NUMMER DES BRIEFES IN DEN AUGUSTINUSAUSGABEN
166 167 172   195 123 202 19[*]
NUMMER DES BRIEFES IN DEN HIERONYMUSAUSGABEN
131 132 134   141 142 143 -

---

115) Melk, Stiftsbibliothek 15(A.17) [L]
s. XV   115 116 131 134

116) Milano, Biblioteca Ambrosiana C.250.inf [L]
s. XV   B*[79]*   *   *   *   *

117) Milano, Biblioteca Ambrosiana O.210.Sup., Bobbio [L][80]
s. VI   *   -   *

118) Mons, Bibliothèque publique de la Ville 14/161, Bonne-Espérance [L]
s. XII   *

119) Monte Cassino, Biblioteca dell' Abbazia 16 L [Ö267]
s. XI   C*   *   *   *   *   *

120) Monte Cassino, Biblioteca dell' Abbazia 92 H [L]
s. XIII-XV   C*   *   *   *   *   *

121) Monte Cassino, Biblioteca dell' Abbazia 296 MM [L]
s. XII   C*   *   *   *   -   -

122) München, Bayrische Staatsbibliothek Clm 336 [A]
s. XII   C*   *   *   *   *   *

123) München, Bayrische Staatsbibliothek Clm 3730, Dom Augsburg [L]
s. X-XI   A*

124) München, Bayrische Staatsbibliothek Clm 6266, Freising [A]
s. X (993)   E*   -   *

125) München, Bayrische Staatsbibliothek Clm 13061, Regensburg [Ö350]
s. XII   81*   -   *   *

126) München, Bayrische Staatsbibliothek Clm 14370, Sankt-Emmeran
Regensburg [A]
s. X   82*   *83

---

[79] In dieser Handschrift fehlt Ep. 81(115) und zwischen Ep. 165(126) und Ep. 166(131) steht Hieronymus Ep. 130.

[80] Bei GOLDBACHER = B CSEL 44 545.636.

[81] Vor Ep. 166(131) steht Ep. 165(126).

[82] Ep. 195(141) + 123(142) stehen zwischen Ep. 81(115) und 72(105) an der Nahtstelle der Verschmelzung einer Augustinus- und einer Hieronymus-Rezension.

[83] Ep. 123(142) steht ohne Überschrift in direktem Anschluß an Ep. 195(142).

NUMMER DES BRIEFES IN DEN AUGUSTINUSAUSGABEN

166 167 172   195 123 202 19*

NUMMER DES BRIEFES IN DEN HIERONYMUSAUSGABEN

131 132 134   141 142 143 -

---

127) München, Bayrische Staatsbibliothek Clm 14423, Sankt-Emmeran Regensburg [A]

s. IX   *84

128) München, Bayrische Staatsbibliothek Clm 15809, Kapitel Salzburg [A]

s. XII   *   *

129) Napoli, Biblioteca Nazionale. Fondo Principale Cod.VI.B.20 [Ö^{267}]

s. XIV   C*   *   *   *   *   *

130) Napoli, Biblioteca Nazionale, Fondo Principale, Cod.VI.C.17 [Ö^{267}]

s. XIV   E172   *

131) Olomouc (Olmütz), Státní Vedecka Knihova M.III.29 [L]

s. non ind.   B*   *   *   *   *   *

132) Oxford, Bodleian Library Canon., Pat.lat.27 [Ö^{276}]

s. XV   C*   *   *   *   *   *

133) Oxford, Bodleian Library Canon., Pat.lat.155 [Ö^{276}]

s. XV   C85*_   *   *   *   *

134) Oxford, Bodleian Library Canon., Pat.lat.220 [Ö^{276}]

s. XV (1463)   C*   *   *   *   *   *86

135) Oxford, Bodleian Library Canon., Pat.lat.221 [Ö^{276}]

s. XV   B87* *   *   *   _   *

136) Oxford, Bodleian Library Canon., Pat.lat.222 [L]

s. XVin   116 143

137) Oxford, Bodleian Library Laud.Misc.107, Lorsch88 [L]

s. IX^{1} *

138) Paris, Bibliothèque Mazarine 574(268) [L]

s. XV   B_   *89   *   *   *   *   126

---

84 Es folgen die *Disputatio Hieronymi et Augustini de anima* und Ep. 75(112) + 82(116).

85 Ep. 81(115) + 82(116) gehen der Sammlung des ersten Teils voran.

86 Es folgt die *Disputatio Hieronymi et Augustini de anima*.

87 Getrennt durch Augustinus, Ep. 165(126) ad Marcellinum et Anapsycham, folgen Ep. 81(115) u. 82(116) in zehn Handschriften, vg. Anm. 8.

88 Vgl. Handschriften aus dem Kloster Lorsch, Katalog, 1964 Nr. 43.

89 Vor Ep. 167(132) stehen noch Ep. 81(115) + 82(116).

NUMMER DES BRIEFES IN DEN AUGUSTINUSAUSGABEN
166 167 172   195 123 202 19*

NUMMER DES BRIEFES IN DEN HIERONYMUSAUSGABEN
131 132 134   141 142 143 -

139) Paris, Bibliothèque Mazarine 575(263), Saint-Victor (n.1046; 216) [L]
s. XV   C* * *   * * *

140) Paris, Bibliothèque Mazarine 778(895), Saint-Victor (ancien 404) [L]
s. XIII   *90

141) Paris, Bibliothèque Nationale Lat.1862, Saint-Mesmin (dioc. d'Orleans) [L]
s. IX   `   *

142) Paris, Bibliothèque Nationale Lat.1863 Saint-Amand-en-Pevèle (dioc. de Tournai) [L]
s. IX^{ex}-X   *

143) Paris, Bibliothèque Nationale Lat.1869 [L]
s. IX   C* * *   * * *

144) Paris, Bibliothèque Nationale Lat.1870, Prieuré de la Voûte (Voûte-Chilhac) (?) (dioc. de Saint-Flour) [L]
s. IX; XI   C* * *   * * *

145) Paris, Bibliothèque Nationale Lat.1871 [L]
s. X   C* * _   * * *

146) Paris, Bibliothèque Nationale Lat.1874^{91} [L]
s. IX   C* * *   * * *

147) Paris, Bibliothèque Nationale Lat.1875 [L]
s. XII   B* * *   * * *

148) Paris, Bibliothèque Nationale Lat.1878 [L]
s. XIII   B*92 * *   * * *

149) Paris, Bibliothèque Nationale Lat.1880, Foucarmont (dioc. de Noyon) [L]
s. XII   B*93 * *   * * *

150) Paris, Bibliothèque Nationale Lat.1881
s. XIII-XIV   C*94 * *   * * *

---

90 Vorrausgehen Ep. 28(56), 40(67), 81(115), 82(116).
91 Die Handschriften Bibl.Nat. Lat 1869-1874 sind direkt voneinander abhängig.
92 Ep. 81(115) fehlt (s.Anm. 1).
93 Ep. 165(126) steht in dieser Handschrift hinter Ep. 202(143).
94 Ep. 165(126) steht in dieser Handschrift hinter Ep. 202(143).

NUMMER DES BRIEFES IN DEN AUGUSTINUSAUSGABEN

166 167 172   195 123 202 19*

NUMMER DES BRIEFES IN DEN HIERONYMUSAUSGABEN

131 132 134   141 142 143 -

151) Paris, Bibliothèque Nationale Lat.1883, Saint-Amand-en-Pevèle (dioc.de Tournai) [L]

s. XII   B*95* *   * * *

152) Paris, Bibliothèque Nationale Lat.1888 [L]

s. XIV ex   B* * *   * * 126 143

153) Paris, Bibliothèque Nationale Lat.1889 [L]

s. XIII   B*96* *   * * *

154) Paris, Bibliothèque Nationale Lat.1890, Firenze [L]

s. XV   E*

155) Paris, Bibliothèque Nationale Lat.1891, Firenze [L]

s. XV (1483)   *

156) Paris, Bibliothèque Nationale Lat.1892 [L]

s. XV ex   * -   - - *

157) Paris, Bibliothèque Nationale Lat.1893 [L]

s. XV   * -   * * *

158) Paris, Bibliothèque Nationale Lat.1894 [L]

s. XIV   C* * *   * * *

159) Paris, Bibliothèque Nationale Lat.1895 [L]

s. XV   E97*

160) Paris, Bibliothèque Nationale Lat.1896 [L]

s. XIV   C*

161) Paris, Bibliothèque Nationale Lat.1928 [L]

s. XII   E* - * 126

162) Paris, Bibliothèque Nationale Lat.1933, Abbaye N.-C. de Bonlieu [L]

s. XII-XIII   E* - *   * * 132 143

163) Paris, Bibliothèque Nationale Lat.12163, Saint-Germain-des-Pres [L]

s. IX   E* - * ... 110^Z 56 126 132 141 142 143

---

95 Ep.166(131), 167(132) 172(134) stehen mit Ep. 81(115) hinter Ep. 67(101) während die übrigen Briefe am Ende der Sammlung des ersten Teils hinter Ep. 82(116) stehen.

96 Es fehlen Ep. 75(112) und 165(126).

97 Es fehlen Teile von Ep. 81(115) und die komplette Ep. 82(116).

NUMMER DES BRIEFES IN DEN AUGUSTINUSAUSGABEN

166 167 172   195 123 202 19*

NUMMER DES BRIEFES IN DEN HIERONYMUSAUSGABEN

131 132 134   141 142 143 -

---

164) Paris, Bibliothèque Nationale Lat.14480 [L]

s. XII   E* -   *   126

165) Paris, Bibliothèque Nationale Nouv.acq.lat.1444 [L]

s. XI   E* -   *   126

166) Paris, Bibliothèque Nationale Nouv.acq.lat.1672 [L]

s. X^2 *   *

167) Paris, Bibliothèque Nationale Nouv.acq.lat.2282 [L]

s. XV (1467)   C* *   *   *   *   *

168) Périgeux, Archives départmentales, Fonds Cadouin 19 [L]

s. XII   98* _   _   *   _   *

169) Praha, Universitni Knihova XIII.C.13, Trebon [L]

s. XIV   C* *   *   *   *   *

170) Redlynch House (bei Salisbury), Major J.R.Abbey, J.A.3227 (Florenz) [Ö^{276}]

s. XV (1430)   C* *   *   *   *   *99

171) Reims, Bibliothèque municipale 386(E.224), Chapitre [L]

s. XII ex   B100* *   *   *   *   *

172) Roma, Biblioteca Angelica 161(B.6.14) (Hieronymi Epistulae) [Ö^{267}]

s. XV   -   -   101*   *   *   *

173) Roma, Biblioteca Casanatense, Cod. 68 [Ö^{267}]

s. XV-XVI   C* *   *   *   *   *

174) Roma, Biblioteca Nazionale Centrale, Cod. 827 [Ö^{267}]

s. XIII   C* *   *   *   *   *102

175) Roma, Biblioteca Vallicelliana, Cod. D.2 [Ö^{267}]

s. XIV   B*103 *   *   *   *   *

---

[98] Vorausgehen Ep. 68(102), 39(103), 72(105), 75(112), 81(115).

[99] Es schließt sich die *Disputatio Hieronymi et Augustini de anima* an.

[100] Ep. 81(115) fehlt (s.Anm. 1).

[101] Vor den Briefen des zweiten Teils stehen Ep. 67(101), 68(102), 39(103), 72(105), danach folgt noch Ep. 75(112).

[102] Es schließt sich die *Disputatio Hieronymi et Augustini de anima* an.

[103] Zwischen Ep. 166(131) und Ep. 167(132) steht die *Disputatio Hieronymi et Augustini de anima*.

NUMMER DES BRIEFES IN DEN AUGUSTINUSAUSGABEN

166 167 172   195 123 202 19*

NUMMER DES BRIEFES IN DEN HIERONYMUSAUSGABEN

131 132 134   141 142 143 -

---

176) Roma, Biblioteca Vallicelliana, Cod. D.3 [$Ö^{267}$]

s. XII   C*   *   *   *   *   *

177) Roma, Biblioteca Vallicelliana, Cod. D.16 [$Ö^{267}$]

s. XIII   104**   *   *   *   *

178) Rouen, Bibliothèque municipale A.423, Cathedrale (ancien A.394) [L]

s. XII   *   ... 132

179) Saint-Omer, Bibliothèque municipale 76.8.9 [L]

s. X-XI   E*   -   *   126

180) San Daniel del Friuli, Biblioteca Communale, Cod. 5 [$Ö^{267}$]

s. XV   B*   *105 *   *   *   *

181) San Daniele del Friuli, Biblioteca Communale, Cod. 31 [$Ö^{267}$]

s. XV   B106*   *   *   *   -   *

182) Sevilla, Biblioteca Colombina, 83-5-3 [$Ö^{292}$]

s. XIV-XV   A*   *   *   *   *   -

183) Toledo, Biblioteca del Calbildo, 9-33 [$Ö^{292}$]

s. XV   C*   *   *   *   *   *

184) Toledo, Biblioteca del Calbildo, 9-34 [$Ö^{292}$]

s. XV   *   *   *

185) Toledo, Biblioteca del Calbildo, 11-17 [$Ö^{292}$]

s. XV   *   *

186) Toledo, Biblioteca del Calbildo, 11-18 [$Ö^{292}$]

s. XV   C*   *   *   *   *   *107

187) Toledo, Biblioteca del Calbildo, 11-19 [$Ö^{292}$]

s. XIII-XIV   B108*   *   *   *   *109 *

---

[104] Der zweite Teil schließt sich an eine abweichende Sammlung des ersten Teils an.

[105] Ep. 167(132) und Ep. 202(143) folgen später.

[106] Der zweite steht vor dem ersten Teil.

[107] Es schließt sich die *Disputatio Hieronymi et Augustini de anima* an.

[108] Getrennt durch Augustinus, Ep. 165(126) ad Marcellinum et Anapsycham, folgen Ep. 81(115) u. 82(116) in zehn Handschriften, vg. Anm. 8.

[109] Ep. 123(142) steht ohne Überschrift in direktem Anschluß an Ep. 195(142).

NUMMER DES BRIEFES IN DEN AUGUSTINUSAUSGABEN
166 167 172   195 123 202 19*
NUMMER DES BRIEFES IN DEN HIERONYMUSAUSGABEN
131 132 134   141 142 143 -

---

188) Toulouse, Bibliothèque municipale 155(I.40), Dominicains [L]
s. XV   *   *   *

189) Troyes, Bibliothèque municipale 196 [L]
s. XII   E* - *   126

190) Valencia, Biblioteca Universitaria, 1193 [Ö^{292}]
s. XV   C* *110 *   *   *   *

191) Vaticano, Città del, Biblioteca Apostolica Vaticana, Archivo San Pietro
(Basilic.) B.52 [Ö^{267}]
s. XIV   E* - *111

192) Vaticano, Città del, Bibliotheca Apostolica Vaticana, Archivo di San Pietro
B.54 [Ö^{267}]
s. XIV-XV   C* - *   *   *   -

193) Vaticano, Città del, Bibliotheca Apostolica Vaticana, Reg.Lat. 286[112]
[Ö^{267}]
s. IX^2 - - -   - - *

194) Vaticano, Città del, Bibliotheca Apostolica Vaticana, Urbin. Lat. 55 (130)
[Ö^{267}]
s. XIV   *

195) Vaticano, Città del, Bibliotheca Apostolica Vaticana, Urbin. lat. 80 [Ö^{267}]
s. XV (1472) C* - *   *   *   *

196) Vaticano, Città del, Bibliotheca Apostolica Vaticana, Urbin. Lat. 501(150)
[L]
s. XV   *

197) Vaticano, Città del, Bibliotheca Apostolica Vaticana, Vat.lat.341 [Ö^{267}]
s. X-XI   C* * *   *   *   *

198) Vaticano, Città del, Bibliotheca Apostolica Vaticana, Vat.lat.342 [L]
s. XV   C* * *   *   *   -

199) Vaticano, Città del, Bibliotheca Apostolica Vaticana, Vat.lat.350 [L]
s. XV (1431) B[113]* * *   *   - *

---

[110] Ep. 167(132) geht der Sammlung des ersten Teils voran.
[111] Zwischen Ep. 82(116) und 166(131) steht Ep. 165(126) wie im B-Typ.
[112] Bei GOLDBACHER = T CSEL 34/II 67.
[113] Getrennt durch Augustinus, Ep. 165(126) ad Marcellinum et
Anapsycham, folgen Ep. 81(115) u. 82(116) in zehn Handschriften, vg. Anm. 8.

NUMMER DES BRIEFES IN DEN AUGUSTINUSAUSGABEN

| 166 | 167 | 172 | | 195 | 123 | 202 | 19* |

NUMMER DES BRIEFES IN DEN HIERONYMUSAUSGABEN

| 131 | 132 | 134 | | 141 | 142 | 143 | - |

200) Vaticano, Città del, Bibliotheca Apostolica Vaticana, Vat.lat.351 [L]
s. XV $114*$(*)   *   *   *   (*)^{115}

201) Vaticano, Città del, Bibliotheca Apostolica Vaticana, Vat.lat.352 [L]
s. XV   A*   *   *   *   *   *116

202) Vaticano, Città del, Bibliotheca Apostolica Vaticana, Vat.lat.353 [L]
s. XV   C*   *   *   *   *   *

203) Vaticano, Città del, Bibliotheca Apostolica Vaticana, Vat.lat.354 [L]
s. XV   C*   *   *   *   *   *

204) Vaticano, Città del, Bibliotheca Apostolica Vaticana, Vat.lat.355 (Benev.
Schrift) [Ö^{267}]
s. IX-X   C*   *   *   *   *   *

205) Vaticano, Città del, Bibliotheca Apostolica Vaticana, Vat.lat.357
s. XV   C*   *   *   *   *   -

206) Vaticano, Città del, Bibliotheca Apostolica Vaticana, Vat.lat.358
s. XV (1452)   C*   *   *   *   *   *

207) Vaticano, Città del, Bibliotheca Apostolica Vaticana, Vat.lat.359 [L]
s. XV   -   -   *

208) Vaticano, Città del, Bibliotheca Apostolica Vaticana, Vat.lat.360 [L]
s. XII   *

209) Vaticano, Città del, Bibliotheca Apostolica Vaticana, Vat.lat.361 [L]
s. XII   *

210) Vaticano, Città del, Bibliotheca Apostolica Vaticana, Vat.lat.362 [L]
s. XV (1459)   (*)   (*)   *   *   *   *117

211) Vaticano, Città del, Bibliotheca Apostolica Vaticana, Vat.lat.364 [L]
s. XV   -   -   *   *   *   *

---

114 Die Briefe des zweiten Teisl stehen getrennt von einer Sammlung der Hieronymus-Rezension im Anschluß an Ep. 81(115) + 82(116). Ep. 167(132) + 202(143) stehen allein.

115 In dieser Handschrift sind alle Briefe des zweiten Teils enthalten, aber in völlig konfuser Reihenfolge.

116 In dieser Handschrift sind Ep. 172(134) und 195(141) zweimal überliefert, das erste Mal stehen sie zwischen Ep. 73(110) und Ep. 28(56).

117 In dieser Handschrift stehen Ep. 166(131) und 167(132) vereinzelt nach einer Sammlung von Ep. 172(134), 195(141), 123(142), 202(143).

NUMMER DES BRIEFES IN DEN AUGUSTINUSAUSGABEN
166 167 172   195 123 202 19[*]

NUMMER DES BRIEFES IN DEN HIERONYMUSAUSGABEN
131 132 134   141 142 143 -

---

212) Vaticano, Città del, Bibliotheca Apostolica Vaticana, Vat.lat.365 [L]
s. XV in   *   *118 _

213) Vaticano, Città del, Bibliotheca Apostolica Vaticana, Vat.lat.366 [L]
s. XII ex   * * *   * * *

214) Vaticano, Città del, Bibliotheca Apostolica Vaticana, Vat.lat.367 [L]
s. XV   * 134 132   * * 126 143

215) Vaticano, Città del, Bibliotheca Apostolica Vaticana, Vat.lat.414 [L]
s. XIII   * - *

216) Vaticano, Città del, Bibliotheca Apostolica Vaticana, Vat.lat.458 [L]
s. XIII-XIV   *

217) Vaticano, Città del, Bibliotheca Apostolica Vaticana, Vat.lat.5762 [Ö^{267}]
s. X   - - *   * * *

218) Venezia, Biblioteca Nazionale Marciana, Cod.1927 [Ö^{267}]
s. XV   *119 * 68 165 202 123 195 172

219) Venezia, Biblioteca Nazionale Marciana, Cod. 1499 [Ö^{267}]
s. XV (1450) B120* * *   * - *

220) Venezia, Biblioteca Nazionale Marciana, Cod. 1513 [Ö^{267}]
s. XV   B121* * *   * - *

221) Venezia, Biblioteca Nazionale Marciana, Cod. 1687 [Ö^{267}]
s. XV   122*   *

222) Venezia, Biblioteca Nazionale Marciana, Cod. 2051 [Ö^{267}]
s. XV   B123_ * *   * *

223) Venezia, Biblioteca Nazionale Marciana, Cod. 2232 [Ö^{267}]
s. XV   C* * *   * * *

---

[118] Die Briefe stehen getrennt voneinander.
[119] Zwischen Ep. 166(131) und 167(132) steht die *Disputatio Hieronymi et Augustini de anima*.
[120] Getrennt durch Augustinus, Ep. 165(126) ad Marcellinum et Anapsycham, folgen Ep. 81(115) u. 82(116) in zehn Handschriften, vg. Anm. 8.
[121] Getrennt durch Augustinus, Ep. 165(126) ad Marcellinum et Anapsycham, folgen Ep. 81(115) u. 82(116) in zehn Handschriften, vg. Anm. 8.
[122] Voraus geht Ep. 82(116).
[123] Ep. 81(115) fehlt (s.Anm. 1).

224) Venezia, Biblioteca Nazionale Marciana, Cod. 2265 [Ö^{267}]

s. XV   C*   *   *   *

225) Verdun, Bibliothèque municipale 47 (Bibles, Patr.6), Abbaye Saint-Vanne, Verdun [L]

s. XI   *   *   *   *   *   -

226) Verdun, Bibliothèque municipale 56 (Bibles, Patr.15), Abbaye Saint-Airy, Verdun-sur-Meuse [L]

s. XI   *   *   *   *   *   126

227) Wien, Österreichische Nationalbibliothek Lat.3870 (Lunael.F.29) [L]

s. XV (1467)   *

228) Wolfenbüttel, Herzog-August-Bibliothek Cod.Guelf.2° 51.Gud.lat., Kloster Logum bei Tondern (Jütland) [Ö^{350}]

s. XII   C*   *   *   *   *124_

229) Wolfenbüttel, Herzog-August-Bibliothek Cod.Guelf. 195 Helmst. (St. Georgenberg / Goslar) [Ö^{350}]

s. XII (1144)   *   172 167[125]

230) Wroclaw, Biblioteka Uniwersyteka, I.F.652 [L]

s.XV^2 *   *

231) Zwettl, Stiftsbibliothek 94 [L]

s. XII   *

232) Zwettl, Stiftsbibliothek 147 [L]

s. XII   126 131 134 126 144

---

[124] Daran schließt sich die *Disputatio Hieronymi et Augustini de anima* an.
[125] Danach steht noch Ep. 82(116).

REGISTER

A. PERSONENREGISTER

In das Namensregister wurden die Namen Augustinus und Hieronymus nicht aufgenommen.

B. VERZEICHNIS DER BIBELSTELLEN UND DER AUSSERBIBLISCHEN LITERATUR

1. Bibel

In das Verzeichnis der Bibelstellen wurde Gal 2,11-14 nicht aufgenommen.

1.1. Altes Testament

SUPPLEMENTS TO VIGILIAE CHRISTIANAE

1. TERTULLIANUS. *De idololatria*. Critical Text, Translation and Commentary by J.H. WASZINK and J.C.M. VAN WINDEN. Partly based on a Manuscript left behind by P.G. VAN DER NAT. 1987. ISBN 90 04 08105 4
2. SPRINGER, C.P.E. *The Gospel as Epic in Late Antiquity*. The *Paschale Carmen* of Sedulius. 1988. ISBN 90 04 08691 9
3. HOEK, A. VAN DEN. *Clement of Alexandria and His Use of Philo in the* Stromateis. An Early Christian Reshaping of a Jewish Model. 1988. ISBN 90 04 08756 7
4. NEYMEYR, U. *Die christlichen Lehrer im zweiten Jahrhundert*. Ihre Lehrtätigkeit, ihr Selbstverständnis und ihre Geschichte. 1989. ISBN 90 04 08773 7
5. HELLEMO, G. *Adventus Domini*. Eschatological Thought in 4th-century Apses and Catecheses. 1989. ISBN 90 04 08836 9
6. RUFIN VON AQUILEIA. *De ieiunio* I, II. Zwei Predigten über das Fasten nach Basileios von Kaisareia. Ausgabe mit Einleitung, Übersetzung und Anmerkungen von H. MARTI. 1989. ISBN 90 04 08897 0
7. ROUWHORST, G.A.M. *Les hymnes pascales d'Éphrem de Nisibe*. Analyse théologique et recherche sur l'évolution de la fête pascale chrétienne à Nisibe et à Édesse et dans quelques Églises voisines au quatrième siècle. 2 vols: I. Étude; II. Textes. 1989. ISBN 90 04 08839 3
8. RADICE, R. and D.T. RUNIA. *Philo of Alexandria*. An Annotated Bibliography 1937–1986. In Collaboration with R.A. BITTER, N.G. COHEN, M. MACH, A.P. RUNIA, D. SATRAN and D.R. SCHWARTZ. 1988. repr. 1992. ISBN 90 04 08986 1
9. GORDON, B. *The Economic Problem in Biblical and Patristic Thought*. 1989. ISBN 90 04 09048 7
10. PROSPER OF AQUITAINE. *De Providentia Dei*. Text, Translation and Commentary by M. MARCOVICH. 1989. ISBN 90 04 09090 8
11. JEFFORD, C.N. *The Sayings of Jesus in the Teaching of the Twelve Apostles*. 1989. ISBN 90 04 09127 0
12. DROBNER, H.R. and KLOCK, CH. *Studien zur Gregor von Nyssa und der christlichen Spätantike*. 1990. ISBN 90 04 09222 6
13. NORRIS, F.W. *Faith Gives Fullness to Reasoning*. The Five Theological Orations of Gregory Nazianzen. Introduction and Commentary by F.W. NORRIS and Translation by LIONEL WICKHAM and FREDERICK WILLIAMS. 1990. ISBN 90 04 09253 6
14. OORT, J. VAN. *Jerusalem and Babylon*. A Study into Augustine's *City of God* and the Sources of his Doctrine of the Two Cities. 1991. ISBN 90 04 09323 0
15. LARDET, P. *L'Apologie de Jérôme contre Rufin*. Un Commentaire. 1993. ISBN 90 04 09457 1
16. RISCH, F.X. *Pseudo-Basilius: Adversus Eunomium IV-V*. Einleitung, Übersetzung und Kommentar. 1992. ISBN 90 04 09558 6
17. KLIJN, A.F.J. *Jewish-Christian Gospel Tradition*. 1992. ISBN 90 04 09453 9
18. ELANSKAYA, A.I. *The Literary Coptic Manuscripts in the A.S. Pushkin State Fine Arts Museum in Moscow*. ISBN 90 04 09528 4
19. WICKHAM, L.R. and BAMMEL, C.P. (eds.). *Christian Faith and Greek Philosophy in Late Antiquity*. Essays in Tribute to George Christopher Stead. 1993. ISBN 90 04 09605 1
20. ASTERIUS VON KAPPADOKIEN. *Die theologischen Fragmente*. Einleitung, kritischer Text, Übersetzung und Kommentar von Markus Vinzent. 1993. ISBN 90 04 09841 0
21. HENNINGS, R. *Der Briefwechsel zwischen Augustinus und Hieronymus und ihr Streit um den Kanon des Alten Testaments und die Auslegung von Gal. 2,11-14*. 1994. ISBN 90 04 09840 2